U0930168

宁夏调查年鉴 2014

国家统计局宁夏调查总队 编

图书在版编目（CIP）数据

宁夏调查年鉴. 2014 : 汉英对照 / 国家统计局宁夏调查总队编. -- 北京 : 中国统计出版社, 2014.11
ISBN 978-7-5037-7124-8

Ⅰ. ①宁… Ⅱ. ①国… Ⅲ. ①统计年鉴－宁夏－2014－年鉴－汉、英 Ⅳ. ①C832.43-54

中国版本图书馆 CIP 数据核字(2014)第 146416 号

宁夏调查年鉴-2014

作　　者/ 国家统计局宁夏调查总队
责任编辑/ 佘竞雄　李　冲
装帧设计/ 黄　晨
出版发行/ 中国统计出版社
地　　址/ 北京市丰台区西三环南路甲 6 号　邮政编码/100073
电　　话/ 邮购（010）63376909　书店（010）68783171
网　　址/ http://csp.stats.gov.cn
印　　刷/ 河北天普润印刷厂
经　　销/ 新华书店
开　　本/ 890mm×1240mm　1/16
字　　数/ 800 千字
印　　张/ 25.25　0.75 彩页
版　　别/ 2014 年 11 月第 1 版
版　　次/ 2014 年 11 月第 1 次印刷
定　　价/ 380.00 元

本书附同版本 CD-ROM 一张，光盘内容以书面文字为准。

《宁夏调查年鉴-2014》

编委会和编辑人员

NINGXIA SURVEY YEARBOOK-2014
EDITORIAL BOARD AND EDITORIAL STAFF

The Changes of Grain Output in Main Years

主要年份粮食产量变化

The Changes of Summer and Autumn Grain Output in Main Years

主要年份夏、秋粮产量变化

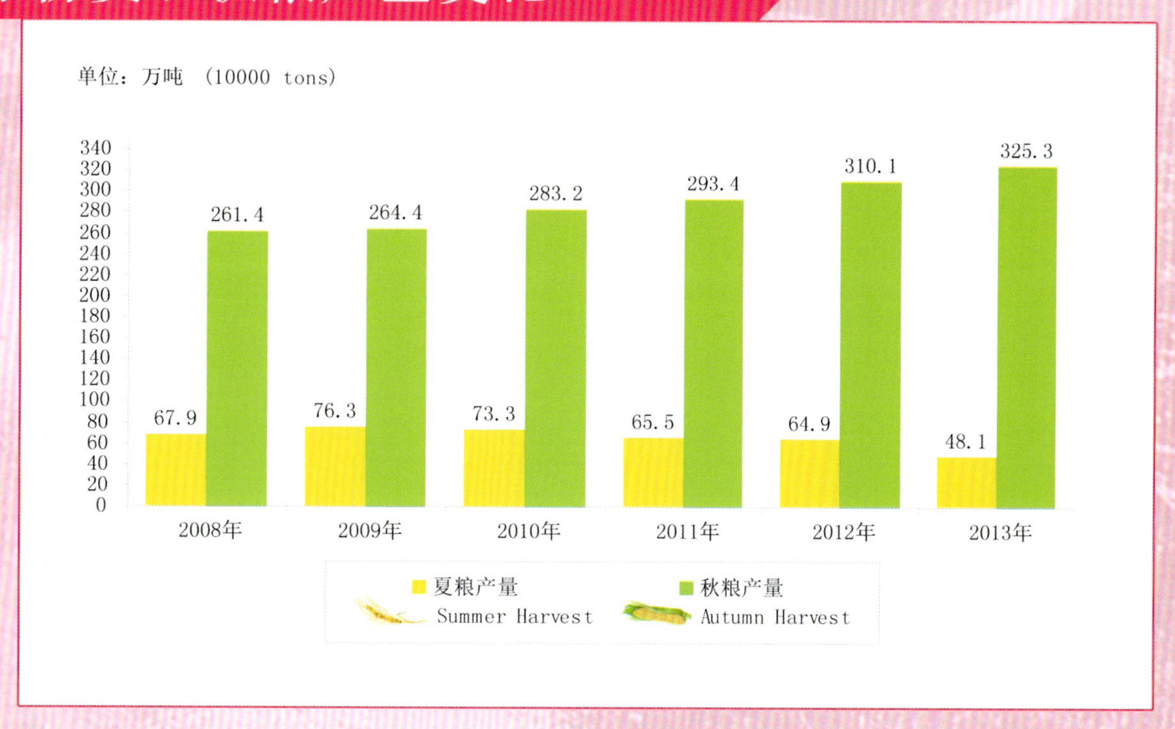

主要年份主要牲畜存栏变化

Number of Animals on Hand in Main Years

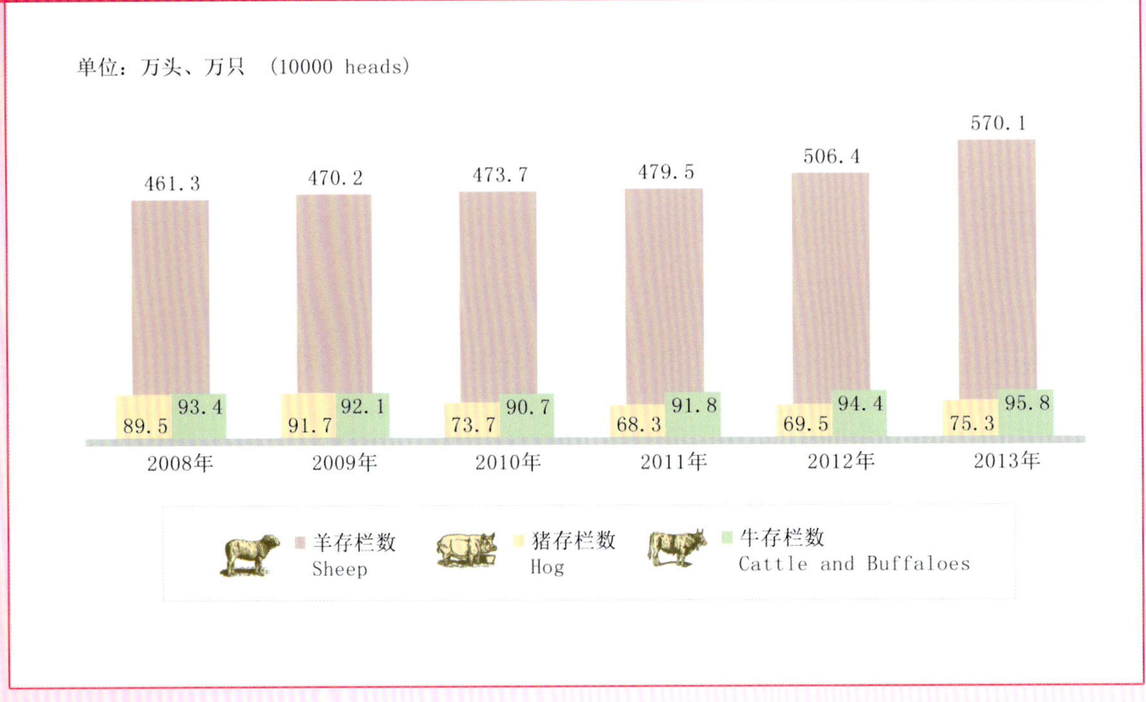

主要年份主要牲畜出栏变化

Number of Animals on Hand in Main Years

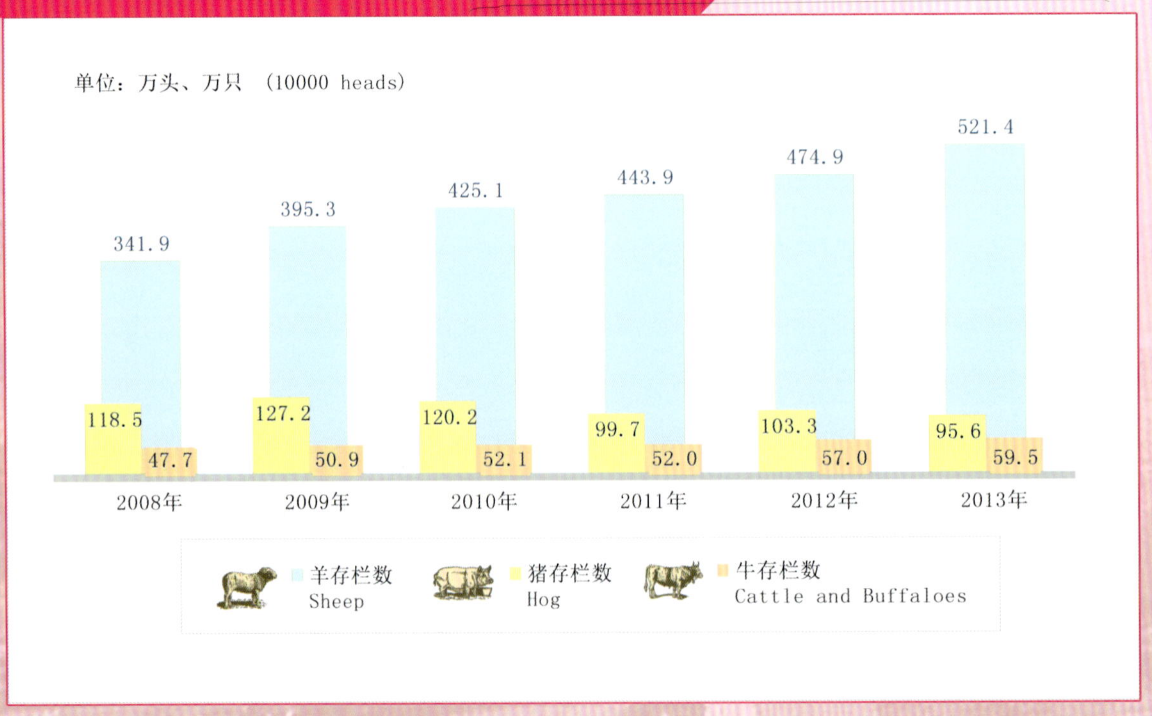

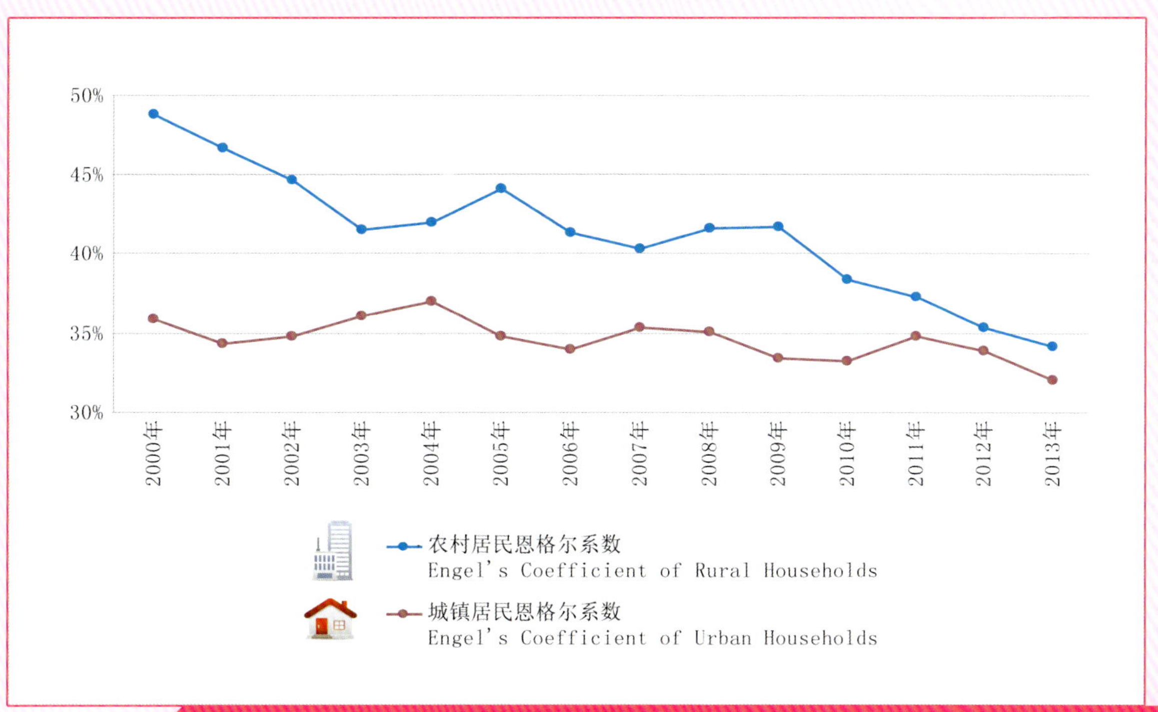

主要年份居民家庭恩格尔系数变化

The Changes of Household's Engel's Coefficient in main years

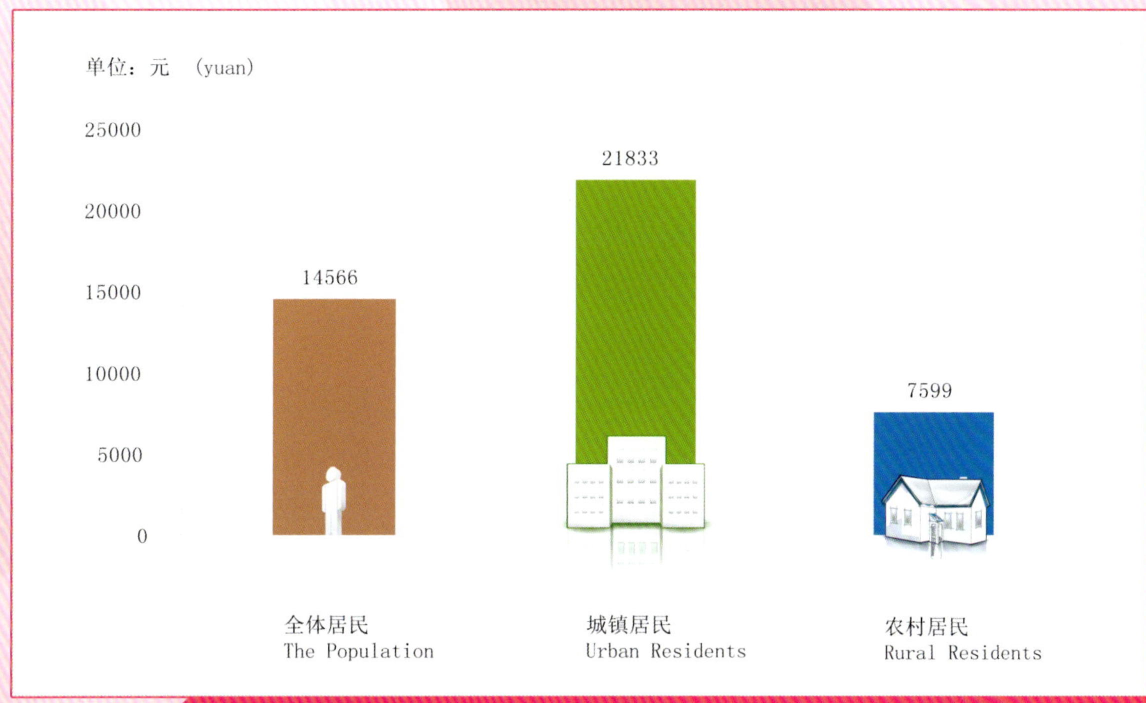

2013年宁夏全体居民人均可支配收入

Per Capita Disposable Income of All Residents in Ningxia(2013)

主要年份城镇居民人均可支配收入

Per Capita Diaposable Income of Urban Households in Main Years

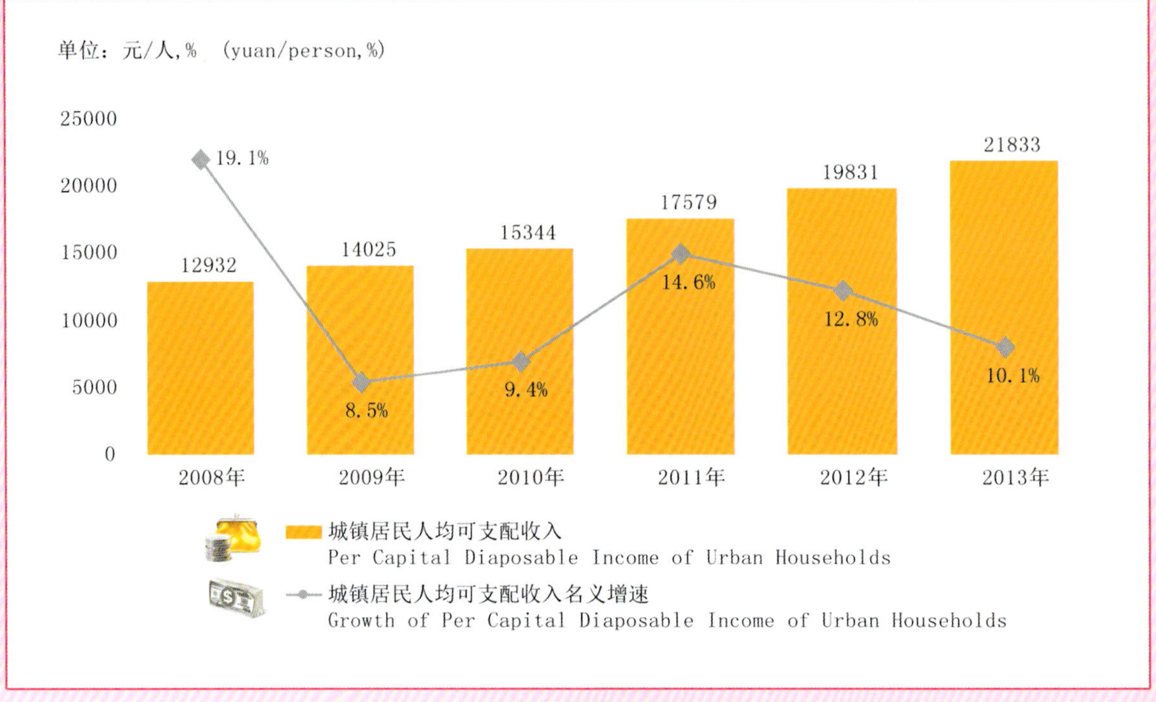

主要年份城镇居民人均消费支出

Per Capita Consumption Expenditure of Urban Households in Main Years

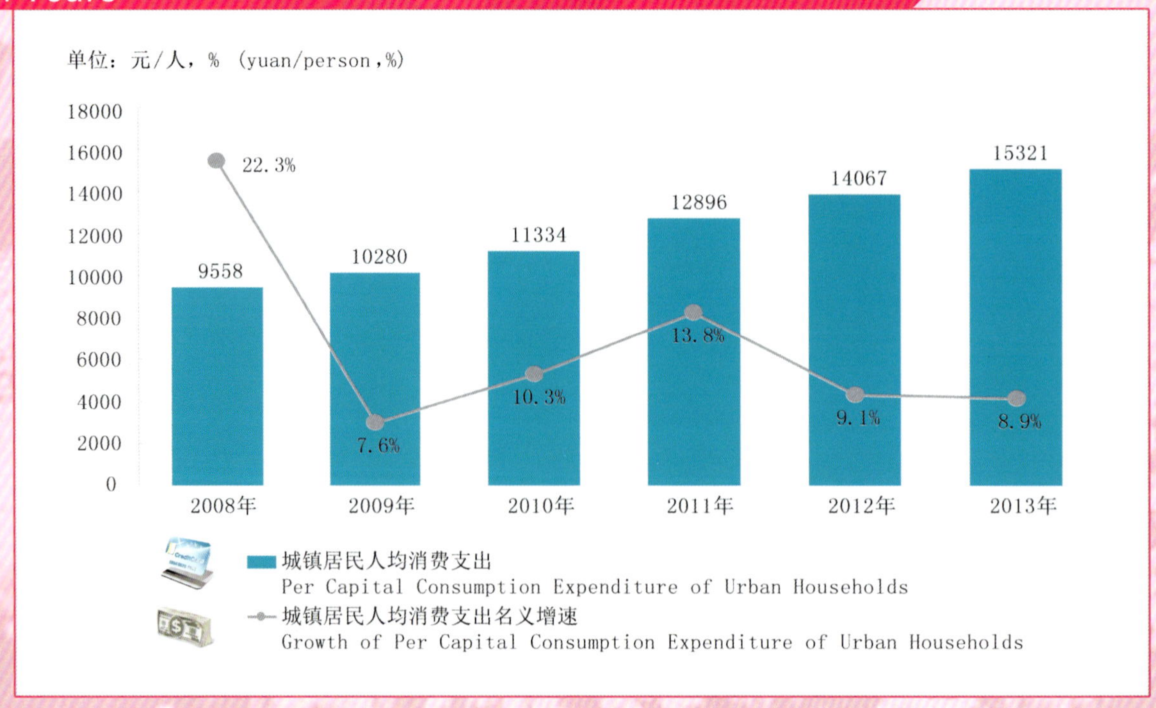

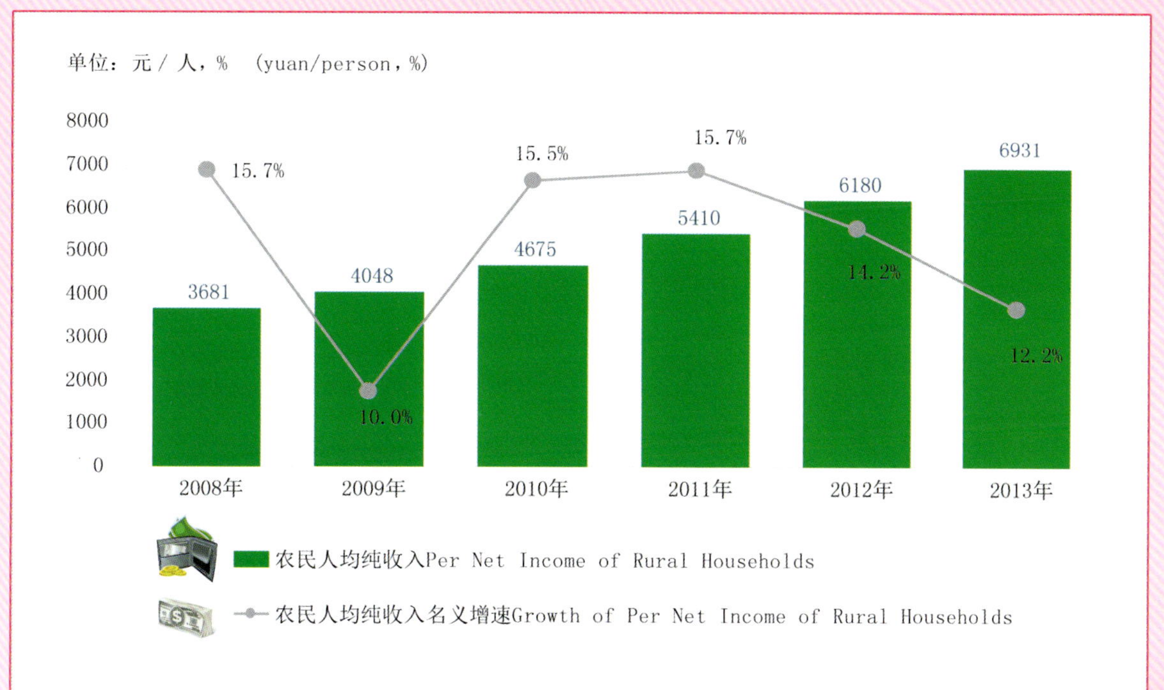

主要年份农民人均纯收入

Per Net Income of Rural Households in Main Years

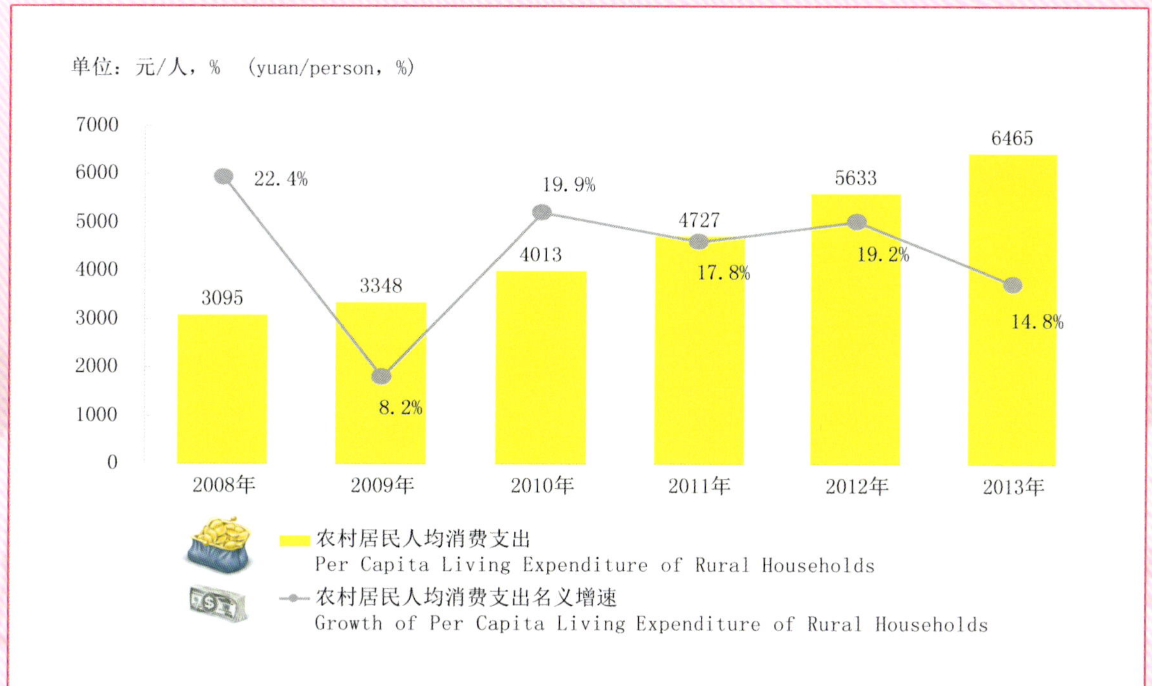

主要年份农村居民人均消费支出

Per Capita Consumption Expenditure of Rural Households in Main Years

城镇居民生活消费支出构成变化

Composition of Consumption Expenditure of Urban Households

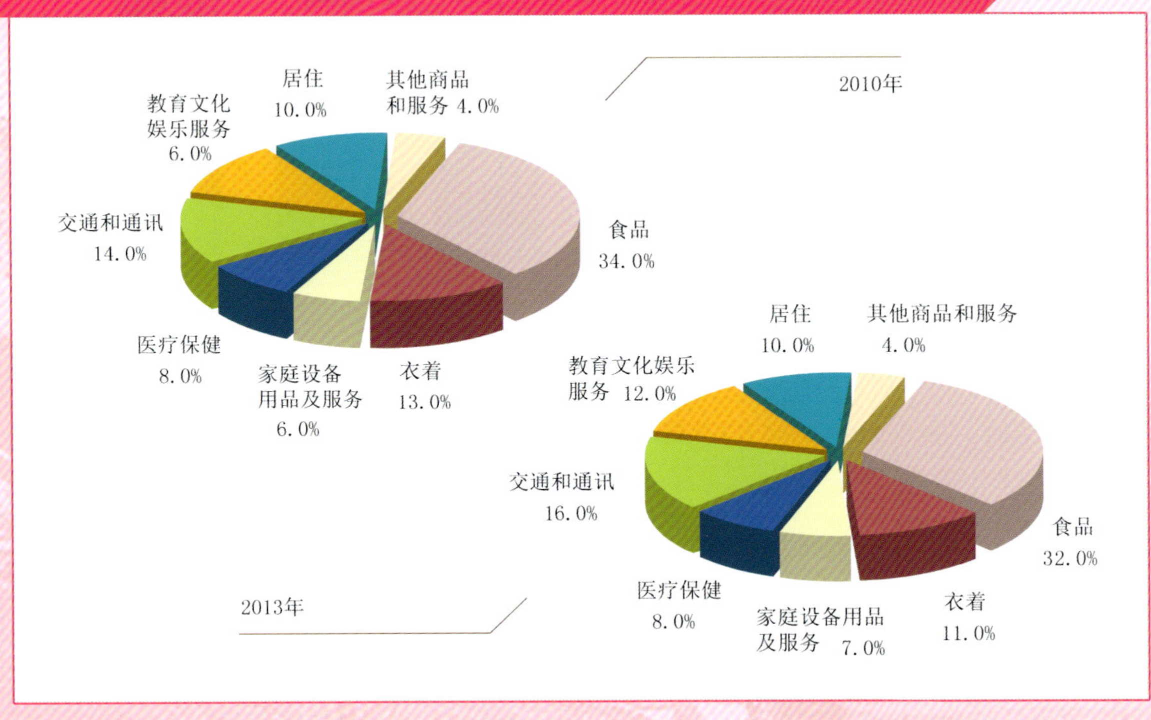

农村居民生活消费支出构成变化

Composition of Consumption Expenditure of Rural Households

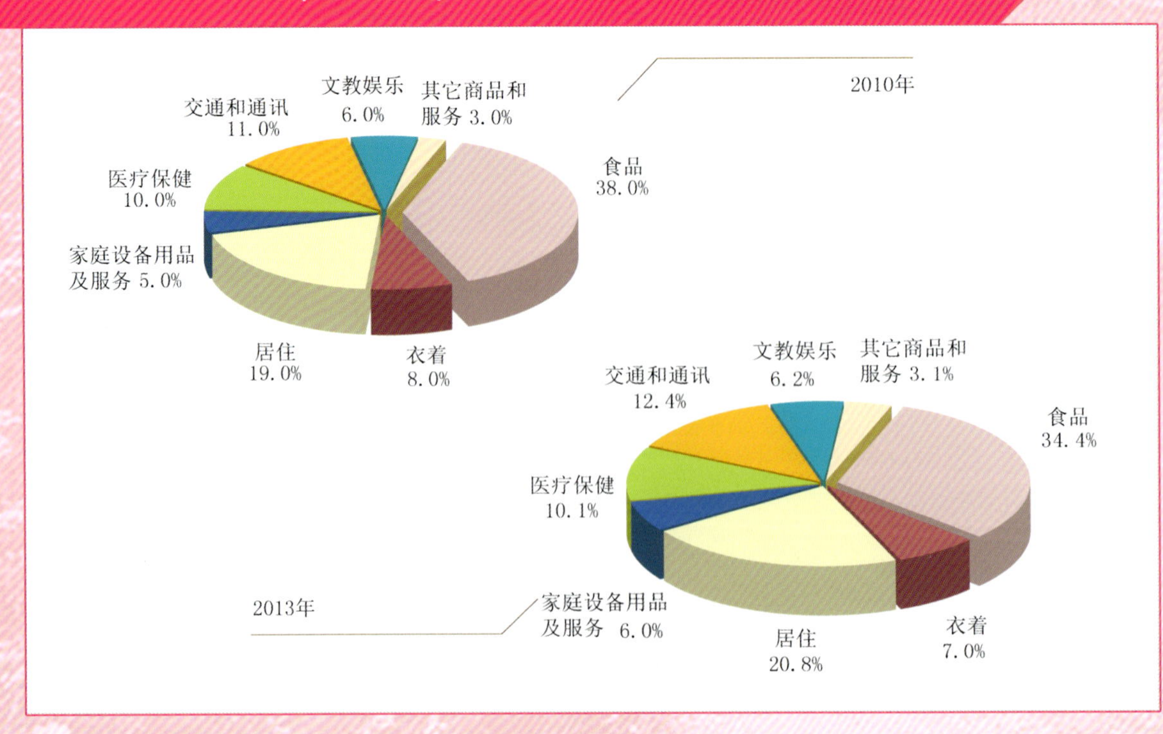

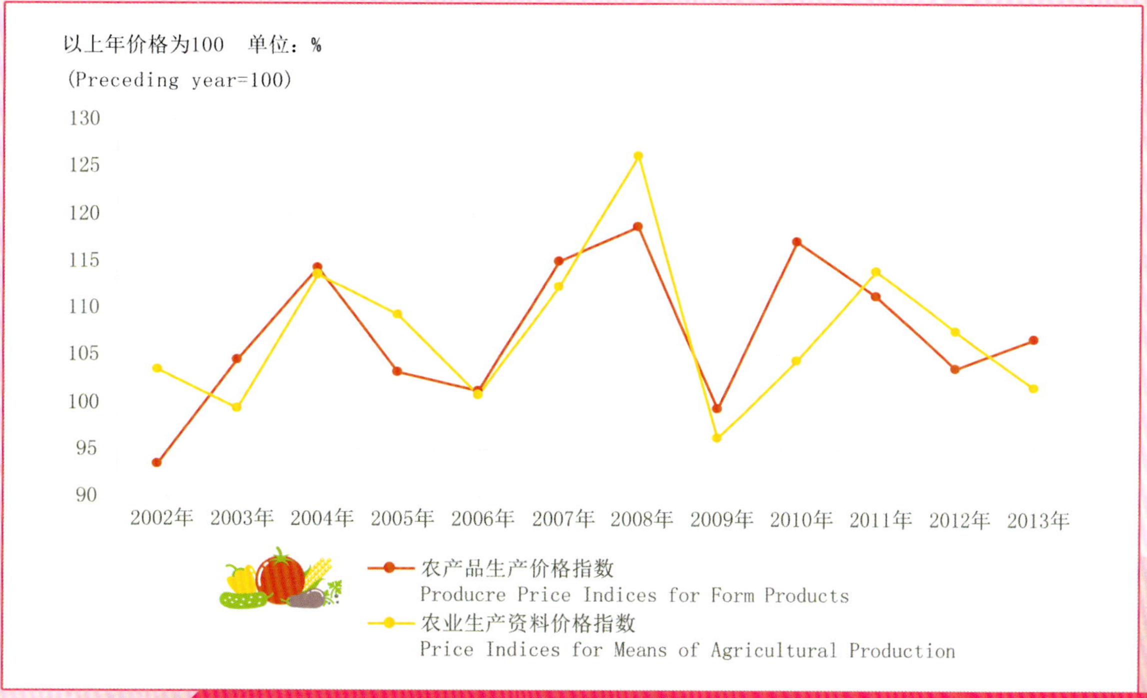

主要年份农产品生产者价格与农资价格变化

Producer Price Indices for Farm Products and Agricultural Production Materials Price Indices in Main Years

主要年份市场物价走势

Trend of Goods Price of Market in Main Years

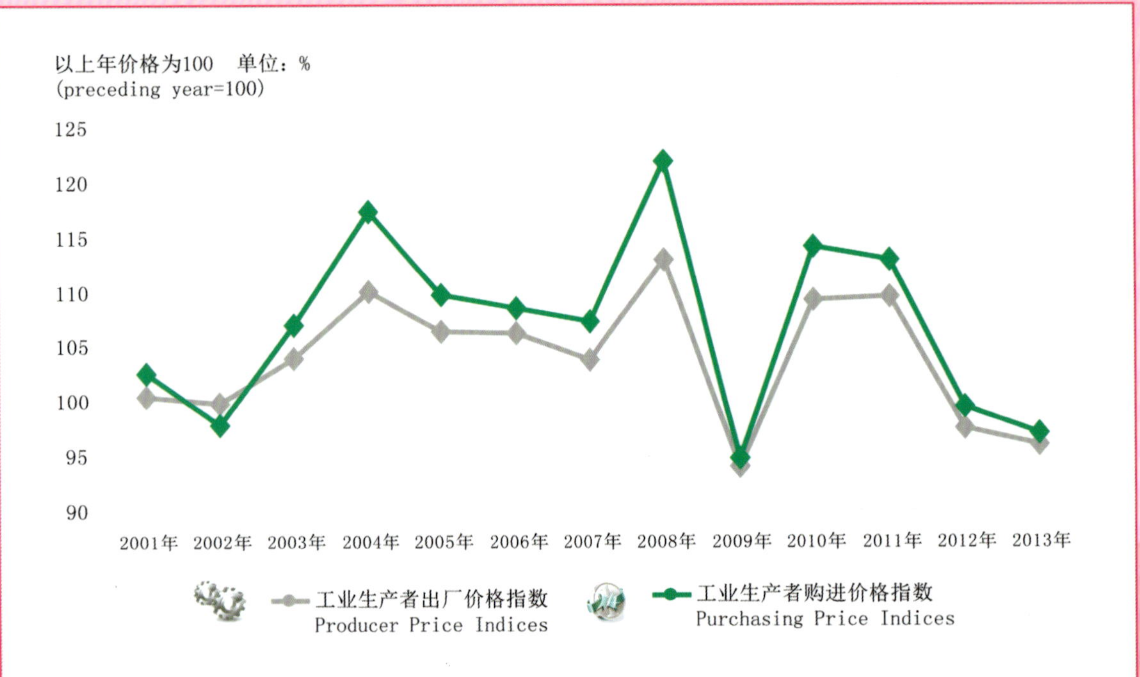

主要年份工业生产者价格变化

The Changes of Producer Price Indices for Industrial Products in Main Years

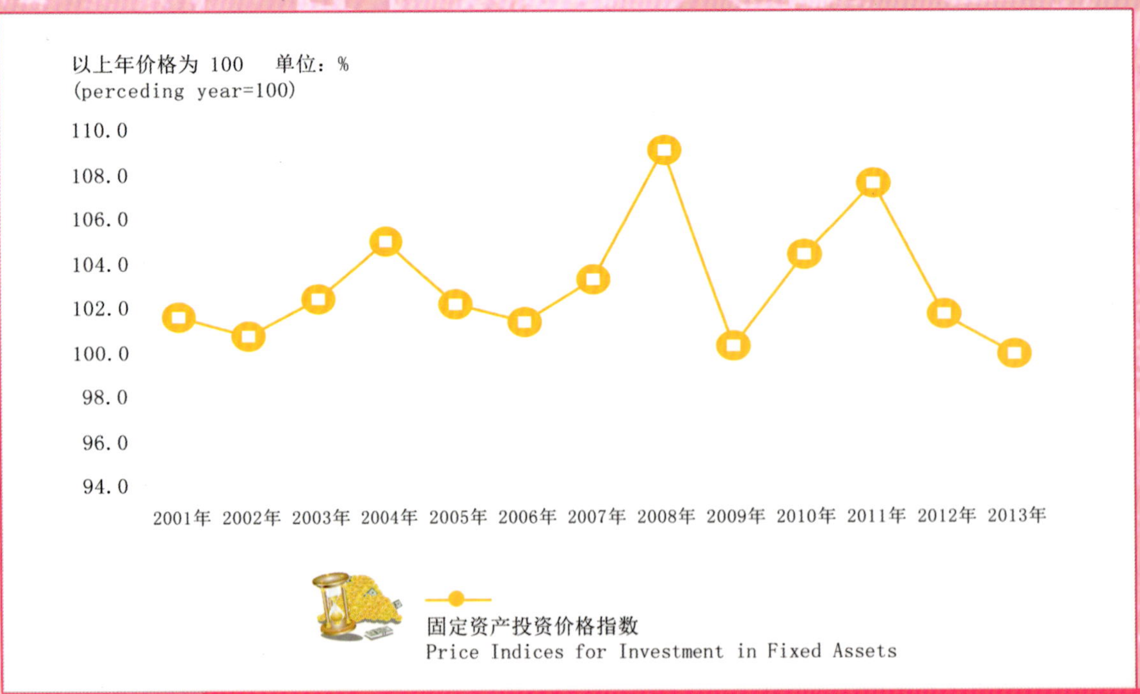

主要年份固定资产投资价格变化

The Changes of Price Indices for Investment in Fixed Assets in Main Years

编者说明

一、《宁夏调查年鉴—2014》是国家统计局宁夏调查总队编辑的集调查分析报告和统计调查数据于一体的资料性书籍。

二、《宁夏调查年鉴—2014》系统收录了宁夏全区及沿黄地区、中南部地区和各市、县（区）2013 年城乡居民收入、物价、粮食产量、畜禽产品产量、规模以下工业、农民工就业、农村贫困等统计调查数据，同时还整理了历史重要年份全国、全区主要统计调查数据，是一部从不同侧面反映宁夏经济和社会发展情况的资料性年刊。

三、本书正文内容分为七大篇章，即，1.综合篇；2. 住户调查篇；3. 价格调查篇；4. 农业调查篇；5. 企业调查篇；6. 农民工调查篇；7. 农村贫困调查篇。为方便读者使用，每篇调查数据前后分别附简要说明和主要指标解释，对本项调查的数据来源、主要指标口径变动情况、主要指标涵义等作了说明和解释。

四、本书所涉及的调查数据有的是调查样本数据超级汇总的结果，有的是根据调查样本数据计算的平均数，有的是根据调查样本数据计算的结构数,有的是根据调查样本数据加权推算的总体数据，在每篇数据前附有具体说明。

五、根据宁夏区情特点，本书除提供全区、市、县（市、区）调查数据外，还根据调查样本数据推算出沿黄地区、中南部地区汇总数据。沿黄地区包括兴庆区、西夏区、金凤区、永宁县、贺兰县、灵武市、大武口区、惠农区、平罗县、利通区、青铜峡市、沙坡头区、中宁县。中南部地区包括红寺堡区、盐池县、同心县、原州区、西吉县、隆德县、泾源县、彭阳县、海原县。银川市辖区包括：兴庆区、金凤区、西夏区。石嘴山市辖区包括：大武口区、惠农区。

六、本书中有些历史数据由于制度方法的改革，调查指标口径、范围、涵义等发生变化，为了便于可比，有的指标按现行方案规定作了调整，有的指标口径无法调整仍沿用过去口径。有的指标最近几年有，而过去没有；有的指标过去有，而现行指标体系已经取消。使用时要注意。

七、本书所使用的度量衡单位，均采用国际统一标准计量单位。

八、本书中部分数据合计数或相对数由于单位取舍不同而产生的计算误差，均未作机械调整。

九、符号使用说明:表中的“空格”表示该项统计指标数据不足本表最小单位数、不详或无该项数据；“#”表示其中的主要项；“*”或“①”表示本表下有注解。

目　录

Contents

第三篇　价格调查
Price Survey

第四篇　农业调查
Agriculture Survey

第五篇　企业调查
Enterprise Survey

第六篇　农民工调查
Migrant Workers Survey

第七篇　农村贫困调查
Rural Poverty Survey

附　录
Appendix

第一篇

综合

General Survey

宁夏回族自治区 2013 年国民经济和社会发展统计公报[1]

宁夏回族自治区统计局　国家统计局宁夏调查总队

2014 年 4 月 1 日

2013 年，面对国内外复杂严峻的发展环境，自治区党委、政府坚持稳中求进的工作总基调，审时度势、科学决策,以提高发展质量和效益为中心，着力推进经济结构调整和产业转型升级，扎实推进稳增长、调结构、促改革、惠民生的各项工作，全区经济呈现“稳中有进、稳中向好”的运行态势，各项社会事业全面进步。

一、综合

年末全区常住人口 654.19 万人。其中，城镇人口 340.28 万人，占常住人口比重 52.01%，比上年提高 1.34 个百分点。人口出生率为 13.12‰，比上年下降 0.14 个千分点；死亡率为 4.50‰，比上年提高 0.17 个千分点；人口自然增长率为 8.62‰，比上年下降 0.31 个千分点。

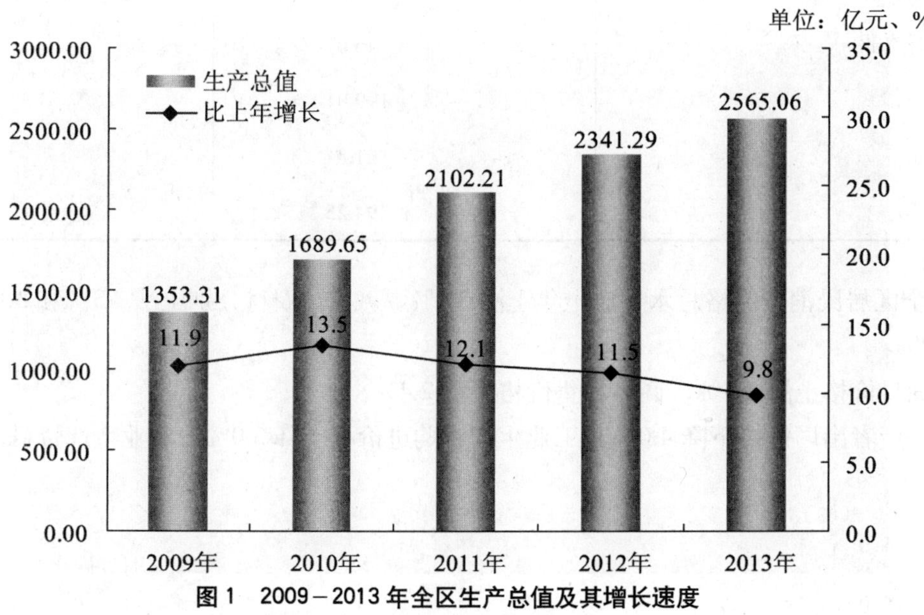

图 1　2009－2013 年全区生产总值及其增长速度

表 1　2013 年年末人口数及其构成

指　标	年末数(万人)	比重(%)
年末总人口	654.19	100.00
其中：城镇	340.28	52.01
乡村	313.91	47.99
其中：男性	334.51	51.13
女性	319.68	48.87
其中：0-15 周岁[2]（含不满 16 周岁）	144.45	22.08
16-59 周岁（含不满 60 周岁）	433.07	66.20
60 周岁及以上	76.67	11.72
其中：65 周岁及以上	48.47	7.41

初步核算，全区实现生产总值[3]2565.06 亿元，按可比价格计算，比上年增长 9.8%。其中，第一产业增加值 222.98 亿元，增长 4.5%；第二产业增加值 1264.96 亿元，增长 12.5%；第三产业增加值 1077.12 亿元，增长 7.5%。按常住人口计算，全区人均生产总值 39420 元，增长 8.6%。

三次产业增加值构成由 2012 年的 8.5:49.5:42.0 调整为 2013 年的 8.7:49.3:42.0。三次产业对经济增长的贡献率分别由 2012 年的 4.5%、61.8%和 33.7%转变为 2013 年的 3.8%、66.6%和 29.6%。

表 2　2013 年全区生产总值及增长速度

指　　标	绝对值（亿元）	比上年增长（%）
全区生产总值	2565.06	9.8
第一产业	222.98	4.5
第二产业	1264.96	12.5
工业	944.50	12.0
建筑业	320.46	14.3
第三产业	1077.12	7.5
交通运输、仓储和邮政业	201.71	4.4
批发和零售业	133.44	4.6
住宿和餐饮业	46.07	1.8
金融业	199.81	17.4
房地产业	101.84	11.4
其他	394.25	5.9

2013 年，全区居民消费价格总水平比上年上涨 3.4%，城市、农村分别上涨 3.3%和 3.8%。其中，食品类价格上涨 7.2%。

全年服务项目价格上涨 2.1%；商品零售价格上涨 2.4%。

全年工业生产者出厂价格下降 4.0%；工业生产者购进价格下降 3.0%；农业生产资料价格上涨 1.6%。

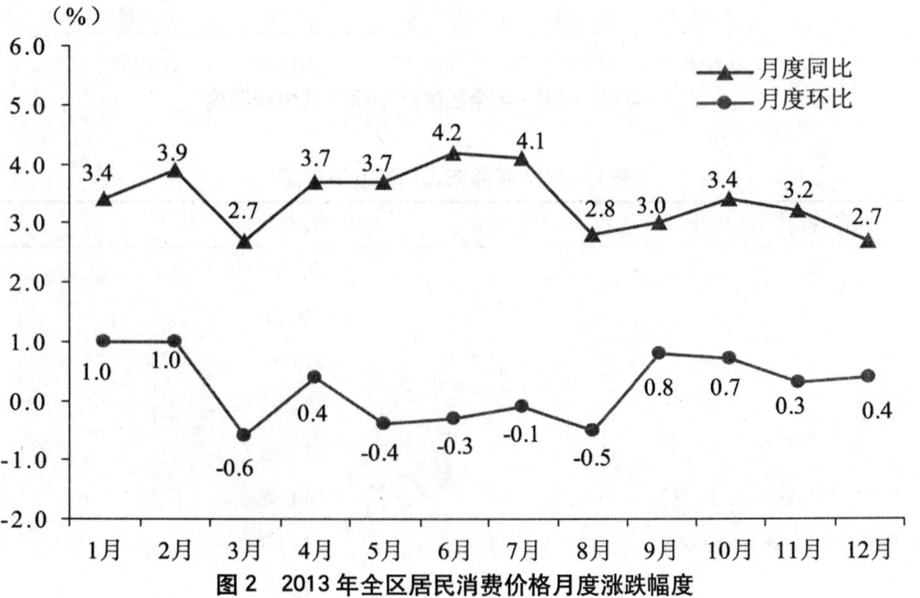

图 2　2013 年全区居民消费价格月度涨跌幅度

表 3　2013 年全区居民消费价格指数（上年=100）

指　　标	全　区	城 市	农 村
居民消费价格总指数	103.4	103.3	103.8
食　品	107.2	107.1	107.3
其中：粮食	105.8	105.3	106.4
烟酒	99.8	99.8	99.8
衣着	103.0	102.5	104.2
家庭设备用品及服务	101.3	100.7	102.7
医疗保健及个人用品	103.2	103.7	101.9
交通和通信	98.6	98.5	98.8
娱乐教育文化用品及服务	99.7	99.0	101.8
居住	102.2	102.3	102.0

全年完成公共财政预算总收入[4]528.22 亿元，比上年增长 14.8%，完成地方公共财政预算收入 308.14 亿元，增长 16.7%。其中: 增值税、营业税、企业所得税和个人所得税等主体税种分别实现 31.88 亿元、105.57 亿元、25.84 亿元和 7.39 亿元，分别增长 21.5%、14.2%、1.8%和 10.7%。

单位：亿元、%

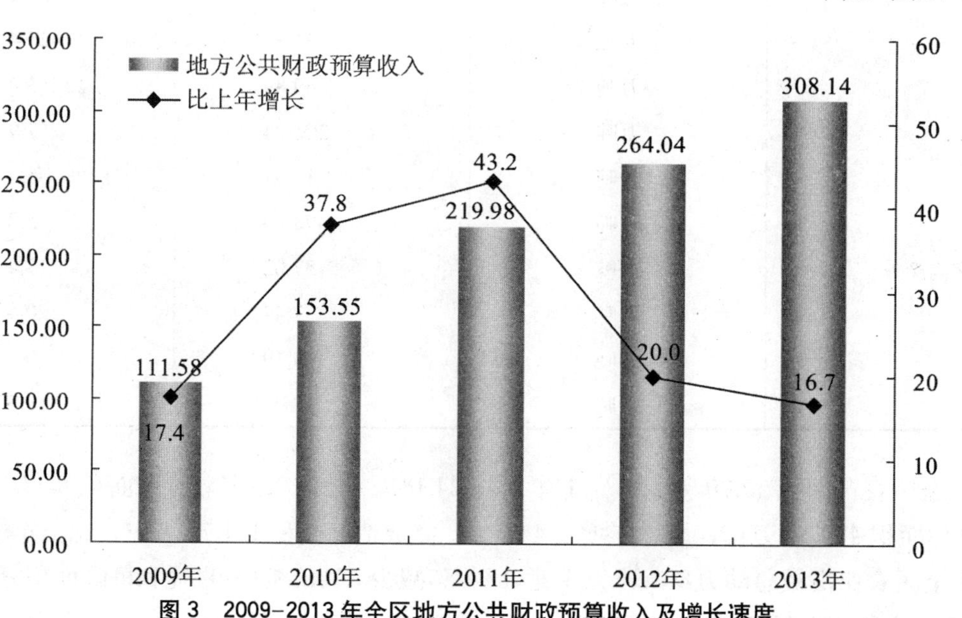

图 3　2009–2013 年全区地方公共财政预算收入及增长速度

全年公共财政预算支出 931.48 亿元，比上年增长 7.8%。其中，教育支出 115.67 亿元，增长 8.7%；农林水事务支出 149.50 亿元，增长 6.9%；社会保障和就业支出 101.55 亿元，增长 13.3%；医疗卫生支出 53.32 亿元，增长 15.7%；住房保障支出 57.18 亿元，增长 1.7%；城乡社区事务支出 134.54 亿元，增长 22.7%。

二、农业

全年完成农业总产值 430.00 亿元，比上年增长 4.7%。其中，种植业产值 269.00 亿元，增长 4.3%；林业产值 9.84 亿元，增长 0.7%；畜牧业产值 120.01 亿元，增长 3.8%；渔业产值 13.22 亿元，增长 17.5%；农林牧渔服务业产值 17.93 亿元，增长 9.6%。

全年粮食播种面积 1202.40 万亩，比上年减少 3.2%，粮食总产量 373.40 万吨，减少 0.4%，实现连续十年丰收。油料播种面积 125.79 万亩，减少 5.1%。蔬菜播种面积 173.04 万亩，增长 3.4%。

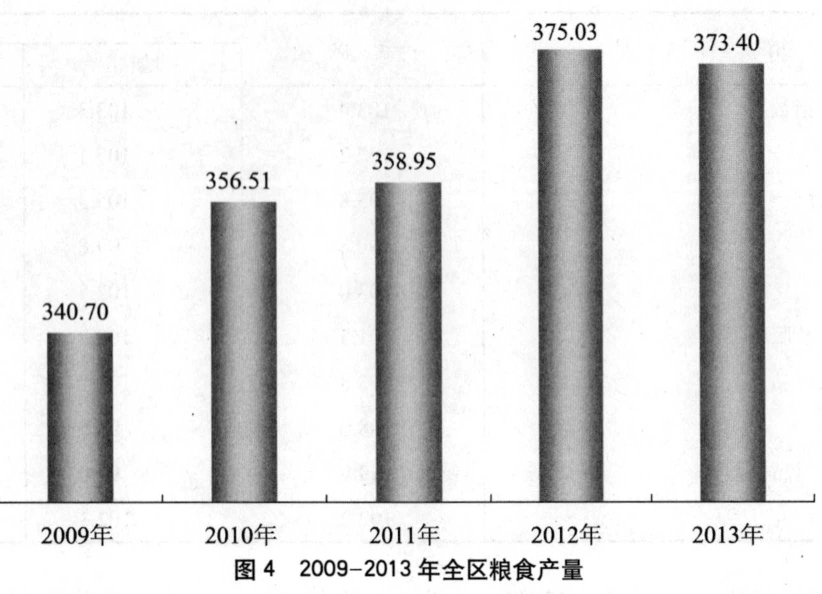

图 4 2009-2013 年全区粮食产量

表 4 2013 年全区主要农林牧渔产品产量

指　标	单位	产量	比上年增长(%)
粮食	万吨	373.40	-0.4
小麦	万吨	46.32	-25.4
水稻	万吨	69.89	-3.4
玉米	万吨	206.24	7.9
油料	万吨	17.07	-5.3
蔬菜	万吨	498.59	5.8
猪牛羊禽肉产量	万吨	27.02	3.4
禽蛋	万吨	7.44	20.4
牛奶	万吨	104.19	0.7
水产品	万吨	14.49	17.3

2013 年末全区育苗面积 52.70 万亩，比上年增长 24.1%。其中，本年新育苗面积 8.77 万亩。年末实有封山（沙）育林面积 489.33 万亩，比上年增长 11.3%；完成造林面积 151.72 万亩，比上年增长 6.7%。

2013 年末全区农业机械总动力 801.98 万千瓦，比上年减少 1.1%。机耕、机播和机收面积分别达到 1338.66 万亩、1068.05 万亩和 805.65 万亩，分别减少 2.8%、减少 1.6%和增长 3.8%。

三、工业和建筑业

全年全部工业增加值 944.50 亿元,比上年增长 12.0%。全年规模以上工业实现工业增加值 907.22 亿元,比上年增长 12.5%。在规模以上工业增加值中,轻工业增加值 118.80 亿元,增长 15.2%；重工业增加值 788.43 亿元，增长 12.1%。分经济类型看，国有企业增长 10.2%，集体企业增长 21.1%，股份制企业增长 12.9%，外商及港澳台商投资企业增长 4.3%，国有控股企业增长 5.2%，私营企业增长 21.6%。非公有制工业完成工业增加值 359.9 亿元，比上年增长 16.3%。

14 个工业部门中除烟草外，其他都保持增长态势。其中，冶金工业增长 51.3%，纺织工业增长 24.1%，建材工业增长 19.3%，医药工业增长 14.5%，石油石化工业增长 14.3%，五大部门工业共实现工业增加值 288.5 亿元。六大高耗能行业[5]实现增加值 503.0 亿元，比上年增长 11.7%。在统计的 147 种工业产品中，有 83 种保持增长，占比为 56.5%。工业产品销售率为 97.7%。

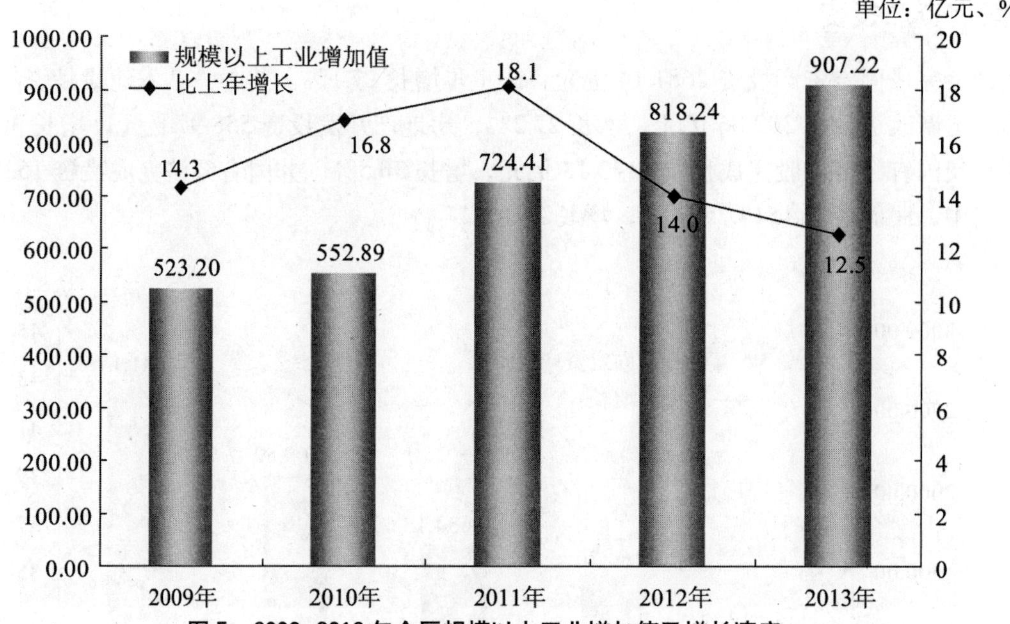

图5 2009-2013年全区规模以上工业增加值及增长速度

表5 2013年全区主要工业产品产量及增长速度

指　标	单 位	产　量	比上年增长（%）
发电量	亿千瓦时	1140.97	8.0
焦　炭	万吨	731.21	21.3
原　铝	万吨	149.77	-1.7
橡胶轮胎外胎	万条	165.89	16.9
农用化肥（折纯）	万吨	70.30	-20.1
烧碱（氢氧化钠）	万吨	45.51	8.8
电石（碳化钙）	万吨	319.56	2.7
钢　材[6]	万吨	149.84	37.3
水　泥	万吨	1914.28	20.3
铁合金	万吨	254.58	28.9
乳制品	万吨	65.74	16.4
饮料酒	万千升	29.75	51.6
白　酒	万千升	1.26	-23.5
啤　酒	万千升	25.90	68.5
葡萄酒	万千升	1.67	0.0
金属切削机床	台	3222	-13.8
轴承	万套	627.73	56.6

全年规模以上工业企业实现主营业务收入3374.49亿元，比上年增长12.6%；盈亏相抵后实现利润139.11亿元，比上年增长29.5%。主营业务收入利润率（以利润总额计算）为4.12%，比去年提高了0.5个百分点。实现税金总额168.07亿元，比上年增长9.5%。

全区具有资质的总承包和专业承包建筑业企业556家，全年完成建筑业总产值564.66亿元，比上年增长20.9%。按建筑业总产值计算的劳动生产率23.74万元/人，同比减少1.37万元/人。建筑业企业房屋建筑施工面积4665.94万平方米，比上年增长24.9%；房屋竣工面积1927.79万平方米，增长26.2%。

四、固定资产投资

全年全社会完成固定资产投资2681.14亿元，比上年增长27.1%。其中，基本建设投资1728.40亿元，增长26.9%；更新改造投资302.86亿元，增长27.2%；房地产开发投资558.97亿元，增长30.2%。分投资主体看，国有及国有经济控股完成投资1143.13亿元，增长30.5%；非国有经济完成投资1538.01亿元，增长24.7%，其中，民间投资1514.75亿元，增长26.8%。

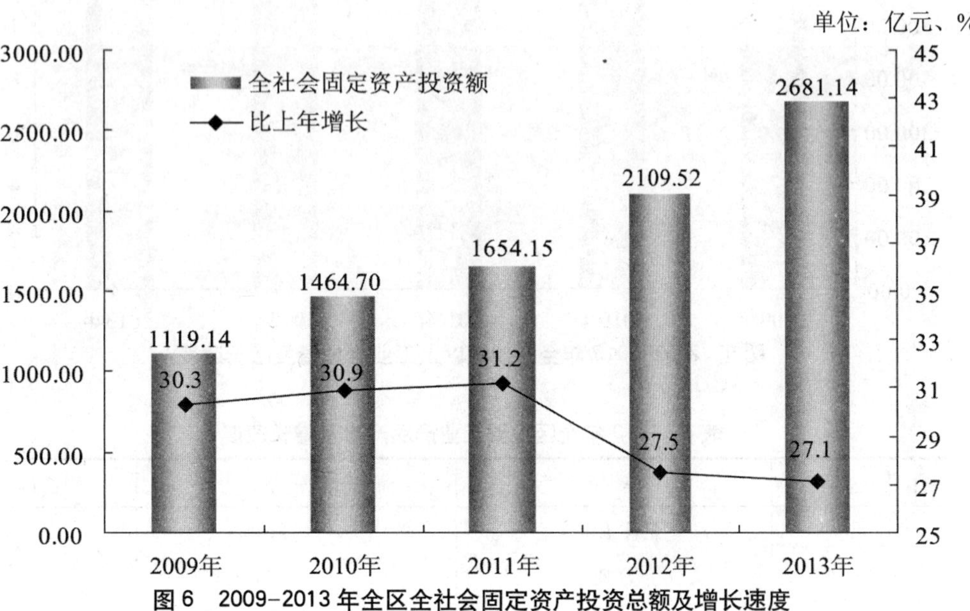

图6　2009-2013年全区全社会固定资产投资总额及增长速度

从投资结构看，第一产业投资88.93亿元，增长23.9%。第二产业投资1257.27亿元，增长19.8%。其中，工业投资1237.21亿元，增长21.5%。第三产业投资1334.94亿元，增长35.1%。

表6　2013年全区分行业全社会固定资产投资

指　　标	绝对量（亿元）	比上年增长（%）
全社会固定资产投资	2681.14	27.1
采矿业	201.72	23.3
制造业	789.52	25.7
电力、热力、燃气及水的生产和供应业	245.98	8.7
建筑业	20.06	-35.9
批发和零售业	51.16	-4.5
交通运输、仓储和邮政业	154.18	35.5
住宿和餐饮业	19.88	51.0
信息传输、软件和信息技术服务业	12.37	7.9
金融业	1.73	152.5
房地产业	789.22	32.2
租赁和商务服务业	12.47	55.3
科学研究和技术服务业	5.90	496.7
水利、环境和公共设施管理业	179.09	65.4
居民服务和其他服务业	13.17	32.1
教育	28.90	-0.8
卫生和社会工作	16.86	51.9
文化、体育和娱乐业	16.29	102.9
公共管理和社会组织	33.72	46.5

全年固定资产投资施工项目 3857 个，增长 30.1%，施工项目计划总投资 9327.29 亿元，增长 21.5%。全区亿元以上项目完成固定资产投资 1525.31 亿元，同比增长 24.6%。

全年房地产开发投资 558.97 亿元，比上年增长 30.2%。其中，住宅投资 340.27 亿元，增长 21.7%；办公楼完成投资 18.79 亿元，增长 73.3%；商业营业用房投资 127.12 亿元，增长 53.1%。房屋施工面积 6043.23 万平方米，比上年增长 20.1%，竣工面积 1104.45 万平方米，下降 4.1%。

全年商品房销售面积为 1048.31 万平方米,比上年增长 30.3%。其中，住宅销售面积 928.26 万平方米，增长 31.2%；商品房销售额 443.70 亿元，增长 39.7%。其中，商品住宅销售额 363.60 亿元，增长 41.9%。

五、国内贸易

全年实现社会消费品零售总额 610.51 亿元,比上年增长 12.5%，扣除价格因素,实际增长 9.9%。按经营地统计，城镇消费品零售额 560.49 亿元，增长 12.5%；乡村消费品零售额 50.02 亿元，增长 12.0%。按消费形态统计，商品零售额 521.51 亿元，增长 12.8%；餐饮收入额 89.00 亿元，增长 10.2%。

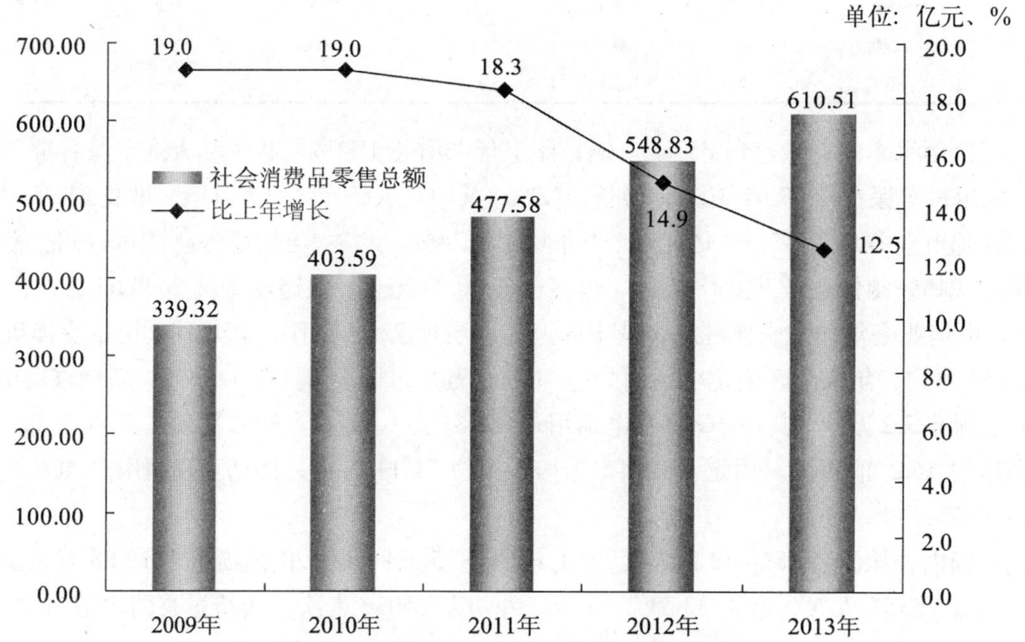

图 7　2009–2013 年全区社会消费品零售总额及增长速度

在限额以上企业商品零售额中，粮油、食品、饮料、烟酒类零售额增长 11.0%，日用品类增长 9.9%，中西药品类增长 31.5%，电子出版物及音像制品类增长 33.0%，金银珠宝类增长 33.2%，化妆品类增长 17.5%。建筑及装潢材料类增长 54.7%，汽车类增长 5.8%，家用电器和音像器材类增长 5.8%。

六、对外经济

据海关统计，全年实现进出口总额 32.18 亿美元，比上年增长 45.2%。其中，出口总额 25.52 亿美元，增长 55.5%；进口总额 6.66 亿美元，增长 15.6%。全年累计实现贸易顺差 18.86 亿美元。

全区一般贸易出口额 24.97 亿美元，增长 53.7%，加工贸易实现出口额 697 万美元，下降 56.9%。机电产品出口 6.07 亿美元，增长 1.4 倍，高新技术产品出口 4.18 亿美元，下降 1.2%。羊绒衫出口增长 39.4%，钽铌铍及制品出口下降 9.6%，机床及铸件出口增长 8.7%，羊绒纱线出口增长 78.9%。

全年实际利用外资 2.04 亿美元，比上年下降 41.4%。其中，实际利用外商直接投资 1.48 亿美元，下降 32.1%。2013 年全区新批准外商直接投资项目 21 个，合同外资金额 3.83 亿美元。其中，制造业签订利用外商直接投资项目 6 个，合同额 2.97 亿美元。2013 年底，全区注册登记外商投资法人企业累计达到 161 家。其中，中外合资企业占 50.3%。

七、交通[7]、邮电和旅游

年末铁路营业里程 1029.3 公里。公路通车里程 28553.86 公里，增长 7.7%。高速公路里程 1343.8 公里，比上年增长 1.53%。全年货物运输总量 4.6 亿吨，比上年增长 9 %。货物运输周转量 1187.74 亿吨公里，增长 7.8%。全年旅客运输总量 1.74 亿人次，比上年增长 6.4%；旅客运输周转量 156.49 亿人公里，增长 8.6%。机场旅客吞吐量 424.78 万人，增长 11.5%。

表 7　2013 年全区各种运输方式完成运输量及增长速度

运输方式	货物				旅客			
	运输总量		运输周转量		运输总量		运输周转量	
	绝对数(万吨)	比上年增长(%)	绝对数(亿吨公里)	比上年增长(%)	绝对数(万人)	比上年增长(%)	绝对数(亿人公里)	比上年增长(%)
总　计	46036	9	1188	7.8	17429	6.4	156.5	8.6
铁　路	8412	-0.6	364.75	0.03	594	11.0	44.5	8.2
公　路	36466	11.7	784.14	12	16631	6.3	85.5	7.3
航　空	0.96	11.6	0.15	25	204	8.7	26.4	12.4
管　道	1157	1.4	38.7	4.3	—	—	—	—

年末全区民用汽车保有量达到 85.41 万辆，比上年末增长 17.1%，其中私人汽车保有量 70.88 万辆，增长 19.3%。民用轿车保有量 37.07 万辆，增长 20.2%，其中私人轿车 33.67 万辆，增长 21.7%。

全年完成邮电业务总量[8]71.67 亿元，比上年增长 1.24%。其中，电信业务总量 66.96 亿元，增长 9.81%；邮政业全年完成邮政函件业务 916.18 万件，包裹业务 30.24 万件，快递业务量 2690.63 万件；快递业务收入 24300 万元。电信业全年局用交换机总容量 198 万门，增加 72.64 万门；新增移动电话交换机容量 188.2 万户，达到 1158 万户。年末全区固定电话用户达 104.69 万户，比上年下降 0.26%。新增移动电话用户 21.76 万户，年末达到 627.2 万户，其中 3G 移动电话用户[9]218 万户，每百人拥有移动电话 96.9 部，净增 2.79 部。电话普及率达到 16.2 部/百人。固定互联网宽带接入用户 71.14 万户，移动互联网用户 466.5 万户。互联网普及率达到 43.7%。

全年接待国内外旅游者 1820.42 万人次，比上年增长 15.5%。其中，国内游客 1817.88 万人次，增长 15.4%；过夜入境旅游者 25357 人次，增长 33.5%。其中，外国人 15036 人次。接待过夜国内游客 797.59 万人次，增长 8.6%。实现旅游总收入 127.30 亿元，增长 21.3%。其中，国内旅游收入 126.55 亿元，增长 21.0%。全区实现旅游外汇收入 1208.31 万美元。

八、金融、证券和保险

2013 年末，全区金融机构本外币各项存款余额 3881.40 亿元,比年初增加 373.80 亿元。其中，人民币各项存款余额 3868.47 亿元,外汇存款余额 2.12 亿美元。金融机构本外币各项贷款余额 3947.29 亿元，比年初增加 572.67 亿元。其中，人民币各项贷款余额 3910.15 亿元，外汇贷款余额 6.09 亿美元。

表 8　2013 年末金融机构存贷款余额

指　标	年末数（亿元）	比年初增减（亿元）	比上年末±%
本外币存款余额	3881.40	373.80	—
人民币存款余额	3868.47	372.62	10.7
＃单位存款	1799.87	126.27	7.6
个人存款	1954.74	266.26	15.8
本外币贷款余额	3947.29	572.67	—
人民币贷款余额	3910.15	568.07	17.1
＃短期贷款	1496.05	211.89	16.7
中长期贷款	2291.29	341.87	17.5

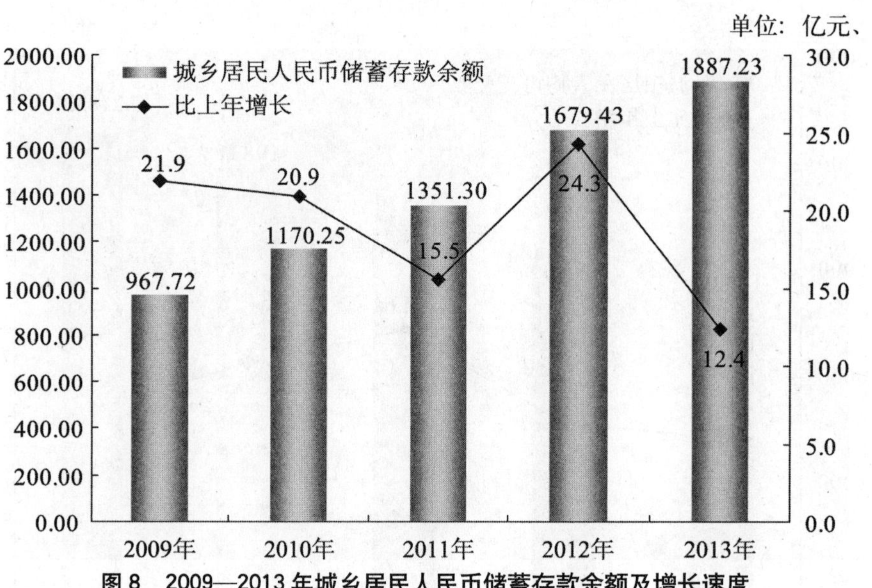

图 8　2009—2013 年城乡居民人民币储蓄存款余额及增长速度

年末上市公司 12 家，总股本 44.91 亿股，总市值 356.99 亿元，比上年下降 6.5%。其中，流通市值 305.93 亿元，比上年下降 6.9%。全年证券交易额 1549.84 亿元，比上年增长 51.2%。

全区省级营业性保险分公司 16 家，实现保费收入 72.70 亿元，比上年增长 16.0%。其中，财产险收入 31.40 亿元，增长 18.6%；寿险收入 32.1 亿元，增长 11.8%；健康险收入 7.16 亿元，增长 22.8%；意外伤害险收入 2.04 亿元，增长 21.5%。支付各类赔款和给付 24.04 亿元，增长 20.3%。其中，财产险赔款 15.79 亿元，增长 19.9%；寿险给付 5.76 亿元，增长 24.1%；健康险给付 1.96 亿元，增长 15.8%；意外伤害险赔款 0.52 亿元，增长 8.4%。

九、人民生活和社会保障

2013 年全区就业人口[10]350 万人，与 2012 年相比，净增 5.5 万人，增长 1.6%。其中，第一产业 165 万人，下降 1.3%；第二产业 61 万人，增长 6.7%；第三产业 124 万人，增长 3.2%。就业结构由 2012 年的 48.5∶16.5∶35.0 调整为 2013 年的 47.2∶17.3∶35.5。

全年农村居民人均纯收入 6931 元，比上年增加 751 元，增长 12.2%，扣除价格因素实际增长 8.1%。农村居民家庭恩格尔系数为 34.4%，比上年下降 0.9 个百分点。农村居民人均居住面积 22.7 平方米。

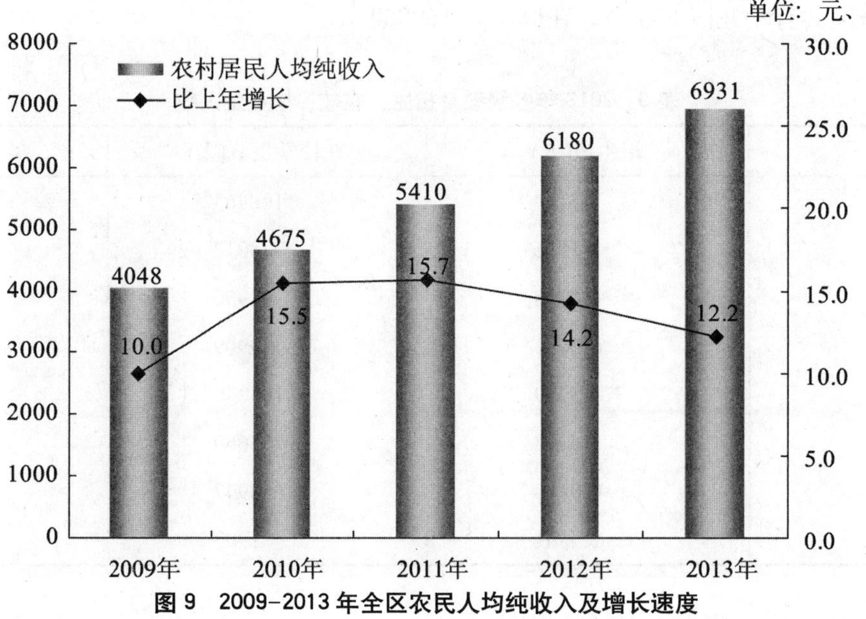

图 9　2009-2013 年全区农民人均纯收入及增长速度

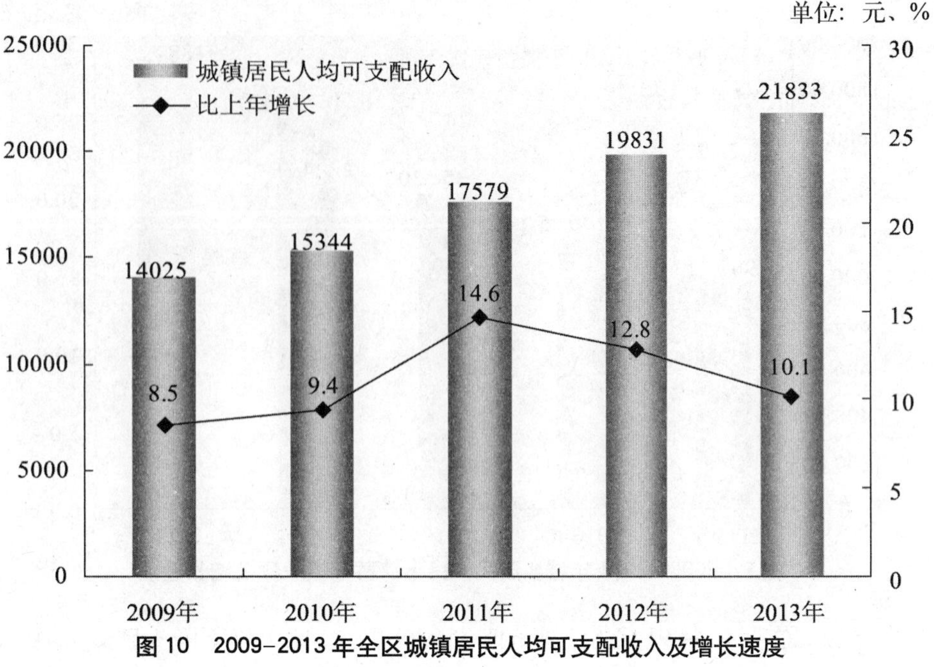

图 10　2009–2013 年全区城镇居民人均可支配收入及增长速度

全年城镇居民人均可支配收入 21833 元，比上年增加 2002 元，增长 10.1%，扣除价格因素实际增长 6.6%。城镇居民家庭恩格尔系数为 32.0%，比上年下降 1.9 个百分点。城镇居民人均居住建筑面积 30.9 平方米。

2013 年末全区参加基本养老保险人数为 143.77 万人，比上年增长 10.4%，其中参保职工 101.83 万人，参保离退休人员 41.94 万人。离退休人员养老金社会化发放率继续保持在 100%。参加失业保险人数 69.86 万人，增长 8.38%。参加医疗保险人数 565.52 万人，其中，参加城镇职工基本医疗保险 108.60 万人，参加城乡居民医疗保险 456.92 万人。2013 年末，全区养老保险、失业保险、医疗保险、工伤保险和生育保险五项保险基金收入 179.72 亿元。年末五项社保基金累计结余 258.72 亿元，较上年末增加 26.07 亿元，增长 11.21%。到 2013 年底，全区享受低保救济的困难群众达 56.36 万人。其中，城镇 17.97 万人，农村 38.39 万人。年末全区共有各类收养性社会福利单位数 78 个，床位数 9564 张，收养各类人员 6619 人。

十、教育与科技

2013 年末全区各级各类学校 2848 所，教职工 92499 人。其中，各类普通高校 16 所，中等职业教育学校[11] 35 所，普通中学 304 所，初中阶段毛入学率 100.62%，普通小学 1850 所，小学学龄儿童入学率 99.50%，特殊学校 8 所。全区共有幼儿园 634 所，在园幼儿 169080 人。

表 9　2013 年各级教育招生、在校、毕业生人数

类 别	招生数(人)	在校学生数(人)	毕业学生数(人)
普通高等学校	32749	108463	23453
#研究生	1516	4012	1232
中等职业教育学校	30348	93950	31536
普通中等学校	152691	449909	142604
高 中	55779	165240	49770
初 中	96912	284669	92834
普通小学	100194	603947	101909
特殊教育学校	301	1903	188

全年登记自治区级科技成果 264 项，比上年增长 12.8%。其中，基础理论成果 47 项，应用技术成果 183 项，软科学成果 34 项。全年申请专利量 3230 件。其中，发明专利 1792 件，增长 111.8%。专利授权量 1211 件，增长 43.8%。其中，发明专利授权量 184 件，增长 30.5%。

2013 年末全区拥有国家级工程研究中心 3 个，自治区级工程研究中心 30 个；国家重点实验室 1 个，省部共建国家重点实验室培育基地 3 个，自治区级重点实验室 15 个；国家级企业（集团）技术中心 12 个，自治区级企业（集团）技术中心 55 个。

十一、文化、卫生和体育

2013 年末全区共有博物馆 11 个，国家综合档案馆 27 个，公共图书馆 26 个，文化馆 26 个，各类艺术表演团体 12 个。全年地方出版报纸 19 种，出版期刊 37 种，出版图书 2739 种。有线电视用户 89.8 万户，有线数字电视用户 89.8 万户。2013 年末广播节目综合人口覆盖率为 96.06%；电视节目综合人口覆盖率为 99.09%。

2013 年末全区共有医疗卫生机构[12]4230 个，其中医院 156 个，卫生院 228 个，疗养院（所）1 个，社区卫生服务中心（站）[13]112 个，诊所（卫生所、医务室）1074 个，疾病预防控制中心 25 个，妇幼保健机构 22 个，卫生监督所 25 个，村卫生室 2461 个。医疗卫生机构床位 3.03 万张。卫生技术人员 37350 人，其中执业(助理)医师 14317 人，注册护师、护士 13978 人。

2013 年举办县级以上全民健身活动 365 次，其中 1000 人以上的大型全民健身活动 180 次，举办青少年单项比赛 11 项，参加活动的人数总计达到 100 万人次。全区运动员在世界比赛中取得 3 个名次。在全国比赛取得金牌 9 枚、银牌 5 枚、铜牌 6 枚；全年有 10 人达国家一级运动员等级标准，489 人达国家二级运动员等级标准，73 人获得国家一级裁判员等级称号。

十二、资源、环境与安全生产

初步核算，2013 年全区能源消费总量为 4850.5 万吨标准煤，比上年增长 6.3%。单位地区生产总值能耗下降 3.22%。

全年总用水量 72.13 亿立方米，比上年增长 4.0%。万元地区生产总值用水量[14] 310.91 立方米，比上年下降 5.3%；万元工业增加值用水量 57.76 立方米，下降 1.5%。全年平均降水量 321 毫米，比上年增长 5.0%。

年末城市污水处理厂日处理能力达 97.5 万立方米，比上年末增长 15.0%；城市污水处理率达到 89%，比上年提高 0.8 个百分点。城市集中供热面积 1.2 亿平方米，比上年增长 31.4%。建成区绿地率达到 37.9%，比上年提高 7.4 个百分点。

全年各类生产安全事故死亡人数 473 人，比上年下降 3.1%。亿元地区生产总值生产安全事故死亡率为 0.18；煤矿百万吨死亡率为 0.02；道路交通万车死亡率为 2.36；工矿商贸十万人死亡率为 2.08。

注释：

[1]本公报中数据均为初步统计数，正式数据以《宁夏统计年鉴-2014》为准。部分数据因四舍五入的原因，存在着与分项合计不等的情况。

[2]考虑到我国劳动年龄下限为 16 周岁，从 2013 年开始公布 16-59 岁（含不满 60 周岁）人口数据。按照往年公报公布口径，2013 年末，0-14 岁（含不满 15 周岁）人口为 133.52 万人，15-59 岁（含不满 60 周岁）人口为 444.00 万人。

[3]全区生产总值及各产业和各行业增加值指标绝对数按现价计算，增长速度按可比价格计算。

[4] 2008 年至 2012 年数据为公共财政预算收入决算数，2013 年为执行数。

[5]六大高耗能行业分别为：化学原料和化学制品制造业、非金属矿物制品业、黑色金属冶炼和压延加工业、有色金属冶炼和压延加工业、石油加工炼焦和核燃料加工业、电力热力生产和供应业。

[6]钢材产量数据中含使用钢材加工成其他钢材的重复计算因素。

[7]公路交通运输货运、客运数据按 2013 年交通运输统计专项调查之前口径核算。

[8]邮电业务总量按 2010 年不变价格计算。

[9] 3G 是指第三代蜂窝移动通信系统（3rd-generation，简称 3G），3G 移动电话用户是指报告期末在计费系统拥有使用信息、占用 3G 网络资源的在网用户。

[10] 2013 年全区就业人员数为预计数。

[11] 中等职业教育包括普通中专、成人中专、职业高中。

[12] 医疗卫生机构包括村卫生室。

[13] 社区卫生服务中心（站）指独立法人、财务独立的社区卫生服务机构。

[14] 万元地区生产总值用水量、万元工业增加值用水量按 2010 年不变价格计算。

第二篇
住户调查
Household Survey

简要说明

长期以来，中国的住户调查一直分城乡分别开展。城镇住户调查居民可支配收入，农村住户调查农民纯收入，至今没有全国统一的居民收入和消费支出数据。由于城乡分别组织开展调查，农村与城镇居民收入、支出等指标的统计口径有所不同，数据也不完全可比。为此，国家统计局对城乡住户调查实施了一体化改革，建立了统一的调查体系，并改进和完善住户调查方法和手段。从 2014 年开始，本年鉴中增加了宁夏全区、五个地级市及 22 个县（市、区）全体居民可支配收入及来源数据，增加了全体居民消费情况数据。同时为了和历史数据对比，在城乡一体化住户调查改革完成后，再统一对指标口径和历史数据进行调整。

城乡居民收支调查数据是根据抽样方法随机抽取的，分布在全区 22 个市县（区）范围的 400 个调查小区，4000 户城乡居民家庭记帐资料得到的。全区及银川市、石嘴山市、吴忠市、固原市、中卫市五个地级市、22 个县（市、区）2013 年城乡可比的全体居民可支配收入与消费等数据是根据城乡住户收支与生活状况调查记帐数据和城镇化率加权汇总计算得出，住户人口特征、就业情况、住房情况、耐用消费品拥有情况等数据通过问卷方式获取。

2013年宁夏农民增收特点分析

2013年，自治区党委、政府在牢牢把握“稳中求进”的经济发展总基调下，实施移民搬迁、扶贫助困、城乡安居、社会保障等多项惠民措施，有效地推动了农村经济较快发展，实现农民收入稳定增长。

一、2013年宁夏农民收入来源分析

2013年宁夏农民人均纯收入6931.0元，比上年增加750.7元，增长12.2%，较全国平均水平低0.2个百分点，增幅在全国31个省（市、自治区）中居第21位，扣除价格因素实际增长8.1%，实际增幅较上年回落4.2个百分点，农村居民人均纯收入中位数6369.7元。按农村居民五等份收入分组，低收入组人均纯收入2029.6元，中等偏下收入组人均纯收入4508.2元，中等收入组人均纯收入6372.6元，中等偏上收入组人均纯收入8690.0元，高收入组人均纯收入15519.0元。

（一）工资性收入持续增长，增速有所放缓

2013年宁夏农民人均工资性收入2878.4元，比上年增加367.8元，增长14.7%，工资性收入增加对纯收入增加的贡献率为49.0%，较上年提升4.0个百分点。近年来，随着农村经营模式优化、城乡一体化进程加快，农村富余劳动力得以充分有效吸纳，有务工意愿的农民都有务工机会，农民工资性收入由原来依靠外出务工人数、时间增长拉动工资性收入高速增长转为务工时间、人数趋于稳定，工资性收入增长也进入了稳定增长阶段。

（二）家庭经营纯收入小幅增长，内部结构呈现新特点

2013年宁夏农民人均家庭经营纯收入3250.0元，比上年增加178.5元，增长5.8%，占纯收入的比重为46.9%。其中农业收入人均2047.3元，与上年基本持平；牧业收入人均547.1元，较上年增加48.2元，增长9.7%；二三产业收入人均619.6元，较上年增加127.0元，增长25.8%，家庭经营收入内部结构也呈现出新特点：

1. 农业收入所占比重呈现下降趋势。2013年宁夏农民人均农业纯收入占家庭经营收入的63.0%，自2010年后连续三年出现下降趋势。2013年初的低温春寒，使山杏、苹果等水果坐果率降低，减产明显，夏季连阴多雨致使西瓜生长、枸杞采摘受到影响，产量下降，但是玉米、马铃薯等主要农产品产量均有上涨，价格波动不大，所以总体农业收入与上年持平。

2. 家庭经营收入内部结构小幅调整。2013年，宁夏农民家庭经营收入仍以农业收入为主，但是牧业收入、二三产业收入增长加快，牧业收入占家庭经营收入的16.8%，所占比重依旧变化不大；二三产业收入占家庭经营收入的19.1%，所占比重比上年提高3.1个百分点。牧业收入增长主要是受畜产品价格持续高位运行的影响，农民养殖积极性普遍提高，尤其是牛、羊产业发展迅速。同时政府出台的肉牛、肉羊养殖鼓励政策让牛羊养殖进一步发展，特别是今年牛奶、羊肉、牛肉价格连创新高，弥补了上半年我区牧业养殖受禽流感、“五号病”猪肉价格下跌等不利因素的影响，畜牧业养殖增收效果较明显。二三产业收入高速增长主要是受城镇化建设推进、土地转移力度加大、新生代农民经济意识加强等因素的影响，从事二三产业的农民人数不断增加,同时小额贷款、减免税费等个体经营扶持政策也为农民提供了宽松的创业环境，农民二三产业收入成为农民增收的新途径。

3. 二三产业增收出现多元化。长期以来，宁夏农村二三产业发展单纯依靠交通运输业和批零贸易饮食业的发展，这两项收入占二三产业的收入长期保持在85%以上，2013年，在交通运输、批零贸易业收入稳定增长的同时，工业、建筑业、社会服务业收入均大幅增长，呈现了来源多样、增收多元的新趋势。

（三）财产性、转移性纯收入增速较快，成为增收新亮点

2013 年宁夏农民人均财产性纯收入 133.3 元，比上年增加 31.8 元，增长 31.3%，其中人均转让承包土地经营权收入 55.7 元，比上年增加 21.0 元，增长 60.8%。另外，储蓄利息、保险投资等资金财产性收入也开始从无到有并有逐步增加的趋势。逐年走活的农村金融市场一改原来农民财产性收入以租金和土地承包经营权收入为唯一来源的模式，财产性收入增长出现了高速、多元的新特点。

2013 年农民人均转移性纯收入 669.3 元，比上年增加 172.5 元，增长 34.7%。农民转移性收入增长,主要受以下因素影响：一是各项支农惠农政策的进一步实施，粮食直补、农资综合补贴、良种补贴、农机具购置补贴等各项惠农措施在保证原有水平的基础上，范围和数量逐年有所增长。二是各项社会保障制度政策范围进一步扩大，巩固发展新型农村合作医疗、新型农村养老保险的同时也加大了对农村最低生活保障补助力度。三是失地农民养老保险、危房改造、中小学生免费早午餐等各项补贴的覆盖面不断扩大，也为农民转移性收入增长注入了新活力。

二、2013 年宁夏农民纯收入来源结构对比分析

（一）宁夏与全国农民纯收入来源结构对比分析

2013 年全国农村居民人均纯收入 8896 元，比上年名义增长 12.4%，扣除价格因素实际增长 9.3%。宁夏农民人均纯收入比全国农民人均纯收入低 1965 元，其中工资性收入低 1146 元，家庭经营纯收入低 544 元，财产性收入低 160 元，转移性收入低 115 元（详见图 1），从来源结构看，宁夏农民人均工资性收入和财产性收入跟全国平均水平相比差距较大。

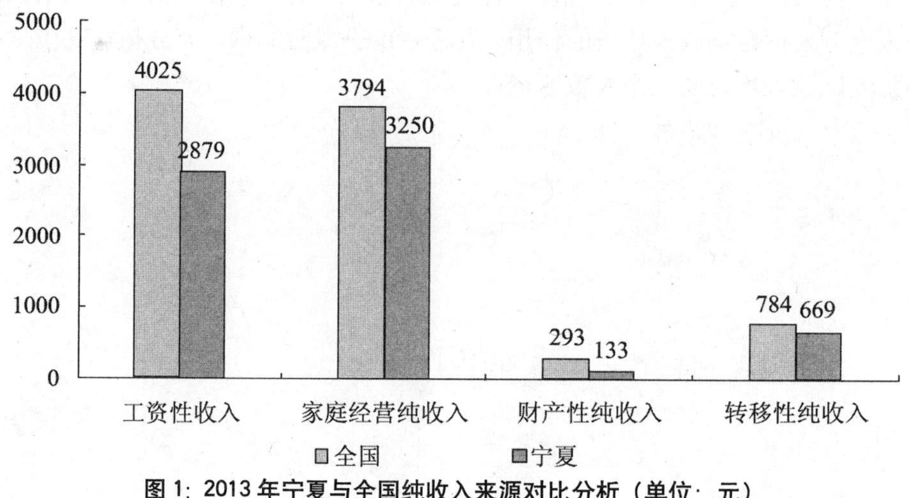

图 1：2013 年宁夏与全国纯收入来源对比分析（单位：元）

（二）宁夏与西北五省农民纯收入来源结构对比分析

在陕西、甘肃、宁夏、新疆、青海西北五省中宁夏农民人均纯收入绝对值长期处于较高水平，2013 年宁夏农民人均纯收入在西北五省中位居第二，比新疆低 365 元。但是对收入结构进行比较，还是存在着较大的差异（详见表 1）。主要是家庭经营收入占纯收入的比重还比较高，在西北五省中仅次于新疆，另外，财产性和转移性收入占纯收入的比重过低，为西北五省中最低水平，也是制约宁夏农民人均纯收入快速增长的一个重要因素。

表 1： 2013 年西北五省农村居民纯收入构成（按收入来源分）

单位：%

	纯收入	工资性收入	家庭经营纯收入	财产性纯收入	转移性纯收入
陕　西	100	48	38	3	10
甘　肃	100	43	44	3	10
青　海	100	38	41	3	18
宁　夏	100	42	47	2	9
新　疆	100	18	64	3	15

三、宁夏农民增收潜力分析

（一）工资性收入占纯收入的比重还有提升空间

农民收入中工资性收入所占份额的高低，表明农村劳动者在获取经济收入过程中对农村以外的整体社会经济发展的依赖程度。近年来，随着农村土地流转、规模化生产的推进，务工收入已成为越来越多农民重要的增收手段，同时农民外出务工开阔了视野，掌握了技能，返乡后也能推动农村二三产业的发展。2013年，宁夏农民工资性收入占纯收入的比重为42%，在西北五省区中低于此比重最高的陕西省6个百分点。所以，在今后的农民增收中工资性收入增长拉动农民纯收入增长依旧是发展趋势，提高务工农民技能水平，创造良好的务工环境，也是农民增收的必要前提。

（二）家庭经营收入占纯收入的比重将继续下行

从农民纯收入的增长完全依靠家庭经营收入，到家庭经营收入占纯收入的比重连年下降，标志着宁夏农民增收进入新时期。家庭经营纯收入占农民人均纯收入的比重虽然逐年下降，但依然是农民收入的主要部分，是农民增收的重要基础。从西北五省来看，目前宁夏农民家庭经营收入占纯收入的比重依然处于较高水平，为47%，仅低于以农牧业生产为主要经营模式的新疆，在今后的一段时间，家庭经营纯收入的增幅或将低于农民纯收入的总体增幅，但是家庭经营稳定增长依旧是农民持续稳定增收的基础，也需要各级政府高度重视农业收入，提质增效仍是重要任务。

（三）财产性及转移性收入增速有待调高

2013年，宁夏农民财产性纯收入和转移性纯收入占纯收入的比重分别为2%和9%，在西北五省中均处于最低水平，并且与次低的陕西省、甘肃省也有较大的差距，可见，在目前的农民增收过程中，财产性及转移性收入尚未充分发挥拉动收入增长的作用，在今后的一段时间内，充分拓宽农民财产性及转移性收入的增长将是增加农民收入增长的一个有效途径。

（苏春燕）

2013年宁夏农村居民消费稳步增长

2013年，宁夏农民生活消费支出与收入同步增长，人均生活消费支出6464.8元，同比增加831.7元，增长14.8%。随着宁夏农村经济持续稳定发展，农民收入水平不断提高，农村居民的消费支出也随之稳步提升，消费结构也悄然变化。

一、宁夏农民生活消费的主要特征

（一）消费水平进一步提高

2013年宁夏农村居民消费的八大类消费支出除衣着消费下降外，其他各项消费支出均大幅增加（见附表）。

2013年宁夏农村居民消费支出与上年对比情况

指标名称	消费数量（元）	增加额（元）	增长率(%)
生活消费支出	6464.8	831.7	14.8
1.食品消费支出	2223.9	30.9	11.8
2.衣着	453.4	-34.4	-7.1
3.居住	1347.5	260.0	23.9
4.家庭设备、用品及服务	382.8	61.8	19.3
5.交通和通讯	800.8	147.3	22.5
6.文化教育、娱乐用品及服务	401.0	8.0	2.0
7.医疗保健	652.0	133.9	25.8
8.其他商品和服务	203.4	22.1	12.2

1. 食品类消费比重进一步减少，质量提高。随着农村居民生活水平的提高，单纯的“吃饱”已经不能满足人们对食品消费的要求，既要色香味俱全还要讲究食品的营养，肉、禽、蛋、瓜果等副食消费比重逐年提高，餐桌上的食物逐渐丰富起来，反季蔬菜、南方蔬菜、水果、鲜奶、水产品等已进入寻常百姓家。与2012年相比，2013年宁夏农村居民消费支出中蔬菜及其制品支出170.7元，增长7.0%；肉、禽、蛋、奶及制品支出596.7元，增长10.6%，增幅均明显高于食品类消费支出的增幅。

2. 家庭耐用品向中高档品质发展。随着家用电器更新换代步伐加快，功能齐全，样式美观的各类家用电器的消费支出已经成为家庭设备、用品及服务支出快速增长的主要动力，农户中高档生活用品拥有量稳步增加。2013年农村居民人均家庭设备用品消费支出382.8元，同比增长19.3%。其中日用品人均支出76.9元，同比增长5.3%；家具类人均支出111.3元，同比增长21.7%；室内装饰饰品人均支出29.9元，同比增长69.4%；家庭设备服务消费人均支出7.2元，同比增长23.1%。2012年每百户拥有家用计算机3台，2013年达到4台。电脑、等离子、液晶电视，大容量冰箱、变频空调在农村居民家庭消费中增长最快。

3. 交通、通讯电子类产品成为新的消费热点。2013年，农村居民人均交通和通讯消费支出800.8元，同比增长22.5%。其中购买交通工具支出325.6元，同比增长62.9%；购买通讯工具支出人均92.7元，比上年增长27.7%。随着农村交通、通信基础设施的逐步完善，农民购买交通工具和通讯工具支出大幅增长，汽车、摩托车、电动车以及通讯类产品逐渐从城市走入到农村，改善了农村居民的生活质量，提高了农村居民的消费层次。2012年宁夏农村居民每百户拥有汽车1辆,到2013年增加到3辆，增长迅猛。

4. 居住消费层次升级，装饰装潢成为农民的所求。随着农民收入的增加和消费环境的逐步改善，农民注重改善居住内外环境，装饰装潢住房消费支出增长较快。2013 年农民人均居住支出 1347.5 元，比 2012 年增加了 260 元，增长了 23.9%。其中装修住房材料支出增长了 71.8%。

5. 农村医疗保障覆盖面提升，农民就医看病意识增强，医疗保健支出持续增加。2013 年农民人均医疗保健支出 652 元，比上年增长了 25.8%。

（二）消费结构逐渐优化，消费层次有所提高

随着消费水平的提高，农民消费内部结构也发生了较大的变化。生活消费中医疗保健、居住、家庭设备、交通和通讯及其他商品和服务类消费增速加快，食品、文化教育类消费增速趋缓。农民的消费层次不断提高，消费领域不断扩大，食品支出和衣着支出在生活消费支出中所占的比重有所下降，居住支出、交通和通讯支出比重上升。2013 年，农村居民人均生活消费支出中，食品支出占 34.4%，衣着支出占 7%，同比下降 2 个百分点；居住支出占 20.8%，同比提高 1.8 个百分点；家庭设备用品及服务支出占 6%，与 2012 年持平；交通和通讯支出占 12.4%，同比提高 0.4 个百分点；文教娱乐用品及服务占 6.2%,同比下降 1 个百分点；医疗保健支出占 10.1%，同比提高 1.1 个百分点；其他商品和服务占 3.1%。

尽管宁夏农村居民的消费结构有所优化，但总体来看，用于衣着、交通通讯、医疗保健、文教娱乐等代表生活水平改善方面消费支出的绝对额仍然偏小，农民的生存性消费特征仍然较为明显，总体消费层次仍较低。与城市居民不同，农村居民的收入不高，而且他们的收入不仅要用于生活消费，还要用于生产投资，没有足够的资金用于高层次的消费，消费仍以追求实用为主，喜欢物美价廉的产品，对商品的质量、性能和耐用性要求比较高，对价格较为敏感，而对产品的品牌、包装以及外观设计等方面则不是十分地看重，奢侈品在农村基本没有市场。

二、制约宁夏农村居民消费需求变动原因

（一）农民收入水平有限,制约消费需求

农民收入是影响消费的最主要因素，消费水平随着收入的增长而增长。农民收入主要来源于农产品的出售和劳务输出，渠道比较单一。随着经济的不断发展，宁夏农民生活水平有了一定程度的提高，但与全区城镇居民及全国平均水平相比差距还是很大。

农业生产资料、农业机械等价格回升，农村居民生活成本相对提高，对消费预期产生不利影响。建筑材料价格持续升温，令有改善住房条件欲望的农村居民望而却步。

（二）农村消费品市场有待完善

尽管农村消费市场商品琳琅满目，品种较多，但适合农民消费层次、农民文化水平的商品仍显不足。一是质次价高，有的商家把农村视为推销城市积压商品的场所。二是售后服务跟不上，维修困难。从而造成不少农民有钱无处花，有钱不愿花的情况。

（三）人情消费繁多，加重农民负担

农村送礼名目繁多，花样百出，标准不断升级。婚丧嫁娶、生儿育女、过生日、建房、升学等，亲朋好友都要送礼，人们往往通过礼金的高低来评判人际关系的亲密程度，人情消费成为农村居民的一大硬性的现金支出，也已经成为村民的生活负担。2013 年宁夏农村居民婚丧嫁娶支出人均 775.2 元，同比增长 24.8%。有些农村居民为此而超前消费，借钱请客、负债送礼，农村居民的负担加重。

（李小菊）

2013年宁夏城镇居民收入突破2万元

2013年，宁夏宏观经济呈现“稳中有进、稳中向好”的发展态势，同时，各级党委政府继续加大改善民生的力度，在继续落实并保持原有职工工资、津补贴及各项转移支付政策和水平的同时，积极出台新的增资政策，城镇居民收入继续增长。但在居民收入增长的同时，也存在收入增长幅度回落、物价上涨影响居民生活水平等问题。

一、城镇居民可支配收入突破2万元大关

2013年宁夏城镇居民人均总收入为23766.7元，比上年增长8.5%。其中：人均可支配收入为21833.3元，同比增加2001.9元，增长10.1%。从各项收入增长情况看，四项收入呈现全面增长的态势。各项收入增长情况见下表：

表1：2013年城镇居民收入增长情况表

	2013年	2012年	增量	增幅%	对总收入的贡献率%	拉动总收入增长百分点	2013年收入构成
家庭总收入	23766.7	21902.2	1864.5	8.5	100.0	8.5	100.0
其中:可支配收入	21833.3	19831.4	2001.9	10.1	-	-	-
(一)工资性收入	15363.9	13965.6	1398.3	10.0	75.0	6.3	64.6
(二)经营净收入	2626.1	2522.8	103.2	4.1	5.5	0.5	11.1
(三)财产性收入	196.4	160.9	35.6	22.0	1.9	0.2	0.8
(四)转移性收入	5580.3	5252.9	327.4	6.2	17.6	1.5	23.5

（一）工资性收入稳定增长

2013年城镇居民人均工资性收入15363.9元，同比增长10%，对总收入的贡献率为75%，拉动总收入增长6.3个百分点，占总收入的比重为64.6%，工资收入仍是居民收入增长的主要动力。工资收入增长的主要原因：一是2013年宁夏全区宏观经济呈现“总体平稳、稳中有进”的运行态势，城镇就业形势总体平稳，劳动力价格特别是技术工人的劳动报酬继续上涨，为城镇居民增收奠定了基础。二是11月自治区政府出台预发津补贴政策，机关事业单位在职人员人均预发津补贴3600元，在拉动全区居民收入增长，也为社会工资增长起到了示范作用。三是固原所辖一区一县（原州区、西吉）9月份机关事业单位在职人员和离退休人员多发一个月工资，上半年四县机关事业单位在岗职工兑现建市五十周年“市庆奖”，人均3000元，助推全区城镇居民收入增长。四是2012年出台规范第三、第四步津贴、机关事业单位提高艰苦边远地区津贴、教育医疗和其他事业单位2012年下半年提高绩效工资标准等因素对2013年收入形成翘尾增长。五是2013年宁夏发布企业调控货币工资增长基准线为14%，上线为17%的增长目标，各行业职工工资水平有所提高，带动城镇居民工资性收入增加。

（二）经营收入小幅增长

2013年人均经营性收入为2626.1元，同比增长4.1%，对收入增长的贡献率为5.5%，拉动总收入增长0.5个百分点。经营收入增长的主要原因是，近年来，宁夏加大扶持发展小微企业力度，进一步改善经营环境,充分激发民间资本的活力，推动了城镇居民经营性收入稳定增长，但由于市场竞争压力加大，经营成本增加，利润空间下降，城镇居民人均经营净收入呈现小幅增长态势。

（三）财产性收入大幅度增长

2013 年人均财产性收入为 196.4 元，同比增加 35.6 元，增长 22%，对总收入的贡献率为 1.9%，拉动总收入增长 0.2 个百分点。财产性收入增长的主要原因是随着家庭财富的不断积累，人们对投资、理财日益重视，特别是受房租价格大幅上涨和民间借贷增多以及居民投资多元化等因素的影响，城镇居民房租收入和投资利息等收入增加，推动了居民财产性收入增长。

（四）转移性收入继续增长。2013 年人均转移性收入 5580.3 元，同比增长 6.2%，对收入的贡献率为 17.6%，拉动总收入增长 1.5 个百分点。转移性收入增长的主要原因：一是今年国家再次提高养老金标准，领取养老金的离退休人员平均每人提高 184 元。二是宁夏继续提高城镇低保标准，每人每月由平均 280 元提高到 300 元，同时，按照每人每月 70 元标准连续发放 4 个月物价补贴共 280 元；按每人每月提高 20 元标准调整高龄津贴和五保供养人员的补贴标准。三是 11 月自治区政府出台预发津补贴政策，机关离休人员人均 3240 元，机关退休人员 2520 元。四是固原所辖区县（一区四县）9 月份给机关离退休人员提前发放一个月工资，上半年按人均 500 元标准给机关离退休人员和领取养老保险的企业退休人员兑现“市庆奖”。

二、城镇居民收入增长的特点突出

（一）收入与 GDP 呈现同步增长态势，但实际增长仍低于 GDP 增幅

近年来，城镇居民收入随着全区 GDP 的高速增长而增长，2011 年以来扭转了收入增长长期低于 GDP 增长的格局，2011-2012 年城镇居民可支配收入名义增长分别高于 GDP 增长 2.5 和 1.3 个百分点，2013 年全区 GDP 增长 9.8%，人均可支配收入增幅与 GDP 呈现同步增长态势,但扣除物价上涨因素后，人均可支配收入实际增长仍然低于 GDP 增幅，2011 年-2013 年分别低 3.8、1.1 和 3.2 个百分点，城镇居民收入没有与经济增长同步需要引起高度关注。

表 2：2009—2013 年城镇居民收入与 GDP 增长情况表

	2009 年	2010 年	2011 年	2012 年	2013 年
城镇居民人均可支配收入同比增长	8.5	9.4	14.6	12.8	10.1
城镇居民人均可支配收入实际增长	8.2	5.5	8.3	10.4	6.6
全区 GDP 同比增长	11.9	13.5	12.1	11.5	9.8

（二）分季度收入增长呈现前高、中低、后扬的特点，但增幅低于农村居民

受上年增资政策形成翘尾增长的影响，上半年城镇居民收入增长 10.2%，进入三季度，随着翘尾因素的消失，同时受社会工资特别是工业企业工资增长乏力等因素的影响，收入增长幅度回落至 7.3%，四季度由于政府出台预发补贴政策，居民收入增幅回升，增长幅度达到 11.8%，由此拉动可支配收入增长幅度由前三季度的 9.4%增至 10.1%。但由于农村居民收入基数低，城镇居民收入增长低于农村居民 2.1 个百分点，这也是连续第 5 年城镇居民收入增长低于农村居民。

（三）居民收入增速回落，实际增幅低于上年

近年来，宁夏城镇居民收入呈现较快增长态势，2011 年、2012 年人均可支配收入分别增长 14.6%和 12.8%，2013 年增长速度比前两年放缓，分别比 2011 年和 2012 年减缓 4.5 和 2.7 个百分点。可支配收入扣除价格上涨因素后实际增幅比 2011 年和 2012 年低 1.9 和 4 个百分点。

三、城镇居民收入增长存在的问题

（一）城镇居民工资性收入增长乏力

一是 2013 年以来，全区宏观经济增速回调，部分企业利润下降，尤其是餐饮、住宿等服务业和煤炭、高载能等企业利润下降明显，影响了职工工资水平和吸纳就业。二是在部分企业效益下降，财政、税收增

势减缓的背景下，继续在财政上确保民生工程支出压力增加，政策拉动城镇居民增收的效应减弱，保障城乡居民工资性收入和转移性收入稳定快速提高的难度加大。三是企业职工工资连续几年增加，企业用工成本较高，增加工资空间缩小，职工收入增速减缓。

（二）城镇居民收入增长依赖于政策的推动

由于宁夏机关、事业单位职工占劳动力的比重高，城镇居民收入增长对政策性增资的依赖性大，因此，2014 年城镇居民收入增长取决于政府增收政策的出台。但在经济回调的大背景下，全区财政、税收增势减缓，将不同程度影响增资政策的出台。

（三）经营性收入增长受限于市场消费不足

宏观经济形势和消费市场制约着经营收入增长。2013 年受经济回调和机关事业单位工资外各种福利收入减少等因素的影响，居民收入增长受限，消费预期下降，特别是受政府部门消费大幅减少的影响，全区城镇消费市场低迷，社会商品零售额增长幅度回落 2.4 个百分点，住宿、餐饮业经营利润下降，因此，各类经营收益难以显著提高。

（四）物价上涨幅度过高使居民实际收入缩水

2013 年，宁夏 CPI 同比上涨 3.4%，其中，城镇为 3.3%，涨幅比上年同期高 1.3 个百分点，比全国平均水平高 0.8 个百分点。同期宁夏城镇居民人均可支配收入增长扣除价格上涨因素后实际增长 6.6%，由于物价上涨使得城镇居民实际收入减少了 696 元,也就是说名义收入增量中有 34.8%的收入被物价上涨抵消掉，市场物价上涨加重了城乡居民的生活负担。

（赵美兰）

2013年宁夏城镇居民消费水平继续提升　影响消费的问题不容忽视

近年来，随着我区城镇居民收入水平的不断提高，消费水平也随之逐步上升，居民生活方式悄然发生着转变。2013年，全区城镇居民人均消费性支出为15321.1元，同比增加1253.95元，增长8.9%。在消费支出结构中，八大类支出项目呈现七增一减态势。

一、城镇居民消费特点

（一）吃、穿等基本生活消费逐渐弱化

由于城镇居民收入的不断增长，消费结构也在不断优化，满足基本生活需求的消费支出逐步回落。2013年，人均食品消费支出4895.2元，同比增加126.29元，略增2.6%；人均衣着消费支出1737.21元，同比减少138.49元，下降7.4%。虽然食品消费支出增幅放缓，但从消费结构内部看，居民消费粮油等基础生活资料支出减少明显，而肉禽蛋水产品等营养产品支出呈上升趋势，城镇居民饮食消费更趋合理化、营养化。

（二）改善居住环境成居民消费亮点

2013年，全区城镇居民人均居住消费支出1497.98元，同比增加304.61元，增长25.5%，其中，用于住房装潢、维修等方面的消费支出为557.28元，同比增加253.41元，增长近一倍，占居住类消费支出的37.2%；物业管理、维修服务等方面的消费支出为130.12元，同比增加37.87元，增长41.1%。城镇居民生活水平的日益提高，不仅仅满足于房屋面积的增加，而对居住环境提出了更高的要求，进一步推升了居住类消费支出。

（三）文教娱乐、交通通讯成居民消费"新宠"

随着人们对教育认识的不断加深和重视程度的提高，居民加大了对教育费用的支出比例。同时，由于现代交通通讯产业的不断发展和品质的提升，人们更愿意享受快捷、舒适的现代化生活。2013年，全区城镇居民人均教育文化娱乐服务支出1868.42元，同比增加352.51元，增长23.3%，占总消费支出的比重为12.1%，所占比重扩大1.4个百分点。其中，教育支出897.51元，同比增加316.36元，增长54.4%；全区城镇居民人均交通通讯消费支出2503.65元，同比增加393.24元，增长18.6%，占总消费支出的比重为16.3%，所占比重扩大1.3个百分点。

（四）家庭设备用品及服务支出增幅不减

由于以旧换新、节能补贴等优惠政策的不断出台和落实，以及家电设备更新换代步伐不断加快，功能齐全、样式美观的各类家电设备层出不穷，成为拉动城镇居民家庭设备及服务支出快速增长的主要动力。2013年，全区城镇居民人均家庭设备用品及服务支出为1001.82元，同比增加72.81元，增长7.8%，其中，人均耐用消费品支出501.89元，同比增加128.94元，增长34.6%。

（五）医疗保健费用持续增加，所占比重不断上升

近年来，城镇居民保健意识不断增强，医疗保健水平不断提高，医保制度深入实施，"有病及时就医，无病定期检查"的观念深入人心。同时，医疗价格的上涨也促使城镇居民医疗保健支出呈上涨态势。2013年，全区城镇居民人均医疗保健支出为1158.83元，同比增加95.74元，增长9.0%。其中，人均医疗及药品支出1393.82元，同比增加470.56元，增长50.9%，医疗费支出占全部医疗保健费用的比重达到74.8%，逐年提高。

二、制约城镇居民消费增长的因素

（一）收入增长减缓

金融危机以来，随着经济增速放缓，城镇居民的收入也受到影响，特别是近三年我区城镇居民可支配收入增长幅度逐年减缓，2011 年为 14.6%，2012 年为 12.8%、2013 年为 10.1%。2009 年以来的 5 年间，我区城镇居民可支配收入累计增长 68.9%，这期间物价总水平增长 16.3%，扣除物价上涨后城镇居民可支配收入实际增长 45.4%，5 年间我区地区生产总值累计增长 74.3%。也就是说近五年城镇居民收入增长比经济增长低 28.9 个百分点，没有实现居民收入与经济同步增长。

（二）城镇居民收入差距大，导致总体消费不足

2013 年，城镇居民 20%最高收入户人均可支配收入 42337.94 元，20%最低收入户人均可支配收入 8876.01 元，高低收入户可支配收入之比为 4.77:1，比值虽较前期略有缩小，但收入差距仍然明显。尽管近几年城镇居民平均消费倾向有所提高，但高低收入户的消费倾向差异很大，高收入阶层有支付能力，但其消费意愿偏低，出现“高收入、低消费”现象，而低收入阶层受收入水平制约入不敷出，消费乏力，整体制约了消费的快速增长。

（三）社会保障落实不到位制约居民预期消费

最近几年，自治区政府十分关注民生，相继出台了住房、医疗、养老、教育等多项政策措施，但各项政策配套的社会保障制度尚未完全到位和落实，加大了居民对预期消费的心理防范能力，预防性、被动性储蓄倾向仍在增强，影响了居民即期消费的选择。

三、促进消费增长的对策建议

（一）改善分配关系，缩小贫富差距

要进一步完善收入分配政策，通过各项补贴、惠民政策加大对低收入家庭的扶持力度，着力提高低收入群体收入水平。同时，要兼顾公平，加强税收监管，逐步缩小收入差距。

（二）加大调控力度，稳定市场物价

政府应加大调控力度，稳定市场物价，减轻低收入家庭生活负担，特别是与居民生活息息相关的菜篮子价格，保证居民最终收入的增加不因物价上涨而大幅抵消，确保居民家庭生活水平不因涨价而受到较大影响。

（三）完善社会保障制度，增强居民消费信心

进一步加大对社会保障体系建设的投入力度，搞好贫困救济和监测工作，满足贫困家庭的最低消费，切实完善、健全养老、失业、医疗保险制度，降低由此带来的对消费和货币支出的影响，从而提高居民的消费倾向，增强居民的消费信心，刺激居民的消费欲望，形成稳定的消费预期。

（韩茹茹）

2-1 2013年全体居民家庭基本情况
Basic Statistics of Urban and Rural Households(2013)

指标名称	Item	单位	Unit	总计 (Total)
第一部分 调查户基本情况	**Basic Statistics of Households Surveyed**	--		
一、调查样本住户数	Number of Households Surveyed	户	household	1973
(一)城镇住户	Number of Urban Households	户	household	974
(二)农村住户	Number of Rural Households	户	household	999
(三)居委会住户	Number of Neighborhood Committee	户	household	821
(四)村委会住户	Number of Village Committee	户	household	1152
(五)城镇居委会住户	Number of Urban Neighborhood Committee	户	household	762
(六)城镇村委会住户或农村住户	Number of Urban Village Committee or Rural Households	户	household	1211
二、住户类型	Type of Households	--	household	
(一)家庭居住户	Family Households	户	household	1971
(二)集体居住户	Collective Households	户	household	2
(三)记账住户	Bookkeeping Households	户	household	1952
(四)问卷住户	Questionnaire Households	户	household	21
三、户主文化程度	Cultural Level of Head of a Household	--	household	
(一)未上过学	No Schooling	户	household	135
(二)小学	Primary School	户	household	480
(三)初中	Junior Secondary School	户	household	739
(四)高中	Senior Secondary School	户	household	315
(五)大学专科	Junior College	户	household	178
(六)大学本科	Undergraduate College	户	household	120
(七)研究生	Postgraduate	户	household	6
四、住户经营情况	Business Condition of Households	--	household	
(一)生产经营户	Production Business Households	户	household	1205
(二)非生产经营户	Non-production Business Households	户	household	768
五、按家庭规模分的住户类型	Households Type Devided by Family Size	--	household	
(一)一人户	One Person	户	household	42
(二)二人户	Two Persons	户	household	308
(三)三人户	Three Persons	户	household	499
(四)四人户	Four Persons	户	household	548
(五)五人户	Five Persons	户	household	311
(六)六人及以上户	Six Persons and Over	户	household	265
六、按世代分的住户类型	Households Type Devided by Generation	--	household	
(一)一代户	One-Generation Households	户	household	374
(二)二代户	Two-Generation Households	户	household	1178
(三)三代户	Three-Generation Households	户	household	411
(四)四代及以上户	Four-Generation Households and Over	户	household	10
七、住户特征	Household Characteristics	--	household	
(一)纯老人户	Households of only the Old	户	household	127
(二)家中有未成年子女户	Households of Couple with Minor Children	户	household	1067
(三)年轻夫妻无子女户	Households of Young Couple without Children	户	household	
(四)无劳动力户	Households without Labour Force	户	household	63

2-2　2013年全体居民家庭房屋基本情况

Basic Statistics of House of Urban and Rural Households(2013)

指 标 名 称	Item	单位	Unit	总计 (Total)
一、期末拥有住房情况	Owning House Condition of Term End			
(一)期末拥有房屋面积	House Floor Space of Term End	平方米/人	sq.m	28.65
其中：自有现住房面积	Floor Space of Current Housing	平方米/人	sq.m	26.65
(三)期末拥有房屋市场价月租金	The Market Rent Per Month of House of Term End	元/人	yuan	131.80
其中：自有现住房市场价月租金	The Market Rent Per Month of Current Housing	元/人	yuan	124.44
二、期内新购建住房情况	Newly Bought or Built Residential Buildings Condition During Period	--		
(一)期内新购住房建筑面积	House Floor Space of Newly Bought Residential Buildings	平方米/人	sq.m	0.65
(二)新购住房总金额	Amount of Newly Bought Residential Buildings	元/人	yuan	1997.10
(三)新建住房竣工建筑面积	Completing Floor Space of Newly Built Residential Buildings	平方米/人	sq.m	0.89
(三)新建住房总费用	Total Cost of Newly Built Residential Buildings	万元/人	10 000yuan	662.90
三、期末现住房构成	Housing Constitute of Term End	--		
(一)本住户居住类型	Residence Type	%	%	100.00
其中：普通住宅	General Residence	%	%	98.62
(二)本住户居住空间样式	House Construction Space Style	%	%	100.00
1.单栋楼房	Single Building	%	%	1.81
2.单栋平房	Single Bungalow	%	%	47.62
3.四居室及以上单元房	House With Four Bedrooms and Above	%	%	1.21
4.三居室单元房	House With Three Bedrooms	%	%	15.13
5.二居室单元房	House With Two Bedrooms	%	%	29.23
6.一居室单元房	House With One Bedrooms	%	%	3.49
(三)主要建筑材料	Main Building Materials	%	%	100.00
1.钢筋混凝土	Reinforced Concrete	%	%	7.80
2.砖混材料	Brick and Concrete	%	%	51.18
3.砖瓦砖木	Brick and Wood	%	%	33.89
4.竹草土坯	Bamboo Grass Adobe	%	%	6.51
(四)现住房房屋来源	Source of Current Housing	%	%	100.00
1.租赁公房	Public House Leasing	%	%	0.98
2.租赁私房	Private House Leasing	%	%	6.71
3.自建住房	Self-Built housing	%	%	45.83
4.购买商品房	Commercial Residential Building	%	%	27.82
5.购买房改住房	Reformed housing	%	%	8.97
6.购买保障性住房	Security housing	%	%	3.45
7.拆迁安置房	Removal settlement housing	%	%	3.99
8.继承或获赠住房	Inheritance or Gift Housing	%	%	0.33
9.免费借用房	Borrow Housing for Free	%	%	1.66
(五)现住房建筑面积	Floor Space of Current Residential Buildings	%	%	100.00
1.10平方米以内	Less than 10sq.m	%	%	0.16
2.10-20平方米	10-20sq.m	%	%	1.52
3.20-30平方米	20-30sq.m	%	%	0.79
4.30-60平方米	30-60sq.m	%	%	14.67
5.60-90平方米	60-90sq.m	%	%	33.60
6.90-120平方米	90-120sq.m	%	%	32.85
7.120-200平方米	120-200sq.m	%	%	14.23
8.200平方米以上	200sq.m Above	%	%	2.32

2-2 续表 continued

指 标 名 称	Item	单位	Unit	总计 (Total)
(六)住宅有管道供水情况	Pipeline Water Supplying of Residential Buildings	%	%	100.00
1.管道供水入户	Pipeline Water Supplying in the Home	%	%	80.90
2.管道供水至公共取水点	Pipeline Water Supplying to Public Water Intaking Spot	%	%	0.24
3.没有管道设施	No Pipeline Infrastructure	%	%	18.86
(七)住户厕所类型	Residence Toilet Type	%	%	100.00
1.水冲式卫生厕所	Water Flushing Sanitary Toilet	%	%	52.37
2.水冲式非卫生厕所	Water Flushing Insanitary Toilet	%	%	0.77
3.卫生旱厕	Sanitary Pit Latrine	%	%	2.63
4.普通旱厕	General Pit Latrine	%	%	43.30
5.无厕所	No Toilet	%	%	0.93
(八)住户厕所使用情况	Using Condition of Residence Toilet	%	%	100.00
1.本住户独用	Exclusive Use	%	%	96.28
2.几户合用	Sharing with Several households	%	%	2.52
3.公用厕所	Public Toilet	%	%	1.20
(九)住户洗澡设施情况	Residence Shower Equipment Condition	%	%	100.00
1.统一供热水	Unified Supply Hot Water	%	%	3.41
2.家庭自装热水器	House Self-Installing Water Heater	%	%	53.65
3.其他	Others	%	%	8.66
4.无洗澡设施	No Shower Equipment	%	%	34.27
(十)住户主要取暖设备状况	Residence Main Heating Equipment Condition	%	%	100.00
1.由市政或小区集中供暖	Central Heating by Government or Housing Estate	%	%	49.29
2.自行供暖	Self Heating	%	%	46.05
3.无取暖设备	No Heating Equipment	%	%	4.65
(十一)住户主要取暖用能源状况	Residence Main Heating Energy Condition	%	%	100.00
1.柴草	Firewood	%	%	1.36
2.煤炭	Coal	%	%	93.67
3.罐装液化石油气	Liquefied Petroleum Gas of Can Pack	%	%	0.58
4.管道液化石油气	Liquefied Petroleum Gas of Pipeline	%	%	0.14
5.管道煤气	Coal Gas of Pipeline	%	%	0.20
6.管道天然气	Natural Gas of Pipeline	%	%	2.97
7.电	Electricity	%	%	0.62
8.燃料用油	Fuel Oils	%	%	
9.沼气	Biogas	%	%	0.04
10.其他	Others	%	%	0.10
11.无取暖行为	No Heating Behavior	%	%	0.32
(十二)主要炊用能源状况	Main Condition of Cooking Energy	%	%	100.00
1.柴草	Firewood	%	%	9.45
2.煤炭	Coal	%	%	18.28
3.罐装液化石油气	Liquefied Petroleum Gas of Can Pack	%	%	15.61
4.管道液化石油气	Liquefied Petroleum Gas of Pipeline	%	%	0.18
5.管道煤气	Coal Gas of Pipeline	%	%	0.19
6.管道天然气	Natural Gas of Pipeline	%	%	30.23
7.电	Electricity	%	%	25.84

2-3 2013年全体居民家庭就业年龄及学历构成情况

Composition Statistics of Employment Age and Education of Urban and Rural Households(2013)

指标名称	Item	单位	Unit	总计
一、调查户数	Number of Households Surveyed	户	household	1973.00
二、户均家庭常住成员数	Average Number of Permanent Residents Per Household	人	person	3.39
三、户均常住成员从业人数	Average Number of Employee of Permanent Residents Per Household	人	person	1.75
四、从业人员负担系数	Number of Dependents Per Employee	人/户	yuan/person	1.94
五、常住成员年龄构成	Age Composition of Permanent Residents	%	%	100.00
(一)5岁及以下	Aged 5 and Under	%	%	7.04
(二)6-15岁	Aged 6-15	%	%	15.05
(三)16-19岁	Aged 16-19	%	%	6.44
(四)20-24岁	Aged 20-24	%	%	7.39
(五)25-29岁	Aged 25-29	%	%	5.70
(六)30-34岁	Aged 30-34	%	%	6.47
(七)35-40岁	Aged 35-40	%	%	10.07
(八)41-50岁	Aged 41-50	%	%	19.15
(九)51-60岁	Aged 51-60	%	%	11.14
(十)61-65岁	Aged 61-65	%	%	3.98
(十一)66岁及以上	Aged 66 and over	%	%	7.58
六、常住从业人员受教育程度构成	Cultural Level Composition of Employee of Permanent Residents	%	%	100.00
(一)未上过学	No Schooling	%	%	7.41
(二)小学	Primary School	%	%	22.13
(三)初中	Junior Secondary School	%	%	35.29
(四)高中	Senior Secondary School	%	%	15.89
(五)大学专科	Junior College	%	%	11.75
(六)大学本科	Undergraduate College	%	%	7.30
(七)研究生	Postgraduate	%	%	0.22

2-4 2013年宁夏全体居民家庭主要食品消费数量

Consumption of Major Foods by Urban and Rural Households(2013)

单位：公斤/人 (kg)

指标名称	Item	总计
一、粮食消费量	Grain	150.38
(一)谷物消费量	Cereal	143.76
1.小麦	Wheat	89.70
2.稻谷	Rice	49.75
3.玉米	Corn	1.50
4.其他谷物	Others	2.80
(二)薯类消费量	Tubers	3.01
1.红薯	Sweet Potato	0.22
2.马铃薯	Potato	2.42
3.其他薯类	Others	0.36
(三)豆类消费量	Beans	3.62
1.大豆	Soybeans	0.16
2.其他豆类	Others	3.46
二、蔬菜及菜制品消费量	Vegetables and Processed Products	88.22
其中：鲜菜	Fresh Vegetables	86.87
三、肉禽及其制品	Meat,Poultry and Processed Products	22.67
1.猪肉	Pork	8.39
2.牛肉	Beef	3.35
3.羊肉	Mutton	3.81
4.家禽	Poultry	5.50
5.其他肉禽及制品	Others	1.60
四、蛋类及蛋制品	Eggs and Processed Products	4.57
五、奶和奶制品	Milk and Processed Products	17.01
六、水产品	Aquatic Products	2.70
其中：鱼类	Fish	2.25
七、油脂类消费量	Grease	10.61
1.植物油	Vegetable Oil	10.53
2.动物油	Animal Oil	0.07
八、食糖	Sugar	3.36
九、水果类	Fruits	27.89
十、瓜类	Melons	27.79
1.西瓜	Watermelon	2.01
2.其他瓜果	Others	25.77
十一、坚果消费量	Nuts	2.84
十二、消费茶叶	Tea Leaves	0.19
十三、酒	Liquor	3.58
1.白酒	White Spirit	0.68
2.啤酒	Beer	2.81
3.果酒	Fruit Wine	0.09

2-5 2013年宁夏全体居民家庭年末主要耐用消费品拥有情况

Ownership of Major Durable Consumer Goods Per 100 Urban and Rural Households at Year-end(2013)

指标名称	Item	单位	unit	百户拥有量
调查样本住户数	Number of Households Surveyed	户	household	1973.0
1.家用汽车	Family Car	辆	unit	15.2
2.摩托车	Motorcycle	辆	unit	48.2
3.助力车	Moped	台	set	37.8
4.洗衣机	Washing Machine	台	set	91.0
5.电冰箱(柜)	Refrigerator	台	set	77.3
6.微波炉	Microwave Oven	台	set	27.4
7.彩色电视机	Color TV Set	台	set	105.9
8.其中：接入有线电视	Cable Television	台	set	58.1
9.空调	Air Conditioner	台	set	6.3
10.热水器	Water Heater	台	set	57.4
11.其中：太阳能热水器	Solar Water Heater	台	set	24.4
12.消毒碗柜	Disinfection Cupboard	台	set	1.1
13.洗碗机	Dishwasher	台	set	0.2
14.排油烟机	Exhaust Fan	台	set	43.4
15.固定电话	Telephone	部	set	33.5
16.移动电话	Mobile Telephone	部	set	231.0
17.其中：接入互联网	Internet Mobile Telephone	部	set	68.9
18.计算机	Computer	台	set	42.8
19.其中：接入互联网	Internet Computer	台	set	32.0
20.摄像机	Video Camera	台	set	2.7
21.照相机	Camera	台	set	14.4
22.中高档乐器	Middle and Top Grade Instruments	架	set	2.5
23.健身器材	Body-building Apparatus	台	set	0.8
24.组合音响	Music Center	套	set	5.1

2-6 2013年全区及各市县全体居民人均可支配收入及来源

Per Capita Disposable Income of Urban and Rural Residents by Sources and City and County (2013)

单位：元 (yuan)

省/直辖市/自治区	Region	可支配收入 Disposable Income	工资性收入 Income from Wages and Salaries	经营净收入 Net Business Income	财产性收入 Income from Properties	转移性收入 Income from Transfer	消费支出 Consumption Expenditure
全　区	**Total**	**14565.78**	**8836.26**	**2991.75**	**474.12**	**2263.65**	**11292.02**
银川市	**Yinchuan**	**19806.95**	**12200.16**	**3133.58**	**1006.98**	**3466.23**	**15671.98**
兴庆区	Xingqing	25010.84	15384.11	2881.78	1559.49	5185.45	20251.68
西夏区	Xixia	18028.42	11498.22	1219.37	792.05	4518.78	13966.43
金凤区	Jinfeng	21829.10	12704.05	3819.79	1473.33	3831.94	17553.05
永宁县	Yongning	13261.43	7689.52	4648.34	331.41	592.16	8985.06
贺兰县	Helan	13912.86	8023.39	3798.84	324.93	1765.70	12637.34
灵武市	Lingwu	15656.49	10946.57	3308.48	287.69	1113.75	11414.40
石嘴山市	**Shizuishan**	**17334.49**	**11106.98**	**2850.67**	**510.95**	**2865.89**	**11414.13**
大武口区	Dawukou	21312.20	14990.17	1743.51	714.86	3863.66	12250.50
惠农区	Huinong	16563.51	10714.39	2228.67	435.33	3185.12	11478.13
平罗县	Pingluo	12887.99	6463.47	4791.52	313.34	1319.65	10289.12
吴忠市	**Wuzhong**	**11253.17**	**6090.36**	**3557.24**	**257.21**	**1348.35**	**8588.39**
利通区	Litong	14280.37	7260.03	4684.14	331.23	2004.98	10527.38
红寺堡区	Hongsipu	7752.66	4854.16	2192.14	13.94	692.43	6896.29
盐池县	Yanchi	10583.05	5962.91	2914.73	227.46	1477.95	8906.78
同心县	Tongxin	7722.84	3920.99	3013.70	142.76	645.39	6549.13
青铜峡市	Qingtongxia	12754.43	7237.30	3651.81	377.58	1487.74	8906.44
固原市	**Guyuan**	**8643.59**	**4911.07**	**2390.36**	**105.15**	**1237.00**	**7047.24**
原州区	Yuanzhou	10704.73	6756.47	2107.83	225.70	1614.72	8407.77
西吉县	Xiji	7451.37	3623.20	2818.63	-16.28	1025.83	6029.67
隆德县	Longde	7586.57	4225.00	2024.77	91.77	1245.03	6276.41
泾源县	Jingyuan	7609.70	3799.54	2515.09	148.59	1146.49	6719.92
彭阳县	Pengyang	7745.43	4376.65	2465.34	57.76	845.68	6767.67
中卫市	**Zhongwei**	**10153.25**	**6037.70**	**2786.09**	**124.32**	**1205.14**	**8504.90**
沙坡头区	Shapotou	12635.26	7765.32	2807.08	236.07	1826.79	9921.94
中宁县	Zhongning	11872.72	7103.91	3727.54	54.33	986.94	10568.98
海原县	Haiyuan	6921.29	3884.88	2071.80	88.06	876.56	5857.52

2-7 主要年份全区农村居民家庭基本情况

Basic Statistics of Rural Households in Main Years

年 份 Year	调查户数 (户) Number of Households Surveyed (household)	调查户常住人口 (人) Number of Permanent Residents in the Households Surveyed (person)	平均每户常住人口 Average Number of Permanent Residents per Household (person)	平均每户整半劳动力 (人) Average Number of Able-bodied and Semi-able per Household (person)	整半劳动力占常住人口比重 (%) Able-bodied Labours as Percentage of Permanent Residents (%)	就业劳动力中 Culture Level of Employed Labours: 不识字或识字很少比重(%) Illiterate or Semi-illiterate (%)	小学程度比重 (%) Primary School (%)	初中程度比重 (%) Junior Middle School (%)	高中程度比重 (%) Senior Middle School (%)	中专程度比重 (%) Special Secondary School (%)
1983	480	2983	6.21	2.95	47.54					
1984	480	2939	6.12	2.91	47.60					
1985	1090	6588	6.04	3.02	49.92	43.36	27.58	23.75	5.17	0.14
1986	1090	6557	6.02	2.93	48.73	41.28	29.42	24.13	5.10	0.07
1987	1090	6454	5.92	2.88	48.56	40.14	30.86	23.90	5.07	0.03
1988	1090	6407	5.88	2.91	49.45	38.76	30.74	25.00	5.46	0.04
1989	1090	6286	5.77	2.92	50.62	37.02	30.80	26.34	5.81	0.03
1990	990	5753	5.80	3.00	50.90	37.30	30.20	27.10	5.35	0.10
1991	990	5561	5.60	3.00	52.60	35.20	30.90	27.50	5.95	0.15
1992	990	5434	5.50	2.90	53.10	34.40	30.50	28.80	6.03	0.21
1993	990	5358	5.40	3.00	56.20	32.30	30.50	30.20	6.57	0.40
1994	990	5377	5.40	3.10	57.70	31.20	30.60	31.20	6.52	0.44
1995	1050	5517	5.30	3.10	58.20	26.60	32.30	33.10	7.50	0.50
1996	1050	5398	5.14	3.06	59.48	23.98	32.64	36.16	6.88	0.34
1997	1050	5302	5.00	3.00	59.70	23.50	31.78	37.05	6.98	0.69
1998	1050	5118	4.87	2.86	58.60	21.57	31.24	38.21	8.47	0.51
1999	1050	5036	4.80	2.82	58.76	20.82	30.15	38.90	9.83	0.30
2000	600	2850	4.75	2.81	59.05	19.48	30.30	39.10	9.10	2.02
2001	600	2826	4.71	2.81	59.70	17.84	30.05	41.20	9.07	1.84
2002	600	2813	4.69	2.82	60.18	16.89	30.30	41.94	8.74	2.13
2003	600	2769	4.62	2.80	60.67	16.31	30.54	42.14	8.93	2.08
2004	600	2759	4.59	2.78	60.46	15.77	28.84	44.72	8.69	1.98
2005	600	2720	4.53	2.79	61.43	21.13	31.90	40.04	5.03	0.72
2006	600	2703	4.51	2.80	62.20	20.24	31.49	40.95	6.19	0.60
2007	600	2642	4.40	2.78	63.21	20.00	30.84	39.82	7.72	0.84
2008	600	2648	4.41	2.79	63.26	18.69	31.16	40.36	8.18	0.78
2009	600	2587	4.31	2.75	63.86	17.98	29.96	42.13	8.29	0.67
2010	600	2559	4.27	2.76	64.63	18.5	28.48	41.29	9.01	1.03
2011	800	3417	4.27	2.76	64.65	15.28	33.27	41.42	6.81	1.33
2012	800	3416	4.27	2.75	64.31	14.35	32.67	41.81	7.34	1.80
2013	891	3903	4.38	2.62	59.90	12.06	33.83	39.86	9.30	

2-7 续表 continued

年份 Year	大专及以上 (%) College and Higher (%)	年内新建房屋价值 (元/平方米) Value of Newly-built Houses (yuan/sq.m)	年末住房面积 (平方米/人) Floor Space of Lliving Houses at Year-end (sq.m/person)	砖木结构面积 Brick and Wood Structure	钢筋混泥土结构面积 Reinforced Concrete Structure	年末生产固定资产原值 (元/户) Original Value of Productive Fixed Assets at Year-end (yuan/household)	农业原值 Agriculture	工业原值 Industry	建筑业原值 Construction	交通运输业原值 Transport
1983		14.29	10.35			742.67	563.51	16.28		99.94
1984		14.44	10.98			818.92	655.69	37.67		34.19
1985		21.83	11.83	0.03		1170.70	732.92	37.30		250.43
1986		24.88	12.50	0.21		1361.33	772.34	51.75		353.68
1987		32.48	12.98	0.24		1508.53	745.04	64.05		488.70
1988		36.03	13.22	0.47	0.02	1707.75	803.73	74.08		599.56
1989		56.94	13.73	0.91	0.02	1974.56	836.57	77.74		823.86
1990		61.70	13.62	1.04	0.02	2128.90	924.24	84.51		849.10
1991		63.08	13.97	1.60	0.02	2354.70	1212.29	69.02		703.88
1992		70.29	14.64	1.94	0.02	2482.90	1245.45	90.64		778.41
1993		102.85	15.42	2.87	0.13	2757.10	1415.81	95.98		744.42
1994		62.84	16.33	3.32	0.06	3366.40	1767.70	112.19		863.06
1995		149.15	19.67	5.91	0.17	5153.02	2991.02	111.06		1236.99
1996		156.02	16.12	5.32		5426.09	3146.21	226.61		1102.58
1997		212.34	16.76	6.14	0.34	6824.99	3487.40	122.58		1290.86
1998		175.00	17.30	7.57	0.31	6722.50	3704.03	121.34		1399.85
1999		185.13	18.18	8.94	0.17	7086.46	3849.89	134.43		1552.03
2000		218.02	17.98	7.15	0.64	10168.09	6051.06	480.93	4.50	1658.58
2001		190.02	18.84	8.47	0.54	11069.85	6270.36	520.44	1.67	2199.25
2002		218.55	19.23	8.46	0.59	12024.13	6983.16	576.17	4.00	2288.58
2003		226.18	20.12	9.20	0.71	13058.17	7925.36	554.65	1.11	2388.79
2004		203.57	21.38	10.72	0.56	13735.07	9743.20	822.65	1.28	2430.17
2005	0.60	286.49	21.03	11.15	0.95	14811.19	7296.87	604.72	21.05	3527.30
2006	0.54	264.75	21.64	11.90	0.90	15368.15	7492.11	466.25	76.88	3806.57
2007	0.78	311.27	23.04	13.38	0.78	16917.74	8154.97	485.40	20.85	4717.09
2008	0.83	484.98	23.06	13.45	0.87	18244.68	9359.18	475.70	20.85	4366.96
2009	0.97	343.37	24.46	14.92	1.28	21310.13	10642.49	575.45	24.30	5253.33
2010	1.69	486.61	24.89	15.4	1.81	23405.21	10745.15	544.09	24.3	7676.17
2011	1.89	668.04	24.38	16.59	1.73	21417.95	10333.78	286.88	220.1	5212.56
2012	2.03	649.68	25.86	17.19	2.96	24266.19	11192.61	221.80	445.88	5323.59
2013	4.95	949.27	22.66	15.67	3.84	27985.95	11601.73	601.22	55.42	6326.62

2-8 主要年份全区农村居民家庭主要产品出售情况

Basic Statistics of Production and Sale of Major Products of Rural Households in Main Years

单位：公斤/人 (kg/person)

年 份 Year	出售粮食 Sale Grain	出售油料 Sale Oil-bearing	出售蔬菜 Sale Vegetable	出售水果 Sale Fruit	出售肉猪 (头/户) Sale Hog (head/household)	出售肉牛 (头/户) Sale Cattle and Buffaloes (head/household)
1983	123.98	7.49	113.72	0.15	0.30	
1984	134.52	4.82	141.44	0.17	0.29	
1985	238.70	4.87	212.04	3.97	0.46	0.02
1986	196.96	8.67	172.99	3.29	0.55	0.01
1987	176.79	3.98	141.75	4.33	0.53	
1988	217.26	3.26	156.60	4.43	0.35	
1989	272.84	5.35	183.04	4.06	0.37	
1990	258.52	5.81	170.14	3.13	0.51	0.01
1991	277.55	7.83	127.89	5.09	0.56	0.01
1992	222.52	3.91	157.74	11.83	0.55	0.02
1993	219.64	7.29	122.14	7.18	0.53	0.04
1994	250.91	7.29	115.92	10.85	0.64	0.05
1995	241.79	5.13	139.16	12.99	0.50	0.09
1996	270.05	4.91	153.74	19.60	0.49	0.07
1997	442.19	6.05	149.18	18.33	0.58	0.11
1998	430.43	10.26	173.60	16.98	0.64	0.11
1999	429.02	11.64	188.30	37.01	0.88	0.10
2000	381.95	4.99	164.20	18.22	1.35	0.11
2001	323.52	5.12	203.79	13.99	1.21	0.24
2002	407.01	10.62	183.09	19.22	1.27	0.18
2003	340.26	18.64	243.08	40.18	0.92	0.15
2004	434.09	19.36	242.94	31.31	0.76	0.13
2005	492.09	19.00	244.37	118.84	1.03	0.32
2006	476.89	14.50	243.80	56.89	1.43	0.40
2007	439.26	19.06	248.88	83.83	0.71	0.39
2008	417.15	26.65	251.48	61.52	0.54	0.31
2009	432.11	22.16	185.22	83.40	0.81	0.34
2010	401.35	17.26	151.67	49.88	0.85	0.31
2011	443.89	10.94	279.51	70.23	0.76	0.33
2012	504.04	10.99	299.20	40.90	0.67	0.30
2013	642.77	3.6	297.4	26.48	0.57	0.38

2-8 续表 continued

单位：公斤/人 (kg/person)

年 份 Year	出售菜羊 (只/户) Sale Sheep (head/ household)	出售家禽 (公斤/户) Sale Poultry (kg/ household)	出售牛、羊奶 (公斤/户) Sale Milk (kg/ household)	出售禽蛋 (公斤/户) Sale Egg (kg/ household)	出售羊毛 (公斤/户) Sale Wool (kg/ household)	出售水产品 (公斤/户) Sale Aquatic Products (kg/ household)
1983	1.40	1.49		6.43	5.89	1.00
1984	1.13	1.11		13.09	7.14	1.11
1985	0.97	1.45	3.51	6.44	5.70	1.05
1986	0.99	2.47	6.90	8.83	5.79	3.27
1987	1.47	1.75	29.56	8.13	5.22	3.53
1988	1.16	1.55	54.14	6.76	5.18	3.75
1989	0.74	1.98	88.28	6.05	3.28	2.98
1990	1.21	3.39	128.34	5.51	4.41	3.75
1991	2.10	5.77	34.27	8.93	4.34	3.76
1992	2.04	4.65	46.52	12.53	3.06	3.63
1993	1.16	2.44	72.55	8.70	2.32	2.22
1994	0.93	1.83	99.12	25.37	2.91	1.12
1995	1.26	7.31	155.92	10.89	3.15	1.50
1996	1.67	5.06	265.66	16.20	3.36	8.83
1997	2.13	12.57	359.62	36.43	3.09	10.64
1998	1.90	10.70	338.20	49.80	2.90	21.87
1999	2.06	13.68	367.21	87.47	2.82	46.35
2000	2.32	16.04	416.62	70.02	2.32	30.20
2001	2.89	12.89	359.66	91.19	1.42	34.64
2002	2.69	18.96	368.68	99.03	1.78	36.12
2003	2.01	15.09	445.95	92.22	3.69	14.35
2004	1.81	20.50	436.48	72.58	2.98	6.00
2005	2.13	20.94	455.33	0.44	2.98	43.18
2006	2.13	36.15	556.96	0.19	3.93	54.40
2007	2.49	51.34	416.88	0.09	2.00	42.51
2008	2.00	56.55	348.42	2.25	1.89	38.97
2009	1.69	44.42	256.84	0.60	1.08	46.93
2010	1.81	37.19	226.9	0.03	1.81	26.25
2011	2.03	9.06	280.42	8.55	2.82	12.25
2012	1.99	10.13	401.19	12.63	3.98	14.06
2013	2.49	3.84	517.64	52.06	2.77	9.79

2-9 主要年份全区农村居民家庭总收入来源情况

Basic Statistics of Total Income of Rural Households by Sources in Main Years

单位：元/人 (yuan/person)

年 份 Year	全年总收入 Total Revenue	1.工资性收入 Wages Income	2.家庭经营收入 Household Business Income	农业收入 Farming	林业收入 Forestry	牧业收入 Animal Husbandry	渔业收入 Fishery
1983	366.00	43.18	301.77	240.28	2.28	37.49	0.40
1984	396.00	58.62	318.33	246.67	3.78	39.27	0.51
1985	449.31	62.62	360.74	259.08	5.09	56.53	0.58
1986	526.44	77.09	425.88	307.49	4.58	68.89	2.27
1987	562.40	78.03	458.78	307.98	3.61	89.14	2.82
1988	693.64	86.44	581.69	387.84	5.78	125.99	2.77
1989	803.57	87.40	690.44	491.67	5.37	123.40	2.63
1990	860.01	78.88	754.32	565.11	4.78	121.45	2.63
1991	907.50	96.86	782.86	558.33	8.03	134.28	2.65
1992	952.23	114.25	806.06	557.47	7.14	150.47	2.60
1993	1010.70	134.38	843.40	592.33	6.55	141.98	1.94
1994	1414.69	146.35	1224.88	868.65	6.97	219.14	1.09
1995	1798.61	178.28	1567.80	1063.03	7.66	338.75	1.94
1996	2301.92	208.51	2031.31	1433.63	11.43	382.90	12.03
1997	2448.08	262.64	2127.17	1365.57	7.92	520.14	14.61
1998	2731.78	367.66	2281.84	1463.08	6.52	496.72	32.77
1999	2754.54	422.97	2228.22	1366.70	8.53	504.49	48.54
2000	2819.79	484.02	2169.98	1097.59	6.86	581.36	35.47
2001	2987.78	527.63	2304.90	1132.40	17.10	691.19	41.11
2002	3110.86	526.68	2396.83	1205.04	20.74	695.59	45.18
2003	3268.02	592.30	2446.45	1223.00	28.44	693.70	18.27
2004	3684.80	618.37	2853.50	1589.78	5.79	761.67	6.70
2005	4179.65	702.10	3200.77	1747.61	6.83	915.90	49.42
2006	4565.42	823.09	3444.22	1868.57	5.13	1013.65	76.92
2007	5245.19	1021.37	3896.23	2081.67	8.47	1171.14	83.04
2008	6173.85	1260.04	4503.28	2365.59	7.08	1511.76	89.11
2009	6627.25	1518.94	4656.15	2428.55	9.17	1489.85	97.38
2010	7330.78	1788.28	5034.63	2834.38	7.64	1407.21	53.58
2011	8388.90	2164.24	5650.76	3153.42	33.86	1678.73	37.13
2012	9485.76	2510.53	6302.30	3553.63	33.18	1838.67	34.52
2013	10666.77	2878.36	6912.60	3542.92	55.45	2254.57	17.07

2-9 续表 continued

单位：元/人 (yuan/person)

年 份 Year	工业收入 Industry	建筑业收入 Construction	交通运输业收入 Transport, Post and Telecommunication	批发零售贸易餐饮业收入 Wholesale, Retail Trade and Catering	社会服务业收入 Social Service	其他家庭经营收入 Others	3.财产及转移性收入 Property and Transfer Income
1983	5.25	7.59	4.21	2.49	0.91	0.88	21.06
1984	4.23	8.03	7.91	2.57	2.61	2.76	19.06
1985	3.79	7.12	17.78	3.08	3.14	4.56	25.95
1986	4.65	3.26	21.57	4.59	3.50	5.08	23.47
1987	5.54	4.13	25.64	6.00	7.34	6.58	24.19
1988	7.62	4.62	29.94	7.41	5.81	3.93	25.56
1989	8.36	3.65	35.41	9.24	5.67	5.04	25.04
1990	9.33	3.78	29.28	8.34	3.52	6.09	26.80
1991	9.47	5.89	35.73	11.62	4.82	12.04	27.77
1992	10.75	7.87	38.99	15.94	6.07	8.76	31.93
1993	8.90	6.56	41.50	27.70	6.53	9.42	32.92
1994	13.30	4.57	45.30	40.40	9.34	16.11	43.46
1995	19.42	7.45	71.22	36.24	6.73	15.36	52.53
1996	23.15	6.99	91.72	38.04	7.35	24.08	62.10
1997	33.68	15.11	98.06	45.23	8.79	18.06	58.27
1998	25.33	9.00	139.56	64.64	21.28	22.94	82.29
1999	35.52	14.05	128.34	71.19	23.71	27.15	103.36
2000	51.67	14.59	191.80	123.51	25.48	41.66	165.78
2001	54.78	6.33	202.26	104.66	19.62	35.45	155.24
2002	58.46	4.50	214.30	96.07	20.64	36.32	187.35
2003	69.21	7.89	252.63	109.20	16.46	24.26	229.26
2004	78.52	5.68	252.40	115.02	18.46	19.48	212.94
2005	85.81	13.71	203.71	148.74	19.19	9.66	276.79
2006	79.03	11.92	234.11	129.63	24.58	0.42	298.11
2007	125.48	7.65	278.32	103.47	30.09	6.92	327.59
2008	110.75		253.79	118.48	44.21	2.51	410.53
2009	123.54	0.17	313.99	141.34	46.72	5.44	452.17
2010	111.57		364.01	173.23	73.66	9.35	507.88
2011	42.01	10.12	371.55	266.66	47.25	10.03	573.89
2012	25.29	44.25	419.31	297.79	48.46	7.20	672.93
2013	29.24	54.06	414.92	441.79	86.36	16.22	875.82

2-10 主要年份全区农村居民家庭分行业纯收入情况

Basic Statistics of Net Income of Rural Households by Sector in Main Years

单位：元/人　　(yuan/person)

年份 Year	全年纯收入 Net Income	1.工资性收入 Wage Income	2.家庭经营收入 Household Business Income	农业收入 Farming	林业收入 Forestry	牧业收入 Animal Husbandry	渔业收入 Fishery
1983	273.78	43.18	212.44				
1984	298.71	58.62	224.12				
1985	325.88	62.62	241.15	176.29	4.22	34.35	
1986	378.82	77.09	283.55	212.16	3.59	39.22	1.17
1987	387.01	78.03	289.14	197.25	3.39	54.76	0.58
1988	480.22	86.44	373.91	255.9	5.44	76.94	1.31
1989	538.3	87.4	431.17	326.3	4.9	62.45	0.93
1990	594.28	78.88	494.31	386.17	4.65	66.94	0.17
1991	608.13	96.86	489.23	351.87	6.87	82.27	1.41
1992	618.72	114.25	477.39	325.42	6.12	89.45	0.94
1993	667.04	134.38	504.32	363.27	5.05	70.27	0.92
1994	910.45	146.35	725.81	558.75	6.39	81.19	0.26
1995	1037	178.28	810.45	619.38	6.81	80.88	-1.73
1996	1415.78	208.51	1151.72	902.76	10.22	108.66	
1997	1545.08	262.64	1230.4	874.08	6.77	195.98	3.39
1998	1756.11	367.66	1313.86	942.6	4.28	170.56	3.15
1999	1790.7	422.97	1277.79	857.87	6.72	187.76	7.98
2000	1724.3	484.02	1121.38	617.16	-1.69	218.65	14.42
2001	1823.13	527.63	1179.93	658.71	12.91	241.68	9.95
2002	1917.36	526.68	1265.29	707.65	17.31	254.94	9.09
2003	2043.3	592.3	1255.35	685.95	24.52	244.49	3.76
2004	2320.05	618.37	1506.06	948.36	3.85	226.03	0.98
2005	2508.89	702.1	1561.94	1002.32	6.12	272.74	16
2006	2760.14	823.09	1662.07	1067.72	4.07	298.14	16.02
2007	3180.84	1021.37	1862.11	1197.65	4.36	338.38	17.54
2008	3681.42	1260.04	2032.01	1287.43	5.41	404.93	19.41
2009	4048.33	1518.94	2111.6	1376.36	6.36	359.91	21.44
2010	4674.89	1788.28	2421.5	1663.2	6.07	362.49	26.34
2011	5409.95	2164.24	2730.43	1808.97	12.94	463.15	25.23
2012	6180.32	2510.53	3071.52	2039.59	15.69	498.89	24.75
2013	6930.97	2878.36	3250.01	2047.31	18.93	547.07	17.07

2-10 续表 continued

单位：元/人 (yuan/person)

年 份 Year	工业收入 Industry	建筑业收入 Construction	交通运输业收入 Transport, Post and Telecommunication	批发零售贸易餐饮业收入 Wholesale, Retail Trade and Catering	社会服务业收入 Social Service	其他家庭经营收入 Others	3.财产性及转移收入 Property and Transfer Income
1983							18.16
1984							15.97
1985	2.53	7.12	8.16	3.02	2.88	2.58	34.3
1986	3.23	3.26	10.07	4.22	2.83	3.79	22.11
1987	3.59	4.13	10.94	4.91	5.26	5.43	18.18
1988	4.547	4.62	11.34	5.48	4.75	2.59	19.84
1989	4.98	3.64	12.81	7.48	3.21	4.47	19.73
1990	6.41	3.53	10.82	7.8	3.13	4.69	21.09
1991	5.54	5.79	9.57	10.88	4.28	10.75	22.04
1992	6.58	7.83	12.56	15.49	5.19	7.81	27.08
1993	5.79	5.64	15.79	23.59	5.9	7.9	28.34
1994	7.66	4.27	10.99	34.51	7.79	14	38.29
1995	11.89	6.69	37.65	31.2	5.28	12.35	48.27
1996	14.16	5.25	52.08	32.96	6.39	19.24	55.55
1997	21.81	12.71	59.43	35.78	7.67	12.78	52.04
1998	15.32	7.83	84.82	53.39	16.59	15.32	74.59
1999	22.33	10.6	85.5	59.43	19.89	19.71	89.94
2000	25.32	14.03	109.3	105.63	21.94	-3.38	118.9
2001	21.92	5.18	124.76	96.06	16.51	-7.76	115.57
2002	29.61	4.23	139.14	89.79	17.92	-4.39	125.39
2003	32.1	7.71	161.27	96.72	14.74	-15.9	195.64
2004	34.11	5.03	167.57	102.47	14.15	3.52	195.62
2005	31.72	11.62	104.69	101.07	16.28	-0.25	244.86
2006	40.28	9.49	118.4	96.92	21.83	-9.31	274.98
2007	52.15	6.88	135.15	87.84	25.83	-3.66	297.36
2008	49.02	-0.68	137.67	105.14	30.1	-6.43	389.37
2009	54.65	-0.27	152.29	113.81	31	-3.95	417.79
2010	46.43	-0.44	153.99	126.29	36.96	0.17	465.11
2011	23.89	1.28	188.79	173.29	26.13	6.76	515.28
2012	14.84	2.47	234.72	202.28	32.95	5.34	598.28
2013	18.52	44.91	212.96	271.31	62.67	9.26	802.6

2-11 主要年份全区农村居民家庭总支出情况
Basic Statistics of Total Expenditure of Rural Households in Main Years

单位：元/人　　(yuan/person)

年 份 Year	全年总支出 Total Expenditure	1.家庭经营费用支出 Expenditure for Household Business	农业生产支出 Farming	林业生产支出 Forestry	牧业生产支出 Animal Husbandry	渔业生产支出 Fishery	工业生产支出 Industry	建筑业支出 Construction
1983	327.58	74.58	60.91	0.12	11.71	0.04	0.68	
1984	348.76	77.87	59.61	0.48	13.85	0.35	0.92	
1985	409.45	97.57	67.31	0.87	19.98	0.64	1.26	
1986	468.92	117.11	78.1	1	27.21	1.1	1.42	
1987	523.4	140.28	90.19	1.32	31.44	2.24	1.95	
1988	645.97	174.86	108.89	0.34	45.76	1.46	3.07	
1989	772.24	217.91	136.42	0.47	56.81	1.7	3.38	0.01
1990	781.85	215.38	147.71	0.13	50.05	2.46	2.92	0.25
1991	843.77	245.91	173.06	1.15	47.24	1.24	3.93	0.09
1992	920.86	273.71	193.58	1.02	55.52	1.66	4.17	0.04
1993	987.2	278.99	186.97	1.5	65.71	1.02	3.11	0.62
1994	1395.2	421.77	255.79	0.58	130.22	0.83	5.64	0.3
1995	1945.87	652.57	372.61	0.35	235.23	3.53	6.21	0.26
1996	2190.49	741.53	432.44	0.43	248.22	12.21	7.42	1.26
1997	2246.95	732.84	386.26	0.54	284.07	10.1	9.27	1.23
1998	2422.71	786.23	403.94	1.72	286.59	27.01	7.99	0.45
1999	2374.68	762.19	393.38	1.09	274.12	36.45	10.18	2.26
2000	2582.63	837.85	380.13	7.89	319.74	19.43	18.55	0.46
2001	2672.12	911.23	378.95	3.94	405.07	29.28	24.58	1.08
2002	2777.58	918.48	400.5	3.28	401.04	34.49	20.08	0.2
2003	3029.84	969.58	429.83	7.04	410.41	14.27	29.08	0.16
2004	3535.51	1121.96	533.65	1.68	477.15	5.6	32.44	0.63
2005	4126.92	1418.44	636.99	0.71	607.31	32.71	44.88	1.78
2006	4358.59	1551.22	689	1.06	678.4	60.15	31.85	1.29
2007	5050.69	1769.91	754.87	4.09	795.05	64.47	65.95	0.45
2008	6095.02	2194.4	935.83	1.67	1069.04	68.71	54.54	0.37
2009	6410.99	2214.17	887.12	2.82	1092.49	66.95	60.05	0.06
2010	7191.59	2244.63	1002.27	1.57	1011.03	18.09	56.59	0.07
2011	8669.94	2584.47	1182.76	20.82	1163.48	11.02	13.64	4.45
2012	9988.75	2851.18	1338.77	17.49	1264.29	8.89	6.98	34.82
2013	10988.79	3275.69	1317.79	36.22	1630.40		2.41	8.39

2-11 续表 1 continued

单位：元/人 (yuan/person)

年 份 Year	交通运输业支出 Transport, Post and Telecommunication	商业饮食业 Wholesale, Retail Trade and Catering	社会服务业支出 Social Service	其他经营支出 Others	2.购置生产性固定资产支出 Expenditure for Purchasing Productive Fixed Assets	3.税费支出 Expenditure for Taxes and Fees	4.生活消费支出 Living Expenditure	食品 Food
1983				0.01	21.58	6.75	208.85	126.54
1984					14.85	7.4	231.59	135.47
1985	5.22	0.06	0.26	1.98	30.79	9.12	264.46	154.55
1986	6.62	0.3	0.69	1.29	33.15	9.8	300.86	169.8
1987	8.83	1.08	2.08	1.15	30.55	12.46	330.05	187.39
1988	12.02	0.92	1.06	1.34	47.24	13.56	397.77	205.86
1989	14.33	1.76	2.46	0.57	61.67	18.47	458.9	240.23
1990	9.54	0.53	0.39	1.4	43.32	20.2	486.32	275.25
1991	16.62	0.74	0.54	1.29	44.19	19.76	518.79	292.81
1992	15.44	0.45	0.88	0.95	45.27	24.81	561.37	323.03
1993	13.71	4.11	0.73	1.52	57.71	26.13	605.93	341.78
1994	18.85	5.89	1.55	2.12	66.63	35.98	831.32	486.2
1995	28.81	2.6	0.99	1.99	132.24	39.4	1057.78	608.6
1996	33.41	2.48	0.46	3.2	90.41	67.7	1233.63	729.68
1997	31.07	5.96	0.45	3.88	120.18	73.82	1282.46	688.18
1998	43.63	6.1	3	5.79	126.58	89.82	1350.18	713.36
1999	32	5.75	1.82	5.14	114.1	89.72	1330.18	675.86
2000	55.39	15.16	2.76	18.33	118.86	68.04	1417.13	691.31
2001	44.09	5.97	1.4	16.87	138.8	57.06	1380.75	643.76
2002	40.85	3.97	0.92	13.15	190.17	42.08	1418.12	633.16
2003	56.48	6.7	0.48	15.13	195.29	32.88	1637.13	680.15
2004	49.17	6.29	3.3	12.32	243.83	26.35	1926.82	808.54
2005	46.75	41.43	1.52	3.99	316.97	2.58	2094.48	922.54
2006	59.09	25.48	1.37	2.27	256.07	3.5	2246.97	929.15
2007	71.47	9.33	2.62	1.6	377.76	8.08	2528.76	1019.35
2008	50.15	7.39	6.52	0.17	393.8	1.28	3094.86	1288.47
2009	80.47	12.29	11.3	0.2	376.71	0.88	3347.94	1395.42
2010	88.83	32.52	33.47	0.19	346.59	2.64	4013.17	1541.77
2011	101.41	65.73	18.98	2.18	409.12	1.62	4726.64	1762.53
2012	101.41	64.43	13.56	0.54	465.32	0.74	5633.01	1990.92
2013	114.53	130.84	13.57	0.12	491.86	0.14	6464.75	2223.90

2-11 续表 2 continued

单位：元/人 (yuan/person)

年 份 Year	衣着 Clothing	居住 Residence	家庭设备、用品及服务 Household Facilities, Article and Service	医疗保健 Medicine and Health Care	交通和通 讯 Transport, Post and Telecommunications	文教娱乐 Cultural, Educational, Recreational Article and Services	其他商品和服务 Other Commodities and Services	5.财产及转移性支出 Property and Transfer Expenditure
1983	28.80	23.31	15.72	4.92	1.15	7.30	1.12	15.83
1984	30.89	28.78	19.07	6.25	1.52	8.48	0.83	17.05
1985	32.71	30.95	20.53	8.16	1.34	14.58	1.63	7.50
1986	38.65	38.63	21.95	9.00	1.73	16.98	4.12	7.40
1987	39.69	44.10	24.78	10.90	2.44	16.85	3.90	10.06
1988	48.77	48.13	41.88	12.67	2.83	34.59	3.04	12.55
1989	53.11	68.69	37.52	16.01	3.43	37.34	2.57	15.29
1990	50.71	65.86	28.95	17.01	12.10	34.11	2.33	16.62
1991	58.26	62.57	36.51	21.08	10.23	33.25	3.79	15.11
1992	53.23	73.84	32.08	23.41	9.95	40.32	5.51	15.69
1993	55.16	80.16	37.09	26.76	15.47	42.32	7.19	18.44
1994	66.92	106.38	46.60	29.36	26.35	51.42	18.09	39.50
1995	83.86	146.30	59.26	44.31	31.29	70.87	13.29	63.87
1996	94.44	156.20	66.72	55.42	31.32	78.77	21.08	57.22
1997	105.17	201.21	64.00	67.82	39.14	96.81	20.12	37.65
1998	104.88	216.69	69.17	76.84	52.98	97.10	19.17	69.91
1999	103.17	199.46	76.43	75.07	52.69	120.66	26.84	78.49
2000	96.70	227.35	62.10	88.53	79.79	144.98	26.38	140.73
2001	97.49	222.51	60.73	98.21	96.00	132.35	29.69	184.28
2002	97.52	203.75	69.80	123.32	111.00	148.20	31.38	208.73
2003	109.19	286.09	56.09	116.31	170.52	178.34	40.44	190.80
2004	122.49	325.21	65.30	186.90	155.26	217.06	46.05	215.85
2005	143.09	345.93	77.16	198.84	178.47	177.90	50.55	289.13
2006	159.10	414.65	104.32	187.60	226.41	168.85	56.89	299.20
2007	184.26	450.55	109.27	239.40	265.76	192.00	68.17	366.19
2008	217.17	582.47	123.91	318.77	299.29	192.57	72.20	404.56
2009	256.26	501.75	169.01	356.39	365.59	217.21	86.32	464.30
2010	302.61	776.44	188.12	417.92	444.02	241.08	101.22	581.42
2011	380.00	935.22	264.64	444.69	483.40	324.36	131.79	945.53
2012	487.74	1087.54	321.00	518.05	653.47	393.01	181.28	1031.32
2013	453.35	1347.50	382.84	652.00	800.80	400.98	203.40	749.72

2-12 主要年份全区农村居民家庭现金收支情况

Basic Statistics of Cash Income and Expenditure of Rural Households in Main Years

单位：元/人 (yuan/person)

年 份 Year	一、全年现金收入 Annual Cash Income	1.工资性收入 Wage Income	2.家庭经营收入 Household Business Income	农业收入 Farming	林业收入 Forestry	牧业收入 Animal Husbandry	渔业收入 Fishery	工业收入 Industry	建筑业收入 Construction	交通运输、邮电业收入 Transport, Post and Telecommunication	批发零售贸易餐饮业收入 Wholesale, Retail Trade and Catering
1983	211.14	43.18	141.73	98.13	1.71	25.91	0.36		7.59	4.12	2.21
1984	241.36	58.04	158.72	104.21	3.27	28.20	0.51		8.03	7.91	2.57
1985	285.35	50.03	206.04	121.16	4.85	40.56	0.54	3.43	7.12	17.57	3.08
1986	360.63	77.09	253.97	158.36	4.01	47.20	2.24	4.32	3.26	21.57	4.52
1987	396.10	78.03	288.56	166.93	3.13	61.04	2.63	5.49	4.13	25.64	5.66
1988	498.55	86.44	376.39	218.59	5.23	90.58	2.66	7.61	4.62	29.94	7.41
1989	576.77	87.40	456.33	296.39	5.07	85.23	2.49	8.36	3.65	35.25	9.19
1990	580.93	78.88	449.35	295.75	4.77	86.20	2.46	9.26	3.78	29.22	8.29
1991	637.59	96.86	486.63	301.03	8.03	95.60	2.65	9.47	5.89	35.73	10.88
1992	659.84	113.89	489.55	284.35	6.94	107.38	2.50	10.75	7.86	38.99	15.94
1993	692.07	132.94	493.47	275.49	5.30	108.41	1.89	8.90	6.56	41.50	23.59
1994	942.60	146.35	719.09	402.88	5.80	177.18	1.09	13.30	4.57	45.30	40.40
1995	1252.20	178.28	996.16	544.05	7.66	279.61	1.94	19.41	7.45	71.22	36.24
1996	1453.69	208.51	1152.39	620.03	8.60	312.48	11.93	23.15	6.99	91.72	38.04
1997	1808.10	262.64	1425.60	731.73	7.76	436.90	14.22	33.68	15.11	98.06	45.23
1998	1988.04	367.66	1468.23	722.11	6.01	413.01	32.09	25.33	9.00	139.56	64.64
1999	2111.77	422.97	1504.93	710.56	6.40	424.17	48.12	35.52	14.05	128.34	71.19
2000	2169.24	484.02	1535.14	551.98	6.42	482.88	34.18	51.67	14.59	191.80	123.51
2001	2295.15	527.63	1623.15	538.21	16.83	586.48	39.73	54.78	6.33	202.26	104.66
2002	2456.79	525.65	1760.06	644.08	20.52	606.37	40.90	58.45	4.50	214.30	96.07
2003	2624.54	592.30	1862.19	703.21	28.56	632.66	18.11	69.21	7.89	252.63	109.20
2004	2979.34	618.37	2224.32	1032.99	5.65	689.50	6.63	78.52	5.68	252.40	115.02
2005	3463.38	702.10	2546.35	1170.56	6.38	839.41	48.99	85.81	13.71	203.71	148.74
2006	3728.62	822.95	2673.40	1172.50	3.96	940.63	76.36	79.03	11.92	234.11	129.63
2007	4316.84	1020.61	3061.37	1356.95	7.38	1063.34	81.78	125.48	7.65	278.32	103.47
2008	5004.06	1259.94	3392.64	1420.46	6.46	1346.97	89.00	110.75		253.79	118.48
2009	5379.87	1518.94	3496.87	1426.97	9.17	1334.02	95.52	123.71	0.17	313.99	141.34
2010	5879.2	1788.1	3655.07	1590.91	7.61	1271.95	52.79	111.57		364.01	173.23
2011	7034.28	2164.1	4370.13	1991.92	33.84	1559.95	36.81	42.01	10.12	371.55	266.66
2012	8247.04	2510.5	5092.48	2368.09	33.69	1814.16	34.24	25.29	44.25	419.31	297.79
2013	9629.88	2873.56	5987.36	2774.79	58.36	2094.54	17.07	29.24	54.06	414.92	441.79

2-12 续表 1 continued

单位：元/人 (yuan/person)

年 份 Year	社会服务业收入 Social Service	其他家庭经营收入 Others	3.财产及转移性收入 Property and Transfer Income	二、非收入现金所得 Non-income gain	银行信用社得到的贷款 Repayment of Loans from Bank and Credit Association	借入款 Borrowed	收回借出款 Recover Loans	从银行信用社取回存款 Draw Saving Deposits	三、全年现金支出 Annual Cash Expenditure	1.生产费用支出 Expenditure for Production	家庭经营费用支出 Expenditure for Household Business
1983	0.83	0.87	26.35	37.32	11.97	9.21	2.13	5.66	196.71	63.13	41.82
1984	2.61	1.20	24.61	47.88	15.79	12.22	3.32	7.36	215.88	64.19	49.38
1985	3.14	4.61	29.28	65.31	24.94	16.38	3.66	10.86	274.84	94.73	64.29
1986	3.50	4.99	29.92	72.27	22.78	19.51	7.39	13.00	325.89	110.05	76.99
1987	7.34	6.57	29.51	84.93	23.74	26.22	6.80	15.00	379.71	132.21	101.65
1988	5.81	3.93	35.75	108.51	24.90	29.12	8.26	24.73	489.05	175.22	127.98
1989	5.67	5.03	32.37	111.53	19.89	49.38	10.76	31.15	666.40	226.75	165.08
1990	3.52	6.09	53.23	103.47	26.70	39.48	11.68	25.61	553.50	191.95	148.63
1991	4.82	11.93	54.19	136.02	32.73	58.05	20.30	24.90	604.29	218.19	174.00
1992	6.07	8.76	56.39	161.83	37.66	56.35	17.35	35.47	650.79	240.38	195.10
1993	6.53	15.30	65.65	172.48	39.63	54.36	28.35	45.51	714.26	257.05	199.34
1994	9.34	19.23	77.33	220.17	39.59	81.32	41.28	53.75	946.80	352.00	285.37
1995	6.73	22.51	77.80	336.94	80.91	120.13	54.79	80.80	1353.71	580.72	448.48
1996	7.35	32.12	92.87	338.15	76.05	131.80	41.52	88.76	1496.55	601.17	510.76
1997	8.79	34.11	119.84	381.30	90.74	130.30	31.84	128.42	1655.83	654.56	534.38
1998	21.28	35.19	152.40	410.55	92.83	157.04	40.86	119.81	1821.76	704.22	577.64
1999	23.71	42.88	183.88	477.56	106.09	181.97	38.84	149.67	1895.02	714.42	600.32
2000	25.48	41.66	150.12	564.89	152.08	155.10	73.67	141.33	2032.23	813.31	694.45
2001	19.62	35.56	145.44	528.19	132.80	160.25	38.37	84.95	2167.72	896.21	757.41
2002	20.64	36.32	171.07	605.24	167.84	166.93	77.91	112.05	2262.21	938.56	748.39
2003	16.46	24.26	170.12	836.71	299.61	188.51	55.89	97.31	2457.34	963.15	763.70
2004	18.46	19.48	136.65	651.54	144.71	204.86	45.98	135.16	2861.32	1132.03	887.49
2005	19.19	9.66	214.93	1064.35	348.74	272.62	73.89	223.85	3426.76	1489.12	1166.84
2006	24.58	0.42	232.27	794.84	250.76	268.85	28.40	117.82	3643.83	1517.66	1259.96
2007	30.09	6.92	234.87	1030.41	264.77	327.24	47.95	147.71	4306.87	1820.35	1442.59
2008	44.21	2.51	351.48	1153.70	249.38	416.70	62.34	183.43	5114.45	2151.68	1751.76
2009	46.72	5.26	364.05	1110.44	259.46	328.23	54.45	156.52	5423.53	2180.84	1797.13
2010	73.66	9.34	435.99	1567.75	378.27	561.6	32.28	198.41	6129.54	2100.71	1750.97
2011	47.25	10.00	500.02	3048.51	540.28	885.94	126.77	399.92	7795.07	2642.47	2230.79
2012	48.46	6.79	644.03	2230.64	376.61	721.83	141.70	419.66	9219.40	3015.68	2543.18
2013	86.36	16.22	768.96	3866.10	442.54	746.42	174.88	1407.49	10105.66	3438.64	2940.15

2-12 续表 2 continued

单位：元/人 (yuan/person)

年份 Year	农业生产支出 Farming	牧业生产支出 Animal Husbandry	购置生产用固定资产支出 Expenditure for Purchasing Productive Fixed Assets	2.税费支出 Expenditure for Taxes and Fees	3.生活消费支出 Living Expenditure	食品 Food	衣着 Clothing	居住 Residence	家庭设备、用品及服务 Household Facilities, Article and Service	医疗保健 Medicine and Health Care
1983	34.13	6.46	21.30	2.52	115.36	39.18	28.47	17.57	15.67	4.92
1984	36.14	8.85	14.81	3.91	130.95	41.22	30.56	22.71	19.07	6.25
1985	42.26	11.90	30.44	7.65	152.88	47.67	32.65	26.41	20.53	8.16
1986	50.22	14.75	33.06	8.91	184.06	57.86	38.22	34.25	21.94	9.00
1987	64.41	18.99	30.55	12.17	206.04	68.28	39.58	39.35	24.73	10.90
1988	79.24	28.82	47.24	13.05	269.21	81.92	48.77	43.54	43.71	12.67
1989	104.96	35.47	61.67	17.25	308.64	95.12	53.08	63.57	37.52	16.01
1990	104.78	26.34	43.32	19.86	300.11	93.84	50.69	61.09	28.95	17.01
1991	121.83	26.69	44.19	19.26	320.10	100.43	58.10	56.42	36.51	21.08
1992	137.21	33.29	45.27	24.32	335.38	102.08	52.31	69.72	32.08	23.41
1993	137.90	35.36	57.71	25.74	375.80	119.07	55.16	72.80	37.04	26.76
1994	180.76	68.93	66.63	33.28	484.85	150.38	66.92	95.80	46.53	29.36
1995	276.17	127.64	132.24	35.87	654.37	215.03	83.80	136.52	59.26	44.31
1996	311.18	138.70	90.41	60.99	737.16	242.70	94.43	146.78	66.66	55.42
1997	286.54	185.90	120.18	65.64	820.95	238.33	105.17	189.56	64.00	67.82
1998	298.17	179.62	126.58	81.26	893.30	269.92	104.88	203.24	69.17	76.84
1999	304.92	196.01	114.10	83.15	922.00	276.81	103.17	190.35	76.42	75.07
2000	305.04	248.89	118.86	65.77	1017.35	302.72	96.70	216.17	62.10	88.53
2001	303.29	323.91	138.80	54.84	1036.33	306.93	97.49	214.92	60.73	98.21
2002	320.15	311.38	190.17	39.05	1079.43	304.48	97.52	193.74	69.80	123.32
2003	345.56	289.71	195.29	31.48	1273.04	323.90	109.11	278.33	56.09	116.31
2004	441.88	335.59	243.83	26.35	1488.81	379.60	122.49	316.15	65.28	186.90
2005	555.00	438.20	316.97	2.58	1648.53	484.11	143.05	338.45	77.16	198.84
2006	584.11	492.87	256.07	3.50	1824.87	523.86	159.10	397.84	104.32	187.60
2007	649.82	572.77	377.76	8.08	2115.92	621.64	184.26	435.46	109.27	239.40
2008	797.95	764.96	393.80	1.28	2559.67	768.44	217.17	567.30	123.91	318.77
2009	772.55	791.10	376.71	0.88	2782.18	834.16	256.26	497.25	169.01	356.39
2010	867.64	652.06	346.59	2.64	3446.81	975.41	302.61	776.44	188.12	417.92
2011	1053.65	938.92	409.12	1.62	4209.55	1245.44	380	935.22	264.64	444.69
2012	1255.15	1039.92	465.32	0.74	5172.21	1530.12	487.74	1087.54	321.00	518.05
2013	1221.52	1395.33	491.86	0.14	5917.16	1565.54	452.93	1407.04	370.96	701.39

2-12 续表 3 continued

单位：元/人 (yuan/person)

年 份 Year	交通和通讯 Transport, Post and Telecommunications	文教娱乐 Cultural, Educational, Recreational Article and Service	其他商品和服务 Other Commodities and Services	4.财产及转移性支出 Property and Transfer Expenditure	四、非消费性现金支出 Expenditure for Non-consumption	归还银行信用社贷款 Repayment Loans to Bank and Credit Association	归还借款 Repayment of Loans	存入银行信用社款 Deposit	五、期末银行存款 Saving Deposit at Year-end	六、期末手存现金 Cash in Hand at Year-end
1983	1.15	7.43	0.98	15.72	33.67	12.21	7.04	11.16	28.62	62.78
1984	1.52	9.88	0.75	16.82	44.22	15.98	6.65	18.61	40.50	93.01
1985	1.34	14.59	1.53	19.00	55.04	17.60	11.60	22.84	65.88	85.45
1986	1.73	16.98	4.03	22.50	54.33	18.09	11.59	21.91	75.68	138.65
1987	2.44	16.85	3.89	29.16	66.70	15.34	14.95	32.33	95.54	172.19
1988	2.83	34.59	1.19	31.52	81.79	16.59	16.01	46.91	119.28	210.64
1989	3.43	37.34	2.56	39.02	74.49	19.31	20.34	30.37	123.01	251.77
1990	12.10	34.11	2.33	41.58	84.67	14.78	21.12	44.43	134.82	258.59
1991	10.53	33.25	3.79	46.74	87.85	24.38	24.40	35.18	153.33	253.63
1992	9.95	40.32	5.51	50.71	116.35	26.16	28.94	50.18	204.59	274.12
1993	15.47	42.32	7.19	55.67	121.69	24.49	29.78	63.08	248.69	264.66
1994	26.35	51.42	18.09	76.69	152.80	28.76	29.17	87.36	289.63	311.18
1995	31.29	70.87	13.29	82.76	157.57	36.23	43.97	65.22	370.39	310.56
1996	31.32	78.77	21.08	97.24	215.21	32.77	49.03	118.67	475.90	415.35
1997	39.14	96.81	20.12	115.29	245.17	48.23	55.60	126.52	565.31	618.17
1998	52.98	97.10	19.17	142.99	372.52	52.52	89.50	208.02	705.04	674.20
1999	52.69	120.66	26.84	175.46	386.68	44.02	87.08	227.64	1013.48	751.77
2000	79.79	144.98	26.38	135.80	282.17	48.49	77.39	138.16	1028.98	444.62
2001	96.00	132.35	29.69	180.34	332.21	50.22	105.01	148.62	1266.98	548.30
2002	111.00	148.20	31.38	205.17	383.32	109.43	120.91	142.07	1128.92	472.09
2003	170.52	178.34	40.44	189.66	435.09	114.24	103.88	135.68	1872.29	599.03
2004	155.26	217.06	46.05	214.14	459.99	115.99	124.07	101.23	1858.30	883.19
2005	178.47	177.90	50.55	286.53	613.56	184.13	162.46	52.26	937.62	393.41
2006	226.41	168.85	56.89	297.80	661.58	202.60	171.45	72.85	822.96	408.40
2007	265.76	192.00	68.13	362.52	616.87	148.93	199.68	63.42	1256.01	578.83
2008	299.29	192.57	72.20	401.82	804.60	149.39	191.71	77.58	1629.80	694.54
2009	365.59	217.21	86.32	459.63	846.50	148.31	240.18	105.31	2008.31	724.26
2010	444.02	241.08	101.22	579.38	1177.35	159	244.57	82.38	2470.55	930.54
2011	483.4	324.36	131.79	941.44	1613.57	319	441.59	107.06	3032.1	876.14
2012	653.47	393.01	181.28	1030.76	1649.24	275.08	412.11	101.88	3640.14	867.14
2013	840.20	400.22	178.90	749.72	2337.94	285.79	362.54	616.61		

2-13 主要年份全区农村居民家庭粮食收支情况

Basic Statistics of Grain Income and Expenditure of Rural Households in Main Years

单位：公斤/人 (kg/person)

年 份 Year	家庭经营生产 Household Business Income	购入 Purchased	主食用粮 Staple Food	出售 Sale	饲料 Feed
1983	489.44	7.49	246.9	34.12	42.46
1984	522.68	9.35	241.65	25.98	38.29
1985	480.89	14.98	254.23	142.58	46.33
1986	560.97	21.02	254.69	198.34	52.79
1987	513.9	26.26	253.21	176.78	50.27
1988	598.79	33.71	245.45	217.26	55.94
1989	622.67	20.46	252.51	238.7	64.13
1990	704.05	17.07	253.28	258.52	67.67
1991	660.99	24.71	268.82	277.38	77.01
1992	579.75	25.67	264.49	222.52	73.05
1993	618.05	27.33	264.36	219.64	66.84
1994	618.31	28.77	260.21	250.91	77.71
1995	643.12	39.73	274.67	241.79	96.76
1996	810.07	44.39	277.4	270.05	98.13
1997	810.2	41.89	254.98	442.19	97.61
1998	961.95	40.1	262.94	430.43	97.23
1999	911.66	67.56	250.6	429.02	125.65
2000	782.45	165.19	247.98	381.95	206.31
2001	806.43	120.76	234.69	323.52	159.36
2002	872.45	128.18	233.96	407.01	195.24
2003	765.78	100.91	224.59	340.26	188.22
2004	819.41	89.24	226.94	434.09	162.47
2005	826.68	132.73	233.68	492.09	188.67
2006	843.09	127.74	212.87	476.89	179.38
2007	841.08	125.28	202.58	439.26	168.73
2008	874.67	130.13	209.55	417.15	214.04
2009	906.46	156.52	202.34	432.11	233.12
2010	962.47	110.19	203.56	401.35	154.48
2011	865.21	139.82	201.96	443.89	152.03
2012	932.53	134.14	180.50	506.62	134.03
2013	939.03	100.50	165.73	642.77	111.23

2-14 主要年份全区农村居民家庭主要食物消费情况

Basic Statistics of Major Foods Consumption of Rural Households in Main Years

单位：公斤/人 (kg/person)

年 份 Year	谷物和薯类 Cereal and tubers	细粮 Flour and Rice	蔬菜及制品 Vegetables and Related Products	豆类及制品 Soybeans and Related Products	植物油 Vegetable Oil	动物油 Animal Fat	猪肉 Pork	牛羊肉 Beef and Mutton
1983	246.89	193.41	101.85		3.04	0.82	4.61	2.33
1984	241.65	203.88	103.61		3.51	0.85	4.72	2.26
1985	261.07	229.45	102.99		3.77	0.89	5.39	1.86
1986	261.1	232.66	94.49		4.2	0.74	6.01	1.98
1987	258.44	233.06	84.96		4.3	0.62	6.11	2.17
1988	250.08	223.65	90.39		4.66	0.6	5.01	2.06
1989	253.61	231.47	96.38		4.75	0.52	4.97	2.24
1990	254.88	217.78	83.49	0.89	4.94	0.59	5.89	2.84
1991	272.7	233.8	76.36		5.13	0.46	6.87	3.32
1992	267.87	233.37	93.79		5.9	0.45	6.23	2.53
1993	264.36	234.76	70.97		6.11	0.45	5.56	2.09
1994	260.21	236.41	63.63		5.67	0.41	5.4	1.96
1995	274.67	234.68	76.27	0.58	6.78	0.39	5.45	2.01
1996	277.4	236.73	72.47		6.38	0.4	6.24	2.66
1997	255.53	225.37	70.27	0.53	6.46	0.13	6.84	3.13
1998	262.94	236.33	97.32	0.77	6.94	0.72	6.85	3.53
1999	250.6	223.88	83.08	1.02	7.08	0.94	7.93	3.51
2000	248.63	223.44	91.19	1.2	6.55	0.55	8.29	3.27
2001	236.54	216.21	82.64	0.94	7.2	0.85	7.16	3.11
2002	235.25	216.85	74.59	1.07	7.27	0.61	8.01	3.01
2003	224.09	212.89	84.38	1.25	7.14	0.08	7.81	3.52
2004	226.67	216.74	79.82	0.87	6.99	0.19	7.42	4.42
2005	233.18	220.95	82.68	0.91	7.8	0.09	7.74	5.5
2006	212.12	199.75	76.53	0.75	6.37	0.09	8.01	5.4
2007	202.58	192.81	76.5	0.8	6.14	0.14	7.83	4.53
2008	213.64	195.36	74.77	0.74	7.83	0.12	7.39	4.71
2009	202.05	190.03	75.86	0.76	9.47	0.11	7.86	6.24
2010	203.42	192.76	73.67	0.69	8.92	0.08	7.5	5.98
2011	201.62	191.4	77.64	1.15	8.43	0.13	6.04	6.69
2012	180.14	172.27	69.95	1.31	8.53	0.07	6.02	5.62
2013	164.67	155.34	66.19	2.06	7.79	0.06	8.44	4.73

2-14 续表 continued

单位：公斤/人 (kg/person)

年 份 Year	奶及奶制品 Milk and Dairy Products	家 禽 Poultry	水产品 Aquatic Products	食 糖 Sugar	酒 Liquor	糖 果 Candy	糕 点 Cake	水 果 Fruit
1983	0.07	0.28	0.03	0.93	0.39	0.35		
1984	0.09	0.19	0.05	0.99	0.42	0.34		
1985	0.23	0.29	0.06	1.29	0.69	0.68		
1986	0.14	0.43	0.08	1.52	0.08	0.69		
1987	0.08	0.48	0.12	1.64	0.85	0.72		
1988	0.15	0.36	0.18	1.48	0.79	0.18	0.44	7.04
1989	0.09	0.43	0.14	1.62	0.85	0.58	0.41	8.44
1990	0.02	0.33	0.23	1.58	0.86	0.14	0.39	3.05
1991	0.61	0.44	0.24	1.47	0.87	0.13	0.3	4.03
1992	0.95	0.57	0.29	1.61	0.79	0.13	0.29	4.25
1993	0.21	0.71	0.27	1.44	0.93	0.16	0.3	8.97
1994	0.28	0.6	0.29	1.52	0.81	0.16	0.31	8.35
1995	0.29	0.81	0.35	1.32	0.92	0.13	0.27	10.09
1996	0.46	0.79	0.39	1.47	1.02	0.13	0.25	19.24
1997	0.57	0.98	0.37	1.56	1.02	0.14	0.27	23.96
1998	0.61	1.45	0.4	1.7	1.08	0.14	0.25	46.77
1999	0.78	1.43	0.54	2.08	1.16	0.18	0.26	37.69
2000	0.88	1.85	0.51	1.57	1.63	0.17	0.23	39.01
2001	0.87	2.26	0.63	1.5	1.65	0.16	0.31	40.95
2002	1.41	2.74	0.77	1.75	1.83	0.17	0.26	40.9
2003	2.22	2.81	0.51	1.62	2.02	1.35	2.37	26.36
2004	2.77	2.37	0.33	1.56	2.12	1.22	2.17	22.07
2005	2.92	2.5	0.45	1.38	2.97			21.82
2006	2.61	2.78	0.58	1.32	3.08			16.9
2007	5	3.48	0.67	1.47	3.12			23.92
2008	6.52	4.52	0.7	1.46	3.04			20.19
2009	4.98	4.45	0.77	1.54	3.09			29.97
2010	4.48	4.51	0.74	1.38	3.22			21.61
2011	6.17	5.49	0.61	1.13	3.18			21.79
2012	7.01	5.98	0.74	1.06	3.20			25.27
2013	6.92	5.00	0.73	0.66	2.79			19.57

2-15　主要年份全区农村居民家庭主要耐用物品拥有情况

Ownership of Major Durable Consumer Goods Per 100 Rural Households in Main Years

单位：百户均　　(per 100 household)

年　份 Year	电风扇 (台) Electric Fan (set)	洗衣机 (台) Washing Machine (set)	电冰箱 (台) Refrigerator (set)	摩托车 (辆) Motorcycle (unit)	彩色电视机 (台) Color TV set (set)	收录机 (台) Radio-cassette Recorder (set)	照相机 (台) Camera (unit)
1983		0.42				2.71	
1984	0.2	1.46				6.25	
1985	0.28	3.67		1.10	2.94	8.26	0.28
1986	0.92	8.17		0.73	6.15	12.2	0.09
1987	1.47	11.93		1.28	8.17	15.78	0.37
1988	4.13	16.97	0.09	2.75	11.74	22.29	0.55
1989	4.95	19.72	0.37	2.57	15.41	25.32	0.28
1990	5.4	19.6	0.2	2.70	17.9	25.6	0.5
1991	8.4	24.1	0.7	2.30	22.6	30.5	0.4
1992	8.7	24.1	0.7	1.80	25.8	29.9	0.5
1993	10.8	25.5	1.3	2.50	31.1	33.6	0.9
1994	12.7	27.3	1.4	3.20	35.6	35.4	1.1
1995	11.6	29.43	2.48	5.81	35.71	38.38	0.95
1996	14.38	30	2.76	7.43	39.71	40.67	1.52
1997	14.48	31.24	3.33	8.38	47.24	41.9	1.43
1998	14.57	31.62	4.19	12.00	49.71	42	1.52
1999	14.86	31.62	5.14	15.14	54.48	42.57	1.33
2000	21.33	37.55	6	25.83	67	35.5	3.33
2001	25.83	40	7.17	29.17	71.17	38	3.17
2002	26.83	42.33	9.5	36.50	78.17	39	3.5
2003	26.67	44.33	8.83	45.50	84.33	37.17	3
2004	26.83	48.33	10	50.67	91	31.83	5.67
2005	25.5	44.5	10.17	63.50	92.67	17	3.17
2006	27.67	49.33	12.33	67.33	98.67	17	2.33
2007		56.67	14.67	71.50	107.83		2.83
2008		63.17	18.67	78.33	115.17		2.67
2009		70.33	27.67	83.67	120.33		2.67
2010		76.17	35.33	85.83	118.83		5.83
2011		84.75	52.13	86.50	119.13		2.13
2012		91.63	61.13	85.25	123.25		2.63
2013		90.66	64.86	90.71	117.54		3.09

2-16 2013年各市县农村居民家庭主要从业类型和参加医疗情况

Type of Employed and Joined New-type Cooperative Medical Service of Rural Households by City and County (2013)

单位：户 (household)

市 县	Region	调查户数 Number of Households Surveyed	从业类型(按从业劳动力比重分) Type of Employed (by percentage of employed labour)				新型合作医疗 New-type Cooperative Medical Service	
			农业户 Agriculture	农业兼业户 Concurrent Agriculture	非农业兼业户 Concurrent Non-agriculture	非农业户 Non-agriculture	参加的户数 Joined Household	未参加的户数 Non-joined Household
全 区	**Total**	**891**	**263**	**113**	**310**	**205**	**862**	**29**
银川市	**Yinchuan**	**476**	**128**	**48**	**139**	**161**	**436**	**40**
兴庆区	Xingqing	60	20	7	21	12	60	
西夏区	Xixia	40	9		9	22	38	2
金凤区	Jinfeng	52	22	4	12	14	31	21
永宁县	Yongning	110	30	13	27	40	99	10
贺兰县	Helan	103	35	17	21	30	103	
灵武市	Lingwu	111	12	7	49	43	105	6
石嘴山市	**Shizuishan**	**174**	**62**	**16**	**55**	**41**	**174**	
大武口区	Dawukou	32	2	2	12	16	32	
惠农区	Huinong	49	24	5	9	11	49	
平罗县	Pingluo	93	36	9	34	14	93	
吴忠市	**Wuzhong**	**455**	**114**	**43**	**187**	**111**	**416**	**39**
利通区	Litong	96	12	5	36	43	77	19
红寺堡区	Hongsipu	74	19	10	34	11	73	1
盐池县	Yanchi	51	24	5	6	16	51	
同心县	Tongxin	109	36	14	42	17	90	19
青铜峡市	Qingtongxia	125	23	9	69	24	125	
固原市	**Guyuan**	**480**	**145**	**64**	**150**	**121**	**472**	**8**
原州区	Yuanzhou	102	39	15	28	20	102	
西吉县	Xiji	98	43	18	19	18	98	
隆德县	Longde	100	23	12	46	19	100	
泾源县	Jingyuan	77	8	2	25	42	77	
彭阳县	Pengyang	103	32	17	32	22	95	8
中卫市	**Zhongwei**	**334**	**77**	**54**	**129**	**74**	**319**	**15**
沙坡头区	Shapotou	116	33	9	24	50	102	14
中宁县	Zhongning	108	29	22	43	14	108	
海原县	Haiyuan	110	15	23	62	10	109	1

2-17 2013年各市县农村居民家庭人口及劳动力就业情况

Household Size and Statistics of Employed Labour Force of Rural Households by City and County (2013)

单位：人　　　　　　　　　　　　　　　　　　　　(person)

市县	Region	家庭常住人口 Number of Permanent Residents in the Households	在校学生人数 Number of Students in School	6-15岁以下在校学生 Number of Student in School Aged 6-15	整半劳动力数 Number of Able-bodied and Semi-able-bodied Labours	男劳动力人数 Number of Male Labours	整劳动力 Number of Able-bodied Labours	就业劳动力人数 Number of Employed	男劳动力人数 Number of Male Labour	就业整劳动力人数 Number of Employed Able-bodied Labour
全　区	**Total**	**3903**	**917**	**613**	**2338**	**1251**	**1659**	**2140**	**1191**	**1516**
银川市	**Yinchuan**	**1791**	**354**	**249**	**1163**	**632**	**830**	**1049**	**591**	**753**
兴庆区	Xingqing	224	42	24	149	80	104	144	77	100
西夏区	Xixia	169	52	31	85	46	63	75	42	56
金凤区	Jinfeng	200	50	36	128	67	99	113	59	89
永宁县	Yongning	384	61	40	271	150	204	229	132	172
贺兰县	Helan	330	53	41	242	134	136	222	131	125
灵武市	Lingwu	484	96	77	288	155	224	266	150	211
石嘴山市	**Shizuishan**	**582**	**106**	**68**	**405**	**219**	**272**	**369**	**210**	**247**
大武口区	Dawukou	116	34	22	70	37	57	55	35	45
惠农区	Huinong	160	30	18	103	61	72	95	57	67
平罗县	Pingluo	307	42	28	232	121	143	219	118	135
吴忠市	**Wuzhong**	**1844**	**416**	**296**	**1163**	**629**	**798**	**1061**	**598**	**725**
利通区	Litong	369	86	70	230	125	180	205	121	161
红寺堡区	Hongsipu	364	95	65	216	117	153	197	115	135
盐池县	Yanchi	168	34	17	112	58	65	99	55	59
同心县	Tongxin	513	120	93	298	158	229	259	137	201
青铜峡市	Qingtongxia	429	81	51	307	171	172	301	170	169
固原市	**Guyuan**	**2216**	**571**	**371**	**1279**	**689**	**928**	**1178**	**658**	**855**
原州区	Yuanzhou	468	98	66	278	150	204	257	144	193
西吉县	Xiji	502	150	85	277	144	186	268	141	178
隆德县	Longde	482	130	72	264	140	184	253	137	175
泾源县	Jingyuan	332	78	64	199	112	156	153	96	121
彭阳县	Pengyang	432	115	84	261	143	198	247	140	188
中卫市	**Zhongwei**	**1447**	**312**	**197**	**894**	**473**	**598**	**834**	**460**	**563**
沙坡头区	Shapotou	441	75	39	285	153	192	244	145	171
中宁县	Zhongning	433	88	55	289	155	181	280	151	175
海原县	Haiyuan	573	149	103	320	165	225	310	164	217

2-17 续表 continued

单位：人 (person)

市 县	Region	劳动力 文化程度 Culture Level of Labors					就业行业 Employed Sector	
		不识字或识字很少 Illiterate and Semi-illiterate	小学程度 Primary School	初中程度 Junior Middle School	高中程度 Senior Middle School	大专及以上 College and Higher	一产业就业劳动力 Primary Industry	非农产业就业劳动力 Non-agriculture
全 区	**Total**	**258**	**724**	**853**	**199**	**106**	**1133**	**1008**
银川市	**Yinchuan**	**53**	**287**	**551**	**106**	**52**	**480**	**569**
兴庆区	Xingqing	14	40	73	6	11	83	61
西夏区	Xixia	3	20	38	13	1	24	51
金凤区	Jinfeng	10	46	47	9	1	65	48
永宁县	Yongning	5	42	135	31	16	102	127
贺兰县	Helan	10	63	111	26	12	117	105
灵武市	Lingwu	11	76	147	21	11	89	177
石嘴山市	**Shizuishan**	**19**	**100**	**186**	**42**	**21**	**197**	**172**
大武口区	Dawukou	4	11	33	3	4	17	38
惠农区	Huinong	2	9	67	11	6	52	43
平罗县	Pingluo	13	80	87	28	11	128	91
吴忠市	**Wuzhong**	**142**	**297**	**491**	**98**	**33**	**509**	**552**
利通区	Litong	17	38	130	15	5	65	140
红寺堡区	Hongsipu	54	56	71	9	7	101	96
盐池县	Yanchi	8	37	37	15	2	55	44
同心县	Tongxin	27	111	89	16	16	149	110
青铜峡市	Qingtongxia	36	55	164	43	3	139	162
固原市	**Guyuan**	**193**	**391**	**423**	**114**	**57**	**634**	**544**
原州区	Yuanzhou	53	86	84	26	8	148	109
西吉县	Xiji	57	80	96	24	11	179	89
隆德县	Longde	36	81	88	35	13	127	126
泾源县	Jingyuan	34	46	52	10	12	37	116
彭阳县	Pengyang	13	98	104	19	13	143	104
中卫市	**Zhongwei**	**73**	**265**	**366**	**86**	**44**	**433**	**401**
沙坡头区	Shapotou	10	54	133	31	16	98	146
中宁县	Zhongning	17	69	147	33	14	168	112
海原县	Haiyuan	46	142	86	22	14	167	143

2-18 2013年各市县农村居民家庭拥有生产性固定资产情况

Ownership of Productive Fixed Assets of Rural Households by City and County (2013)

单位：元/人 (yuan/person)

市县	Region	生产性固定资产原值 Original Value of Productive Fixed Assets	农业 Farming	牧业 Animal Husbandry	制造业 Manufacturing	交通运输业、仓储和邮政业 Transport, Storage and Post	批发和零售贸易业 Wholesale and Retail Trade	主要资产数量 Number of Major Assets: 房屋及建筑物（平米/百户）House and Building (sq.m/100 household)	大中型拖拉机（辆/百户）Large and Medium Tractor (unit/100 household)
全区	**Total**	**5801.37**	**2404.99**	**1156.24**	**124.63**	**1311.48**	**533.26**	**4873.35**	**6.07**
银川市	**Yinchuan**	**12285.80**	**3577.49**	**1260.71**	**533.84**	**3137.12**	**767.50**	**3951.34**	**7.79**
兴庆区	Xingqing	42112.93	6964.37	6905.07		7855.67	924.22	5005.08	26.29
西夏区	Xixia	10191.45	204.61	14.11		4141.99	3299.66		
金凤区	Jinfeng	10712.54	3702.50	935.12	4049.69	1381.88	77.65	2920.52	7.03
永宁县	Yongning	9516.48	5059.08	484.73		2533.67	243.59	4259.02	3.87
贺兰县	Helan	6291.43	3045.87	28.08	13.28	2693.28	13.28	1089.93	6.27
灵武市	Lingwu	9065.85	1625.43	1871.23	206.78	2704.41	1667.82	7717.72	4.92
石嘴山市	**Shizuishan**	**8206.26**	**3500.88**	**1352.38**		**1914.05**	**246.91**	**12067.85**	**1.51**
大武口区	Dawukou	8058.03	898.51	315.74		6431.17	252.41	8799.69	2.57
惠农区	Huinong	10003.64	3954.64	2325.46		3393.12	6.72	36209.02	1.83
平罗县	Pingluo	8347.45	4165.41	1290.36		728.69	301.62	6508.41	3.18
吴忠市	**Wuzhong**	**6970.82**	**2025.78**	**1832.24**	**55.05**	**1848.58**	**523.38**	**14226.36**	**1.50**
利通区	Litong	10799.25	878.72	6653.16	55.42	320.18	721.66	32165.70	
红寺堡区	Hongsipu	2461.93	1504.72	674.21		102.78	180.22	4308.23	3.50
盐池县	Yanchi	14225.63	2324.99	4361.14		2958.11	3220.38	32639.17	
同心县	Tongxin	3446.87	1868.70	1126.71	34.34	246.00	152.37	5541.85	4.48
青铜峡市	Qingtongxia	10893.70	3535.93	748.79	123.37	5976.32	282.15	4409.81	
固原市	**Guyuan**	**5001.48**	**3221.14**	**843.65**	**173.64**	**242.25**	**267.61**	**4760.63**	**4.78**
原州区	Yuanzhou	4222.96	2745.38	1021.08		287.35	101.17	5952.91	1.11
西吉县	Xiji	5778.90	4309.77	661.86	45.06	74.11	336.81	5339.92	1.93
隆德县	Longde	5318.04	2729.18	409.26	513.48	539.29	633.70	2441.11	1.10
泾源县	Jingyuan	1718.04	723.15	454.09		321.27	136.42	1511.14	4.54
彭阳县	Pengyang	5877.42	3322.61	1481.04	481.82	246.39	135.34	5671.41	17.45
中卫市	**Zhongwei**	**6630.76**	**2590.51**	**1312.79**	**17.63**	**2084.64**	**332.11**	**4045.73**	**10.63**
沙坡头区	Shapotou	7502.84	1796.69	2496.99	49.20	2351.53	550.53	1862.86	11.39
中宁县	Zhongning	7733.00	4053.76	821.31		1765.91	427.07	5099.57	7.74
海原县	Haiyuan	4851.53	2253.55	509.33		1986.25	46.98	5677.71	11.91

2-18 续表 continued

单位：元/人 (yuan/person)

市 县	Region	小型和手扶拖拉机 (辆/百户) Mini and Walking Tractor (unit/100 household)	机 动 脱粒机 (台/百户) Motorized Threshing Machine (unit/100 household)	收割机 (台/百户) Harvester (unit/100 household)	农用动力机械 (台/百户) Motor Machine (unit/100 household)	役畜 (头/百户) Draught Animal (unit/100 household)	产品畜 (头/百户) Commodity Animal (unit/100 household)
全 区	**Total**	**59.02**	**4.73**	**2.89**	**2.05**	**17.73**	**66.69**
银川市	**Yinchuan**	**53.47**	**1.73**	**1.67**	**4.08**		**40.87**
兴庆区	Xingqing	21.49		6.69	22.27		46.90
西夏区	Xixia	10.10					5.40
金凤区	Jinfeng	38.22			3.17		48.34
永宁县	Yongning	72.50	2.30	0.71	2.89		43.07
贺兰县	Helan	54.85	0.84	1.66	1.02		1.25
灵武市	Lingwu	61.61	4.33	1.00			92.46
石嘴山市	**Shizuishan**	**61.08**	**3.87**	**1.40**	**1.44**	**2.14**	**80.05**
大武口区	Dawukou	10.05	2.57				265.35
惠农区	Huinong	52.38	2.00				41.58
平罗县	Pingluo	70.61	4.46	2.91	1.99	2.96	61.31
吴忠市	**Wuzhong**	**55.04**	**5.65**	**0.23**	**0.78**		**36.85**
利通区	Litong	25.89	2.99		0.90		127.32
红寺堡区	Hongsipu	50.22					11.87
盐池县	Yanchi	89.94	28.34				94.65
同心县	Tongxin	44.60	3.14	0.88	2.02		14.11
青铜峡市	Qingtongxia	86.98	4.18				20.58
固原市	**Guyuan**	**55.96**	**6.18**	**6.93**	**1.86**	**57.74**	**10.52**
原州区	Yuanzhou	59.81	9.16		4.12	40.47	4.01
西吉县	Xiji	75.37	5.06	14.74		96.74	5.52
隆德县	Longde	61.95	15.28	3.33	5.80	38.27	51.74
泾源县	Jingyuan	28.60		3.03	0.43		
彭阳县	Pengyang	33.85	1.12	8.17		56.20	2.47
中卫市	**Zhongwei**	**56.41**	**4.01**	**0.56**	**0.72**	**4.71**	**63.96**
沙坡头区	Shapotou	35.75				3.35	154.98
中宁县	Zhongning	86.68	7.65	1.87	1.17		12.16
海原县	Haiyuan	54.38	5.52		1.20	10.82	

2-19 2013年各市县农村居民家庭住房及经营土地情况

Basic Statistics of Residence and Area of Land Managed of Rural Households by City and County (2013)

市 县	Region	住房面积（平方米/人） Floor Space of Living Houses (sq.m/person)	住房价值（元/人） Value of Living Houses (yuan/person)	住房结构 Structure 钢筋混泥土结构面积（平方米/人） Reiforced Concrete Structure (sq.m/person)	砖木结构面积（平方米/人） Brick and Wood Structure (sq.m/person)	其 他（平方米/人） Other (sq.m/person)	期末实际经营的土地面积（亩/人） Area of Cultivated Land at Year-end (mu/person)
全 区	**Total**	**22.66**	**12725.56**	**3.84**	**15.67**	**3.15**	**3.83**
银川市	**Yinchuan**	**35.66**	**27059.13**	**0.65**	**34.33**	**0.68**	**3.15**
兴庆区	Xingqing	47.90	56827.45	2.21	45.69		3.52
西夏区	Xixia	42.99	56531.03	1.89	41.10		0.75
金凤区	Jinfeng	35.08	22089.41		32.14	2.94	1.40
永宁县	Yongning	37.68	22496.40	0.40	37.11	0.16	2.93
贺兰县	Helan	36.52	26547.55	0.53	35.59	0.41	5.49
灵武市	Lingwu	26.96	16087.93	0.33	25.86	0.78	2.14
石嘴山市	**Shizuishan**	**33.99**	**20417.25**		**32.58**	**1.41**	**5.08**
大武口区	Dawukou	32.20	17249.10		32.20		0.58
惠农区	Huinong	32.34	24078.85		30.80	1.54	4.07
平罗县	Pingluo	34.76	20069.60		33.16	1.60	6.07
吴忠市	**Wuzhong**	**30.21**	**19356.60**	**0.20**	**28.31**	**1.70**	**4.81**
利通区	Litong	33.50	20409.29	0.77	31.89	0.83	1.98
红寺堡区	Hongsipu	23.85	17445.52		23.53	0.32	2.41
盐池县	Yanchi	40.08	24903.29		33.05	7.03	18.57
同心县	Tongxin	24.50	20938.31		23.63	0.87	6.06
青铜峡市	Qingtongxia	34.11	18981.82		30.92	3.19	3.33
固原市	**Guyuan**	**20.18**	**10199.48**	**0.10**	**16.05**	**4.02**	**4.28**
原州区	Yuanzhou	24.72	13626.19		23.20	1.52	3.69
西吉县	Xiji	17.36	7763.42		10.94	6.42	5.73
隆德县	Longde	16.58	9877.76		12.41	4.17	2.45
泾源县	Jingyuan	20.53	13583.31	0.50	16.93	3.10	0.93
彭阳县	Pengyang	22.73	9558.57	0.36	20.25	2.13	5.36
中卫市	**Zhongwei**	**26.23**	**14296.94**	**0.91**	**20.14**	**5.18**	**3.12**
沙坡头区	Shapotou	27.09	20032.69	2.40	21.29	3.39	2.06
中宁县	Zhongning	36.61	12173.74	0.17	28.85	7.58	3.69
海原县	Haiyuan	18.24	10513.47		13.03	5.21	3.63

2-19 续表 continued

市 县	Region	耕 地（亩/人） Area of Permanent Crops (mu/person)	有效灌溉面积 Area of Irrigable (mu/person)	山 地（亩/人） Hilly Area (mu/person)	园 地（亩/人） Garden Plot Area (mu/person)	牧草地（亩/人） Area of Grassland (mu/person)	养殖水面（亩/人） Water Area for Fishery (mu/person)
全 区	**Total**	**3.07**	**1.31**	**0.21**	**0.07**	**0.48**	
银川市	**Yinchuan**	**2.95**	**2.88**	**0.01**	**0.10**	**0.09**	
兴庆区	Xingqing	3.52	3.39				
西夏区	Xixia	0.57	0.54	0.08	0.10		
金凤区	Jinfeng	1.32	1.21		0.04	0.03	
永宁县	Yongning	2.93	2.92				
贺兰县	Helan	4.90	4.75	0.03	0.20	0.36	
灵武市	Lingwu	1.98	1.98	0.00	0.17		
石嘴山市	**Shizuishan**	**4.95**	**4.84**	**0.10**	**0.01**	**0.03**	**0.00**
大武口区	Dawukou	0.54	0.54		0.03		0.01
惠农区	Huinong	3.53	2.99	0.54			
平罗县	Pingluo	6.02	6.01	0.01	0.00	0.04	
吴忠市	**Wuzhong**	**3.47**	**1.99**	**0.12**	**0.09**	**1.13**	
利通区	Litong	1.90	1.90		0.08		
红寺堡区	Hongsipu	2.35	2.34		0.05	0.01	
盐池县	Yanchi	5.31	2.11		0.05	13.21	
同心县	Tongxin	5.46	1.51	0.33		0.27	
青铜峡市	Qingtongxia	3.02	3.02	0.09	0.21		
固原市	**Guyuan**	**3.16**	**0.32**	**0.60**	**0.01**	**0.51**	**0.00**
原州区	Yuanzhou	3.08	0.51	0.01	0.00	0.60	
西吉县	Xiji	4.11	0.37	1.18	0.01	0.44	
隆德县	Longde	2.02	0.22	0.18	0.02	0.23	
泾源县	Jingyuan	0.87				0.06	
彭阳县	Pengyang	3.36	0.24	0.98	0.01	1.00	0.01
中卫市	**Zhongwei**	**2.54**	**1.38**		**0.26**	**0.32**	
沙坡头区	Shapotou	1.68	1.15		0.38		
中宁县	Zhongning	2.41	2.36		0.44	0.85	
海原县	Haiyuan	3.40	0.88			0.23	

2-20 2013年各市县农村居民家庭农作物种植情况

Basic Statistics of Farm Crop Planting of Rural Households by City and County (2013)

单位：亩/人 (mu/person)

市 县	Region	粮食播种面积 Sown Area of Grain Crops	小麦播种面积 Wheat	水稻播种面积 Rice	玉米播种面积 Corn	豆类播种面积 Soybeans	薯类播种面积 Tubers
全 区	**Total**	**2.40**	**0.45**	**0.32**	**0.91**	**0.05**	**0.44**
银川市	**Yinchuan**	**2.62**	**0.47**	**1.29**	**0.84**	**0.01**	**0.00**
兴庆区	Xingqing	3.27	0.24	2.78	0.22	0.02	
西夏区	Xixia	0.42	0.03		0.39		
金凤区	Jinfeng	0.80	0.14	0.06	0.57		
永宁县	Yongning	1.95	0.23	0.91	0.82		
贺兰县	Helan	5.03	1.46	2.09	1.48	0.00	
灵武市	Lingwu	1.85	0.08	1.04	0.70	0.03	
石嘴山市	**Shizuishan**	**3.93**	**0.27**	**1.79**	**1.87**		
大武口区	Dawukou	0.42	0.27		0.16		
惠农区	Huinong	1.30	0.11		1.19		
平罗县	Pingluo	5.16	0.31	2.52	2.34		
吴忠市	**Wuzhong**	**2.65**	**0.35**	**0.17**	**1.73**	**0.01**	**0.06**
利通区	Litong	1.52	0.25	0.29	0.98	0.00	
红寺堡区	Hongsipu	2.31	0.01		2.27	0.00	0.03
盐池县	Yanchi	5.17			2.12		0.19
同心县	Tongxin	2.76	0.76		1.56	0.02	0.15
青铜峡市	Qingtongxia	3.13	0.28	0.49	2.34	0.01	
固原市	**Guyuan**	**2.53**	**0.74**		**0.64**	**0.13**	**0.79**
原州区	Yuanzhou	2.29	0.76		0.94		0.42
西吉县	Xiji	2.63	0.61		0.28	0.30	0.89
隆德县	Longde	3.35	0.67		0.45	0.13	2.10
泾源县	Jingyuan	0.72	0.33		0.09		0.30
彭阳县	Pengyang	2.78	1.09		1.37	0.04	0.25
中卫市	**Zhongwei**	**1.83**	**0.25**	**0.24**	**0.96**	**0.01**	**0.18**
沙坡头区	Shapotou	1.32	0.05	0.37	0.82	0.03	
中宁县	Zhongning	1.88	0.03	0.42	1.43	0.00	
海原县	Haiyuan	2.25	0.60		0.75		0.46

2-20 续表 continued

单位：亩/人 (mu/person)

市 县	Region	经济作物播种面积 Sown Area of Economy Crops	油料播种面积 Oil-bearing	蔬菜播种面积 Vegetable	瓜类播种面积 Melons	机耕面积 Plough Area by Machine	机播面积 Sown Area by Machine	机收面积 Reap Area by Machine	机电灌溉面积 Irrigate Area by Machine
全 区	**Total**	**0.32**	**0.15**	**0.11**	**0.06**	**2.07**	**1.61**	**0.99**	**0.12**
银川市	**Yinchuan**	**0.31**	**0.04**	**0.16**	**0.11**	**2.65**	**2.47**	**2.20**	**0.57**
兴庆区	Xingqing	0.20	0.00	0.20		3.35	3.14	2.80	2.53
西夏区	Xixia	0.09	0.03	0.02	0.04	0.31	0.32	0.28	0.29
金凤区	Jinfeng	0.27		0.17	0.10	0.88	0.80	0.13	0.80
永宁县	Yongning	0.52		0.34	0.17	2.33	1.96	1.74	
贺兰县	Helan	0.44	0.18	0.14	0.13	4.73	4.58	4.57	0.74
灵武市	Lingwu	0.11	0.00	0.03	0.08	1.84	1.76	1.39	
石嘴山市	**Shizuishan**	**0.39**	**0.22**	**0.06**	**0.11**	**4.09**	**3.87**	**3.93**	**0.26**
大武口区	Dawukou	0.05		0.04	0.01	0.54	0.53	0.52	
惠农区	Huinong	0.32	0.04	0.06	0.22	3.20	3.18	1.51	0.25
平罗县	Pingluo	0.47	0.30	0.07	0.09	4.89	4.60	5.09	0.31
吴忠市	**Wuzhong**	**0.18**	**0.05**	**0.06**	**0.07**	**2.87**	**2.25**	**1.29**	**0.06**
利通区	Litong	0.10		0.04	0.06	1.84	1.65	1.60	0.05
红寺堡区	Hongsipu	0.06	0.05	0.02	0.00	2.33	1.73	0.77	
盐池县	Yanchi	0.19		0.07	0.12	5.08	2.02	0.13	
同心县	Tongxin	0.18	0.15	0.03		3.64	2.82	2.15	0.01
青铜峡市	Qingtongxia	0.30		0.10	0.20	3.01	2.95	1.03	0.17
固原市	**Guyuan**	**0.37**	**0.30**	**0.08**		**1.87**	**1.33**	**0.60**	**0.23**
原州区	Yuanzhou	0.38	0.36	0.02		1.90	0.85	0.12	0.36
西吉县	Xiji	0.54	0.39	0.15		2.02	2.02	1.46	0.36
隆德县	Longde	0.37	0.27	0.10		1.69	1.37	0.34	0.11
泾源县	Jingyuan	0.03	0.03			0.87	0.33	0.09	
彭阳县	Pengyang	0.16	0.13	0.02		1.97	1.17	0.08	0.02
中卫市	**Zhongwei**	**0.45**	**0.19**	**0.14**	**0.12**	**1.55**	**1.20**	**0.69**	
沙坡头区	Shapotou	0.53	0.13	0.16	0.23	1.24	1.14	0.44	
中宁县	Zhongning	0.38		0.25	0.13	1.96	1.66	1.40	
海原县	Haiyuan	0.41	0.37	0.03	0.00	1.53	0.92	0.39	

2-21　2013年各市县农村居民家庭农业生产情况

Basic Statistics of Agricultural Production of Rural Households by City and County (2013)

单位：公斤/人　　　　(kg/person)

市　县	Region	谷物产量 Output of Cereal	小麦产量 Output of Wheat	稻谷产量 Output of Rice	玉米产量 Output of Corn	薯类产量 Output of Tubers	豆类产量 Output of Soybeans	油料产量 Output of Oil-bearing
全　区	**Total**	**878.86**	**67.09**	**180.43**	**612.22**	**55.36**	**4.97**	**11.95**
银川市	**Yinchuan**	**1351.01**	**95.62**	**691.23**	**564.16**		**0.99**	**6.84**
兴庆区	Xingqing	1474.15	56.63	1317.96	99.56		5.75	0.51
西夏区	Xixia	242.53	10.51		232.02			3.58
金凤区	Jinfeng	528.73	59.60	17.08	452.04			
永宁县	Yongning	1258.76	91.03	595.87	571.85			
贺兰县	Helan	2132.00	226.39	1009.16	896.44		0.53	26.82
灵武市	Lingwu	1202.51	24.95	646.56	531.00		0.83	0.15
石嘴山市	**Shizuishan**	**2311.98**	**85.47**	**909.84**	**1316.67**			**49.56**
大武口区	Dawukou	157.53	92.28		65.25			
惠农区	Huinong	817.12	37.62		779.50			6.20
平罗县	Pingluo	3038.63	94.77	1279.42	1664.45			68.15
吴忠市	**Wuzhong**	**1369.91**	**45.95**	**108.01**	**1199.29**	**7.99**	**0.43**	**5.63**
利通区	Litong	961.21	75.73	177.41	708.08		0.08	
红寺堡区	Hongsipu	1180.71	2.12		1178.59	4.75	0.19	7.38
盐池县	Yanchi	1377.76			1257.51	20.59		
同心县	Tongxin	1237.22	32.92		1187.95	18.69	0.35	15.36
青铜峡市	Qingtongxia	2104.10	85.85	305.39	1704.32		1.15	
固原市	**Guyuan**	**484.75**	**125.69**		**330.80**	**144.07**	**12.70**	**18.18**
原州区	Yuanzhou	558.91	99.03		445.95	101.88		19.52
西吉县	Xiji	339.95	137.72		131.46	268.61	26.10	25.82
隆德县	Longde	427.49	165.11		262.31	68.91	16.91	11.19
泾源县	Jingyuan	86.26	55.56		30.69	70.18		5.37
彭阳县	Pengyang	929.25	128.36		797.93	48.99	7.16	12.00
中卫市	**Zhongwei**	**788.70**	**22.18**	**133.27**	**620.17**	**33.66**	**1.88**	**16.40**
沙坡头区	Shapotou	713.68	16.61	198.09	496.99		5.19	11.29
中宁县	Zhongning	1282.54	8.76	235.60	1038.18		0.06	
海原县	Haiyuan	494.37	37.67		424.31	88.12		32.34

2-22 2013年各市县农村居民家庭农林牧渔业产品出售情况

Basic Statistics of Agriculture, Forestry, Animal Husbandry and Fishery Products Sales of Rural Households by City and County(2013)

单位：公斤/人、元/人　　(kg/person,yuan/person)

市 县	Region	谷物 Cereal							
		数量	金额	小麦 Wheat		稻谷 Rice		玉米 Corn	
				数量	金额	数量	金额	数量	金额
		Quantity	Amount	Quantity	Amount	Quantity	Amount	Quantity	Amount
全　区	**Total**	**592.48**	**1301.24**	**17.20**	**40.15**	**163.51**	**423.82**	**390.26**	**789.98**
银川市	**Yinchuan**	**885.82**	**2070.16**	**77.80**	**204.73**	**367.34**	**942.34**	**440.04**	**921.54**
兴庆区	Xingqing	926.47	2236.04	23.52	63.55	758.13	1871.84	139.46	288.11
西夏区	Xixia	153.42	336.51	2.92	9.35			150.50	327.17
金凤区	Jinfeng	257.96	577.94	22.52	63.79	15.63	54.86	219.80	459.29
永宁县	Yongning	786.98	1917.54	71.64	194.76	325.58	897.51	389.75	825.26
贺兰县	Helan	1864.13	4266.69	207.95	539.42	603.65	1499.44	1052.53	2227.82
灵武市	Lingwu	429.71	1008.16	20.23	51.61	243.65	640.47	165.70	315.50
石嘴山市	**Shizuishan**	**2073.59**	**4626.15**	**37.58**	**96.73**	**902.12**	**2267.43**	**1133.89**	**2261.99**
大武口区	Dawukou	55.36	128.14	28.31	68.01			27.05	60.13
惠农区	Huinong	437.20	925.57	18.56	51.86			418.63	873.71
平罗县	Pingluo	2801.80	6262.83	43.88	112.76	1268.56	3188.45	1489.35	2961.62
吴忠市	**Wuzhong**	**659.60**	**1482.57**	**25.44**	**64.95**	**91.10**	**236.53**	**536.02**	**1165.80**
利通区	Litong	264.10	615.24	15.06	39.36	178.50	423.69	68.83	148.66
红寺堡区	Hongsipu	832.11	1687.86					831.96	1687.41
盐池县	Yanchi	273.29	604.69					246.80	541.68
同心县	Tongxin	674.76	1316.28	0.80	2.39			666.19	1297.18
青铜峡市	Qingtongxia	1129.89	2916.60	87.53	222.01	238.43	695.05	795.39	1982.46
固原市	**Guyuan**	**99.18**	**203.43**	**18.12**	**39.17**			**67.71**	**135.39**
原州区	Yuanzhou	73.31	151.43	2.43	5.84			58.46	121.21
西吉县	Xiji	66.40	140.95	14.60	32.39			24.89	48.08
隆德县	Longde	132.99	265.72	36.98	73.96			90.47	180.85
泾源县	Jingyuan	42.28	90.50	33.78	74.38			8.50	16.12
彭阳县	Pengyang	196.18	391.45	12.80	26.76			181.59	360.94
中卫市	**Zhongwei**	**452.98**	**1041.49**	**7.07**	**19.16**	**121.75**	**345.42**	**308.59**	**641.13**
沙坡头区	Shapotou	413.37	936.79	3.66	9.66	130.57	332.43	275.98	589.09
中宁县	Zhongning	972.41	2282.53	14.77	42.39	273.88	826.77	683.76	1413.37
海原县	Haiyuan	118.76	251.83	4.49	10.74			76.49	152.71

2-22 续表 1 continued

单位：公斤/人、元/人 (kg/person,yuan/person)

市 县	Region	薯类 Tubers		豆类 Soybeans		油料 Oil-bearing		蔬菜 Vegetable		瓜类 Melons	
		数量 Quantity	金额 Amount	数量 Quantity	金额 Amount	数量 Quantity	金额 Amount	数量 Quantity	金额 Amount	数量 Quantity	金额 Amount
全 区	**Total**	**41.40**	**220.87**	**8.89**	**31.30**	**3.60**	**17.68**	**297.40**	**534.60**	**149.83**	**148.97**
银川市	**Yinchuan**			**3.67**	**12.31**	**6.84**	**31.79**	**618.96**	**1252.01**	**176.59**	**171.81**
兴庆区	Xingqing			8.39	23.93			735.12	1876.52	1.33	9.38
西夏区	Xixia			0.30	0.91	1.32	5.94	52.82	89.70		
金凤区	Jinfeng							491.37	1036.18	20.31	26.99
永宁县	Yongning			9.46	32.72	0.93	5.41	1154.37	2402.09	41.15	79.67
贺兰县	Helan			0.93	3.30	26.63	122.88	676.56	1099.33	310.04	257.54
灵武市	Lingwu			1.00	4.13	0.15	0.60	160.55	346.21	346.02	335.39
石嘴山市	**Shizuishan**			**2.21**	**10.34**	**48.14**	**242.41**	**226.00**	**399.43**	**181.25**	**480.79**
大武口区	Dawukou							76.34	267.93		
惠农区	Huinong					4.98	24.11	483.40	928.29	307.34	1989.91
平罗县	Pingluo			3.11	14.54	66.45	334.87	184.28	284.16	178.43	181.11
吴忠市	**Wuzhong**	**1.01**	**7.73**	**3.70**	**14.21**	**1.41**	**6.45**	**153.08**	**356.09**	**46.39**	**58.40**
利通区	Litong			0.31	0.87			190.37	507.61	31.34	129.94
红寺堡区	Hongsipu	0.19	1.56	0.27	1.36	1.25	4.52	10.31	19.02	0.01	0.04
盐池县	Yanchi	1.33	7.36	15.93	61.64	9.73	43.58	70.77	143.64	2.61	15.44
同心县	Tongxin	2.86	22.51	0.32	0.96	1.59	7.97	3.59	9.98	44.66	27.33
青铜峡市	Qingtongxia			9.14	35.58			130.69	165.26	128.34	176.05
固原市	**Guyuan**	**101.81**	**537.96**	**10.07**	**33.50**	**1.10**	**6.92**	**219.27**	**344.68**	**1.28**	**7.02**
原州区	Yuanzhou	53.26	221.75	2.02	6.96	1.05	6.53	0.11	0.22		
西吉县	Xiji	210.75	1149.17	14.84	45.28	0.98	7.21	538.59	798.24		
隆德县	Longde	54.32	243.21	12.82	39.02	0.70	5.01	223.87	449.86		
泾源县	Jingyuan	53.86	440.75	0.39	0.78	4.69	24.53	3.96	8.96		
彭阳县	Pengyang	21.94	93.20	14.94	60.86	0.09	0.55	3.93	18.21	7.47	40.79
中卫市	**Zhongwei**	**18.64**	**105.59**	**8.49**	**32.06**	**4.05**	**19.37**	**131.60**	**199.73**	**337.69**	**282.61**
沙坡头区	Shapotou			7.70	33.68	1.31	5.91	141.36	424.16	297.37	228.43
中宁县	Zhongning			4.94	21.75	1.05	8.87	286.28	187.50	841.97	731.91
海原县	Haiyuan	48.81	276.43	11.46	36.74	8.63	38.82	20.45	34.43	1.76	1.10

2-22 续表 2 continued

单位：公斤/人、元/人 (kg/person,yuan/person)

市 县	Region	园林水果 Fruits		中药材 Medicinal Materials		木材 Wood		肉猪及猪肉 Hog and Pork	
		数量 Quantity	金额 Amount	数量 Quantity	金额 Amount	数量 Quantity	金额 Amount	数量 Quantity	金额 Amount
全 区	**Total**	**26.48**	**102.75**	**10.69**	**264.60**	**0.00**	**2.46**	**11.01**	**232.02**
银川市	**Yinchuan**	**68.02**	**224.39**	**2.72**	**79.78**			**3.21**	**76.02**
兴庆区	Xingqing	6.47	17.33	2.51	65.98				
西夏区	Xixia	38.01	161.50	9.19	299.73			2.36	64.25
金凤区	Jinfeng	42.69	215.94						
永宁县	Yongning	81.85	411.99	8.26	240.09			3.99	97.52
贺兰县	Helan	45.55	199.61					7.53	177.42
灵武市	Lingwu	116.73	166.65	0.06	1.61			1.21	24.70
石嘴山市	**Shizuishan**	**1.61**	**20.07**	**9.98**	**47.96**			**6.56**	**159.52**
大武口区	Dawukou	7.49	58.07					6.62	198.44
惠农区	Huinong	3.34	17.10					5.82	156.14
平罗县	Pingluo	0.13	13.87	14.03	67.44			6.63	150.95
吴忠市	**Wuzhong**	**30.70**	**123.04**	**1.09**	**27.98**	**0.00**	**0.62**	**3.85**	**88.51**
利通区	Litong	25.30	185.52					0.37	7.82
红寺堡区	Hongsipu			2.73	79.64			0.35	8.22
盐池县	Yanchi	3.15	1.78					24.25	583.65
同心县	Tongxin	0.25	0.78	2.47	59.77			0.11	3.95
青铜峡市	Qingtongxia	76.56	123.07			0.01	2.53	7.61	164.10
固原市	**Guyuan**	**0.58**	**1.49**	**1.24**	**29.15**	**0.00**	**1.89**	**2.15**	**52.49**
原州区	Yuanzhou	0.86	1.20	2.02	47.05	0.00	0.41	2.09	60.82
西吉县	Xiji	1.08	3.49			0.01	5.21	0.98	23.55
隆德县	Longde			2.89	64.10			7.16	153.14
泾源县	Jingyuan			1.21	24.81				
彭阳县	Pengyang			1.38	37.62			1.56	43.28
中卫市	**Zhongwei**	**44.76**	**142.96**	**20.97**	**567.54**			**21.46**	**447.08**
沙坡头区	Shapotou	46.19	132.74	0.37	8.05			29.05	643.90
中宁县	Zhongning	101.41	344.60	71.12	1923.91			40.15	783.72
海原县	Haiyuan	2.38	5.24	3.58	99.55			0.17	4.79

2-22 续表 3 continued

单位：公斤/人、元/人 (kg/person,yuan/person)

市 县	Region	肉猪 Hog			菜羊及羊肉 Sheep and Mutton		菜羊 Sheep		
		头数(头) Count (head)	毛 重 Gross Weight	金 额 Amount	总重量 Total Weight	总金额 Total Amount	只数(只) Count (head)	毛 重 Gross Weight	金 额 Amount
全 区	**Total**	**0.12**	**13.65**	**215.97**	**8.86**	**351.11**	**0.52**	**12.36**	**341.01**
银川市	**Yinchuan**	**0.02**	**1.94**	**34.99**	**7.61**	**332.81**	**0.30**	**9.99**	**308.59**
兴庆区	Xingqing				4.15	191.89	0.21	5.93	191.89
西夏区	Xixia	0.02	2.34	46.73	0.53	25.65	0.02	0.64	23.09
金凤区	Jinfeng				17.65	824.05	0.64	22.42	758.30
永宁县	Yongning	0.06	4.19	78.54	5.06	256.58	0.25	6.95	246.58
贺兰县	Helan	0.01	1.73	31.65	3.42	172.31	0.11	2.94	115.19
灵武市	Lingwu	0.02	1.59	24.70	11.85	436.44	0.43	16.93	436.44
石嘴山市	**Shizuishan**	**0.02**	**3.26**	**52.84**	**11.75**	**518.42**	**0.45**	**15.18**	**456.71**
大武口区	Dawukou	0.02	2.68	60.90	3.79	143.82	0.11	4.89	131.33
惠农区	Huinong				7.31	275.34	0.31	9.71	255.51
平罗县	Pingluo	0.03	4.11	63.71	14.14	639.45	0.55	18.21	559.79
吴忠市	**Wuzhong**	**0.03**	**3.98**	**65.63**	**24.73**	**919.63**	**0.98**	**34.32**	**883.55**
利通区	Litong	0.00	0.49	7.82	7.68	299.97	0.37	10.97	299.97
红寺堡区	Hongsipu	0.00	0.12	1.41	2.72	104.30	0.14	3.87	103.75
盐池县	Yanchi	0.21	26.50	461.26	90.06	3258.90	3.58	125.84	3155.41
同心县	Tongxin				24.11	908.00	0.93	34.45	908.00
青铜峡市	Qingtongxia	0.07	7.65	118.21	9.29	351.12	0.25	10.59	256.93
固原市	**Guyuan**	**0.02**	**1.59**	**26.62**	**6.48**	**261.75**	**0.27**	**9.17**	**259.81**
原州区	Yuanzhou				8.49	334.35	0.34	12.13	334.35
西吉县	Xiji	0.01	0.71	14.68	3.76	137.74	0.15	5.29	136.29
隆德县	Longde	0.08	8.61	137.69	3.26	138.04	0.16	4.65	138.04
泾源县	Jingyuan				10.96	358.29	0.34	15.65	358.29
彭阳县	Pengyang	0.01	0.52	8.04	10.27	491.08	0.52	14.34	482.70
中卫市	**Zhongwei**	**0.23**	**28.07**	**444.01**	**8.25**	**343.62**	**0.36**	**11.70**	**341.40**
沙坡头区	Shapotou	0.34	38.02	639.76	1.15	45.02	0.05	1.61	44.28
中宁县	Zhongning	0.41	52.45	777.94	10.82	431.04	0.38	15.28	425.72
海原县	Haiyuan	0.00	0.23	4.79	12.76	548.49	0.63	18.17	547.18

2-22 续表 4 continued

单位：公斤/人、元/人 (kg/person,yuan/person)

市 县	Region	肉牛及牛肉 Cattle and Beef 总重量 Total Weight	总金额 Total Amount	肉牛 Cattle 头数(头) Count (head)	毛 重 Gross Weight	金 额 Amount	家禽 Poultry 重 量 Weight	金 额 Amount	蛋类 Eggs 数 量 Quantity	金 额 Amount
全 区	**Total**	**18.75**	**779.20**	**0.08**	**25.60**	**741.66**	**0.79**	**11.16**	**10.79**	**84.45**
银川市	**Yinchuan**	**10.99**	**485.28**	**0.07**	**15.06**	**472.06**	**5.28**	**59.20**	**0.03**	**0.25**
兴庆区	Xingqing	23.32	776.68	0.12	31.95	776.68	39.15	448.94		
西夏区	Xixia									
金凤区	Jinfeng	31.70	1644.60	0.28	43.43	1532.60	0.12	2.12		
永宁县	Yongning	7.71	347.77	0.04	10.57	347.77	0.32	5.73		
贺兰县	Helan	3.30	187.78	0.03	4.52	187.78	2.90	20.90	0.10	0.91
灵武市	Lingwu	11.00	407.95	0.05	15.07	407.95	0.45	9.66	0.01	0.11
石嘴山市	**Shizuishan**	**2.20**	**90.71**	**0.01**	**3.01**	**90.27**	**30.93**	**181.73**	**0.59**	**5.96**
大武口区	Dawukou						86.69	987.42	0.64	5.12
惠农区	Huinong						0.29	3.78		
平罗县	Pingluo	3.09	127.55	0.01	4.23	126.93	28.35	82.83	0.72	7.50
吴忠市	**Wuzhong**	**13.01**	**493.21**	**0.05**	**17.67**	**486.26**	**7.33**	**81.13**	**0.09**	**1.10**
利通区	Litong	25.94	964.12	0.09	35.54	964.12	1.06	19.30		
红寺堡区	Hongsipu	10.61	445.37	0.04	13.22	413.86	0.04	0.41		
盐池县	Yanchi						0.59	14.74	0.45	6.93
同心县	Tongxin	16.83	634.37	0.06	23.05	624.03	0.31	5.02	0.00	0.05
青铜峡市	Qingtongxia	4.31	148.64	0.02	5.90	148.64	27.63	282.39	0.22	2.21
固原市	**Guyuan**	**14.78**	**518.15**	**0.06**	**20.25**	**514.00**	**0.07**	**1.06**	**0.02**	**0.20**
原州区	Yuanzhou	15.88	549.34	0.06	21.75	549.34			0.00	0.03
西吉县	Xiji	8.15	287.69	0.05	11.17	287.69				
隆德县	Longde	3.81	167.75	0.01	5.22	143.11	0.19	3.78	0.02	0.19
泾源县	Jingyuan	68.26	2055.70	0.24	93.50	2055.70	0.07	1.52		
彭阳县	Pengyang	11.25	534.37	0.06	15.41	531.24	0.19	2.22	0.10	0.95
中卫市	**Zhongwei**	**7.98**	**346.82**	**0.04**	**10.93**	**346.82**	**0.82**	**10.17**	**57.32**	**445.28**
沙坡头区	Shapotou	0.66	22.58	0.01	0.90	22.58	1.25	13.12	159.86	1241.69
中宁县	Zhongning	7.36	341.47	0.05	10.08	341.47	0.13	1.99		
海原县	Haiyuan	15.00	642.10	0.07	20.55	642.10	0.89	12.97	0.10	0.94

2-22 续表 5 continued

单位：公斤/人、元/人 (kg/person,yuan/person)

市 县	Region	畜皮 Fur		毛绒 Wool		奶类 Milk		鱼类 Fish	
		数量(张) Quantity (piece)	金额 Amount	数量 Quantity	金额 Amount	数量 Quantity	金额 Amount	数量 Quantity	金额 Amount
全　区	**Total**	**0.05**	**3.02**	**0.61**	**6.56**	**107.31**	**356.28**	**2.03**	**17.07**
银川市	**Yinchuan**	**0.01**	**1.19**	**0.21**	**2.01**	**107.33**	**340.80**	**1.40**	**19.80**
兴庆区	Xingqing			0.03	0.38	170.33	513.83		
西夏区	Xixia	0.01	0.64						
金凤区	Jinfeng	0.02	0.19	0.53	8.89				
永宁县	Yongning	0.03	2.31	0.20	1.21	89.82	275.38	1.73	16.27
贺兰县	Helan	0.01	0.63	0.32	1.94			4.04	65.26
灵武市	Lingwu	0.02	1.76	0.05	0.64	284.61	921.11		
石嘴山市	**Shizuishan**	**0.05**	**3.20**	**0.50**	**7.93**	**128.27**	**410.33**		
大武口区	Dawukou			0.61	17.08				
惠农区	Huinong	0.01	0.32	0.30	5.64	725.16	2319.71		
平罗县	Pingluo	0.06	4.77	0.53	6.78				
吴忠市	**Wuzhong**	**0.08**	**6.21**	**1.14**	**15.73**	**227.02**	**713.21**		
利通区	Litong	0.01	0.66	0.32	2.50	1538.28	4935.85		
红寺堡区	Hongsipu	0.01	1.30	0.23	31.74				
盐池县	Yanchi	0.20	14.50	3.67	22.35				
同心县	Tongxin	0.09	4.35	2.08	28.73				
青铜峡市	Qingtongxia	0.14	13.96	0.42	2.65	59.51	189.49		
固原市	**Guyuan**	**0.05**	**1.98**	**0.54**	**3.95**				
原州区	Yuanzhou	0.16	5.26	1.16	8.14				
西吉县	Xiji	0.03	1.00	0.65	4.92				
隆德县	Longde	0.00	0.02						
泾源县	Jingyuan	0.04	0.11						
彭阳县	Pengyang	0.03	2.11	0.22	1.85				
中卫市	**Zhongwei**	**0.05**	**3.07**	**0.99**	**6.50**	**113.69**	**389.41**		
沙坡头区	Shapotou	0.02	1.17	0.49	2.34	317.29	1086.77		
中宁县	Zhongning			0.23	3.86				
海原县	Haiyuan	0.10	6.93	1.96	12.04				

2-23 2013年各市县农村居民家庭总收入来源情况

Basic Statistics of Total Income of Rural Households by Sources and City and County (2013)

单位：元/人 (yuan/person)

市县	Region	总收入 Total Revenue	一、工资性收入 Wages Income	二、家庭经营收入 Household Business Income	1.第一产业收入 Primary Industry	(1)农业收入 Farming	A.农产品收入 Agriculture Products	①粮食收入 Grain	②油料收入 Oil-bearing	③蔬菜收入 Vegetables
全　区	**Total**	**10666.77**	**2878.36**	**6912.60**	**5870.01**	**3542.92**	**3439.25**	**2149.24**	**51.72**	**557.38**
银川市	**Yinchuan**	**13559.87**	**3738.38**	**9109.98**	**6717.07**	**5181.44**	**4943.56**	**3052.57**	**31.32**	**1270.89**
兴庆区	Xingqing	15738.24	3004.01	12046.48	8118.84	5906.05	5559.78	3542.65		1892.77
西夏区	Xixia	9496.69	3250.48	5048.81	1410.40	1157.50	1145.39	499.58	18.02	103.32
金凤区	Jinfeng	13293.26	3948.22	8583.58	5305.52	2656.02	2428.12	1131.30		1053.58
永宁县	Yongning	13458.86	3350.38	9509.59	7758.22	6365.98	6194.33	2876.98		2424.57
贺兰县	Helan	13624.86	3779.48	9005.93	7700.50	6930.40	6650.37	4802.80	123.67	1128.43
灵武市	Lingwu	13819.63	4548.76	8657.55	5837.96	3893.94	3648.97	2654.12	0.60	356.69
石嘴山市	**Shizuishan**	**14742.80**	**3110.37**	**10713.65**	**9504.19**	**7041.18**	**6690.25**	**5023.96**	**243.89**	**422.70**
大武口区	Dawukou	10229.50	4607.86	4953.62	2461.89	1024.08	947.31	346.05		314.27
惠农区	Huinong	15641.81	3550.74	10990.75	9182.86	5785.67	5785.67	1618.76	29.23	933.06
平罗县	Pingluo	15384.16	2705.54	11688.48	10800.18	8424.65	7844.98	6637.49	335.69	307.96
吴忠市	**Wuzhong**	**11568.62**	**2746.76**	**8126.72**	**6591.45**	**3706.83**	**3568.85**	**2822.46**	**24.98**	**383.11**
利通区	Litong	17913.49	3649.42	13417.31	10271.84	3622.73	3622.73	1992.70		520.78
红寺堡区	Hongsipu	7617.96	3285.45	3855.36	3649.47	2439.71	2439.71	2258.97	33.28	48.78
盐池县	Yanchi	11613.24	1104.97	9631.04	8905.19	2917.83	2898.08	2686.33		171.19
同心县	Tongxin	7767.00	2063.14	5159.32	4829.45	2825.91	2750.10	2425.99	67.95	48.06
青铜峡市	Qingtongxia	14455.54	3704.44	9943.28	7284.47	5811.03	5346.13	4675.19		186.26
固原市	**Guyuan**	**7678.87**	**2519.84**	**4537.56**	**4047.34**	**2473.72**	**2451.05**	**1674.13**	**77.55**	**386.37**
原州区	Yuanzhou	7573.06	2741.81	4334.05	3825.27	1963.56	1937.83	1484.14	79.21	26.08
西吉县	Xiji	7962.03	2471.37	4923.88	4529.43	3462.66	3448.22	2128.09	112.40	826.41
隆德县	Longde	6869.53	2522.84	3446.75	2784.20	2004.54	1961.38	1166.83	48.98	486.67
泾源县	Jingyuan	7590.39	2039.45	4867.66	4408.89	797.90	787.08	666.33	24.98	45.10
彭阳县	Pengyang	8062.63	2480.41	4979.38	4459.30	2469.12	2443.91	1965.35	50.39	116.54
中卫市	**Zhongwei**	**10566.63**	**2896.98**	**6942.46**	**5679.23**	**3335.36**	**3278.28**	**1796.51**	**69.61**	**220.04**
沙坡头区	Shapotou	12721.26	3842.93	7771.61	5955.94	2501.93	2443.96	1523.33	47.60	437.23
中宁县	Zhongning	12983.36	2912.36	9472.79	8046.47	6315.54	6182.87	2714.05		231.53
海原县	Haiyuan	6924.74	2253.11	4196.85	3607.46	1951.61	1951.61	1371.19	137.58	44.20

2-23 续表 1 continued

单位：元/人 (yuan/person)

市 县	Region	④花卉园艺收入 Flowers and Horticulture	⑤瓜果收 入 Melon and Fruit	⑥园林收 入 Landscape Garden	⑦中药材收入 Medicinal Materials	B.农业服务性收 入 Agriculture Service	(2)林业收 入 Forestry	(3)牧业收 入 Animal Husbandry	A.牧业产品收入 Animal Husbandry Products
全 区	**Total**	**0.16**	**151.62**	**113.77**	**264.60**	**103.66**	**55.45**	**2254.57**	**2254.29**
银川市	**Yinchuan**		**175.60**	**226.52**	**79.78**	**237.88**	**22.92**	**1491.57**	**1487.61**
兴庆区	Xingqing		9.38	18.56	65.98	346.27		2212.79	2212.79
西夏区	Xixia		0.53	184.29	299.73	12.11	18.26	234.64	234.64
金凤区	Jinfeng		27.13	215.94		227.91	129.13	2520.36	2486.77
永宁县	Yongning		79.67	413.84	240.09	171.65	19.49	1356.49	1356.49
贺兰县	Helan		259.94	201.21		280.03		699.38	699.38
灵武市	Lingwu		347.72	166.65	1.61	244.97	8.42	1935.60	1935.60
石嘴山市	**Shizuishan**	**27.72**	**482.38**	**21.67**	**47.96**	**350.93**	**4.93**	**2458.08**	**2455.27**
大武口区	Dawukou	207.14		71.48		76.77	3.20	1434.61	1434.61
惠农区	Huinong	11.83	1989.91	17.10				3397.19	3397.19
平罗县	Pingluo		183.35	13.87	67.44	579.67	6.38	2369.15	2365.20
吴忠市	**Wuzhong**		**63.36**	**140.22**	**27.98**	**137.98**	**11.42**	**2873.21**	**2872.58**
利通区	Litong		132.18	192.92				6649.11	6649.11
红寺堡区	Hongsipu		0.13	7.21	79.64		9.19	1200.57	1200.57
盐池县	Yanchi		15.44	1.78		19.75	39.83	5947.54	5946.24
同心县	Tongxin		41.31	33.90	59.77	75.81	0.23	2003.31	2001.61
青铜峡市	Qingtongxia		178.32	132.69		464.90	29.20	1444.25	1444.25
固原市	**Guyuan**		**7.02**	**17.11**	**29.15**	**22.67**	**116.41**	**1457.21**	**1457.16**
原州区	Yuanzhou			2.79	47.05	25.74	9.32	1852.38	1852.38
西吉县	Xiji			39.91		14.44	5.41	1061.37	1061.37
隆德县	Longde				64.10	43.16	5.53	774.13	773.78
泾源县	Jingyuan				24.81	10.82	1139.59	2471.40	2471.40
彭阳县	Pengyang		40.79	15.70	37.62	25.22	95.14	1895.04	1895.04
中卫市	**Zhongwei**		**283.17**	**144.73**	**567.54**	**57.09**	**4.85**	**2339.02**	**2339.02**
沙坡头区	Shapotou		229.97	134.94	8.05	57.97	11.46	3442.56	3442.56
中宁县	Zhongning		731.91	345.45	1923.91	132.67	2.69	1728.24	1728.24
海原县	Haiyuan		1.10	7.20	99.55		0.03	1655.82	1655.82

2-23 续表 2 continued

单位：元/人 (yuan/person)

市 县	Region	①成龄家畜收入 Aged Cattle	猪收入 Pork	菜羊收入 Sheep	肉牛收入 Cattle	②成龄家禽收入 Aged Poultry	③蛋类收入 Eggs	④皮收入 Fur	⑤毛、绒收入 Wool	⑥奶类收入 Milk
全 区	**Total**	**1508.71**	**339.85**	**384.65**	**784.20**	**22.54**	**88.33**	**3.02**	**6.62**	**357.06**
银川市	**Yinchuan**	**939.45**	**91.29**	**359.27**	**488.88**	**83.45**	**2.56**	**1.19**	**2.01**	**342.09**
兴庆区	Xingqing	1027.94	11.51	232.22	784.20	476.64	5.87		0.38	513.85
西夏区	Xixia	189.17	120.46	68.72		34.72	8.90	0.64		
金凤区	Jinfeng	2468.65		824.05	1644.60	2.93	0.06	0.19	8.89	
永宁县	Yongning	735.35	107.32	278.84	349.19	26.06	1.25	2.31	1.21	275.38
贺兰县	Helan	601.04	210.52	202.74	187.78	55.74	1.34	0.63	1.94	
灵武市	Lingwu	908.96	27.48	464.03	417.45	33.67	3.22	1.76	0.64	926.14
石嘴山市	**Shizuishan**	**887.17**	**210.89**	**583.22**	**93.06**	**211.83**	**12.46**	**3.20**	**7.93**	**410.44**
大武口区	Dawukou	404.00	246.36	157.64		1003.86	9.68		17.08	
惠农区	Huinong	498.25	177.92	320.34		5.07	0.70	0.32	5.64	2320.06
平罗县	Pingluo	1059.80	209.43	719.51	130.86	121.97	15.82	4.77	6.78	0.07
吴忠市	**Wuzhong**	**1650.31**	**156.27**	**988.77**	**505.27**	**156.41**	**7.22**	**6.21**	**15.73**	**715.05**
利通区	Litong	1372.80	7.82	363.44	1001.53	165.83	4.18	0.66	2.50	4946.23
红寺堡区	Hongsipu	654.92	58.17	138.51	458.24	2.92	3.59	1.30	31.74	
盐池县	Yanchi	4734.07	1116.11	3616.76	1.19	89.35	46.82	14.50	22.35	
同心县	Tongxin	1645.10	63.52	945.62	635.95	8.47	0.41	4.35	28.73	
青铜峡市	Qingtongxia	695.58	169.75	376.44	149.39	328.21	4.32	13.96	2.65	190.53
固原市	**Guyuan**	**998.85**	**192.34**	**286.56**	**519.94**	**13.25**	**8.11**	**1.98**	**4.09**	
原州区	Yuanzhou	1102.90	182.98	363.86	556.06	8.78	0.75	5.26	8.26	
西吉县	Xiji	696.43	235.04	173.70	287.69	8.72	6.56	1.00	5.24	
隆德县	Longde	547.56	223.92	155.22	168.42	19.88	8.97	0.02		
泾源县	Jingyuan	2421.54	7.55	358.29	2055.70	9.31	2.22	0.11		
彭阳县	Pengyang	1220.78	178.05	507.82	534.92	25.95	24.24	2.11	1.85	
中卫市	**Zhongwei**	**1233.48**	**492.75**	**389.26**	**351.47**	**13.71**	**446.10**	**3.07**	**6.50**	**389.91**
沙坡头区	Shapotou	732.33	660.55	49.20	22.58	13.84	1241.94	1.17	2.34	1088.17
中宁县	Zhongning	1574.72	798.16	435.09	341.47	7.11	1.83		3.86	
海原县	Haiyuan	1413.85	98.40	661.16	654.29	17.91	1.54	6.93	12.04	

2-23 续表 3 continued

单位：元/人 (yuan/person)

市 县	Region	⑦仔、幼畜、禽产品收入 Pup and Fowl	⑧育肥畜收入 Fatten Livestock	B.牧业服务性收入 Animal Husbandry Service	(4)渔业收入 Fishery	2.第二产业收入 Secondary Industry	工业收入 Industry	建筑业收入 Construction
全　区	**Total**	**181.65**	**67.23**	**0.27**	**17.07**	**83.30**	**29.24**	**54.06**
银川市	**Yinchuan**	**71.96**	**34.57**	**3.96**	**21.14**	**351.38**	**56.50**	**294.87**
兴庆区	Xingqing	139.33	4.94			1661.34		1661.34
西夏区	Xixia					794.40		794.40
金凤区	Jinfeng			33.59		375.29	278.42	96.87
永宁县	Yongning	186.23	126.30		16.27	225.92		225.92
贺兰县	Helan	26.76	5.35		70.72	16.64	16.64	
灵武市	Lingwu	40.05	11.28			91.88	76.61	15.27
石嘴山市	**Shizuishan**	**694.01**	**217.41**	**2.81**		**67.55**	**16.65**	**50.91**
大武口区	Dawukou					117.44	79.00	38.44
惠农区	Huinong	367.77	174.71			38.84	38.84	
平罗县	Pingluo	884.44	262.27	3.95		120.66		120.66
吴忠市	**Wuzhong**	**221.14**	**87.94**	**0.63**		**114.02**	**41.84**	**72.18**
利通区	Litong	51.55	84.48			474.11	94.16	379.94
红寺堡区	Hongsipu	190.04	316.07					
盐池县	Yanchi	1027.31		1.30				
同心县	Tongxin	191.36	110.17	1.70		32.24	32.24	
青铜峡市	Qingtongxia	183.05				56.54	30.07	26.47
固原市	**Guyuan**	**339.57**	**88.95**	**0.05**		**50.54**	**42.18**	**8.36**
原州区	Yuanzhou	704.99	14.86			6.18	6.18	
西吉县	Xiji	195.73	146.47			63.43	40.56	22.88
隆德县	Longde	97.25	97.75	0.35		41.06	37.76	3.30
泾源县	Jingyuan	29.14	8.84					
彭阳县	Pengyang	508.29	111.68			123.30	123.30	
中卫市	**Zhongwei**	**208.35**	**8.55**			**15.20**	**3.42**	**11.78**
沙坡头区	Shapotou	259.87	22.78			8.47	8.47	
中宁县	Zhongning	137.65	1.42			44.42	1.39	43.04
海原县	Haiyuan	203.03						

2-23 续表 4 continued

单位：元/人 (yuan/person)

市县	Region	3.第三产业收入 Tertiary Industry	交通、运输、邮电业收入 Transport, Post and Telecommunication	批零贸易业、饮食业收入 Wholesale, Retail Trade and Catering	社会服务业收入 Social Service	其他行业收入 Others	三、财产性收入 Property Income	四、转移性收入 Transfer Income	退耕还林还草补贴收入 Subsidy Income for Return Arable Land to Forestry	各项补贴收入 Various Subsidize Revenue
全区	**Total**	**959.29**	**414.92**	**441.79**	**86.36**	**16.22**	**133.34**	**742.48**	**73.58**	**317.59**
银川市	**Yinchuan**	**2041.53**	**1227.19**	**652.89**	**161.23**	**0.22**	**186.08**	**525.43**		**308.27**
兴庆区	Xingqing	2266.31	1455.50	809.75	1.05		342.79	344.95		211.29
西夏区	Xixia	2844.01	1708.92	1135.09			528.47	668.94		239.07
金凤区	Jinfeng	2902.78	1290.11	1431.69	180.98		298.64	462.81		101.27
永宁县	Yongning	1525.45	806.29	535.20	183.97		124.52	474.37		297.70
贺兰县	Helan	1288.79	959.48	86.70	242.61		130.66	708.79		472.44
灵武市	Lingwu	2727.71	1795.18	783.94	147.72	0.87	124.64	488.68		315.88
石嘴山市	**Shizuishan**	**1141.90**	**749.98**	**287.68**	**100.40**	**3.85**	**266.29**	**652.49**		**333.17**
大武口区	Dawukou	2374.29	1915.02	432.29	26.98		76.97	591.05		110.69
惠农区	Huinong	1769.05	1428.10	119.74	221.21		369.56	730.76		284.55
平罗县	Pingluo	767.64	366.23	314.53	81.46	5.41	267.66	722.47		415.38
吴忠市	**Wuzhong**	**1421.24**	**662.84**	**609.49**	**107.41**	**41.50**	**117.38**	**577.75**	**54.19**	**252.90**
利通区	Litong	2671.36	398.93	2019.78	249.90	2.74	109.85	736.91	6.93	171.68
红寺堡区	Hongsipu	205.88	62.80	88.00	52.86	2.22	40.45	436.70	5.83	208.93
盐池县	Yanchi	725.85	174.98	353.20	197.67		92.08	785.14	287.25	449.32
同心县	Tongxin	297.63	147.20	150.43			12.40	532.14	91.39	196.13
青铜峡市	Qingtongxia	2602.26	2027.58	316.46	91.49	166.73	303.54	504.28		378.79
固原市	**Guyuan**	**439.68**	**161.80**	**248.17**	**26.94**	**2.78**	**31.20**	**590.27**	**116.89**	**194.51**
原州区	Yuanzhou	502.60	312.90	158.11	19.93	11.65	24.49	472.71	91.53	198.31
西吉县	Xiji	331.01	26.51	252.41	52.09		17.41	549.37	74.57	163.80
隆德县	Longde	621.49	217.31	391.11	13.07		105.60	794.33	101.59	306.35
泾源县	Jingyuan	458.78	217.64	222.92	18.22		22.91	660.36	235.81	113.99
彭阳县	Pengyang	396.78	120.90	275.81	0.06		11.08	591.76	162.02	187.53
中卫市	**Zhongwei**	**1248.03**	**476.51**	**711.70**	**56.64**	**3.18**	**62.51**	**664.69**	**54.88**	**212.98**
沙坡头区	Shapotou	1807.19	602.40	1058.71	138.69	7.40	77.02	1029.70	27.64	377.45
中宁县	Zhongning	1381.90	487.80	873.70	18.46	1.93	92.67	505.54		143.40
海原县	Haiyuan	589.39	332.85	243.98	12.56		28.27	446.52	117.75	102.91

2-24 2013年各市县农村居民家庭总支出情况

Basic Statistics of Total Expenses of Rural Households by City and County (2013)

单位：元/人 (yuan/person)

市 县	Region	总支出 Total Expenditure	一、家庭经营费用支出 Expenditure for Household Business	第一产业生产费用支出 Primary Industry	农业生产费用支出 Farming	林业生产费用支出 Forestry	牧业生产费用支出 Animal Husbandry	渔业生产费用支出 Fishery	第二产业生产费用支出 Secondary Industry	工业生产费用支出 Industry
全 区	**Total**	**10988.79**	**3275.69**	**3005.80**	**1317.79**	**36.22**	**1630.40**		**10.80**	**2.41**
银川市	**Yinchuan**	**14103.55**	**3660.73**	**3147.01**	**2054.70**	**28.28**	**1007.66**	**2.54**	**53.63**	**4.61**
兴庆区	Xingqing	13290.32	3004.41	3004.41	1699.19		1150.17			
西夏区	Xixia	11935.18	1893.94	697.14	371.55	17.11	190.70		173.88	
金凤区	Jinfeng	14820.51	3679.56	2915.30	1093.00	70.25	1749.21		55.14	22.28
永宁县	Yongning	13150.67	4069.01	3625.62	2627.08	11.26	916.61	10.75	84.29	
贺兰县	Helan	15734.67	4006.80	3682.64	3248.77		392.83			
灵武市	Lingwu	13664.54	3559.81	2783.38	1251.18	64.38	1443.68		71.75	7.76
石嘴山市	**Shizuishan**	**14844.66**	**5206.53**	**5042.14**	**3102.24**	**4.74**	**1912.98**		**7.73**	**6.27**
大武口区	Dawukou	12487.75	2162.46	1770.43	470.16	5.38	1275.63		50.69	50.69
惠农区	Huinong	15872.82	5560.45	5037.57	2289.87	0.29	2723.44			
平罗县	Pingluo	15428.19	5622.54	5588.17	3735.35	5.65	1806.92		2.05	
吴忠市	**Wuzhong**	**12017.37**	**3911.55**	**3411.77**	**1471.01**	**10.20**	**1881.95**	**0.17**	**34.17**	**25.72**
利通区	Litong	17295.18	7328.35	6173.90	1471.40	6.89	4693.66	0.63	117.93	85.53
红寺堡区	Hongsipu	8611.95	2049.04	2032.87	1159.36	7.83	830.78			
盐池县	Yanchi	11636.59	5133.47	5025.13	1144.91	12.13	3866.92			
同心县	Tongxin	8124.85	2308.24	2236.56	1035.49	1.43	1173.64		11.04	11.04
青铜峡市	Qingtongxia	13306.09	4141.81	3451.07	2197.72	24.96	1081.08			
固原市	**Guyuan**	**7456.98**	**1865.31**	**1740.75**	**913.15**	**40.25**	**774.40**		**11.67**	**9.88**
原州区	Yuanzhou	7704.83	1799.08	1703.76	726.23	1.78	969.35			
西吉县	Xiji	7545.12	2037.48	1898.28	1371.30	2.47	523.29		24.67	19.50
隆德县	Longde	7145.36	1114.87	974.18	669.39	0.17	299.32		1.95	1.89
泾源县	Jingyuan	6508.05	2409.90	2217.97	366.44	419.53	1413.88			
彭阳县	Pengyang	7738.13	2070.01	1969.64	752.19	22.78	1143.92		16.79	16.79
中卫市	**Zhongwei**	**11053.41**	**3493.17**	**3159.33**	**1459.87**	**2.92**	**1653.67**		**3.77**	**0.04**
沙坡头区	Shapotou	13511.94	4433.90	3817.79	977.54	0.01	2759.21			
中宁县	Zhongning	12811.57	4610.97	4335.92	3029.71	8.92	1246.39		13.77	0.16
海原县	Haiyuan	7453.52	1739.92	1640.79	768.90	1.24	870.64			

2-24 续表 1 continued

单位：元/人 (yuan/person)

市 县	Region	建筑业生产费用支出 Construction	第三产业生产费用支出 Tertiary Industry	交通运输邮电业生产费用支出 Transport, Post and Telecommunication	批零贸易餐饮业生产费用支出 Wholesale, Retail Trade and Catering	社会服务业生产费用支出 Social Service	其他行业生产费用支出 Others	二、购置生产性固定资产支出 Expenditure for Purchasing Productive Fixed Assets	三、建造生产性固定资产雇工支出 Expenditure for Constructing Productive Fixed Assets of Labours
全 区	**Total**	**8.39**	**259.09**	**114.53**	**130.84**	**13.57**	**0.12**	**491.86**	**6.63**
银川市	**Yinchuan**	**49.02**	**460.09**	**269.78**	**125.43**	**62.49**	**1.70**	**590.44**	**4.74**
兴庆区	Xingqing							190.72	
西夏区	Xixia	173.88	1022.92	822.66	185.29	1.56		60.48	
金凤区	Jinfeng	32.86	709.12	259.03	393.77	56.31		715.83	
永宁县	Yongning	84.29	359.10	134.04	197.60	27.45	0.02	330.99	16.12
贺兰县	Helan		324.17	154.47	8.79	154.04	6.87	927.83	3.83
灵武市	Lingwu	63.99	704.68	578.21	80.99	45.41	0.07	690.13	
石嘴山市	**Shizuishan**	**1.46**	**156.65**	**119.77**	**22.31**	**14.57**		**562.55**	
大武口区	Dawukou		341.34	309.31	32.03			163.80	
惠农区	Huinong		522.88	423.08	56.71	43.08		1999.52	
平罗县	Pingluo	2.05	32.32	9.37	11.70	11.24		681.97	
吴忠市	**Wuzhong**	**8.45**	**465.62**	**192.62**	**227.82**	**39.18**	**6.00**	**545.03**	**5.33**
利通区	Litong	32.39	1036.52	129.00	781.79	125.73		720.95	
红寺堡区	Hongsipu		16.17	9.89		6.28		48.56	
盐池县	Yanchi		108.34		46.75	61.60		115.06	
同心县	Tongxin		60.64	36.45	24.19			469.89	17.25
青铜峡市	Qingtongxia		690.74	602.96	59.98	3.12	24.68	960.54	
固原市	**Guyuan**	**1.79**	**112.89**	**54.93**	**43.97**	**13.60**	**0.39**	**375.09**	**5.43**
原州区	Yuanzhou		95.32	79.27	13.13	2.15	0.77	339.61	
西吉县	Xiji	5.17	114.54	10.75	77.63	26.17		451.23	
隆德县	Longde	0.06	138.74	87.02	39.45	10.88	1.39	383.06	12.79
泾源县	Jingyuan		191.93	144.50	46.66	0.78			
彭阳县	Pengyang		83.58	43.71	25.80	14.07		480.39	20.69
中卫市	**Zhongwei**	**3.73**	**330.06**	**109.84**	**213.42**	**6.63**	**0.18**	**501.05**	**10.08**
沙坡头区	Shapotou		616.11	208.35	393.36	13.90	0.49	632.80	25.85
中宁县	Zhongning	13.62	261.28	92.45	166.67	2.15		244.96	2.98
海原县	Haiyuan		99.13	25.86	70.30	2.98		542.62	

2-24 续表 2 continued

单位：元/人 (yuan/person)

市　县	Region	四、税费支出 Expenditure for Taxes and Fees	五、生活消费支出 Living Expenditure	服务性支出 Expenditure for Service	1.食品消费支出 Food	A.食品消费品支出 Food Consume	谷物 Grain	薯类 Tubers	豆类 Soybeans	食用油 Edible Oil
全　区	**Total**	**0.14**	**6464.75**	**1645.01**	**2223.90**	**1759.75**	**444.05**	**28.11**	**6.17**	**124.47**
银川市	**Yinchuan**	**0.27**	**8637.06**	**2299.26**	**2806.84**	**2363.02**	**438.79**	**20.59**	**12.95**	**165.22**
兴庆区	Xingqing		8877.67	2204.98	2954.74	2507.92	358.15	25.23	15.77	146.74
西夏区	Xixia		8811.03	2715.35	3021.38	2360.30	440.14	82.26	17.64	126.33
金凤区	Jinfeng		8972.47	2500.02	2809.84	2449.06	511.90	41.70	23.83	217.61
永宁县	Yongning	1.13	7213.05	2120.67	2526.25	2127.05	354.26	1.93	12.93	152.44
贺兰县	Helan		9688.05	2377.81	3182.20	2609.98	357.89	17.21	14.97	153.15
灵武市	Lingwu		8535.09	2232.62	2611.74	2259.67	594.30	16.44	3.63	178.86
石嘴山市	**Shizuishan**		**8210.34**	**1901.94**	**2762.00**	**2424.43**	**467.77**	**5.92**	**16.54**	**163.64**
大武口区	Dawukou		9144.32	2900.83	2722.15	2382.53	470.77	39.21	14.28	119.06
惠农区	Huinong		7240.78	2152.64	3093.58	2488.37	476.94	6.39	12.35	144.07
平罗县	Pingluo		8330.92	1722.29	2695.96	2418.45	461.82	0.06	18.33	177.63
吴忠市	**Wuzhong**		**6573.84**	**1771.17**	**2394.91**	**2058.66**	**479.57**	**17.97**	**5.16**	**133.26**
利通区	Litong		7674.13	1947.64	2870.34	2444.75	499.92	22.16	5.58	120.34
红寺堡区	Hongsipu		6185.64	1627.75	1852.64	1586.70	365.76	34.49	3.66	93.26
盐池县	Yanchi		5845.98	1750.59	2597.46	2330.46	337.67	8.30	4.66	38.74
同心县	Tongxin		5002.98	898.71	1974.73	1867.48	529.56	21.01	0.85	188.25
青铜峡市	Qingtongxia		7145.96	2086.75	2373.15	2045.98	536.78	2.20	10.48	130.50
固原市	**Guyuan**	**0.16**	**4731.04**	**1204.89**	**1968.54**	**1741.27**	**401.04**	**34.94**	**4.56**	**134.56**
原州区	Yuanzhou		5075.11	1075.50	2087.85	1886.16	422.96	25.53	8.23	166.19
西吉县	Xiji		4501.42	1076.82	1904.50	1714.96	417.50	46.24	1.55	103.34
隆德县	Longde		5181.46	1666.08	2063.52	1660.88	356.04	32.00	9.10	153.59
泾源县	Jingyuan		3946.50	1071.81	1506.94	1379.55	390.34	39.88	0.59	137.97
彭阳县	Pengyang	0.96	4672.89	1279.76	2030.86	1825.00	385.68	25.86	3.90	126.64
中卫市	**Zhongwei**		**6286.07**	**1560.45**	**2072.29**	**1835.83**	**504.18**	**26.47**	**12.26**	**134.37**
沙坡头区	Shapotou		7301.23	1925.37	2337.78	2028.44	479.76	12.45	25.45	131.01
中宁县	Zhongning		7081.11	1694.29	2169.71	1895.08	626.99	2.21	7.42	121.70
海原县	Haiyuan		4802.49	1139.27	1779.21	1622.03	438.44	56.84	3.98	146.59

2-24 续表 3 continued

单位：元/人 (yuan/person)

市 县	Region	蔬菜及制品 Vegetables and Related Products	肉、禽、蛋、奶及制品 Meat, Poultry, Eggs, Milk and Related Products	水产品及制品 Aquartic Products and Related Products	烟、酒 Tobacco and Liquor	茶叶、饮料 Tea Leaves and Beverage	其它类食品 Other Food	B.食品消费服务性支出 Service for Food	在外饮食 Dinning Outer
全 区	**Total**	**170.72**	**596.71**	**11.35**	**125.61**	**28.45**	**224.11**	**245.92**	**237.27**
银川市	**Yinchuan**	**283.48**	**770.44**	**27.82**	**217.32**	**43.32**	**383.09**	**417.67**	**414.46**
兴庆区	Xingqing	306.31	939.87	25.71	244.76	58.70	386.67	417.04	412.40
西夏区	Xixia	200.83	766.43	20.75	248.58	45.21	412.14	654.93	646.98
金凤区	Jinfeng	379.46	665.15	28.26	199.82	50.20	331.13	358.06	351.42
永宁县	Yongning	283.04	683.38	26.46	203.93	46.79	361.90	399.20	395.82
贺兰县	Helan	323.48	814.16	29.20	329.47	42.27	528.16	492.96	490.56
灵武市	Lingwu	213.82	792.81	29.11	111.06	30.38	289.26	337.74	337.25
石嘴山市	**Shizuishan**	**277.64**	**785.13**	**17.48**	**234.54**	**39.65**	**416.11**	**328.95**	**320.49**
大武口区	Dawukou	279.44	720.88	17.36	307.16	31.49	382.89	338.11	331.57
惠农区	Huinong	242.83	840.37	21.26	300.82	27.02	416.31	604.32	599.99
平罗县	Pingluo	285.77	786.74	17.42	202.57	43.91	424.20	265.27	255.26
吴忠市	**Wuzhong**	**211.92**	**770.08**	**15.49**	**114.51**	**31.21**	**279.51**	**307.67**	**301.13**
利通区	Litong	284.73	981.78	27.53	121.78	32.85	348.09	332.53	327.98
红寺堡区	Hongsipu	160.74	553.09	10.09	97.83	50.81	216.97	265.71	257.60
盐池县	Yanchi	159.34	1249.47	11.97	206.08	40.21	274.03	267.00	266.39
同心县	Tongxin	191.90	648.86	2.71	57.33	23.43	203.59	107.25	100.42
青铜峡市	Qingtongxia	238.35	571.90	23.05	180.63	25.48	326.60	308.89	299.98
固原市	**Guyuan**	**153.09**	**568.15**	**9.33**	**163.96**	**37.58**	**234.07**	**214.12**	**200.44**
原州区	Yuanzhou	167.23	658.46	13.25	178.36	28.52	217.42	192.65	175.62
西吉县	Xiji	118.39	604.28	9.44	145.86	41.50	226.87	184.21	176.18
隆德县	Longde	149.13	462.48	8.43	208.73	35.63	245.75	349.47	333.10
泾源县	Jingyuan	192.28	312.46	5.75	69.33	27.03	203.93	126.31	116.91
彭阳县	Pengyang	192.03	571.85	6.15	186.24	50.19	276.47	205.85	193.37
中卫市	**Zhongwei**	**207.84**	**573.05**	**16.16**	**119.99**	**23.81**	**217.69**	**222.52**	**212.91**
沙坡头区	Shapotou	273.90	595.10	24.61	183.13	28.76	274.26	306.45	298.78
中宁县	Zhongning	242.13	483.01	20.28	121.22	18.99	251.13	229.51	216.64
海原县	Haiyuan	122.48	619.66	5.64	61.67	22.81	143.92	155.75	146.89

2-24 续表 4 continued

单位：元/人 (yuan/person)

市县	Region	2.衣着消费支出 Clothing	A.衣着消费品支出 Clothing Consume	B.衣着消费服务性支出 Service for Clothing	3.居住消费支出 Residence	A.居住消费品支出 Residence Consume	B.居住消费服务性支出 Service for Residence	生活用水 Water for Living Use	生活用电 Electricity for Living Use
全 区	**Total**	**453.35**	**452.43**	**0.56**	**1347.50**	**1140.89**	**266.15**	**20.35**	**106.70**
银川市	**Yinchuan**	**760.94**	**759.50**	**0.63**	**1837.48**	**1418.17**	**418.26**	**25.83**	**161.45**
兴庆区	Xingqing	894.21	893.48	0.72	2175.41	1835.97	339.44	31.77	164.67
西夏区	Xixia	706.92	703.94	2.75	1898.83	1567.78	331.05	36.84	152.14
金凤区	Jinfeng	855.05	854.99	0.05	1553.36	1156.05	397.31	21.36	224.75
永宁县	Yongning	611.74	611.22	0.52	1502.23	1042.33	459.90	24.47	158.69
贺兰县	Helan	762.06	757.69	1.13	2331.12	1822.22	508.91	14.78	145.34
灵武市	Lingwu	795.49	795.29	0.20	1560.44	1215.79	340.55	34.73	150.33
石嘴山市	**Shizuishan**	**613.76**	**612.89**	**0.87**	**1951.29**	**1620.50**	**329.90**	**24.86**	**134.98**
大武口区	Dawukou	682.59	681.57	1.02	1358.27	927.91	423.17	25.24	138.69
惠农区	Huinong	705.32	704.09	1.23	991.95	706.87	285.08	33.19	138.37
平罗县	Pingluo	576.55	575.65	0.91	2283.35	1956.89	326.45	23.34	136.09
吴忠市	**Wuzhong**	**612.97**	**611.77**	**1.06**	**1082.11**	**827.81**	**254.30**	**21.54**	**119.99**
利通区	Litong	815.84	814.37	1.47	1161.05	884.11	276.94	24.29	148.43
红寺堡区	Hongsipu	501.08	501.06	0.03	1506.19	1302.10	204.09	23.08	71.84
盐池县	Yanchi	502.22	500.49	0.13	545.08	340.75	204.33	34.91	107.53
同心县	Tongxin	492.88	491.45	1.43	835.76	614.37	221.39	16.98	138.01
青铜峡市	Qingtongxia	644.82	644.20	0.59	1210.02	916.77	293.25	17.35	99.21
固原市	**Guyuan**	**367.22**	**366.73**	**0.39**	**802.44**	**588.72**	**204.55**	**13.11**	**97.99**
原州区	Yuanzhou	397.61	397.06	0.56	1001.35	749.67	251.68	17.52	99.35
西吉县	Xiji	359.61	359.61		835.54	676.07	132.85	7.75	97.79
隆德县	Longde	342.01	340.80	0.77	774.84	553.15	221.69	11.47	75.27
泾源县	Jingyuan	337.12	336.74	0.02	635.17	434.63	200.54	0.45	110.90
彭阳县	Pengyang	367.39	366.57	0.82	592.98	311.74	281.24	26.42	111.26
中卫市	**Zhongwei**	**508.57**	**507.95**	**0.51**	**1144.26**	**850.74**	**293.38**	**24.00**	**108.98**
沙坡头区	Shapotou	660.13	659.39	0.74	1132.50	875.59	256.91	26.27	114.29
中宁县	Zhongning	531.71	531.40	0.32	1445.32	1057.97	387.35	7.91	97.57
海原县	Haiyuan	359.80	359.09	0.42	906.35	651.61	254.36	33.07	111.32

2-24 续表 5 continued

单位：元/人 (yuan/person)

市 县	Region	4.家庭设备、用品消费支出 Household Facilities, Article and Service	A.家庭设备用品消费品支出 Household Facilities, Article Consume	日用品 Daily Article	床上用品 Bed Article	室 内 装饰品 Interior Decoration Article	家俱类 Furnitures	机电设备 Power Equipment	B.家庭设备用品服务性消费支出 Service for Household Facilities, Article
全 区	**Total**	**382.84**	**363.77**	**76.89**	**29.59**	**29.89**	**111.33**	**116.07**	**7.19**
银川市	**Yinchuan**	**456.76**	**436.48**	**110.17**	**43.25**	**31.47**	**121.07**	**130.52**	**13.72**
兴庆区	Xingqing	397.19	340.59	144.23	23.40	48.82	68.99	55.15	18.29
西夏区	Xixia	333.07	289.51	126.75	35.56	4.79	58.48	63.93	11.36
金凤区	Jinfeng	608.25	603.82	170.05	49.95	9.39	181.73	192.71	4.43
永宁县	Yongning	411.21	403.05	109.78	34.98	17.89	95.18	145.22	8.16
贺兰县	Helan	471.34	457.89	107.35	41.33	56.24	139.45	113.51	10.80
灵武市	Lingwu	442.84	418.90	65.23	57.21	26.13	126.51	143.83	23.80
石嘴山市	**Shizuishan**	**382.40**	**377.05**	**109.75**	**35.86**	**12.97**	**97.08**	**121.39**	**5.35**
大武口区	Dawukou	867.99	858.61	215.71	56.54	69.52	242.51	274.33	9.38
惠农区	Huinong	264.13	258.19	122.09	44.15	2.56	29.47	59.91	5.94
平罗县	Pingluo	326.06	321.05	88.23	29.76	5.51	86.99	110.57	5.01
吴忠市	**Wuzhong**	**331.12**	**316.17**	**102.66**	**34.04**	**15.10**	**78.77**	**85.61**	**6.96**
利通区	Litong	336.38	293.52	110.39	35.11	15.22	38.43	94.37	14.82
红寺堡区	Hongsipu	389.30	385.82	115.09	30.50	41.99	103.00	95.24	3.49
盐池县	Yanchi	229.98	226.69	87.40	15.90	11.61	60.57	51.21	2.89
同心县	Tongxin	286.63	284.25	83.21	28.32	14.25	80.33	78.14	2.38
青铜峡市	Qingtongxia	370.24	358.22	98.71	45.59	10.30	116.05	87.57	7.71
固原市	**Guyuan**	**236.72**	**224.17**	**69.59**	**25.01**	**15.10**	**50.65**	**63.82**	**4.68**
原州区	Yuanzhou	275.93	271.98	83.97	31.79	26.35	69.05	60.81	3.94
西吉县	Xiji	197.94	188.73	60.79	24.31	12.83	36.51	54.30	5.30
隆德县	Longde	290.24	244.54	55.70	21.15	8.29	75.44	83.96	1.22
泾源县	Jingyuan	245.19	235.68	82.69	17.81	5.03	58.63	71.52	9.51
彭阳县	Pengyang	224.53	219.08	73.17	25.82	16.11	32.97	71.01	5.46
中卫市	**Zhongwei**	**407.90**	**399.57**	**87.66**	**33.75**	**37.78**	**117.12**	**123.26**	**8.28**
沙坡头区	Shapotou	420.46	412.85	104.49	45.50	30.11	98.82	133.93	7.46
中宁县	Zhongning	609.43	590.62	89.06	35.58	71.70	202.86	191.43	18.80
海原县	Haiyuan	262.47	261.19	72.57	23.00	21.16	77.05	67.40	1.28

2-24 续表 6 continued

单位：元/人 (yuan/person)

市　县	Region	5.交通和通讯消费支出 Transport and Telecommunication	A.交通和通讯用品支出 Transport and Telecommunications Consume	交通工具 Transport Vehicle	交通工具用燃料 Fuel for Transport Vehicle	交通工具用零配件 Spares for Transport Vehicle	通讯工具 Telecommunications Tools	B.交通和通讯服务消费支出 Service for Transport and Telecommunications	交通消费服务支出 Service for Transport	通讯消费服务支出 Service for Telecommunications
全　区	**Total**	**800.80**	**597.41**	**325.58**	**134.91**	**44.24**	**92.68**	**242.79**	**101.76**	**141.03**
银川市	**Yinchuan**	**1113.76**	**725.03**	**309.24**	**223.38**	**84.65**	**107.76**	**387.48**	**168.52**	**218.96**
兴庆区	Xingqing	1250.25	624.67	55.62	346.37	125.84	96.84	625.58	380.61	244.98
西夏区	Xixia	778.96	399.05	113.63	161.10	30.16	94.15	379.91	176.28	203.63
金凤区	Jinfeng	993.08	710.69	221.37	312.55	67.29	109.48	282.39	50.29	232.10
永宁县	Yongning	724.55	425.16	131.66	141.06	49.58	102.87	299.39	89.42	209.97
贺兰县	Helan	1445.99	988.66	554.90	235.25	85.96	112.55	452.66	218.72	233.94
灵武市	Lingwu	1206.13	865.53	433.31	206.41	114.37	111.44	340.14	145.68	194.46
石嘴山市	**Shizuishan**	**1031.05**	**680.37**	**353.83**	**142.10**	**53.95**	**130.49**	**350.68**	**162.49**	**188.19**
大武口区	Dawukou	928.39	536.33	178.66	158.59	85.69	113.39	392.05	172.42	219.63
惠农区	Huinong	774.24	421.53	131.95	142.28	56.55	90.75	352.71	159.03	193.68
平罗县	Pingluo	1138.12	765.26	433.65	141.03	48.14	142.44	372.85	189.88	182.97
吴忠市	**Wuzhong**	**759.68**	**475.78**	**160.57**	**144.07**	**42.87**	**128.28**	**283.32**	**121.68**	**161.64**
利通区	Litong	861.27	542.38	122.74	176.24	89.80	153.59	317.44	105.39	212.05
红寺堡区	Hongsipu	858.30	484.66	191.89	156.30	45.20	91.27	373.65	252.54	121.11
盐池县	Yanchi	670.58	328.23	60.29	168.98	24.41	74.56	342.34	142.47	199.88
同心县	Tongxin	644.54	448.93	195.97	126.71	19.29	106.96	195.61	59.64	135.97
青铜峡市	Qingtongxia	819.51	498.42	175.44	147.95	55.65	119.38	320.24	149.81	170.43
固原市	**Guyuan**	**471.69**	**244.59**	**70.60**	**91.53**	**25.49**	**56.97**	**227.10**	**93.42**	**133.68**
原州区	Yuanzhou	468.15	248.74	71.36	98.40	30.45	48.54	219.41	98.39	121.02
西吉县	Xiji	445.75	236.08	78.96	87.55	21.23	48.34	209.67	80.74	128.92
隆德县	Longde	475.99	216.86	89.10	50.96	15.88	60.92	259.13	124.32	134.81
泾源县	Jingyuan	487.74	272.10	76.55	76.98	22.74	95.84	215.64	104.25	111.39
彭阳县	Pengyang	521.69	268.69	40.42	123.74	35.81	68.72	253.00	84.60	168.39
中卫市	**Zhongwei**	**836.66**	**592.55**	**308.77**	**137.62**	**57.86**	**88.30**	**243.94**	**91.59**	**152.36**
沙坡头区	Shapotou	973.64	701.69	401.34	131.00	83.35	86.00	271.96	102.87	169.08
中宁县	Zhongning	1004.02	773.16	431.47	178.45	67.51	95.72	230.25	96.69	133.56
海原县	Haiyuan	592.09	365.90	134.30	116.95	25.67	88.99	226.18	76.92	149.26

2-24 续表 7 continued

单位：元/人 (yuan/person)

市 县	Region	6.文化教育、娱乐消费支出 Cultural, Educational, Recreational Article and Services	A.文化教育、娱乐用品消费支出 Culture、Education and Recreation Consume	文教、娱乐用机电消费品 Electromechanical Consumption	书、报、杂志 Books, Nespaper and Magazine	纸张、文具 Papers and Stationery	B.教育服务消费支出 Service for Education	学杂费 Tuition and Fees	C.文化、体育、娱乐服务消费支出 Service for Culture、Sport and Recreation	旅游 Tour	休闲娱乐费 Recreation
全 区	**Total**	**400.98**	**115.75**	**75.75**	**8.58**	**10.36**	**249.46**	**178.52**	**35.01**	**25.04**	**9.98**
银川市	**Yinchuan**	**508.47**	**141.19**	**106.05**	**8.42**	**6.33**	**257.84**	**159.89**	**108.36**	**77.71**	**30.65**
兴庆区	Xingqing	565.91	119.29	59.56	7.71	5.94	230.97	96.38	215.65	177.46	38.20
西夏区	Xixia	769.48	168.72	86.17	7.89	14.72	428.24	279.93	151.08	116.68	34.40
金凤区	Jinfeng	611.67	122.73	106.81	6.64	8.45	457.88	411.37	31.06	28.57	2.48
永宁县	Yongning	498.03	158.57	101.99	21.79	10.48	197.30	99.34	142.17	92.77	49.40
贺兰县	Helan	425.68	106.87	86.28	3.38	4.15	219.27	129.17	99.55	64.05	35.50
灵武市	Lingwu	483.41	162.94	145.52	2.21	1.76	226.77	128.69	93.69	72.64	21.05
石嘴山市	**Shizuishan**	**463.57**	**119.74**	**75.96**	**7.07**	**8.29**	**294.80**	**192.42**	**49.03**	**29.62**	**19.41**
大武口区	Dawukou	904.75	323.39	237.70	15.65	15.92	519.43	306.06	61.93	24.29	37.64
惠农区	Huinong	524.49	135.41	112.18	3.34	5.66	353.46	236.06	35.61	13.77	21.85
平罗县	Pingluo	373.71	79.20	37.55	6.50	7.48	239.09	159.99	55.42	39.87	15.55
吴忠市	**Wuzhong**	**509.59**	**125.27**	**81.30**	**13.13**	**13.41**	**350.80**	**172.86**	**31.74**	**23.59**	**8.15**
利通区	Litong	500.21	134.27	93.14	10.76	12.64	309.56	165.19	56.38	36.92	19.46
红寺堡区	Hongsipu	423.35	97.13	59.08	2.57	8.80	306.20	186.22	20.03	0.87	19.16
盐池县	Yanchi	484.44	159.36	90.42	4.19	4.56	316.78	289.74	8.30	0.07	8.23
同心县	Tongxin	256.03	106.11	73.76	5.59	18.33	145.92	71.15	4.00	3.30	0.70
青铜峡市	Qingtongxia	496.41	166.34	106.47	33.69	15.48	253.89	178.83	68.86	63.56	5.30
固原市	**Guyuan**	**326.53**	**77.66**	**41.07**	**5.46**	**9.65**	**219.49**	**177.43**	**29.38**	**22.40**	**6.98**
原州区	Yuanzhou	305.60	95.34	55.26	5.04	9.43	190.76	154.73	19.50	11.35	8.15
西吉县	Xiji	328.80	60.61	33.57	4.92	8.65	233.63	200.99	34.56	28.14	6.41
隆德县	Longde	457.14	99.71	41.87	6.70	9.49	334.36	290.66	23.07	9.06	14.01
泾源县	Jingyuan	129.74	78.32	57.70	6.35	12.86	46.30	34.98	5.12	3.61	1.51
彭阳县	Pengyang	292.93	69.37	31.31	5.19	10.93	172.02	123.03	51.54	48.70	2.84
中卫市	**Zhongwei**	**419.59**	**137.48**	**97.21**	**8.85**	**8.97**	**261.12**	**185.69**	**20.99**	**14.55**	**6.44**
沙坡头区	Shapotou	612.19	207.26	169.50	5.97	4.74	361.99	246.92	42.94	32.95	9.99
中宁县	Zhongning	404.61	100.51	78.23	6.44	2.79	296.96	188.62	7.14	2.30	4.85
海原县	Haiyuan	264.59	102.33	47.34	13.04	17.20	149.68	132.76	12.58	7.77	4.81

2-24 续表 8 continued

单位：元/人 (yuan/person)

市 县	Region	7.医疗保健消费支出 Medicine and Health Care	A.医疗保健用品 Medicine and Health Care Consume	B.医疗保健服务消费支出 Service for Medicine and Health Care	8.其他商品和服务消费支出 Other Commodities and Services	六、财产性支出 Property Expenditure	七、转移性支出 Transfer Expenditure
全 区	**Total**	**652.00**	**175.01**	**526.38**	**203.40**	**32.29**	**717.43**
银川市	**Yinchuan**	**817.91**	**212.62**	**603.93**	**334.89**	**0.35**	**1209.97**
兴庆区	Xingqing	462.40	154.97	307.43	177.56		1217.51
西夏区	Xixia	959.64	272.52	687.12	342.75		1169.73
金凤区	Jinfeng	1005.91	220.94	784.97	535.33	2.97	1449.67
永宁县	Yongning	697.36	156.11	541.25	241.68		1520.36
贺兰县	Helan	741.22	246.18	495.04	328.44		1108.15
灵武市	Lingwu	1026.23	232.72	788.20	408.80		879.51
石嘴山市	**Shizuishan**	**801.45**	**305.11**	**496.34**	**204.82**	**0.04**	**865.20**
大武口区	Dawukou	1421.16	299.91	1121.25	259.03		1017.17
惠农区	Huinong	735.36	293.08	442.28	151.72		1072.07
平罗县	Pingluo	730.37	314.22	416.15	206.80	0.31	792.46
吴忠市	**Wuzhong**	**642.47**	**151.80**	**490.67**	**240.98**	**13.76**	**967.87**
利通区	Litong	792.54	193.38	599.16	336.50		1571.75
红寺堡区	Hongsipu	552.05	145.99	406.06	102.72	19.92	308.79
盐池县	Yanchi	741.28	159.94	581.34	74.95	104.90	437.18
同心县	Tongxin	297.28	89.89	207.39	215.13	9.93	316.55
青铜峡市	Qingtongxia	945.36	206.69	738.67	286.45		1057.78
固原市	**Guyuan**	**404.46**	**155.15**	**249.30**	**153.45**	**0.02**	**479.93**
原州区	Yuanzhou	366.02	214.75	151.27	172.60		491.03
西吉县	Xiji	309.59	98.65	210.94	119.69		554.99
隆德县	Longde	583.97	191.43	392.54	193.75	0.12	453.06
泾源县	Jingyuan	557.81	104.65	453.17	46.80		151.66
彭阳县	Pengyang	430.07	166.97	263.10	212.45		493.19
中卫市	**Zhongwei**	**645.79**	**229.30**	**416.49**	**251.01**	**25.60**	**737.44**
沙坡头区	Shapotou	826.42	279.95	546.48	338.11	17.20	1100.96
中宁县	Zhongning	681.16	280.95	400.21	235.15	71.03	800.51
海原县	Haiyuan	444.51	140.81	303.70	193.47		368.49

2-25 2013年各市县农村居民家庭纯收入来源情况

Basic Statistics of Net Income of Rural Households by Sources and City and County(2013)

单位：元/人 (yuan/person)

市县	Region	一、全年纯收入 Annual Net Income	(一)工资性收入 Wage Income	(二)家庭经营收入 Household Business Income	1.第一产业纯收入 Primary Industry	农业收入 Farming	林业收入 Forestry	牧业收入 Animal Husbandry	渔业收入 Fishery	2.非农产业纯收入 Non-agriculture	工业收入 Industry
全 区	**Total**	**6930.97**	**2878.36**	**3250.01**	**2630.38**	**2047.31**	**18.93**	**547.07**	**17.07**	**619.63**	**18.52**
银川市	**Yinchuan**	**9035.90**	**3738.38**	**4629.93**	**3252.11**	**2840.02**	**-6.38**	**399.86**	**18.60**	**1377.82**	**16.30**
兴庆区	Xingqing	9876.34	3004.01	6234.54	4189.79	3587.51		602.28		2044.75	
西夏区	Xixia	6830.05	3250.48	2475.44	805.73	761.57	1.15	43.01		1669.71	
金凤区	Jinfeng	8825.80	3948.22	4189.85	2073.06	1313.95	50.30	708.82		2116.79	-13.84
永宁县	Yongning	8706.06	3350.38	4805.01	3760.75	3339.44	8.23	407.57	5.52	1044.26	
贺兰县	Helan	9147.10	3779.48	4579.69	3812.93	3437.54		304.67	70.72	766.76	15.75
灵武市	Lingwu	9651.90	4548.76	4493.35	2823.86	2512.65	-55.96	367.17		1669.49	55.06
石嘴山市	**Shizuishan**	**8927.87**	**3110.37**	**4960.04**	**4138.50**	**3683.49**	**0.20**	**454.81**		**821.54**	**10.26**
大武口区	Dawukou	7254.71	4607.86	2253.96	610.51	474.76	-2.18	137.94		1643.45	27.43
惠农区	Huinong	9393.38	3550.74	4763.40	3726.62	3208.18	-0.29	518.72		1036.78	38.84
平罗县	Pingluo	9172.01	2705.54	5509.45	4848.29	4371.54	0.73	476.03		661.15	
吴忠市	**Wuzhong**	**7159.46**	**2746.76**	**3750.45**	**2922.26**	**2052.43**	**0.88**	**869.11**	**-0.17**	**828.19**	**12.45**
利通区	Litong	9860.60	3649.42	5369.00	3595.81	2091.43	-6.89	1511.91	-0.63	1773.19	4.93
红寺堡区	Hongsipu	5305.06	3285.45	1642.19	1471.34	1145.13	1.36	324.85		170.85	
盐池县	Yanchi	5520.68	1104.97	3549.19	3431.46	1616.74	24.84	1789.88		117.73	
同心县	Tongxin	5171.86	2063.14	2621.29	2393.43	1640.07	-1.19	754.56		227.86	18.92
青铜峡市	Qingtongxia	9582.19	3704.44	5075.22	3547.46	3230.43	3.79	313.24		1527.76	21.85
固原市	**Guyuan**	**5359.21**	**2519.84**	**2338.66**	**2036.52**	**1334.21**	**75.85**	**626.46**		**302.13**	**20.11**
原州区	Yuanzhou	5463.97	2741.81	2253.44	1870.41	1047.90	7.54	814.97		383.03	6.18
西吉县	Xiji	5303.14	2471.37	2501.14	2298.86	1802.83	2.07	493.95		202.28	18.05
隆德县	Longde	5350.00	2522.84	1977.34	1601.32	1148.45	5.35	447.52		376.02	1.64
泾源县	Jingyuan	4931.80	2039.45	2343.23	2128.41	381.20	719.96	1027.25		214.82	
彭阳县	Pengyang	5517.77	2480.41	2516.58	2168.28	1444.18	72.35	651.75		348.30	70.82
中卫市	**Zhongwei**	**6577.10**	**2896.98**	**3007.24**	**2259.60**	**1659.92**	**1.85**	**597.83**		**747.64**	**2.20**
沙坡头区	Shapotou	7755.57	3842.93	2837.52	1851.91	1323.58	11.45	516.88		985.62	5.19
中宁县	Zhongning	7732.34	2912.36	4346.28	3385.25	2964.68	-6.52	427.09		961.03	1.23
海原县	Haiyuan	4838.07	2253.11	2133.50	1782.48	1032.47	-1.21	751.22		351.01	

2-25 续表 continued

单位：元/人 (yuan/person)

市 县	Region	建筑业收入 Construction	交通、运输、邮电业收入 Transport, Post and Telecommunication	批零贸易业、饮食业收入 Wholesale, Retail Trade and Catering	社会服务业收入 Social Service	其他行业收入 Others	(三)财产性纯收入 Property Income	(四)转移性纯收入 Transfer Income	二、全年现金纯收入 Annual Cash Net Income	三、全年实物纯收入 Annual Net Income in Kind
全 区	**Total**	**44.91**	**212.96**	**271.31**	**62.67**	**9.26**	**133.34**	**669.26**	**6266.67**	**664.30**
银川市	**Yinchuan**	**96.14**	**748.28**	**456.81**	**76.75**	**-16.46**	**186.08**	**481.50**	**8115.28**	**920.62**
兴庆区	Xingqing	469.62	931.79	642.52	0.82	0.00	342.79	294.99	8595.47	1280.87
西夏区	Xixia	459.56	610.12	729.83	-9.34	-120.46	528.47	575.66	6497.24	332.80
金凤区	Jinfeng	34.87	938.95	1032.73	124.67	-0.60	298.64	389.09	8313.75	512.05
永宁县	Yongning	122.35	503.34	321.36	121.26	-24.05	124.52	426.16	7918.95	787.12
贺兰县	Helan		625.46	76.10	56.32	-6.87	130.66	657.26	8693.03	454.07
灵武市	Lingwu	-50.02	1036.67	562.65	76.41	-11.29	124.64	485.15	8014.56	1637.34
石嘴山市	**Shizuishan**	**29.35**	**502.61**	**244.39**	**31.08**	**3.85**	**266.29**	**591.17**	**8722.84**	**205.04**
大武口区	Dawukou	38.44	1176.97	383.43	17.18	0.00	76.97	315.92	7056.30	198.40
惠农区	Huinong		778.81	62.58	156.55	0.00	369.56	709.69	8694.57	698.81
平罗县	Pingluo	70.78	308.28	276.38	0.30	5.41	267.66	689.35	9078.89	93.12
吴忠市	**Wuzhong**	**30.30**	**346.99**	**346.00**	**58.27**	**34.18**	**117.38**	**544.87**	**5802.62**	**1356.84**
利通区	Litong	215.93	248.59	1189.88	111.12	2.74	109.85	732.33	8241.82	1618.79
红寺堡区	Hongsipu		46.06	75.98	46.58	2.22	40.45	336.97	4583.61	721.45
盐池县	Yanchi	-15.02	-22.23	91.76	63.22	0.00	92.08	774.43	4607.90	912.78
同心县	Tongxin		94.35	114.83		-0.24	12.40	475.03	3968.15	1203.71
青铜峡市	Qingtongxia	21.62	1026.20	236.05	85.13	136.92	303.54	498.99	7948.41	1633.78
固原市	**Guyuan**	**4.37**	**90.72**	**182.07**	**3.86**	**1.00**	**31.20**	**469.51**	**4448.50**	**910.71**
原州区	Yuanzhou		214.48	136.14	15.35	10.88	24.49	444.23	4565.95	898.02
西吉县	Xiji	17.46	10.83	152.33	3.61	0.00	17.41	313.22	4353.64	949.50
隆德县	Longde	1.09	94.34	286.00	-5.13	-1.92	105.60	744.21	4631.02	718.97
泾源县	Jingyuan		51.73	162.87	16.28	-16.06	22.91	526.22	4772.15	159.66
彭阳县	Pengyang	-10.45	60.76	241.00	-14.00	0.18	11.08	509.70	4177.11	1340.67
中卫市	**Zhongwei**	**8.05**	**227.70**	**465.99**	**40.70**	**3.00**	**62.51**	**610.38**	**5901.39**	**675.71**
沙坡头区	Shapotou		237.28	628.65	107.59	6.90	77.02	998.11	7268.09	487.48
中宁县	Zhongning	29.42	277.63	641.79	9.04	1.93	92.67	381.03	7399.72	332.62
海原县	Haiyuan		174.57	170.32	6.12	0.00	28.27	423.20	3762.36	1075.71

2-26　2013年各市县农村居民家庭现金收入来源情况

Basic Statistics of Cash Income of Rural Households by Sources and City and County(2013)

单位：元/人　　　　(yuan/person)

市　县	Region	一、期内现金收入 Total Cash Income	(一)工资性收入 Wage Income	(二)家庭经营现金收入 Household Business Income	第一产业现金收入 Primary Industry	农业现金收入 Farming	林业现金收入 Forestry	牧业现金收入 Animal Husbandry	渔业现金收入 Fishery
全　区	**Total**	**9629.88**	**2873.56**	**5987.36**	**4944.77**	**2774.79**	**58.36**	**2094.54**	**17.07**
银川市	**Yinchuan**	**12440.68**	**3722.59**	**8044.56**	**5651.65**	**4192.69**	**23.43**	**1415.74**	**19.80**
兴庆区	Xingqing	14274.49	2974.75	10650.83	6723.18	4603.35		2119.83	
西夏区	Xixia	8959.82	3225.77	4694.74	1056.33	936.34	28.24	91.76	
金凤区	Jinfeng	12744.94	3948.01	8069.43	4791.36	2142.73	129.13	2519.50	
永宁县	Yongning	12456.99	3350.11	8507.98	6756.61	5419.75	19.49	1301.10	16.27
贺兰县	Helan	12841.31	3739.86	8328.77	7023.35	6362.87		595.22	65.26
灵武市	Lingwu	12048.28	4542.94	6915.98	4096.39	2229.30	8.42	1858.67	
石嘴山市	**Shizuishan**	**14005.73**	**3105.71**	**9987.70**	**8778.25**	**6464.26**	**4.93**	**2309.05**	
大武口区	Dawukou	9857.77	4606.36	4593.21	2101.48	746.40	3.20	1351.88	
惠农区	Huinong	14451.52	3550.74	9801.34	7993.45	4665.86		3327.59	
平罗县	Pingluo	14674.13	2699.24	10992.50	10104.19	7909.21	6.38	2188.61	
吴忠市	**Wuzhong**	**9845.01**	**2736.83**	**6474.14**	**4938.87**	**2279.11**	**13.26**	**2646.50**	
利通区	Litong	15810.98	3640.09	11439.02	8293.56	1905.48		6388.08	
红寺堡区	Hongsipu	6879.95	3284.57	3118.23	2912.35	1798.31	16.58	1097.46	
盐池县	Yanchi	8608.61	1104.97	6628.41	5902.56	921.21	39.83	4941.53	
同心县	Tongxin	6265.02	2063.14	3758.20	3428.33	1523.94	3.23	1901.16	
青铜峡市	Qingtongxia	12597.54	3674.04	8117.15	5458.35	4044.44	29.36	1384.56	
固原市	**Guyuan**	**6172.19**	**2518.80**	**3095.84**	**2605.61**	**1212.52**	**114.19**	**1278.91**	
原州区	Yuanzhou	5940.67	2741.81	2718.49	2209.71	508.07	9.41	1692.22	
西吉县	Xiji	6352.66	2471.37	3369.56	2975.11	2167.27	5.56	802.28	
隆德县	Longde	5767.93	2516.17	2499.93	1837.38	1144.20	8.18	685.00	
泾源县	Jingyuan	7384.29	2038.74	4679.21	4220.44	625.47	1139.59	2455.38	
彭阳县	Pengyang	5985.18	2480.41	2998.06	2477.98	694.02	79.56	1704.40	
中卫市	**Zhongwei**	**9557.93**	**2894.86**	**5996.43**	**4733.21**	**2484.93**	**6.29**	**2241.99**	
沙坡头区	Shapotou	12075.83	3840.55	7131.43	5315.76	1873.05	11.46	3431.25	
中宁县	Zhongning	12251.44	2908.63	8786.79	7360.47	5656.62	2.69	1701.16	
海原县	Haiyuan	5411.32	2252.45	2809.70	2220.31	784.71	3.80	1431.80	

2-26 续表 1 continued

单位：元/人 (yuan/person)

市 县	Region	第二产业现金收入 Secondary Industry	工业收入 Industry	建筑业收入 Construction	第三产业现金收入 Tertiary Industry	交通、运输、邮电业收入 Transport, Post and Telecommunication	批零贸易业、饮食业收入 Wholesale, Retail Trade and Catering
全 区	**Total**	**83.30**	**29.24**	**54.06**	**959.29**	**414.92**	**441.79**
银川市	**Yinchuan**	**351.38**	**56.50**	**294.87**	**2041.53**	**1227.19**	**652.89**
兴庆区	Xingqing	1661.34		1661.34	2266.31	1455.50	809.75
西夏区	Xixia	794.40		794.40	2844.01	1708.92	1135.09
金凤区	Jinfeng	375.29	278.42	96.87	2902.78	1290.11	1431.69
永宁县	Yongning	225.92		225.92	1525.45	806.29	535.20
贺兰县	Helan	16.64	16.64		1288.79	959.48	86.70
灵武市	Lingwu	91.88	76.61	15.27	2727.71	1795.18	783.94
石嘴山市	**Shizuishan**	**67.55**	**16.65**	**50.91**	**1141.90**	**749.98**	**287.68**
大武口区	Dawukou	117.44	79.00	38.44	2374.29	1915.02	432.29
惠农区	Huinong	38.84	38.84		1769.05	1428.10	119.74
平罗县	Pingluo	120.66		120.66	767.64	366.23	314.53
吴忠市	**Wuzhong**	**114.02**	**41.84**	**72.18**	**1421.24**	**662.84**	**609.49**
利通区	Litong	474.11	94.16	379.94	2671.36	398.93	2019.78
红寺堡区	Hongsipu				205.88	62.80	88.00
盐池县	Yanchi				725.85	174.98	353.20
同心县	Tongxin	32.24	32.24		297.63	147.20	150.43
青铜峡市	Qingtongxia	56.54	30.07	26.47	2602.26	2027.58	316.46
固原市	**Guyuan**	**50.54**	**42.18**	**8.36**	**439.68**	**161.80**	**248.17**
原州区	Yuanzhou	6.18	6.18		502.60	312.90	158.11
西吉县	Xiji	63.43	40.56	22.88	331.01	26.51	252.41
隆德县	Longde	41.06	37.76	3.30	621.49	217.31	391.11
泾源县	Jingyuan				458.78	217.64	222.92
彭阳县	Pengyang	123.30	123.30		396.78	120.90	275.81
中卫市	**Zhongwei**	**15.20**	**3.42**	**11.78**	**1248.03**	**476.51**	**711.70**
沙坡头区	Shapotou	8.47	8.47		1807.19	602.40	1058.71
中宁县	Zhongning	44.42	1.39	43.04	1381.90	487.80	873.70
海原县	Haiyuan				589.39	332.85	243.98

2-26 续表 2 continued

单位：元/人 (yuan/person)

市 县	Region	社会服务业收入 Social Service	其他行业收入 Other	(三)财产性收入 Property Income	(四)转移性收入 Transfer Income	二、非收入现金所得 Non-income Cash	银行、信用社贷款 Loans from Bank and Credit Association
全 区	**Total**	**86.36**	**16.22**	**133.34**	**635.62**	**3866.10**	**442.54**
银川市	**Yinchuan**	**161.23**	**0.22**	**186.08**	**487.45**	**5618.85**	**254.42**
兴庆区	Xingqing	1.05		342.79	306.12	9063.03	95.03
西夏区	Xixia			528.47	510.85	10942.75	262.96
金凤区	Jinfeng	180.98		298.64	428.86	3776.18	283.81
永宁县	Yongning	183.97		124.52	474.37	3813.30	433.04
贺兰县	Helan	242.61		130.66	642.02	1802.25	
灵武市	Lingwu	147.72	0.87	124.64	464.72	8889.13	370.04
石嘴山市	**Shizuishan**	**100.40**	**3.85**	**266.29**	**646.03**	**5180.00**	**276.52**
大武口区	Dawukou	26.98		76.97	581.23	2305.94	
惠农区	Huinong	221.21		369.56	729.88	8622.97	288.99
平罗县	Pingluo	81.46	5.41	267.66	714.73	4746.86	316.96
吴忠市	**Wuzhong**	**107.41**	**41.50**	**117.38**	**516.65**	**4597.65**	**648.86**
利通区	Litong	249.90	2.74	109.85	622.03	4095.11	172.60
红寺堡区	Hongsipu	52.86	2.22	40.45	436.70	3786.43	717.90
盐池县	Yanchi	197.67		92.08	783.14	6583.99	442.04
同心县	Tongxin			12.40	431.27	3411.43	517.57
青铜峡市	Qingtongxia	91.49	166.73	303.54	502.81	5611.11	1342.11
固原市	**Guyuan**	**26.94**	**2.78**	**31.20**	**526.36**	**3319.27**	**717.01**
原州区	Yuanzhou	19.93	11.65	24.49	455.88	4888.67	860.97
西吉县	Xiji	52.09		17.41	494.32	2248.74	719.04
隆德县	Longde	13.07		105.60	646.22	4574.36	1046.11
泾源县	Jingyuan	18.22		22.91	643.44	1281.63	357.06
彭阳县	Pengyang	0.06		11.08	495.62	3184.03	471.48
中卫市	**Zhongwei**	**56.64**	**3.18**	**62.51**	**604.13**	**3346.21**	**183.64**
沙坡头区	Shapotou	138.69	7.40	77.02	1026.83	4560.68	2.57
中宁县	Zhongning	18.46	1.93	92.67	463.34	4942.99	227.99
海原县	Haiyuan	12.56		28.27	320.90	1157.42	314.97

2-27 2013年各市县农村居民家庭现金支出情况

Basic Statistics of Cash Expenditure of Rural Households by City and County(2013)

单位：元/人 (yuan/person)

市 县	Region	一、期内现金支出 Annual Cash Expenditure	(一)生产费用支出 Expenditure for Production	1.家庭经营费用支出 Expenditure for Household Business	第一产业生产费用支出 Primary Industry	农业生产费用 Farming	林业生产费用 Forestry	牧业生产费用 Animal Husbandry
全 区	**Total**	**10105.66**	**3438.64**	**2940.15**	**2670.29**	**1221.52**	**36.22**	**1395.33**
银川市	**Yinchuan**	**13562.38**	**4121.54**	**3526.36**	**3013.32**	**1993.75**	**28.28**	**941.07**
兴庆区	Xingqing	12897.21	3155.02	2964.29	2964.29	1699.19		1110.05
西夏区	Xixia	11460.75	1764.57	1704.09	520.70	370.85	17.11	122.01
金凤区	Jinfeng	14761.66	4394.80	3678.97	2914.70	1093.00	70.25	1749.21
永宁县	Yongning	12700.50	4252.90	3905.79	3462.39	2615.35	11.26	765.12
贺兰县	Helan	14952.76	4671.97	3740.31	3416.14	3024.28		350.83
灵武市	Lingwu	12970.00	4177.90	3487.77	2711.33	1233.86	64.38	1391.34
石嘴山市	**Shizuishan**	**13935.71**	**5294.05**	**4731.50**	**4567.11**	**3070.24**	**4.74**	**1469.96**
大武口区	Dawukou	12033.09	2177.98	2014.18	1622.15	460.44	5.38	1137.06
惠农区	Huinong	15148.51	7113.64	5114.12	4591.25	2282.40	0.29	2284.58
平罗县	Pingluo	14388.07	5758.17	5076.20	5041.83	3693.90	5.65	1302.03
吴忠市	**Wuzhong**	**11147.00**	**4148.10**	**3597.74**	**3097.95**	**1448.84**	**10.20**	**1590.42**
利通区	Litong	16153.19	7614.17	6893.22	5738.77	1471.40	6.89	4258.53
红寺堡区	Hongsipu	8426.02	2097.60	2049.04	2032.87	1159.36	7.83	830.78
盐池县	Yanchi	8635.77	3322.80	3207.74	3099.40	1040.65	12.13	2045.44
同心县	Tongxin	7510.82	2548.29	2061.15	1989.47	1008.49	1.43	953.78
青铜峡市	Qingtongxia	12588.41	4940.95	3980.41	3289.68	2174.80	24.96	942.76
固原市	**Guyuan**	**6304.66**	**1729.88**	**1349.37**	**1224.81**	**682.47**	**40.25**	**490.68**
原州区	Yuanzhou	6524.39	1473.19	1133.58	1038.26	506.05	1.78	524.02
西吉县	Xiji	6209.26	1925.22	1473.99	1334.79	1027.27	2.47	303.84
隆德县	Longde	6109.35	1179.77	783.93	643.23	474.22	0.17	164.08
泾源县	Jingyuan	6280.01	2368.63	2368.63	2176.70	366.44	419.53	1388.67
彭阳县	Pengyang	6450.16	1957.64	1456.56	1356.19	588.18	22.78	695.20
中卫市	**Zhongwei**	**10382.21**	**3712.88**	**3201.75**	**2867.92**	**1332.86**	**2.92**	**1489.25**
沙坡头区	Shapotou	13024.14	4962.16	4303.51	3687.40	952.14	0.01	2654.21
中宁县	Zhongning	12178.85	4485.31	4237.37	3962.31	2820.46	8.92	1082.03
海原县	Haiyuan	6594.79	1909.36	1366.75	1267.61	609.90	1.24	656.47

2-27 续表 1 continued

单位: 元/人 (yuan/person)

市县	Region	渔业生产费用 Fishery	第二产业生产费用支出 Secondary Industry	工业生产费用 Industry	建筑业生产费用 Construction	第三产业生产费用支出 Tertiary Industry	交通运输邮电业生产费用 Transport, Post and Telecommunication	批零贸易餐饮业生产费用 Wholesale, Retail Trade and Catering
全 区	**Total**		**10.80**	**2.41**	**8.39**	**259.06**	**114.53**	**130.84**
银川市	**Yinchuan**	**2.54**	**53.63**	**4.61**	**49.02**	**459.40**	**269.78**	**125.43**
兴庆区	Xingqing							
西夏区	Xixia		173.88		173.88	1009.51	822.66	185.29
金凤区	Jinfeng		55.14	22.28	32.86	709.12	259.03	393.77
永宁县	Yongning	10.75	84.29		84.29	359.10	134.04	197.60
贺兰县	Helan					324.17	154.47	8.79
灵武市	Lingwu		71.75	7.76	63.99	704.68	578.21	80.99
石嘴山市	**Shizuishan**		**7.73**	**6.27**	**1.46**	**156.65**	**119.77**	**22.31**
大武口区	Dawukou		50.69	50.69		341.34	309.31	32.03
惠农区	Huinong					522.88	423.08	56.71
平罗县	Pingluo		2.05		2.05	32.32	9.37	11.70
吴忠市	**Wuzhong**	**0.17**	**34.17**	**25.72**	**8.45**	**465.62**	**192.62**	**227.82**
利通区	Litong	0.63	117.93	85.53	32.39	1036.52	129.00	781.79
红寺堡区	Hongsipu					16.17	9.89	
盐池县	Yanchi					108.34		46.75
同心县	Tongxin		11.04	11.04		60.64	36.45	24.19
青铜峡市	Qingtongxia					690.74	602.96	59.98
固原市	**Guyuan**		**11.67**	**9.88**	**1.79**	**112.89**	**54.93**	**43.97**
原州区	Yuanzhou					95.32	79.27	13.13
西吉县	Xiji		24.67	19.50	5.17	114.54	10.75	77.63
隆德县	Longde		1.95	1.89	0.06	138.74	87.02	39.45
泾源县	Jingyuan					191.93	144.50	46.66
彭阳县	Pengyang		16.79	16.79		83.58	43.71	25.80
中卫市	**Zhongwei**		**3.77**	**0.04**	**3.73**	**330.06**	**109.84**	**213.42**
沙坡头区	Shapotou					616.11	208.35	393.36
中宁县	Zhongning		13.77	0.16	13.62	261.28	92.45	166.67
海原县	Haiyuan					99.13	25.86	70.30

2-27 续表 2 continued

单位：元/人 (yuan/person)

市 县	Region	社会服务业生产费用 Social Service	其他行业生产费用支出 Others	2.购置生产性固定资产支出 Expenditure for Purchasing Productive Fixed Assets	购置建筑生产用建筑物材料 Material	购买生产用房 Productive Building	购买役畜、产品畜 Draught Animal and Commodity Animal
全　区	**Total**	**13.57**	**0.12**	**491.86**	**51.17**	**0.07**	**123.50**
银川市	**Yinchuan**	**62.49**	**1.70**	**590.44**	**12.99**	**0.64**	**53.00**
兴庆区	Xingqing			190.72	18.40	5.70	14.95
西夏区	Xixia	1.56		60.48			14.11
金凤区	Jinfeng	56.31		715.83			317.13
永宁县	Yongning	27.45	0.02	330.99	5.31		
贺兰县	Helan	154.04	6.87	927.83	39.59		28.08
灵武市	Lingwu	45.41	0.07	690.13			24.75
石嘴山市	**Shizuishan**	**14.57**		**562.55**			**270.60**
大武口区	Dawukou			163.80			153.74
惠农区	Huinong	43.08		1999.52			1299.92
平罗县	Pingluo	11.24		681.97			30.42
吴忠市	**Wuzhong**	**39.18**	**6.00**	**545.03**	**47.65**		**126.80**
利通区	Litong	125.73		720.95	4.60		606.20
红寺堡区	Hongsipu	6.28		48.56			
盐池县	Yanchi	61.60		115.06	38.21		31.86
同心县	Tongxin			469.89	140.40		
青铜峡市	Qingtongxia	3.12	24.68	960.54			
固原市	**Guyuan**	**13.60**	**0.39**	**375.09**	**112.91**	**0.13**	**82.69**
原州区	Yuanzhou	2.15	0.77	339.61	50.46		34.27
西吉县	Xiji	26.17		451.23	91.31		191.63
隆德县	Longde	10.88	1.39	383.06	113.98		58.29
泾源县	Jingyuan	0.78					
彭阳县	Pengyang	14.07		480.39	306.57	0.73	
中卫市	**Zhongwei**	**6.63**	**0.18**	**501.05**	**33.09**		**129.79**
沙坡头区	Shapotou	13.90	0.49	632.80	38.80		350.49
中宁县	Zhongning	2.15		244.96	46.43		
海原县	Haiyuan	2.98		542.62	16.96		11.00

2-27 续表 3 continued

单位：元/人 (yuan/person)

市 县	Region	购买农林牧渔业机械 Machinery for Agriculture	购买工业机械 Machinery for Industry	购买运输机械 Machinery for Transport	购买其他生产性固定资产 Other Productive Fixed Assets	3.建造生产性固定资产雇工支出 Employe for Productive Fixed Assets	(二)税费支出 Expenditure for Taxes and Fees	(三)生活消费支出 Living Expenditure
全 区	**Total**	**182.27**	**12.27**	**79.93**	**42.64**	**6.63**	**0.14**	**5917.16**
银川市	**Yinchuan**	**300.22**	**147.49**	**52.39**	**23.70**	**4.74**	**0.27**	**8230.26**
兴庆区	Xingqing	142.73		7.32	1.62			8524.69
西夏区	Xixia			46.37				8526.45
金凤区	Jinfeng	30.91	151.85	154.40	61.54			8914.22
永宁县	Yongning	257.23		48.39	20.06	16.12	1.13	6926.11
贺兰县	Helan	823.53		4.75	31.87	3.83		9172.63
灵武市	Lingwu	72.17	506.66	71.95	14.59			7912.60
石嘴山市	**Shizuishan**	**176.71**		**114.41**	**0.83**			**7776.42**
大武口区	Dawukou	5.77			4.29			8837.94
惠农区	Huinong	159.00		540.60				6962.80
平罗县	Pingluo	624.71		26.42	0.42			7837.13
吴忠市	**Wuzhong**	**136.80**		**227.89**	**5.88**	**5.33**		**6017.28**
利通区	Litong	106.31		3.04	0.80			6967.27
红寺堡区	Hongsipu	41.49		7.06				5999.71
盐池县	Yanchi	6.08			38.91			4770.89
同心县	Tongxin	313.86		7.26	8.38	17.25		4636.05
青铜峡市	Qingtongxia	38.69		921.86				6589.68
固原市	**Guyuan**	**117.42**	**2.45**	**41.31**	**18.18**	**5.43**	**0.16**	**4094.66**
原州区	Yuanzhou	90.95		119.68	44.24			4560.17
西吉县	Xiji	155.00		1.76	11.53			3729.05
隆德县	Longde	111.70	11.42	81.24	6.44	12.79		4476.40
泾源县	Jingyuan							3759.72
彭阳县	Pengyang	151.17	4.51	1.57	15.84	20.69	0.96	3998.38
中卫市	**Zhongwei**	**126.53**		**161.52**	**50.14**	**10.08**		**5906.29**
沙坡头区	Shapotou	142.83		100.24	0.44	25.85		6943.82
中宁县	Zhongning	18.15		0.61	179.77	2.98		6822.01
海原县	Haiyuan	184.26		328.39	2.01			4316.94

2-27 续表 4 continued

单位：元/人 (yuan/person)

市 县	Region	服务性支出 Service Expenditure	1.食品消费支出 Food	2.衣着 Clothing	3.居住 Residence	4.家庭设备、用品及服务 Household Facilities, Article and Service	5.交通和通讯 Transport and Telecommunication	6.文化教育、娱乐用品及服务 Cultural、Educational, Recreational Article and Services
全 区	**Total**	**1645.01**	**1565.54**	**452.93**	**1407.04**	**370.96**	**840.20**	**400.22**
银川市	**Yinchuan**	**2299.26**	**2421.85**	**760.13**	**1836.43**	**450.20**	**1112.51**	**507.38**
兴庆区	Xingqing	2204.98	2640.07	894.21	2175.41	358.88	1250.25	565.91
西夏区	Xixia	2715.35	2793.00	706.69	1898.83	300.87	778.96	748.03
金凤区	Jinfeng	2500.02	2782.22	855.05	1553.36	608.25	993.08	611.67
永宁县	Yongning	2120.67	2239.31	611.74	1502.23	411.21	724.55	498.03
贺兰县	Helan	2377.81	2693.92	758.82	2331.12	468.70	1441.32	425.68
灵武市	Lingwu	2232.62	2006.61	795.49	1556.35	442.70	1205.67	483.41
石嘴山市	**Shizuishan**	**1901.94**	**2330.58**	**613.76**	**1950.40**	**382.40**	**1031.05**	**463.57**
大武口区	Dawukou	2900.83	2425.59	682.59	1351.08	867.99	928.39	904.75
惠农区	Huinong	2152.64	2815.59	705.32	991.95	264.13	774.24	524.49
平罗县	Pingluo	1722.29	2203.98	576.55	2283.35	326.06	1138.12	373.71
吴忠市	**Wuzhong**	**1771.17**	**1880.62**	**612.83**	**1082.11**	**323.14**	**759.10**	**507.81**
利通区	Litong	1947.64	2194.64	815.84	1161.05	308.33	859.82	500.21
红寺堡区	Hongsipu	1627.75	1666.71	501.08	1506.19	389.30	858.30	423.35
盐池县	Yanchi	1750.59	1524.37	500.62	545.08	229.58	670.58	484.44
同心县	Tongxin	898.71	1708.43	492.88	835.76	286.63	644.54	256.03
青铜峡市	Qingtongxia	2086.75	1830.31	644.79	1210.02	365.94	818.66	489.09
固原市	**Guyuan**	**1204.89**	**1382.53**	**366.99**	**793.27**	**228.85**	**471.69**	**326.53**
原州区	Yuanzhou	1075.50	1580.82	397.50	1001.35	275.93	468.15	305.60
西吉县	Xiji	1076.82	1182.17	359.30	808.91	194.03	445.75	328.80
隆德县	Longde	1666.08	1459.53	341.57	774.84	245.76	475.99	457.14
泾源县	Jingyuan	1071.81	1320.52	336.76	635.17	245.19	487.74	129.74
彭阳县	Pengyang	1279.76	1451.75	367.39	592.98	224.53	521.69	292.93
中卫市	**Zhongwei**	**1560.45**	**1741.25**	**508.46**	**1144.12**	**407.84**	**836.50**	**419.59**
沙坡头区	Shapotou	1925.37	1982.71	660.13	1132.50	420.31	973.64	612.19
中宁县	Zhongning	1694.29	1911.41	531.71	1445.32	609.43	1003.41	404.61
海原县	Haiyuan	1139.27	1418.49	359.51	905.97	262.47	592.09	264.59

2-27 续表 5 continued

单位：元/人 (yuan/person)

市 县	Region	7.医疗保健 Medicine and Health Care	8.其他商品和服务 Other Commodities and Services	(四)财产性支出 Property Expenditure	(五)转移性支出 Transfer Expenditure	二、非消费性支出 Expenditure for Non-consumption	婚、丧、嫁、娶支出 Marriage and Funeral	归还银行、信用社 Repayment Loans to Bank and Credit Association	存款 Deposit
全 区	**Total**	**701.39**	**178.90**	**32.29**	**717.43**	**2337.94**	**775.24**	**285.79**	**616.61**
银川市	**Yinchuan**	**816.55**	**325.22**	**0.35**	**1209.97**	**4028.55**	**1176.21**	**333.73**	**1554.97**
兴庆区	Xingqing	462.40	177.56		1217.51	8116.43	985.01	153.58	5786.94
西夏区	Xixia	959.64	340.43		1169.73	10451.66	686.97	219.79	8655.48
金凤区	Jinfeng	1005.91	504.68	2.97	1449.67	1955.39	1349.27		
永宁县	Yongning	697.36	241.68		1520.36	2485.40	616.51	627.01	655.28
贺兰县	Helan	741.22	311.85		1108.15	2637.60	1186.66	425.64	44.04
灵武市	Lingwu	1020.93	401.43		879.51	4585.47	1790.53	235.07	1177.89
石嘴山市	**Shizuishan**	**801.45**	**203.21**	**0.04**	**865.20**	**5218.11**	**982.21**	**921.63**	**2459.55**
大武口区	Dawukou	1421.16	256.40		1017.17	2968.00	697.35	812.15	1181.40
惠农区	Huinong	735.36	151.72		1072.07	13251.53	837.56	1889.33	9870.44
平罗县	Pingluo	730.37	204.99	0.31	792.46	3557.45	1079.78	684.75	797.90
吴忠市	**Wuzhong**	**642.47**	**209.20**	**13.76**	**967.87**	**3612.63**	**1281.31**	**556.38**	**970.99**
利通区	Litong	792.54	334.83		1571.75	2053.27	1431.47	390.64	0.18
红寺堡区	Hongsipu	552.05	102.72	19.92	308.79	3654.56	1810.48	391.01	
盐池县	Yanchi	741.28	74.95	104.90	437.18	5485.46	1649.04	701.11	1949.93
同心县	Tongxin	297.28	114.50	9.93	316.55	1742.74	1206.60	138.18	18.19
青铜峡市	Qingtongxia	945.36	285.51		1057.78	6157.62	834.19	1219.45	3118.55
固原市	**Guyuan**	**404.46**	**120.34**	**0.02**	**479.93**	**2421.09**	**637.27**	**218.99**	**836.24**
原州区	Yuanzhou	366.02	164.81		491.03	5120.36	1381.69	208.23	2476.56
西吉县	Xiji	309.59	100.50		554.99	1234.90	91.30	167.51	422.79
隆德县	Longde	583.97	137.59	0.12	453.06	2518.04	472.05	435.23	490.02
泾源县	Jingyuan	557.81	46.80		151.66	902.56	464.16	158.84	
彭阳县	Pengyang	430.07	117.03		493.19	1818.91	958.10	201.37	85.56
中卫市	**Zhongwei**	**645.79**	**202.74**	**25.60**	**737.44**	**2429.66**	**856.39**	**423.55**	**553.51**
沙坡头区	Shapotou	826.42	335.91	17.20	1100.96	2670.67	520.01	309.81	1142.93
中宁县	Zhongning	681.16	234.96	71.03	800.51	3683.07	1098.08	1080.02	556.25
海原县	Haiyuan	444.51	69.31		368.49	1269.70	974.77	44.28	

2-28 2013年各市县农村居民家庭主要食物消费情况

Consumption of Major Foods of Rural Households by City and County(2013)

单位：公斤/人 (kg/person)

市 县	Region	粮食消费量 Grain	谷物消费量 Cereal	小麦 Wheat	稻谷 Rice	薯类消费量 Tubers	豆类消费量 Beans	油脂类消费量 Grease	豆制品消费量 Soybeans and Related Products	蔬菜及菜制品消费量 Vegetable and Processed Products	瓜类 Melons	水果类 Fruits
全 区	**Total**	**165.73**	**160.74**	**105.25**	**50.09**	**3.93**	**1.06**	**7.85**	**1.00**	**66.19**	**18.69**	**19.57**
银川市	**Yinchuan**	**167.15**	**163.57**	**79.06**	**79.95**	**1.14**	**2.44**	**10.48**	**2.33**	**88.69**	**26.74**	**23.17**
兴庆区	Xingqing	131.12	126.66	44.07	77.10	1.37	3.08	9.83	3.00	84.51	18.08	19.66
西夏区	Xixia	127.59	119.66	80.12	37.94	5.17	2.76	9.07	2.53	65.98	27.12	33.26
金凤区	Jinfeng	171.87	163.79	73.08	63.03	3.09	4.99	17.04	4.92	116.65	17.78	17.65
永宁县	Yongning	132.08	129.59	57.77	71.41	0.14	2.35	8.94	2.34	82.64	18.85	19.46
贺兰县	Helan	144.66	141.49	78.95	61.72	0.47	2.70	8.97	2.66	108.60	27.22	25.53
灵武市	Lingwu	242.28	240.73	117.02	122.49	0.85	0.71	10.75	0.44	69.76	40.98	26.19
石嘴山市	**Shizuishan**	**174.66**	**171.34**	**119.45**	**45.86**	**0.38**	**2.94**	**9.41**	**2.33**	**91.98**	**31.03**	**29.96**
大武口区	Dawukou	161.26	156.10	115.22	37.69	2.86	2.30	7.63	2.17	84.04	25.78	29.03
惠农区	Huinong	173.50	171.22	139.87	30.61	0.17	2.11	8.84	1.96	73.17	29.71	30.43
平罗县	Pingluo	176.11	172.79	114.20	50.83	0.00	3.32	9.95	2.53	98.03	32.44	30.25
吴忠市	**Wuzhong**	**176.53**	**173.88**	**91.94**	**78.48**	**1.68**	**0.96**	**8.35**	**0.86**	**77.00**	**28.24**	**29.23**
利通区	Litong	187.13	184.94	68.65	114.09	1.26	0.93	7.57	0.76	91.16	35.51	35.59
红寺堡区	Hongsipu	116.36	113.31	79.92	30.83	2.47	0.58	6.04	0.56	61.08	25.37	27.94
盐池县	Yanchi	98.55	97.08	29.25	47.27	0.65	0.82	2.42	0.80	45.58	20.14	20.86
同心县	Tongxin	186.61	183.35	120.29	60.08	3.10	0.16	12.18	0.14	68.81	31.42	28.31
青铜峡市	Qingtongxia	223.23	220.94	107.97	112.38	0.18	2.11	7.60	1.92	91.50	23.13	25.64
固原市	**Guyuan**	**181.64**	**175.58**	**158.66**	**11.95**	**5.30**	**0.77**	**9.04**	**0.71**	**61.49**	**13.69**	**20.28**
原州区	Yuanzhou	179.50	176.05	158.99	13.50	2.04	1.41	11.03	1.27	62.38	16.91	18.08
西吉县	Xiji	204.13	195.83	178.47	10.09	8.05	0.24	7.09	0.23	49.27	11.81	25.18
隆德县	Longde	170.74	164.93	155.89	6.19	4.37	1.45	10.74	1.37	55.26	12.91	13.32
泾源县	Jingyuan	135.53	127.88	101.52	23.25	7.54	0.11	8.70	0.09	67.05	9.88	9.90
彭阳县	Pengyang	172.34	167.39	149.04	12.91	4.23	0.72	8.22	0.68	89.54	14.71	24.31
中卫市	**Zhongwei**	**179.80**	**173.71**	**95.18**	**72.74**	**4.03**	**2.07**	**8.25**	**1.94**	**87.18**	**17.66**	**17.94**
沙坡头区	Shapotou	183.33	178.39	90.73	86.94	0.85	4.08	8.34	3.97	100.00	21.42	21.12
中宁县	Zhongning	202.88	201.54	96.48	97.38	0.10	1.24	7.15	0.94	101.53	19.56	20.03
海原县	Haiyuan	160.13	149.54	98.42	42.15	9.72	0.87	8.97	0.85	64.72	12.85	13.52

2-28 续表 1 continued

单位：公斤/人 (kg/person)

市 县	Region	茶叶 Tea Leaves	坚果 Nuts	肉禽及其制品 Meat, Poultry and Processed Products	猪肉 Pork	牛肉 Beef	羊肉 Mutton	家禽 Poultry	其他肉禽及制品 Others	蛋类及蛋制品 Eggs and Processed Products	奶和奶制品 Milk and Dairy Products	水产品 Aquatic Products
全 区	**Total**	**0.14**	**1.20**	**18.59**	**8.44**	**2.28**	**2.45**	**5.00**	**0.42**	**3.06**	**6.92**	**0.73**
银川市	**Yinchuan**	**0.20**	**2.99**	**20.97**	**5.83**	**2.93**	**4.33**	**6.98**	**0.90**	**3.64**	**12.17**	**2.01**
兴庆区	Xingqing	0.38	5.83	23.42	3.40	3.50	6.81	8.95	0.75	5.27	17.53	1.64
西夏区	Xixia	0.20	2.92	23.83	7.25	1.95	2.77	9.84	2.04	6.61	17.73	1.42
金凤区	Jinfeng	0.39	4.07	17.26	3.57	5.71	1.80	6.05	0.13	4.69	9.52	2.75
永宁县	Yongning	0.15	2.36	20.08	8.51	1.30	3.34	5.99	0.93	3.04	9.19	1.66
贺兰县	Helan	0.26	3.42	25.52	9.38	1.63	4.06	8.90	1.54	2.42	12.11	2.09
灵武市	Lingwu	0.08	1.52	17.57	1.43	4.43	6.20	5.10	0.40	3.54	12.39	2.15
石嘴山市	**Shizuishan**	**0.37**	**2.26**	**21.85**	**8.66**	**2.34**	**4.91**	**5.29**	**0.64**	**3.88**	**13.89**	**1.12**
大武口区	Dawukou	0.15	2.69	22.42	10.31	1.22	2.33	6.37	2.19	5.09	11.58	1.06
惠农区	Huinong	0.15	3.96	21.16	10.50	2.31	5.72	2.20	0.43	2.99	11.51	1.41
平罗县	Pingluo	0.46	1.77	22.04	7.97	2.54	5.25	5.86	0.42	3.87	14.77	1.11
吴忠市	**Wuzhong**	**0.07**	**1.04**	**25.74**	**6.03**	**3.86**	**4.35**	**11.21**	**0.29**	**2.85**	**8.37**	**1.08**
利通区	Litong	0.11	2.57	31.09	0.39	6.76	6.26	17.25	0.43	2.45	13.83	2.11
红寺堡区	Hongsipu	0.15	1.23	17.07	3.97	3.22	1.45	8.05	0.38	3.33	6.38	0.59
盐池县	Yanchi	0.01	1.16	50.66	29.84	0.16	13.07	7.01	0.58	6.94	3.62	0.70
同心县	Tongxin	0.05	0.26	16.40	3.31	5.05	2.68	5.35	0.01	2.09	4.74	0.16
青铜峡市	Qingtongxia	0.03	0.10	19.87	8.73	1.07	2.75	6.95	0.37	1.97	10.55	1.55
固原市	**Guyuan**	**0.30**	**1.34**	**19.11**	**10.17**	**2.10**	**1.38**	**5.08**	**0.38**	**4.02**	**3.18**	**0.60**
原州区	Yuanzhou	0.25	1.31	20.86	9.87	2.78	1.50	5.90	0.80	3.37	4.03	0.81
西吉县	Xiji	0.36	0.65	21.82	12.50	2.27	1.75	5.21	0.09	3.90	3.36	0.65
隆德县	Longde	0.34	2.28	14.83	8.25	0.72	0.97	4.31	0.58	3.96	4.51	0.52
泾源县	Jingyuan	0.16	0.55	6.68	0.76	2.41	0.16	3.34	0.01	3.94	3.80	0.32
彭阳县	Pengyang	0.28	2.38	20.14	11.51	1.81	1.52	4.97	0.33	5.48	0.20	0.43
中卫市	**Zhongwei**	**0.09**	**1.61**	**16.61**	**7.50**	**1.87**	**2.59**	**3.80**	**0.86**	**2.43**	**8.51**	**1.01**
沙坡头区	Shapotou	0.02	2.76	16.43	9.02	1.18	2.16	2.68	1.40	2.17	14.02	1.59
中宁县	Zhongning	0.04	0.49	13.97	7.72	0.72	1.03	3.48	1.02	2.56	6.73	1.28
海原县	Haiyuan	0.19	1.37	18.46	5.84	3.28	4.12	4.99	0.23	2.65	4.98	0.30

2-28 续表 2 continued

单位：公斤/人 (kg/person)

市 县	Region	鱼类 Fish	虾、贝、蟹类 Shrimp, Shell, Crab	藻类 Seaweed	其他 Others	食糖 Sugar	酒类 Liquor	白酒 White Spirit	啤酒 Beer	果酒 Fruit Wine
全 区	**Total**	**0.68**	**0.02**	**0.01**	**0.03**	**0.66**	**2.79**	**0.40**	**2.37**	**0.02**
银川市	**Yinchuan**	**1.90**	**0.05**	**0.02**	**0.05**	**1.78**	**3.20**	**0.66**	**2.46**	**0.09**
兴庆区	Xingqing	1.40	0.08	0.00	0.16	3.71	2.46	0.41	2.04	0.01
西夏区	Xixia	1.14	0.07	0.00	0.21	1.25	4.89	1.21	3.46	0.21
金凤区	Jinfeng	2.63	0.06	0.01	0.05	1.39	1.60	0.44	1.16	0.01
永宁县	Yongning	1.56	0.05	0.01	0.04	1.39	3.58	0.34	3.21	0.03
贺兰县	Helan	1.97	0.06	0.05	0.01	2.78	5.91	1.53	4.09	0.29
灵武市	Lingwu	2.13	0.01	0.01	0.00	0.95	0.79	0.17	0.62	0.00
石嘴山市	**Shizuishan**	**1.06**	**0.03**	**0.01**	**0.03**	**3.32**	**4.04**	**0.79**	**3.20**	**0.05**
大武口区	Dawukou	0.90	0.07	0.01	0.08	0.88	6.81	1.18	5.57	0.06
惠农区	Huinong	1.34	0.03	0.02	0.02	2.02	4.97	1.23	3.70	0.04
平罗县	Pingluo	1.05	0.02	0.00	0.04	4.01	3.35	0.61	2.68	0.06
吴忠市	**Wuzhong**	**0.99**	**0.07**	**0.01**	**0.02**	**0.80**	**1.58**	**0.28**	**1.28**	**0.02**
利通区	Litong	2.06	0.05	0.01	0.00	1.49	0.16	0.03	0.11	0.01
红寺堡区	Hongsipu	0.51		0.03	0.05	0.90	3.27	0.18	3.02	0.07
盐池县	Yanchi	0.62	0.05		0.03	0.21	2.76	0.49	2.23	0.04
同心县	Tongxin	0.16				0.38	0.95	0.01	0.93	
青铜峡市	Qingtongxia	1.28	0.21	0.03	0.03	0.60	2.68	0.84	1.80	0.04
固原市	**Guyuan**	**0.57**	**0.01**	**0.01**	**0.02**	**0.67**	**4.22**	**0.75**	**3.45**	**0.02**
原州区	Yuanzhou	0.75	0.01	0.00	0.05	0.57	4.18	0.72	3.44	0.03
西吉县	Xiji	0.64	0.01			0.96	4.59	0.47	4.11	
隆德县	Longde	0.45	0.01	0.03	0.03	0.81	4.99	0.79	4.17	0.03
泾源县	Jingyuan	0.31			0.01	0.48	0.62	0.28	0.34	
彭阳县	Pengyang	0.42	0.00	0.01	0.00	0.24	4.66	1.49	3.11	0.05
中卫市	**Zhongwei**	**0.95**	**0.03**	**0.01**	**0.03**	**0.44**	**4.27**	**0.36**	**3.83**	**0.08**
沙坡头区	Shapotou	1.46	0.03	0.01	0.08	0.66	7.22	0.54	6.54	0.14
中宁县	Zhongning	1.21	0.05	0.01	0.01	0.41	3.73	0.40	3.26	0.08
海原县	Haiyuan	0.30	0.00		0.01	0.26	1.84	0.18	1.63	0.02

2-29　2013年各市县农村居民家庭耐用消费品拥有情况

Ownership of Durable Consumer Goods of Rural Households by City and County(2013)

单位：百户均　　　　(per 100 household)

市　县	Region	洗衣机(台) Washing Machine (unit)	电冰箱(台) Refrigerator (unit)	空调机(台) Air Conditioner (unit)	抽油烟机(台) Ventilator (unit)	微波炉(台) Microwave Oven (unit)	热水器(台) Water Heater (unit)	自行车(辆) Bicycle (unit)	摩托车(辆) Motorcycle (unit)
全　区	**Total**	**90.66**	**64.86**	**0.65**	**6.46**	**7.65**	**30.42**	**37.79**	**90.71**
银川市	**Yinchuan**	**95.54**	**83.01**	**3.07**	**14.76**	**16.60**	**41.62**	**57.73**	**85.93**
兴庆区	Xingqing	95.82	96.76	8.15	31.81	36.00	73.93	91.47	70.13
西夏区	Xixia	100.00	72.34	2.55	17.76	5.01	64.81	50.20	50.04
金凤区	Jinfeng	95.82	80.12	3.19	3.12	20.90	29.14	44.77	69.21
永宁县	Yongning	96.75	83.15	1.58	16.00	13.33	25.65	53.21	75.68
贺兰县	Helan	88.99	78.57	3.53	9.59	14.06	26.86	50.85	90.12
灵武市	Lingwu	100.90	85.33	0.97	15.38	11.88	64.63	62.46	115.72
石嘴山市	**Shizuishan**	**93.30**	**78.58**	**1.51**	**7.23**	**9.83**	**32.74**	**74.84**	**82.12**
大武口区	Dawukou	94.91	98.87		2.46	12.50	24.93	71.39	59.05
惠农区	Huinong	97.93	78.87				63.61	72.44	67.27
平罗县	Pingluo	92.04	75.91	2.09	9.61	11.70	25.74	74.71	88.58
吴忠市	**Wuzhong**	**88.78**	**71.21**	**1.20**	**11.07**	**4.98**	**27.23**	**54.14**	**90.61**
利通区	Litong	95.43	101.60	3.24	15.40	8.49	64.63	68.81	93.88
红寺堡区	Hongsipu	83.58	60.34	0.57	4.54	3.53	15.11	62.95	82.10
盐池县	Yanchi	90.25	78.80		7.50		22.27	42.76	88.14
同心县	Tongxin	80.25	62.02		1.92	0.86	8.73	32.54	93.99
青铜峡市	Qingtongxia	90.61	52.80	0.88	18.37	8.66	20.60	59.38	88.10
固原市	**Guyuan**	**85.97**	**43.90**	**0.14**	**2.01**	**5.23**	**21.73**	**17.86**	**82.09**
原州区	Yuanzhou	88.86	56.18		1.07	4.78	9.46	35.91	90.42
西吉县	Xiji	83.93	47.07		1.00	7.00	17.93	14.25	94.98
隆德县	Longde	91.68	41.46		2.88	6.78	29.00	8.06	59.26
泾源县	Jingyuan	89.14	28.26	1.51	1.20	0.36	39.29	3.56	53.82
彭阳县	Pengyang	78.46	27.60		4.81	4.65	31.82	17.00	80.89
中卫市	**Zhongwei**	**96.94**	**73.37**	**1.19**	**7.05**	**10.59**	**30.25**	**51.53**	**94.11**
沙坡头区	Shapotou	96.62	65.74	2.49	12.85	14.02	29.89	59.64	82.38
中宁县	Zhongning	102.71	75.56	1.51	7.09	16.81	37.23	73.72	115.72
海原县	Haiyuan	90.89	80.24			1.02	24.28	18.05	87.26

2-29 续表 continued

单位：百户均 (per 100 household)

市 县	Region	电话机（部） Telephone (set)	移动电话（部） Mobile Telephone (set)	彩色电视机（台） Color TV Set (unit)	摄像机（台） Video Camera (unit)	照相机（台） Camera (unit)	家用计算机（台） Computer (set)
全 区	**Total**	**20.53**	**263.52**	**117.54**	**0.70**	**3.09**	**19.75**
银川市	**Yinchuan**	**29.91**	**258.80**	**116.95**	**0.68**	**4.86**	**24.41**
兴庆区	Xingqing	38.93	272.83	113.73	0.87	14.59	57.77
西夏区	Xixia	37.22	263.23	109.80		4.92	30.03
金凤区	Jinfeng	27.76	224.39	99.24		3.56	18.17
永宁县	Yongning	33.93	252.68	122.15	1.67	3.96	27.57
贺兰县	Helan	24.28	233.75	115.00		1.05	8.59
灵武市	Lingwu	26.03	298.74	126.66	0.77	5.49	23.10
石嘴山市	**Shizuishan**	**28.16**	**238.49**	**108.79**	**0.86**	**7.96**	**24.67**
大武口区	Dawukou	39.55	251.96	129.08		5.02	37.94
惠农区	Huinong	12.47	218.68	97.89		10.13	22.05
平罗县	Pingluo	31.91	241.80	108.31	2.15	7.68	23.14
吴忠市	**Wuzhong**	**9.19**	**249.03**	**112.91**	**0.22**	**1.41**	**17.89**
利通区	Litong	21.11	242.10	118.27		3.20	33.23
红寺堡区	Hongsipu	4.23	241.64	106.84		0.27	10.25
盐池县	Yanchi	11.92	268.84	109.18		5.11	18.04
同心县	Tongxin	6.92	241.39	98.86			9.61
青铜峡市	Qingtongxia	6.66	256.98	126.25	0.79	1.33	15.35
固原市	**Guyuan**	**24.61**	**245.51**	**109.39**	**0.47**	**3.27**	**14.29**
原州区	Yuanzhou	28.87	256.17	113.16		1.52	19.39
西吉县	Xiji	26.14	238.25	106.85	0.96	3.80	15.31
隆德县	Longde	30.45	287.86	127.67		4.60	16.65
泾源县	Jingyuan	21.44	222.83	99.39		3.33	5.90
彭阳县	Pengyang	16.45	230.55	101.02	0.87	3.93	9.95
中卫市	**Zhongwei**	**23.34**	**261.16**	**121.49**	**0.14**	**2.30**	**20.90**
沙坡头区	Shapotou	26.49	263.27	117.05	0.76	3.34	30.89
中宁县	Zhongning	35.28	261.97	132.62		1.92	19.51
海原县	Haiyuan	9.72	259.06	115.48	0.37	2.07	9.04

2-30 2013年全区农村居民家庭按劳动力从业类型分组资料

指标名称	Item	单位	unit
农村住户家庭基本情况(绝对数)	**Basic Statistics of Rural Households(absolute)**	--	
一、调查户数	Number of Households Surveyed	户	household
调查户类型(按从业劳动力比重算)	Type of Households Surveyed(Percentage of Employed Labors)	*	
1.农业户	Agriculture	户	household
2.农业兼业户	Agriculture and Base	户	household
3.非农业兼业户	Non-agriculture and Base	户	household
4.非农业户	Non-agriculture	户	household
二、生产性固定资产原值(人均)	Original Value of Productive Fixed Assets (per person)	元	yuan
农村住户居住情况(人均)	**Basic Statistics of Residence of Rural Households (per person)**	--	
(一)住房面积	Floor Space of Living Houses	平方米	sq.m
(二)住房价值	Value of Living Houses	元	yuan
(三)住房结构	Structure of Living Houses	--	
1.钢筋混泥土结构面积	Floor Space of Reinforced Concrete Structure	平方米	sq.m
2.砖木结构面积	Floor Space of Brick and Wood Structure	平方米	sq.m
3.其他	Other	平方米	sq.m
农村住户总收入与总支出(人均)	**Total Revenue and Expenditure of Rural Households (per person)**	*	
一、总收入	Total Revenue	元	yuan
(一)工资性收入	Wage Income	元	yuan
(二)家庭经营收入	Household Business Income	元	yuan
1.第一产业收入	Primary Industry	元	yuan
(1)农业收入	Farming	元	yuan
A.农产品收入	Agriculture Products	元	yuan
#粮食收入	Grain	元	yuan
B.农业服务性收入	Farming Service	元	yuan
(2)林业收入	Forestry	元	yuan
(3)牧业收入	Animal Husbandry	元	yuan
(4)渔业收入	Fishery	元	yuan
2.第二产业收入	Secondary Industry	元	yuan
3.第三产业收入	Tertiary Industry	元	yuan
(三)财产性收入	Property Income	元	yuan
(四)转移性收入	Transfer Income	元	yuan
二、总支出	Total Expenditure	元	yuan
(一)家庭经营费用支出	Expenditure for Household Business	元	yuan
1.第一产业生产费用支出	Primary Industry	元	yuan
(1)农业生产费用支出	Farming	元	yuan
(2)林业生产费用支出	Forestry	元	yuan
(3)牧业生产费用支出	Animal Husbandry	元	yuan
(4)渔业生产费用支出	Fishery	元	yuan

Basic Statistics Grouped by Type of Employed Labours of Rural Households(2013)

总 计 Total	纯农业户 Agriculture	农业兼业户 Agriculture and Base	非农业兼业户 Non-agriculture and Base	非农业户 Non-agriculture
891.0	263.0	113.0	310.0	205.0
2238.0	263.0	226.0	930.0	819.0
263.0	263.0			
113.0		113.0		
310.0			310.0	
205.0				205.0
5801.0	5694.0	6670.0	5485.0	5800.0
22.7	24.1	21.6	21.4	24.1
12725.6	11594.9	10759.6	12292.3	16308.2
3.8	4.1	1.9	3.4	5.8
15.7	16.1	15.5	15.1	16.3
3.1	3.8	4.2	2.9	2.0
10666.8	11573.6	10989.7	9915.1	10667.1
2878.4	1636.1	2093.6	3363.2	4086.0
6912.6	8915.9	8120.1	5732.5	5699.1
5870.0	8731.7	7433.7	4478.5	3752.5
3542.9	5261.4	4327.1	2846.2	2151.3
3439.3	4993.6	4262.0	2784.3	2135.2
2149.2	2816.0	2626.0	1892.9	1451.3
103.7	267.8	65.1	61.8	16.1
55.4	82.6	37.0	24.4	92.1
2254.6	3371.1	3069.6	1608.0	1448.7
17.1	16.6			60.4
83.3	10.6	57.1	150.5	71.5
959.3	173.6	629.3	1103.4	1875.1
133.3	70.6	92.8	107.6	281.8
742.5	951.0	683.2	711.8	600.2
10988.8	12213.2	11098.6	9876.9	11410.0
3275.7	4295.4	4229.1	2734.8	2291.7
3005.8	4271.2	4145.5	2417.8	1674.5
1317.8	1818.0	1619.0	1168.7	763.2
36.2	69.2	24.4	23.6	29.0
1630.4	2351.1	2459.7	1215.1	871.5

2-30 续表 1

指标名称	Item	单位	unit
2.第二产业生产费用支出	Secondary Industry	元	yuan
3.第三产业生产费用支出	Tertiary Industry	元	yuan
(二)购置生产性固定资产支出	Expenditure for Purchasing Productive Fixed Assets	元	yuan
(三)建造生产性固定资产雇工支出	Expenditure for Constructing Productive Fixed Assets of Labours	元	yuan
(四)税费支出	Expenditure for Taxes and Fees	元	yuan
1.第一产业税	Primary Industry	元	yuan
2.第二产业税	Secondary Industry	元	yuan
3.第三产业税	Tertiary Industry	元	yuan
(五)生活消费支出	Living Expenditure	元	yuan
其中：服务性支出	Expenditure for Service	元	yuan
1.食品消费支出	Food	元	yuan
2.衣着消费支出	Clothing	元	yuan
3.居住消费支出	Residence	元	yuan
4.家庭设备.用品消费支出	Household Facilities,Article and Service	元	yuan
5.交通和通讯消费支出	Transport and Telecommunication	元	yuan
6.文化教育.娱乐消费支出	Cultural,Educational,Recreational Article and Services	元	yuan
7.医疗保健消费支出	Medicine and Health Care	元	yuan
8.其他商品和服务消费支出	Other Commodities and Services	元	yuan
(六)财产性支出	Property Expenditure	元	yuan
(七)转移性支出	Transfer Expenditure	元	yuan
农村住户纯收入来源(人均)	**Basic Statistics of Net Income of Rural Households (per person)**	*	
一、全年纯收入	Net Income	元	yuan
(一)工资性收入	Wage Income	元	yuan
(二)家庭经营纯收入	Household Business Income	元	yuan
1.第一产业纯收入	Primary Industry	元	yuan
(1)农业收入	Farming	元	yuan
(2)林业收入	Forestry	元	yuan
(3)牧业收入	Animal Husbandry	元	yuan
(4)渔业收入	Fishery	元	yuan
2.非农产业纯收入	Non-agriculture	元	yuan
A.第二产业纯收入	Secondary Industry	元	yuan
B.第三产业纯收入	Tertiary Industry	元	yuan
(三)财产性纯收入	Property Net Income	元	yuan
(四)转移性纯收入	Transfer Net Income	元	yuan
二、全年现金纯收入	Annual Cash Net Income	元	yuan
三、全年实物纯收入	Annual net Income in Kind	元	yuan
农村住户食品消费情况(人均)	**Basic Statistics of Consumption of Major Goods of Rural Households (per person)**	*	
一、粮食消费量	Grain Crops	公斤	kg
(一)谷物消费量	Cereal	公斤	kg
#1.小麦	Wheat	公斤	kg
2.稻谷	Rice	公斤	kg

continued

总　计 Total	纯农业户 Agriculture	农业兼业户 Agriculture and Base	非农业兼业户 Non-agriculture and Base	非农业户 Non-agriculture
10.8		7.0	21.1	8.4
259.1	24.2	76.6	295.9	608.8
491.9	700.5	745.1	370.4	264.1
6.6	4.8	2.3	12.5	1.9
0.1			0.4	
0.1			0.4	
6464.8	6388.0	5568.4	6080.4	7913.5
1645.0	1682.1	1416.5	1529.9	1978.5
2223.9	2224.3	1905.3	1884.2	2115.8
453.3	387.9	343.9	452.5	615.6
1347.5	1380.4	1114.1	1332.9	1805.3
382.8	347.2	255.6	442.7	419.2
800.8	658.6	737.0	782.7	1232.6
401.0	367.3	237.6	390.6	584.7
652.0	803.6	670.7	594.5	794.6
253.4	218.7	304.3	200.4	345.8
32.3	24.3		11.5	102.6
717.4	800.2	553.6	666.8	836.2
6931.0	6863.9	6202.9	6730.3	7920.4
2878.4	1636.1	2093.6	3363.2	4086.0
3250.0	4240.9	3446.3	2631.6	3020.8
2630.4	4122.4	3000.9	1872.8	1926.7
2047.3	3177.9	2489.8	1535.6	1280.9
18.9	12.2	12.6	0.7	63.0
547.1	915.7	498.5	336.5	522.5
17.1	16.6			60.4
619.6	118.4	445.4	758.8	1094.0
63.4	10.4	50.1	113.4	48.8
556.2	108.1	395.3	645.4	1045.2
133.3	70.6	92.8	107.6	281.8
669.3	916.4	570.1	627.8	531.9
6266.7	6043.8	5334.5	6197.2	7367.7
664.3	820.1	868.4	533.0	552.7
165.7	187.7	174.1	154.4	153.4
160.7	182.0	169.0	149.5	149.2
105.3	125.7	113.9	96.5	90.1
50.1	48.2	45.3	49.7	56.7

2-30 续表 2

指标名称	Item	单位	unit
(二)薯类消费量	Tubers	公斤	kg
(三)豆类消费量	Soybeans	公斤	kg
二、油脂类消费量	Oil and Fat	公斤	kg
三、豆制品	Soybeans and Related Products	公斤	kg
四、蔬菜及菜制品消费量	Vegetables and Related Products	公斤	kg
五、瓜类	Melons	公斤	kg
六、水果类	Fruits	公斤	kg
七、消费茶叶	Tea leaves	公斤	kg
八、坚果消费量	Nut	公斤	kg
九、肉禽及其制品	Meat,Poultry and Related Products	公斤	kg
1.猪肉	Pork	公斤	kg
2.牛肉	Beef	公斤	kg
3.羊肉	Mutton	公斤	kg
4.家禽	Poultry	公斤	kg
5.其他肉禽及制品	Others	公斤	kg
十、蛋类及蛋制品	Eggs and Related Products	公斤	kg
十一、奶和奶制品	Milk and Dairy Products	公斤	kg
十二、水产品	Aquatic Products	公斤	kg
十三、食糖	Sugar	公斤	kg
十四、酒	Liquor	公斤	kg
调查户人口与劳动力情况(绝对数)	**Number of Households Surveyed and Basic Statistics of Labours (absolute)**	*	
一、农村住户人口与劳动力状况	Number of Households and Basic Statistics of Labours of Rural Households	*	
(一)家庭常住人口	Number of Permanent Residents in the Households	人	person
(二)整半劳动力数	Number of Able-bodied and Semi-able-bodied Labours	人	person
其中:男劳动力人数	Number of Male Labours	人	person
其中:整劳动力	Number of Able-bodied Labours	人	person
(三)就业劳动力人数	Number of Employed	人	person
其中: 男劳动力人数	Number of Male Labour	人	person
整劳动力人数	Number of Able-bodied Labour	人	person
一产业就业劳动力	Primary Industry	人	person
非农产业就业劳动力	Non-agriculture	人	person
(四)就业劳动力文化程度	Culture Level of Employed Labours	--	person
1.不识字或识字很少	Illiterate and Semi-illiterate	人	person
2.小学程度	Primary School	人	person
3.初中程度	Junior Middle School	人	person
4.高中程度	Senior Middle School	人	person
6.大专及以上	College and Higher	人	person

continued

总　计 Total	纯农业户 Agriculture	农业兼业户 Agriculture and Base	非农业兼业户 Non-agriculture and Base	非农业户 Non-agriculture
3.9	4.4	4.4	4.0	2.8
1.1	1.2	0.7	0.9	1.4
7.9	10.2	7.5	6.9	7.0
1.0	1.2	0.7	0.8	1.3
66.2	66.2	67.6	63.8	69.1
18.7	20.0	16.9	16.8	21.8
19.6	21.9	21.2	16.6	20.7
0.1	0.2	0.1	0.1	0.1
1.2	1.2	0.8	1.2	1.5
18.6	22.5	18.0	17.3	16.7
8.4	11.9	8.7	7.1	6.6
2.3	2.1	2.3	2.3	2.4
2.4	2.4	2.1	2.5	2.6
5.0	5.7	4.5	5.0	4.5
0.4	0.4	0.4	0.4	0.6
3.1	3.4	2.8	2.9	3.2
6.9	5.9	7.0	6.3	9.0
0.7	0.8	0.6	0.7	0.8
0.7	0.9	0.4	0.7	0.6
2.8	3.1	3.0	2.7	2.5
3903.0	1008.0	559.0	1450.0	886.0
2338.0	538.0	411.0	890.0	499.0
1251.0	281.0	225.0	479.0	266.0
1659.0	323.0	266.0	668.0	402.0
2140.0	501.0	396.0	842.0	401.0
1191.0	258.0	222.0	464.0	247.0
1516.0	301.0	253.0	629.0	333.0
1132.0	501.0	273.0	358.0	
1008.0		122.0	484.0	402.0
257.0	81.0	54.0	91.0	31.0
724.0	223.0	136.0	257.0	108.0
853.0	158.0	149.0	360.0	186.0
199.0	35.0	38.0	83.0	43.0
106.0	4.0	18.0	51.0	33.0

2-31 2013年全区农村居民家庭按人均纯收入五等份分组资料

指标名称	Item	单位	unit
农村住户家庭基本情况(绝对数)	**Basic Statistics of Rural Households(absolute)**	--	
一、调查户数	Number of Households Surveyed	户	household
调查户类型(按从业劳动力比重算)	Type of Households Surveyed(Percentage of Employed Labors)	*	
1.农业户	Agriculture	户	household
2.农业兼业户	Agriculture and Base	户	household
3.非农业兼业户	Non-agriculture and Base	户	household
4.非农业户	Non-agriculture	户	household
二、生产性固定资产原值(人均)	Original Value of Productive Fixed Assets (per person)	元	yuan
农村住户居住情况(人均)	**Basic Statistics of Residence of Rural Households (per person)**	--	
(一)住房面积	Floor Space of Living Houses	平方米	sq.m
(二)住房价值	Value of Living Houses	元	yuan
(三)住房结构	Structure of Living Houses	--	
1.钢筋混泥土结构面积	Floor Space of Reinforced Concrete Structure	平方米	sq.m
2.砖木结构面积	Floor Space of Brick and Wood Structure	平方米	sq.m
3.其他	Other	平方米	sq.m
农村住户总收入与总支出(人均)	**Total Revenue and Expenditure of Rural Households (per person)**	*	
一、总收入	Total Revenue	元	yuan
(一)工资性收入	Wage Income	元	yuan
(二)家庭经营收入	Household Business Income	元	yuan
1.第一产业收入	Primary Industry	元	yuan
(1)农业收入	Farming	元	yuan
A.农产品收入	Agriculture Products	元	yuan
#粮食收入	Grain	元	yuan
B.农业服务性收入	Farming Service	元	yuan
(2)林业收入	Forestry	元	yuan
(3)牧业收入	Animal Husbandry	元	yuan
(4)渔业收入	Fishery	元	yuan
2.第二产业收入	Secondary Industry	元	yuan
3.第三产业收入	Tertiary Industry	元	yuan
(三)财产性收入	Property Income	元	yuan
(四)转移性收入	Transfer Income	元	yuan
二、总支出	Total Expenditure	元	yuan
(一)家庭经营费用支出	Expenditure for Household Business	元	yuan
1.第一产业生产费用支出	Primary Industry	元	yuan
(1)农业生产费用支出	Farming	元	yuan
(2)林业生产费用支出	Forestry	元	yuan
(3)牧业生产费用支出	Animal Husbandry	元	yuan
(4)渔业生产费用支出	Fishery	元	yuan

Basic Statistics Grouped by Per Capita Net Income Quintile of Rural Households(2013)

总计 Total	20%低收入户 20% Low Income	20%中低收入户 20% Lower-middle Income	20%中等收入户 20% Middle Income	20%中上收入户 20% Upper-middle Income	20%高收入户 20% High Income
891.0	177.0	179.0	179.0	179.0	177.0
2238.0	420.0	459.0	449.0	457.0	453.0
263.0	57.0	45.0	52.0	53.0	56.0
113.0	27.0	28.0	23.0	19.0	16.0
310.0	61.0	65.0	65.0	62.0	57.0
205.0	32.0	41.0	39.0	45.0	48.0
5801.0	5394.0	5048.0	4877.0	4598.0	9905.0
22.7	18.1	19.4	21.2	26.2	31.1
12725.6	9322.0	10702.0	11994.8	15063.8	18301.4
3.8	3.1	2.6	3.9	5.2	4.9
15.7	10.7	12.7	15.4	18.1	23.9
3.1	4.3	4.1	1.9	2.9	2.2
10666.8	6223.9	6421.9	8803.2	12316.7	22856.0
2878.4	1256.0	2128.7	3253.3	3844.8	4509.6
6912.6	4336.4	3541.7	4591.0	7664.8	16997.7
5870.0	3817.6	2961.9	3876.0	6676.1	14149.5
3542.9	1705.9	2057.2	2578.6	4262.0	8419.1
3439.3	1676.7	2037.2	2497.4	4137.9	8097.0
2149.2	1283.4	1469.6	1764.6	2520.1	4295.7
103.7	29.2	20.1	81.2	124.1	322.1
55.4	7.1	3.3	16.8	74.3	218.1
2254.6	2104.6	901.4	1280.6	2339.8	5408.1
17.1					104.2
83.3	1.4	6.1	40.8	19.3	424.9
959.3	517.4	573.7	674.2	969.3	2423.3
133.3	80.8	65.7	133.6	65.2	373.4
742.5	550.7	685.8	825.3	742.0	975.3
10988.8	9506.8	7210.0	9242.3	12069.2	19050.1
3275.7	3787.8	1485.7	2024.2	3253.6	6594.6
3005.8	3393.9	1359.5	1913.9	3096.3	5969.5
1317.8	818.8	790.5	1055.6	1603.7	2706.1
36.2	19.9	6.6	10.6	44.5	120.9
1630.4	2544.8	555.3	820.5	1422.5	3099.0

2-31 续表 1

指标名称	Item	单位	unit
2.第二产业生产费用支出	Secondary Industry	元	yuan
3.第三产业生产费用支出	Tertiary Industry	元	yuan
(二)购置生产性固定资产支出	Expenditure for Purchasing Productive Fixed Assets	元	yuan
(三)建.造生产性固定资产雇工支出	Expenditure for Constructing Productive Fixed Assets of Labours	元	yuan
(四)税费支出	Expenditure for Taxes and Fees	元	yuan
1.第一产业税	Primary Industry	元	yuan
2.第二产业税	Secondary Industry	元	yuan
3.第三产业税	Tertiary Industry	元	yuan
(五)生活消费支出	Living Expenditure	元	yuan
其中：服务性支出	Expenditure for Service	元	yuan
1.食品消费支出	Food	元	yuan
2.衣着消费支出	Clothing	元	yuan
3.居住消费支出	Residence	元	yuan
4.家庭设备.用品消费支出	Household Facilities,Article and Service	元	yuan
5.交通和通讯消费支出	Transport and Telecommunication	元	yuan
6.文化教育.娱乐消费支出	Cultural,Educational,Recreational Article and Services	元	yuan
7.医疗保健消费支出	Medicine and Health Care	元	yuan
8.其他商品和服务消费支出	Other Commodities and Services	元	yuan
(六)财产性支出	Property Expenditure	元	yuan
(七)转移性支出	Transfer Expenditure	元	yuan
农村住户纯收入来源(人均)	**Basic Statistics of Net Income of Rural Households (per person)**	*	
一、全年纯收入	Net Income	元	yuan
(一)工资性收入	Wage Income	元	yuan
(二)家庭经营纯收入	Household Business Income	元	yuan
1.第一产业纯收入	Primary Industry	元	yuan
(1)农业收入	Farming	元	yuan
(2)林业收入	Forestry	元	yuan
(3)牧业收入	Animal Husbandry	元	yuan
(4)渔业收入	Fishery	元	yuan
2.非农产业纯收入	Non-agriculture	元	yuan
A.第二产业纯收入	Secondary Industry	元	yuan
B.第三产业纯收入	Tertiary Industry	元	yuan
(三)财产性纯收入	Property Net Income	元	yuan
(四)转移性纯收入	Transfer Net Income	元	yuan
二、全年现金纯收入	Annual Cash Net Income	元	yuan
三、全年实物纯收入	Annual net Income in Kind	元	yuan
农村住户食品消费情况(人均)	**Basic Statistics of Consumption of Major Goods of Rural Households (per person)**	*	
一、粮食消费量	Grain Crops	公斤	kg
(一)谷物消费量	Cereal	公斤	kg
#1.小麦	Wheat	公斤	kg
2.稻谷	Rice	公斤	kg

continued

总计 Total	20%低收入户 20% Low Income	20%中低收入户 20% Lower-middle Income	20%中等收入户 20% Middle Income	20%中上收入户 20% Upper-middle Income	20%高收入户 20% High Income
10.8	0.9			0.1	64.5
259.1	393.0	126.2	110.3	157.2	560.6
491.9	506.8	412.6	438.9	344.0	814.3
6.6	6.1	16.4	3.2	4.7	0.7
0.1	0.6				
0.1	0.6				
6464.8	4606.2	4785.8	6115.1	7575.4	10413.6
1645.0	1128.7	1221.6	1561.0	2160.4	2430.7
2223.9	1581.5	1762.0	2024.8	2289.8	2657.7
453.3	335.4	320.8	479.9	513.4	689.8
1347.5	1014.9	699.3	1217.9	1569.5	2960.3
382.8	212.0	284.4	356.9	494.8	651.2
800.8	439.8	623.3	866.2	920.4	1554.2
401.0	214.4	330.5	439.5	507.1	578.8
652.0	638.4	521.3	526.3	961.6	954.8
203.4	169.8	244.1	203.5	318.7	366.7
32.3	19.2	34.1		12.3	110.8
717.4	580.0	475.3	660.9	879.2	1116.1
6931.0	2029.6	4508.2	6372.6	8690.0	15518.5
2878.4	1256.0	2128.7	3253.3	3844.8	4509.6
3250.0	188.3	1719.4	2241.7	4104.6	9742.7
2630.4	166.9	1422.0	1788.4	3368.3	7804.1
2047.3	742.7	1117.6	1355.9	2477.4	5441.2
18.9	-13.9	-3.3	6.1	29.8	96.9
547.1	-562.0	307.7	426.4	861.1	2161.8
17.1					104.2
619.6	21.5	297.4	453.2	736.4	1938.6
63.4	-8.1	6.1	40.8	19.0	317.0
556.2	29.6	291.3	412.5	717.4	1621.7
133.3	80.8	65.7	133.6	65.2	373.4
669.3	504.5	594.4	744.0	675.3	892.8
6266.7	1706.4	3919.2	5693.9	7923.0	14426.8
664.3	323.2	589.0	678.7	766.9	1091.7
165.7	151.5	163.6	151.4	177.2	192.7
160.7	146.2	157.5	146.8	172.3	189.1
105.3	98.7	113.1	95.3	105.1	116.1
50.1	44.6	37.5	46.6	61.1	66.3

2-31 续表 2

指标名称	Item	单位	unit
(二)薯类消费量	Tubers	公斤	kg
(三)豆类消费量	Soybeans	公斤	kg
二、油脂类消费量	Oil and Fat	公斤	kg
三、豆制品	Soybeans and Related Products	公斤	kg
四、蔬菜及菜制品消费量	Vegetables and Related Products	公斤	kg
五、瓜类	Melons	公斤	kg
六、水果类	Fruits	公斤	kg
七、消费茶叶	Tea leaves	公斤	kg
八、坚果消费量	Nut	公斤	kg
九、肉禽及其制品	Meat,Poultry and Related Products	公斤	kg
1.猪肉	Pork	公斤	kg
2.牛肉	Beef	公斤	kg
3.羊肉	Mutton	公斤	kg
4.家禽	Poultry	公斤	kg
5.其他肉禽及制品	Others	公斤	kg
十、蛋类及蛋制品	Eggs and Related Products	公斤	kg
十一、奶和奶制品	Milk and Dairy Products	公斤	kg
十二、水产品	Aquatic Products	公斤	kg
十三、食糖	Sugar	公斤	kg
十四、酒	Liquor	公斤	kg
调查户人口与劳动力情况(绝对数)	**Number of Households Surveyed and Basic Statistics of Labours (absolute)**	*	
一、农村住户人口与劳动力状况	Number of Households and Basic Statistics of Labours of Rural Households	*	
(一)家庭常住人口	Number of Permanent Residents in the Households	人	person
(二)整半劳动力数	Number of Able-bodied and Semi-able-bodied Labours	人	person
其中：男劳动力人数	Number of Male Labours	人	person
其中：整劳动力	Number of Able-bodied Labours	人	person
(三)就业劳动力人数	Number of Employed	人	person
其中：男劳动力人数	Number of Male Labour	人	person
整劳动力人数	Number of Able-bodied Labour	人	person
一产业就业劳动力	Primary Industry	人	person
非农产业就业劳动力	Non-agriculture	人	person
(四)就业劳动力文化程度	Culture Level of Employed Labours	--	person
1.不识字或识字很少	Illiterate and Semi-illiterate	人	person
2.小学程度	Primary School	人	person
3.初中程度	Junior Middle School	人	person
4.高中程度	Senior Middle School	人	person
6.大专及以上	College and Higher	人	person

continued

总计 Total	20%低收入户 20% Low Income	20%中低收入户 20% Lower-middle Income	20%中等收入户 20% Middle Income	20%中上收入户 20% Upper-middle Income	20%高收入户 20% High Income
3.9	4.3	5.5	3.6	3.6	2.1
1.1	1.0	0.7	1.0	1.3	1.5
7.9	7.9	8.0	7.3	7.6	8.5
1.0	0.9	0.7	0.9	1.1	1.4
66.2	56.1	54.7	65.4	73.6	87.9
18.7	14.8	14.6	16.9	18.5	31.9
19.6	15.2	16.4	20.5	21.5	26.4
0.1	0.1	0.1	0.2	0.2	0.2
1.2	1.1	0.8	1.2	1.3	1.8
18.6	12.9	15.8	19.8	22.4	24.1
8.4	5.2	7.6	8.5	10.8	11.0
2.3	2.0	1.8	2.9	2.4	2.5
2.4	1.5	1.5	2.7	3.0	4.0
5.0	3.9	4.6	5.4	5.5	6.1
0.4	0.3	0.3	0.4	0.6	0.5
3.1	2.5	2.8	3.1	3.8	3.2
6.9	5.8	4.6	7.3	8.7	9.1
0.7	0.6	0.4	0.8	0.9	1.2
0.7	0.5	0.4	0.8	0.8	1.0
2.8	2.0	2.5	2.1	4.0	3.7
3903.0	879.0	854.0	818.0	728.0	624.0
2338.0	487.0	487.0	480.0	444.0	440.0
1251.0	259.0	264.0	256.0	230.0	242.0
1659.0	353.0	364.0	366.0	299.0	277.0
2140.0	432.0	460.0	430.0	407.0	411.0
1191.0	240.0	255.0	239.0	224.0	233.0
1516.0	312.0	340.0	327.0	275.0	262.0
1132.0	253.0	245.0	226.0	208.0	200.0
1008.0	180.0	215.0	204.0	199.0	210.0
257.0	72.7	57.8	53.0	44.0	30.0
724.0	159.8	186.8	137.0	115.0	125.5
853.0	140.1	158.0	187.0	176.0	192.0
199.0	42.0	39.0	34.0	48.0	36.3
106.0	18.0	18.0	19.0	24.0	27.3

2-32　2013年全区农村居民家庭按人均纯收入分组资料

指标名称	Item	单位	unit
农村住户家庭基本情况(绝对数)	**Basic Statistics of Rural Households(absolute)**	--	
一、调查户数	Number of Households Surveyed	户	household
调查户类型(按从业劳动力比重算)	Type of Households Surveyed(Percentage of Employed Labors)	*	
1.农业户	Agriculture	户	household
2.农业兼业户	Agriculture and Base	d	household
3.非农业兼业户	Non-agriculture and Base	户	household
4.非农业户	Non-agriculture	户	household
二、生产性固定资产原值(人均)	Original Value of Productive Fixed Assets (per person)	元	yuan
农村住户居住情况(人均)	Basic Statistics of Residence of Rural Households (per person)	--	
(一)住房面积	Floor Space of Living Houses	平方米	sq.m
(二)住房价值	Value of Living Houses	元	yuan
(三)住房结构	Structure of Living Houses	--	
1.钢筋混泥土结构面积	Floor Space of Reinforced Concrete Structure	平方米	sq.m
2.砖木结构面积	Floor Space of Brick and Wood Structure	平方米	sq.m
3.其他	Other	平方米	sq.m
农村住户总收入与总支出(人均)	**Total Revenue and Expenditure of Rural Households (per person)**	*	
一、总收入	Total Revenue	元	yuan
(一)工资性收入	Wage Income	元	yuan
(二)家庭经营收入	Household Business Income	元	yuan
1.第一产业收入	Primary Industry	元	yuan
(1)农业收入	Farming	元	yuan
A.农产品收入	Agriculture Products	元	yuan
#粮食收入	Grain	元	yuan
B.农业服务性收入	Farming Service	元	yuan
(2)林业收入	Forestry	元	yuan
(3)牧业收入	Animal Husbandry	元	yuan
(4)渔业收入	Fishery	元	yuan
2.第二产业收入	Secondary Industry	元	yuan
3.第三产业收入	Tertiary Industry	元	yuan
(三)财产性收入	Property Income	元	yuan
(四)转移性收入	Transfer Income	元	yuan
二、总支出	Total Expenditure	元	yuan
(一)家庭经营费用支出	Expenditure for Household Business	元	yuan
1.第一产业生产费用支出	Primary Industry	元	yuan
(1)农业生产费用支出	Farming	元	yuan
(2)林业生产费用支出	Forestry	元	yuan
(3)牧业生产费用支出	Animal Husbandry	元	yuan
(4)渔业生产费用支出	Fishery	元	yuan

Basic Statistics Grouped by Per Capita Net Income of Rural Households(2013)

总计 Total	1000元以下 1000 yuan and Blow	1000–2000元 1000-2000 yuan	2000–3000元 2000-3000 yuan	3000–4000元 3000-4000 yuan	4000–5000元 4000-5000 yuan	5000–6000元 5000-6000 yuan
891.0	21.0	27.0	60.0	77.0	86.0	99.0
2238.0	45.0	70.0	144.0	185.0	225.0	255.0
263.0	10.0	8.0	20.0	22.0	19.0	26.0
113.0	2.0	2.0	9.0	15.0	13.0	14.0
310.0	5.0	10.0	20.0	27.0	36.0	34.0
205.0	4.1	7.0	11.0	13.0	18.0	25.0
5801.0	15903.7	4353.1	4144.4	3354.5	6235.2	5231.5
22.7	26.1	15.6	17.6	17.6	19.6	20.3
12725.6	14983.5	10171.5	8482.3	8104.4	10284.6	12342.9
3.8	8.0	1.5	3.1	2.1	2.2	2.3
15.7	16.4	9.6	9.5	11.3	12.8	15.3
3.1	1.7	4.5	5.0	4.1	4.6	2.7
10666.8	13725.3	4110.5	5603.9	5276.0	6418.6	7946.9
2878.4	298.1	1132.7	1277.4	1614.0	2180.8	2674.8
6912.6	13055.7	2332.9	3659.2	2980.2	3497.2	4375.9
5870.0	10233.8	2182.3	3475.8	2620.9	2922.8	3650.8
3542.9	1981.0	1395.1	1508.3	1897.4	2166.4	2429.6
3439.3	1981.0	1391.2	1495.1	1852.0	2127.1	2429.4
2149.2	1246.6	1005.1	1268.6	1454.9	1429.8	1891.8
103.7		3.9	13.3	45.5	39.3	0.3
55.4		1.9	0.1	13.4	5.9	0.5
2254.6	8252.8	785.3	1967.4	710.1	750.5	1220.6
17.1						
83.3			0.7	8.5	5.6	15.5
959.3	2821.9	150.6	182.6	350.7	568.8	709.7
133.3	86.9	21.3	135.1	29.5	82.2	113.0
742.5	284.6	623.7	532.2	652.4	658.4	783.2
10988.8	24865.4	6635.1	8325.9	6239.4	7255.7	9418.8
3275.7	14031.8	2232.4	2815.8	1451.2	1467.1	2015.8
3005.8	10968.5	2232.4	2797.2	1401.2	1319.7	1879.0
1317.8	886.4	634.3	674.5	873.3	872.9	917.3
36.2	80.2	1.2	10.3	12.4	10.6	8.6
1630.4	9977.5	1596.8	2108.3	500.8	427.5	934.3

2-32 续表 1

指标名称	Item	单位	unit
2.第二产业生产费用支出	Secondary Industry	元	yuan
3.第三产业生产费用支出	Tertiary Industry	元	yuan
(二)购置生产性固定资产支出	Expenditure for Purchasing Productive Fixed Assets	元	yuan
(三)建造生产性固定资产雇工支出	Expenditure for Constructing Productive Fixed Assets of Labours	元	yuan
(四)税费支出	Expenditure for Taxes and Fees	元	yuan
1.第一产业税	Primary Industry	元	yuan
2.第二产业税	Secondary Industry	元	yuan
3.第三产业税	Tertiary Industry	元	yuan
(五)生活消费支出	Living Expenditure	元	yuan
其中：服务性支出	Expenditure for Service	元	yuan
1.食品消费支出	Food	元	yuan
2.衣着消费支出	Clothing	元	yuan
3.居住消费支出	Residence	元	yuan
4.家庭设备.用品消费支出	Household Facilities,Article and Service	元	yuan
5.交通和通讯消费支出	Transport and Telecommunication	元	yuan
6.文化教育.娱乐消费支出	Cultural,Educational,Recreational Article and Services	元	yuan
7.医疗保健消费支出	Medicine and Health Care	元	yuan
8.其他商品和服务消费支出	Other Commodities and Services	元	yuan
(六)财产性支出	Property Expenditure	元	yuan
(七)转移性支出	Transfer Expenditure	元	yuan
农村住户纯收入来源(人均)	**Basic Statistics of Net Income of Rural Households (per person)**	*	
一、全年纯收入	Net Income	元	yuan
(一)工资性收入	Wage Income	元	yuan
(二)家庭经营纯收入	Household Business Income	元	yuan
1.第一产业纯收入	Primary Industry	元	yuan
(1)农业收入	Farming	元	yuan
(2)林业收入	Forestry	元	yuan
(3)牧业收入	Animal Husbandry	元	yuan
(4)渔业收入	Fishery	元	yuan
2.非农产业纯收入	Non-agriculture	元	yuan
A.第二产业纯收入	Secondary Industry	元	yuan
B.第三产业纯收入	Tertiary Industry	元	yuan
(三)财产性纯收入	Property Net Income	元	yuan
(四)转移性纯收入	Transfer Net Income	元	yuan
二、全年现金纯收入	Annual Cash Net Income	元	yuan
三、全年实物纯收入	Annual net Income in Kind	元	yuan
农村住户食品消费情况(人均)	**Basic Statistics of Consumption of Major Goods of Rural Households (per person)**	*	
一、粮食消费量	Grain Crops	公斤	kg
(一)谷物消费量	Cereal	公斤	kg
#1.小麦	Wheat	公斤	kg
2.稻谷	Rice	公斤	kg

continued

总计 Total	1000元以下 1000 yuan and Blow	1000-2000元 1000- 2000 yuan	2000-3000元 2000- 3000 yuan	3000-4000元 3000- 4000 yuan	4000-5000元 4000- 5000 yuan	5000-6000元 5000- 6000 yuan
10.8	7.3					
259.1	3056.0		18.6	50.0	147.3	136.8
491.9	2493.9	266.0	281.6	139.6	431.8	999.4
6.6			11.0	3.2		34.3
0.1				1.3		
0.1				1.3		
6464.8	6566.3	3624.9	4750.8	4263.5	4874.0	5775.6
1645.0	1551.8	1194.6	1059.0	933.9	1257.9	1630.0
2223.9	1983.8	1293.5	1596.0	1478.3	1862.1	1947.9
453.3	567.9	220.4	337.3	288.9	311.2	429.5
1347.5	1465.6	526.1	1247.9	775.1	765.6	961.4
382.8	227.8	130.2	241.5	200.0	348.9	278.6
800.8	807.2	249.8	422.0	739.6	482.6	848.3
401.0	437.2	128.3	169.3	225.0	273.0	483.9
652.0	818.4	880.8	595.2	386.1	612.1	555.9
203.4	258.4	195.7	141.7	170.6	218.5	270.1
32.3	156.4				66.8	
717.4	1617.0	511.8	466.6	380.7	416.0	593.7
6931.0	-1410.1	1518.9	2486.8	3523.4	4443.2	5495.2
2878.4	298.1	1132.7	1277.4	1614.0	2180.8	2674.8
3250.0	-2036.3	-189.8	567.1	1304.1	1614.4	2011.3
2630.4	-1329.8	-279.3	431.4	1077.6	1399.0	1606.1
2047.3	941.2	642.8	676.1	889.1	1114.7	1384.3
18.9	-88.8	0.7	-10.2	1.0	-4.7	-8.1
547.1	-2182.2	-922.7	-234.4	187.5	289.0	229.9
17.1						
619.6	-706.5	89.5	135.7	226.5	215.4	405.2
63.4	-52.4		0.7	2.4	5.6	15.5
556.2	-654.2	89.5	135.0	224.1	209.8	389.8
133.3	86.9	21.3	135.1	29.5	82.2	113.0
669.3	241.2	554.7	507.1	575.9	565.7	696.1
6266.7	-1470.8	1583.6	2137.9	2912.3	3840.4	4992.6
664.3	60.7	-64.7	348.9	611.2	602.7	502.6
165.7	149.6	172.0	148.7	137.8	173.9	160.1
160.7	141.8	167.9	143.3	133.0	166.9	154.7
105.3	76.7	117.4	98.0	98.0	122.0	101.6
50.1	64.6	46.4	43.6	31.7	34.2	47.7

2-32 续表 2

指标名称	Item	单位	unit
(二)薯类消费量	Tubers	公斤	kg
(三)豆类消费量	Soybeans	公斤	kg
二、油脂类消费量	Oil and Fat	公斤	kg
三、豆制品	Soybeans and Related Products	公斤	kg
四、蔬菜及菜制品消费量	Vegetables and Related Products	公斤	kg
五、瓜类	Melons	公斤	kg
六、水果类	Fruits	公斤	kg
七、消费茶叶	Tea leaves	公斤	kg
八、坚果消费量	Nut	公斤	kg
九、肉禽及其制品	Meat,Poultry and Related Products	公斤	kg
1.猪肉	Pork	公斤	kg
2.牛肉	Beef	公斤	kg
3.羊肉	Mutton	公斤	kg
4.家禽	Poultry	公斤	kg
5.其他肉禽及制品	Others	公斤	kg
十、蛋类及蛋制品	Eggs and Related Products	公斤	kg
十一、奶和奶制品	Milk and Dairy Products	公斤	kg
十二、水产品	Aquatic Products	公斤	kg
十三、食糖	Sugar	公斤	kg
十四、酒	Liquor	公斤	kg
调查户人口与劳动力情况(绝对数)	**Number of Households Surveyed and Basic Statistics of Labours (absolute)**	*	
一、农村住户人口与劳动力状况	Number of Households and Basic Statistics of Labours of Rural Households	*	
(一)家庭常住人口	Number of Permanent Residents in the Households	人	person
(二)整半劳动力数	Number of Able-bodied and Semi-able-bodied Labours	人	person
其中：男劳动力人数	Number of Male Labours	人	person
其中：整劳动力	Number of Able-bodied Labours	人	person
(三)就业劳动力人数	Number of Employed	人	person
其中：男劳动力人数	Number of Male Labour	人	person
整劳动力人数	Number of Able-bodied Labour	人	person
一产业就业劳动力	Primary Industry	人	person
非农产业就业劳动力	Non-agriculture	人	person
(四)就业劳动力文化程度	Culture Level of Employed Labours	--	person
1.不识字或识字很少	Illiterate and Semi-illiterate	人	person
2.小学程度	Primary School	人	person
3.初中程度	Junior Middle School	人	person
4.高中程度	Senior Middle School	人	person
6.大专及以上	College and Higher	人	person

continued

总计 Total	1000元以下 1000 yuan and Blow	1000-2000元 1000- 2000 yuan	2000-3000元 2000- 3000 yuan	3000-4000元 3000- 4000 yuan	4000-5000元 4000- 5000 yuan	5000-6000元 5000- 6000 yuan
3.9	5.6	3.6	4.4	3.9	6.3	4.6
1.1	2.2	0.5	1.0	0.8	0.6	0.7
7.9	8.4	7.6	8.8	6.7	8.8	7.5
1.0	2.0	0.5	1.0	0.8	0.6	0.7
66.2	77.7	37.2	58.3	53.0	56.8	59.2
18.7	20.1	17.5	13.6	11.2	15.8	15.6
19.6	22.8	13.3	14.0	13.2	19.6	16.5
0.1	0.1	0.1	0.1	0.2	0.2	0.1
1.2	1.4	0.6	1.2	0.9	0.8	0.9
18.6	14.5	7.7	14.5	12.5	17.5	19.5
8.4	3.7	1.8	6.0	5.8	9.5	10.6
2.3	3.2	1.7	2.1	1.5	1.5	2.3
2.4	3.2	0.7	1.6	1.3	1.5	1.7
5.0	3.9	3.4	4.4	3.8	4.7	4.6
0.4	0.5	0.1	0.4	0.2	0.3	0.4
3.1	3.0	2.4	2.5	2.2	3.2	3.1
6.9	6.1	7.8	4.8	4.6	4.6	4.5
0.7	1.4	0.2	0.5	0.5	0.4	0.5
0.7	0.9	0.3	0.5	0.4	0.4	0.5
2.8	1.7	1.1	2.5	1.8	3.2	2.3
3903.0	93.0	141.0	302.0	390.0	419.0	452.0
2338.0	66.0	74.0	157.0	219.0	241.0	250.0
1251.0	36.0	40.0	80.0	118.0	126.0	139.0
1659.0	46.0	57.0	119.0	151.0	177.0	196.0
2140.0	55.0	60.0	139.0	204.0	225.0	238.0
1191.0	31.0	35.0	77.0	112.0	121.0	135.0
1516.0	39.0	47.0	105.0	139.0	163.0	186.0
1132.0	34.0	35.0	81.0	116.0	118.0	126.0
1008.0	21.0	25.0	58.0	88.0	107.0	112.0
257.0	6.0	13.0	22.0	40.0	27.0	23.0
724.0	23.0	25.0	51.0	68.0	92.0	98.0
853.0	17.0	14.0	53.0	65.0	73.0	91.0
199.0	6.0	3.0	12.0	23.0	24.0	15.0
106.0	3.0	5.0	2.0	8.0	9.0	10.0

2-32 续表 3

指 标 名 称	Item	6000-7000元 6000- 7000 yuan	7000-8000元 7000- 8000 yuan
农村住户家庭基本情况(绝对数)	**Basic Statistics of Rural Households(absolute)**		
一、调查户数	Number of Households Surveyed	84.0	92.0
调查户类型(按从业劳动力比重算)	Type of Households Surveyed(Percentage of Employed Labors)	202.0	230.0
1.农业户	Agriculture	25.0	29.0
2.农业兼业户	Agriculture and Base	14.0	10.0
3.非农业兼业户	Non-agriculture and Base	31.0	31.0
4.非农业户	Non-agriculture	14.0	22.0
二、生产性固定资产原值(人均)	Original Value of Productive Fixed Assets (per person)	4285.1	4099.9
农村住户居住情况(人均)	**Basic Statistics of Residence of Rural Households (per person)**		
(一)住房面积	Floor Space of Living Houses	20.6	24.7
(二)住房价值	Value of Living Houses	11024.0	13434.6
(三)住房结构	Structure of Living Houses		
1.钢筋混泥土结构面积	Floor Space of Reinforced Concrete Structure	5.3	5.2
2.砖木结构面积	Floor Space of Brick and Wood Structure	13.2	17.6
3.其他	Other	2.2	1.8
农村住户总收入与总支出(人均)	**Total Revenue and Expenditure of Rural Households (per person)**		
一、总收入	Total Revenue	8968.6	10475.1
(一)工资性收入	Wage Income	3207.2	3866.1
(二)家庭经营收入	Household Business Income	4799.0	5725.3
1.第一产业收入	Primary Industry	4133.5	4839.4
(1)农业收入	Farming	2611.1	2754.7
A.农产品收入	Agriculture Products	2480.2	2717.4
#粮食收入	Grain	1468.7	2082.4
B.农业服务性收入	Farming Service	130.9	37.4
(2)林业收入	Forestry	1.6	34.6
(3)牧业收入	Animal Husbandry	1520.8	2050.1
(4)渔业收入	Fishery		
2.第二产业收入	Secondary Industry	57.5	11.0
3.第三产业收入	Tertiary Industry	608.0	875.0
(三)财产性收入	Property Income	60.5	183.6
(四)转移性收入	Transfer Income	902.0	700.1
二、总支出	Total Expenditure	8380.0	10269.7
(一)家庭经营费用支出	Expenditure for Household Business	2164.5	2743.3
1.第一产业生产费用支出	Primary Industry	2026.2	2656.9
(1)农业生产费用支出	Farming	1151.5	1113.5
(2)林业生产费用支出	Forestry	7.8	20.4
(3)牧业生产费用支出	Animal Husbandry	841.5	1507.9
(4)渔业生产费用支出	Fishery		

continued

8000-9000元 8000-9000 yuan	9000-10000元 9000-10000 yuan	10000-11000元 10000-11000 yuan	11000-12000元 11000-12000 yuan	12000-13000元 12000-13000 yuan	13000-14000元 13000-14000 yuan	14000元以上 14000 yuan and Over
58.0	56.0	44.0	36.0	30.0	18.0	103
142.0	137.0	124.0	96.0	76.0	47.0	260
17.0	19.0	10.0	11.0	9.0	7.0	31
10.0	6.0	2.0	2.0	4.0		10
19.0	18.0	18.0	11.0	9.0	4.0	37
12.0	13.0	14.0	12.0	8.0	7.0	24
5664.0	4201.6	6244.4	9857.5	5179.5	6983.8	12784.3
24.6	29.2	24.5	33.6	28.1	27.0	33.7
17603.6	15523.8	16464.7	23481.7	14864.5	18674.5	17817.3
5.6	4.5	3.6	11.4	4.0	3.4	4.1
15.5	22.5	16.2	21.5	20.8	21.7	28.3
3.5	2.2	4.7	0.7	3.3	1.9	1.3
11658.1	12821.7	14833.3	18702.5	18246.0	18807.8	28916.0
3775.0	3968.0	5021.0	4019.9	5110.4	5487.7	3949.8
7071.6	8188.4	8471.4	13573.2	12019.8	12105.4	23471.9
6230.2	7081.3	7582.3	10671.3	10597.9	9490.6	19474.5
3859.5	5299.4	4705.1	5897.4	7457.6	5135.1	11516.5
3724.4	5061.0	4705.1	5897.4	7338.8	4614.6	10948.8
2976.6	2185.7	2994.2	3629.2	4416.9	3256.8	5233.0
135.1	238.4			118.7	520.5	567.7
248.5	0.6	137.9	59.5	368.7	51.6	260.9
2122.2	1781.3	2739.2	4714.5	2771.6	4303.9	7475.7
						221.5
56.3	1.1		492.6		202.6	708.9
785.1	1105.9	889.1	2409.3	1421.9	2412.2	3288.5
85.4	30.9	102.8	323.4	164.5	16.5	591.5
726.0	634.4	1238.1	786.0	951.3	1198.2	902.8
11630.2	12187.3	14900.0	18922.1	16136.4	18760.3	21886.0
2756.0	3121.9	3810.5	6505.1	5176.4	4838.2	8279.1
2670.4	2987.2	3582.0	6067.8	4997.6	4643.0	7199.5
1296.2	1934.2	1830.8	2280.5	2984.9	2349.4	3224.4
128.3	1.4	108.1	58.5	65.2	18.1	154.4
1225.0	1022.7	1598.3	3706.9	1912.8	2239.2	3759.8

2-32 续表 4

指标名称	Item	6000-7000元 6000- 7000 yuan	7000-8000元 7000- 8000 yuan
2.第二产业生产费用支出	Secondary Industry		
3.第三产业生产费用支出	Tertiary Industry	138.3	86.4
(二)购置生产性固定资产支出	Expenditure for Purchasing Productive Fixed Assets	56.2	128.8
(三)建造生产性固定资产雇工支出	Expenditure for Constructing Productive Fixed Assets of Labours	4.2	0.9
(四)税费支出	Expenditure for Taxes and Fees		
1.第一产业税	Primary Industry		
2.第二产业税	Secondary Industry		
3.第三产业税	Tertiary Industry		
(五)生活消费支出	Living Expenditure	5558.6	6522.9
其中：服务性支出	Expenditure for Service	1271.6	1768.1
1.食品消费支出	Food	1911.8	2284.8
2.衣着消费支出	Clothing	428.7	489.1
3.居住消费支出	Residence	1095.0	1322.3
4.家庭设备.用品消费支出	Household Facilities,Article and Service	326.0	406.2
5.交通和通讯消费支出	Transport and Telecommunication	780.2	698.4
6.文化教育.娱乐消费支出	Cultural,Educational,Recreational Article and Services	336.5	569.7
7.医疗保健消费支出	Medicine and Health Care	481.2	567.6
8.其他商品和服务消费支出	Other Commodities and Services	199.1	184.9
(六)财产性支出	Property Expenditure		
(七)转移性支出	Transfer Expenditure	596.5	873.8
农村住户纯收入来源(人均)	**Basic Statistics of Net Income of Rural Households (per person)**		
一、全年纯收入	Net Income	6428.8	7407.9
(一)工资性收入	Wage Income	3207.2	3866.1
(二)家庭经营纯收入	Household Business Income	2348.9	2708.7
1.第一产业纯收入	Primary Industry	1920.0	2006.4
(1)农业收入	Farming	1274.9	1507.0
(2)林业收入	Forestry	-6.2	14.1
(3)牧业收入	Animal Husbandry	651.3	485.3
(4)渔业收入	Fishery		
2.非农产业纯收入	Non-agriculture	428.9	702.3
A.第二产业纯收入	Secondary Industry	57.5	11.0
B.第三产业纯收入	Tertiary Industry	371.4	691.3
(三)财产性纯收入	Property Net Income	60.5	183.6
(四)转移性纯收入	Transfer Net Income	812.3	649.5
二、全年现金纯收入	Annual Cash Net Income	5677.4	6537.6
三、全年实物纯收入	Annual net Income in Kind	751.5	870.3
农村住户食品消费情况(人均)	Basic Statistics of Consumption of Major Goods of Rural Households (per person)		
一、粮食消费量	Grain Crops	151.3	166.3
(一)谷物消费量	Cereal	147.1	160.8
#1.小麦	Wheat	99.0	101.1
2.稻谷	Rice	43.0	54.1

continued

8000–9000元 8000– 9000 yuan	9000–10000元 9000– 10000 yuan	10000–11000元 10000– 11000 yuan	11000–12000元 11000– 12000 yuan	12000–13000元 12000– 13000 yuan	13000–14000元 13000– 14000 yuan	14000元以上 14000 yuan and Over
0.4			35.9		56.1	116.4
85.3	134.6	228.5	401.3	178.8	139.1	963.2
298.9	340.3	594.0	694.0	281.8	1122.7	1172.4
	12.5		4.8			
7671.6	7713.3	9429.9	10558.3	9749.9	11554.2	11121.8
1958.3	1999.1	3425.3	2329.5	2964.8	2431.5	2338.3
2323.8	2242.3	2437.6	2599.8	2518.3	2619.4	2859.0
507.6	590.2	661.7	729.6	543.7	625.6	740.4
1671.4	1765.4	1288.5	3922.1	2715.2	4346.8	3090.5
338.4	663.0	530.7	327.8	1058.6	1061.4	694.8
1340.3	815.3	1318.0	1246.7	877.9	1164.4	1813.1
587.9	514.1	569.2	565.6	578.3	541.2	577.0
364.8	899.1	2212.2	876.8	1223.3	890.7	899.5
537.4	223.9	412.2	290.0	234.7	304.7	447.4
3.3	33.6	400.7			0.4	
900.4	965.7	664.9	1159.9	928.3	1244.8	1312.7
8443.5	9363.3	10502.5	11506.3	12562.7	13423.0	19714.5
3775.0	3968.0	5021.0	4019.9	5110.4	5487.7	3949.8
3938.0	4786.4	4244.6	6411.0	6498.1	6801.6	14340.6
3334.2	3909.1	3775.8	4373.2	5305.9	4566.2	11741.8
2374.1	3179.7	2665.8	3417.5	4204.8	2563.6	7942.6
120.3	-1.0	29.8	1.0	303.5	33.5	105.8
839.9	730.3	1080.1	954.8	797.6	1969.1	3471.9
						221.5
603.8	877.3	468.8	2037.8	1192.1	2235.4	2598.8
54.9	1.1		318.4		137.8	547.1
548.9	876.2	468.8	1719.4	1192.1	2097.6	2051.6
85.4	30.9	102.8	323.4	164.5	16.5	591.5
645.1	578.1	1134.2	752.1	789.7	1117.1	832.6
7377.0	9108.0	9759.2	10455.3	12433.4	13193.0	17904.5
1066.6	255.4	743.3	1051.0	129.3	230.0	1810.0
181.5	167.9	159.6	147.1	177.5	250.1	224.5
174.8	164.5	155.4	144.0	173.9	247.2	220.9
108.5	90.8	100.5	78.6	118.1	167.3	129.6
60.0	70.6	50.5	63.3	53.7	72.0	80.4

2-32 续表 5

指标名称	Item	6000-7000元 6000- 7000 yuan	7000-8000元 7000- 8000 yuan
(二)薯类消费量	Tubers	3.4	4.4
(三)豆类消费量	Soybeans	0.8	1.1
二、油脂类消费量	Oil and Fat	7.4	6.7
三、豆制品	Soybeans and Related Products	0.7	1.0
四、蔬菜及菜制品消费量	Vegetables and Related Products	68.4	66.4
五、瓜类	Melons	16.2	19.5
六、水果类	Fruits	21.2	20.5
七、消费茶叶	Tea leaves	0.2	0.2
八、坚果消费量	Nut	1.1	1.4
九、肉禽及其制品	Meat,Poultry and Related Products	18.2	23.9
1.猪肉	Pork	7.2	10.9
2.牛肉	Beef	3.0	2.7
3.羊肉	Mutton	2.7	3.6
4.家禽	Poultry	5.0	6.1
5.其他肉禽及制品	Others	0.3	0.6
十、蛋类及蛋制品	Eggs and Related Products	2.9	3.6
十一、奶和奶制品	Milk and Dairy Products	7.4	8.9
十二、水产品	Aquatic Products	0.8	0.8
十三、食糖	Sugar	0.8	0.6
十四、酒	Liquor	1.9	3.4
调查户人口与劳动力情况(绝对数)	**Number of Households Surveyed and Basic Statistics of Labours (absolute)**		
一、农村住户人口与劳动力状况	Number of Households and Basic Statistics of Labours of Rural Households		
(一)家庭常住人口	Number of Permanent Residents in the Households	406.0	398.0
(二)整半劳动力数	Number of Able-bodied and Semi-able-bodied Labours	235.0	243.0
其中：男劳动力人数	Number of Male Labours	126.0	128.0
其中：整劳动力	Number of Able-bodied Labours	177.0	182.0
(三)就业劳动力人数	Number of Employed	212.0	217.0
其中：男劳动力人数	Number of Male Labour	118.0	119.0
整劳动力人数	Number of Able-bodied Labour	159.0	163.0
一产业就业劳动力	Primary Industry	116.0	114.0
非农产业就业劳动力	Non-agriculture	96.0	103.0
(四)就业劳动力文化程度	Culture Level of Employed Labours		
1.不识字或识字很少	Illiterate and Semi-illiterate	28.0	24.0
2.小学程度	Primary School	67.0	71.0
3.初中程度	Junior Middle School	90.0	93.0
4.高中程度	Senior Middle School	16.0	20.0
6.大专及以上	College and Higher	11.0	9.0

continued

8000-9000元 8000- 9000 yuan	9000-10000元 9000- 10000 yuan	10000-11000元 10000- 11000 yuan	11000-12000元 11000- 12000 yuan	12000-13000元 12000- 13000 yuan	13000-14000元 13000- 14000 yuan	14000元以上 14000 yuan and Over
4.2	2.4	3.0	1.0	2.4	1.4	2.1
2.5	1.0	1.2	2.1	1.2	1.5	1.4
8.8	7.6	7.7	7.1	7.0	10.6	9.4
2.0	1.0	1.2	2.1	1.1	1.3	1.3
75.9	74.2	70.8	81.4	69.0	87.9	102.7
17.5	19.4	19.4	26.3	26.8	34.3	39.3
20.8	23.5	20.2	23.9	33.3	28.0	27.7
0.2	0.1	0.2	0.2	0.2	0.1	0.1
1.4	1.7	1.3	2.9	1.4	1.5	1.6
21.7	17.3	24.8	19.5	24.3	28.4	26.2
10.6	5.5	11.2	7.4	12.5	12.1	12.6
1.9	2.5	3.1	2.3	2.3	3.9	2.7
2.1	3.2	4.5	3.7	3.9	4.2	4.0
6.3	5.5	5.5	5.5	5.2	7.8	6.3
0.8	0.6	0.3	0.7	0.3	0.3	0.6
4.3	3.1	3.4	2.5	3.9	4.1	3.1
8.2	11.2	8.8	5.4	7.7	14.8	9.5
0.8	1.1	0.8	1.7	0.8	1.2	1.2
0.9	1.0	0.9	1.4	0.9	0.7	1.0
4.0	3.7	2.7	5.3	4.9	3.7	3.4
230.0	227.0	185.0	132.0	111.0	60.0	357.0
136.0	143.0	114.0	78.0	82.0	45.0	256.0
71.0	74.0	58.0	42.0	48.0	24.0	141.0
86.0	97.0	77.0	60.0	60.0	23.0	151.0
129.0	131.0	100.0	73.0	75.0	42.0	240.0
71.0	72.0	57.0	39.0	46.0	24.0	134.0
81.0	90.0	67.0	55.0	57.0	21.0	144.0
72.0	69.0	43.0	32.0	37.0	17.0	122.0
57.0	62.0	57.0	41.0	38.0	25.0	118.0
23.0	9.0	12.0	4.0	6.0	6.0	14.0
37.0	36.0	26.0	19.0	31.0	13.0	67.0
46.0	67.0	44.0	33.0	31.0	18.0	118.0
16.0	13.0	11.0	9.0	5.0	3.0	23.0
7.0	6.0	7.0	8.0	2.0	2.0	17.0

2-33 2013年全区农村居民家庭按就业劳动力最高文化程度分组资料

指 标 名 称	Item	单位	unit
农村住户家庭基本情况(绝对数)	**Basic Statistics of Rural Households(absolute)**	--	
一、调查户数	Number of Households Surveyed	户	household
调查户类型(按从业劳动力比重算)	Type of Households Surveyed(Percentage of Employed Labors)	*	
1.农业户	Agriculture	户	household
2.农业兼业户	Agriculture and Base	户	household
3.非农业兼业户	Non-agriculture and Base	户	household
4.非农业户	Non-agriculture	户	household
二、生产性固定资产原值(人均)	Original Value of Productive Fixed Assets (per person)	元	yuan
农村住户居住情况(人均)	**Basic Statistics of Residence of Rural Households (per person)**	--	
(一)住房面积	Floor Space of Living Houses	平方米	sq.m
(二)住房价值	Value of Living Houses	元	yuan
(三)住房结构	Structure of Living Houses	--	
1.钢筋混泥土结构面积	Floor Space of Reinforced Concrete Structure	平方米	sq.m
2.砖木结构面积	Floor Space of Brick and Wood Structure	平方米	sq.m
3.其他	Other	平方米	sq.m
农村住户总收入与总支出(人均)	**Total Revenue and Expenditure of Rural Households (per person)**	*	
一、总收入	Total Revenue	元	yuan
(一)工资性收入	Wage Income	元	yuan
(二)家庭经营收入	Household Business Income	元	yuan
1.第一产业收入	Primary Industry	元	yuan
(1)农业收入	Farming	元	yuan
A.农产品收入	Agriculture Products	元	yuan
#粮食收入	Grain	元	yuan
B.农业服务性收入	Farming Service	元	yuan
(2)林业收入	Forestry	元	yuan
(3)牧业收入	Animal Husbandry	元	yuan
(4)渔业收入	Fishery	元	yuan
2.第二产业收入	Secondary Industry	元	yuan
3.第三产业收入	Tertiary Industry	元	yuan
(三)财产性收入	Property Income	元	yuan
(四)转移性收入	Transfer Income	元	yuan
二、总支出	Total Expenditure	元	yuan
(一)家庭经营费用支出	Expenditure for Household Business	元	yuan
1.第一产业生产费用支出	Primary Industry	元	yuan
(1)农业生产费用支出	Farming	元	yuan
(2)林业生产费用支出	Forestry	元	yuan
(3)牧业生产费用支出	Animal Husbandry	元	yuan
(4)渔业生产费用支出	Fishery	元	yuan
2.第二产业生产费用支出	Secondary Industry	元	yuan
3.第三产业生产费用支出	Tertiary Industry	元	yuan

Basic Statistics Grouped by the Highest Cultural Level of Employed Labours of Rural Households(2013)

总计 Total	小学以下 Illiterate and Semi-illiterate	小学 Primary School	初中 Junior Middle School	高中 Senior Middle School	大专及以上 College and Higher
891.0	87.0	464.0	175.0	111.0	23.0
2238.0	270.0	1136.0	467.0	284.0	59.0
263.0	26.0	179.0	17.0	14.0	2.0
113.0			73.0	29.0	8.0
310.0		182.0	53.0	60.0	11.0
205.0	61.0	103.0	31.0	8.0	2.0
5801.0	5056.0	4970.0	8845.1	4860.2	4654.9
22.7	25.7	22.8	25.8	19.3	16.8
12725.6	19711.7	12686.0	13098.7	11116.3	9380.0
3.8	4.4	3.5	5.8	3.3	2.2
15.7	19.0	16.3	16.9	12.5	11.0
3.1	2.4	3.1	3.0	3.5	3.5
10666.8	10524.5	10433.7	13502.3	8992.2	6878.0
2878.4	3033.6	2964.1	3097.0	2459.4	2801.6
6912.6	6486.9	6515.2	9612.8	5881.0	3355.6
5870.0	5214.8	5769.3	7860.0	4757.5	2790.3
3542.9	2472.6	3558.4	4406.5	3473.6	2416.1
3439.3	2256.4	3462.7	4332.0	3344.7	2294.5
2149.2	1634.5	2235.1	2629.6	1856.5	1341.8
103.7	216.2	95.7	74.5	128.9	121.6
55.4	175.9	41.4	102.3	13.8	
2254.6	2379.5	2160.9	3351.2	1270.2	374.2
17.1	186.7	8.6			
83.3		43.8	190.4	99.0	14.2
959.3	1272.1	702.1	1562.3	1024.5	551.1
133.3	183.8	152.0	118.6	73.8	125.3
742.5	820.2	802.3	673.9	578.0	595.5
10988.8	11270.9	10646.1	14441.6	8768.7	6906.8
3275.7	2906.2	2872.9	5528.3	2264.6	1583.7
3005.8	2611.8	2742.3	4770.3	2164.1	1445.9
1317.8	1062.7	1248.9	1694.0	1372.2	1093.6
36.2	64.5	30.0	68.9	17.6	0.4
1630.4	1446.9	1447.6	2966.9	763.1	333.6
10.8		2.3	38.4	7.1	4.5
259.1	294.4	128.3	719.6	93.5	133.4

2-33 续表 1

指标名称	Item	单位	unit
(二)购置生产性固定资产支出	Expenditure for Purchasing Productive Fixed Assets	元	yuan
(三)建造生产性固定资产雇工支出	Expenditure for Constructing Productive Fixed Assets of Labours	元	yuan
(四)税费支出	Expenditure for Taxes and Fees	元	yuan
1.第一产业税	Primary Industry	元	yuan
2.第二产业税	Secondary Industry	元	yuan
3.第三产业税	Tertiary Industry	元	yuan
(五)生活消费支出	Living Expenditure	元	yuan
其中：服务性支出	Expenditure for Service	元	yuan
1.食品消费支出	Food	元	yuan
2.衣着消费支出	Clothing	元	yuan
3.居住消费支出	Residence	元	yuan
4.家庭设备.用品消费支出	Household Facilities,Article and Service	元	yuan
5.交通和通讯消费支出	Transport and Telecommunication	元	yuan
6.文化教育.娱乐消费支出	Cultural,Educational,Recreational Article and Services	元	yuan
7.医疗保健消费支出	Medicine and Health Care	元	yuan
8.其他商品和服务消费支出	Other Commodities and Services	元	yuan
(六)财产性支出	Property Expenditure	元	yuan
(七)转移性支出	Transfer Expenditure	元	yuan
农村住户纯收入来源(人均)	**Basic Statistics of Net Income of Rural Households (per person)**	*	
一、全年纯收入	Net Income	元	yuan
(一)工资性收入	Wage Income	元	yuan
(二)家庭经营纯收入	Household Business Income	元	yuan
1.第一产业纯收入	Primary Industry	元	yuan
(1)农业收入	Farming	元	yuan
(2)林业收入	Forestry	元	yuan
(3)牧业收入	Animal Husbandry	元	yuan
(4)渔业收入	Fishery	元	yuan
2.非农产业纯收入	Non-agriculture	元	yuan
A.第二产业纯收入	Secondary Industry	元	yuan
B.第三产业纯收入	Tertiary Industry	元	yuan
(三)财产性纯收入	Property Net Income	元	yuan
(四)转移性纯收入	Transfer Net Income	元	yuan
二、全年现金纯收入	Annual Cash Net Income	元	yuan
三、全年实物纯收入	Annual net Income in Kind	元	yuan
农村住户食品消费情况(人均)	**Basic Statistics of Consumption of Major Goods of Rural Households (per person)**	*	
一、粮食消费量	Grain Crops	公斤	kg
(一)谷物消费量	Cereal	公斤	kg
#1.小麦	Wheat	公斤	kg
2.稻谷	Rice	公斤	kg

continued

总计 Total	小学以下 Illiterate and Semi-illiterate	小学 Primary School	初中 Junior Middle School	高中 Senior Middle School	大专及以上 College and Higher
491.9	377.7	330.4	777.1	573.7	800.3
6.6		2.9	19.7	7.0	
0.1				0.8	
0.1				0.8	
6464.8	7156.8	6655.2	7290.8	5304.7	4070.5
1645.0	2321.1	1687.2	1801.6	1159.8	995.4
2223.9	2175.2	2085.2	2136.9	1834.2	1549.5
453.3	554.7	489.8	467.1	367.0	279.1
1347.5	824.1	1547.9	1818.2	1039.0	859.2
382.8	333.8	371.5	439.0	394.1	225.7
800.8	1189.1	820.5	895.2	739.2	450.5
401.0	386.1	483.5	394.4	228.1	333.2
652.0	1444.6	616.9	741.6	515.6	313.9
203.4	249.2	239.9	398.3	187.4	59.3
32.3		16.2	120.1		
717.4	830.3	768.4	705.7	617.9	452.4
6931.0	7263.1	7182.1	7319.4	6269.0	4845.9
2878.4	3033.6	2964.1	3097.0	2459.4	2801.6
3250.0	3243.6	3311.0	3494.8	3291.5	1461.6
2630.4	2396.6	2801.7	2808.5	2380.4	1172.0
2047.3	1292.9	2128.4	2514.6	1919.5	1154.3
18.9	111.5	11.3	33.4	-5.2	-0.4
547.1	805.5	653.3	260.5	466.2	18.1
17.1	186.7	8.6			
619.6	847.0	509.4	686.3	911.1	289.6
63.4		34.8	151.3	85.8	-17.6
556.2	847.0	474.6	535.0	825.3	307.2
133.3	183.8	152.0	118.6	73.8	125.3
669.3	802.1	754.9	609.0	444.2	457.4
6266.7	6492.1	6427.6	6617.9	5754.4	4880.3
664.3	771.1	754.5	701.5	514.6	-34.5
165.7	142.9	166.9	167.6	169.4	176.3
160.7	137.7	162.1	163.8	162.9	169.8
105.3	71.2	106.3	102.6	113.9	117.6
50.1	62.4	50.8	55.9	43.4	40.9

2-33 续表 2

指标名称	Item	单位	unit
(二)薯类消费量	Tubers	公斤	kg
(三)豆类消费量	Soybeans	公斤	kg
二、油脂类消费量	Oil and Fat	公斤	kg
三、豆制品	Soybeans and Related Products	公斤	kg
四、蔬菜及菜制品消费量	Vegetables and Related Products	公斤	kg
五、瓜类	Melons	公斤	kg
六、水果类	Fruits	公斤	kg
七、消费茶叶	Tea leaves	公斤	kg
八、坚果消费量	Nut	公斤	kg
九、肉禽及其制品	Meat,Poultry and Related Products	公斤	kg
1.猪肉	Pork	公斤	kg
2.牛肉	Beef	公斤	kg
3.羊肉	Mutton	公斤	kg
4.家禽	Poultry	公斤	kg
5.其他肉禽及制品	Others	公斤	kg
十、蛋类及蛋制品	Eggs and Related Products	公斤	kg
十一、奶和奶制品	Milk and Dairy Products	公斤	kg
十二、水产品	Aquatic Products	公斤	kg
十三、食糖	Sugar	公斤	kg
十四、酒	Liquor	公斤	kg
调查户人口与劳动力情况(绝对数)	**Number of Households Surveyed and Basic Statistics of Labours (absolute)**	*	
一、农村住户人口与劳动力状况	Number of Households and Basic Statistics of Labours of Rural Households	*	
(一)家庭常住人口	Number of Permanent Residents in the Households	人	person
(二)整半劳动力数	Number of Able-bodied and Semi-able-bodied Labours	人	person
其中:男劳动力人数	Number of Male Labours	人	person
其中:整劳动力	Number of Able-bodied Labours	人	person
(三)就业劳动力人数	Number of Employed	人	person
其中: 男劳动力人数	Number of Male Labour	人	person
整劳动力人数	Number of Able-bodied Labour	人	person
一产业就业劳动力	Primary Industry	人	person
非农产业就业劳动力	Non-agriculture	人	person
(四)就业劳动力文化程度	Culture Level of Employed Labours	--	person
1.不识字或识字很少	Illiterate and Semi-illiterate	人	person
2.小学程度	Primary School	人	person
3.初中程度	Junior Middle School	人	person
4.高中程度	Senior Middle School	人	person
6.大专及以上	College and Higher	人	person

continued

总计 Total	小学以下 Illiterate and Semi-illiterate	小学 Primary School	初中 Junior Middle School	高中 Senior Middle School	大专及以上 College and Higher
3.9	3.6	3.6	3.0	5.6	5.9
1.1	1.6	1.2	0.8	0.9	0.6
7.9	7.8	8.3	7.5	7.7	6.2
1.0	1.5	1.1	0.8	0.9	0.6
66.2	70.1	68.1	67.4	60.1	50.3
18.7	22.0	19.8	20.8	13.6	11.2
19.6	21.2	19.7	19.7	18.5	16.0
0.1	0.1	0.2	0.1	0.2	0.1
1.2	1.6	1.3	1.3	0.9	0.7
18.6	16.4	19.5	20.0	17.2	13.0
8.4	5.0	9.6	8.5	7.3	5.4
2.3	3.2	2.0	2.7	2.3	1.7
2.4	1.9	2.4	3.3	2.5	1.1
5.0	5.8	5.1	5.0	4.8	4.6
0.4	0.6	0.4	0.5	0.3	0.2
3.1	3.8	3.1	2.7	3.0	3.4
6.9	12.9	6.0	8.0	6.3	6.2
0.7	0.9	0.7	0.8	0.6	0.5
0.7	0.8	0.7	0.7	0.6	0.3
2.8	1.6	2.8	3.4	2.6	2.5
3903.0	332.0	1945.0	771.0	599.0	149.0
2338.0	160.0	974.0	570.0	458.0	117.0
1251.0	87.0	494.0	326.0	252.0	59.0
1659.0	120.0	726.0	392.0	296.0	86.0
2140.0	97.0	927.0	523.0	444.0	115.0
1191.0	67.0	477.0	315.0	249.0	59.0
1516.0	62.0	695.0	359.0	283.0	84.0
1132.0	26.0	540.0	251.0	240.0	55.0
1008.0	61.0	387.0	273.0	204.0	60.0
257.0	7.7	111.8	59.0	64.0	14.0
724.0	33.3	361.7	153.3	134.0	27.0
853.0	38.0	359.8	207.3	171.0	57.0
199.0	5.0	76.0	62.3	40.0	14.0
106.0	3.0	18.0	41.3	35.0	3.0

2-34 主要年份各市县农村居民家庭人均纯收入

Per Capita Annual Net Income of Rural Households by City and County in Main Years

单位：元 (yuan)

市 县	Region	1982	1983	1984	1985	1986	1987	1988	1989	1990	1995	1996	1997	1998	1999
全 区	**Total**	**229**	**274**	**299**	**326**	**379**	**387**	**480**	**538**	**594**	**1037**	**1416**	**1545**	**1756**	**1791**
沿黄地区	**Plain**	**305**	**342**	**358**	**419**	**486**	**520**	**623**	**716**	**805**	**1530**	**1986**	**2349**	**2610**	**2627**
中南部地区	**Mountain Area**	**127**	**178**	**203**	**200**	**230**	**203**	**274**	**299**	**363**	**600**	**914**	**897**	**1053**	**1108**
银川市	**Yinchuan**				**466**	**574**	**608**	**710**	**859**	**979**	**1683**	**2252**	**2578**	**2811**	**2657**
兴庆区	Xingqing														
西夏区	Xixia														
金凤区	Jinfeng														
永宁县	Yongning		508	564	467	552	573	698	813	977	1648	2216	2517	2683	2497
贺兰县	Helan		408	421	408	514	586	651	874	993	1629	2197	2440	2681	2510
灵武市	Lingwu	395	344	369	433	476	509	600	689	769	1513	1867	2331	2494	2541
石嘴山市	**Shizuishan**				**434**	**466**	**496**	**652**	**696**	**813**	**1534**	**1821**	**2218**	**2578**	**2630**
大武口区	Dawukou														
惠农区	Huinong	318	346	381	405	444	495	625	677	781	1493	1811	2211	2604	2674
平罗县	Pingluo	282	373	364	460	488	499	661	707	839	1484	1781	2140	2464	2501
吴忠市	**Wuzhong**				**355**	**425**	**444**	**548**	**592**	**648**	**1213**	**1705**	**1873**	**2061**	**2128**
利通区	Litong	278	283	317	354	419	449	578	606	726	1384	1877	2323	2627	2675
红寺堡区	Hongsipu														
盐池县	Yanchi	173	244	308	365	424	415	606	514	534	821	1239	1157	1344	1338
同心县	Tongxin	83	182	202	221	315	270	420	375	427	812	1390	1216	1323	1391
青铜峡市	Qingtongxia	349	442	443	414	512	541	586	729	753	1529	2129	2392	2550	2703
固原市	**Guyuan**				**195**	**216**	**192**	**249**	**287**	**352**	**553**	**811**	**791**	**949**	**1007**
原州区	Yuanzhou	115	164	218	248	268	208	276	323	395	628	836	815	1031	1042
西吉县	Xiji	89	192	218	166	213	192	234	263	338	447	826	751	885	980
隆德县	Longde	148	199	177	187	206	252	265	303	383	631	878	867	1033	1036
泾源县	Jingyuan	108	106	129	215	158	143	169	194	246	457	615	699	774	946
彭阳县	Pengyang				156	176	191	247	288	369	657	844	870	1046	1041
中卫市	**Zhongwei**														
沙坡头区	Shapotou	254	289	308	341	406	450	563	629	702	1381	1870	2239	2456	2538
中宁县	Zhongning	293	352	375	370	428	472	513	587	632	1470	1888	2169	2471	2568
海原县	Haiyuan	85	178	208	201	243	147	272	313	333	470	849	717	891	987

注：1.2003年、2004年部分市县(区)数据按最新区划调整重新进行了测算，具体包括川区、山区、银川市、石嘴山市、吴忠市、固原市、中卫市、平罗县、中宁县、同心县。2003年以前市县(区)数是原区划数未作调整。

2.2008年，因区划调整，原州区黑城镇、甘城乡划归海原县；海原县兴隆乡划归同心县，徐套乡划归中宁县，兴仁乡划归沙坡头区，因此对原州区、海原县、同心县、中宁县、沙坡头区的数据进行了调整，同时对川区、山区、吴忠市、固原市、中卫市的数据也进行了相应调整。2009年以后数据按新区划调整口径。

Note: a)2003 and 2004, data were adjusted according newly division of some county and city,include Plain,Mountain Area,Yinchuan, Shizuishan,Wuzhong,Guyuan,Zhongwei,Pingluo,Zhongning and Tongxin.data were not adjusted on original division before 2003.

b)2008，Leicheng town,Gancheng town of Country Yuanzhou were allocated Country Haiyuan,Xinlong town of Country Haiyuan were allocated Country Tongxin,Xutao town of Country Haiyuan were allocated Country Zhongning,Xingren town of Country Haiyuan were allocated Country Shapotou,data of Country Yuanzhou,Country Haiyuan,Country Tongxin,Country Zhongning and Country Shapotou were adjusted,at the same time,data of Plain,Mountain area,Wuzhong,Guyuan,Zhongwei were adjusted.From 2009,data are newly division.

2-34 续表 continued

单位：元 (yuan)

市 县	Region	2000	2001	2002	2003	2004	2005	2006	2007	2008	2009	2010	2011	2012	2013
全　区	**Total**	**1724**	**1823**	**1917**	**2043**	**2320**	**2509**	**2760**	**3181**	**3681**	**4048**	**4675**	**5410**	**6180**	**6931**
沿黄地区	**Plain**	**2701**	**2840**	**2930**	**3040**	**3408**	**3584**	**3883**	**4369**	**4864**	**5260**	**6011**	**6907**	**7871**	**8799**
中南部地区	**Mountain Area**	**987**	**1078**	**1205**	**1295**	**1487**	**1687**	**1883**	**2191**	**2582**	**2916**	**3416**	**3964**	**4591**	**5247**
银川市	**Yinchuan**	**2712**	**2852**	**2932**	**2984**	**3388**	**3493**	**3800**	**4302**	**4917**	**5389**	**6161**	**7070**	**8068**	**9036**
兴庆区	Xingqing					3873	4017	4439	4994	5618	6040	6820	7804	8834	9876
西夏区	Xixia					2260	2333	2552	2851	3308	3655	4337	5050	5828	6830
金凤区	Jinfeng					3407	3488	3767	4268	4887	5307	6008	6900	7866	8826
永宁县	Yongning	2543	2712	2831	2975	3453	3375	3678	4193	4747	5127	5896	6792	7764	8706
贺兰县	Helan	2561	2664	2778	2939	3371	3534	3880	4346	4911	5480	6214	7163	8202	9147
灵武市	Lingwu	2705	2837	2863	3009	3355	3597	3892	4426	5184	5733	6581	7570	8618	9652
石嘴山市	**Shizuishan**	**2719**	**2828**	**2905**	**3035**	**3454**	**3556**	**3857**	**4351**	**4883**	**5315**	**6060**	**6974**	**7967**	**8928**
大武口区	Dawukou							3112	3535	4040	4364	4944	5673	6476	7255
惠农区	Huinong	2760	2905	2980	3104	3509	3687	3993	4524	5007	5563	6390	7351	8382	9393
平罗县	Pingluo	2601	2741	2815	3017	3440	3640	3957	4456	5005	5431	6186	7141	8167	9172
吴忠市	**Wuzhong**	**2194**	**2342**	**2374**	**2372**	**2699**	**2891**	**3135**	**3611**	**4089**	**4391**	**5041**	**5573**	**6370**	**7159**
利通区	Litong	2853	3040	3150	3367	3774	3974	4316	4985	5613	5827	6761	7771	8804	9861
红寺堡区	Hongsipu												4028	4616	5305
盐池县	Yanchi	1136	1306	1429	1567	1763	2005	2238	2624	3002	3288	3669	4149	4793	5521
同心县	Tongxin	1194	1227	1316	1365	1565	1710	1900	2214	2604	2914	3421	3942	4533	5172
青铜峡市	Qingtongxia	2812	3009	3101	3260	3795	4019	4401	4938	5445	5831	6549	7565	8656	9582
固原市	**Guyuan**	**928**	**1034**	**1168**	**1290**	**1489**	**1715**	**1925**	**2215**	**2598**	**2962**	**3477**	**4044**	**4690**	**5359**
原州区	Yuanzhou	933	1059	1211	1336	1529	1727	1940	2241	2615	3005	3546	4138	4793	5464
西吉县	Xiji	902	1036	1141	1264	1481	1740	1940	2215	2590	2944	3459	4016	4658	5303
隆德县	Longde	1082	1129	1230	1300	1502	1696	1906	2175	2604	2959	3478	4034	4672	5350
泾源县	Jingyuan	971	1025	1075	1147	1306	1508	1738	2064	2424	2726	3168	3678	4315	4932
彭阳县	Pengyang	896	1084	1233	1326	1519	1764	1978	2266	2663	3046	3556	4146	4798	5518
中卫市	**Zhongwei**				**2146**	**2359**	**2537**	**2762**	**3124**	**3457**	**3853**	**4439**	**5178**	**5927**	**6577**
沙坡头区	Shapotou	2495	2716	2806	2940	3187	3349	3633	3956	4321	4700	5358	6187	7000	7756
中宁县	Zhongning	2648	2711	2812	2781	3039	3307	3601	3997	4148	4619	5288	6076	6957	7732
海原县	Haiyuan	877	915	1097	1154	1313	1446	1584	1920	2350	2640	3111	3627	4225	4838

2-35 主要年份各市县农村居民家庭平均每人生活消费支出

Per Capita Living Expenditure of Rural Households by City and Country in Main Years

单位：元 (yuan)

地　区	Region	1985	1990	1995	2000	2005	2006	2007	2008	2009	2010	2011	2012	2013
全　区	**Total**	**264.5**	**486.3**	**1057.8**	**1417.1**	**2094.5**	**2247.0**	**2528.8**	**3094.9**	**3347.9**	**4013.2**	**4726.6**	**5633.0**	**6464.8**
沿黄地区	**Plain**	**320.4**	**657.1**	**1395.4**	**1938.9**	**2711.9**	**2985.4**	**3396.6**	**4005.4**	**4473.6**	**4913.7**	**6008.3**	**6851.2**	
中南部地区	**Mountain Area**	**185.9**	**295.4**	**743.3**	**906.3**	**1624.3**	**1761.8**	**2027.8**	**2410.9**	**2584.7**	**3002.6**	**3827.3**	**4315.6**	
银川市	**Yinchuan**	**382.8**	**810.2**	**1449.5**	**1885.8**	**2835.9**	**2902.4**	**3376.7**	**4118.8**	**4817.0**	**5394.2**	**6707.0**	**7089.3**	**8637.1**
兴庆区	Xingqing					2698.7	3104.7	3630.4	4360.2	4695.6	5923.0	7007.4	7055.1	8877.7
西夏区	Xixia					2175.5	2279.4	2576.8	3442.9	4385.3	5020.7	6203.4	7168.8	8811.0
金凤区	Jinfeng					2749.0	3359.1	4009.9	4923.9	5799.9	6562.1	6922.1	8073.2	8972.5
永宁县	Yongning	384.3	887.0	1445.7	1665.8	2871.4	2552.5	3000.5	3973.0	4195.6	4520.1	5756.8	6391.6	7213.0
贺兰县	Helan	330.9	681.5	1619.9	2094.8	3164.4	3153.3	3798.2	4386.6	5104.9	6002.6	8005.6	8146.9	9688.1
灵武市	Lingwu	319.3	594.4	1373.5	1770.5	2757.3	2980.9	3267.8	3813.3	5063.0	5276.8	6504.3	6561.2	8535.1
石嘴山市	**Shizuishan**	**312.5**	**655.9**	**1438.2**	**2101.8**	**3186.9**	**3273.5**	**3628.5**	**4344.8**	**4542.5**	**4930.2**	**6041.3**	**7222.0**	**8210.3**
大武口区	Dawukou						3112.4	3653.3	4132.1	4984.9	5108.6	6061.4	7260.5	9144.3
惠农区	Huinong	298.9	735.4	1360.7	2468.9	3424.7	3253.7	3717.1	4330.2	4534.8	4753.1	5848.5	6463.8	7240.8
平罗县	Pingluo	324.5	655.5	1391.4	2027.1	3126.2	3307.7	3601.1	4387.6	4462.3	4940.5	6081.0	7389.0	8330.9
吴忠市	**Wuzhong**	**274.8**	**530.7**	**1201.1**	**1640.8**	**2107.1**	**2582.5**	**2804.1**	**3190.7**	**3410.5**	**3763.0**	**4603.7**	**5409.7**	**6573.8**
利通区	Litong	286.1	694.1	1310.1	2345.3	2494.3	2803.6	3353.2	3510.6	3763.6	4254.6	5099.5	6273.5	7674.1
红寺堡区	Hongsipu											5208.7	5699.3	6185.6
盐池县	Yanchi	317.4	468.7	1038.1	1230.6	2512.8	2610.1	2776.6	2978.9	3322.1	3495.9	4657.6	5121.6	5846.0
同心县	Tongxin	187.9	342.3	901.3	957.9	1384.2	1730.6	2179.0	2620.9	2723.5	3148.7	3770.2	4347.2	5003.0
青铜峡市	Qingtongxia	294.5	622.4	1565.7	1849.4	2470.3	3739.4	3174.7	3905.8	4185.2	4362.9	5499.0	6329.8	7146.0
固原市	**Guyuan**	**185.8**	**287.6**	**709.0**	**854.0**	**1680.0**	**1799.7**	**2070.4**	**2463.0**	**2563.3**	**3085.4**	**3793.2**	**4248.2**	**4731.0**
原州区	Yuanzhou	227.2	330.5	691.7	984.6	1716.4	1643.9	1917.3	2298.1	2518.9	3002.2	4160.0	4209.4	5075.1
西吉县	Xiji	181.1	270.3	622.1	965.3	1652.6	1856.9	2076.7	2370.1	2478.8	3331.5	3650.5	3869.2	4501.4
隆德县	Longde	185.5	324.5	856.6	1110.4	1679.9	1958.5	2191.1	2743.4	2793.1	2968.9	3801.9	4383.6	5181.5
泾源县	Jingyuan	163.9	220.5	540.0	804.1	1834.6	2192.3	2432.2	2940.1	2722.5	3202.2	4114.1	4982.4	3946.5
彭阳县	Pengyang	164.2	297.2	824.0	752.7	1591.6	1657.9	2073.1	2518.9	2560.2	2767.4	3469.4	4549.0	4672.9
中卫市	**Zhongwei**					**1985.9**	**2142.1**	**2586.6**	**3060.2**	**3589.9**	**3876.6**	**4915.9**	**5669.7**	**6286.1**
沙坡头区	Shapotou	255.9	495.3	1350.9	1600.2	2141.6	2353.1	2994.4	3781.1	4161.4	4775.5	6064.8	7034.9	7301.2
中宁县	Zhongning	281.8	471.7	1065.2	1982.4	2897.9	3141.6	3812.9	4099.9	4814.8	4932.1	5541.5	6573.5	7081.1
海原县	Haiyuan	176.1	253.9	683.4	677.7	1287.5	1340.6	1466.4	1828.9	2283.5	2422.0	3453.3	3797.1	4802.5

2-36 主要年份全区城镇居民家庭人口和收支情况

Household Size and Income and Expenditure of Urban Households in Main Years

年 份 Year	平均每户家庭人口(人) Average Household Size (person)	平均每户就业人口(人) Average Number of Employed Persons per Household (person)	每一就业者负担系数 Number of Dependents per Employee	人均家庭总收入(元) Per Capita Total Income (yuan)	工资性收入(元) Income from Wages and Salaries (yuan)	经营净收入(元) Net Business Income (yuan)	财产性收入(元) Income from Properties (yuan)	转移性收入(元) Income from Transfer (yuan)	人均可支配收入(元) Per Capita Disposable Income (yuan)
1980	4.97	2.36	2.09	464					464
1985	4.16	2.16	1.92	735	639.96	4.2		90.8	735
1990	3.64	1.86	1.96	1434	1112.5	11.92	8.18	301.81	1421
1991	3.44	1.85	1.86	1574	1265.26	7.41	12.64	288.66	1565
1992	3.41	1.92	1.77	1821	1595.05	6.79	20.36	199.25	1821
1993	3.36	1.93	1.74	2171	1861.05	15.72	23.43	270.84	2171
1994	3.24	1.88	1.72	2986	2498.04	27.65	33.35	426.96	2986
1995	3.22	1.84	1.75	3383	2778.18	53.67	39.01	510.67	3383
1996	3.19	1.76	1.81	3612	2939.76	61.33	32.41	578.09	3612
1997	3.2	1.59	2.01	3855	2732.23	230.07	41.64	851.34	3837
1998	3.18	1.53	2.08	4144	2925.41	223.79	48.92	945.41	4112
1999	3.13	1.52	2.06	4505	3077.52	207.71	82.33	1137.9	4473
2000	3.08	1.50	2.05	4945	3458.61	305.24	41.2	1140.1	4912
2001	3.08	1.48	2.08	5566	3907.62	364.58	40.35	1253.08	5544
2002	3.02	1.40	2.16	6409	4366.82	404.91	41.03	1596.71	6067
2003	2.95	1.37	2.15	6991	4670.76	441.47	82.48	1796.54	6530
2004	2.91	1.35	2.16	7748.53	5166.44	495.12	60.03	2026.93	7218
2005	2.89	1.33	2.17	8744.6	5771.58	956.65	64.44	1952.2	8094
2006	2.85	1.32	2.16	10002	6450.79	978.99	89.19	2483.06	9177
2007	2.86	1.36	2.10	11793.08	7667.77	1182.9	147.42	2794.99	10859
2008	2.92	1.36	2.15	14118.64	8793.54	1856.94	182.67	3285.49	12931.53
2009	2.9	1.34	2.16	15550.75	9597.11	2036.14	281.15	3636.36	14024.7
2010	2.87	1.37	2.09	17536.78	10821.22	2238.13	189.52	4287.91	15344.49
2011	2.79	1.34	2.08	19654.59	12396.71	2367.47	198.48	4691.94	17578.92
2012	2.82	1.36	2.07	21902.2	13965.62	2522.84	160.88	5252.9	19831.41
2013	2.88	1.37	2.10	23766.75	15363.92	2626.08	196.43	5580.31	21833.33

2-36 续表 continued

年份 Year	人均消费性支出(元) per Capita Consumption Expenditure (yuan)	食品(元) Food (yuan)	衣着(元) Clothing (yuan)	家庭设备用品及服务(元) Household Facilities, Articles and Services (yuan)	医疗保健(元) Health Care and Medical (yuan)	交通和通讯(元) Transport and Communi-cation (yuan)	教育文化娱乐服务(元) Education, Cultural and Recreation Service (yuan)	居住(元) Residence (yuan)	其他商品和服务(元) Other Goods and Services (yuan)
1980	403								
1985	645	303.6	112.32	50.74	8.4	17.52	86.04	30.36	36
1990	1212	639.53	180.16	113.23	32.76	27.4	90.18	57.8	70.75
1991	1354	654.7	233.43	123.39	48.29	33.2	123.43	59.12	78.28
1992	1506	707.45	259.2	137.37	56.4	43.42	142.24	86.35	73.22
1993	1877	821.59	306.44	195.34	77.4	71.99	197.51	124.12	83.02
1994	2478	1131.18	444.8	180.61	125.29	145.63	222.87	127.71	99.66
1995	2866	1335.84	491.21	195.35	130.5	195.25	260.58	152.92	104.05
1996	3039	1384.19	526.53	194.59	171.76	228.83	275.39	152.39	105.25
1997	3271	1422.73	542.01	209.04	232.69	208.71	329.7	217.88	108.56
1998	3380	1419.8	514.43	186.52	245.14	248.95	393.54	261.98	109.45
1999	3548	1385.67	480.89	204.78	317.32	288.59	455.2	297.78	117.76
2000	4201	1509.31	561.93	290.43	327.05	407.46	565.4	381.44	157.47
2001	4595	1577.37	572.03	313.15	409.96	487.15	588.73	479.19	167.82
2002	5105	1774.37	578.19	343	452.99	556.66	711.03	482.77	205.88
2003	5330	1919.42	585.24	363.09	450.7	585.42	644.72	560.53	221.23
2004	5821	2156.34	636.81	364.07	440.77	646.97	651.14	660.19	265.08
2005	6404	2228.63	776.51	417.38	535.92	705.69	769.97	711.21	259
2006	7206	2444.98	874.39	480.70	578.75	774.57	846.72	890.97	314.49
2007	7817	2760.74	994.47	480.84	645.98	859.04	863.36	910.68	302.17
2008	9558.29	3352.83	1178.88	596.81	816.87	1096.32	1043.72	1069.15	403.71
2009	10280	3432.23	1260.58	636.88	921.86	1363.63	1075.88	1128.12	460.82
2010	11334.43	3768.09	1417.47	716.22	890.05	1574.57	1286.2	1181.71	500.12
2011	12896.04	4483.44	1701.73	885.36	978.12	1637.61	1441.18	1247.14	521.47
2012	14067.15	4768.91	1875.7	1193.37	929.01	1063.09	2110.41	1515.91	610.74
2013	15321.10	4895.20	1737.21	1001.82	1158.83	2503.65	1868.42	1497.98	657.99

2-37 主要年份全区城镇居民家庭消费支出构成情况

Composition of Consumption Expenditure of Urban Households in Main Years

年份 Year	各项消费支出占消费支出的比重 (%) Each Consumption as Percentage Total Consumption Expenditure (%)	食品 (%) Food (%)	衣着 (%) Clothing (%)	家庭设备用品及服务 (%) Household Facilities, Articles and Services (%)	医疗保健 (%) Health Care and Medical (%)	交通和通信 (%) Transport and Communication (%)	教育文化娱乐服务 (%) Education, Culture and Recreation Service (%)	居住 (%) Residence (%)	其他商品和服务 (%) Other Goods and Services (%)
1985	100	47.07	17.41	7.87	1.3	2.72	13.34	4.71	5.58
1990	100	52.77	14.86	9.34	2.7	2.26	7.44	4.77	5.84
1991	100	48.35	17.24	9.11	3.57	2.45	9.12	4.37	5.78
1992	100	46.98	17.21	9.12	3.75	2.88	9.44	5.73	4.86
1993	100	43.77	16.33	10.41	4.12	3.84	10.52	6.61	4.42
1994	100	45.65	17.95	7.29	5.06	5.88	8.99	5.15	4.02
1995	100	46.61	17.14	6.82	4.55	6.81	9.09	5.34	3.63
1996	100	45.55	17.33	6.4	5.65	7.53	9.06	5.01	3.46
1997	100	43.5	16.57	6.39	7.11	6.38	10.08	6.66	3.32
1998	100	42.01	15.22	5.52	7.25	7.37	11.64	7.75	3.24
1999	100	39.05	13.55	5.77	8.94	8.13	12.83	8.39	3.32
2000	100	35.93	13.38	6.91	7.79	9.7	13.46	9.08	3.75
2001	100	34.33	12.45	6.82	8.92	10.6	12.81	10.43	3.65
2002	100	34.76	11.33	6.72	8.87	10.9	13.93	9.46	4.03
2003	100	36.04	10.99	6.82	8.46	10.99	12.11	10.53	4.15
2004	100	37.04	10.94	6.25	7.57	11.11	11.19	11.34	4.55
2005	100	34.80	12.12	6.52	8.37	11.02	12.02	11.11	4.04
2006	100	33.93	12.13	6.67	8.03	10.75	11.75	12.37	4.36
2007	100	35.32	12.72	6.15	8.26	10.99	11.04	11.65	3.87
2008	100	35.08	12.33	6.24	8.55	11.47	10.92	11.19	4.22
2009	100	33.39	12.26	6.20	8.97	13.26	10.47	10.97	4.48
2010	100	33.24	12.51	6.32	7.85	13.89	11.35	10.43	4.41
2011	100	34.77	13.20	6.87	7.58	12.70	11.18	9.67	4.04
2012	100	33.90	13.33	8.48	6.60	7.56	15.00	10.78	4.34
2013	100	31.95	11.34	6.54	7.56	16.34	12.20	9.78	4.29

2-38 主要年份全区城镇居民家庭居住情况

指标	Item	1985	1990	1995
平均每户住房面积(平方米/户)	Average Floor Space Per Household(sq.m/household)			
建筑面积	Building Space	69.58	66.56	66.36
使用面积	Living Space	52.20	49.93	49.78
按房屋产权分的家庭比重(%)	Percentage of Household by House Property Right(%)	**100.00**	**100.00**	**100.00**
租赁公房	Public House Leasing			
租赁私房	Private House Leasing			
原有私房	Inhered Private House			
房改私房	Reformed Private House			
商品房	Commercial Residential Building			
其他	Others			
按用水情况分的家庭比重(%)	Percentage of Household by Water Using(%)	**100.00**	**100.00**	**100.00**
无自来水	No Tap Water	8.25	3.82	1.64
独用自来水	Private Tap Water	82.75	90.18	94.91
公用自来水	Public Tap Water	9.00	6.00	3.65
按卫生设备分的家庭比重(%)	Percentage of Household by Sanitary Equipment(%)	**100.00**	**100.00**	**100.00**
无卫生设备	No Sanitary Equipment	33.75	48.36	18.91
有厕所浴室	Having Bathroom	2.00	8.36	20.36
有厕所无浴室	Having Toilet but No Shower	26.50	37.64	52.36
公有卫生设备	Public Sanitary Equipment	37.75	5.64	8.37
按取暖设备分的家庭比重(%)	Percentage of Household by Heating Installation(%)	**100.00**	**100.00**	**100.00**
#有取暖设备户(暖气)	Having Heating Installation(heater)	17.75	37.82	62.18
按炊用燃料使用情况分的家庭比重(%)	Percentage of Household by Fuel Using(%)	**100.00**	**100.00**	**100.00**
管道煤气(天然气)	Piped Gas(Natural Gas)			3.28
液化石油气	Liquefied Petroleum Gas	1.52	15.27	56.73
煤	Coal	98.48	83.82	37.09
其 他	Others		0.91	2.90
家庭通讯设备使用情况	Using of Household Communication Apparatus			
每百户拥有固定电话(部/百户)	Number of Fixed Phone Per 100 Households(set/100 households)			38.91
每百户拥有移动电话(部/百户)	Number of Mobile Phone Per 100 Households(set/100 households)			
每百户接入互联网的计算机(台/百户)	Number of Computers Accessed to Internet Per 100 Households (set/100 households)			

Housing Conditions of Urban Households in Main Years

2000	2004	2005	2006	2007	2008	2009	2010	2011	2012	2013
77.03	72.40	75.45	76.33	77.53	80.85	82.25	82.96	84.21	85.39	88.78
57.79	54.52	56.83	57.45							
100.00	**100.00**	**100.00**	**100.00**	**100.00**	**100.00**	**100.00**	**100.00**	**100.00**	**100.00**	**100.00**
	9.38	5.37	6.30	5.58	2.88	3.05	2.99	2.52	2.96	0.91
	1.79	3.67	2.44	2.83	8.72	7.56	6.78	7.25	6.74	8.98
	6.48	4.60	4.47	4.71	3.60	3.89	4.71	6.43	5.93	14.07
	60.57	53.26	51.83	45.98	35.32	33.70	30.19	22.1	20.33	15.92
	18.92	30.67	33.13	39.50	48.90	51.13	54.97	61.52	62.18	57.38
	2.85	2.42	1.83	1.41	0.58	0.66	0.37	0.19	1.86	2.74
100.00	**100.00**	**100.00**	**100.00**	**100.00**	**100.00**	**100.00**	**100.00**	**100.00**	**100.00**	**100.00**
1.80	1.15	0.69	0.60	1.15	1.21	1.01	1.02	1.35	1.52	1.30
97.20	98.31	99.03	99.04	98.68	98.67	98.94	98.93	98.59	98.42	98.56
1.00	0.54	0.29	0.36	0.17	0.12	0.05	0.05	0.06	0.06	0.14
100.00	**100.00**	**100.00**	**100.00**	**100.00**	**100.00**	**100.00**	**100.00**	**100.00**	**100.00**	**100.00**
15.30	12.05	9.46	8.67	9.29	7.34	6.00	5.36	2.09	1.98	1.71
21.20	53.14	61.73	64.06	63.01	67.21	71.47	74.5	81.45	83.97	87.90
60.40	32.67	27.29	25.77	25.86	24.92	22.19	19.8	15.4	12.48	8.04
3.10	2.14	1.52	1.50	1.83	0.53	0.34	0.35	1.06	1.57	2.18
100.00	**100.00**	**100.00**	**100.00**	**100.00**	**100.00**	**100.00**	**100.00**	**100.00**	**100.00**	**100.00**
76.70	81.29	88.57	88.66	84.06	88.02	87.62	88.88	90.43	89.65	99.42
100.00	**100.00**	**100.00**	**100.00**	**100.00**	**100.00**	**100.00**	**100.00**	**100.00**	**100.00**	**100.00**
5.78	7.19	11.78	13.28	15.66	28.87	36.50	40.72	48.39	53.16	50.92
73.48	76.30	75.63	74.11	69.43	56.31	48.30	45.66	35.41	31.20	23.65
16.21	14.39	10.17	9.81	11.89	5.94	4.26	3.23	2.69	2.75	3.59
4.53	2.12	2.42	2.80	3.01	8.87	10.94	10.4	13.52	12.89	21.67
85.42	91.29	85.10	84.08	78.28	64.01	64.55	63	56.31	54.86	49.40
13.56	90.44	122.67	136.83	149.50	163.47	175.46	185.48	197.05	203.23	213.34
	0.25	14.49	18.14	21.00	27.32	36.66	39.67	45.78	51.70	53.71

2-39 主要年份全区城镇居民家庭分类平均每人全年消费性支出

单位：元

指　　标	Item	1996	1998	2000	2002
消费性支出	**Consumption Expenditure**	**3038.95**	**3379.82**	**4200.50**	**5104.90**
食　品	**Food**	**1384.19**	**1419.80**	**1509.31**	**1774.37**
#粮　　食	Grain	246.89	226.10	186.86	183.67
油　　脂	Oil and Fats	78.87	81.41	66.24	66.74
肉禽及制品	Meat,Poultry and Processed Products	281.02	278.07	282.42	307.90
蛋	Eggs	44.50	39.77	37.45	34.88
水产品	Aquatic Products	37.77	41.18	41.00	41.11
蔬　　菜	Vegetables	164.42	162.59	158.59	190.75
烟　　草	Tobacco	90.09	78.21	94.97	104.77
酒和饮料	Liquor and Beverages	55.48	60.58	69.13	75.29
奶及奶制品	Milk and Processed Products	26.43	35.70	58.53	86.23
衣　着	**Clothing**	**526.53**	**514.43**	**561.93**	**578.19**
#服装	Garments	301.18	326.00	377.03	406.28
家庭设备用品及服务	Household Facilities,Articles and Services	**214.49**	**240.47**	**389.45**	**343.00**
#耐用消费品	Durable Consumer Goods	108.07	120.22	228.34	192.13
室内装饰品	Articles for Interior Decoration	13.00	14.22	20.92	20.68
床上用品	Bed Articles	11.91	13.93	19.29	21.81
家庭日用杂品	Household Articles for Daily Use	57.35	56.15	74.21	89.78
医疗保健	**Health Care and Medical Services**	**171.77**	**245.14**	**327.05**	**452.99**
#药品费	Drug Charges	133.57	197.61	258.79	315.91
交通和通信	**Transport and Communications**	**209.98**	**231.51**	**371.83**	**556.66**
交通	Transport	78.67	38.26	143.47	232.62
通信	Communications	131.31	138.47	228.36	324.04
教育文化娱乐服务	**Education,Culture and Recreation Services**	**262.57**	**373.18**	**536.29**	**711.03**
#文化娱乐用品	Recreation Articles	53.54	132.72	168.17	205.63
教育	Education	136.91	151.00	255.99	385.53
居　住	**Residence**	**132.50**	**208.04**	**282.42**	**482.77**
#住房	Housing	33.66	56.64	72.66	148.05
水电燃料及其他	Water,Electricity,Fuels and Others	98.84	151.40	209.76	307.32
其他商品和服务	**Other Goods and Services**	**143.87**	**155.46**	**230.67**	**205.88**

Per Capita Annual Expenditure for Consumption of Urban Households in Main Years

(yuan)

2004	2005	2006	2007	2008	2009	2010	2011	2012	2013
5821.38	**6404.31**	**7205.57**	**7817.28**	**9558.29**	**10280.00**	**11334.43**	**12896.04**	**14067.15**	**15321.10**
2156.34	**2228.63**	**2444.98**	**2760.74**	**3352.83**	**3432.23**	**3768.09**	**4483.44**	**4768.91**	**4895.20**
245.43	237.05	243.36	269.48	306.16	305.51	343.1	394.84	389.07	389.88
80.80	77.67	79.98	109.35	142.50	122.58	111.58	126.31	124.26	138.63
358.73	361.94	370.83	454.31	590.53	573.86	626.04	782.52	981.53	903.97
41.95	42.66	40.09	52.88	54.25	53.02	56.92	65.62	65.78	62.51
46.34	53.22	53.98	58.17	62.10	59.19	70.21	80.01	81.17	90.07
220.91	198.03	230.35	257.64	294.19	332.98	370.71	402.09	422.65	502.17
127.66	125.60	141.25	165.33	203.84	195.76	239.6	267.59	259.75	259.40
81.38	98.46	111.44	125.18	139.37	141.35	165.73	187.33	193.38	209.43
116.89	124.17	135.05	154.82	199.40	179.24	176.87	218.14	243.08	262.03
636.81	**776.51**	**874.39**	**994.47**	**1178.88**	**1260.58**	**1417.47**	**1701.73**	**1875.7**	**1737.21**
448.03	567.43	631.94	731.47	868.50	929.59	1052.31	1265.75	1399.12	1279.62
364.07	**417.38**	**480.70**	**480.84**	**596.81**	**636.88**	**716.22**	**885.36**	**929.01**	**1001.82**
196.32	225.77	260.87	229.25	303.80	328.62	318.48	369.99	372.95	501.89
20.03	23.35	24.35	29.38	30.51	38.76	21.62	41.69	40.01	38.88
23.49	25.68	32.10	31.82	40.16	44.78	50.94	65.99	69.44	54.13
104.89	120.97	141.77	160.11	189.64	193.73	288.52	366.32	401.24	363.63
440.77	**535.92**	**578.75**	**645.98**	**816.87**	**921.86**	**890.05**	**978.12**	**1063.09**	**1158.83**
311.09	364.90	381.35	427.80	531.90	605.50	559.15	588.97	602.75	526.88
646.97	**705.69**	**774.57**	**859.04**	**1096.32**	**1363.63**	**1574.57**	**1637.61**	**2110.41**	**2503.65**
242.63	291.37	324.11	418.98	592.15	885.16	1030.01	1041.41	1468.29	1787.40
404.33	414.32	223.72	440.06	504.17	478.47	544.56	596.2	642.12	716.25
651.14	**769.97**	**846.72**	**863.36**	**1043.72**	**1075.88**	**1286.2**	**1441.18**	**1515.91**	**1868.42**
214.76	219.56	284.18	263.91	301.01	351.95	371.16	422.14	386.81	411.13
314.88	388.30	326.47	375.92	465.08	438.34	484.4	566.71	581.15	897.51
660.19	**711.21**	**890.97**	**910.68**	**1069.15**	**1128.12**	**1181.71**	**1247.14**	**1193.37**	**1497.98**
267.02	190.66	309.59	288.13	363.22	369.03	319.59	355.66	303.87	557.28
357.98	483.14	537.98	561.41	637.38	692.42	782.04	799.2	797.25	807.32
265.08	**259.00**	**314.49**	**302.17**	**403.71**	**460.82**	**500.12**	**521.47**	**610.74**	**657.99**

2-40 主要年份全区城镇居民家庭平均每人购买主要商品数量

品种	Item	单位	Unit	1985	1990	2000	2002
粮食	Grain	公斤	kg	137.00	159.96	80.15	79.66
鲜菜	Fresh Vegetables	公斤	kg	152.00	164.16	114.90	120.33
食用植物油	Edible Vegetable Oil	公斤	kg	7.40	9.72	7.67	8.45
猪肉	Pork	公斤	kg	9.00	10.56	8.26	8.06
牛羊肉	Beef and Mutton	公斤	kg	7.10	10.44	10.22	11.25
禽类	Poultry	公斤	kg	1.40	2.28	4.51	5.98
鲜蛋	Fresh Eggs	公斤	kg	4.50	3.48	8.30	7.44
鱼	Fish	公斤	kg	2.90	4.92	3.51	4.33
食糖	Sugar	公斤	kg	3.60	3.36	1.70	
卷烟	Cigarette	盒	pack	47.00	52.68	33.35	
酒类	Liquor	公斤	kg	3.70	5.64	4.61	5.01
男式服装	Men's Clothing	件	suit			2.28	2.38
女式服装	Women's Clothing	件	suit			3.86	4.09
各式童装	Children's Wear	件	suit			1.89	1.11
鞋类	Footwear	双	pair			3.02	2.81
水	Water	吨	ton			22.34	25.45
电	Electricity	度	kwh			205.85	246.61
煤炭	Coal	公斤	kg	544.00	384.70	137.60	194.06
液化石油气	Liquefied Petroleum Gas	公斤	kg	0.70	5.27	13.22	14.62
管道煤气	Pipeline Gas	立方米	cm.q			2.32	3.53

注：1. 从2010年起粮食包括大米、面粉和其他粮食及制品。
2. 从2010年起禽类包括鸡、鸭和其他禽类及制品。
3. 从2010年起鲜蛋不包含蛋制品。
4. 从2010年起酒类包括白酒、果酒、啤酒和其他酒。

Per Capita Annual Purchases of Major Commodities of Urban Households in Main Years

2004	2005	2006	2007	2008	2009	2010	2011	2012	2013
84.48	77.34	76.78	56.65	56.72	50.60	79.49	81.84	77.09	77.38
126.37	115.47	112.75	113.10	113.95	111.61	110.87	110.96	101.75	107.92
8.57	8.17	8.31	8.94	8.17	8.58	7.75	7.88	7.57	8.62
7.65	6.88	7.97	6.86	6.51	7.06	7.28	6.51	7.26	8.09
12.53	12.44	12.79	9.12	8.93	9.15	9.43	10.27	9.48	9.14
5.34	5.74	4.83	4.22	4.66	4.78	6.62	7.14	6.6	6.23
7.58	7.23	7.62	4.22	7.25	6.88	6.67	6.47	7.26	6.15
3.70	4.23	4.26	4.27	3.82	3.34	3.64	3.63	3.26	3.93
	1.72								
	27.39								
4.84	3.95	4.43	4.18	4.34	4.23	4.35	4.44	4.01	3.59
2.96	3.02	3.23							
3.57	3.93	4.03							
0.94	1.06	1.04							
2.95	2.94	3.02	2.89	3.17	3.41	3.17	2.97	3.09	2.68
23.71	21.63	23.10	19.80	18.89	20.21	22.27	22.31	21.51	26.28
264.18	278.22	311.63	353.50	388.65	362.28	408.85	432.98	450.37	499.84
143.86	110.88	107.80	125.64	70.24	48.03	46.05	38.61	35.21	25.56
14.30	12.23	10.64	10.05	7.90	6.70	6.77	5.26	3.82	4.47
7.33	8.14	12.09	16.07	4.17	3.74	3.84	1.41	0.65	0.10

Notes: a)Data in the table of Grain includes rice and flour in 2010.
b)Data in the table of Poultry includes chickens and ducks in 2010.
c)Data in the table of Fresh Eggs not includes egg products in 2010.
d)Data in the table of Liquor includes liquor, fruit wine and beer in 2010.

2-41 主要年份全区城镇居民家庭主要耐用消费品百户期末拥有情况
Ownership of Major Durable Consumer Goods Per 100 Urban Households in Main Years

年 份 Year	成套家具 (套) Furniture (set)	摩托车 (辆) Motorcycle (unit)	自行车 (辆) Bicycle (unit)	助力车 (辆) Powered Bicycle	家用汽车 (辆) Automobile (unit)	洗衣机 (台) Washing Machine (set)	电风扇 (台) Electric Fans (set)	电冰箱 (台) Refrigerator (set)	冰 柜 (台) Ice Chest (set)
1997			195			88	61	65	2
1998			207			90	63	67	3
1999		11.21	202			90	65	69	3
2000		15.48	181			87	63	72	3
2001		17.6	183			90	67	75	3
2002	32	19.75	171.84	0.6	0.64	90.2	75.07	77.54	3.83
2003	28.11	16.24	176.64	1.73	0.52	91.82	77.88	79.53	3.53
2004	27.53	17.57	180.43	2.5	0.36	93.7	77.53	80.48	3.36
2005	22.07	18.59	130.34	2.83	1.27	89.61	64.19	79.48	1.81
2006	19.85	19.44	131.87	4.9	0.93	92.95	66.13	81.22	1.39
2007		20.77		7.08	1.6	93.74		81.04	
2008		18.05		13.06	2.57	90.85		82.5	
2009		20.35		19.99	5.3	93.92		86.22	
2010		19.19		24.71	7	94.32		88.65	
2011		20.86		26.68	12.4	93.32		89.64	
2012		21.86		28.08	16.67	95.42		92.06	
2013		14.83		32.02	18.48	93.48		89.33	

2-41 续表 1 continued

年 份 Year	彩色电视机 (台) Color Television (set)	影碟机 (台) Video Disc Player (set)	录音机 (台) Recorder (set)	录放像机 (台) Video Tape Recorder (set)	家用电脑 (台) Computer (set)	组合音响 (套) Hi-Fi Stereo Component System (set)	摄像机 (架) Video Camera (set)	照相机 (架) Camera (set)	钢 琴 (架) Piano (unit)
1997	102	6	15	1	1	13		28	
1998	106	14	52	15	1	15		29	
1999	111	22	53	14	2	16		29	1
2000	109	34	37	10	4	19	0.5	28	0.7
2001	113	42	41	9	7	22	0.4	31	0.8
2002	110.72	44.94	38.11	8.2	10.07	20.62	0.62	27.4	0.99
2003	113.83	50	42.62	9.15	12.86	20.27	0.72	25.37	0.87
2004	116	53.78	43.55	8.65	15.04	20.59	1.12	26.94	0.7
2005	108.64	63.27	24.55	6.53	23.15	21.76	0.67	28.08	0.92
2006	109.75	64.18	25.04	5.70	26.41	19.89	1.34	28.68	1.32
2007	107.34				29.57	17.21	2.24	23.43	0.89
2008	104.14				38.56	19.19	4.17	19.01	0.76
2009	104.27				48.47	19.56	3.27	19.39	1.36
2010	105.24				51.32	17.81	3.24	20.31	1.31
2011	102.74				59.39	12.97	4.55	22.76	0.93
2012	102.11				64.43	12.52	5.49	22.58	1.11
2013	99.22				66.30	5.75	5.70	25.39	

2-41 续表 2 continued

年 份 Year	其他中高档乐器 (件) Secondary and Top Grade Musical Instrument (set)	微波炉 (台) Microwave Oven (unit)	空调器 (台) Air Conditioner (unit)	取暖器 (台) Heat Utensil (unit)	电炊具 (台) Electric Cooking Utensils (unit)	淋浴热水器 (台) Water Heater for Shower (unit)	排油烟机 (台) Ventilator (unit)	消毒碗柜 (台) Disinfection Cupboard (unit)	洗碗机 (台) Dishwasher (unit)
1997	5	1			120	29	35		
1998	7	1			126	30	40		
1999	7	3	1		130	30	41		
2000	4	7	1		137	40	44		
2001	4	9	2		136	39	47		
2002	4.51	15.64	1.52	5.76	126.67	48.09	54.38	1.29	
2003	5.64	20.63	2.58	8.11	136.37	50.88	57.4	1.26	
2004	6.32	23.05	2.95	10.33	144.44	55.32	60.46	1.89	0.1
2005	4.24	30.91	6.68	9.97	127.31	60.87	64.59	2.82	0.13
2006	4.92	33.07	5.86	11.05	135.63	64.74	67.48	3.43	
2007	4.67	35.7	7.23			63.94		3.06	0.12
2008	4.76	38.08	8.43			67.33		2.07	0.37
2009	5.18	40.35	10.47			71.47		2.05	0.31
2010	5.37	42.1	10.19			75.07		2.16	0.43
2011	3.1	43.83	12.04			81.56		3.67	0.55
2012	3.57	42.73	10.87			84.15		3.28	0.31
2013	4.39	47.20	12.28			86.84		2.32	0.37

2-41 续表 3 continued

年 份 Year	饮水机 (台) Machine for Drink (unit)	吸尘器 (台) Dust Collector (unit)	健身器材 (套) Body-building Apparatus (unit)	固定电话 (部) Telephone (unit)	移动电话 (部) Mobile Telephone (set)	传真机 (部) Facsimile (unit)	接入有线电视网络的电视机 (台) Television of Lined Network (set)	接入互连网的计算机 (台) Internet Computer (set)	接入互连网的移动电话 (部) Internet Mobile Telephone (set)
1997		8		68					
1998		9	1	75	2				
1999		8	1	82	4				
2000		8	6	85	14				
2001		8	0.2	90	36				
2002	24.89	6.48	0.59	92.57	56.8	0.19			
2003	27.75	6.09	0.87	92.91	73.2	0.15			
2004	30.32	6.32	1	91.29	90.49	0.16			
2005	35.6	7.66	2.49	85.1	122.67	0.66	99.27	14.49	0.27
2006	36.10	7.10	1.67	84.08	136.83	0.66	94.24	18.28	0.14
2007			1.78	78.28	149.5		97.79	21	0.44
2008			2.67	64.01	163.47		94.58	27.32	0.25
2009			2.22	64.55	175.46		95.73	36.66	0.57
2010			1.52	63	185.48		95.88	39.67	1.36
2011			1.4	56.31	197.05		92.25	45.78	12.08
2012			1.25	54.86	203.23		92.89	51.7	26.69
2013			1.57	49.40	213.34		88.28	53.71	85.97

2-42 2013年各市县城镇居民家庭基本情况

Basic Statistics of Urban Households by City and County(2013)

单位：人/户 (person/household)

市 县	Region	家庭人口数 Household Size	有收入者人数 Number of Income	就业人口数 Number of Employed	国有经济单位职工人数 State-owned Unit	城镇个体或私营企业主人数 Urban Self-employed Individuals or Private Enterprise Employee
全 区	**Total**	**3.02**	**1.75**	**1.44**	**0.56**	**0.24**
银川市	**Yinchuan**	**2.82**	**1.74**	**1.39**	**0.51**	**0.19**
兴庆区	Xingqing	2.64	1.57	1.21	0.35	0.20
西夏区	Xixia	2.75	1.60	1.32	0.34	0.12
金凤区	Jinfeng	2.90	2.01	1.52	0.60	0.22
永宁县	Yongning	3.06	2.04	1.88	0.64	0.21
贺兰县	Helan	2.84	1.86	1.48	0.61	0.27
灵武市	Lingwu	3.14	1.67	1.35	0.98	0.12
石嘴山市	**Shizuishan**	**2.86**	**1.90**	**1.51**	**0.56**	**0.21**
大武口区	Dawukou	2.67	1.88	1.45	0.65	0.12
惠农区	Huinong	2.84	1.89	1.55	0.54	0.25
平罗县	Pingluo	3.06	1.93	1.53	0.51	0.23
吴忠市	**Wuzhong**	**3.19**	**1.72**	**1.46**	**0.62**	**0.30**
利通区	Litong	2.96	1.69	1.39	0.67	0.27
红寺堡区	Hongsipu	3.37	1.67	1.61	0.70	0.39
盐池县	Yanchi	3.35	1.91	1.46	0.56	0.22
同心县	Tongxin	4.06	1.64	1.61	0.50	0.39
青铜峡市	Qingtongxia	2.73	1.71	1.41	0.63	0.27
固原市	**Guyuan**	**3.40**	**1.65**	**1.48**	**0.71**	**0.24**
原州区	Yuanzhou	3.30	1.65	1.51	0.58	0.23
西吉县	Xiji	3.55	1.62	1.44	0.75	0.27
隆德县	Longde	3.69	1.72	1.47	0.64	0.28
泾源县	Jingyuan	2.89	1.76	1.53	1.10	0.31
彭阳县	Pengyang	3.66	1.55	1.41	0.73	0.16
中卫市	**Zhongwei**	**3.23**	**1.79**	**1.54**	**0.65**	**0.23**
沙坡头区	Shapotou	3.09	1.60	1.38	0.46	0.12
中宁县	Zhongning	2.99	1.98	1.62	0.94	0.31
海原县	Haiyuan	4.01	1.98	1.83	0.68	0.38

2-42 续表 continued

单位：人/户 (person/household)

市 县	Region	离退休再就业人员数 Re-employed of Retiree	其他就业人数 Other Employed	离退休人数 Retiree	其他有收入者人数 Other	无收入者人数 Number of No-Income	在外就学人数 Number of Attending School Outside	负担系数 Coefficient of Dependents
全 区	**Total**	**0.03**	**0.61**	**0.22**	**0.10**	**1.27**	**0.04**	**2.10**
银川市	**Yinchuan**	**0.03**	**0.66**	**0.28**	**0.06**	**1.07**	**0.03**	**2.02**
兴庆区	Xingqing	0.02	0.64	0.31	0.04	1.07	0.03	2.17
西夏区	Xixia	0.02	0.84	0.26	0.02	1.15	0.01	2.09
金凤区	Jinfeng	0.06	0.65	0.39	0.09	0.89	0.01	1.91
永宁县	Yongning	0.04	0.99	0.09	0.07	1.03		1.63
贺兰县	Helan	0.03	0.56	0.20	0.19	0.98	0.12	1.92
灵武市	Lingwu	0.02	0.22	0.27	0.05	1.47	0.04	2.33
石嘴山市	**Shizuishan**	**0.04**	**0.70**	**0.30**	**0.09**	**0.96**	**0.02**	**1.89**
大武口区	Dawukou	0.05	0.63	0.41	0.03	0.79		1.84
惠农区	Huinong	0.04	0.70	0.24	0.11	0.94	0.01	1.84
平罗县	Pingluo	0.02	0.76	0.27	0.13	1.13	0.03	2.00
吴忠市	**Wuzhong**	**0.02**	**0.52**	**0.16**	**0.09**	**1.48**	**0.05**	**2.18**
利通区	Litong	0.04	0.40	0.22	0.08	1.27		2.13
红寺堡区	Hongsipu		0.51		0.06	1.70	0.17	2.10
盐池县	Yanchi	0.03	0.65	0.25	0.21	1.44		2.30
同心县	Tongxin	0.01	0.72		0.02	2.42	0.13	2.52
青铜峡市	Qingtongxia	0.01	0.51	0.19	0.11	1.01	0.06	1.93
固原市	**Guyuan**	**0.01**	**0.51**	**0.08**	**0.09**	**1.75**	**0.09**	**2.31**
原州区	Yuanzhou	0.03	0.68	0.07	0.07	1.64	0.11	2.19
西吉县	Xiji		0.42	0.07	0.11	1.93	0.12	2.47
隆德县	Longde		0.55	0.09	0.16	1.97	0.09	2.50
泾源县	Jingyuan		0.12	0.20	0.03	1.13		1.89
彭阳县	Pengyang		0.52	0.03	0.11	2.12	0.07	2.61
中卫市	**Zhongwei**	**0.01**	**0.65**	**0.14**	**0.11**	**1.44**	**0.11**	**2.10**
沙坡头区	Shapotou	0.01	0.79	0.11	0.10	1.49	0.04	2.24
中宁县	Zhongning	0.02	0.36	0.23	0.13	1.01	0.11	1.85
海原县	Haiyuan		0.78	0.05	0.10	2.03	0.28	2.19

2-43 2013年各市县城镇居民家庭主要耐用消费品百户拥有情况

Ownership of Major Durable Consumer Goods Per 100 Urban Households by City and Country(2013)

单位：百户均 (per 100 household)

市 县	Region	摩托车 Motorcycle 辆 unit	助力车 Powered Bicycle 辆 unit	家用汽车 Automobile 辆 unit	洗衣机 Washing Machine 台 set	电冰箱 Refrigerator 台 set	彩色电视机 Color Television 台 set	家用电脑 Computer 台 set	组合音响 Hi-Fi Stereo Component System 套 set
全 区	**Total**	**14.83**	**32.02**	**18.48**	**93.48**	**89.33**	**99.22**	**66.30**	**5.75**
银川市	**Yinchuan**	**6.86**	**24.68**	**19.29**	**92.41**	**92.60**	**98.86**	**67.24**	**3.78**
兴庆区	Xingqing	3.50	27.53	19.73	94.48	93.94	99.39	72.01	3.62
西夏区	Xixia	8.73	18.29	5.50	85.72	85.72	98.41	46.51	1.61
金凤区	Jinfeng	6.07	14.61	24.72	91.91	94.60	96.76	78.27	0.80
永宁县	Yongning	19.17	37.68	23.13	100.39	100.00	100.39	87.95	21.85
贺兰县	Helan	7.12	25.08	31.97	92.16	92.39	104.93	54.27	13.03
灵武市	Lingwu	19.15	29.07	28.82	89.75	89.75	97.74	47.45	1.94
石嘴山市	**Shizuishan**	**16.70**	**52.48**	**21.01**	**94.69**	**94.62**	**99.32**	**60.74**	**4.75**
大武口区	Dawukou	20.78	58.37	15.44	91.12	96.63	100.00	48.16	2.52
惠农区	Huinong	17.51	20.52	14.17	91.08	88.21	97.71	71.84	7.24
平罗县	Pingluo	8.63	73.79	25.54	95.76	93.27	100.00	62.82	12.23
吴忠市	**Wuzhong**	**24.64**	**47.39**	**21.74**	**93.38**	**89.24**	**100.44**	**62.22**	**11.63**
利通区	Litong	13.74	40.68	24.86	90.05	92.82	95.29	68.21	14.85
红寺堡区	Hongsipu	50.95	40.58	19.91	96.15	76.13	88.12	48.82	3.85
盐池县	Yanchi	27.84	75.16	23.99	102.42	90.00	113.92	65.95	9.08
同心县	Tongxin	54.81	58.22	23.01	80.91	71.19	100.28	45.44	3.04
青铜峡市	Qingtongxia	18.00	35.34	23.31	97.02	92.25	102.39	66.12	10.25
固原市	**Guyuan**	**20.25**	**37.21**	**22.08**	**99.08**	**77.54**	**104.92**	**59.00**	**13.09**
原州区	Yuanzhou	21.26	49.05	16.89	100.08	75.20	107.82	59.71	16.13
西吉县	Xiji	23.16	22.79	36.31	98.03	73.07	97.44	54.75	8.10
隆德县	Longde	18.37		11.48	91.72	68.15	99.84	54.31	6.62
泾源县	Jingyuan	16.29		26.63	100.47	99.00	100.93	76.16	2.98
彭阳县	Pengyang	15.25	18.57	50.27	98.41	89.64	100.00	66.65	15.01
中卫市	**Zhongwei**	**34.39**	**36.90**	**21.47**	**100.61**	**96.91**	**102.56**	**77.85**	**4.66**
沙坡头区	Shapotou	27.39	36.51	17.12	98.72	95.18	101.58	70.68	
中宁县	Zhongning	43.41	36.29	24.22	102.68	97.99	103.71	84.65	8.40
海原县	Haiyuan	32.10	39.78	30.00	101.34	101.34	102.68	85.00	13.08

2-43 续表 1 continued

单位：百户均 (per 100 household)

市 县	Region	摄像机 Video Camera 架 set	照相机 Camera 架 set	其他中高档乐器 Secondary and Top Grade Musical Instrument 件 set	微波炉 Microwave Oven 台 unit	空调器 Air Conditioner 台 unit	淋浴热水器 Water Heater for Shower 台 unit	消毒碗柜 Disinfection Cupboard 台 set
全 区	**Total**	**5.70**	**25.39**	**4.39**	**47.20**	**12.28**	**86.84**	**2.32**
银川市	**Yinchuan**	**8.43**	**31.32**	**5.58**	**58.73**	**16.76**	**87.90**	**2.20**
兴庆区	Xingqing	13.11	37.19	7.59	67.04	18.30	92.59	4.13
西夏区	Xixia	1.61	17.18		26.14	4.21	77.01	
金凤区	Jinfeng	5.74	36.66	8.28	68.60	30.04	90.83	
永宁县	Yongning	14.86	45.10	6.61	70.44	15.66	97.68	3.58
贺兰县	Helan		23.38	2.46	55.53	2.19	73.71	
灵武市	Lingwu		10.52		46.05	12.60	74.26	
石嘴山市	**Shizuishan**	**0.33**	**12.37**	**3.51**	**40.68**	**11.54**	**78.35**	**2.14**
大武口区	Dawukou		9.86	5.03	37.68	11.28	70.47	2.52
惠农区	Huinong		16.84	3.62	21.88	9.68	80.01	2.97
平罗县	Pingluo	1.98	20.12	7.97	38.82	4.16	84.75	4.20
吴忠市	**Wuzhong**	**2.06**	**24.11**	**2.44**	**41.67**	**10.66**	**84.52**	**4.86**
利通区	Litong	5.07	26.05	2.53	56.52	17.05	90.27	3.73
红寺堡区	Hongsipu	4.18	12.53	4.18	8.03		56.52	
盐池县	Yanchi		37.91	3.33	54.45	14.97	80.01	2.42
同心县	Tongxin		3.32	6.38	6.66	6.66	51.52	
青铜峡市	Qingtongxia		26.10		41.22	5.28	96.04	13.05
固原市	**Guyuan**	**3.98**	**22.69**	**7.55**	**30.44**	**4.47**	**67.85**	**1.75**
原州区	Yuanzhou	5.62	20.50	10.75	29.63	3.85	60.39	1.95
西吉县	Xiji	2.87	18.06	1.97	48.36	7.68	75.06	
隆德县	Longde		27.52		33.92	2.80	73.86	5.36
泾源县	Jingyuan		26.75		38.08	22.78	96.03	2.98
彭阳县	Pengyang		27.15	5.92	16.68	1.67	88.03	
中卫市	**Zhongwei**	**4.32**	**28.69**	**3.51**	**56.37**	**12.52**	**94.62**	**2.77**
沙坡头区	Shapotou	2.64	26.26	5.30	44.44	18.84	96.60	3.72
中宁县	Zhongning	5.41	30.15		78.24	7.53	98.30	2.26
海原县	Haiyuan	8.66	32.90	10.18	18.48	1.34	66.16	

2-43 续表 2 continued

单位：百户均 (per 100 household)

市 县	Region	洗碗机 Dishwasher 台 set	健身器材 Body-building Apparatus 套 set	固定电话 Telephone 部 unit	移动电话 Mobile Telephone 部 set	信息化调查(每百户) Informationization Survey(Per 100 household) 接入互联网的移动电话 Internet Mobile Telephone 部 set	接入有线电视网络的电视机 Lined Netwok Television 台 set	接入互联网的计算机 Internet Computer 台 set
全 区	**Total**	**0.37**	**1.57**	**49.40**	**213.34**	**85.97**	**88.28**	**53.71**
银川市	**Yinchuan**	**0.72**	**1.02**	**53.64**	**207.59**	**93.18**	**92.53**	**55.62**
兴庆区	Xingqing	1.08		53.16	205.04	83.93	98.24	59.91
西夏区	Xixia			44.68	201.85	59.74	93.90	44.92
金凤区	Jinfeng		2.31	64.86	217.56	142.06	82.05	62.09
永宁县	Yongning	2.32	9.76	59.02	245.63	144.05	91.46	82.16
贺兰县	Helan	2.46	4.92	48.19	175.28	112.44	68.02	33.89
灵武市	Lingwu			45.95	196.27	58.27	87.07	26.13
石嘴山市	**Shizuishan**	**0.60**	**1.53**	**67.76**	**208.57**	**69.87**	**91.83**	**56.03**
大武口区	Dawukou	2.75		60.40	194.71	37.88	100.00	44.79
惠农区	Huinong		1.80	54.97	207.85	78.50	76.17	63.12
平罗县	Pingluo		5.95	39.32	251.11	141.03	93.62	54.57
吴忠市	**Wuzhong**	**0.45**	**1.16**	**40.32**	**234.35**	**70.96**	**82.92**	**54.08**
利通区	Litong	1.21	1.16	52.13	226.36	63.40	90.29	55.66
红寺堡区	Hongsipu			7.70	215.41	3.85	25.06	36.29
盐池县	Yanchi		4.84	46.08	265.42	124.44	100.00	56.93
同心县	Tongxin			26.38	251.22	62.13	68.22	36.05
青铜峡市	Qingtongxia			38.14	233.32	59.62	74.56	63.53
固原市	**Guyuan**		**3.19**	**48.74**	**225.82**	**121.74**	**69.89**	**50.22**
原州区	Yuanzhou		3.55	48.30	229.68	121.17	60.29	52.61
西吉县	Xiji			41.73	201.90	137.96	89.85	35.03
隆德县	Longde			36.72	209.24	154.23	84.94	54.31
泾源县	Jingyuan			83.65	171.51	131.78	92.98	68.74
彭阳县	Pengyang		5.92	46.86	259.15	91.80	86.90	49.97
中卫市	**Zhongwei**	**0.65**	**3.34**	**47.01**	**246.35**	**105.44**	**85.19**	**64.45**
沙坡头区	Shapotou	1.33	1.31	38.95	238.40	84.70	78.88	58.97
中宁县	Zhongning		6.18	56.33	255.05	121.59	91.39	68.45
海原县	Haiyuan		1.34	46.16	247.77	138.03	90.63	74.82

2-44 2013年各市县城镇居民家庭收支基本情况

Basic Statistics of Income and Expenditure of Urban Households by City and County(2013)

指标名称	Indicator	一、家庭总收入 Total Income	其中:可支配收入 Disposable Income	(一)工资性收入 Income from Wages and Salaries	工资及补贴收入 Laborage and Allowance Income	其他劳动收入 Other Income from Work	(二)经营净收入 Business Income	(三)财产性收入 Income from Properties	1.利息收入 Interest
全　区	**Total**	**23766.75**	**21833.33**	**15363.92**	**15126.05**	**237.87**	**2626.08**	**196.43**	**32.84**
银川市	**Yinchuan**	**26001.85**	**23776.41**	**16440.15**	**16339.90**	**100.25**	**2824.55**	**232.19**	**27.10**
兴庆区	Xingqing	28341.44	25971.37	16410.11	16288.08	122.03	3332.51	394.09	51.46
西夏区	Xixia	23081.66	20543.46	15771.26	15739.14	32.12	806.32	16.04	10.49
金凤区	Jinfeng	24869.62	22921.82	15810.23	15802.55	7.67	3543.06	155.16	
永宁县	Yongning	23552.62	21482.66	18665.38	18609.12	56.26	2616.81	187.65	23.18
贺兰县	Helan	22420.11	21400.98	15476.45	14472.95	1003.49	2718.38	19.56	
灵武市	Lingwu	23999.75	21974.32	18855.10	18854.55	0.56	1582.45	68.97	
石嘴山市	**Shizuishan**	**24862.48**	**22223.47**	**16664.18**	**16494.60**	**169.58**	**2127.58**	**63.36**	**27.18**
大武口区	Dawukou	26457.01	23945.60	16295.05	16295.05		2388.09	80.80	53.27
惠农区	Huinong	22675.29	20219.03	15799.65	15260.21	539.44	1682.75	49.43	
平罗县	Pingluo	20507.80	18748.28	13573.74	13472.43	101.31	2617.42	140.39	47.48
吴忠市	**Wuzhong**	**21224.11**	**19581.86**	**13531.72**	**12862.49**	**669.23**	**3342.05**	**178.50**	**16.45**
利通区	Litong	23216.52	20606.10	14674.68	14542.93	131.75	2864.63	339.25	21.63
红寺堡区	Hongsipu	16617.76	15438.55	12200.24	12005.05	195.19	4024.23	61.76	
盐池县	Yanchi	18994.52	17854.00	13957.68	13276.70	680.98	1436.89	278.77	41.65
同心县	Tongxin	17072.65	16112.56	11789.72	11546.95	242.78	3339.61	37.37	
青铜峡市	Qingtongxia	21820.48	20520.16	15563.02	13352.54	2210.48	2052.35	20.48	9.91
固原市	**Guyuan**	**20457.61**	**18789.12**	**14644.71**	**14153.73**	**490.98**	**2166.91**	**245.65**	**30.16**
原州区	Yuanzhou	22464.28	20629.61	15545.73	14895.05	650.68	2656.01	453.65	64.60
西吉县	Xiji	19086.23	17192.71	14780.76	14763.29	17.47	2220.99	202.14	
隆德县	Longde	17347.94	16214.81	13703.69	13698.71	4.98	1051.17	7.58	
泾源县	Jingyuan	17803.85	16858.80	13979.62	13775.30	204.32	1640.96	168.12	
彭阳县	Pengyang	18274.37	16621.32	15088.80	14674.04	414.76	1656.29	162.10	4.60
中卫市	**Zhongwei**	**21666.81**	**19809.69**	**15316.04**	**15206.79**	**109.25**	**2635.15**	**156.76**	**37.08**
沙坡头区	Shapotou	22569.08	20815.81	15283.67	15170.54	113.13	2382.65	195.83	18.88
中宁县	Zhongning	20503.79	18501.78	15537.31	15413.42	123.89	2408.15	102.14	66.15
海原县	Haiyuan	18647.00	16810.70	14296.55	14254.57	41.98	1552.70	188.65	12.83

2-44 续表 1 continued

指标名称	Indicator	2.股息与红利收入 Dividend and Bonus	3.保险收益 Insurance Profit	4.其它投资收入 Other Investment	5.出租房屋收入 Lease House Income	6.知识产权收入 Intelletual Property	7.其他财产性收入 Other Properties	(四)转移性收入 Income from Transfer	1.养老金或离退休金 Annuities and Pension
全　区	**Total**	**21.87**	**2.51**	**17.20**	**115.96**	**0.36**	**5.69**	**5580.31**	**4917.58**
银川市	**Yinchuan**	**19.53**	**3.34**	**19.06**	**158.21**	**4.94**	**0.01**	**6504.95**	**5676.12**
兴庆区	Xingqing	35.96	6.26	0.95	290.29	9.17		8204.73	7043.14
西夏区	Xixia		2.40		3.15			6488.05	5785.18
金凤区	Jinfeng			101.77	53.40			5361.17	4912.64
永宁县	Yongning				164.24		0.23	2082.78	1893.86
贺兰县	Helan					19.56		4205.72	3650.90
灵武市	Lingwu	30.71			38.26			3493.23	3152.52
石嘴山市	**Shizuishan**	**1.74**			**14.87**		**19.57**	**6007.36**	**5349.77**
大武口区	Dawukou	8.55			18.99			7693.07	7134.90
惠农区	Huinong				4.75		44.68	5143.46	3955.87
平罗县	Pingluo				53.78		39.13	4176.25	3716.66
吴忠市	**Wuzhong**	**1.63**	**0.71**		**148.48**		**11.24**	**4171.83**	**3588.82**
利通区	Litong	4.60			291.50		21.52	5337.95	4870.96
红寺堡区	Hongsipu				11.33		50.44	331.52	21.30
盐池县	Yanchi		4.41		232.71			3321.19	2286.39
同心县	Tongxin				30.62		6.76	1905.94	909.80
青铜峡市	Qingtongxia				10.57			4184.63	3923.03
固原市	**Guyuan**			**78.66**	**126.98**	**0.72**	**8.43**	**3400.33**	**2312.05**
原州区	Yuanzhou			106.77	268.94		12.25	3808.89	2489.31
西吉县	Xiji			72.81	129.27		0.05	1882.35	583.14
隆德县	Longde				4.53		3.05	2585.50	1313.70
泾源县	Jingyuan				168.12			2015.15	1294.77
彭阳县	Pengyang			18.41	132.48	4.38	2.23	1367.18	511.10
中卫市	**Zhongwei**	**3.36**	**3.03**	**50.70**	**58.55**	**-0.14**	**4.19**	**3558.86**	**2868.11**
沙坡头区	Shapotou	6.91		104.20	64.35	-0.12	1.62	4706.94	4009.62
中宁县	Zhongning		7.56		20.15	-0.21	8.48	2456.19	1724.19
海原县	Haiyuan				175.82			2609.10	2078.38

2-44 续表 2 continued

单位：元/人

指标名称	Indicator	2.社会救济收入 Social Relief	3.赔偿收入 Compensate	5.保险收入 Insurance	6.赡养收入 Maintenance Income	7.捐赠收入 Gift Income	8.提取住房公积金 Draw Money of Housing Accumulation Fund	9.记帐补贴 Allowance of Charge Account	10.其他转移性收入 Other Transfer
全　区	**Total**	**72.31**	**2.80**	**1.29**	**146.69**	**170.19**	**31.78**	**162.73**	**71.63**
银川市	**Yinchuan**	**78.40**	**40.79**		**113.70**	**339.64**	**36.33**	**184.14**	**35.84**
兴庆区	Xingqing	132.95	3.93		159.42	587.84	52.99	203.07	21.40
西夏区	Xixia	65.68	203.50		110.27	122.86		199.29	1.27
金凤区	Jinfeng	22.55			92.30	44.84		178.42	110.42
永宁县	Yongning	5.01			14.44			116.19	53.29
贺兰县	Helan	17.39			13.17	101.23	347.53	35.21	40.31
灵武市	Lingwu		50.10		25.31	88.14		162.48	14.68
石嘴山市	**Shizuishan**	**41.66**			**146.47**	**152.23**	**131.72**	**141.67**	**43.84**
大武口区	Dawukou	25.47			115.83	140.81		214.79	61.28
惠农区	Huinong	67.13			417.39	110.61	469.40	72.63	50.43
平罗县	Pingluo	98.11			31.89	158.20		88.19	83.20
吴忠市	**Wuzhong**	**39.82**	**5.31**		**115.37**	**137.44**		**171.42**	**113.65**
利通区	Litong	30.09	15.05		191.86	25.67		192.02	12.29
红寺堡区	Hongsipu	23.11			90.61	5.66		133.08	57.76
盐池县	Yanchi	27.61			202.88	173.01		159.56	471.73
同心县	Tongxin	108.61			25.55	591.15		150.68	120.17
青铜峡市	Qingtongxia	25.60			28.73	4.42		155.12	47.72
固原市	**Guyuan**	**187.19**	**10.35**		**271.70**	**136.15**	**104.80**	**128.04**	**250.06**
原州区	Yuanzhou	212.91	16.19		291.81	231.94		165.95	400.79
西吉县	Xiji	62.09			126.16	95.01	854.57	114.55	46.83
隆德县	Longde	100.39			486.95	415.67		75.60	193.18
泾源县	Jingyuan	86.16					634.22		
彭阳县	Pengyang	211.49			67.23	219.04		25.36	332.97
中卫市	**Zhongwei**	**120.19**		**24.82**	**160.76**	**105.47**	**0.16**	**146.71**	**132.64**
沙坡头区	Shapotou	114.62		36.31	260.43	85.21		129.00	71.74
中宁县	Zhongning	104.83		17.84	78.05	159.80		171.93	199.55
海原县	Haiyuan	205.80			25.48		1.47	134.65	163.31

2-44 续表 3 continued

指标名称	Indicator	二、出售财物收入 Proceeds from Sales of Belongings	1.出售住房收入 Sale of Housing	2.出售其他物品收入 Sale of Other	三、借贷收入 Credit Income	1.提取储蓄存款 Draw Saving Deposits	2.借入款 Borrowed	3.收回借出款 Recover Loans
全　区	**Total**	**59.02**	**57.34**	**1.68**	**6943.03**	**6103.34**	**318.97**	**92.08**
银川市	**Yinchuan**	**34.31**		**34.31**	**9682.40**	**8899.47**	**623.77**	**39.88**
兴庆区	Xingqing	6.78		6.78	13846.46	12893.14	750.76	22.95
西夏区	Xixia	0.05		0.05	11107.91	10984.15	123.70	
金凤区	Jinfeng	170.06		170.06	3770.56	2965.93	561.76	58.82
永宁县	Yongning				3607.16	2207.13	1372.25	27.78
贺兰县	Helan	0.48		0.48	1572.82		1521.12	7.75
灵武市	Lingwu	0.04		0.04	3865.40	3373.83	300.91	190.62
石嘴山市	**Shizuishan**	**33.09**	**31.83**	**1.27**	**4263.35**	**3835.65**	**164.33**	**64.78**
大武口区	Dawukou	0.78		0.78	1113.68	1049.23	63.67	
惠农区	Huinong				11402.13	11358.47	35.07	8.59
平罗县	Pingluo	183.31	177.14	6.16	4656.20	2417.00	787.62	347.13
吴忠市	**Wuzhong**	**0.32**		**0.32**	**2168.31**	**1039.76**	**320.37**	**204.34**
利通区	Litong	0.41		0.41	2145.11	409.92	46.62	87.38
红寺堡区	Hongsipu				1092.96		478.87	
盐池县	Yanchi	1.20		1.20	4282.19	2208.59	1043.16	1029.24
同心县	Tongxin	0.02		0.02	1531.94	1001.31	502.73	8.20
青铜峡市	Qingtongxia				849.11	664.06	129.17	27.05
固原市	**Guyuan**	**470.51**	**261.33**	**209.18**	**5716.18**	**3609.65**	**561.10**	**36.61**
原州区	Yuanzhou	326.99		326.99	7977.08	5541.16	464.86	6.57
西吉县	Xiji	1092.19	1092.19		4384.45	1427.22	831.34	8.16
隆德县	Longde	1244.50	1244.50		2617.31	725.23	1512.75	225.58
泾源县	Jingyuan	2009.30	2001.82	7.48	1038.99		144.79	168.73
彭阳县	Pengyang	0.04		0.04	1199.92	354.52	748.10	59.66
中卫市	**Zhongwei**	**1.75**		**1.75**	**5300.90**	**4724.19**	**232.01**	**116.77**
沙坡头区	Shapotou	0.71		0.71	6104.04	5624.68	58.64	51.22
中宁县	Zhongning				5678.41	4956.56	425.38	229.30
海原县	Haiyuan	12.92		12.92	498.23		303.52	

2-44 续表 4 continued

指标名称	Indicator	5.兑售有价证券 Income from Securities	6.收回投资本金 Recouping Investment Principal	7.住房贷款 Repayment of House Loan	8.汽车贷款 Repayment of Auto Loan	9.教育贷款 Repayment of Education Loan	10.其他贷款 Repayment of Other Loans	11.其他借贷收入 Other Credit Income
全　区	**Total**		**191.86**	**169.14**	**47.42**	**3.79**	**16.44**	
银川市	**Yinchuan**	**11.17**	**35.55**	**2.85**	**65.70**	**2.56**		**1.44**
兴庆区	Xingqing	23.84	9.43	6.09	140.25			
西夏区	Xixia		0.05					
金凤区	Jinfeng		170.06			14.00		
永宁县	Yongning							
贺兰县	Helan		0.48					43.47
灵武市	Lingwu		0.04					
石嘴山市	**Shizuishan**		**1.27**	**127.31**		**6.37**	**63.65**	
大武口区	Dawukou		0.78					
惠农区	Huinong							
平罗县	Pingluo		6.16	708.57		35.43	354.29	
吴忠市	**Wuzhong**		**548.95**	**4.14**	**14.16**		**30.56**	**6.03**
利通区	Litong		1554.14	2.36	44.68			
红寺堡区	Hongsipu						614.09	
盐池县	Yanchi		1.20					
同心县	Tongxin		0.02	19.68				
青铜峡市	Qingtongxia							28.83
固原市	**Guyuan**		**756.39**	**655.46**		**42.56**	**54.42**	
原州区	Yuanzhou		1183.28	724.82		56.38		
西吉县	Xiji			1893.12			224.59	
隆德县	Longde					86.79	66.96	
泾源县	Jingyuan		7.48				717.99	
彭阳县	Pengyang		0.04				37.60	
中卫市	**Zhongwei**	**30.19**	**5.11**			**44.11**	**148.51**	
沙坡头区	Shapotou	62.05	7.60			49.93	249.92	
中宁县	Zhongning						67.18	
海原县	Haiyuan		12.92			181.79		

2-44 续表 5 continued

指标名称	Indicator	四、家庭总支出 Total Expenditure	(一)消费性支出 Consumption Expenditure	(二)财产性支出 Property Expenditures	1.非生产性贷款利息支出 Interest of Non-productive Loans	2.其它 Other	(三)转移性支出 Transfer Expenditures	1.交纳所得税 Individual Income-tax	2.捐赠支出 Gift Expenditures	3.购买彩票 Buy Lottery Expenditures
全　区	**Total**	**20626.09**	**15321.10**	**122.80**	**92.24**	**30.56**	**2729.55**	**29.48**	**1962.15**	**13.41**
银川市	**Yinchuan**	**22183.81**	**16843.79**	**122.63**	**109.71**	**12.91**	**2884.73**	**55.22**	**1992.58**	**16.28**
兴庆区	Xingqing	24826.35	18891.88	158.89	141.23	17.66	3656.38	47.81	2662.43	7.71
西夏区	Xixia	17995.36	14238.86	224.67	208.32	16.35	1239.15	46.23	789.95	3.55
金凤区	Jinfeng	22095.46	16483.16	31.35	31.35		2384.15	104.38	1632.33	4.89
永宁县	Yongning	17085.92	13029.17	0.06	0.06		1937.08	17.90	1281.08	50.09
贺兰县	Helan	21079.98	15418.43	38.31	23.11	15.19	2925.78	1.08	2309.97	110.78
灵武市	Lingwu	19380.96	13875.96	34.55	18.99	15.57	3663.63	56.12	1916.12	55.94
石嘴山市	**Shizuishan**	**18742.05**	**13396.26**	**41.77**	**41.54**	**0.24**	**2337.96**	**5.21**	**1474.62**	**3.24**
大武口区	Dawukou	19444.79	14522.56				2253.10	12.69	1329.01	0.39
惠农区	Huinong	17657.92	12965.52	4.02	4.02		1772.89		1199.72	1.83
平罗县	Pingluo	19372.09	13167.76	226.23	224.91	1.32	2937.79	1.05	2299.50	13.66
吴忠市	**Wuzhong**	**17733.99**	**13105.45**	**33.26**	**13.27**	**19.98**	**2943.72**	**40.01**	**2189.27**	**37.36**
利通区	Litong	19860.18	13982.15	25.18	25.18		3506.36	71.91	2799.68	24.69
红寺堡区	Hongsipu	14407.89	10566.94	111.98	82.51	29.48	2437.04		2058.38	7.42
盐池县	Yanchi	16507.23	13153.36	114.51		114.51	2262.76	4.36	1399.83	1.68
同心县	Tongxin	16153.41	10720.54	1.64	1.64		3379.06		2696.66	
青铜峡市	Qingtongxia	16679.87	13207.67				2393.46	66.47	1615.99	133.81
固原市	**Guyuan**	**17555.75**	**12881.64**	**138.58**	**136.92**	**1.66**	**1551.19**	**17.57**	**931.60**	**2.67**
原州区	Yuanzhou	19347.01	14292.05	171.35	171.35		1627.05	25.00	884.89	1.74
西吉县	Xiji	18338.42	12060.53	271.51	268.86	2.65	1440.50	15.05	1127.45	4.37
隆德县	Longde	12957.77	8703.17	103.38	103.38		1854.37	5.19	1185.79	5.00
泾源县	Jingyuan	16824.57	13022.88	108.41	59.54	48.87	2291.04	3.04	1384.19	23.57
彭阳县	Pengyang	15769.04	11442.88				1905.32	5.99	1428.36	0.45
中卫市	**Zhongwei**	**18534.57**	**13386.50**	**161.47**	**82.58**	**78.90**	**2530.17**	**8.39**	**1864.64**	**21.85**
沙坡头区	Shapotou	16315.84	12503.60	240.70	78.55	162.15	1958.89	11.61	1385.84	17.14
中宁县	Zhongning	21411.71	15370.71	110.73	110.73		3167.42	3.86	2479.49	32.53
海原县	Haiyuan	17807.16	9871.17				2766.01	10.99	1765.84	4.42

2-44 续表 6 continued

指标名称	Indicator	4.赡养支出 Support Expenditures	5.各种非储蓄性保险支出 Non-saving-deposits Insurance	6. 其它转移性支出 Others	(四)社会保障支出 Social Security Expenditures	1.个人交纳的养老基金 Annuities	2.个人交纳的住房公积金 Housing Accumulation Fund	3.个人交纳的医疗基金 Medical Accumulation Fund	4.个人交纳的失业基金 Disemployed Accumulation Fund
全　区	**Total**	**355.72**	**198.47**	**170.32**	**1741.21**	**695.38**	**752.48**	**232.17**	**57.07**
银川市	**Yinchuan**	**435.26**	**268.59**	**116.80**	**1986.08**	**896.26**	**721.93**	**293.10**	**68.57**
兴庆区	Xingqing	710.89	185.84	41.70	2119.19	931.45	760.08	344.66	80.21
西夏区	Xixia	275.02	89.87	34.52	2292.68	1096.48	849.12	259.85	84.14
金凤区	Jinfeng	137.92	448.68	55.94	1664.99	918.65	499.92	190.47	34.87
永宁县	Yongning	70.04	480.36	37.62	1935.88	571.65	883.39	383.57	93.09
贺兰县	Helan	310.47	87.96	105.53	982.84	514.91	280.79	154.14	25.57
灵武市	Lingwu	170.46	598.86	866.12	1806.83	671.89	855.48	225.91	52.86
石嘴山市	**Shizuishan**	**436.80**	**340.69**	**77.39**	**2492.12**	**1199.34**	**1003.01**	**247.86**	**39.90**
大武口区	Dawukou	493.74	348.98	68.29	2283.93	1194.79	860.91	192.10	36.13
惠农区	Huinong	379.28	142.78	49.27	2383.63	1008.50	1005.17	281.15	88.80
平罗县	Pingluo	192.64	180.99	249.94	1670.28	714.79	664.76	260.73	18.87
吴忠市	**Wuzhong**	**299.50**	**131.20**	**246.38**	**1430.82**	**396.77**	**757.82**	**248.45**	**24.93**
利通区	Litong	395.88	143.13	71.07	2346.48	808.35	1135.54	341.77	53.27
红寺堡区	Hongsipu	234.80	24.56	111.88	1046.13	87.07	742.73	158.06	58.28
盐池县	Yanchi	329.38	42.02	485.48	976.60	106.89	705.03	162.37	2.31
同心县	Tongxin	230.63	77.90	373.87	809.41	68.04	552.63	187.92	
青铜峡市	Qingtongxia	188.56	197.24	191.39	1078.73	341.45	533.24	189.60	14.17
固原市	**Guyuan**	**239.14**	**63.79**	**296.41**	**1522.87**	**257.94**	**973.98**	**225.75**	**45.15**
原州区	Yuanzhou	218.71	89.74	406.98	1643.73	318.10	1006.73	232.58	56.20
西吉县	Xiji	190.72	38.33	64.57	1763.92	239.53	1228.82	228.62	61.33
隆德县	Longde	327.50	18.22	312.67	1052.33	174.83	690.71	150.46	36.12
泾源县	Jingyuan	44.49	69.61	766.14	942.00	214.37	515.11	160.77	47.33
彭阳县	Pengyang	407.52	30.22	32.78	1621.70	171.44	1167.88	272.57	9.19
中卫市	**Zhongwei**	**320.55**	**146.90**	**167.84**	**1702.02**	**603.57**	**807.76**	**248.36**	**42.12**
沙坡头区	Shapotou	234.19	138.37	171.75	1612.66	774.49	570.78	222.24	44.72
中宁县	Zhongning	372.98	157.50	121.07	1826.22	489.72	1032.99	282.83	20.68
海原县	Haiyuan	524.78	151.20	308.78	1690.66	271.57	1066.58	241.75	110.76

2-44 续表 7 continued

指标名称	Indicator	5.其它社会保障支出 Others	(五)购房与建房支出 Expenditures of Purchasing and Building Houses	1.购房 Purchasing Houses	2.建房 Building Houses	五、借贷支出 Credit Expenditures	1.存入储蓄款 Saving Deposits	2.借出款 Lending	3.归还借款 Repayment of Loans
全　区	**Total**	**4.11**	**711.42**	**638.03**	**73.40**	**8647.59**	**7574.30**	**50.50**	**161.75**
银川市	**Yinchuan**	**6.21**	**346.58**	**336.96**	**9.62**	**11682.75**	**10532.69**	**41.56**	**227.82**
兴庆区	Xingqing	2.80				15482.89	14419.33	26.55	280.71
西夏区	Xixia	3.09				16676.49	15884.10		129.04
金凤区	Jinfeng	21.07	1531.82	1531.66	0.16	6034.09	5047.68	84.52	180.13
永宁县	Yongning	4.18	183.73		183.73	2445.29			236.69
贺兰县	Helan	7.43	1714.63	1714.63		2149.44		73.08	288.86
灵武市	Lingwu	0.69				1433.19	241.62	128.57	121.29
石嘴山市	**Shizuishan**	**2.00**	**473.93**	**473.93**		**5186.73**	**4376.52**	**49.16**	**183.91**
大武口区	Dawukou		385.20	385.20		755.89	72.64	22.83	111.97
惠农区	Huinong		531.86	531.86		15657.90	15140.25	4.64	97.67
平罗县	Pingluo	11.14	1370.03	1370.03		3426.06	628.74	240.45	721.93
吴忠市	**Wuzhong**	**2.86**	**220.75**		**220.75**	**2915.90**	**1128.99**	**34.09**	**260.93**
利通区	Litong	7.54				982.63	66.67	2.05	87.23
红寺堡区	Hongsipu		245.79		245.79	1498.70	113.33		611.60
盐池县	Yanchi					6014.88	2264.92	95.57	897.29
同心县	Tongxin	0.82	1242.76		1242.76	330.24	50.84		49.20
青铜峡市	Qingtongxia	0.27				6797.04	3354.71	85.60	205.23
固原市	**Guyuan**	**20.06**	**1461.46**	**1328.98**	**132.48**	**8410.05**	**6613.18**	**31.01**	**797.21**
原州区	Yuanzhou	30.11	1612.83	1430.88	181.95	12155.22	10421.26	24.17	1012.56
西吉县	Xiji	5.62	2801.96	2766.87	35.09	2532.81	831.40	24.49	111.84
隆德县	Longde	0.21	1244.50	1244.50		2200.04	295.72	64.84	632.66
泾源县	Jingyuan	4.42	460.24	69.03	391.21	1641.37		282.41	558.48
彭阳县	Pengyang	0.62	799.13	773.74	25.39	3006.83		1.13	578.86
中卫市	**Zhongwei**	**0.21**	**754.41**	**470.95**	**283.46**	**6680.79**	**5215.78**	**164.58**	**376.86**
沙坡头区	Shapotou	0.42				10472.69	9669.93	10.00	52.59
中宁县	Zhongning		936.63	308.70	627.92	2822.73	351.59	398.71	825.73
海原县	Haiyuan		3479.32	3186.41	292.91	774.89			188.05

2-44 续表 8 continued

指标名称	Indicator	4.储蓄性保险支出 Saving-purpose Insurance Costs	5.购买有价证券 Purchase of Securities	6.其它投资支出 Other Investment Expenditure	7.归还住房贷款 Repayment of House Loan	8.归还汽车贷款 Repayment of Auto Loan	9.归还教育贷款 Repayment of Education Loan	10.归还其它贷款 Repayment of Other Loans	11.其它借贷支出 Other Credit Expenditures
全　区	**Total**	**141.49**	**0.83**	**1.24**	**611.75**	**38.78**	**2.49**	**44.65**	**19.81**
银川市	**Yinchuan**	**179.59**	**1.36**	**2.69**	**616.40**	**34.87**	**4.42**	**25.43**	**15.91**
兴庆区	Xingqing	195.70	0.56	5.75	533.91	12.45			7.93
西夏区	Xixia	28.16	6.48		575.33	48.66		4.72	
金凤区	Jinfeng	225.06			394.58	53.18	24.14	3.72	21.09
永宁县	Yongning	73.48			1827.16			207.32	100.63
贺兰县	Helan	122.70			1207.06	333.53		30.99	93.22
灵武市	Lingwu	104.85			698.40			138.45	
石嘴山市	**Shizuishan**	**163.41**	**2.23**	**22.02**	**382.94**	**4.64**			**1.90**
大武口区	Dawukou	23.78	10.95	21.60	490.32				1.81
惠农区	Huinong	248.74			166.61				
平罗县	Pingluo	494.05			1314.75	25.82			0.32
吴忠市	**Wuzhong**	**229.09**		**4.83**	**849.80**	**394.22**		**4.89**	**9.06**
利通区	Litong	256.42			561.83				8.43
红寺堡区	Hongsipu				675.51			98.25	
盐池县	Yanchi	160.85			2510.98	55.87			29.41
同心县	Tongxin				222.26				7.93
青铜峡市	Qingtongxia	390.29		23.06	897.16	1840.98			
固原市	**Guyuan**	**48.44**	**5.38**	**1.34**	**740.62**	**33.78**		**135.65**	**3.46**
原州区	Yuanzhou	26.04	8.41		643.94	10.78		8.01	0.04
西吉县	Xiji	177.46			559.01	282.50		546.10	
隆德县	Longde	68.74		17.86	411.36			708.85	
泾源县	Jingyuan				229.48			570.52	0.48
彭阳县	Pengyang	52.21			2320.05			33.83	20.75
中卫市	**Zhongwei**	**303.30**			**505.68**		**21.80**	**57.29**	**35.49**
沙坡头区	Shapotou	227.05			468.43				44.69
中宁县	Zhongning	481.37			593.94			137.21	34.18
海原县	Haiyuan				365.47		200.07	21.30	

2-45 2013年各市县城镇居民家庭消费支出情况

Basic Statistics of Consumption Expenditure of Urban Households by City and County(2013)

单位：元/人

指标名称	Indicator	消费支出 Consumption Expenditure	其中：通过互联网购买商品 Purchase Goods or Service Expenditure	一、食品 Food	(一)粮油类 Grain and Oil	1.粮食 Grain	大米 Rice	面粉 Flour	其他粮食及制品 Other Grain and Processed Products	2.淀粉及薯类 Starch and Tubers
全　区	**Total**	**15321.10**	**105.64**	**4895.20**	**612.00**	**389.88**	**141.76**	**110.26**	**137.85**	**45.41**
银川市	**Yinchuan**	**16843.79**	**140.41**	**5434.07**	**605.57**	**373.30**	**131.57**	**92.33**	**149.40**	**50.62**
兴庆区	Xingqing	18891.88	167.94	5952.60	625.81	389.32	122.42	87.66	179.25	60.99
西夏区	Xixia	14238.86	41.88	5110.23	765.23	464.54	157.92	109.77	196.84	77.11
金凤区	Jinfeng	16483.16	136.29	5336.38	548.86	347.55	125.59	76.98	144.98	29.44
永宁县	Yongning	13029.17	283.55	4035.97	352.46	213.14	113.95	54.00	45.20	3.49
贺兰县	Helan	15418.43	30.39	4175.07	439.97	243.94	118.96	105.44	19.54	17.79
灵武市	Lingwu	13875.96	124.92	4269.64	551.37	328.98	164.90	138.43	25.66	30.77
石嘴山市	**Shizuishan**	**13396.26**	**87.40**	**4576.01**	**557.48**	**356.18**	**124.14**	**92.42**	**139.61**	**30.33**
大武口区	Dawukou	14522.56	14.09	4917.35	676.00	458.73	134.51	91.41	232.81	51.91
惠农区	Huinong	12965.52	169.91	5098.15	573.90	356.43	139.07	116.66	100.70	26.04
平罗县	Pingluo	13167.76	141.12	3885.59	509.90	334.60	123.18	117.33	94.09	0.26
吴忠市	**Wuzhong**	**13105.45**	**51.49**	**4185.08**	**541.85**	**366.27**	**167.79**	**105.83**	**92.65**	**26.32**
利通区	Litong	13982.15	77.30	4789.75	463.31	288.91	110.71	74.41	103.79	34.71
红寺堡区	Hongsipu	10566.94	98.40	3030.55	608.41	417.77	149.19	173.44	95.14	53.32
盐池县	Yanchi	13153.36	70.74	3351.14	535.47	398.45	192.94	115.46	90.05	27.15
同心县	Tongxin	10720.54	46.83	3242.99	725.54	503.97	273.76	215.21	15.00	14.36
青铜峡市	Qingtongxia	13207.67		4528.25	486.49	333.89	158.96	62.93	112.00	5.91
固原市	**Guyuan**	**12881.64**	**61.07**	**3563.49**	**550.68**	**362.27**	**105.46**	**116.97**	**139.84**	**39.21**
原州区	Yuanzhou	14292.05	62.62	3889.85	624.16	414.20	114.99	117.12	182.09	49.39
西吉县	Xiji	12060.53	49.76	3103.14	497.03	314.93	113.89	132.48	68.57	38.04
隆德县	Longde	8703.17	83.22	2911.23	337.33	194.00	58.20	58.46	77.34	22.22
泾源县	Jingyuan	13022.88	47.08	3871.47	661.72	422.01	151.15	182.22	88.64	11.30
彭阳县	Pengyang	11442.88	61.10	3202.87	343.29	236.35	78.30	113.72	44.33	11.65
中卫市	**Zhongwei**	**13386.50**	**92.08**	**3686.98**	**586.79**	**402.72**	**181.45**	**99.26**	**122.01**	**20.03**
沙坡头区	Shapotou	12503.60	81.33	3683.33	480.97	281.97	89.93	72.51	119.54	24.35
中宁县	Zhongning	15370.71	125.95	3911.35	680.10	537.42	288.44	117.34	131.64	0.75
海原县	Haiyuan	9871.17	8.57	2799.19	724.26	455.33	203.21	155.75	96.37	70.86

2-45 续表 1 continued

单位：元/人

指标名称	Indicator	3.干豆类及豆制品 Beans and Processed Products	4.油脂类 Oil and Fat	食用植物油 Edible Vegetable Oil	食用动物油 Edible Animal Oil	(二)肉禽蛋水产品类 Meat,Poultry and Eggs and Aquatic Products	1.肉类 Meat	猪肉 Pork	牛肉 Beef	羊肉 Mutton
全　区	**Total**	**38.09**	**138.63**	**137.43**	**1.20**	**1056.55**	**769.39**	**212.47**	**232.14**	**249.06**
银川市	**Yinchuan**	**43.93**	**137.72**	**137.36**	**0.36**	**1126.48**	**795.66**	**219.75**	**219.36**	**274.38**
兴庆区	Xingqing	48.16	127.34	127.03	0.31	1183.13	830.56	246.96	210.10	276.84
西夏区	Xixia	61.76	161.83	161.66	0.17	1187.98	780.41	286.37	149.85	242.66
金凤区	Jinfeng	44.18	127.69	127.44	0.25	1111.98	798.94	177.25	247.75	291.52
永宁县	Yongning	14.00	121.83	121.83		771.97	575.16	225.72	160.94	166.67
贺兰县	Helan	27.47	150.76	148.91	1.85	874.14	649.40	198.79	163.79	251.60
灵武市	Lingwu	11.10	180.51	179.65	0.87	1077.60	843.21	43.73	401.60	373.28
石嘴山市	**Shizuishan**	**32.31**	**138.67**	**135.61**	**3.06**	**985.07**	**770.19**	**218.04**	**192.54**	**280.67**
大武口区	Dawukou	33.41	131.95	131.95		1114.33	844.42	269.80	182.10	257.32
惠农区	Huinong	29.37	162.05	151.65	10.40	1081.04	826.18	213.99	236.11	321.98
平罗县	Pingluo	40.77	134.27	133.50	0.77	818.22	658.43	203.89	119.76	311.17
吴忠市	**Wuzhong**	**21.37**	**127.89**	**127.12**	**0.77**	**1071.65**	**840.61**	**120.73**	**363.65**	**324.31**
利通区	Litong	23.02	116.67	116.33	0.34	1230.49	969.81	71.07	387.33	477.94
红寺堡区	Hongsipu	17.84	119.48	119.48		597.50	429.51	84.74	250.10	79.92
盐池县	Yanchi	20.78	89.10	85.08	4.01	814.38	631.04	217.80	42.70	311.41
同心县	Tongxin	5.15	202.05	202.05		1074.34	940.22		751.28	188.53
青铜峡市	Qingtongxia	30.11	116.58	116.58		869.64	640.51	246.15	144.71	217.08
固原市	**Guyuan**	**24.49**	**124.72**	**124.63**	**0.09**	**750.10**	**575.39**	**160.05**	**247.59**	**118.11**
原州区	Yuanzhou	30.94	129.63	129.55	0.07	759.27	567.18	137.83	255.47	113.17
西吉县	Xiji	11.03	133.03	132.64	0.38	703.36	531.25	81.27	364.70	79.10
隆德县	Longde	25.14	95.96	95.43	0.54	588.97	426.86	186.74	109.77	101.22
泾源县	Jingyuan	2.27	226.15	226.15		640.90	481.12		439.54	40.34
彭阳县	Pengyang	9.14	86.15	86.15		745.19	630.17	301.96	150.58	124.58
中卫市	**Zhongwei**	**43.59**	**120.45**	**119.44**	**1.01**	**777.24**	**605.61**	**212.66**	**149.73**	**171.64**
沙坡头区	Shapotou	51.18	123.46	122.70	0.76	838.35	662.01	237.81	142.57	210.65
中宁县	Zhongning	43.85	98.08	96.86	1.22	703.92	543.63	225.97	91.39	142.98
海原县	Haiyuan	8.93	189.14	188.74	0.41	760.20	567.92	42.81	399.30	96.97

2-45 续表 2 continued

单位：元/人

指标名称	Indicator	其他肉及制品 Other and Processed Products	2.禽类 Poultry	鸡 Fowl	鸭 Duck	其他禽类及制品 Other and Processed Products	3.蛋类 Eggs	鲜蛋 Fresh Egg	蛋制品 Eggs Processed Products	4.水产品类 Aquatic Products
全 区	**Total**	**75.71**	**134.58**	**91.49**	**3.96**	**39.12**	**62.51**	**59.63**	**2.88**	**90.07**
银川市	**Yinchuan**	**82.18**	**150.75**	**97.65**	**4.49**	**48.62**	**70.71**	**66.09**	**4.62**	**109.35**
兴庆区	Xingqing	96.67	162.99	101.10	6.53	55.36	74.30	69.12	5.18	115.28
西夏区	Xixia	101.54	168.44	90.68	2.85	74.92	89.54	83.39	6.15	149.59
金凤区	Jinfeng	82.42	128.97	91.21	3.76	33.99	72.27	66.50	5.77	111.79
永宁县	Yongning	21.83	107.11	96.58	1.35	9.19	32.55	31.78	0.77	57.15
贺兰县	Helan	35.23	129.95	112.06	4.38	13.51	48.91	47.25	1.66	45.88
灵武市	Lingwu	24.60	137.14	104.48	0.49	32.16	42.22	42.20	0.01	55.04
石嘴山市	**Shizuishan**	**78.94**	**89.12**	**56.68**	**5.60**	**26.84**	**48.69**	**46.86**	**1.83**	**77.06**
大武口区	Dawukou	135.20	103.04	51.82	5.02	46.19	64.54	60.15	4.40	102.33
惠农区	Huinong	54.10	103.73	84.53	9.87	9.34	58.53	56.73	1.80	92.60
平罗县	Pingluo	23.61	82.38	66.24	0.41	15.72	44.92	44.60	0.32	32.49
吴忠市	**Wuzhong**	**31.92**	**136.08**	**110.64**	**2.04**	**23.40**	**43.67**	**43.07**	**0.60**	**51.29**
利通区	Litong	33.47	149.48	118.24	1.80	29.44	51.05	50.01	1.05	60.14
红寺堡区	Hongsipu	14.76	112.07	92.70	1.23	18.15	34.44	34.44		21.48
盐池县	Yanchi	59.13	106.98	69.36	0.45	37.17	38.25	37.22	1.03	38.12
同心县	Tongxin	0.41	91.32	90.91	0.41		28.72	28.72		14.07
青铜峡市	Qingtongxia	32.56	128.57	113.58	3.15	11.84	42.97	42.65	0.33	57.60
固原市	**Guyuan**	**49.63**	**88.55**	**60.90**	**0.25**	**27.41**	**53.56**	**52.43**	**1.13**	**32.60**
原州区	Yuanzhou	60.70	96.83	57.28	0.16	39.39	56.38	54.89	1.49	38.89
西吉县	Xiji	6.18	97.47	91.01	0.11	6.35	43.99	43.36	0.63	30.65
隆德县	Longde	29.12	77.08	53.51		23.57	52.46	51.58	0.88	32.57
泾源县	Jingyuan	1.24	97.70	96.82		0.88	37.25	37.25		24.82
彭阳县	Pengyang	53.06	53.25	51.96	0.85	0.44	49.82	49.53	0.29	11.94
中卫市	**Zhongwei**	**71.58**	**84.81**	**58.88**	**0.45**	**25.48**	**42.75**	**41.76**	**0.99**	**44.08**
沙坡头区	Shapotou	70.98	86.28	61.38	0.55	24.34	43.63	42.17	1.47	46.43
中宁县	Zhongning	83.28	74.22	49.67	0.45	24.09	41.80	41.12	0.68	44.27
海原县	Haiyuan	28.84	117.42	80.98		36.45	40.66	40.66		34.19

2-45 续表 3 continued

单位：元/人

指标名称	Indicator	鱼 Fish	虾 Shrimp	其他水产品及制品 Other and Processed Products	(三)蔬菜类 Vegetables	1.鲜菜 Fresh Vegetables	2.干菜 Dried Vegetables	3.菜制品 Vegetables Processed Products	(四)调味品 Condiment	(五)糖烟酒饮料类 Sugar, Cigarette, Liquor and Beverage
全　区	**Total**	**61.67**	**14.16**	**14.24**	**502.17**	**483.95**	**13.04**	**5.19**	**58.35**	**501.31**
银川市	**Yinchuan**	**72.41**	**17.53**	**19.40**	**537.33**	**515.58**	**15.21**	**6.55**	**59.06**	**568.41**
兴庆区	Xingqing	71.97	19.06	24.25	581.37	558.12	15.08	8.18	66.38	647.63
西夏区	Xixia	95.80	26.62	27.17	517.68	492.24	19.98	5.46	68.44	604.32
金凤区	Jinfeng	79.84	16.10	15.86	514.15	483.92	22.16	8.07	49.74	483.37
永宁县	Yongning	44.46	10.43	2.26	525.23	521.32	3.71	0.20	32.08	281.99
贺兰县	Helan	38.87	4.60	2.41	437.01	425.87	6.71	4.43	53.75	456.94
灵武市	Lingwu	46.82	5.04	3.18	445.96	441.49	2.80	1.68	40.54	324.62
石嘴山市	**Shizuishan**	**59.03**	**10.60**	**7.43**	**460.83**	**443.58**	**11.68**	**5.56**	**50.26**	**536.33**
大武口区	Dawukou	80.65	10.13	11.55	429.39	410.31	11.75	7.33	61.79	684.54
惠农区	Huinong	69.54	14.52	8.53	553.45	541.34	8.80	3.30	47.30	544.36
平罗县	Pingluo	25.60	4.91	1.99	450.41	433.83	14.62	1.97	54.87	368.55
吴忠市	**Wuzhong**	**42.85**	**3.08**	**5.36**	**406.52**	**397.95**	**6.76**	**1.82**	**49.24**	**302.65**
利通区	Litong	47.99	5.29	6.87	409.86	399.06	8.24	2.55	55.71	317.12
红寺堡区	Hongsipu	11.19	2.62	7.66	256.06	248.57	6.09	1.40	51.54	343.64
盐池县	Yanchi	29.36	3.31	5.46	254.92	244.78	7.77	2.37	38.74	253.40
同心县	Tongxin	14.07			352.55	349.95	2.24	0.36	53.44	215.27
青铜峡市	Qingtongxia	49.76	2.71	5.13	564.50	557.19	6.55	0.76	42.53	383.54
固原市	**Guyuan**	**25.32**	**3.45**	**3.83**	**323.92**	**313.59**	**7.34**	**2.99**	**55.50**	**425.92**
原州区	Yuanzhou	29.05	4.73	5.11	337.07	324.58	8.53	3.96	58.70	417.47
西吉县	Xiji	28.03	2.12	0.49	328.14	327.39	0.50	0.25	43.63	310.43
隆德县	Longde	28.24	1.70	2.63	337.95	329.70	7.21	1.03	60.97	442.36
泾源县	Jingyuan	23.71	1.11		425.87	425.36	0.31	0.21	33.62	276.18
彭阳县	Pengyang	10.32	0.30	1.32	243.56	234.04	7.54	1.99	46.19	626.06
中卫市	**Zhongwei**	**34.61**	**5.41**	**4.06**	**434.48**	**421.40**	**8.97**	**4.11**	**57.31**	**301.70**
沙坡头区	Shapotou	38.58	3.91	3.94	461.05	447.03	10.26	3.76	58.64	312.32
中宁县	Zhongning	31.62	7.50	5.14	444.50	430.02	9.14	5.34	56.67	306.08
海原县	Haiyuan	28.82	4.60	0.76	279.03	274.98	2.81	1.24	52.77	229.36

2-45 续表 4 continued

单位：元/人

指标名称	Indicator	1.糖类 Sugar	2.烟草类 Tobacco	3.酒类 Liquor	白酒 Spirits	果酒 Cider	啤酒 Beer	其他酒 Other
全 区	**Total**	**32.48**	**259.40**	**114.71**	**87.90**	**10.31**	**11.78**	**4.72**
银川市	**Yinchuan**	**37.72**	**300.14**	**126.05**	**99.04**	**11.86**	**9.38**	**5.77**
兴庆区	Xingqing	45.49	328.50	146.72	114.36	17.99	8.87	5.51
西夏区	Xixia	43.24	356.69	117.05	84.37	15.22	14.06	3.39
金凤区	Jinfeng	33.09	234.33	122.35	99.55	2.53	9.18	11.08
永宁县	Yongning	14.01	178.90	44.18	36.40	2.13	3.85	1.79
贺兰县	Helan	24.12	249.48	104.94	83.79	4.30	9.38	7.46
灵武市	Lingwu	14.29	176.48	50.83	40.43	0.89	6.69	2.83
石嘴山市	**Shizuishan**	**46.32**	**298.80**	**118.67**	**97.78**	**4.35**	**13.80**	**2.74**
大武口区	Dawukou	51.95	403.25	150.97	114.03	9.85	26.46	0.64
惠农区	Huinong	25.29	285.74	156.27	128.53	2.29	22.43	3.02
平罗县	Pingluo	31.24	200.84	62.69	51.95	0.23	3.59	6.91
吴忠市	**Wuzhong**	**21.22**	**164.06**	**37.50**	**26.33**	**4.89**	**5.41**	**0.88**
利通区	Litong	31.82	172.30	40.63	28.19	6.18	5.40	0.87
红寺堡区	Hongsipu	10.11	192.38	55.66	34.60	0.68	16.39	3.99
盐池县	Yanchi	13.04	123.19	26.33	16.17	0.23	9.21	0.71
同心县	Tongxin	5.97	151.00	2.79	1.97		0.82	
青铜峡市	Qingtongxia	17.81	222.16	56.54	45.89	5.66	4.56	0.42
固原市	**Guyuan**	**24.12**	**228.06**	**69.76**	**55.12**	**2.92**	**9.66**	**2.06**
原州区	Yuanzhou	29.20	236.57	73.31	60.49	2.05	7.91	2.85
西吉县	Xiji	24.31	141.53	42.04	29.96	0.40	11.68	
隆德县	Longde	12.70	265.22	92.16	76.16	3.95	12.05	
泾源县	Jingyuan	3.74	147.62	16.18	11.34		4.84	
彭阳县	Pengyang	12.02	282.70	126.50	97.50	11.71	15.58	1.71
中卫市	**Zhongwei**	**14.95**	**136.61**	**73.96**	**44.23**	**6.68**	**14.59**	**8.47**
沙坡头区	Shapotou	15.92	153.51	69.07	43.85	8.84	14.08	2.30
中宁县	Zhongning	14.77	121.20	90.26	53.24	2.55	16.36	18.12
海原县	Haiyuan	11.41	122.65	23.47	14.30	0.02	8.30	0.85

2-45 续表 5 continued

单位：元/人

指标名称	Indicator	4.饮料 Beverage	瓶装饮用水 Drinking Water with Bottle	茶叶 Tea	其他饮料 Other	(六)干鲜瓜果类 Dried and Fresh Melons and Fruits	1.鲜果 Fresh Fruits	2.鲜瓜 Fresh Melons	3.其他干鲜瓜果类及制品 Other and Processed Products	(七)糕点、奶及奶制品 Cake, Milk and Processed Products	1.糕点 Cake
全　区	**Total**	**94.72**	**7.57**	**24.62**	**62.53**	**472.78**	**316.36**	**55.83**	**100.59**	**329.56**	**67.53**
银川市	**Yinchuan**	**104.50**	**8.83**	**27.52**	**68.15**	**511.77**	**329.77**	**58.19**	**123.81**	**356.74**	**84.64**
兴庆区	Xingqing	126.92	12.34	28.17	86.42	580.83	371.88	65.63	143.33	401.76	98.76
西夏区	Xixia	87.34	4.40	31.22	51.71	460.63	284.88	50.27	125.48	379.41	121.74
金凤区	Jinfeng	93.60	7.71	31.37	54.52	479.91	299.26	52.81	127.84	306.03	65.82
永宁县	Yongning	44.89	6.53	7.73	30.63	399.88	294.03	51.89	53.96	273.98	15.40
贺兰县	Helan	78.40	3.06	27.51	47.83	348.16	221.80	39.14	87.22	322.12	45.69
灵武市	Lingwu	83.02	3.69	18.65	60.67	437.89	321.02	56.65	60.22	240.45	34.90
石嘴山市	**Shizuishan**	**72.53**	**4.61**	**25.58**	**42.34**	**412.14**	**274.21**	**48.39**	**89.54**	**288.90**	**68.39**
大武口区	Dawukou	78.38	7.12	32.85	38.41	431.28	288.61	50.93	91.74	328.91	95.42
惠农区	Huinong	77.07	4.55	26.93	45.59	403.21	277.71	49.01	76.49	270.09	25.96
平罗县	Pingluo	73.78	3.62	23.43	46.73	389.09	265.47	46.85	76.77	377.54	61.45
吴忠市	**Wuzhong**	**79.88**	**8.32**	**18.97**	**52.60**	**397.29**	**285.85**	**50.44**	**60.99**	**258.88**	**45.23**
利通区	Litong	72.37	8.13	24.13	40.11	473.62	326.63	57.64	89.34	290.13	37.39
红寺堡区	Hongsipu	85.49	10.84	24.52	50.14	360.87	237.75	41.96	81.17	366.73	25.79
盐池县	Yanchi	90.84	11.51	3.00	76.33	407.06	272.36	48.06	86.64	278.27	67.55
同心县	Tongxin	55.51	0.90	24.57	30.03	230.75	180.54	31.86	18.35	206.73	1.94
青铜峡市	Qingtongxia	87.03	11.07	2.88	73.09	407.37	322.69	56.94	27.74	234.86	78.37
固原市	**Guyuan**	**103.99**	**5.58**	**35.36**	**63.04**	**417.94**	**275.13**	**48.55**	**94.27**	**193.62**	**47.10**
原州区	Yuanzhou	78.39	6.57	32.47	39.34	435.57	274.14	48.38	113.05	232.18	58.76
西吉县	Xiji	102.55	9.74	50.89	41.93	247.39	181.58	32.04	33.77	205.75	32.18
隆德县	Longde	72.28	1.21	20.18	50.89	306.98	201.53	35.56	69.89	195.02	39.83
泾源县	Jingyuan	108.65	0.08	79.98	28.59	335.47	264.59	46.69	24.18	113.74	3.17
彭阳县	Pengyang	204.85	2.74	32.12	169.98	398.52	291.15	51.38	55.99	44.13	18.25
中卫市	**Zhongwei**	**76.18**	**5.05**	**9.99**	**61.14**	**340.20**	**239.94**	**42.34**	**57.92**	**275.10**	**42.73**
沙坡头区	Shapotou	73.83	4.08	4.91	64.84	342.95	231.42	40.84	70.69	276.22	49.58
中宁县	Zhongning	79.85	6.95	6.52	66.37	349.88	261.26	46.10	42.51	308.99	35.51
海原县	Haiyuan	71.84	2.22	45.77	23.85	272.42	183.50	32.38	56.53	129.32	36.75

2-45 续表 6 continued

单位：元/人

指标名称	Indicator	2.奶及奶制品 Milk and Processed Products	鲜乳品 Fresh Milk	奶粉 Powdered Milk	酸奶 Acidophilus Milk	其他奶制品 Other Processed Products	(八)其他食品 Other Food	(九)饮食服务 Food and Drink Services	1.食品加工服务费 Food Processing Charges	2.在外饮食 Dining
全　区	**Total**	**262.03**	**115.34**	**73.11**	**36.40**	**37.17**	**203.29**	**1127.99**	**0.68**	**1127.31**
银川市	**Yinchuan**	**272.10**	**137.79**	**64.86**	**42.34**	**27.12**	**203.36**	**1415.45**	**0.03**	**1415.42**
兴庆区	Xingqing	303.00	172.31	62.76	52.42	15.51	190.79	1674.89	0.02	1674.87
西夏区	Xixia	257.67	140.64	49.87	37.53	29.63	125.06	1001.47	0.03	1001.45
金凤区	Jinfeng	240.21	130.11	34.05	45.62	30.43	236.82	1430.09		1430.09
永宁县	Yongning	258.58	74.08	159.66	23.50	1.35	341.98	1056.40	0.07	1056.34
贺兰县	Helan	276.43	106.84	113.54	23.79	32.25	311.90	931.09	0.13	930.96
灵武市	Lingwu	205.55	3.81	99.12	9.74	92.88	232.09	715.34	0.09	715.25
石嘴山市	**Shizuishan**	**220.50**	**76.33**	**54.33**	**38.08**	**51.76**	**217.77**	**1067.25**	**0.91**	**1066.33**
大武口区	Dawukou	233.49	105.81	59.13	37.44	31.10	117.22	1073.88	0.24	1073.65
惠农区	Huinong	244.13	81.50	100.54	60.99	1.10	327.76	1297.03	1.79	1295.24
平罗县	Pingluo	316.09	21.87	70.93	3.57	219.73	309.42	607.58	0.96	606.62
吴忠市	**Wuzhong**	**213.65**	**89.54**	**63.75**	**26.75**	**33.60**	**244.74**	**858.84**	**1.20**	**857.64**
利通区	Litong	252.74	115.95	85.60	40.36	10.82	253.03	1296.49	0.36	1296.13
红寺堡区	Hongsipu	340.93	1.96	200.65	5.37	132.96	71.71	374.09	3.31	370.78
盐池县	Yanchi	210.72	0.61	34.77	41.82	133.52	138.19	622.60	2.21	620.39
同心县	Tongxin	204.79	97.51	99.36	4.81	3.12	108.59	275.78	2.40	273.38
青铜峡市	Qingtongxia	156.49	130.71	5.92	18.63	1.23	466.53	823.80	0.28	823.52
固原市	**Guyuan**	**146.53**	**70.37**	**25.79**	**18.42**	**31.95**	**158.84**	**662.19**	**1.61**	**660.57**
原州区	Yuanzhou	173.42	101.37	16.77	26.24	29.04	114.42	911.01	0.31	910.69
西吉县	Xiji	173.56	62.97	54.37	16.71	39.52	241.32	425.81	9.20	416.60
隆德县	Longde	155.19	7.02	48.84	2.12	97.22	143.26	498.39	1.71	496.68
泾源县	Jingyuan	110.56	2.15	15.97	10.94	81.50	237.18	632.34	0.18	632.16
彭阳县	Pengyang	25.88		22.82	0.27	2.79	278.91	477.03	2.10	474.93
中卫市	**Zhongwei**	**232.37**	**71.26**	**51.47**	**35.00**	**74.64**	**175.43**	**738.75**	**0.82**	**737.92**
沙坡头区	Shapotou	226.64	140.42	38.32	34.60	13.30	109.22	803.62	1.29	802.32
中宁县	Zhongning	273.48	2.15	76.80	39.60	154.94	285.08	776.13	0.33	775.79
海原县	Haiyuan	92.57	0.20	18.42	20.05	53.90	71.62	280.22	0.43	279.78

2-45 续表 7 continued

单位：元/人

指标名称	Indicator	二、衣着 Clothing	(一)服装 Dress	(二)衣着材料 Clothing Material	(三)鞋类 Shoes	(四)其他衣着用品 Other Articles	(五)衣着加工服务费 Clothing Processing Charges	三、居住 Residence	(一)住房 Housing	1.租赁房房租 Rent
全　区	**Total**	**1737.21**	**1279.62**	**6.12**	**376.32**	**64.75**	**3.60**	**1497.98**	**557.28**	**183.93**
银川市	**Yinchuan**	**1986.72**	**1459.92**	**7.43**	**425.68**	**74.09**	**6.23**	**1323.40**	**390.38**	**253.03**
兴庆区	Xingqing	2209.78	1664.78	7.24	456.57	71.59	9.60	1416.12	442.81	289.31
西夏区	Xixia	1493.88	1052.12	14.05	376.16	46.33	5.21	1019.34	266.46	153.04
金凤区	Jinfeng	1972.35	1402.16	6.38	423.69	100.23	1.44	1621.58	561.17	439.81
永宁县	Yongning	1906.25	1448.80	2.35	383.57	65.72	5.81	1224.76	174.46	11.30
贺兰县	Helan	1686.34	1206.74	2.02	419.63	54.46	3.50	1452.78	291.65	75.02
灵武市	Lingwu	1692.81	1196.41	3.31	315.43	103.06	1.82	863.82	186.01	91.31
石嘴山市	**Shizuishan**	**1761.77**	**1265.52**	**5.34**	**427.92**	**59.21**	**3.78**	**1094.25**	**208.33**	**99.95**
大武口区	Dawukou	1791.87	1291.83	5.00	453.12	37.36	4.58	1389.28	291.29	232.30
惠农区	Huinong	1482.61	1119.37	10.59	310.84	40.89	0.92	1015.41	160.83	150.10
平罗县	Pingluo	1540.30	1059.82	7.53	326.27	141.06	5.63	1416.73	564.05	58.27
吴忠市	**Wuzhong**	**1726.27**	**1278.89**	**11.28**	**348.87**	**66.05**	**3.51**	**1265.76**	**402.59**	**62.97**
利通区	Litong	1941.96	1441.77	8.54	407.13	79.17	5.36	1041.88	184.41	57.05
红寺堡区	Hongsipu	1716.43	1286.31	4.34	396.76	27.39	1.63	1215.82	583.33	36.66
盐池县	Yanchi	1515.11	1149.94	6.22	291.97	63.71	2.37	1426.34	795.19	47.45
同心县	Tongxin	1435.02	1050.60	7.60	315.89	56.93	4.00	1488.16	725.24	123.99
青铜峡市	Qingtongxia	1794.19	1333.59	7.11	310.81	57.10	1.75	1444.51	279.18	60.41
固原市	**Guyuan**	**1348.94**	**991.66**	**6.29**	**286.48**	**56.24**	**2.69**	**1949.60**	**1078.31**	**112.94**
原州区	Yuanzhou	1344.85	1003.60	4.91	288.11	45.18	3.05	2239.71	1378.24	115.52
西吉县	Xiji	1384.85	984.47	21.01	298.46	49.31	1.29	1790.62	826.35	42.38
隆德县	Longde	1002.05	727.33	7.12	237.04	28.32	2.24	1211.97	459.53	333.41
泾源县	Jingyuan	1374.07	949.80	18.66	293.80	22.41	1.09	2539.82	868.06	170.13
彭阳县	Pengyang	1450.02	1040.52	1.32	281.52	124.23	2.43	1362.70	574.88	27.08
中卫市	**Zhongwei**	**1609.16**	**1162.93**	**3.16**	**344.13**	**94.77**	**4.18**	**1357.50**	**357.53**	**50.16**
沙坡头区	Shapotou	1539.20	1142.34	2.45	338.43	52.21	3.77	1477.05	500.59	95.06
中宁县	Zhongning	1732.92	1222.06	1.25	351.72	152.82	5.06	1291.27	240.77	3.36
海原县	Haiyuan	1417.11	999.95	13.00	330.83	70.81	2.52	1062.01	146.19	23.45

2-45 续表 8 continued

单位：元/人

指标名称	Indicator	2.住房装潢支出 Decoration	3.维修用建筑材料 Repairs Materials	4.其他住房支出 Other	(二)水电燃料及其他 Water, Electricity, Fuels and Others	1.水 Water	2.电 Electricity	3.燃料 Fuels	煤炭 Coal	罐装液化石油气 Liquefied Petroleum Gas of Can Pack
全　区	**Total**	**298.60**	**63.15**	**11.59**	**807.32**	**55.15**	**227.36**	**127.23**	**20.87**	**30.50**
银川市	**Yinchuan**	**77.09**	**53.62**	**6.63**	**769.77**	**57.90**	**221.63**	**128.58**	**9.43**	**21.23**
兴庆区	Xingqing	111.02	39.08	3.40	799.46	52.34	238.61	98.27	3.32	22.63
西夏区	Xixia	49.51	50.21	13.70	667.25	57.09	180.02	117.86	0.38	26.00
金凤区	Jinfeng	12.23	104.72	4.41	834.19	69.31	232.31	103.34	0.38	15.16
永宁县	Yongning	39.91	108.71	14.53	814.27	89.66	205.27	294.38	0.17	6.81
贺兰县	Helan	137.44	56.84	22.35	1064.69	51.87	255.70	238.58	91.67	66.36
灵武市	Lingwu	89.21	0.84	4.66	565.62	48.56	191.61	222.50	53.71	7.94
石嘴山市	**Shizuishan**	**78.73**	**18.29**	**11.35**	**835.79**	**72.12**	**248.90**	**169.06**	**8.21**	**42.73**
大武口区	Dawukou	7.31	49.24	2.45	1034.30	105.00	309.39	211.56	23.58	53.14
惠农区	Huinong		3.23	7.50	807.66	74.08	270.48	97.72	3.50	19.82
平罗县	Pingluo	426.48	40.90	38.40	755.53	30.80	192.65	196.14	13.46	68.25
吴忠市	**Wuzhong**	**282.48**	**41.56**	**15.58**	**760.08**	**46.56**	**205.72**	**136.75**	**65.84**	**33.18**
利通区	Litong	106.54	12.97	7.84	763.14	50.98	236.19	89.97	0.45	23.84
红寺堡区	Hongsipu	504.79	25.92	15.97	582.99	33.22	143.56	257.35	186.11	71.24
盐池县	Yanchi	728.86	9.27	9.61	575.45	24.80	166.36	141.79	81.06	18.93
同心县	Tongxin	562.99	36.33	1.93	715.36	54.59	246.41	273.83	258.13	15.70
青铜峡市	Qingtongxia	35.38	134.91	48.47	955.39	54.36	175.09	91.95		60.73
固原市	**Guyuan**	**867.17**	**90.87**	**7.33**	**785.60**	**40.99**	**206.25**	**153.24**	**90.12**	**56.94**
原州区	Yuanzhou	1209.45	46.58	6.68	796.79	44.10	213.31	171.57	109.87	54.33
西吉县	Xiji	395.62	386.06	2.29	832.32	41.39	220.11	181.92	107.47	58.66
隆德县	Longde	68.15	43.15	14.81	685.15	19.41	146.34	102.19	65.95	36.23
泾源县	Jingyuan	512.61	177.36	7.97	1097.39	44.49	277.07	176.29	79.12	91.79
彭阳县	Pengyang	422.84	116.90	8.05	673.88	37.74	177.61	88.48	10.83	74.11
中卫市	**Zhongwei**	**212.14**	**54.51**	**40.73**	**860.06**	**58.02**	**205.40**	**112.80**	**39.25**	**36.98**
沙坡头区	Shapotou	305.44	96.26	3.83	864.11	67.67	202.58	86.11	0.30	24.42
中宁县	Zhongning	135.43	12.63	89.35	855.30	49.35	208.48	68.15		52.27
海原县	Haiyuan	85.11	9.44	28.18	854.82	47.18	206.42	396.98	358.84	38.13

2-45 续表 9 continued

单位：元/人

指标名称	Indicator	管道煤气 Coal Gas of Pipeline	管道天然气 Natural Gas of Pipeline	其它燃料 Other Fuels	4.取暖费 Heat Charges	5.其他相关支出 Other Interrelated	(三)居住服务费 Habitation Service Charge	1.物业管理费 Estate Management Fees	2.维修服务费 Maintenance Fees	3.其他居住服务费 Other
全　区	**Total**	**0.34**	**72.81**	**2.49**	**390.08**	**7.51**	**130.12**	**102.74**	**15.79**	**11.59**
银川市	**Yinchuan**	**0.53**	**93.64**	**3.65**	**355.43**	**6.22**	**157.93**	**137.90**	**13.41**	**6.63**
兴庆区	Xingqing	0.09	69.40	2.83	404.05	6.18	173.85	160.68	9.77	3.40
西夏区	Xixia		91.48		310.08	2.21	85.62	59.37	12.55	13.70
金凤区	Jinfeng	2.10	75.81	9.89	413.65	15.58	218.62	188.02	26.18	4.41
永宁县	Yongning		287.40		224.63	0.32	236.04	194.33	27.18	14.53
贺兰县	Helan	3.15	61.87	15.52	516.00	2.54	96.45	59.89	14.21	22.35
灵武市	Lingwu		159.60		102.95		67.26	62.39	0.21	4.66
石嘴山市	**Shizuishan**	**1.14**	**114.33**	**2.25**	**334.48**	**11.24**	**50.12**	**34.20**	**4.57**	**11.35**
大武口区	Dawukou		134.85		407.97	0.37	63.69	48.93	12.31	2.45
惠农区	Huinong	4.07	61.39	8.02	364.86	0.53	46.92	38.61	0.81	7.50
平罗县	Pingluo		113.68		274.65	61.29	97.14	48.52	10.23	38.40
吴忠市	**Wuzhong**	**0.25**	**32.23**	**5.24**	**362.00**	**9.06**	**94.64**	**68.67**	**10.39**	**15.58**
利通区	Litong	0.15	50.08	15.45	364.29	21.71	94.34	83.25	3.24	7.84
红寺堡区	Hongsipu				148.61	0.25	49.50	27.06	6.48	15.97
盐池县	Yanchi		41.80		240.60	1.90	50.30	38.37	2.32	9.61
同心县	Tongxin				140.36	0.16	47.56	36.55	9.08	1.93
青铜峡市	Qingtongxia	0.96	30.26		633.05	0.94	173.78	91.57	33.73	48.47
固原市	**Guyuan**	**0.56**	**0.37**	**5.25**	**365.88**	**19.25**	**72.83**	**42.78**	**22.72**	**7.33**
原州区	Yuanzhou			7.37	339.10	28.72	64.68	46.35	11.65	6.68
西吉县	Xiji	0.77	2.18	12.84	387.64	1.25	112.03	13.22	96.52	2.29
隆德县	Longde				415.46	1.76	67.29	41.69	10.79	14.81
泾源县	Jingyuan		4.24	1.14	595.70	3.84	193.11	140.80	44.34	7.97
彭阳县	Pengyang	2.94	0.19	0.42	366.85	3.21	113.94	76.66	29.23	8.05
中卫市	**Zhongwei**		**35.77**	**0.80**	**439.52**	**44.31**	**139.91**	**85.55**	**13.63**	**40.73**
沙坡头区	Shapotou		59.75	1.64	429.00	78.75	112.35	84.46	24.06	3.83
中宁县	Zhongning		15.88		514.35	14.97	195.20	102.69	3.16	89.35
海原县	Haiyuan				204.25		61.00	30.46	2.36	28.18

2-45 续表 10 continued

单位：元/人

指标名称	Indicator	四、家庭设备用品及服务 Household Facilities, Articles and Services	(一)耐用消费品 Durable Consumer Goods	1.家具 Furnitures	2.家庭设备 Household Facilities	洗衣机 Washing Machine	电冰箱 Refri-gerator	微波炉 Microwave Oven	空调器 Air Conditioner	淋浴热水器 Water Heater for Shower	消毒碗柜 Disinfection Cupboard
全　区	**Total**	**1001.82**	**501.89**	**264.31**	**237.58**	**36.93**	**42.83**	**3.64**	**14.49**	**20.86**	**0.07**
银川市	**Yinchuan**	**1049.52**	**474.22**	**261.12**	**213.10**	**25.89**	**34.74**	**3.63**	**21.28**	**26.79**	
兴庆区	Xingqing	1267.38	548.38	273.38	275.00	36.54	46.43	2.73	29.25	39.10	
西夏区	Xixia	975.74	545.96	436.55	109.41	6.72	28.77	2.98	16.11	13.87	
金凤区	Jinfeng	953.02	453.94	215.10	238.84	38.48	38.99	1.85	9.53	33.47	
永宁县	Yongning	697.83	271.34	180.04	91.31	6.70		28.95	4.22		
贺兰县	Helan	569.83	191.82	56.94	134.87	7.38					
灵武市	Lingwu	654.60	239.24	94.55	144.69		11.05		32.90		
石嘴山市	**Shizuishan**	**772.87**	**263.24**	**133.27**	**129.97**	**12.27**	**16.17**	**2.38**		**12.02**	
大武口区	Dawukou	762.62	216.80	80.71	136.09		19.10				
惠农区	Huinong	614.59	220.54	68.27	152.26	8.03	18.44	8.49		34.67	
平罗县	Pingluo	1039.03	542.67	248.24	294.43	55.74	39.53			12.75	
吴忠市	**Wuzhong**	**825.90**	**331.39**	**137.33**	**194.05**	**36.84**	**30.07**	**2.46**	**15.51**	**27.06**	
利通区	Litong	919.93	319.72	92.74	226.98	10.20	34.77	3.08	32.22	45.00	
红寺堡区	Hongsipu	884.60	528.26	408.30	119.97	8.16	55.53	5.22		5.65	
盐池县	Yanchi	817.33	439.84	294.90	144.95	85.78	38.15				
同心县	Tongxin	652.53	348.26	145.61	202.65	9.84	52.77		24.60		
青铜峡市	Qingtongxia	698.55	214.05	58.06	155.99	82.74		5.31			
固原市	**Guyuan**	**1157.15**	**727.00**	**468.48**	**258.52**	**66.10**	**36.11**	**4.94**		**17.50**	**0.26**
原州区	Yuanzhou	1192.08	755.18	503.45	251.74	76.38	26.16	6.21		10.41	
西吉县	Xiji	1649.91	1049.16	720.88	328.28	91.28	107.27	5.97		29.12	2.53
隆德县	Longde	610.54	388.77	228.29	160.48	61.37	44.84			14.34	
泾源县	Jingyuan	1069.52	440.75	202.96	237.79	52.28		12.84		75.91	
彭阳县	Pengyang	823.04	469.79	168.84	300.95	11.66	43.36			28.25	
中卫市	**Zhongwei**	**752.32**	**371.21**	**133.64**	**237.57**	**31.30**	**28.00**	**4.70**	**16.34**	**12.90**	
沙坡头区	Shapotou	805.97	490.73	217.10	273.62	21.81	54.80	6.00	33.59	3.99	
中宁县	Zhongning	740.92	279.51	48.23	231.28	47.23		4.46		20.74	
海原县	Haiyuan	567.26	187.89	79.70	108.19	16.21	12.21			24.28	

2-45 续表 11 continued

单位：元/人

指标名称	Indicator	其他家庭设备 Other	(二)室内装饰品 Articles for Interior Decoration	(三)床上用品 Bed Articles	(四)家庭日用杂品 Household Articles for Daily Use	(五)家具材料 Furniture Materials	(六)家庭服务 Household Services	1.家政服务 House-keeping	2.加工维修服务费 Processing and Maintenance Fees	五、医疗保健 Health Care and Medical Services	(一)医疗器具 Medical Implement
全　区	**Total**	**118.76**	**38.88**	**54.13**	**363.63**	**3.65**	**36.42**	**19.27**	**17.15**	**1158.83**	**7.52**
银川市	**Yinchuan**	**100.76**	**52.52**	**66.65**	**409.89**	**0.97**	**40.63**	**22.65**	**17.99**	**1325.20**	**4.18**
兴庆区	Xingqing	120.95	72.70	80.85	505.45	0.40	59.61	38.84	20.77	1533.80	6.50
西夏区	Xixia	40.96	3.73	65.15	342.33		18.56	9.66	8.90	1173.42	4.30
金凤区	Jinfeng	116.53	54.59	50.64	350.77		23.45	12.86	10.59	1136.72	1.53
永宁县	Yongning	51.44	29.57	46.34	338.60		11.98		11.98	1000.35	
贺兰县	Helan	127.49	104.88	39.15	201.88	2.32	29.79	1.55	28.24	1693.08	3.11
灵武市	Lingwu	100.74	32.34	49.00	272.08	8.11	41.81	4.62	37.19	1025.86	0.26
石嘴山市	**Shizuishan**	**87.13**	**15.85**	**32.97**	**370.45**	**1.51**	**88.85**	**69.68**	**19.17**	**854.81**	**10.19**
大武口区	Dawukou	116.99	3.82	20.28	430.06	0.89	90.77	79.26	11.50	880.13	4.42
惠农区	Huinong	82.64	0.89	27.22	317.49		48.46	1.80	46.66	850.68	14.14
平罗县	Pingluo	186.41	82.49	63.41	317.56	7.40	25.50	6.31	19.20	1159.50	9.65
吴忠市	**Wuzhong**	**82.13**	**35.09**	**59.86**	**349.96**		**42.65**	**16.92**	**25.73**	**1034.20**	**2.55**
利通区	Litong	101.71	33.40	67.97	436.13		62.71	25.69	37.01	887.85	3.37
红寺堡区	Hongsipu	45.41	30.65	43.43	255.04		27.21	6.88	20.33	759.12	1.47
盐池县	Yanchi	21.02	55.74	46.30	251.86		23.59	6.99	16.60	762.81	0.04
同心县	Tongxin	115.43	25.43	64.58	201.75		12.52		12.52	722.85	
青铜峡市	Qingtongxia	67.95	8.85	62.14	340.92		39.40	28.93	10.46	1447.88	6.10
固原市	**Guyuan**	**133.62**	**50.32**	**60.04**	**271.61**	**13.07**	**32.07**	**14.32**	**17.74**	**678.61**	**7.70**
原州区	Yuanzhou	132.57	44.50	69.25	289.89	5.80	27.47	18.25	9.22	1018.00	5.24
西吉县	Xiji	92.11	77.64	37.35	375.34		102.56	30.07	72.49	523.00	0.66
隆德县	Longde	39.93	11.07	48.33	158.02		4.36	0.68	3.68	421.93	0.80
泾源县	Jingyuan	96.76	68.12	77.22	319.14		85.28	0.30	84.98	1180.48	1.04
彭阳县	Pengyang	217.67	69.58	44.67	165.35	56.84	16.81	3.35	13.46	498.40	33.08
中卫市	**Zhongwei**	**144.33**	**17.17**	**69.63**	**268.46**		**25.85**	**12.71**	**13.14**	**1248.39**	**7.46**
沙坡头区	Shapotou	153.43	10.98	60.99	226.72		16.56	10.61	5.94	1347.70	15.29
中宁县	Zhongning	158.85	15.71	81.27	325.25		39.19	18.11	21.08	1305.69	
海原县	Haiyuan	55.49	50.78	63.35	246.22		19.01	2.65	16.36	610.75	0.24

2-45 续表 12 continued

单位：元/人

指标名称	Indicator	(二)保健器具 Health Care Implement	(三)药品费 Drug Charges	(四)滋补保健品 Health Products	(五)医疗费 Medical Care Expenses	六、交通和通信 Transport and Communi-cations	(一)交通 Transport	1.家庭交通工具 Vehicle	摩托车 Motorcycle	助力车 Powered Bicycle	家用汽车 Automobile
全 区	**Total**	**8.04**	**526.88**	**72.87**	**866.94**	**2503.65**	**1787.40**	**847.15**	**4.30**	**56.13**	**767.88**
银川市	**Yinchuan**	**13.98**	**519.83**	**116.27**	**906.78**	**2685.55**	**1873.87**	**745.58**	**9.43**	**35.05**	**683.38**
兴庆区	Xingqing	12.08	504.06	162.76	1136.50	2904.57	2024.45	772.78		26.55	732.05
西夏区	Xixia	29.86	736.02	97.66	713.88	2233.28	1474.48	915.55		69.34	819.25
金凤区	Jinfeng	17.24	515.82	110.74	636.39	2337.62	1595.00	290.71	7.57	9.63	255.09
永宁县	Yongning	1.74	229.93	27.65	741.03	1680.71	920.89	115.12	48.02	52.30	
贺兰县	Helan	0.09	469.25	0.45	1301.05	3081.52	2269.85	1283.82		33.93	1241.53
灵武市	Lingwu	0.04	409.57	14.14	628.37	3591.53	2870.52	1445.20	63.41	59.72	1298.41
石嘴山市	**Shizuishan**	**3.57**	**476.40**	**31.61**	**364.08**	**2445.73**	**1704.99**	**689.14**	**4.89**	**70.88**	**550.14**
大武口区	Dawukou	1.37	570.45	56.39	313.01	3024.74	2193.97	1008.85		46.98	902.78
惠农区	Huinong	3.67	466.88	20.77	371.21	2141.98	1479.56	874.63	12.43	51.42	804.68
平罗县	Pingluo	6.36	456.55	3.80	741.02	2050.43	1533.36	860.54	7.83	47.59	780.69
吴忠市	**Wuzhong**	**5.89**	**370.89**	**35.99**	**1000.07**	**1926.02**	**1207.21**	**438.19**	**19.61**	**68.86**	**340.96**
利通区	Litong	4.84	402.56	73.31	971.97	1659.65	901.15	60.01		53.47	
红寺堡区	Hongsipu	1.01	194.85	18.96	622.16	1649.45	956.02	129.82		113.86	
盐池县	Yanchi	0.23	268.31	25.90	473.24	3338.47	2641.40	2214.02		100.13	2108.33
同心县	Tongxin	4.29	218.38	1.65	527.23	1393.27	824.13	189.84	71.35	107.76	
青铜峡市	Qingtongxia	16.11	571.52	3.20	917.74	1552.39	887.68	99.33	36.52	48.00	
固原市	**Guyuan**	**1.46**	**340.47**	**26.91**	**551.11**	**1884.15**	**1301.30**	**656.91**	**5.24**	**41.70**	**571.89**
原州区	Yuanzhou	0.45	646.98	22.27	1269.52	2163.23	1577.81	857.17	7.24	52.70	746.04
西吉县	Xiji	12.47	204.38	117.10	202.66	1731.20	995.51	303.17	6.05	1.40	278.39
隆德县	Longde		236.63	5.06	926.55	907.39	487.09	51.66		49.10	
泾源县	Jingyuan	1.44	205.87	1.01	945.46	1661.87	855.59	14.80		13.45	
彭阳县	Pengyang		278.71	34.74	253.42	2023.06	1420.54	625.30		44.47	560.38
中卫市	**Zhongwei**	**4.70**	**580.95**	**25.19**	**772.57**	**2006.50**	**1437.42**	**738.56**	**8.63**	**42.45**	**667.96**
沙坡头区	Shapotou	3.47	600.05	44.08	761.06	1313.15	749.56	249.15	17.74	56.77	151.07
中宁县	Zhongning	6.32	625.42	6.73	844.25	3041.93	2483.64	1512.00		9.89	1483.95
海原县	Haiyuan	4.45	339.76	8.83	573.79	1243.68	668.97	80.44		73.28	

2-45 续表 13 continued

单位：元/人

指标名称	Indicator	其他交通工具 Other	2.车辆用燃料及零配件 Fuels and Accessories	燃料 Fuels	汽油 Petrol	柴油 Diesel Oil	零配件 Accessories	其他 Other	3.交通工具服务支出 Vehicle Services	维修费 Fix Fees	车辆使用税费 Taxes
全 区	**Total**	**18.85**	**294.22**	**264.14**	**230.30**	**2.66**	**30.08**		**273.20**	**45.11**	**153.32**
银川市	**Yinchuan**	**17.71**	**331.93**	**295.24**	**248.73**	**1.16**	**36.69**		**354.08**	**55.04**	**204.13**
兴庆区	Xingqing	14.19	318.04	276.33	256.36	2.45	41.71		400.98	62.57	213.92
西夏区	Xixia	26.96	143.37	130.79	72.63	0.10	12.58		108.36	18.87	75.36
金凤区	Jinfeng	18.42	509.59	470.69	430.06		38.90		360.53	58.35	229.86
永宁县	Yongning	14.80	261.11	214.20	150.41		46.91		332.60	70.36	235.19
贺兰县	Helan	8.35	192.73	174.98	122.76		17.75		550.43	26.62	410.66
灵武市	Lingwu	23.66	484.34	428.72	269.12		55.61		526.39	83.42	262.07
石嘴山市	**Shizuishan**	**63.24**	**288.67**	**266.96**	**248.42**	**6.75**	**21.72**		**249.92**	**32.57**	**189.75**
大武口区	Dawukou	59.09	323.39	298.97	292.85		24.42		328.04	36.64	275.42
惠农区	Huinong	6.09	212.69	186.67	159.55	24.05	26.02		102.71	39.03	50.73
平罗县	Pingluo	24.45	202.52	173.63	126.79		28.89		254.66	43.33	154.52
吴忠市	**Wuzhong**	**8.76**	**222.66**	**185.82**	**137.52**	**1.53**	**36.85**		**218.75**	**55.27**	**133.38**
利通区	Litong	6.53	231.70	204.12	143.95		27.59		174.97	41.38	113.12
红寺堡区	Hongsipu	15.97	375.76	337.75	284.89	5.83	38.01		118.35	57.02	46.71
盐池县	Yanchi	5.57	154.41	137.74	104.94	6.89	16.66		71.56	25.00	29.26
同心县	Tongxin	10.74	287.23	189.58	179.81	0.75	97.65		168.00	146.47	19.82
青铜峡市	Qingtongxia	14.81	219.73	203.23	119.60		16.50		308.06	24.75	196.91
固原市	**Guyuan**	**38.07**	**251.30**	**238.33**	**232.90**	**1.37**	**12.97**		**132.92**	**19.46**	**94.42**
原州区	Yuanzhou	51.19	274.13	262.77	256.92	2.15	11.36		162.56	17.04	133.88
西吉县	Xiji	17.33	257.09	230.72	226.31		26.38		185.17	39.56	122.04
隆德县	Longde	2.56	139.85	125.43	123.05		14.41		66.09	21.62	25.52
泾源县	Jingyuan	1.35	348.69	316.42	313.31		32.26		152.53	48.39	90.57
彭阳县	Pengyang	20.46	407.22	385.33	378.32		21.89		155.51	32.83	60.64
中卫市	**Zhongwei**	**19.52**	**252.99**	**233.18**	**214.43**	**0.11**	**19.81**		**171.78**	**29.71**	**105.21**
沙坡头区	Shapotou	23.56	133.41	118.05	116.23	0.09	15.36		89.07	23.05	40.50
中宁县	Zhongning	18.15	411.91	383.17	338.57	0.17	28.74		279.87	43.12	176.52
海原县	Haiyuan	7.16	202.30	194.86	194.86		7.45		147.81	11.17	133.80

2-45 续表 14 continued

单位：元/人

指标名称	Indicator	其它车辆使用费用 Other Fees	4.交通费 Transport Fares	飞机 Airplane	火车 Train	长途汽车 Coach	市内公共交通 Public Traffic Intra-city	出租汽车费 Taxi	其他交通费 Other Fares	(二)通信 Communi-cations
全　区	**Total**	**74.77**	**370.05**	**80.69**	**80.51**	**74.60**	**51.73**	**74.94**	**7.58**	**716.25**
银川市	**Yinchuan**	**94.92**	**437.71**	**109.34**	**108.13**	**44.11**	**80.42**	**88.10**	**7.62**	**811.68**
兴庆区	Xingqing	124.49	532.64	130.32	158.86	58.04	71.91	110.55	2.97	880.12
西夏区	Xixia	14.13	307.20	52.80	79.65	36.84	62.40	74.19	1.34	758.80
金凤区	Jinfeng	72.32	420.95	189.51	81.98	15.87	53.60	79.84	0.16	742.62
永宁县	Yongning	27.05	212.06		16.48	18.57	34.93	32.93	109.16	759.82
贺兰县	Helan	113.15	242.86	11.27	44.59	54.01	45.27	79.51	8.22	811.67
灵武市	Lingwu	180.89	389.91	49.04	0.54	35.48	258.44	46.41		721.01
石嘴山市	**Shizuishan**	**27.60**	**477.25**	**95.67**	**190.74**	**115.03**	**18.26**	**56.83**	**0.73**	**740.74**
大武口区	Dawukou	15.99	533.68	82.06	159.57	192.43	16.49	82.45	0.66	830.77
惠农区	Huinong	12.95	289.53	42.80	54.93	122.64	36.28	32.32	0.56	662.42
平罗县	Pingluo	56.82	215.63		37.19	98.20	22.96	54.87	2.41	517.07
吴忠市	**Wuzhong**	**30.10**	**327.61**	**67.44**	**53.51**	**113.40**	**33.78**	**53.48**	**6.00**	**718.81**
利通区	Litong	20.48	434.46	136.47	94.32	61.06	53.23	76.26	13.13	758.50
红寺堡区	Hongsipu	14.62	332.08	5.16	12.03	237.99	6.52	64.72	5.66	693.44
盐池县	Yanchi	17.31	201.40	25.44	11.75	119.85	8.22	35.71	0.43	697.07
同心县	Tongxin	1.71	179.06	15.86	16.70	117.59	18.61	9.91	0.41	569.14
青铜峡市	Qingtongxia	86.40	260.56		47.22	126.71	31.09	51.02	4.53	664.71
固原市	**Guyuan**	**19.04**	**254.87**	**25.72**	**30.56**	**124.23**	**17.41**	**45.95**	**11.00**	**582.86**
原州区	Yuanzhou	11.64	283.95	42.14	35.15	132.51	19.47	53.58	1.10	585.41
西吉县	Xiji	23.57	218.07		27.60	141.68	10.85	29.69	8.24	735.69
隆德县	Longde	18.96	229.49	3.17	9.83	134.20	31.85	24.61	25.82	420.30
泾源县	Jingyuan	13.57	267.29	38.28	1.38	28.78	6.20	8.35	184.29	806.29
彭阳县	Pengyang	62.03	232.50	1.94	36.10	120.43	8.36	51.69	13.98	602.53
中卫市	**Zhongwei**	**36.85**	**274.09**	**63.30**	**49.24**	**72.23**	**25.24**	**43.99**	**20.08**	**569.08**
沙坡头区	Shapotou	25.52	277.94	99.32	56.59	45.58	13.84	56.86	5.75	563.59
中宁县	Zhongning	60.24	279.86	37.38	44.67	81.23	37.96	35.63	43.00	558.29
海原县	Haiyuan	2.83	238.42		35.00	156.56	30.22	16.06	0.58	574.70

2-45 续表 15 continued

单位：元/人

指标名称	Indicator	1.通信工具 Instrument	电话机 Telephone	移动电话 Mobile Telephone	其他通信工具 Other Communi-cations Services	2.通信服务 Communi-cations Services	电信费 Telecommu-nications	上网费 Internet	邮费 Postage	其他通信服务费 Other
全　区	**Total**	**213.67**	**1.76**	**201.34**	**7.19**	**502.58**	**493.95**	**115.64**	**2.13**	**4.29**
银川市	**Yinchuan**	**250.53**	**3.94**	**230.17**	**11.66**	**561.15**	**549.61**	**131.31**	**3.70**	**4.40**
兴庆区	Xingqing	297.43	2.31	278.17	16.94	582.69	571.58	133.16	5.16	5.95
西夏区	Xixia	239.08	0.26	228.59	10.22	519.72	514.37	142.74	1.23	4.12
金凤区	Jinfeng	184.11	0.72	154.95	3.61	558.50	540.01	114.95	2.43	2.20
永宁县	Yongning	168.31	20.36	141.70	6.25	591.51	589.24	165.25	0.25	2.02
贺兰县	Helan	305.06	15.30	278.47	11.29	506.61	497.93	118.41		8.68
灵武市	Lingwu	206.16	12.66	183.75	7.22	514.85	502.22	116.41	0.94	1.37
石嘴山市	**Shizuishan**	**219.53**	**0.48**	**215.92**	**3.13**	**521.21**	**517.54**	**136.55**	**0.66**	**3.02**
大武口区	Dawukou	280.10	0.71	278.02	1.38	550.67	548.50	148.72	1.54	0.62
惠农区	Huinong	194.91		190.11	4.80	467.51	460.26	117.97	0.88	6.37
平罗县	Pingluo	96.08	1.84	88.73	5.50	420.99	416.09	80.68	0.54	4.36
吴忠市	**Wuzhong**	**280.10**	**2.98**	**268.30**	**8.82**	**438.71**	**431.29**	**98.17**	**0.88**	**3.39**
利通区	Litong	260.41	4.60	245.94	9.87	498.09	494.69	102.34	1.54	1.86
红寺堡区	Hongsipu	249.93		243.56	6.37	443.51	401.21	115.56	0.40	41.90
盐池县	Yanchi	307.41	1.47	297.60	8.34	389.66	388.10	118.37		1.57
同心县	Tongxin	229.15	3.75	225.20	0.20	339.99	338.71	99.14	0.58	0.70
青铜峡市	Qingtongxia	178.31		170.30	8.01	486.40	469.08	82.00	1.05	1.23
固原市	**Guyuan**	**190.89**	**1.05**	**180.40**	**6.38**	**391.97**	**385.07**	**94.56**	**0.83**	**2.52**
原州区	Yuanzhou	192.44	1.43	187.19	3.81	392.98	390.75	102.90	1.12	1.11
西吉县	Xiji	260.98		225.04	30.32	474.72	449.50	109.79	0.83	12.59
隆德县	Longde	57.64		54.86	2.79	362.66	356.97	85.37	0.91	4.78
泾源县	Jingyuan	188.63	1.50	96.76	2.96	617.65	529.70	120.91		5.38
彭阳县	Pengyang	232.66	0.57	227.67	4.42	369.87	368.84	71.11		1.03
中卫市	**Zhongwei**	**149.63**		**144.55**	**5.08**	**419.45**	**415.16**	**92.83**	**2.67**	**1.61**
沙坡头区	Shapotou	179.76		173.68	6.08	383.83	381.40	60.39	2.16	0.27
中宁县	Zhongning	114.42		110.37	4.04	443.87	438.09	104.39	2.46	3.33
海原县	Haiyuan	140.29		137.26	3.02	434.42	427.21	191.39	5.87	1.34

2-45 续表 16 continued

单位：元/人

指标名称	Indicator	七、教育文化娱乐服务 Education, Culture and Recreation Services	(一)文化娱乐用品 Recreation Articles	1.彩色电视机 Color Television	2.家用电脑 Computer	3.组合音响 Hi-Fi Stereo Component System	4.照相机 Camera	5.其他中高档乐器 Secondary and Top Grade Musical Instrument	6.健身器材 Body-building Apparatus
全　区	**Total**	**1868.42**	**411.13**	**124.66**	**97.71**	**2.42**	**6.56**	**14.80**	**4.19**
银川市	**Yinchuan**	**2226.36**	**470.72**	**146.05**	**104.92**	**0.09**	**4.57**	**13.44**	**2.96**
兴庆区	Xingqing	2627.22	642.54	232.02	132.54	0.19		22.90	5.35
西夏区	Xixia	1683.93	447.28	103.05	102.45		21.84	15.95	1.41
金凤区	Jinfeng	2381.07	305.61	85.60	79.61		4.69		
永宁县	Yongning	1662.75	257.83		147.13				2.83
贺兰县	Helan	2030.42	177.30	57.42	47.78				
灵武市	Lingwu	1270.50	180.23	26.19	18.35				0.76
石嘴山市	**Shizuishan**	**1535.90**	**308.15**	**11.93**	**46.44**		**4.34**	**42.75**	**3.38**
大武口区	Dawukou	1358.75	235.90		7.16				
惠农区	Huinong	1434.83	341.85		91.80		15.46	152.32	10.52
平罗县	Pingluo	1554.48	279.79	66.38	89.13				2.41
吴忠市	**Wuzhong**	**1548.76**	**292.15**	**111.00**	**35.42**	**3.53**	**0.57**	**1.95**	**1.60**
利通区	Litong	1871.17	309.08	84.78	54.88			5.52	4.49
红寺堡区	Hongsipu	1158.97	448.85	188.05	91.98				
盐池县	Yanchi	1507.14	374.42	220.48			3.55		0.07
同心县	Tongxin	1425.98	237.93	85.29	33.03	21.02			
青铜峡市	Qingtongxia	1263.81	257.03	103.90	28.31				
固原市	**Guyuan**	**1739.03**	**555.71**	**278.50**	**150.23**		**9.14**	**4.19**	**0.65**
原州区	Yuanzhou	1902.05	649.73	331.10	183.46		13.08	0.90	0.81
西吉县	Xiji	1343.27	344.85	67.94	177.02				
隆德县	Longde	1340.63	236.44	24.91	66.23		10.42		
泾源县	Jingyuan	1108.34	437.34	181.69	141.51				1.24
彭阳县	Pengyang	1778.08	317.96	163.23	36.53			21.97	0.56
中卫市	**Zhongwei**	**1860.33**	**304.67**	**70.75**	**98.29**	**0.77**	**8.17**	**5.68**	**2.53**
沙坡头区	Shapotou	1558.52	299.17	35.37	108.84		2.23	10.36	0.23
中宁县	Zhongning	2255.27	316.35	123.98	100.95	1.91	7.99	1.59	6.03
海原县	Haiyuan	1768.69	281.32	35.57	44.92		35.65		

2-45 续表 17 continued

单位：元/人

指标名称	Indicator	7.音像制品及软件 AV Products and Software	8.体育用品 Sporting Goods	9.书报杂志 Books、Newspapers and Magazines	10.纸张文具 Papers and Stationery	11.其他文娱用品 Other	(二)文化娱乐服务 Recreation Services	1.参观游览 Tour	2.健身活动 Fitness Activities
全 区	**Total**	**3.00**	**8.76**	**27.03**	**19.46**	**102.54**	**555.75**	**31.76**	**8.65**
银川市	**Yinchuan**	**2.54**	**14.55**	**22.86**	**19.40**	**139.34**	**725.03**	**48.06**	**20.42**
兴庆区	Xingqing	3.31	19.25	29.76	24.36	172.84	758.61	52.57	25.22
西夏区	Xixia	1.79	4.23	16.08	19.60	160.88	526.19	46.63	4.17
金凤区	Jinfeng	1.50	15.97	13.49	13.82	90.94	1116.17	38.97	38.76
永宁县	Yongning	2.13	11.41	19.21	11.73	63.38	510.43	37.17	8.36
贺兰县	Helan	2.57	1.11	23.16	9.74	35.52	274.60	22.04	
灵武市	Lingwu	2.47	14.37	22.20	7.74	88.17	423.16	39.41	4.22
石嘴山市	**Shizuishan**	**7.49**	**3.67**	**67.39**	**21.18**	**99.59**	**421.57**	**28.39**	**3.24**
大武口区	Dawukou	8.18	1.18	73.65	26.04	119.69	424.72	28.47	2.41
惠农区	Huinong	2.04	6.55	18.32	9.70	35.13	279.10	18.65	6.28
平罗县	Pingluo	3.49	3.70	31.41	24.37	58.91	336.70	9.97	0.13
吴忠市	**Wuzhong**	**3.22**	**2.62**	**28.97**	**27.79**	**75.49**	**458.50**	**23.50**	**0.44**
利通区	Litong	3.09	4.03	27.81	20.93	103.55	568.05	53.65	0.74
红寺堡区	Hongsipu	3.09	7.52	27.79	26.66	103.77	120.00	3.93	
盐池县	Yanchi	2.09	2.58	18.77	8.89	117.99	508.79	5.26	
同心县	Tongxin	1.95	0.17	17.57	57.17	21.72	207.86	1.23	
青铜峡市	Qingtongxia	5.40	1.71	48.63	33.25	35.84	355.71	22.43	1.07
固原市	**Guyuan**	**1.81**	**8.08**	**16.31**	**23.13**	**63.67**	**228.57**	**27.82**	**2.76**
原州区	Yuanzhou	1.76	9.76	15.80	24.58	68.48	233.48	36.52	6.17
西吉县	Xiji	4.37	3.52	39.34	14.36	38.30	122.46	15.34	
隆德县	Longde	0.92	6.28	8.26	16.71	102.71	189.30		
泾源县	Jingyuan	2.08	1.19	18.74	24.30	66.59	272.52	7.65	1.20
彭阳县	Pengyang	1.49	9.42	13.38	27.48	43.90	340.26	19.06	
中卫市	**Zhongwei**	**2.98**	**5.81**	**26.82**	**13.38**	**69.49**	**425.30**	**47.27**	**4.34**
沙坡头区	Shapotou	3.46	8.96	31.16	16.95	81.60	414.17	49.93	4.35
中宁县	Zhongning	1.67	2.82	15.01	3.99	50.40	535.42	56.87	5.47
海原县	Haiyuan	5.65	2.95	50.89	32.17	73.51	78.80	1.80	

2-45 续表 18 continued

单位：元/人

指标名称	Indicator	3.团体旅游 Group Activities	4.其它文娱活动 Other Culture and Recreation Activities	5.文娱用品修理服务费 Maintain Charge of Culture and	(三)教育 Education	1.教材 Teaching Material	2.教育费用 Education Expenses	非义务教育学杂费 Tuition for Non-compulsory Education	义务教育学杂费 Tuition for Compulsory Education
全　区	**Total**	**373.07**	**127.38**	**14.89**	**897.51**	**63.62**	**833.89**	**344.78**	**32.63**
银川市	**Yinchuan**	**428.31**	**213.40**	**14.85**	**1024.36**	**76.84**	**947.53**	**358.32**	**34.91**
兴庆区	Xingqing	368.11	289.28	23.44	1226.07	81.06	1145.02	429.66	27.73
西夏区	Xixia	315.02	150.17	10.20	710.46	102.37	608.09	224.00	2.58
金凤区	Jinfeng	884.82	149.36	4.26	931.65	68.53	863.12	313.45	45.52
永宁县	Yongning	294.46	157.23	13.21	894.49	47.14	847.34	209.45	71.91
贺兰县	Helan	114.27	135.18	3.11	1578.52	21.62	1556.89	1099.99	123.35
灵武市	Lingwu	244.25	128.77	6.52	653.50	62.82	590.68	146.95	60.83
石嘴山市	**Shizuishan**	**270.60**	**116.58**	**2.76**	**806.17**	**57.11**	**749.07**	**247.04**	**51.98**
大武口区	Dawukou	261.07	131.15	1.61	698.13	94.17	603.96	42.24	75.88
惠农区	Huinong	190.95	60.11	3.11	813.88	35.41	778.47	381.25	88.60
平罗县	Pingluo	212.11	108.22	6.27	937.99	35.13	902.86	525.83	64.83
吴忠市	**Wuzhong**	**312.67**	**101.61**	**20.27**	**785.19**	**32.35**	**752.85**	**413.62**	**25.57**
利通区	Litong	325.36	154.33	33.98	994.03	60.69	933.34	495.51	31.77
红寺堡区	Hongsipu	76.15	26.46	13.45	590.12	60.70	529.42	254.90	47.51
盐池县	Yanchi	418.96	70.11	14.46	623.93	38.01	585.91	235.01	
同心县	Tongxin	152.41	40.10	14.12	980.20	2.35	977.84	713.49	21.59
青铜峡市	Qingtongxia	226.47	92.20	13.55	589.33		589.33	276.54	39.96
固原市	**Guyuan**	**133.68**	**55.98**	**8.33**	**951.74**	**64.26**	**887.49**	**406.85**	**37.72**
原州区	Yuanzhou	121.99	57.11	11.69	1018.84	81.48	937.36	378.98	41.98
西吉县	Xiji	67.76	36.20	3.17	859.11	37.06	822.04	460.87	40.13
隆德县	Longde	128.00	58.00	3.30	914.90	72.39	842.51	431.07	19.32
泾源县	Jingyuan	152.16	94.61	16.91	352.76	7.68	345.08	93.78	25.54
彭阳县	Pengyang	261.77	58.49	0.94	1119.87	36.68	1083.19	734.28	28.73
中卫市	**Zhongwei**	**270.40**	**77.03**	**26.26**	**1130.36**	**73.03**	**1057.33**	**498.23**	**14.32**
沙坡头区	Shapotou	245.20	100.83	13.86	845.18	77.53	767.66	300.48	19.45
中宁县	Zhongning	362.12	63.06	47.91	1403.51	87.87	1315.64	610.75	6.03
海原县	Haiyuan	50.96	23.92	2.13	1408.57	0.76	1407.81	980.80	22.41

2-45 续表 19 continued

单位：元/人

指标名称	Indicator	托幼费 Childcare Costs	成人教育费 Tuition of Adult Education	培训班 Training Courses	其他 Others	八、其他商品和服务 Other Goods and Services	(一)其他商品 Other Goods	1.金银珠宝饰品 Jewelry	2.手表 Wristwatch
全　区	**Total**	**118.32**	**60.62**	**174.00**	**103.55**	**657.99**	**421.95**	**152.73**	**26.95**
银川市	**Yinchuan**	**136.11**	**52.97**	**261.61**	**103.60**	**812.96**	**538.65**	**217.29**	**38.35**
兴庆区	Xingqing	177.89	57.00	355.23	97.50	980.41	603.43	227.35	40.12
西夏区	Xixia	95.82	49.42	148.55	87.71	549.06	423.42	147.88	26.10
金凤区	Jinfeng	87.96	30.64	249.49	136.07	744.42	506.15	245.96	43.40
永宁县	Yongning	177.61	46.01	165.46	176.90	820.56	522.18	230.01	40.59
贺兰县	Helan	66.99	44.09	154.75	67.72	729.38	571.06	289.99	51.17
灵武市	Lingwu	102.08	96.19	108.48	76.14	507.19	376.37	108.34	19.12
石嘴山市	**Shizuishan**	**46.43**	**70.92**	**262.50**	**70.19**	**354.93**	**248.08**	**32.92**	**5.81**
大武口区	Dawukou	56.64	49.17	266.94	113.08	397.81	295.09	44.51	7.85
惠农区	Huinong	80.72	71.70	92.88	63.33	327.28	178.09	33.77	5.96
平罗县	Pingluo	68.10	49.04	52.24	142.82	521.70	387.60	69.96	12.35
吴忠市	**Wuzhong**	**71.46**	**28.58**	**112.79**	**100.82**	**593.46**	**446.87**	**231.53**	**40.86**
利通区	Litong	106.84	19.68	206.95	72.59	869.96	708.43	456.41	80.54
红寺堡区	Hongsipu	85.36	26.98	44.19	70.49	151.99	99.69	12.18	2.15
盐池县	Yanchi	47.51	28.45		274.95	435.02	354.35	150.49	26.56
同心县	Tongxin	91.58	1.23	34.36	115.59	359.72	297.57	110.96	19.58
青铜峡市	Qingtongxia	40.01	51.92	155.53	25.38	478.10	384.30	130.94	23.11
固原市	**Guyuan**	**89.55**	**49.01**	**81.06**	**223.29**	**560.67**	**288.31**	**101.51**	**17.91**
原州区	Yuanzhou	85.58	42.15	105.09	283.58	542.28	325.33	104.50	18.44
西吉县	Xiji	15.68	69.75	16.06	219.55	534.54	312.94	117.10	20.66
隆德县	Longde	195.55	81.82	52.55	62.19	297.42	157.67	44.43	7.84
泾源县	Jingyuan	29.94	89.45	16.56	89.82	217.30	145.09	41.61	7.34
彭阳县	Pengyang	111.44	49.01	75.37	84.36	304.71	195.70	90.49	15.97
中卫市	**Zhongwei**	**82.59**	**59.74**	**91.31**	**311.14**	**865.32**	**608.08**	**316.12**	**55.79**
沙坡头区	Shapotou	107.65	38.79	171.10	130.18	778.68	484.69	223.74	39.48
中宁县	Zhongning	67.84	102.02	8.55	520.45	1091.36	831.68	482.49	85.15
海原县	Haiyuan	1.41		42.50	360.69	402.49	311.60	91.42	16.13

2-45 续表 20 continued

单位：元/人

指标名称	Indicator	3.化妆品 Cosmetics	4.其他杂品 Other Sundry Goods	(二)服务 Services	1.旅馆住宿费 Accommodation	2.理发洗澡费 Barber and Bath Expenditure	3.美容费 Beauty Expenses	4.其他服务 Other Services
全　区	**Total**	**163.25**	**76.32**	**236.03**	**49.86**	**38.23**	**25.48**	**121.24**
银川市	**Yinchuan**	**182.12**	**97.04**	**274.31**	**55.98**	**55.71**	**37.14**	**123.62**
兴庆区	Xingqing	225.56	110.40	376.98	83.78	81.62	54.41	157.16
西夏区	Xixia	125.96	123.48	125.64	14.25	29.28	19.52	62.59
金凤区	Jinfeng	141.65	55.11	238.27	56.07	45.64	30.43	97.72
永宁县	Yongning	161.02	90.56	298.39	6.82	18.67	12.45	260.45
贺兰县	Helan	82.31	147.59	158.32	1.22	30.26	20.17	106.67
灵武市	Lingwu	195.62	51.07	130.83	35.81	24.91	16.61	49.96
石嘴山市	**Shizuishan**	**142.72**	**66.63**	**106.85**	**34.16**	**21.08**	**14.05**	**37.55**
大武口区	Dawukou	137.05	105.68	102.72	33.39	24.27	16.18	28.88
惠农区	Huinong	60.15	78.21	149.19	60.33	22.89	15.26	50.70
平罗县	Pingluo	177.24	128.05	134.10	3.80	23.36	15.58	91.35
吴忠市	**Wuzhong**	**146.41**	**28.07**	**146.59**	**27.81**	**22.54**	**15.03**	**79.32**
利通区	Litong	151.79	19.70	161.53	45.33	26.95	17.97	71.28
红寺堡区	Hongsipu	78.31	7.05	52.30	27.48	8.37	5.58	10.87
盐池县	Yanchi	131.23	46.07	80.67	19.29	22.72	15.14	23.51
同心县	Tongxin	145.76	21.28	62.16	43.99	4.84	3.23	10.10
青铜峡市	Qingtongxia	183.61	46.64	93.80	0.44	28.44	18.96	36.97
固原市	**Guyuan**	**133.71**	**34.55**	**272.36**	**44.82**	**25.07**	**16.72**	**184.64**
原州区	Yuanzhou	168.19	34.21	216.95	60.68	32.62	21.75	101.90
西吉县	Xiji	112.33	56.67	221.60	16.28	16.87	11.25	173.09
隆德县	Longde	60.04	45.36	139.76	31.88	8.88	5.92	93.08
泾源县	Jingyuan	82.65	13.50	72.21	23.06	11.05	7.37	6.35
彭阳县	Pengyang	55.54	33.70	109.01	53.58	9.00	6.00	40.42
中卫市	**Zhongwei**	**143.63**	**92.55**	**257.24**	**49.72**	**51.07**	**34.05**	**122.40**
沙坡头区	Shapotou	144.22	77.24	293.99	68.60	74.34	49.56	101.49
中宁县	Zhongning	141.47	122.57	259.69	28.82	32.71	21.80	176.35
海原县	Haiyuan	152.43	51.61	90.89	43.97	15.18	10.12	21.62

2-46 2013年调查市县城镇居民家庭住房情况

Basic Statistics of Housing Conditions of Urban Households by City and County in 2013

市 县	Region	家庭居住人口 Household Living Population 人/户 person/household	现住房总建筑面积 Floor Space of Current Housing 平方米/人 sq.m/person	房屋产权(合计) House Property Right (Total)	租赁公房 Public House Leasing %	租赁私房 Private House Leasing %	原有私房 Inhered Private House %
全 区	**Total**	**3.20**	**30.87**		**1.77**	**8.72**	**9.39**
银川市	**Yinchuan**	**2.92**	**31.08**		**1.13**	**10.25**	**7.25**
兴庆区	Xingqing	2.75	32.57		2.29	14.06	7.77
西夏区	Xixia	2.80	22.68			7.41	4.64
金凤区	Jinfeng	2.90	35.63			6.20	11.61
永宁县	Yongning	3.27	35.08				
贺兰县	Helan	3.03	29.95			2.19	4.93
灵武市	Lingwu	3.23	28.35			11.92	5.75
石嘴山市	**Shizuishan**	**2.98**	**29.39**		**0.17**	**5.91**	**4.67**
大武口区	Dawukou	2.73	30.66			10.12	3.37
惠农区	Huinong	2.99	25.90		0.57	11.10	9.40
平罗县	Pingluo	3.17	28.69			2.26	6.77
吴忠市	**Wuzhong**	**3.41**	**33.13**		**1.19**	**6.52**	**12.06**
利通区	Litong	3.02	33.24		1.36	7.07	2.79
红寺堡区	Hongsipu	3.72	25.10			19.49	23.11
盐池县	Yanchi	3.62	34.06			10.00	24.18
同心县	Tongxin	4.61	35.30			6.38	44.00
青铜峡市	Qingtongxia	2.82	32.50		2.89	2.98	2.98
固原市	**Guyuan**	**3.66**	**31.82**			**16.64**	**19.58**
原州区	Yuanzhou	3.62	32.48			20.60	23.36
西吉县	Xiji	3.79	26.01			5.23	11.84
隆德县	Longde	3.91	35.71			23.57	7.69
泾源县	Jingyuan	2.89	36.09			15.36	17.75
彭阳县	Pengyang	3.98	29.44			3.11	14.67
中卫市	**Zhongwei**	**3.50**	**31.58**			**2.44**	**3.14**
沙坡头区	Shapotou	3.26	29.48			4.19	2.60
中宁县	Zhongning	3.32	34.20				
海原县	Haiyuan	4.42	31.28			4.24	20.94

2-46 续表 1 continued

市 县	Region	房改私房 Reformed Private House %	商品房 Commercial Residential Building %	借用房 Borrowing House %	其他 Others %	住宅建筑式样(合计) House Construction Style (Total)	单栋住宅 Single House %
全 区	**Total**	**18.22**	**59.02**	**2.57**	**0.30**		**1.19**
银川市	**Yinchuan**	**28.72**	**48.85**	**3.40**	**0.40**		**0.32**
兴庆区	Xingqing	19.02	51.53	4.85	0.47		
西夏区	Xixia	75.04	9.97	2.94			1.44
金凤区	Jinfeng	26.77	55.43				
永宁县	Yongning		100.00				
贺兰县	Helan	12.31	75.64	4.93			2.46
灵武市	Lingwu	19.02	56.48	4.57	2.26		
石嘴山市	**Shizuishan**	**27.03**	**60.47**	**1.75**			**0.75**
大武口区	Dawukou	20.27	60.73	5.50			
惠农区	Huinong	42.18	34.93	1.82			
平罗县	Pingluo	2.26	88.71				4.52
吴忠市	**Wuzhong**	**6.86**	**72.52**	**0.85**			**1.68**
利通区	Litong	7.96	79.66	1.16			2.53
红寺堡区	Hongsipu		57.40				3.85
盐池县	Yanchi		65.83				
同心县	Tongxin	19.63	26.66	3.34			
青铜峡市	Qingtongxia	5.96	85.20				2.39
固原市	**Guyuan**	**1.99**	**61.07**	**0.72**			**12.26**
原州区	Yuanzhou	0.98	55.07				15.47
西吉县	Xiji	12.91	62.62	7.40			
隆德县	Longde		68.73				2.56
泾源县	Jingyuan	2.98	63.91				6.89
彭阳县	Pengyang		82.22				11.49
中卫市	**Zhongwei**	**1.13**	**92.44**	**0.38**	**0.48**		**0.38**
沙坡头区	Shapotou		92.24		0.97		
中宁县	Zhongning		100.00				
海原县	Haiyuan	12.72	57.86	4.24			4.24

2-46 续表 2 continued

市 县	Region	四居室 House With Four Bedrooms %	三居室 House With Three Bedrooms %	二居室 House With Two Bedrooms %	一居室 House With One Bedrooms %	普通楼房 General Building %	平房及其他 Bungalow and Others %
全 区	**Total**	**2.02**	**32.54**	**53.52**	**4.08**	**0.64**	**6.01**
银川市	**Yinchuan**	**3.20**	**28.23**	**62.65**	**3.47**	**1.22**	**0.91**
兴庆区	Xingqing	1.57	28.55	64.39	5.48		
西夏区	Xixia		3.22	90.84	4.50		
金凤区	Jinfeng	13.24	29.42	56.25			1.10
永宁县	Yongning	2.34	58.07	39.60			
贺兰县	Helan		41.51	38.57			17.47
灵武市	Lingwu		58.05	23.98		15.97	2.00
石嘴山市	**Shizuishan**	**0.33**	**43.78**	**50.73**	**1.71**	**1.21**	**1.49**
大武口区	Dawukou		42.59	49.16		5.50	2.75
惠农区	Huinong		9.57	84.12	4.61		1.70
平罗县	Pingluo	1.98	57.82	31.40	2.02		2.26
吴忠市	**Wuzhong**	**2.41**	**33.68**	**43.28**	**1.06**	**1.24**	**16.66**
利通区	Litong	6.05	26.56	60.89	2.87		1.10
红寺堡区	Hongsipu		8.35	33.41		27.42	26.96
盐池县	Yanchi	4.18	58.31				37.51
同心县	Tongxin		26.66				73.34
青铜峡市	Qingtongxia		47.29	50.32			
固原市	**Guyuan**	**1.45**	**36.41**	**23.53**	**1.36**	**0.75**	**24.25**
原州区	Yuanzhou	0.91	29.21	22.75			31.66
西吉县	Xiji		38.31	39.69	5.23	3.95	12.81
隆德县	Longde	11.08	40.03	22.75		5.36	18.21
泾源县	Jingyuan	2.98	41.12	15.90	18.80		14.31
彭阳县	Pengyang		62.79	19.82	1.59		4.31
中卫市	**Zhongwei**	**0.38**	**41.38**	**52.45**	**0.63**	**1.81**	**2.97**
沙坡头区	Shapotou		28.72	67.09	1.28	2.91	
中宁县	Zhongning		55.16	44.84			
海原县	Haiyuan	4.24	45.00	8.84		4.24	33.44

2-46 续表 3 continued

市 县	Region	现有住房按市场价估计值 Estimate Value of Current Housing By Market Price 元/户 yuan/household	租赁房房租 Rent 元/户 yuan/household	租赁公房房租 Rent of Public 元/户 yuan/household	租赁私房房租 Rent of Private 元/户 year/household	现住房房租折算 Corrected Rent of Current Housing 元/户 yuan/household	购房总金额 Amount of Purchase 元/户 yuan/household
全 区	**Total**	**247488.02**	**69.92**	**3.79**	**66.13**	**686.58**	**105750.96**
银川市	**Yinchuan**	**305163.74**	**95.29**	**0.95**	**94.34**	**846.22**	**121600.14**
兴庆区	Xingqing	319327.62	147.61	1.92	145.69	945.77	119168.44
西夏区	Xixia	201805.08	52.01		52.01	619.15	53813.80
金凤区	Jinfeng	446102.47	61.75		61.75	1040.03	190941.62
永宁县	Yongning	270026.80				756.39	161437.78
贺兰县	Helan	232625.71	10.97		10.97	500.67	119272.41
灵武市	Lingwu	171318.21	33.64		33.64	436.67	97856.31
石嘴山市	**Shizuishan**	**198079.44**	**30.07**	**0.34**	**29.73**	**399.62**	**76986.42**
大武口区	Dawukou	200812.07	50.62		50.62	305.66	77889.39
惠农区	Huinong	121974.45	61.08	1.13	59.94	486.33	55445.65
平罗县	Pingluo	198066.32	4.52		4.52	444.15	111688.19
吴忠市	**Wuzhong**	**224145.80**	**23.49**	**2.99**	**20.49**	**547.35**	**112995.82**
利通区	Litong	249887.73	39.02	4.75	34.27	627.04	131867.92
红寺堡区	Hongsipu	116870.93	41.06		41.06	430.21	57786.16
盐池县	Yanchi	230920.11	22.33		22.33	684.43	81207.62
同心县	Tongxin	263282.25	9.57		9.57	274.18	146261.92
青铜峡市	Qingtongxia	185403.15	11.16	5.20	5.96	518.52	102976.32
固原市	**Guyuan**	**225309.84**	**66.48**		**66.48**	**707.14**	**122580.50**
原州区	Yuanzhou	217233.29	77.87		77.87	641.05	118604.07
西吉县	Xiji	161824.71	22.78		22.78	431.14	75721.41
隆德县	Longde	171747.35	57.91		57.91	583.65	91396.13
泾源县	Jingyuan	249848.82	186.44		186.44	562.91	138425.37
彭阳县	Pengyang	317485.54	19.85		19.85	1289.29	179890.38
中卫市	**Zhongwei**	**264592.87**	**10.36**		**10.36**	**716.47**	**129289.07**
沙坡头区	Shapotou	233035.24	18.76		18.76	684.31	114175.66
中宁县	Zhongning	308126.42				733.66	151893.18
海原县	Haiyuan	230792.51	12.72		12.72	797.57	104682.84

2-46 续表 4 continued

市 县	Region	购房实际支出金额 Actual Expenditure 元/户 yuan/household	饮水情况(合计) Drinking Condition (Total)	自来水 Tap Water %	矿泉水 Mineral Water %	纯净水 Purified Water %	井、河水 Well and River Water %
全　区	**Total**	**83974.85**		**98.03**		**1.18**	**0.79**
银川市	**Yinchuan**	**102113.60**		**99.75**		**0.08**	**0.17**
兴庆区	Xingqing	93119.57		100.00			
西夏区	Xixia	46613.91		100.00			
金凤区	Jinfeng	181066.29		100.00			
永宁县	Yongning	112666.37		100.00			
贺兰县	Helan	97089.03		97.54		2.46	
灵武市	Lingwu	88497.76		97.74			2.26
石嘴山市	**Shizuishan**	**62936.77**		**100.00**			
大武口区	Dawukou	68591.02		100.00			
惠农区	Huinong	39503.01		100.00			
平罗县	Pingluo	80250.10		100.00			
吴忠市	**Wuzhong**	**97773.40**		**99.29**		**0.71**	
利通区	Litong	119150.19		100.00			
红寺堡区	Hongsipu	42416.07		84.14		15.86	
盐池县	Yanchi	48965.00		100.00			
同心县	Tongxin	142612.37		100.00			
青铜峡市	Qingtongxia	84131.14		100.00			
固原市	**Guyuan**	**78173.34**		**86.89**		**7.11**	**2.27**
原州区	Yuanzhou	79069.30		81.97		9.95	2.42
西吉县	Xiji	41304.08		98.03		1.97	
隆德县	Longde	73076.54		84.70		5.36	9.93
泾源县	Jingyuan	95541.94		100.00			
彭阳县	Pengyang	99448.34		100.00			
中卫市	**Zhongwei**	**93517.27**		**99.36**			
沙坡头区	Shapotou	79989.32		98.69			
中宁县	Zhongning	109984.83		100.00			
海原县	Haiyuan	91049.04		100.00			

2-46 续表 5 continued

市 县	Region	其他 Others %	用水情况(合计) Using Water Condition (Total)	独用自来水 Tap Water for Single Use %	公用自来水 Tap Water for Public Use %	井、河水 Well and River Water %	其他 Others %
全　区	**Total**			**98.94**	**0.09**		**0.97**
银川市	**Yinchuan**			**99.92**			**0.08**
兴庆区	Xingqing			100.00			
西夏区	Xixia			100.00			
金凤区	Jinfeng			100.00			
永宁县	Yongning			100.00			
贺兰县	Helan			97.54			2.46
灵武市	Lingwu			100.00			
石嘴山市	**Shizuishan**			**100.00**			
大武口区	Dawukou			100.00			
惠农区	Huinong			100.00			
平罗县	Pingluo			100.00			
吴忠市	**Wuzhong**			**98.36**	**0.42**		**1.22**
利通区	Litong			100.00			
红寺堡区	Hongsipu			84.14			15.86
盐池县	Yanchi			96.67			3.33
同心县	Tongxin			96.68	3.32		
青铜峡市	Qingtongxia			100.00			
固原市	**Guyuan**	**3.73**		**89.87**	**0.56**		**9.57**
原州区	Yuanzhou	5.67		87.54			12.46
西吉县	Xiji			95.16			4.84
隆德县	Longde			76.43	8.28		15.30
泾源县	Jingyuan			97.02			2.98
彭阳县	Pengyang			100.00			
中卫市	**Zhongwei**	**0.64**		**100.00**			
沙坡头区	Shapotou	1.31		100.00			
中宁县	Zhongning			100.00			
海原县	Haiyuan			100.00			

2-46 续表 6 continued

市 县	Region	卫生设备(合计) Health Equipment (Total)	无卫生设备 Without Health Equipment %	有厕所浴室 Toilet With Bathroom %	有厕所无浴室 Toilet Without Bathroom %	公用 Public Toilet %	取暖设备(合计) Heating Equipment (Total)
全 区	**Total**		**1.05**	**90.71**	**6.94**	**1.30**	
银川市	**Yinchuan**		**1.45**	**92.07**	**5.43**	**1.05**	
兴庆区	Xingqing			96.19	2.29	1.52	
西夏区	Xixia			77.06	22.94		
金凤区	Jinfeng			100.00			
永宁县	Yongning			100.00			
贺兰县	Helan		2.46	85.76	11.78		
灵武市	Lingwu		17.97	78.04		3.99	
石嘴山市	**Shizuishan**		**1.71**	**79.21**	**18.70**	**0.38**	
大武口区	Dawukou		5.50	69.38	25.12		
惠农区	Huinong		1.70	82.31	15.99		
平罗县	Pingluo			87.24	10.50	2.26	
吴忠市	**Wuzhong**		**4.18**	**91.57**	**2.07**	**2.19**	
利通区	Litong			97.80		2.20	
红寺堡区	Hongsipu		19.71	68.73	7.70	3.85	
盐池县	Yanchi		13.33	80.01	6.66		
同心县	Tongxin		9.95	80.63		9.42	
青铜峡市	Qingtongxia			97.02	2.98		
固原市	**Guyuan**		**1.82**	**69.94**	**18.10**	**10.14**	
原州区	Yuanzhou		2.19	63.91	21.32	12.58	
西吉县	Xiji			75.57	24.43		
隆德县	Longde		2.56	73.86	2.56	21.01	
泾源县	Jingyuan			94.04	5.96		
彭阳县	Pengyang		1.44	86.60	9.09	2.87	
中卫市	**Zhongwei**		**1.13**	**93.43**	**4.57**	**0.87**	
沙坡头区	Shapotou			92.72	6.31	0.97	
中宁县	Zhongning			100.00			
海原县	Haiyuan		12.72	66.34	16.52	4.42	

2-46 续表 7 continued

市 县	Region	无取暖设备 Without Heating Equipment %	空调设备 Air Conditioning %	暖气 Central Heating %	其他 Others %	炊用燃料使用情况(合计) Fuel Using Condition for Cooking (Total)	煤炭 Coal %
全 区	**Total**	**0.17**			**99.83**		**2.45**
银川市	**Yinchuan**	**0.30**			**99.70**		**1.96**
兴庆区	Xingqing				100.00		
西夏区	Xixia				100.00		
金凤区	Jinfeng				100.00		1.15
永宁县	Yongning				100.00		
贺兰县	Helan				100.00		16.70
灵武市	Lingwu	3.99			96.01		15.97
石嘴山市	**Shizuishan**				**100.00**		**0.55**
大武口区	Dawukou				100.00		
惠农区	Huinong				100.00		0.57
平罗县	Pingluo				100.00		2.26
吴忠市	**Wuzhong**	**1.01**			**98.99**		**1.85**
利通区	Litong				100.00		1.22
红寺堡区	Hongsipu				100.00		
盐池县	Yanchi	6.66			93.34		6.66
同心县	Tongxin				100.00		3.04
青铜峡市	Qingtongxia				100.00		
固原市	**Guyuan**	**0.29**			**99.71**		**10.40**
原州区	Yuanzhou				100.00		9.99
西吉县	Xiji	1.97			98.03		12.43
隆德县	Longde				100.00		2.56
泾源县	Jingyuan	2.98			97.02		9.40
彭阳县	Pengyang				100.00		14.71
中卫市	**Zhongwei**				**100.00**		**0.50**
沙坡头区	Shapotou				100.00		
中宁县	Zhongning				100.00		
海原县	Haiyuan				100.00		5.58

2-46 续表 8 continued

市 县	Region	罐装液化石油气 Liquefied Petroleum Gas of Can Pack %	管道液化石油气 Liquefied Petroleum Gas of Pipeline %	管道煤气 Coal Gas of Pipeline %	管道天然气 Natural Gas of Pipeline %	柴油 Diesel Fuel %	其它燃料 Other Fuels %
全 区	**Total**	**20.34**	**0.33**	**0.34**	**61.04**		**15.50**
银川市	**Yinchuan**	**17.42**	**0.68**	**0.39**	**74.15**		**5.40**
兴庆区	Xingqing	19.27		0.64	74.41		5.68
西夏区	Xixia	20.71			76.71		2.58
金凤区	Jinfeng	14.05	1.28		75.57		7.94
永宁县	Yongning		2.32	1.63	96.05		
贺兰县	Helan	35.02			45.81		2.46
灵武市	Lingwu	10.60	4.61		59.76		9.05
石嘴山市	**Shizuishan**	**32.19**			**63.92**		**3.34**
大武口区	Dawukou	45.47			52.01		2.52
惠农区	Huinong	13.17			76.90		9.36
平罗县	Pingluo	51.86			45.88		
吴忠市	**Wuzhong**	**25.85**			**43.40**		**28.89**
利通区	Litong	21.72			58.60		18.45
红寺堡区	Hongsipu	31.79					68.21
盐池县	Yanchi				54.12		39.21
同心县	Tongxin						96.96
青铜峡市	Qingtongxia	46.44			50.58		2.98
固原市	**Guyuan**	**41.35**		**0.21**			**48.05**
原州区	Yuanzhou	40.92					49.09
西吉县	Xiji	37.05					50.53
隆德县	Longde	36.72					60.72
泾源县	Jingyuan	72.26					18.34
彭阳县	Pengyang	41.86		1.44			41.99
中卫市	**Zhongwei**	**31.26**			**17.06**		**51.18**
沙坡头区	Shapotou	27.11			32.16		40.73
中宁县	Zhongning	41.30			2.26		56.44
海原县	Haiyuan	8.26					86.16

2-47 2013年各市县城镇居民主要消费品购买情况

Purchases of Major Consumer Goods of Urban Households by City and County(2013)

指标名称	Item	大米 Rice 公斤/人 kg/person	面粉 Flour 公斤/人 kg/person	食用植物油 Edible Vegetable Oil 公斤/人 kg/person	猪肉 Pork 公斤/人 kg/person	牛肉 Beef 公斤/人 kg/person	羊肉 Mutton 公斤/人 kg/person	鸡 Fowl 公斤/人 kg/person
全　区	**Total**	**28.18**	**27.67**	**8.62**	**8.09**	**4.28**	**4.86**	**4.75**
银川市	**Yinchuan**	**26.25**	**21.60**	**8.74**	**8.26**	**4.18**	**5.15**	**5.05**
兴庆区	Xingqing	23.55	20.18	8.16	9.12	4.03	5.14	5.05
西夏区	Xixia	32.23	24.78	10.58	10.97	2.90	4.54	5.04
金凤区	Jinfeng	25.37	18.92	8.31	6.88	4.79	5.45	4.63
永宁县	Yongning	23.60	13.26	7.12	8.50	2.86	3.03	5.75
贺兰县	Helan	25.32	25.95	8.56	7.60	3.22	4.70	6.61
灵武市	Lingwu	34.38	33.26	10.79	1.59	7.33	7.42	5.02
石嘴山市	**Shizuishan**	**23.48**	**23.87**	**8.51**	**8.47**	**3.57**	**5.47**	**3.05**
大武口区	Dawukou	24.31	23.43	7.78	10.24	3.36	4.88	2.60
惠农区	Huinong	27.99	31.18	9.40	8.97	4.56	6.59	4.88
平罗县	Pingluo	24.87	31.75	7.48	7.59	2.20	5.88	3.42
吴忠市	**Wuzhong**	**33.97**	**26.17**	**7.81**	**4.51**	**6.50**	**5.95**	**5.71**
利通区	Litong	22.85	17.70	7.33	2.67	7.12	8.62	5.75
红寺堡区	Hongsipu	30.57	47.11	7.04	3.17	4.49	1.45	5.44
盐池县	Yanchi	37.00	25.36	5.52	7.33	0.78	5.72	3.75
同心县	Tongxin	55.49	56.71	12.50		12.67	3.53	5.18
青铜峡市	Qingtongxia	31.73	15.25	6.44	9.76	2.66	4.14	5.46
固原市	**Guyuan**	**19.33**	**31.09**	**7.22**	**5.83**	**4.24**	**2.14**	**3.25**
原州区	Yuanzhou	20.14	30.48	7.42	5.03	4.36	2.04	3.03
西吉县	Xiji	24.35	36.18	7.71	2.87	6.27	1.50	5.10
隆德县	Longde	10.78	16.31	5.04	7.31	1.96	1.89	3.36
泾源县	Jingyuan	29.93	44.67	13.25		7.60	1.08	4.68
彭阳县	Pengyang	15.21	32.22	5.48	10.80	2.60	2.20	2.69
中卫市	**Zhongwei**	**35.97**	**25.27**	**6.71**	**8.46**	**2.67**	**3.53**	**3.27**
沙坡头区	Shapotou	19.26	18.03	6.93	9.11	2.57	4.42	3.58
中宁县	Zhongning	55.34	29.63	5.52	9.43	1.68	2.84	2.57
海原县	Haiyuan	40.65	42.44	10.17	1.62	6.81	2.00	4.41

2-47 续表 1 continued

指标名称	Item	鲜蛋 Fresh Egg 公斤/人 kg/person	鱼 Fish 公斤/人 kg/person	虾 Shrimp 公斤/人 kg/person	鲜菜 Fresh Vegetables 公斤/人 kg/person	白酒 White Spirit 公斤/人 kg/person	果酒 Fruit Wine 公斤/人 kg/person	啤酒 Beer 公斤/人 kg/person
全 区	**Total**	**6.15**	**3.93**	**0.37**	**107.92**	**1.00**	**0.17**	**2.42**
银川市	**Yinchuan**	**6.69**	**4.33**	**0.44**	**107.06**	**1.06**	**0.20**	**2.06**
兴庆区	Xingqing	6.87	4.02	0.50	108.94	0.96	0.25	2.43
西夏区	Xixia	8.47	5.81	0.62	107.70	1.84	0.24	2.59
金凤区	Jinfeng	6.87	5.13	0.37	102.63	0.99	0.06	1.60
永宁县	Yongning	3.25	2.82	0.33	105.13	0.31	0.04	0.81
贺兰县	Helan	5.00	2.74	0.16	107.71	1.74	0.33	1.35
灵武市	Lingwu	4.46	3.23	0.15	109.11	0.19	0.23	0.97
石嘴山市	**Shizuishan**	**4.90**	**3.95**	**0.31**	**98.92**	**1.27**	**0.08**	**2.92**
大武口区	Dawukou	6.40	4.90	0.30	90.06	1.93	0.15	5.70
惠农区	Huinong	5.79	4.86	0.48	122.27	1.86	0.08	4.31
平罗县	Pingluo	4.82	1.62	0.16	108.64	1.04	0.01	0.94
吴忠市	**Wuzhong**	**4.38**	**3.06**	**0.10**	**95.20**	**0.26**	**0.10**	**1.07**
利通区	Litong	5.14	3.51	0.15	93.42	0.24	0.11	1.02
红寺堡区	Hongsipu	3.65	0.67	0.09	55.24	0.31	0.13	3.66
盐池县	Yanchi	3.51	1.85	0.09	52.34	0.16	0.06	1.87
同心县	Tongxin	2.74	0.87		77.72	0.02		0.17
青铜峡市	Qingtongxia	4.47	3.55	0.12	142.31	0.48	0.10	0.86
固原市	**Guyuan**	**5.29**	**1.48**	**0.11**	**67.72**	**1.22**	**0.06**	**1.85**
原州区	Yuanzhou	5.52	1.66	0.16	69.34	1.31	0.05	1.62
西吉县	Xiji	4.18	1.66	0.06	71.72	0.33	0.07	1.94
隆德县	Longde	4.78	1.66	0.04	73.47	0.53	0.04	2.89
泾源县	Jingyuan	4.13	1.35	0.06	91.15	0.18		0.80
彭阳县	Pengyang	5.25	0.63	0.03	50.92	2.35	0.13	2.55
中卫市	**Zhongwei**	**4.49**	**2.19**	**0.16**	**109.52**	**0.62**	**0.11**	**2.77**
沙坡头区	Shapotou	4.55	2.39	0.11	111.46	0.82	0.09	2.50
中宁县	Zhongning	4.49	2.14	0.23	102.58	0.50	0.15	3.19
海原县	Haiyuan	4.08	1.54	0.12	125.24	0.22	0.00	2.05

2-47 续表 2 continued

指标名称	Item	茶叶 Tea 公斤/人 kg/person	鲜果 Fresh Fruits 公斤/人 kg/person	鲜瓜 Fresh Melons 公斤/人 kg/person	糕点 Cake 公斤/人 kg/person	鲜乳品 Fresh Milk 公斤/人 kg/person	奶粉 Powdered Milk 公斤/人 kg/person	酸奶 Acidophilus Milk 公斤/人 kg/person	水 Water 吨/人 ton/person
全　区	**Total**	**0.24**	**60.44**	**10.67**	**3.71**	**19.59**	**0.44**	**4.83**	**26.28**
银川市	**Yinchuan**	**0.27**	**55.45**	**9.79**	**4.69**	**22.96**	**0.41**	**5.37**	**28.09**
兴庆区	Xingqing	0.22	56.19	9.92	5.34	27.84	0.34	5.92	23.64
西夏区	Xixia	0.51	52.38	9.24	6.49	27.96	0.55	4.84	24.98
金凤区	Jinfeng	0.23	49.96	8.82	3.92	20.75	0.27	7.25	37.47
永宁县	Yongning	0.10	57.36	10.12	0.79	10.30	0.75	3.20	52.08
贺兰县	Helan	0.30	48.84	8.62	2.70	15.95	0.60	3.69	30.08
灵武市	Lingwu	0.20	71.53	12.62	2.51	0.83	0.57	1.56	23.37
石嘴山市	**Shizuishan**	**0.29**	**57.67**	**10.18**	**3.89**	**13.48**	**0.37**	**6.24**	**45.54**
大武口区	Dawukou	0.26	62.16	10.97	5.36	20.45	0.42	8.56	56.29
惠农区	Huinong	0.30	54.97	9.70	1.35	10.63	0.63	5.84	43.73
平罗县	Pingluo	0.38	62.29	10.99	3.49	2.76	0.41	0.51	19.06
吴忠市	**Wuzhong**	**0.16**	**60.94**	**10.75**	**2.49**	**16.10**	**0.34**	**4.04**	**19.76**
利通区	Litong	0.22	62.22	10.98	1.68	16.89	0.46	5.13	22.76
红寺堡区	Hongsipu	0.18	58.62	10.35	1.33	0.43	1.10	0.69	11.33
盐池县	Yanchi	0.02	59.74	10.54	3.53	0.08	0.27	5.73	10.08
同心县	Tongxin	0.13	46.00	8.12	0.06	13.87	0.40	0.75	15.61
青铜峡市	Qingtongxia	0.03	70.34	12.41	5.36	33.69	0.07	4.75	28.13
固原市	**Guyuan**	**0.23**	**53.36**	**9.42**	**2.62**	**9.14**	**0.21**	**2.63**	**16.04**
原州区	Yuanzhou	0.19	54.51	9.62	3.24	12.90	0.13	3.85	14.92
西吉县	Xiji	0.38	34.83	6.15	2.20	9.87	0.42	1.98	17.49
隆德县	Longde	0.20	39.01	6.88	2.10	1.14	0.35	0.31	13.33
泾源县	Jingyuan	0.45	41.86	7.39	0.13	0.61	0.13	0.51	42.32
彭阳县	Pengyang	0.28	55.03	9.71	1.15		0.27	0.02	16.34
中卫市	**Zhongwei**	**0.07**	**55.77**	**9.84**	**2.53**	**14.40**	**0.32**	**5.05**	**25.82**
沙坡头区	Shapotou	0.02	52.09	9.19	2.60	28.34	0.23	6.68	28.94
中宁县	Zhongning	0.03	55.64	9.82	2.50	0.31	0.47	3.51	23.11
海原县	Haiyuan	0.40	65.07	11.48	2.19	0.03	0.15	3.41	22.07

2-47 续表 3 continued

指标名称	Item	电 Electricity 度/人 degree/person	煤炭 Coal 公斤/人 kg/person	罐装液化石油气 Liquefied Petroleum Gas of Can Pack 公斤/人 kg/person	管道煤气 Coal Gas of Pipeline 立方米/人 cub.m/person	管道天然气 Natural Gas of Pipeline 立方米/人 cub.m/person	其中：汽油 Petrol 升/人 litre/person	柴油 Diesel Oil 升/人 litre/person
全　区	**Total**	**499.84**	**25.56**	**4.47**	**0.10**	**42.49**	**30.95**	**0.37**
银川市	**Yinchuan**	**491.45**	**14.03**	**3.04**	**0.17**	**56.09**	**33.33**	**0.19**
兴庆区	Xingqing	529.98	2.23	3.25	0.02	42.96	34.25	0.41
西夏区	Xixia	399.94	0.21	3.72		56.12	9.53	0.01
金凤区	Jinfeng	514.10	0.76	2.03	0.75	44.55	57.74	
永宁县	Yongning	455.13	0.11	0.74		173.86	20.62	
贺兰县	Helan	564.50	166.63	9.02	0.70	35.45	16.22	
灵武市	Lingwu	421.91	83.31	1.73		86.88	36.45	
石嘴山市	**Shizuishan**	**526.54**	**11.52**	**7.51**	**0.60**	**53.52**	**33.10**	**0.92**
大武口区	Dawukou	642.18	35.40	9.48		67.36	39.24	
惠农区	Huinong	580.51	6.46	3.09	2.14	35.27	21.24	3.29
平罗县	Pingluo	428.71	13.87	13.50		56.36	17.42	
吴忠市	**Wuzhong**	**456.37**	**83.03**	**4.53**	**0.15**	**19.59**	**18.57**	**0.21**
利通区	Litong	525.45	0.85	3.26	0.09	30.41	19.27	
红寺堡区	Hongsipu	306.10	252.86	9.14			38.73	0.79
盐池县	Yanchi	366.42	126.89	3.97		25.73	14.31	0.94
同心县	Tongxin	547.11	295.77	2.09			24.36	0.10
青铜峡市	Qingtongxia	390.11		7.13	0.58	18.14	16.17	
固原市	**Guyuan**	**452.36**	**108.39**	**7.57**	**0.08**	**0.12**	**31.62**	**0.19**
原州区	Yuanzhou	470.35	132.18	6.05			34.84	0.29
西吉县	Xiji	454.06	126.78	10.85	0.10	0.73	30.72	
隆德县	Longde	324.32	67.89	3.78			16.72	
泾源县	Jingyuan	613.54	108.09	21.39		1.39	43.01	
彭阳县	Pengyang	395.20	17.44	11.24	0.45	0.06	51.64	
中卫市	**Zhongwei**	**456.45**	**48.20**	**4.44**		**20.63**	**29.08**	**0.02**
沙坡头区	Shapotou	449.34	0.33	2.97		34.52	15.77	0.01
中宁县	Zhongning	463.83		6.45		9.07	45.92	0.02
海原县	Haiyuan	460.54	440.75	3.78			26.41	

2-47 续表 4 continued

指标名称	Item	洗衣机 Washing Machine 台/百户 set/100 household	电冰箱 Refrigerator 台/百户 set/100 household	微波炉 Microwave Oven 台/百户 set/100 household	空调器 Air Conditioner 台/百户 set/100 household	淋浴热水器 Water Heater for Shower 台/百户 set/100 household	摩托车 Motorcycle 辆/百户 unit/100 household
全 区	**Total**	**6.31**	**4.68**	**1.88**	**0.77**	**3.59**	**0.82**
银川市	**Yinchuan**	**4.61**	**4.03**	**1.61**	**1.38**	**3.87**	**1.07**
兴庆区	Xingqing	5.30	5.17	1.17	1.43	4.78	
西夏区	Xixia	3.20	3.22	1.63	1.31	4.32	
金凤区	Jinfeng	6.73	4.49	0.80	1.10	4.44	1.15
永宁县	Yongning	4.29		13.10	2.32		5.48
贺兰县	Helan	2.46					
灵武市	Lingwu		1.94		2.00		7.99
石嘴山市	**Shizuishan**	**2.15**	**1.62**	**0.69**		**1.62**	**0.67**
大武口区	Dawukou		3.37				
惠农区	Huinong	2.57	1.80	2.31		4.22	0.57
平罗县	Pingluo	8.29	2.02			2.18	3.00
吴忠市	**Wuzhong**	**5.04**	**3.62**	**1.61**	**0.92**	**4.46**	**1.04**
利通区	Litong	1.43	3.86	2.31	1.36	7.38	
红寺堡区	Hongsipu	3.97	8.03	4.18		4.18	
盐池县	Yanchi	13.92	4.18				
同心县	Tongxin	3.32	9.39		3.32		3.32
青铜峡市	Qingtongxia	7.57		2.39			2.59
固原市	**Guyuan**	**11.09**	**5.45**	**1.44**		**3.44**	**0.88**
原州区	Yuanzhou	12.28	4.56	1.44		2.08	0.98
西吉县	Xiji	14.49	14.80	2.56		2.56	2.36
隆德县	Longde	11.24	5.88			2.80	
泾源县	Jingyuan	10.86		7.42		10.86	
彭阳县	Pengyang	3.26	5.92			8.79	
中卫市	**Zhongwei**	**5.21**	**3.78**	**1.55**	**1.41**	**2.63**	**1.09**
沙坡头区	Shapotou	4.64	7.45	1.54	2.87	1.28	2.22
中宁县	Zhongning	6.08		1.91		3.61	
海原县	Haiyuan	4.42	1.34			5.58	

2-47 续表 5 continued

指标名称	Item	助力车 Moped 辆/百户 unit/100 household	家用汽车 Automobile 辆/百户 unit/100 household	电话机 Telephone 部/百户 unit/100 household	移动电话 Mobile Telephone 部/百户 set/100 household	彩色电视机 Color TV Set 台/百户 set/100 household	照相机 Camera 架/百户 set/100 household
全　区	**Total**	**7.16**	**2.05**	**2.35**	**54.51**	**6.84**	**1.05**
银川市	**Yinchuan**	**4.83**	**1.85**	**4.28**	**54.44**	**7.72**	**0.90**
兴庆区	Xingqing	3.66	1.91	5.73	54.52	10.04	
西夏区	Xixia	9.03	2.60	1.31	61.06	7.09	4.19
金凤区	Jinfeng	2.35	1.22	2.27	41.85	5.78	1.07
永宁县	Yongning	6.98		4.64	55.52		
贺兰县	Helan	4.39	2.46	9.85	76.17	2.96	
灵武市	Lingwu	7.93	2.26	3.99	62.91	5.99	
石嘴山市	**Shizuishan**	**11.22**	**2.65**	**0.94**	**56.16**	**0.84**	**0.69**
大武口区	Dawukou	7.54	3.37	2.75	64.99		
惠农区	Huinong	6.26	3.60		43.12		2.31
平罗县	Pingluo	6.46	4.99	2.02	39.72	5.03	
吴忠市	**Wuzhong**	**8.07**	**0.37**	**4.58**	**72.22**	**8.11**	**0.50**
利通区	Litong	6.42		4.96	59.76	6.10	
红寺堡区	Hongsipu	11.99			131.60	12.21	
盐池县	Yanchi	11.70	2.42	2.42	98.09	17.08	3.33
同心县	Tongxin	16.38		3.04	77.57	6.64	
青铜峡市	Qingtongxia	5.48			48.36	7.87	
固原市	**Guyuan**	**6.79**	**2.22**	**3.09**	**60.44**	**14.45**	**1.36**
原州区	Yuanzhou	8.27	2.98	4.16	59.09	15.82	1.77
西吉县	Xiji	1.97	2.87		76.59	4.53	
隆德县	Longde	8.28			22.68	5.60	2.80
泾源县	Jingyuan	2.98		3.44	42.52	11.39	
彭阳县	Pengyang	6.13	1.59	1.67	98.30	8.94	
中卫市	**Zhongwei**	**5.03**	**1.53**		**50.57**	**4.95**	**1.98**
沙坡头区	Shapotou	6.30	1.33		53.05	2.39	1.28
中宁县	Zhongning	2.12	2.12		40.11	8.15	2.01
海原县	Haiyuan	8.44			84.15	4.24	5.76

2-48　2013年全区城镇居民家庭按可支配收入不等距九组分组资料

指标名称	Indicator	单位	unit	总　计 Average
调查户数	**Number of Households Surveyed**	**户**	**household**	**733.00**
家庭基本情况	**Basic Statistics of Urban Households**			
一、住房情况	Basic Statistics of Housing			
1.家庭居住人口	Household Size	人/户	person/household	3.20
2.现住房总建筑面积	Floor Space of Current Housing	平方米/人	sq.m/person	30.87
3.房屋产权(合计)	House Property Right(Total)			
租赁公房	Public House Leasing	%	%	0.91
租赁私房	Private House Leasing	%	%	8.98
原有私房	Inhered Private House	%	%	14.08
房改私房	Reformed Private House	%	%	15.97
商品房	Commercial Residential Building	%	%	57.38
借用房	Borrowing House			2.40
其他	Others	%	%	0.28
4.住宅建筑式样(合计)	House Construction Style(Total)			
单栋住宅	Single House	%	%	2.42
四居室	House With Four Bedrooms	%	%	2.12
三居室	House With Three Bedrooms	%	%	32.80
二居室	House With Two Bedrooms	%	%	47.49
一居室	House With One Bedrooms	%	%	3.19
普通楼房	General Building	%	%	1.47
平房及其他	Bungalow and Others	%	%	10.52
5.建筑年份	Construct Year	年	year	10.25
6.现有住房按市场价估计值	Estimate Value of Current Housing By Market Price	元/户	yuan/household	247712.55
7.租赁房房租	Rent	元/户	yuan/household	60.80
(1)租赁公房房租	Rent of Public	元/户	yuan/household	2.11
(2)租赁私房房租	Rent of Private	元/户	yuan/household	58.70
8.自有房房租折算	Corrected Rent of Self-Housing	元/户	yuan/household	674.42
9.平均购房时间	Average Time of Purchase	年	year	8.38
10.购房总金额	Amount of Purchase	元/户	yuan/household	112318.67
购房实际支出金额	Actual Expenditure	元/户	yuan/household	89272.28
11.饮水情况(合计)	Drinking Condition(Total)			
自来水	Tap Water	%	%	97.87
矿泉水	Mineral Water	%	%	
纯净水	Purified Water	%	%	1.31
井、河水	Well and River Water	%	%	0.82
其他	Others	%	%	
12.用水情况(合计)	Using Water Condition(Total)			
独用自来水	Tap Water for Single Use	%	%	98.66
公用自来水	Tap Water for Public Use	%	%	0.14
井、河水	Well and River Water	%	%	
其他	Others	%	%	1.20
13.卫生设备(合计)	Health Equipment(Total)			
无卫生设备	Without Health Equipment	%	%	1.78
有厕所浴室	Toilet With Bathroom	%	%	87.90
有厕所无浴室	Toilet Without Bathroom	%	%	8.04
公用	Public Toilet	%	%	2.28

Basic Statistics Grouped by Disposable Income Percentile of Urban Households(2013)

最　低 收入户 (10%) Lowest Income Households	更低收入户 (5%) Lower Income Households	低收入户 (10%) Low Income Households	中等偏下 收 入 户 (20%) Lower Middle Income Households	中　等 收入户 (20%) Middle Income Households	中等偏上 收入户 (20%) Upper Middle Income Households	高收入户 (10%) High Income Households	最　高 收入户 (10%) Highest Income Households	更高收入户 (5%) Higher Income Households
73.00	**36.00**	**72.00**	**148.00**	**149.00**	**144.00**	**73.00**	**74.00**	**37.00**
4.01	3.93	3.82	3.58	3.12	2.70	2.78	2.56	2.54
25.62	29.39	24.89	26.59	32.12	34.68	34.65	44.79	45.09
4.70		2.09	1.18					
16.86	17.52	17.73	6.69	8.01	7.63	6.83	4.07	5.37
40.48	48.83	18.42	17.53	7.28	10.96	5.46	5.31	
5.50	5.61	13.09	15.51	12.49	21.94	20.48	20.34	16.11
29.70	25.23	47.28	55.73	68.18	58.78	64.66	67.57	78.52
2.75	2.80	1.39	2.70	4.03	0.69	2.58	1.36	
			0.67				1.36	
8.26	8.41		4.72	2.02	0.69			
4.13	2.80	1.39	0.67	1.34	2.77	1.37	4.07	
14.68	8.41	20.86	24.27	37.98	37.70	38.00	54.24	59.73
36.24	40.42	45.08	51.91	50.70	46.48	57.38	37.74	40.27
4.70		5.56	2.02	3.36	4.88	1.37		
5.85	11.92	3.48	1.35	0.67	0.69			
26.15	28.04	23.64	15.06	3.92	6.78	1.89	3.95	
8.93	10.65	8.76	10.76	9.85	11.38	10.26	10.62	10.89
208740.83	212967.29	200869.06	229210.11	253398.77	263883.37	269525.37	304223.73	288966.44
72.13	50.61	92.66	37.15	68.12	63.88	55.97	50.17	64.43
4.91		10.38	2.98					
67.22	50.61	82.28	34.17	68.12	63.88	55.97	50.17	64.43
551.95	572.66	570.21	658.38	648.93	722.34	747.00	814.51	781.89
7.84	9.94	6.71	8.20	8.00	9.21	8.70	9.75	9.66
81748.85	79415.89	105717.27	110035.96	124137.82	109562.36	113615.47	133735.59	143302.01
64524.08	68481.31	79471.61	88289.89	102061.62	88898.38	88960.18	100436.16	100617.45
93.12	97.20	97.22	96.40	98.66	100.00	100.00	100.00	100.00
4.13	2.80	1.39	2.25	0.67				
2.75		1.39	1.35	0.67				
94.50	97.20	97.22	97.75	100.00	100.00	100.00	100.00	100.00
1.38	2.80							
4.13		2.78	2.25					
4.47	6.31	8.69	2.02					
70.76	65.65	77.40	80.96	94.17	92.38	97.27	100.00	100.00
15.14	16.82	11.12	15.00	3.81	6.93	2.73		
9.63	11.21	2.78	2.02	2.02	0.69			

2-48 续表 1

指标名称	Indicator	单位	unit	总 计 Average
14.取暖设备(合计)	Heating Equipment(Total)			
无取暖设备	Without Heating Equipment	%	%	0.43
空调设备	Air Conditioning	%	%	
暖气	Central Heating	%	%	
其他	Others	%	%	99.57
15.炊用燃料使用情况(合计)	Fuel Using Condition for Cooking(Total)			
煤炭	Coal	%	%	3.59
罐装液化石油气	Liquefied Petroleum Gas of Can Pack	%	%	23.37
管道液化石油气	Liquefied Petroleum Gas of Pipeline	%	%	0.27
管道煤气	Coal Gas of Pipeline	%	%	0.41
管道天然气	Natural Gas of Pipeline	%	%	50.68
柴油	Diesel Fuel	%	%	
其它燃料	Other Fuels	%	%	21.67
16.除了现住房，还有几处其它住房	Except for Current Housing,How Many Other Housing	套/户	set/household	0.07
(1)出租房	Lease Housing	套/户	set/household	0.04
其中：建筑面积	Structure Area	平方米/户	sq.m/householc	3.46
(2)偶尔居住房	Live Occasionally	套/户	set/household	0.02
其中：建筑面积	Structure Area	平方米/户	sq.m/household	
(3)其它用途房	Other Usage	套/户	set/household	0.01
其中：建筑面积	Structure Area	平方米/户	sq.m/householc	4.48
二、人口情况	Basic Statistics of Population			
(一)家庭人口数	Household Size	人/户	erson/househol	3.02
1.有收入者人数	Number of Income	人/户	erson/househol	1.75
(1)就业人口数	Number of Employed	人/户	erson/househol	1.44
①国有经济单位职工人数	State-owned Unit	人/户	erson/househol	0.56
②城镇集体经济单位职工人数	Urban Collective-owned Unit	人/户	erson/household	
③其他经济类型单位职工人数	Other Types of Ownship Unit	人/户	erson/household	
④城镇个体或私营企业主人数	Urban Self-employed Individuals or Private Enterprise Employee	人/户	erson/househol	0.24
⑤城镇个体或私营企业被雇人数	Urban Self-employed Individuals or Private Enterprise Employed	人/户	erson/household	
⑥离退休再就业人员数	Re-employed of Retiree	人/户	erson/househol	0.03
⑦其他就业人数	Other Employed	人/户	erson/househol	0.61
(2)离退休人数	Retiree	人/户	erson/househol	0.22
(3)其他有收入者人数	Other	人/户	erson/househol	0.10
2.无收入者人数	Number of No-Income	人/户	erson/househol	1.27
(二)在外就学人数	Number of Attending School Outside	人/户	erson/househol	0.04
(三)负担系数	Dependents Coefficient	-		2.10
三、耐用消费品	Durable Consumer Goods			
1.摩托车	Motorcycle	辆/百户	iit/100 househc	14.83
2.助力车	Powered Bicycle	辆/百户	iit/100 househc	32.02
3.家用汽车	Automobile	辆/百户	iit/100 househc	18.48
4.洗衣机	Washing Machine	台/百户	et/100 househo	93.48
5.电冰箱	Refrigerator	台/百户	et/100 househo	89.33
6.彩色电视机	Color Television	台/百户	et/100 househo	99.22
7.家用电脑	Computer	台/百户	et/100 househo	66.30

continued

最　低 收入户 (10%) Lowest Income Households	更低收入户 (5%) Lower Income Households	低收入户 (10%) Low Income Households	中等偏下 收 入 户 (20%) Lower Middle Income Households	中　等 收入户 (20%) Middle Income Households	中等偏上 收 入 户 (20%) Upper Middle Income Households	高收入户 (10%) High Income Households	最　高 收入户 (10%) Highest Income Households	更高收入户 (5%) Higher Income Households
		1.39	1.35					
100.00	100.00	98.61	98.65	100.00	100.00	100.00	100.00	100.00
12.39	8.41	1.04	3.37	3.25	3.98	1.37		
21.56	22.43	20.05	29.27	22.02	16.86	20.93	34.46	41.61
				1.34				
			1.35		0.69			
25.80	26.40	47.28	44.21	55.35	59.99	59.95	54.69	44.97
40.25	42.76	31.63	21.80	18.04	18.48	17.75	10.85	13.42
0.10	0.14	0.08	0.07	0.03	0.04	0.08	0.11	0.08
0.08	0.14	0.03	0.04	0.02	0.03	0.04	0.05	0.05
5.93	9.59	1.36	3.01	1.57	4.43	4.87	4.51	3.87
0.01		0.04	0.02	0.01		0.04	0.04	
		0.01	0.01	0.01	0.01		0.01	0.03
9.17	10.09	2.29	4.02	3.43	3.67	0.79	10.25	12.97
3.77	3.66	3.63	3.39	3.01	2.55	2.69	2.23	2.13
1.43	1.23	1.67	1.78	1.88	1.72	1.91	1.74	1.70
1.29	1.16	1.46	1.48	1.54	1.34	1.48	1.40	1.52
0.03	0.04	0.26	0.42	0.61	0.74	0.77	0.99	1.08
0.30	0.32	0.26	0.30	0.26	0.14	0.23	0.17	0.20
			0.04	0.04	0.06	0.00	0.04	
0.96	0.80	0.93	0.73	0.64	0.40	0.47	0.20	0.24
0.01		0.07	0.15	0.25	0.31	0.37	0.28	0.15
0.13	0.07	0.14	0.15	0.09	0.07	0.07	0.05	0.03
2.34	2.43	1.96	1.60	1.13	0.84	0.78	0.49	0.43
0.06	0.07	0.02	0.03	0.04	0.04	0.01	0.12	0.17
2.93	3.16	2.48	2.28	1.95	1.91	1.82	1.59	1.40
16.63	10.12	18.80	19.16	15.99	12.35	2.49	15.30	9.28
40.36	26.06	26.87	40.35	34.17	27.12	27.13	22.65	29.99
6.33	6.84	6.99	12.55	19.83	21.86	30.51	32.29	39.70
92.37	87.69	92.52	93.60	93.60	91.92	97.55	94.16	92.13
72.32	62.64	86.05	88.59	93.07	90.14	96.67	94.43	92.13
100.22	98.72	99.37	101.58	99.08	97.62	98.70	97.36	95.02
33.75	31.26	50.52	58.01	72.04	77.20	78.18	85.53	96.85

2-48 续表 2

指标名称	Indicator	单位	unit	总计 Average
8.组合音响	Hi-Fi Stereo Component System	套/百户	set/100 household	5.75
9.摄像机	Video Camera	架/百户	set/100 household	5.70
10.照相机	Camera	架/百户	set/100 household	25.39
11.钢琴	Piano	架/百户	unit/100 household	
12.其它中高档乐器	Secondary and Top Grade Musical Instrument	件/百户	set/100 household	4.39
13.微波炉	Microwave Oven	台/百户	unit/100 household	47.20
14.空调器	Air Conditioner	台/百户	unit/100 household	12.28
15.淋浴热水器	Water Heater for Shower	台/百户	unit/100 household	86.84
16.消毒碗柜	Disinfection Cupboard	台/百户	set/100 household	2.32
17.洗碗机	Dishwasher	台/百户	set/100 household	0.37
18.健身器材	Body-building Apparatus	套/百户	set/100 household	1.57
19.固定电话	Telephone	部/百户	unit/100 household	49.40
20.移动电话	Mobile Telephone	部/百户	set/100 household	213.34
四、信息化调查	Informationization Survey			
1.接入互联网的移动电话	Internet Mobile Telephone	部/百户	set/100 household	85.97
2.接入有线电视网络的电视机	Lined Netwok Television	台/百户	set/101 household	88.28
3.接入互联网的计算机	Internet Computer	台/百户	set/102 household	53.71
现金收支情况	**Basic Statistics of Cash Income and Expenditure**			
一、期初手存现金	Initial Hand Deposit in Cash	元/人	yuan/person	2036.07
二、家庭总收入	**Total Income**	**元/人**	**yuan/person**	**23766.75**
其中：可支配收入	Disposable Income	元/人	yuan/person	21833.33
(一)工资性收入	Income from Wages and Salaries	元/人	yuan/person	15363.92
1.工资及补贴收入	Laborage and Allowance Income	元/人	yuan/person	15126.05
2.其他劳动收入	Other Income from Work	元/人	yuan/person	237.87
(二)经营净收入	Business Income	元/人	yuan/person	2626.08
(三)财产性收入	Income from Properties	元/人	yuan/person	196.43
1.利息收入	Interest	元/人	yuan/person	32.84
2.股息与红利收入	Dividend and Bonus	元/人	yuan/person	21.87
3.保险收益	Insurance Profit	元/人	yuan/person	2.51
4.其它投资收入	Other Investment	元/人	yuan/person	17.20
5.出租房屋收入	Lease House Income	元/人	yuan/person	115.96
6.知识产权收入	Intelletual Property	元/人	yuan/person	0.36
7.其他财产性收入	Other Properties	元/人	yuan/person	5.69
(四)转移性收入	Income from Transfer	元/人	yuan/person	5580.31
1.养老金或离退休金	Annuities and Pension	元/人	yuan/person	4917.58
2.社会救济收入	Social Relief	元/人	yuan/person	72.31
其中：最低生活保障收入	Living Ensure at lest	元/人	yuan/person	43.91
3.辞退金	Dismiss	元/人	yuan/person	3.32
4.赔偿收入	Compensate	元/人	yuan/person	2.80
5.保险收入	Insurance	元/人	yuan/person	1.29
其中：失业保险金	Insurance of Unemployment	元/人	yuan/person	1.29
6.赡养收入	Maintenance Income	元/人	yuan/person	146.69
7.捐赠收入	Gift Income	元/人	yuan/person	170.19
8.提取住房公积金	Draw Money of Housing Accumulation Fund	元/人	yuan/person	31.78

continued

最　低 收入户 (10%) Lowest Income Households	更低收入户 (5%) Lower Income Households	低收入户 (10%) Low Income Households	中等偏下 收 入 户 (20%) Lower Middle Income Households	中　等 收入户 (20%) Middle Income Households	中等偏上 收 入 户 (20%) Upper Middle Income Households	高收入户 (10%) High Income Households	最　高 收入户 (10%) Highest Income Households	更高收入户 (5%) Higher Income Households
2.13	3.03	4.89	7.94	2.99	9.50	3.26	6.32	6.30
		2.91	4.18	4.85	6.58	15.07	7.85	2.76
2.91	5.80	11.71	21.88	23.79	31.81	38.92	44.94	52.44
1.45	2.89	4.61	5.16	3.91	3.13	0.77	12.49	12.30
23.33	18.64	35.56	36.70	47.83	54.31	63.79	71.24	74.06
3.71	3.46	5.30	5.19	13.87	19.34	13.70	23.13	28.52
70.58	67.46	72.72	85.70	90.98	89.37	89.89	102.79	106.08
0.26			0.86	2.26	3.04	3.29	7.22	10.75
1.74				0.98				
1.36			0.79	2.24	0.79	1.55	5.15	4.97
28.00	31.38	36.03	43.43	54.91	56.82	60.18	59.22	55.16
225.42	208.41	229.13	219.82	208.94	199.06	216.86	206.55	221.77
87.87	83.52	63.03	84.92	95.17	70.71	96.99	110.07	133.52
77.05	78.99	77.03	88.65	94.85	88.05	94.95	90.56	91.97
26.15	25.74	43.51	45.04	64.06	59.08	65.89	64.97	68.01
1338.42	1300.69	1038.53	1842.26	2509.47	2147.48	2354.27	3446.76	4726.89
7232.47	**5686.20**	**12537.83**	**16989.94**	**24075.79**	**30669.36**	**37926.22**	**54309.46**	**62139.33**
6563.10	4818.86	11175.33	15735.98	21889.79	28215.94	35127.15	50321.00	58222.80
5342.15	3695.22	8509.72	11287.69	15720.17	19047.32	24728.59	33673.83	39345.12
4981.07	3352.71	8024.55	11153.97	15659.03	18930.08	24434.48	33081.45	38286.59
361.08	342.51	485.17	133.72	61.14	117.24	294.11	592.38	1058.53
577.65	421.41	1792.82	2595.29	2673.12	2143.46	4100.86	6470.31	12747.41
61.08	67.96	118.18	50.40	95.05	411.63	227.20	682.78	903.75
1.25	0.42	1.20	1.83	52.44	37.10	73.04	116.62	186.68
16.74	18.86			15.52	24.62		158.64	
				10.67	2.67			
14.08	0.32	38.31		15.61	45.45			
27.37	47.65	78.66	47.20	0.82	276.31	145.11	403.03	707.88
							4.49	9.19
1.64	0.71		1.36		25.48	9.05		
1251.59	1501.61	2117.11	3056.57	5587.46	9066.96	8869.57	13482.54	9143.05
475.73	470.75	1668.26	2576.23	5135.43	8590.97	7849.95	11632.29	6123.04
342.22	602.73	92.57	77.36	4.01	2.97	2.96	0.67	
234.21	409.70	67.52	25.75	3.96	2.00			
6.86	14.40			3.59	10.37			
			6.84		7.32			
10.47								
10.47								
88.60	119.84	120.10	92.48	52.19	136.66	237.82	580.80	812.22
85.33	120.65	57.79	82.90	186.10	111.03	509.51	434.68	798.15
							400.76	819.35

2-48 续表 3

指标名称	Indicator	单位	unit	总计 Average
9.记帐补贴	Allowance of Charge Account	元/人	yuan/person	162.73
10.其他转移性收入	Other Transfer	元/人	yuan/person	71.63
三、出售财物收入	Proceeds from Sales of Belongings	元/人	yuan/person	59.02
1.出售住房收入	Sale of Housing	元/人	yuan/person	57.34
2.出售其他物品收入	Sale of Other	元/人	yuan/person	1.68
四、借贷收入	Credit Income	元/人	yuan/person	6943.03
1.提取储蓄存款	Draw Saving Deposits	元/人	yuan/person	6103.34
2.借入款	Borrowed	元/人	yuan/person	318.97
3.收回借出款	Recover Loans	元/人	yuan/person	92.08
4.收回储蓄性保险本	Recover of Principal Insurance Savings	元/人	yuan/person	
5.兑售有价证券	Income from Securities	元/人	yuan/person	
6.收回投资本金	Recouping Investment Principal	元/人	yuan/person	191.86
7.住房贷款	Repayment of House Loan	元/人	yuan/person	169.14
8.汽车贷款	Repayment of Auto Loan	元/人	yuan/person	47.42
9.教育贷款	Repayment of Education Loan	元/人	yuan/person	3.79
10.其他贷款	Repayment of Other Loans	元/人	yuan/person	16.44
11.其他借贷收入	Other Credit Income	元/人	yuan/person	
五、家庭总支出	Total Expenditure	元/人	yuan/person	20626.09
(一)消费性支出	Consumption Expenditure	元/人	yuan/person	15321.10
(二)财产性支出	Property Expenditure	元/人	yuan/person	122.80
1.非生产性贷款利息支出	Interest of Non-productive Loans	元/人	yuan/person	92.24
2.其它	Other	元/人	yuan/person	30.56
(三)转移性支出	Transfer Expenditures	元/人	yuan/person	2729.55
1.交纳所得税	Individual Income-tax	元/人	yuan/person	29.48
其中：来自工资性收入的个税	From Wages and Salaries	元/人		
来自经营净收入的个税	From Business Income	元/人		
来自财产性收入的个税	From Properties Income	元/人		
来自转移性收入的个税	From Transfer Income	元/人		
2.捐赠支出	Gift Expenditures	元/人	yuan/person	1962.15
3.购买彩票	Buy Lottery Expenditures	元/人	yuan/person	13.41
4.赡养支出	Support Expenditures	元/人	yuan/person	355.72
其中：在外就学子女费用	Cost of Schooling Children away from Home	元/人	yuan/person	133.62
5.各种非储蓄性保险支出	Non-saving-deposits Insurance	元/人	yuan/person	198.47
其中：车辆保险支出	Vehicle Insurance	元/人	yuan/person	85.08
6. 其它转移性支出	Others	元/人	yuan/person	170.32
(四)社会保障支出	Social Security Expenditure	元/人	yuan/person	1741.21
1.个人交纳的养老基金	Annuities	元/人	yuan/person	695.38
2.个人交纳的住房公积金	Housing Accumulation Fund	元/人	yuan/person	752.48
3.个人交纳的医疗基金	Medical Accumulation Fund	元/人	yuan/person	232.17
4.个人交纳的失业基金	Disemployed Accumulation Fund	元/人	yuan/person	57.07
5.其它社会保障支出	Others	元/人	yuan/person	4.11
(五)购房与建房支出	Expenditures of Purchasing and Building Houses	元/人	yuan/person	711.42
1.购房	Purchasing Houses	元/人	yuan/person	638.03
2.建房	Building Houses	元/人	yuan/person	73.40
六、借贷支出	Credit Expenditures	元/人	yuan/person	8647.59
1.存入储蓄款	Saving Deposits	元/人	yuan/person	7574.30

continued

最　低 收入户 (10%) Lowest Income Households	更低收入户 (5%) Lower Income Households	低收入户 (10%) Low Income Households	中等偏下 收 入 户 (20%) Lower Middle Income Households	中　等 收入户 (20%) Middle Income Households	中等偏上 收 入 户 (20%) Upper Middle Income Households	高收入户 (10%) High Income Households	最　高 收入户 (10%) Highest Income Households	更高收入户 (5%) Higher Income Households
132.22	127.63	123.70	139.71	170.15	201.96	190.00	201.18	201.30
110.17	45.62	54.70	81.06	35.97	5.68	79.34	232.16	389.00
0.71	0.16	0.08	219.61	0.94		0.01	119.78	244.88
			213.39				119.78	244.88
0.71	0.16	0.08	6.23	0.94		0.01		
3580.82	4587.77	2631.09	4480.45	7557.33	6493.70	16203.09	14940.19	17885.94
3034.44	3611.00	2573.55	2907.07	6789.04	6399.85	14904.51	13240.33	14637.07
482.84	886.22	49.58	362.33	388.51	41.11	865.98	182.11	232.60
30.85	48.51	5.23	87.29	106.71	36.10	432.59	42.44	
0.71	0.16	0.08	854.46	0.94		0.01		
			243.01				1445.98	2956.29
				234.62			29.33	59.97
17.21	10.88	2.65	2.44	4.17				
14.77	31.00		23.84	33.31	16.64			
9987.41	11333.27	11396.41	14536.49	21657.51	23776.99	36614.82	41395.84	44997.25
8267.50	9270.36	8887.86	11280.31	15900.32	18026.29	26514.07	27837.44	28396.68
6.97	14.64	16.04	38.48	144.23	136.74	171.76	567.57	899.83
6.97	14.64	5.17	33.43	56.22	132.92	150.14	458.52	704.11
		10.86	5.05	88.01	3.82	21.62	109.05	195.72
915.57	1298.41	1048.68	1548.44	2629.63	2989.62	6701.59	6729.98	6762.17
0.19		2.31	4.59	32.63	32.18	59.42	140.21	120.12
639.43	925.18	699.18	1017.94	1829.43	2058.76	5499.80	4807.97	4574.73
0.70	0.54	5.30	3.96	16.44	5.34	31.05	62.86	106.43
191.53	252.99	202.91	249.44	208.79	503.20	572.28	940.06	1196.02
129.03	218.71	45.44	101.39	106.89	199.93	119.17	302.76	253.19
32.84	59.00	20.80	147.56	283.52	263.07	328.90	379.65	187.03
26.80	56.25	6.15	25.70	129.94	85.38	253.34	168.25	117.39
50.88	60.70	118.18	124.94	258.81	127.07	210.14	399.23	577.84
536.96	739.71	1236.50	1109.67	1983.22	2219.29	2549.64	3647.07	3595.12
424.59	632.83	705.02	521.54	764.36	875.24	817.14	900.07	760.44
12.57	8.51	355.83	375.46	867.73	995.61	1285.28	2175.37	2309.43
90.95	95.59	147.64	173.09	285.85	282.45	309.49	422.53	417.89
7.93	2.15	28.00	38.50	63.73	61.59	116.73	138.23	107.35
0.92	0.63		1.08	1.54	4.39	20.99	10.87	
260.40	10.15	207.34	559.60	1000.11	405.05	677.76	2613.78	5343.45
		193.86	428.36	989.88	404.07	606.31	2590.67	5296.62
260.40	10.15	13.48	131.24	10.23	0.97	71.45	23.11	46.83
2051.13	978.72	3521.07	4383.06	7659.79	11905.55	15909.21	26043.41	31326.30
1626.17	586.62	3057.12	3713.39	6718.05	10726.60	14189.13	22519.33	26065.30

2-48 续表 4

指标名称	Indicator	单位	unit	总　计 Average
2.借出款	Lending	元/人	yuan/person	50.50
3.归还借款	Repayment of Loans	元/人	yuan/person	161.75
4.储蓄性保险支出	Saving-purpose Insurance Costs	元/人	yuan/person	141.49
5.购买有价证券	Purchase of Securities	元/人	yuan/person	0.83
6.其它投资支出	Other Investment Expenditure	元/人	yuan/person	1.24
7.归还住房贷款	Repayment of House Loan	元/人	yuan/person	611.75
8.归还汽车贷款	Repayment of Auto Loan	元/人	yuan/person	38.78
9.归还教育贷款	Repayment of Education Loan	元/人	yuan/person	2.49
10.归还其它贷款	Repayment of Other Loans	元/人	yuan/person	44.65
11.其它借贷支出	Other Credit Expenditures	元/人	yuan/person	19.81
七、期末手存现金	Final Hand Deposit in Cash	元/人	yuan/person	646.07
消费支出	**Consumption Expenditure**	**元/人**	**yuan/person**	**15321.10**
其中：服务性消费支出	Service Consumption Expenditure	元/人	yuan/person	
通过互联网购买商品或服务支出	Purchase Goods or Service Expenditure by Internet	元/人	yuan/person	105.64
一、食品	Food	元/人	yuan/person	4895.20
(一)粮油类	Grain and Oil	元/人	yuan/person	612.00
1.粮食	Grain	元/人	yuan/person	389.88
(1)大米	Rice	公斤/人	kg/person	28.18
		元/人	yuan/person	141.76
(2)面粉	Flour	公斤/人	kg/person	27.67
		元/人	yuan/person	110.26
(3)其他粮食及制品	Other Grain and Processed Products	元/人	yuan/person	137.85
2.淀粉及薯类	Starch and Tubers	元/人	yuan/person	45.41
3.干豆类及豆制品	Beans and Processed Products	元/人	yuan/person	38.09
4.油脂类	Oil and Fat	元/人	yuan/person	138.63
(1)食用植物油	Edible Vegetable Oil	公斤/人	kg/person	8.62
		元/人	yuan/person	137.43
(2)食用动物油	Edible Animal Oil	元/人	yuan/person	1.20
(二)肉禽蛋水产品类	Meat,Poultry and Eggs and Aquatic Products	元/人	yuan/person	1056.55
1.肉类	Meat	元/人	yuan/person	769.39
(1)猪肉	Pork	公斤/人	kg/person	8.09
		元/人	yuan/person	212.47
(2)牛肉	Beef	公斤/人	kg/person	4.28
		元/人	yuan/person	232.14
(3)羊肉	Mutton	公斤/人	kg/person	4.86
		元/人	yuan/person	249.06
(4)其他肉及制品	Other and Processed Products	元/人	yuan/person	75.71
2.禽类	Poultry	元/人	yuan/person	134.58
(1)鸡	Fowl	公斤/人	kg/person	4.75
		元/人	yuan/person	91.49
(2)鸭	Duck	公斤/人	kg/person	0.25
		元/人	yuan/person	3.96
(3)其他禽类及制品	Other and Processed Products	元/人	yuan/person	39.12
3.蛋类	Eggs	元/人	yuan/person	62.51

continued

最　低 收入户 (10%) Lowest Income Households	更低收入户 (5%) Lower Income Households	低收入户 (10%) Low Income Households	中等偏下 收 入 户 (20%) Lower Middle Income Households	中　等 收入户 (20%) Middle Income Households	中等偏上 收 入 户 (20%) Upper Middle Income Households	高收入户 (10%) High Income Households	最　高 收入户 (10%) Highest Income Households	更高收入户 (5%) Higher Income Households
4.47	6.53	2.53	102.10	60.56	6.86	147.72	12.12	
166.01	23.41	85.44	153.38	76.01	219.69	339.33	180.36	215.47
49.57	54.08	72.19	87.22	236.59	129.27	129.98	352.30	455.38
			2.89	0.94				
		1.96			5.66		0.30	
154.54	213.31	296.56	261.06	349.26	726.12	892.22	2871.48	4373.46
			6.38	70.72	40.87	169.63	22.92	46.85
1.49	3.13				13.40			
25.43	53.38		54.37	117.95	33.20		11.72	23.96
23.45	38.28	5.27	2.26	29.70	3.88	41.19	72.88	145.87
453.83	448.72	382.47	692.29	654.69	624.19	835.86	1032.51	1408.67
8267.50	**9270.36**	**8887.86**	**11280.31**	**15900.32**	**18026.29**	**26514.07**	**27837.44**	**28396.68**
5.32	1.75	25.24	36.35	149.07	100.43	388.77	172.69	118.44
2545.56	2766.63	3121.10	4036.40	5028.59	6465.31	6919.95	7700.53	8646.64
551.79	585.99	557.05	614.70	523.27	773.53	641.62	612.73	613.14
357.45	375.97	363.09	387.54	328.94	495.09	401.73	393.54	383.43
25.54	25.57	26.51	29.15	25.07	35.96	25.40	25.76	22.39
127.72	127.38	133.14	146.46	122.56	183.48	128.01	134.46	118.82
28.79	30.12	30.94	27.86	23.22	32.53	25.21	23.38	25.07
106.89	114.96	122.81	109.09	93.99	131.71	104.76	98.64	105.02
122.83	133.63	107.14	131.99	112.39	179.89	168.97	160.44	159.58
45.47	53.14	39.36	47.58	35.48	58.75	40.76	48.55	47.85
32.87	33.74	35.77	33.99	34.91	48.76	36.24	47.88	56.58
116.00	123.14	118.83	145.59	123.95	170.94	162.88	122.76	125.28
7.37	7.68	7.73	9.27	7.94	10.39	9.39	7.00	6.81
115.52	123.10	118.83	145.37	123.58	170.25	154.32	120.84	122.79
0.48	0.04		0.21	0.36	0.68	8.56	1.93	2.50
578.14	590.20	708.87	920.43	1037.63	1456.54	1301.69	1619.60	1507.44
409.84	429.13	485.17	675.32	768.24	1067.85	979.95	1148.09	1128.85
5.15	4.59	6.97	7.99	6.44	10.55	10.10	11.07	13.30
133.38	118.20	180.20	207.56	170.27	278.97	273.68	288.39	349.09
2.31	2.77	2.32	3.75	5.43	5.60	4.19	6.27	6.05
128.45	153.29	126.38	203.91	292.62	301.17	225.75	344.70	338.29
2.11	2.38	2.75	4.19	4.61	7.43	6.51	7.44	6.17
112.59	127.20	143.06	213.74	233.31	383.02	340.62	368.15	326.44
35.41	30.44	35.53	50.11	72.04	104.68	139.91	146.85	115.04
86.25	77.81	105.33	118.42	129.53	177.29	124.28	230.74	144.35
3.68	3.33	4.13	4.49	4.78	6.11	4.20	5.64	4.75
67.30	61.25	74.91	86.40	96.21	119.83	76.92	111.82	89.83
0.14	0.18	0.11	0.13	0.28	0.43	0.14	0.63	0.16
2.42	3.03	1.74	2.03	3.96	6.52	2.53	11.26	2.14
16.53	13.53	28.67	29.99	29.36	50.94	44.83	107.65	52.39
48.86	51.03	50.89	60.97	55.51	86.22	62.47	71.28	74.99

2-48 续表 5

指标名称	Indicator	单位	unit	总 计 Average
(1)鲜蛋	Fresh Egg	公斤/人	kg/person	6.15
		元/人	yuan/person	59.63
(2)蛋制品	Eggs Processed Products	元/人	yuan/person	2.88
4.水产品类	Aquatic Products	元/人	yuan/person	90.07
(1)鱼	Fish	公斤/人	kg/person	3.93
		元/人	yuan/person	61.67
(2)虾	Shrimp	公斤/人	kg/person	0.37
		元/人	yuan/person	14.16
(3)其他水产品及制品	Other and Processed Products	元/人	yuan/person	14.24
(三)蔬菜类	Vegetables	元/人	yuan/person	502.17
1.鲜菜	Fresh Vegetables	公斤/人	kg/person	107.92
		元/人	yuan/person	483.95
2.干菜	Dried Vegetables	元/人	yuan/person	13.04
3.菜制品	Vegetables Processed Products	元/人	yuan/person	5.19
(四)调味品	Condiment	元/人	yuan/person	58.35
(五)糖烟酒饮料类	Sugar and Cigarette and Liquor and Beverage	元/人	yuan/person	501.31
1.糖类	Sugar	元/人	yuan/person	32.48
2.烟草类	Tobacco	元/人	yuan/person	259.40
3.酒类	Liquor	元/人	yuan/person	114.71
(1)白酒	Spirits	公斤/人	kg/person	1.00
		元/人	yuan/person	87.90
(2)果酒	Cider	公斤/人	kg/person	0.17
		元/人	yuan/person	10.31
(3)啤酒	Beer	公斤/人	kg/person	2.42
		元/人	yuan/person	11.78
(4)其他酒	Other	元/人	yuan/person	4.72
4.饮料	Beverage	元/人	yuan/person	94.72
(1)碳酸饮料	Carbonic Acid	公斤/人	kg/person	
		元/人	yuan/person	
(2)瓶装饮用水	Drinking Water with Bottle	公斤/人	kg/person	
		元/人	yuan/person	7.57
(3)茶叶	Tea Leaves	公斤/人	kg/person	0.24
		元/人	yuan/person	24.62
(4)其他饮料	Other	元/人	yuan/person	62.53
(六)干鲜瓜果类	Dried and Fresh Melons and Fruits	元/人	yuan/person	472.78
1.鲜果	Fresh Fruits	公斤/人	kg/person	60.44
		元/人	yuan/person,	316.36
2.鲜瓜	Fresh Melons	公斤/人	kg/person	10.67
		元/人	yuan/person	55.83
3.其他干鲜瓜果类及制品	Other and Processed Products	元/人	yuan/person	100.59
(七)糕点、奶及奶制品	Cake and Milk and Processed Products	元/人	yuan/person	329.56
1.糕点	Cake	公斤/人	kg/person	3.71
		元/人	yuan/person	67.53
2.奶及奶制品	Milk and Processed Products	元/人	yuan/person	262.03

continued

最　低 收入户 (10%) Lowest Income Households	更低收入户 (5%) Lower Income Households	低收入户 (10%) Low Income Households	中等偏下 收 入 户 (20%) Lower Middle Income Households	中　等 收入户 (20%) Middle Income Households	中等偏上 收 入 户 (20%) Upper Middle Income Households	高收入户 (10%) High Income Households	最　高 收入户 (10%) Highest Income Households	更高收入户 (5%) Higher Income Households
4.93	5.18	5.08	6.06	5.55	8.45	5.88	6.73	7.49
47.64	50.18	49.38	58.90	53.06	81.49	58.77	65.27	71.84
1.21	0.85	1.51	2.07	2.45	4.73	3.70	6.01	3.15
33.20	32.22	67.48	65.72	84.36	125.18	134.98	169.50	159.25
1.72	1.63	2.97	3.65	3.99	5.05	4.29	6.61	7.49
24.87	24.58	45.56	52.82	58.26	80.45	87.22	107.58	116.88
0.13	0.14	0.33	0.21	0.37	0.57	0.46	0.69	0.47
4.29	4.07	11.90	7.29	15.80	20.34	19.02	29.63	19.90
4.04	3.57	10.03	5.62	10.30	24.39	28.74	32.28	22.47
325.08	360.26	386.38	449.57	526.15	636.59	579.64	666.45	733.58
77.20	86.98	87.65	98.73	110.83	136.67	110.77	139.78	159.72
315.75	351.43	374.81	433.73	510.77	606.19	555.27	643.92	708.57
6.26	6.04	7.47	11.73	10.54	22.75	16.98	16.30	18.32
3.07	2.78	4.11	4.11	4.84	7.64	7.38	6.23	6.69
41.42	44.58	49.70	52.54	44.68	76.97	72.78	90.92	84.42
241.58	296.48	216.93	343.80	523.37	681.30	828.42	976.83	1260.06
22.68	28.00	28.23	26.38	34.03	36.04	38.49	53.31	30.86
123.65	150.06	80.67	179.82	299.12	364.85	344.00	548.61	769.45
41.04	49.50	49.99	61.56	94.13	171.83	293.83	205.53	274.29
0.45	0.55	0.47	0.89	0.82	1.38	1.74	1.82	2.70
29.10	42.96	36.92	45.78	71.62	146.15	221.20	141.32	175.47
0.02	0.01	0.06	0.07	0.21	0.12	0.54	0.40	0.41
0.68	0.29	2.16	3.30	4.34	5.68	55.01	32.60	58.93
2.39	1.27	1.41	2.20	2.72	2.36	1.57	4.94	7.77
10.66	5.96	7.17	10.78	13.92	11.55	7.25	23.65	36.35
0.61	0.30	3.75	1.70	4.25	8.45	10.37	7.95	3.53
54.21	68.92	58.04	76.04	96.09	108.59	152.10	169.38	185.46
3.40	2.21	4.90	5.67	10.02	10.38	8.61	10.32	14.20
0.13	0.19	0.15	0.27	0.19	0.33	0.36	0.29	0.22
12.46	19.71	11.69	19.71	19.05	32.76	43.52	51.96	40.19
38.35	47.00	41.46	50.66	67.02	65.45	99.97	107.11	131.07
214.01	229.40	311.13	386.15	508.02	607.10	713.27	722.59	835.40
32.80	33.65	43.55	54.94	65.65	75.20	76.34	82.35	103.67
141.22	148.31	209.26	269.10	347.52	401.02	455.34	472.01	567.21
5.79	5.94	7.69	9.70	11.58	13.27	13.47	14.53	18.29
24.92	26.17	36.93	47.49	61.33	70.77	80.35	83.30	100.10
47.87	54.92	64.93	69.56	99.17	135.32	177.58	167.28	168.09
151.24	138.72	224.78	268.28	342.07	480.80	484.55	408.89	476.19
2.19	2.37	2.80	3.43	3.17	5.03	5.29	4.90	4.50
38.29	42.37	43.99	56.15	56.54	100.03	108.54	91.58	85.58
112.95	96.35	180.80	212.12	285.53	380.77	376.01	317.31	390.61

2-48 续表 6

指标名称	Indicator	单位	unit	总 计 Average
(1)鲜乳品	Fresh Milk	公斤/人	kg/person	19.59
		元/人	yuan/person	115.34
(2)奶粉	Powdered Milk	公斤/人	kg/person	0.44
		元/人	yuan/person	73.11
(3)酸奶	Acidophilus Milk	公斤/人	kg/person	4.83
		元/人	yuan/person	36.40
(4)其他奶制品	Other Processed Products	元/人	yuan/person	37.17
(八)其他食品	Other Food	元/人	yuan/person	203.29
(九)饮食服务	Food and Drink Services	元/人	yuan/person	1127.99
1.食品加工服务费	Food Processing Charges	元/人	yuan/person	0.68
2.在外饮食	Dinning Outer	元/人	yuan/person	1127.31
二、衣着	Clothing	元/人	yuan/person	1737.21
(一)服装	Garments	件/人	suit/person	
		元/人	yuan/person	1279.62
(二)衣着材料	Clothing Material	元/人	yuan/person	6.12
(三)鞋类	Shoes	双/人	pair/person	2.68
		元/人	yuan/person	376.32
(四)其他衣着用品	Other Articles	元/人	yuan/person	64.75
(五)衣着加工服务费	Clothing Processing Charges	元/人	yuan/person	3.60
三、居住	Residence	元/人	yuan/person	1497.98
(一)住房	Housing	元/人	yuan/person	557.28
1.租赁房房租	Rent	元/人	yuan/person	183.93
2.住房装潢支出	Decoration	元/人	yuan/person	298.60
3.维修用建筑材料	Repairs Materials	元/人	yuan/person	63.15
4.其他住房支出	Other	元/人	yuan/person	11.59
(二)水电燃料及其他	Water,Electricity,Fuels and Others	元/人	yuan/person	807.32
1.水	Water	吨/人	ton/person	26.28
		元/人	yuan/person	55.15
2.电	Electricity	度/人	degree/person	499.84
		元/人	yuan/person	227.36
3.燃料	Fuels	元/人	yuan/person	127.23
(1)煤炭	Coal	公斤/人	kg/person	25.56
		元/人	yuan/person	20.87
(2)罐装液化石油气	Liquefied Petroleum Gas of Can Pack	千克/人	kg/person	4.47
		元/人	yuan/person	30.50
(3)管道液化石油气	Liquefied Petroleum Gas of Pipeline	立方米/人	cub.m/person	0.10
		元/人	yuan/person	0.22
(4)管道煤气	Coal Gas of Pipeline	立方米/人	cub.m/person	0.10
		元/人	yuan/person	0.34
(5)管道天然气	Natural Gas of Pipeline	立方米/人	cub.m/person	42.49
		元/人	yuan/person	72.81
(6)柴油	Diesel Oil	升/人	litre/person	
		元/人	yuan/person	
(7)其它燃料	Other Fuels	元/人	yuan/person	2.49
4.取暖费	Warm Charges	元/人	yuan/person	390.08

continued

最　低 收入户 (10%) Lowest Income Households	更低收入户 (5%) Lower Income Households	低收入户 (10%) Low Income Households	中等偏下 收 入 户 (20%) Lower Middle Income Households	中　等 收入户 (20%) Middle Income Households	中等偏上 收 入 户 (20%) Upper Middle Income Households	高收入户 (10%) High Income Households	最　高 收入户 (10%) Highest Income Households	更高收入户 (5%) Higher Income Households
10.75	7.66	17.15	17.40	17.20	24.79	26.78	29.69	43.37
60.99	42.01	103.02	102.90	99.68	144.74	170.73	166.52	245.81
0.17	0.13	0.12	0.33	0.52	0.84	0.62	0.40	0.29
12.05	13.88	18.90	44.38	109.71	138.40	113.69	56.29	62.52
1.61	1.04	4.70	4.81	5.34	5.45	7.14	4.92	4.61
11.41	8.36	31.50	34.77	38.24	47.26	55.50	38.14	34.49
28.50	32.09	27.37	30.07	37.90	50.37	36.09	56.35	47.79
88.57	94.85	136.82	178.75	249.97	252.73	275.01	252.32	278.60
353.73	426.16	524.17	800.19	1215.78	1482.61	2022.98	2203.96	2857.81
1.65	1.20	0.26	0.21	1.20	0.83	0.15	0.21	0.23
352.07	424.96	523.91	799.99	1214.58	1481.78	2022.83	2203.75	2857.58
781.41	822.75	910.56	1290.21	1769.01	2290.52	2981.95	3088.41	3736.64
565.34	617.61	641.26	923.70	1309.18	1718.47	2252.86	2265.73	2780.11
4.98	0.89	3.76	3.77	2.77	14.69	4.71	9.18	1.91
2.25	2.05	2.32	2.82	2.35	2.96	3.37	2.93	3.18
174.54	167.40	219.99	301.45	370.45	471.68	638.67	656.41	833.19
34.22	35.69	44.13	53.89	73.56	75.29	82.26	110.72	110.23
2.32	1.16	1.15	2.80	2.29	5.96	3.46	9.80	11.20
956.79	1142.79	980.68	1026.96	1337.94	1686.39	3280.66	2464.04	2793.67
241.14	309.82	375.74	278.02	436.01	489.80	2058.59	893.57	1139.32
155.08	233.57	224.62	131.01	83.39	294.38	241.13	256.66	269.23
0.79	1.00	125.80	112.32	225.16	137.26	1786.32	433.45	575.56
84.17	73.24	20.62	19.93	116.60	42.43	24.58	175.68	246.86
1.10	2.00	4.70	14.77	10.86	15.73	6.56	27.78	47.67
639.75	747.49	536.54	661.70	755.97	1019.12	1000.91	1341.83	1402.00
17.97	19.18	21.47	23.68	22.49	34.91	32.38	37.59	31.10
39.35	40.55	39.55	47.05	48.28	75.33	70.98	81.58	69.00
382.03	409.01	395.25	412.92	461.95	647.11	672.42	668.64	694.85
173.88	186.20	179.90	188.03	210.65	294.21	305.64	302.48	313.54
122.97	142.17	102.67	103.60	134.95	146.86	135.68	167.32	179.90
58.84	57.53	37.02	15.97	24.84	28.13	1.79	5.93	
45.10	44.69	28.25	13.80	21.69	23.97	1.57	4.54	
5.11	5.52	4.43	4.64	3.30	4.10	4.34	6.84	8.10
31.83	36.58	30.01	33.62	22.72	27.10	30.39	46.75	57.89
				0.06	0.21		0.66	
				0.20	0.37		1.53	
0.07		0.16	0.04	0.12	0.16	0.12		
0.24		0.28	0.29	0.28	0.81	0.19		
29.03	40.55	25.47	32.85	49.26	52.54	57.39	61.89	60.03
45.71	60.71	44.02	54.20	89.52	90.17	94.72	108.98	110.72
0.09	0.19	0.12	1.69	0.54	4.46	8.82	5.52	11.29
303.40	378.34	210.49	322.29	346.54	480.79	488.23	789.75	839.11

2-48 续表 7

指标名称	Indicator	单位	unit	总计 Average
5.其他相关支出	Other Interrelated	元/人	yuan/person	7.51
(三)居住服务费	Habitation Service Charge	元/人	yuan/person	130.12
1.物业管理费	Estate Management Fees	元/人	yuan/person	102.74
2.维修服务费	Maintenance Fees	元/人	yuan/person	15.79
3.其它居住服务费	Other	元/人	yuan/person	11.59
四、家庭设备用品及服务	Household Facilities,Articles and Services	元/人	yuan/person	1001.82
(一)耐用消费品	Durable Consumer Goods	元/人	yuan/person	501.89
1.家具	Furniture	元/人	yuan/person	264.31
2.家庭设备	Household Facilities	元/人	yuan/person	237.58
(1)洗衣机	Washing Machine	台/百户	unit/100 household	6.31
		元/人	yuan/person	36.93
(2)电冰箱	Refrigerator	台/百户	unit/100 household	4.68
		元/人	yuan/person	42.83
(3)微波炉	Microwave Oven	台/百户	unit/100 household	1.88
		元/人	yuan/person	3.64
(4)空调器	Air Conditioner	台/百户	unit/100 household	0.77
		元/人	yuan/person	14.49
(5)淋浴热水器	Water Heater for Shower	台/百户	unit/100 household	3.59
		元/人	yuan/person	20.86
(6)消毒碗柜	Disinfection Cupboard	台/百户	unit/100 household	0.05
		元/人	yuan/person	0.07
(7)洗碗机	Dishwasher	台/百户	unit/100 household	
		元/人	yuan/person	
(8)其他家庭设备	Other	元/人	yuan/person	118.76
(二)室内装饰品	Articles for Interior Decoration	元/人	yuan/person	38.88
(三)床上用品	Bed Articles	元/人	yuan/person	54.13
(四)家庭日用杂品	Household Articles for Daily Use	元/人	yuan/person	363.63
(五)家具材料	Furniture Materials	元/人	yuan/person	3.65
(六)家庭服务	Household Services	元/人	yuan/person	36.42
1.家政服务	Housekeeping	元/人	yuan/person	19.27
2.加工维修服务费	Processing and Maintenance Fees	元/人	yuan/person	17.15
五、医疗保健	Health Care and Medical Services	元/人	yuan/person	1158.83
(一)医疗器具	Medical Implement	元/人	yuan/person	7.52
(二)保健器具	Health Care Implement	元/人	yuan/person	8.04
(三)药品费	Drug Charges	元/人	yuan/person	526.88
(四)滋补保健品	Health Products	元/人	yuan/person	72.87
(五)医疗费	Medical Care Expenses	元/人	yuan/person	866.94
(六)其他医疗保健支出	Other	元/人	yuan/person	
六、交通和通信	Transport and Communications	元/人	yuan/person	2503.65
(一)交通	Transport	元/人	yuan/person	1787.40
1.家庭交通工具	Vehicle	元/人	yuan/person	847.15
(1)摩托车	Motorcycle	辆/百户	unit/100 household	0.82
		元/人	yuan/person	4.30
(2)助力车	Powered Bicycle	辆/百户	unit/100 household	7.16
		元/人	yuan/person	56.13
(3)家用汽车	Automobile	辆/百户	unit/100 household	2.05
		元/人	yuan/person	767.88

continued

最　低收入户 (10%) Lowest Income Households	更低收入户 (5%) Lower Income Households	低收入户 (10%) Low Income Households	中等偏下收 入 户 (20%) Lower Middle Income Households	中　等收入户 (20%) Middle Income Households	中等偏上收 入 户 (20%) Upper Middle Income Households	高收入户 (10%) High Income Households	最　高收入户 (10%) Highest Income Households	更高收入户 (5%) Higher Income Households
0.15	0.23	3.93	0.72	15.55	21.93	0.37	0.70	0.45
75.89	85.49	64.86	83.51	143.27	171.63	221.16	222.76	252.35
53.75	65.18	55.01	63.76	103.25	145.30	208.46	151.06	142.96
21.04	18.31	5.15	4.98	29.15	10.61	6.14	43.92	61.72
1.10	2.00	4.70	14.77	10.86	15.73	6.56	27.78	47.67
357.24	322.34	466.19	625.07	1040.57	1193.84	2494.39	1721.52	2221.40
109.78	94.57	170.18	246.76	538.64	505.95	1820.17	780.98	1060.13
51.22	39.31	84.53	111.78	347.55	181.67	1074.82	381.43	498.21
58.56	55.27	85.64	134.98	191.08	324.28	745.35	399.55	561.93
3.31	2.35	4.61	5.43	2.88	7.54	19.53	4.03	0.92
7.17	5.04	22.18	24.22	12.79	50.87	159.16	34.54	11.12
0.60	0.55	1.01	5.03	3.75	8.09	8.83	2.65	5.16
3.91	4.82	6.53	40.99	32.15	83.78	119.95	15.32	31.32
4.32		5.03	0.31	0.80	2.37	0.89	1.62	3.16
8.44		6.80	0.79	1.56	4.54	2.31	3.94	8.05
			0.89	0.83		4.25		
			8.69	20.90		97.06		
		1.85	1.84	6.36	1.78	8.24	5.87	7.97
		5.41	7.42	28.90	16.72	79.58	39.35	34.35
					0.24			
					0.43			
39.04	45.40	44.73	52.86	94.79	167.94	287.30	306.40	477.09
21.91	14.91	15.38	18.66	28.43	65.68	50.39	112.52	214.08
25.16	25.18	33.42	46.89	51.46	70.52	66.31	108.49	113.61
188.70	183.29	234.40	286.25	388.85	476.97	495.86	597.30	682.93
4.57			0.12	0.79		0.97	35.57	68.46
7.11	4.38	12.37	24.71	29.72	73.19	60.69	61.20	82.19
3.29	2.06	7.87	8.40	14.98	39.50	49.15	25.50	33.16
3.83	2.32	4.50	16.31	14.73	33.68	11.54	35.70	49.02
1088.27	1440.15	788.35	1193.06	1091.14	1507.10	1054.22	1258.83	1036.85
2.27	4.48	7.47	6.04	9.03	7.60	2.42	21.75	18.20
0.12	0.07	1.68	17.81	7.39	7.46		14.14	4.11
357.45	369.10	366.29	392.69	464.71	680.74	543.63	1211.98	1820.39
16.97	31.96	34.05	35.15	70.52	100.76	130.34	206.97	229.14
726.60	1053.84	428.95	956.71	677.59	986.84	1004.72	1544.30	2319.53
1105.30	956.28	985.88	1320.46	3288.61	1937.51	5555.28	6286.05	4417.64
729.08	571.61	508.04	726.03	2530.47	1184.41	4407.78	4992.56	2958.50
369.16	40.96	107.28	159.97	1578.89	104.91	2632.10	2525.11	66.16
1.81				0.84	1.96	0.87		
3.53				1.52	18.64	4.10		
5.73	6.57	12.02	5.30	9.75	8.13	3.79	3.69	6.65
38.02	39.92	93.66	34.25	71.15	71.68	43.30	32.92	58.33
1.94			0.89	4.24		5.17	3.21	
324.14			96.59	1481.04		2572.14	2469.66	

2-48 续表 8

指标名称	Indicator	单位	unit	总 计 Average
(4)其他交通工具	Other	元/人	yuan/person	18.85
2.车辆用燃料及零配件	Fuels and Accessories	元/人	yuan/person	294.22
(1)燃料	Fuels	元/人	yuan/person	264.14
其中：汽油	Petrol	升/人	litre/person	30.95
		元/人	yuan/person	230.30
柴油	Diesel Oil	升/人	litre/person	0.37
		元/人	yuan/person	2.66
(2)零配件	Accessories	元/人	yuan/person	30.08
(3)其他	Other	元/人	yuan/person	
3.交通工具服务支出	Vehicle Services	元/人	yuan/person	273.20
(1)维修费	Fix Fees	元/人	yuan/person	45.11
(2)车辆使用税费	Taxes	元/人	yuan/person	153.32
(3)其它车辆使用费用	Other Fees	元/人	yuan/person	74.77
4.交通费	Transport Fares	元/人	yuan/person	370.05
(1)飞机	Airplane	元/人	yuan/person	80.69
(2)火车	Train	元/人	yuan/person	80.51
(3)长途汽车	Coach	元/人	yuan/person	74.60
(4)市内公共交通	Public Traffic Intra-city	元/人	yuan/person	51.73
(5)出租汽车费	Taxi	元/人	yuan/person	74.94
(6)其他交通费	Other Fares	元/人	yuan/person	7.58
(二)通信	Communications	元/人	yuan/person	716.25
1.通信工具	Instrument	元/人	yuan/person	213.67
(1)电话机	Telephone	部/百户	unit/100 household	2.35
		元/人	yuan/person	1.76
(2)移动电话	Mobile Telephone	部/百户	set/100 household	54.51
		元/人	yuan/person	201.34
(3)其他通信工具	Other	元/人	yuan/person	7.19
2.通信服务	Communications Services	元/人	yuan/person	502.58
(1)电信费	Telecommunications	元/人	yuan/person	493.95
其中：上网费	Internet	元/人	yuan/person	115.64
(2)邮费	Postage	元/人	yuan/person	2.13
(3)其他通信服务费	Other	元/人	yuan/person	4.29
七、教育文化娱乐服务	Education,Culture and Recreation Services	元/人	yuan/person	1868.42
(一)文化娱乐用品	Recreation Articles	元/人	yuan/person	411.13
1.彩色电视机	Color Television	台/百户	set/100 household	6.84
		元/人	yuan/person	124.66
2.家用电脑	Computer	元/人	yuan/person	97.71
(1)购买整机	Purchase Complete Computer	台/百户	set/100 household	
		元/人	yuan/person	
(2)计算机外部设备	External Equipment	元/人	yuan/person	
(3)各种零配件及耗材	Various Accessories and Waste Material	元/人	yuan/person	
3.组合音响	Hi-Fi Stereo Component System	台/百户	unit/100 household	0.45
4.摄像机	Video Camera	架/百户	set/100 household	
		元/人	yuan/person	
5.照相机	Camera	架/百户	set/100 household	1.05
6.钢琴	Piano	架/百户	unit/100 household	
		元/人	yuan/person	

continued

最 低 收入户 (10%) Lowest Income Households	更低收入户 (5%) Lower Income Households	低收入户 (10%) Low Income Households	中等偏下 收 入 户 (20%) Lower Middle Income Households	中 等 收入户 (20%) Middle Income Households	中等偏上 收 入 户 (20%) Upper Middle Income Households	高收入户 (10%) High Income Households	最 高 收入户 (10%) Highest Income Households	更高收入户 (5%) Higher Income Households
3.47	1.04	13.61	29.12	25.18	14.59	12.55	22.53	7.83
142.39	258.32	79.05	188.83	264.91	374.61	581.35	734.47	940.91
133.09	251.37	67.29	165.60	232.31	348.09	517.42	660.69	848.39
16.63	31.68	8.69	17.00	24.79	40.91	64.29	83.00	106.28
126.77	242.20	64.75	125.94	183.51	304.20	476.72	618.47	792.51
0.16			0.01	0.02		2.66	1.40	1.20
1.20			0.10	0.13		19.46	9.54	7.23
9.31	6.95	11.76	23.23	32.60	26.52	63.93	73.78	92.53
105.94	175.37	39.80	123.61	345.77	220.97	678.43	800.99	646.40
13.96	10.43	17.64	34.84	48.90	39.78	95.90	110.66	138.79
45.82	94.12	16.08	42.84	204.09	145.54	412.71	448.64	208.17
46.16	70.82	6.08	45.94	92.78	35.65	169.82	241.69	299.44
111.59	96.97	280.95	252.71	338.48	479.56	515.91	916.32	1305.02
		8.32	41.11	39.81	113.41	123.36	409.07	698.91
26.26	36.40	37.17	40.66	86.99	103.53	144.54	206.86	227.61
37.23	27.73	73.63	72.39	74.58	93.72	65.98	108.47	145.58
29.68	18.95	91.18	44.92	63.24	39.80	50.50	44.51	35.28
15.69	10.59	64.74	46.41	65.03	121.26	125.42	130.68	195.37
2.73	3.31	5.91	7.22	8.83	7.84	6.10	16.74	2.29
376.22	384.67	477.84	594.43	758.15	753.11	1147.50	1293.49	1459.14
109.82	114.42	132.95	190.53	226.76	192.30	306.63	475.41	486.83
		2.59	2.35	1.97	1.51	4.90	4.28	5.16
		8.73	0.95	1.03	0.32	1.71	1.13	1.20
48.58	44.42	56.50	73.97	50.00	45.86	48.75	51.36	45.65
107.36	112.54	119.17	184.08	219.32	184.57	294.74	410.99	456.51
2.46	1.87	5.06	5.50	6.41	6.45	10.18	22.81	29.12
266.40	270.25	344.89	403.90	531.39	560.81	840.87	818.08	972.31
264.69	267.95	339.24	398.33	521.12	552.54	832.40	788.59	946.19
48.48	42.65	106.03	88.59	126.31	137.36	162.71	185.97	235.90
0.14		0.40	0.72	2.24	2.55	5.02	7.46	11.95
1.56	2.30	4.41	4.85	3.18	3.90	3.44	11.20	14.18
1055.80	1211.07	1383.24	1357.60	1711.49	2297.86	3109.64	3387.91	3655.16
113.62	81.09	260.59	252.44	467.19	501.79	1147.69	403.28	452.34
2.63		2.25	6.41	2.99	9.55	21.12	4.51	5.97
28.76		37.28	72.47	49.52	189.04	553.68	121.68	184.67
		61.14	37.16	153.27	137.00	306.56	25.24	5.25
		2.41				0.66	1.43	2.78
		1.43	1.84	0.20	0.74	1.77	1.70	

2-48 续表 9

指标名称	Indicator	单位	unit	总 计 Average
7.其他中高档乐器	Secondary and Top Grade Musical Instrument	件/百户	set/100 household	
		元/人	yuan/person	14.80
8.健身器材	Body-building Apparatus	件/人	unit/person	
		元/人	yuan/person	4.19
9.电子辞典	Electric Glossary	部/人	part/person	
		元/人	yuan/person	
10.音像制品及软件	AV Products and Software	元/人	yuan/person	3.00
11.体育用品	Sporting Goods	元/人	yuan/person	8.76
12.书报杂志	Books 、 Newspapers and Magazines	元/人	yuan/person	27.03
13.纸张文具	Papers and Stationery	元/人	yuan/person	19.46
14.其他文娱用品	Other	元/人	yuan/person	102.54
(二)文化娱乐服务	Recreation Services	元/人	yuan/person	555.75
1.参观游览	Tour	元/人	yuan/person	31.76
2.健身活动	Fitness Activities	元/人	yuan/person	8.65
3.团体旅游	Group Activities	元/人	yuan/person	373.07
4.其它文娱活动	Other Culture and Recreation Activities	元/人	yuan/person	127.38
5.文娱用品修理服务费	Maintain Charge of Culture and Recreation Articles	元/人	yuan/person	14.89
(三)教育	Education	元/人	yuan/person	897.51
1.教材	Teaching Material	元/人	yuan/person	63.62
(1)课本及参考书	Textbook and Reference	元/人	yuan/person	
(2)教育软件	Education Software	元/人	yuan/person	
(3)其它教材	Other Teaching Material	元/人	yuan/person	
2.教育费用	Education Expenses	元/人	yuan/person	833.89
(1)非义务教育学杂费	Tuition for Non-compulsory Education	元/人	yuan/person	344.78
(2)义务教育学杂费	Tuition for Compulsory Education	元/人	yuan/person	32.63
(3)托幼费	Childcare Costs	元/人	yuan/person	118.32
(4)成人教育费	Tuition of Adult Education	元/人	yuan/person	60.62
(5)家教费	Family Education Expenses	元/人	yuan/person	
(6)培训班	Training Courses	元/人	yuan/person	174.00
(7)学校住宿费	Expenses for Accommodation in School	元/人	yuan/person	
(8)其他	Others	元/人	yuan/person	103.55
八、其他商品和服务	Other Goods and Services	元/人	yuan/person	657.99
(一)其他商品	Other Goods	元/人	yuan/person	421.95
1.金银珠宝饰品	Jewelry	元/人	yuan/person	152.73
2.手表	Wristwatch	只/人	piece/person	
		元/人	yuan/person	26.95
3.理发美容用具	Barber and Beauty Appliances	元/人	yuan/person	
4.化妆品	Cosmetics	元/人	yuan/person	163.25
5.其他杂品	Other Sundry Goods	元/人	yuan/person	76.32
(二)服务	Services	元/人	yuan/person	236.03
1.旅馆住宿费	Accommodation	元/人	yuan/person	49.86
2.理发洗澡费	Barber and Bath Expenditure	元/人	yuan/person	38.23
3.美容费	Beauty Expenses	元/人	yuan/person	25.48
4.其他服务	Other Services	元/人	yuan/person	121.24

注：现金收支平衡表中的消费支出指标数值与消费支出八大类前的消费支出指标数值不一致，主要是由于2012年年中银川市、石嘴山市、吴忠市三个地级市的市区先后陆续推行城镇住户调查电子记账方式，所记账目均为细帐，而这些调查户中有部分调查户年初使用纸介账本记录的却是粗帐，在粗细帐合并与转换过程中产生误差所致。请资料使用者以消费支出表中的消费支出数据为准。

continued

最　低 收入户 (10%) Lowest Income Households	更低收入户 (5%) Lower Income Households	低收入户 (10%) Low Income Households	中等偏下 收 入 户 (20%) Lower Middle Income Households	中　等 收入户 (20%) Middle Income Households	中等偏上 收 入 户 (20%) Upper Middle Income Households	高收入户 (10%) High Income Households	最　高 收入户 (10%) Highest Income Households	更高收入户 (5%) Higher Income Households
		13.61		57.40		18.78	6.01	12.28
			1.60	15.18		7.23	3.56	7.22
2.58	3.08	2.18	2.29	3.54	3.69	3.53	3.55	1.88
0.74	1.11	2.46	4.73	14.42	4.10	38.56	5.61	7.61
23.18	27.74	19.65	20.58	31.89	33.23	31.78	31.97	16.91
20.68	17.65	25.99	20.23	19.63	15.93	17.74	14.58	22.50
37.69	31.50	87.29	87.03	120.17	107.22	150.04	164.96	149.86
95.49	93.51	97.35	317.87	564.07	705.21	1103.88	1690.51	1731.17
7.48	13.73	1.97	19.04	44.38	32.22	48.93	100.34	123.89
2.18	1.04	1.07	4.49	2.99	24.83	19.42	8.66	9.19
37.12	34.70	19.19	190.27	355.69	463.12	810.53	1313.53	1224.80
43.28	36.37	63.74	95.41	149.56	168.09	194.18	229.26	308.06
5.43	7.66	11.39	8.66	11.46	16.95	30.82	38.72	65.22
846.69	1036.48	1025.05	787.29	678.62	1088.39	858.07	1252.99	1471.65
56.10	50.11	84.69	67.84	44.50	65.69	72.09	63.77	56.19
790.59	986.37	940.36	719.45	634.12	1022.70	785.98	1189.22	1415.46
420.50	693.11	362.93	257.49	266.19	469.46	189.14	537.88	597.85
31.11	14.13	53.26	31.05	33.00	31.32	36.54	5.65	3.47
154.06	80.72	158.94	122.10	37.37	99.69	161.77	178.75	357.33
13.80		40.31	39.02	82.44	80.38	100.28	85.63	138.01
90.20	81.55	170.24	175.84	145.15	287.25	173.88	128.56	81.92
80.92	116.86	154.69	93.96	69.96	54.60	124.38	252.76	236.87
377.15	608.35	251.86	430.54	632.98	647.77	1117.98	1930.14	1888.67
228.05	378.13	120.68	281.70	488.43	494.58	741.09	906.68	1088.78
10.01	4.59	13.58	61.01	196.57	225.32	329.50	386.11	421.67
1.77	0.81	2.40	10.77	34.69	39.76	58.15	68.14	74.41
57.43	57.64	86.59	122.77	187.43	172.77	281.53	348.81	470.06
158.84	315.10	18.11	87.15	58.98	56.05	71.91	97.10	122.64
149.10	230.22	131.17	148.85	144.54	153.19	376.90	1023.46	799.89
41.36	86.44	5.68	25.24	22.10	38.98	52.45	288.15	498.72
8.59	10.16	15.97	21.58	34.65	33.25	47.82	174.14	118.96
5.72	6.77	10.65	14.39	23.10	22.17	31.88	116.10	79.31
93.43	126.86	98.76	87.64	61.74	58.09	244.76	438.54	102.91

Note:Consumer spending in the cash balance sheet and the eight class consumer spending is inconsistent, is mainly due to the mid - 2012 in Yinchuan and Shizuishan, Wuzhong has gradually electronic billing methods, promote urban household survey is written accounts are all details,and some of these households early use paper record book is rough, the rough details combined with conversion caused by error produced in the process. Please information users for consumer spending in the table consumer spending data shall prevail.

2-49 2013年全区城镇居民家庭按可支配收入等距五组分组资料

指标名称	Indicator	单位	unit
调查户数	**Number of Households Surveyed**	**户**	**household**
家庭基本情况	**Basic Statistics of Urban Households**		
一、住房情况	Basic Statistics of Housing		
1.家庭居住人口	Household Size	人/户	person/household
2.现住房总建筑面积	Floor Space of Current Housing	平方米/人	sq.m/person
3.房屋产权(合计)	House Property Right(Total)		
租赁公房	Public House Leasing	%	%
租赁私房	Private House Leasing	%	%
原有私房	Inhered Private House	%	%
房改私房	Reformed Private House	%	%
商品房	Commercial Residential Building	%	%
借用房	Borrowing House		
其他	Others	%	%
4.住宅建筑式样(合计)	House Construction Style(Total)		
单栋住宅	Single House	%	%
四居室	House With Four Bedrooms	%	%
三居室	House With Three Bedrooms	%	%
二居室	House With Two Bedrooms	%	%
一居室	House With One Bedrooms	%	%
普通楼房	General Building	%	%
平房及其他	Bungalow and Others	%	%
5.建筑年份	Construct Year	年	year
6.现有住房按市场价估计值	Estimate Value of Current Housing By Market Price	元/户	yuan/household
7.租赁房房租	Rent	元/户	yuan/household
(1)租赁公房房租	Rent of Public	元/户	yuan/household
(2)租赁私房房租	Rent of Private	元/户	yuan/household
8.自有房房租折算	Corrected Rent of Self-Housing	元/户	yuan/household
9.平均购房时间	Average Time of Purchase	年	year
10.购房总金额	Amount of Purchase	元/户	yuan/household
购房实际支出金额	Actual Expenditure	元/户	yuan/household
11.饮水情况(合计)	Drinking Condition(Total)		
自来水	Tap Water	%	%
矿泉水	Mineral Water	%	%
纯净水	Purified Water	%	%
井、河水	Well and River Water	%	%
其他	Others	%	%
12.用水情况(合计)	Using Water Condition(Total)		
独用自来水	Tap Water for Single Use	%	%
公用自来水	Tap Water for Public Use	%	%
井、河水	Well and River Water	%	%
其他	Others	%	%
13.卫生设备(合计)	Health Equipment(Total)		
无卫生设备	Without Health Equipment	%	%
有厕所浴室	Toilet With Bathroom	%	%
有厕所无浴室	Toilet Without Bathroom	%	%
公用	Public Toilet	%	%

Basic Statistics Grouped by Disposable Income Quintile of Urban Households(2013)

合 计 Average	低收入户20% 20% Low Income Households	较低收入户20% 20% Lower Income Households	中等收入户20% 20% Middle Income Households	较高收入户20% 20% Higher Income Households	高收入户20% 20% High Income Households
733.00	**145.00**	**148.00**	**149.00**	**144.00**	**147.00**
3.20	3.91	3.58	3.12	2.70	2.67
30.87	25.26	26.59	32.12	34.68	39.46
0.91	3.40	1.18			
8.98	17.29	6.69	8.01	7.63	5.72
14.08	29.51	17.53	7.28	10.98	5.39
15.97	9.28	15.51	12.49	21.94	20.41
57.38	38.44	55.73	68.18	58.76	65.87
2.40	2.07	2.70	4.03	0.69	1.93
0.28		0.67			0.68
2.42	4.15	4.72	2.02	0.69	
2.12	2.77	0.67	1.34	2.78	2.72
32.80	17.75	24.27	37.98	37.77	46.43
47.49	40.63	51.91	50.70	46.48	47.51
3.19	5.13	2.02	3.36	4.85	0.68
1.47	4.67	1.35	0.67	0.69	
10.52	24.90	15.06	3.92	6.74	2.66
10.25	8.85	10.76	9.85	11.38	10.44
247712.55	204825.36	229210.11	253398.77	263883.37	286933.56
60.80	82.34	37.15	68.12	63.88	53.06
2.11	7.63	2.98			
58.70	74.71	34.17	68.12	63.88	53.06
674.42	561.03	658.38	648.93	722.34	780.87
8.38	7.28	8.20	8.00	9.21	9.23
112318.67	93670.89	110035.96	124137.82	109562.36	123709.75
89272.28	71959.08	88289.89	102061.62	88898.38	94717.69
97.87	95.16	96.40	98.66	100.00	100.00
1.31	2.77	2.25	0.67		
0.82	2.07	1.35	0.67		
98.66	95.85	97.75	100.00	100.00	100.00
0.14	0.69				
1.20	3.46	2.25			
1.78	6.57	2.02			
87.90	74.06	80.96	94.17	92.38	98.64
8.04	13.14	15.00	3.81	6.93	1.36
2.28	6.22	2.02	2.02	0.69	

2-49 续表 1

指标名称	Indicator	单位	unit
14.取暖设备(合计)	Heating Equipment(Total)		
无取暖设备	Without Heating Equipment	%	%
空调设备	Air Conditioning	%	%
暖气	Central Heating	%	%
其他	Others	%	%
15.炊用燃料使用情况(合计)	Fuel Using Condition for Cooking(Total)		
煤炭	Coal	%	%
罐装液化石油气	Liquefied Petroleum Gas of Can Pack	%	%
管道液化石油气	Liquefied Petroleum Gas of Pipeline	%	%
管道煤气	Coal Gas of Pipeline	%	%
管道天然气	Natural Gas of Pipeline	%	%
柴油	Diesel Fuel	%	%
其它燃料	Other Fuels	%	%
16.除了现住房，还有几处其它住房	Except for Current Housing,How Many Other Housing	套/户	set/household
(1)出租房	Lease Housing	套/户	set/household
其中：建筑面积	Structure Area	平方米/户	sq.m/household
(2)偶尔居住房	Live Occasionally	套/户	set/household
其中：建筑面积	Structure Area	平方米/户	sq.m/household
(3)其它用途房	Other Usage	套/户	set/household
其中：建筑面积	Structure Area	平方米/户	sq.m/household
二、人口情况	Basic Statistics of Population		
(一)家庭人口数	Household Size	人/户	person/household
1.有收入者人数	Number of Income	人/户	person/household
(1)就业人口数	Number of Employed	人/户	person/household
①国有经济单位职工人数	State-owned Unit	人/户	person/household
②城镇集体经济单位职工人数	Urban Collective-owned Unit	人/户	person/household
③其他经济类型单位职工人数	Other Types of Ownship Unit	人/户	person/household
④城镇个体或私营企业主人数	Urban Self-employed Individuals or Private Enterprise Employee	人/户	person/household
⑤城镇个体或私营企业被雇人数	Urban Self-employed Individuals or Private Enterprise Employed	人/户	person/household
⑥离退休再就业人员数	Re-employed of Retiree	人/户	person/household
⑦其他就业人数	Other Employed	人/户	person/household
(2)离退休人数	Retiree	人/户	person/household
(3)其他有收入者人数	Other	人/户	person/household
2.无收入者人数	Number of No-Income	人/户	person/household
(二)在外就学人数	Number of Attending School Outside	人/户	person/household
(三)负担系数	Dependents Coefficient	-	
三、耐用消费品(拥有量)	Durable Consumer Goods		
1.摩托车	Motorcycle	辆/百户	unit/100 household
2.助力车	Powered Bicycle	辆/百户	unit/100 household
3.家用汽车	Automobile	辆/百户	unit/100 household
4.洗衣机	Washing Machine	台/百户	set/100 household
5.电冰箱	Refrigerator	台/百户	set/100 household
6.彩色电视机	Color Television	台/百户	set/100 household
7.家用电脑	Computer	台/百户	set/100 household
8.组合音响	Hi-Fi Stereo Component System	套/百户	set/100 household
9.摄像机	Video Camera	架/百户	set/100 household
10.照相机	Camera	架/百户	set/100 household

continued

合　计 Average	低收入户20% 20% Low Income Households	较低收入户20% 20% Lower Income Households	中等收入户20% 20% Middle Income Households	较高收入户20% 20% Higher Income Households	高收入户20% 20% High Income Households
0.43	0.69	1.35			
99.57	99.31	98.65	100.00	100.00	100.00
3.59	6.74	3.37	3.25	3.98	0.68
23.37	20.81	29.27	22.02	16.88	27.72
0.27			1.34		
0.41		1.35		0.69	
50.68	36.48	44.21	55.35	59.97	57.31
21.67	35.97	21.80	18.04	18.48	14.29
0.07	0.09	0.07	0.03	0.04	0.09
0.04	0.06	0.04	0.02	0.03	0.05
3.46	3.66	3.01	1.57	4.43	4.69
0.02	0.03	0.02	0.01		0.04
0.01	0.01	0.01	0.01	0.01	0.01
4.48	5.75	4.02	3.43	3.67	5.54
3.02	3.70	3.39	3.01	2.55	2.46
1.75	1.55	1.78	1.88	1.72	1.82
1.44	1.37	1.48	1.54	1.34	1.44
0.56	0.15	0.42	0.61	0.74	0.88
0.24	0.28	0.30	0.26	0.14	0.20
0.03		0.04	0.04	0.06	0.02
0.61	0.94	0.73	0.64	0.40	0.34
0.22	0.04	0.15	0.25	0.31	0.32
0.10	0.13	0.15	0.09	0.07	0.06
1.27	2.15	1.60	1.13	0.84	0.64
0.04	0.04	0.03	0.04	0.04	0.07
2.10	2.69	2.28	1.95	1.91	1.71
14.83	17.72	19.16	15.99	12.35	8.96
32.02	33.58	40.35	34.17	27.12	24.87
18.48	6.66	12.55	19.83	21.86	31.41
93.48	92.45	93.60	93.60	91.92	95.84
89.33	79.23	88.59	93.07	90.14	95.54
99.22	99.79	101.58	99.08	97.62	98.02
66.30	42.18	58.01	72.04	77.20	81.89
5.75	3.52	7.94	2.99	9.50	4.80
5.70	1.46	4.18	4.85	6.58	11.42
25.39	7.34	21.88	23.79	31.81	41.96

2-49 续表 2

指标名称	Indicator	单位	unit
11.钢琴	Piano	架/百户	unit/100 household
12.其它中高档乐器	Secondary and Top Grade Musical Instrument	件/百户	set/100 household
13.微波炉	Microwave Oven	台/百户	unit/100 household
14.空调器	Air Conditioner	台/百户	unit/100 household
15.淋浴热水器	Water Heater for Shower	台/百户	unit/100 household
16.消毒碗柜	Disinfection Cupboard	台/百户	set/100 household
17.洗碗机	Dishwasher	台/百户	set/100 household
18.健身器材	Body-building Apparatus	套/百户	set/100 household
19.固定电话	Telephone	部/百户	unit/100 household
20.移动电话	Mobile Telephone	部/百户	set/100 household
四、信息化调查	Informationization Survey		
1.接入互联网的移动电话	Internet Mobile Telephone	部/百户	set/100 household
2.接入有线电视网络的电视机	Lined Netwok Television	台/百户	set/101 household
3.接入互联网的计算机	Internet Computer	台/百户	set/102 household
现金收支情况	**Basic Statistics of Cash Income and Expenditure**		
一、期初手存现金	Initial Hand Deposit in Cash	元/人	yuan/person
二、家庭总收入	Total Income	元/人	yuan/person
其中：可支配收入	Disposable Income	元/人	yuan/person
(一)工资性收入	Income from Wages and Salaries	元/人	yuan/person
1.工资及补贴收入	Laborage and Allowance Income	元/人	yuan/person
2.其他劳动收入	Other Income from Work	元/人	yuan/person
(二)经营净收入	Business Income	元/人	yuan/person
(三)财产性收入	Income from Properties	元/人	yuan/person
1.利息收入	Interest	元/人	yuan/person
2.股息与红利收入	Dividend and Bonus	元/人	yuan/person
3.保险收益	Insurance Profit	元/人	yuan/person
4.其它投资收入	Other Investment	元/人	yuan/person
5.出租房屋收入	Lease House Income	元/人	yuan/person
6.知识产权收入	Intelletual Property	元/人	yuan/person
7.其他财产性收入	Other Properties	元/人	yuan/person
(四)转移性收入	Income from Transfer	元/人	yuan/person
1.养老金或离退休金	Annuities and Pension	元/人	yuan/person
2.社会救济收入	Social Relief	元/人	yuan/person
其中：最低生活保障收入	Living Ensure at lest	元/人	yuan/person
3.辞退金	Dismiss	元/人	yuan/person
4.赔偿收入	Compensate	元/人	yuan/person
5.保险收入	Insurance	元/人	yuan/person
其中：失业保险金	Insurance of Unemployment	元/人	yuan/person
6.赡养收入	Maintenance Income	元/人	yuan/person
7.捐赠收入	Gift Income	元/人	yuan/person
8.提取住房公积金	Draw Money of Housing Accumulation Fund	元/人	yuan/person
9.记帐补贴	Allowance of Charge Account	元/人	yuan/person
10.其他转移性收入	Other Transfer	元/人	yuan/person
三、出售财物收入	Proceeds from Sales of Belongings	元/人	yuan/person
1.出售住房收入	Sale of Housing	元/人	yuan/person
2.出售其他物品收入	Sale of Other	元/人	yuan/person
四、借贷收入	Credit Income	元/人	yuan/person
1.提取储蓄存款	Draw Saving Deposits	元/人	yuan/person

continued

合 计 Average	低收入户20% 20% Low Income Households	较低收入户20% 20% Lower Income Households	中等收入户20% 20% Middle Income Households	较高收入户20% 20% Higher Income Households	高收入户20% 20% High Income Households
4.39	3.04	5.16	3.91	3.13	6.69
47.20	29.48	36.70	47.83	54.31	67.55
12.28	4.51	5.19	13.87	19.34	18.46
86.84	71.66	85.70	90.98	89.37	96.40
2.32	0.13	0.86	2.26	3.04	5.27
0.37	0.86		0.98		
1.57	0.68	0.79	2.24	0.79	3.37
49.40	32.04	43.43	54.91	56.82	59.69
213.34	227.29	219.82	208.94	199.06	211.65
85.97	75.38	84.92	95.17	70.71	103.59
88.28	77.04	88.65	94.85	88.05	92.73
53.71	34.88	45.04	64.06	59.08	65.43
2036.07	1189.98	1842.26	2509.47	2147.48	2872.75
23766.75	9858.46	16989.94	24075.79	30669.36	45701.48
21833.33	8846.01	15735.98	21889.79	28215.94	42337.94
15363.92	6910.00	11287.69	15720.17	19047.32	28973.87
15126.05	6487.50	11153.97	15659.03	18930.08	28538.21
237.87	422.50	133.72	61.14	117.24	435.66
2626.08	1179.12	2595.29	2673.12	2143.46	5225.37
196.43	89.34	50.40	95.05	411.63	443.41
32.84	1.23	1.83	52.44	37.10	93.72
21.87	8.45		15.52	24.62	75.29
2.51			10.67	2.67	
17.20	26.07		15.61	45.45	
115.96	52.76	47.20	0.82	276.31	267.52
0.36					2.13
5.69	0.83	1.36		25.48	4.75
5580.31	1680.00	3056.57	5587.46	9066.96	11058.82
4917.58	1066.00	2576.23	5135.43	8590.97	9645.00
72.31	218.65	77.36	4.01	2.97	1.87
43.91	151.70	25.75	3.96	2.00	
3.32	3.47		3.59	10.37	
2.80		6.84		7.32	
1.29	5.29				
1.29	5.29				
146.69	104.19	92.48	52.19	136.66	400.59
170.19	71.70	82.90	186.10	111.03	473.99
31.78					190.19
162.73	128.00	139.71	170.15	201.96	195.31
71.63	82.71	81.06	35.97	5.68	151.86
59.02	0.40	219.61	0.94		56.85
57.34		213.39			56.84
1.68	0.40	6.23	0.94		0.01
6943.03	3110.73	4480.45	7557.33	6493.70	15603.73
6103.34	2806.32	2907.07	6789.04	6399.85	14114.71

2-49 续表 3

指标名称	Indicator	单位	unit
2.借入款	Borrowed	元/人	yuan/person
3.收回借出款	Recover Loans	元/人	yuan/person
4.收回储蓄性保险本	Recover of Principal Insurance Savings	元/人	yuan/person
5.兑售有价证券	Income from Securities	元/人	yuan/person
6.收回投资本金	Recouping Investment Principal	元/人	yuan/person
7.住房贷款	Repayment of House Loan	元/人	yuan/person
8.汽车贷款	Repayment of Auto Loan	元/人	yuan/person
9.教育贷款	Repayment of Education Loan	元/人	yuan/person
10.其他贷款	Repayment of Other Loans	元/人	yuan/person
11.其他借贷收入	Other Credit Income	元/人	yuan/person
五、家庭总支出	Total Expenditure	元/人	yuan/person
(一)消费性支出	Consumption Expenditure	元/人	yuan/person
(二)财产性支出	Property Expenditure	元/人	yuan/person
1.非生产性贷款利息支出	Interest of Non-productive Loans	元/人	yuan/person
2.其它	Other	元/人	yuan/person
(三)转移性支出	Transfer Expenditures	元/人	yuan/person
1.交纳所得税	Individual Income-tax	元/人	yuan/person
2.捐赠支出	Gift Expenditures	元/人	yuan/person
3.购买彩票	Buy Lottery Expenditures	元/人	yuan/person
4.赡养支出	Support Expenditures	元/人	yuan/person
其中：在外就学子女费用	Cost of Schooling Children away from Home	元/人	yuan/person
5.各种非储蓄性保险支出	Non-saving-deposits Insurance	元/人	yuan/person
其中：车辆保险支出	Vehicle Insurance	元/人	yuan/person
6. 其它转移性支出	Others	元/人	yuan/person
(四)社会保障支出	Social Security Expenditure	元/人	yuan/person
1.个人交纳的养老基金	Annuities	元/人	yuan/person
2.个人交纳的住房公积金	Housing Accumulation Fund	元/人	yuan/person
3.个人交纳的医疗基金	Medical Accumulation Fund	元/人	yuan/person
4.个人交纳的失业基金	Disemployed Accumulation Fund	元/人	yuan/person
5.其它社会保障支出	Others	元/人	yuan/person
(五)购房与建房支出	Expenditures of Purchasing and Building Houses	元/人	yuan/person
1.购房	Purchasing Houses	元/人	yuan/person
2.建房	Building Houses	元/人	yuan/person
六、借贷支出	Credit Expenditures	元/人	yuan/person
1.存入储蓄款	Saving Deposits	元/人	yuan/person
2.借出款	Lending	元/人	yuan/person
3.归还借款	Repayment of Loans	元/人	yuan/person
4.储蓄性保险支出	Saving-purpose Insurance Costs	元/人	yuan/person
5.购买有价证券	Purchase of Securities	元/人	yuan/person
6.其它投资支出	Other Investment Expenditure	元/人	yuan/person
7.归还住房贷款	Repayment of House Loan	元/人	yuan/person
8.归还汽车贷款	Repayment of Auto Loan	元/人	yuan/person
9.归还教育贷款	Repayment of Education Loan	元/人	yuan/person
10.归还其它贷款	Repayment of Other Loans	元/人	yuan/person
11.其它借贷支出	Other Credit Expenditures	元/人	yuan/person
七、期末手存现金	Final Hand Deposit in Cash	元/人	yuan/person

continued

合　计 Average	低收入户20% 20% Low Income Households	较低收入户20% 20% Lower Income Households	中等收入户20% 20% Middle Income Households	较高收入户20% 20% Higher Income Households	高收入户20% 20% High Income Households
318.97	268.39	362.33	388.51	41.11	541.42
92.08	18.17	87.29	106.71	36.10	247.43
191.86	0.40	854.46	0.94		0.01
169.14		243.01			686.24
47.42			234.62		13.92
3.79	10.00	2.44	4.17		
16.44	7.46	23.84	33.31	16.64	
20626.09	10684.82	14536.49	21657.51	23776.99	38883.82
15321.10	8574.56	11280.31	15900.32	18026.29	27142.12
122.80	11.46	38.48	144.23	136.74	359.61
92.24	6.08	33.43	56.22	132.92	296.49
30.56	5.38	5.05	88.01	3.82	63.11
2729.55	981.46	1548.44	2629.63	2989.62	6715.06
29.48	1.24	4.59	32.63	32.18	97.76
1962.15	669.00	1017.94	1829.43	2058.76	5171.47
13.41	2.98	3.96	16.44	5.34	46.15
355.72	197.16	249.44	208.79	503.20	746.82
133.62	87.66	101.39	106.89	199.93	206.30
198.47	26.88	147.56	283.52	263.07	352.99
85.08	16.58	25.70	129.94	85.38	212.96
170.32	84.19	124.94	258.81	127.07	299.88
1741.21	883.21	1109.67	1983.22	2219.29	3070.47
695.38	563.39	521.54	764.36	875.24	856.50
752.48	182.47	375.46	867.73	995.61	1707.71
232.17	119.01	173.09	285.85	282.45	363.14
57.07	17.86	38.50	63.73	61.59	126.93
4.11	0.47	1.08	1.54	4.39	16.19
711.42	234.14	559.60	1000.11	405.05	1596.57
638.03	95.96	428.36	989.88	404.07	1548.06
73.40	138.18	131.24	10.23	0.97	48.51
8647.59	2778.71	4383.06	7659.79	11905.55	20718.76
7574.30	2334.45	3713.39	6718.05	10726.60	18142.52
50.50	3.51	102.10	60.56	6.86	83.37
161.75	126.13	153.38	76.01	219.69	263.89
141.49	60.77	87.22	236.59	129.27	235.49
0.83		2.89	0.94		
1.24	0.97			5.66	0.14
611.75	224.84	261.06	349.26	726.12	1831.55
38.78		6.38	70.72	40.87	100.00
2.49	0.75			13.40	
44.65	12.84	54.37	117.95	33.20	5.56
19.81	14.45	2.26	29.70	3.88	56.23
646.07	418.51	692.29	654.69	624.19	929.19

2-49 续表 4

指标名称	Indicator	单位	unit
消费支出	**Consumption Expenditure**	**元/人**	**yuan/person**
其中: 通过互联网购买商品或服务支出	Purchase Goods or Service Expenditure by Internet	元/人	yuan/person
一、食品	Food	元/人	yuan/person
(一)粮油类	Grain and Oil	元/人	yuan/person
1.粮食	Grain	元/人	yuan/person
(1)大米	Rice	公斤/人	kg/person
		元/人	yuan/person
(2)面粉	Flour	公斤/人	kg/person
		元/人	yuan/person
(3)其他粮食及制品	Other Grain and Processed Products	元/人	yuan/person
2.淀粉及薯类	Starch and Tubers	元/人	yuan/person
3.干豆类及豆制品	Beans and Processed Products	元/人	yuan/person
4.油脂类	Oil and Fat	元/人	yuan/person
(1)食用植物油	Edible Vegetable Oil	公斤/人	kg/person
		元/人	yuan/person
(2)食用动物油	Edible Animal Oil	元/人	yuan/person
(二)肉禽蛋水产品类	Meat,Poultry and Eggs and Aquatic Products	元/人	yuan/person
1.肉类	Meat	元/人	yuan/person
(1)猪肉	Pork	公斤/人	kg/person
		元/人	yuan/person
(2)牛肉	Beef	公斤/人	kg/person
		元/人	yuan/person
(3)羊肉	Mutton	公斤/人	kg/person
		元/人	yuan/person
(4)其他肉及制品	Other and Processed Products	元/人	yuan/person
2.禽类	Poultry	元/人	yuan/person
(1)鸡	Fowl	公斤/人	kg/person
		元/人	yuan/person
(2)鸭	Duck	公斤/人	kg/person
		元/人	yuan/person
(3)其他禽类及制品	Other and Processed Products	元/人	yuan/person
3.蛋类	Eggs	元/人	yuan/person
(1)鲜蛋	Fresh Egg	公斤/人	kg/person
		元/人	yuan/person
(2)蛋制品	Eggs Processed Products	元/人	yuan/person
4.水产品类	Aquatic Products	元/人	yuan/person
(1)鱼	Fish	公斤/人	kg/person
		元/人	yuan/person
(2)虾	Shrimp	公斤/人	kg/person
		元/人	yuan/person
(3)其他水产品及制品	Other and Processed Products	元/人	yuan/person
(三)蔬菜类	Vegetables	元/人	yuan/person
1.鲜菜	Fresh Vegetables	公斤/人	kg/person
		元/人	yuan/person
2.干菜	Dried Vegetables	元/人	yuan/person
3.菜制品	Vegetables Processed Products	元/人	yuan/person
(四)调味品	Condiment	元/人	yuan/person
(五)糖烟酒饮料类	Sugar and Cigarette and Liquor and Beverage	元/人	yuan/person

continued

合　计 Average	低收入户20% 20% Low Income Households	较低收入户20% 20% Lower Income Households	中等收入户20% 20% Middle Income Households	较高收入户20% 20% Higher Income Households	高收入户20% 20% High Income Households
15321.10	**8574.56**	**11280.31**	**15900.32**	**18026.29**	**27142.12**
105.64	15.18	36.35	149.07	100.43	286.22
4895.20	2830.44	4036.40	5028.59	6465.31	7290.40
612.00	554.39	614.70	523.27	773.53	627.91
389.88	360.24	387.54	328.94	495.09	397.84
28.18	26.02	29.15	25.07	35.96	25.57
141.76	130.40	146.46	122.56	183.48	131.07
27.67	29.86	27.86	23.22	32.53	24.34
110.26	114.77	109.09	93.99	131.71	101.85
137.85	115.07	131.99	112.39	179.89	164.92
45.41	42.45	47.58	35.48	58.75	44.46
38.09	34.31	33.99	34.91	48.76	41.76
138.63	117.40	145.59	123.95	170.94	143.84
8.62	7.55	9.27	7.94	10.39	8.26
137.43	117.15	145.37	123.58	170.25	138.43
1.20	0.24	0.21	0.36	0.68	5.41
1056.55	642.85	920.43	1037.63	1456.54	1452.57
769.39	447.13	675.32	768.24	1067.85	1059.75
8.09	6.05	7.99	6.44	10.55	10.56
212.47	156.56	207.56	170.27	278.97	280.66
4.28	2.32	3.75	5.43	5.60	5.18
232.14	127.43	203.91	292.62	301.17	282.20
4.86	2.43	4.19	4.61	7.43	6.95
249.06	127.67	213.74	233.31	383.02	353.68
75.71	35.47	50.11	72.04	104.68	143.20
134.58	95.69	118.42	129.53	177.29	174.80
4.75	3.90	4.49	4.78	6.11	4.88
91.49	71.07	86.40	96.21	119.83	93.48
0.25	0.12	0.13	0.28	0.43	0.37
3.96	2.08	2.03	3.96	6.52	6.67
39.12	22.54	29.99	29.36	50.94	74.65
62.51	49.86	60.97	55.51	86.22	66.65
6.15	5.00	6.06	5.55	8.45	6.28
59.63	48.50	58.90	53.06	81.49	61.86
2.88	1.36	2.07	2.45	4.73	4.79
90.07	50.17	65.72	84.36	125.18	151.36
3.93	2.34	3.65	3.99	5.05	5.39
61.67	35.11	52.82	58.26	80.45	96.89
0.37	0.23	0.21	0.37	0.57	0.57
14.16	8.06	7.29	15.80	20.34	24.06
14.24	7.00	5.62	10.30	24.39	30.42
502.17	355.42	449.57	526.15	636.59	620.84
107.92	82.38	98.73	110.83	136.67	124.54
483.95	344.98	433.73	510.77	606.19	597.35
13.04	6.86	11.73	10.54	22.75	16.66
5.19	3.58	4.11	4.84	7.64	6.84
58.35	45.52	52.54	44.68	76.97	81.39
501.31	229.38	343.80	523.37	681.30	898.85

2-49 续表 5

指标名称	Indicator	单位	unit
1.糖类	Sugar	元/人	yuan/person
2.烟草类	Tobacco	元/人	yuan/person
3.酒类	Liquor	元/人	yuan/person
(1)白酒	Spirits	公斤/人	kg/person
		元/人	yuan/person
(2)果酒	Cider	公斤/人	kg/person
		元/人	yuan/person
(3)啤酒	Beer	公斤/人	kg/person
		元/人	yuan/person
(4)其他酒	Other	元/人	yuan/person
4.饮料	Beverage	元/人	yuan/person
(1)碳酸饮料	Carbonic Acid	公斤/人	kg/person
		元/人	yuan/person
(2)瓶装饮用水	Drinking Water with Bottle	公斤/人	kg/person
		元/人	yuan/person
(3)茶叶	Tea Leaves	公斤/人	kg/person
		元/人	yuan/person
(4)其他饮料	Other	元/人	yuan/person
(六)干鲜瓜果类	Dried and Fresh Melons and Fruits	元/人	yuan/person
1.鲜果	Fresh Fruits	公斤/人	kg/person
		元/人	yuan/person
2.鲜瓜	Fresh Melons	公斤/人	kg/person
		元/人	yuan/person
3.其他干鲜瓜果类及制品	Other and Processed Products	元/人	yuan/person
(七)糕点、奶及奶制品	Cake and Milk and Processed Products	元/人	yuan/person
1.糕点	Cake	公斤/人	kg/person
		元/人	yuan/person
2.奶及奶制品	Milk and Processed Products	元/人	yuan/person
(1)鲜乳品	Fresh Milk	公斤/人	kg/person
		元/人	yuan/person
(2)奶粉	Powdered Milk	公斤/人	kg/person
		元/人	yuan/person
(3)酸奶	Acidophilus Milk	公斤/人	kg/person
		元/人	yuan/person
(4)其他奶制品	Other Processed Products	元/人	yuan/person
(八)其他食品	Other Food	元/人	yuan/person
(九)饮食服务	Food and Drink Services	元/人	yuan/person
1.食品加工服务费	Food Processing Charges	元/人	yuan/person
2.在外饮食	Dinning Outer	元/人	yuan/person
二、衣着	Clothing	元/人	yuan/person
(一)服装	Garments	件/人	suit/person
		元/人	yuan/person
(二)衣着材料	Clothing Material	元/人	yuan/person
(三)鞋类	Shoes	双/人	pair/person
		元/人	yuan/person
(四)其他衣着用品	Other Articles	元/人	yuan/person
(五)衣着加工服务费	Clothing Processing Charges	元/人	yuan/person

continued

合 计 Average	低收入户20% 20% Low Income Households	较低收入户20% 20% Lower Income Households	中等收入户20% 20% Middle Income Households	较高收入户20% 20% Higher Income Households	高收入户20% 20% High Income Households
32.48	25.42	26.38	34.03	36.04	45.52
259.40	102.37	179.82	299.12	364.85	441.10
114.71	45.47	61.56	94.13	171.83	251.92
1.00	0.46	0.89	0.82	1.38	1.77
87.90	32.97	45.78	71.62	146.15	183.29
0.17	0.04	0.07	0.21	0.12	0.48
10.31	1.41	3.30	4.34	5.68	44.37
2.42	1.90	2.20	2.72	2.36	3.17
11.78	8.93	10.78	13.92	11.55	15.03
4.72	2.16	1.70	4.25	8.45	9.22
94.72	56.11	76.04	96.09	108.59	160.30
7.57	4.14	5.67	10.02	10.38	9.42
0.24	0.14	0.27	0.19	0.33	0.33
24.62	12.08	19.71	19.05	32.76	47.52
62.53	39.89	50.66	67.02	65.45	103.36
472.78	262.08	386.15	508.02	607.10	717.69
60.44	38.12	54.94	65.65	75.20	79.19
316.36	174.90	269.10	347.52	401.02	463.25
10.67	6.73	9.70	11.58	13.27	13.98
55.83	30.86	47.49	61.33	70.77	81.75
100.59	56.32	69.56	99.17	135.32	172.69
329.56	187.64	268.28	342.07	480.80	448.64
3.71	2.49	3.43	3.17	5.03	5.11
67.53	41.11	56.15	56.54	100.03	100.49
262.03	146.53	212.12	285.53	380.77	348.15
19.59	13.92	17.40	17.20	24.79	28.16
115.34	81.79	102.90	99.68	144.74	168.74
0.44	0.14	0.33	0.52	0.84	0.51
73.11	15.44	44.38	109.71	138.40	86.45
4.83	3.14	4.81	5.34	5.45	6.08
36.40	21.36	34.77	38.24	47.26	47.26
37.17	27.94	30.07	37.90	50.37	45.70
203.29	112.45	178.75	249.97	252.73	264.24
1127.99	438.09	800.19	1215.78	1482.61	2108.87
0.68	0.96	0.21	1.20	0.83	0.17
1127.31	437.13	799.99	1214.58	1481.78	2108.69
1737.21	845.33	1290.21	1769.01	2290.52	3032.47
1279.62	602.92	923.70	1309.18	1718.47	2258.96
6.12	4.38	3.77	2.77	14.69	6.83
2.68	2.28	2.82	2.35	2.96	3.16
376.32	197.04	301.45	370.45	471.68	647.09
64.75	39.12	53.89	73.56	75.29	95.77
3.60	1.74	2.80	2.29	5.96	6.47

2-49 续表 6

指标名称	Indicator	单位	unit
三、居住	Residence	元/人	yuan/person
(一)住房	Housing	元/人	yuan/person
1.租赁房房租	Rent	元/人	yuan/person
2.住房装潢支出	Decoration	元/人	yuan/person
3.维修用建筑材料	Repairs Materials	元/人	yuan/person
4.其他住房支出	Other	元/人	yuan/person
(二)水电燃料及其他	Water,Electricity,Fuels and Others	元/人	yuan/person
1.水	Water	吨/人	ton/person
		元/人	yuan/person
2.电	Electricity	度/人	degree/person
		元/人	yuan/person
3.燃料	Fuels	元/人	yuan/person
(1)煤炭	Coal	公斤/人	kg/person
		元/人	yuan/person
(2)罐装液化石油气	Liquefied Petroleum Gas of Can Pack	千克/人	kg/person
		元/人	yuan/person
(3)管道液化石油气	Liquefied Petroleum Gas of Pipeline	立方米/人	cub.m/person
		元/人	yuan/person
(4)管道煤气	Coal Gas of Pipeline	立方米/人	cub.m/person
		元/人	yuan/person
(5)管道天然气	Natural Gas of Pipeline	立方米/人	cub.m/person
		元/人	yuan/person
(6)柴油	Diesel Oil	升/人	litre/person
		元/人	yuan/person
(7)其它燃料	Other Fuels	元/人	yuan/person
4.取暖费	Warm Charges	元/人	yuan/person
5.其他相关支出	Other Interrelated	元/人	yuan/person
(三)居住服务费	Habitation Service Charge	元/人	yuan/person
1.物业管理费	Estate Management Fees	元/人	yuan/person
2.维修服务费	Maintenance Fees	元/人	yuan/person
3.其它居住服务费	Other	元/人	yuan/person
四、家庭设备用品及服务	Household Facilities,Articles and Services	元/人	yuan/person
(一)耐用消费品	Durable Consumer Goods	元/人	yuan/person
1.家具	Furniture	元/人	yuan/person
2.家庭设备	Household Facilities	元/人	yuan/person
(1)洗衣机	Washing Machine	台/百户	unit/100 household
		元/人	yuan/person
(2)电冰箱	Refrigerator	台/百户	unit/100 household
		元/人	yuan/person
(3)微波炉	Microwave Oven	台/百户	unit/100 household
		元/人	yuan/person
(4)空调器	Air Conditioner	台/百户	unit/100 household
		元/人	yuan/person
(5)淋浴热水器	Water Heater for Shower	台/百户	unit/100 household
		元/人	yuan/person
(6)消毒碗柜	Disinfection Cupboard	台/百户	unit/100 household
		元/人	yuan/person

continued

合　计 Average	低收入户20% 20% Low Income Households	较低收入户20% 20% Lower Income Households	中等收入户20% 20% Middle Income Households	较高收入户20% 20% Higher Income Households	高收入户20% 20% High Income Households
1497.98	968.61	1026.96	1337.94	1686.39	2893.10
557.28	307.76	278.02	436.01	489.80	1505.69
183.93	189.50	131.01	83.39	294.38	248.50
298.60	62.67	112.32	225.16	137.26	1144.26
63.15	52.71	19.93	116.60	42.43	96.29
11.59	2.88	14.77	10.86	15.73	16.63
807.32	588.66	661.70	755.97	1019.12	1162.71
26.28	19.71	23.68	22.49	34.91	34.85
55.15	39.45	47.05	48.28	75.33	76.01
499.84	388.57	412.92	461.95	647.11	670.63
227.36	176.86	188.03	210.65	294.21	304.14
127.23	112.92	103.60	134.95	146.86	150.70
25.56	48.04	15.97	24.84	28.13	3.75
20.87	36.76	13.80	21.69	23.97	2.98
4.47	4.77	4.64	3.30	4.10	5.52
30.50	30.93	33.62	22.72	27.10	38.16
0.10			0.06	0.21	0.32
0.22			0.20	0.37	0.73
0.10	0.12	0.04	0.12	0.16	0.06
0.34	0.26	0.29	0.28	0.81	0.10
42.49	27.27	32.85	49.26	52.54	59.53
72.81	44.87	54.20	89.52	90.17	101.49
2.49	0.10	1.69	0.54	4.46	7.25
390.08	257.41	322.29	346.54	480.79	631.33
7.51	2.02	0.72	15.55	21.93	0.53
130.12	70.43	83.51	143.27	171.63	221.92
102.74	54.37	63.76	103.25	145.30	181.22
15.79	13.18	4.98	29.15	10.61	24.07
11.59	2.88	14.77	10.86	15.73	16.63
1001.82	411.16	625.07	1040.57	1193.84	2127.60
501.89	139.68	246.76	538.64	505.95	1326.98
264.31	67.71	111.78	347.55	181.67	745.75
237.58	71.97	134.98	191.08	324.28	581.24
6.31	3.96	5.43	2.88	7.54	11.70
36.93	14.60	24.22	12.79	50.87	100.02
4.68	0.80	5.03	3.75	8.09	5.71
42.83	5.20	40.99	32.15	83.78	70.29
1.88	4.68	0.31	0.80	2.37	1.26
3.64	7.63	0.79	1.56	4.54	3.08
0.77		0.89	0.83		2.10
14.49		8.69	20.90		50.99
3.59	0.93	1.84	6.36	1.78	7.05
20.86	2.68	7.42	28.90	16.72	60.49
0.05				0.24	
0.07				0.43	

2-49 续表 7

指标名称	Indicator	单位	unit
(7)洗碗机	Dishwasher	台/百户	unit/100 household
		元/人	yuan/person
(8)其他家庭设备	Other	元/人	yuan/person
(二)室内装饰品	Articles for Interior Decoration	元/人	yuan/person
(三)床上用品	Bed Articles	元/人	yuan/person
(四)家庭日用杂品	Household Articles for Daily Use	元/人	yuan/person
(五)家具材料	Furniture Materials	元/人	yuan/person
(六)家庭服务	Household Services	元/人	yuan/person
1.家政服务	Housekeeping	元/人	yuan/person
2.加工维修服务费	Processing and Maintenance Fees	元/人	yuan/person
五、医疗保健	Health Care and Medical Services	元/人	yuan/person
(一)医疗器具	Medical Implement	元/人	yuan/person
(二)保健器具	Health Care Implement	元/人	yuan/person
(三)药品费	Drug Charges	元/人	yuan/person
(四)滋补保健品	Health Products	元/人	yuan/person
(五)医疗费	Medical Care Expenses	元/人	yuan/person
(六)其他医疗保健支出	Other	元/人	yuan/person
六、交通和通信	Transport and Communications	元/人	yuan/person
(一)交通	Transport	元/人	yuan/person
1.家庭交通工具	Vehicle	元/人	yuan/person
(1)摩托车	Motorcycle	辆/百户	unit/100 household
		元/人	yuan/person
(2)助力车	Powered Bicycle	辆/百户	unit/100 household
		元/人	yuan/person
(3)家用汽车	Automobile	辆/百户	unit/100 household
		元/人	yuan/person
(4)其他交通工具	Other	元/人	yuan/person
2.车辆用燃料及零配件	Fuels and Accessories	元/人	yuan/person
(1)燃料	Fuels	元/人	yuan/person
其中：汽油	Petrol	升/人	litre/person
		元/人	yuan/person
柴油	Diesel Oil	升/人	litre/person
		元/人	yuan/person
(2)零配件	Accessories	元/人	yuan/person
(3)其他	Other	元/人	yuan/person
3.交通工具服务支出	Vehicle Services	元/人	yuan/person
(1)维修费	Fix Fees	元/人	yuan/person
(2)车辆使用税费	Taxes	元/人	yuan/person
(3)其它车辆使用费用	Other Fees	元/人	yuan/person
4.交通费	Transport Fares	元/人	yuan/person
(1)飞机	Airplane	元/人	yuan/person
(2)火车	Train	元/人	yuan/person
(3)长途汽车	Coach	元/人	yuan/person
(4)市内公共交通	Public Traffic Intra-city	元/人	yuan/person
(5)出租汽车费	Taxi	元/人	yuan/person
(6)其他交通费	Other Fares	元/人	yuan/person

continued

合　计 Average	低收入户20% 20% Low Income Households	较低收入户20% 20% Lower Income Households	中等收入户20% 20% Middle Income Households	较高收入户20% 20% Higher Income Households	高收入户20% 20% High Income Households
118.76	41.86	52.86	94.79	167.94	296.37
38.88	18.68	18.66	28.43	65.68	79.87
54.13	29.25	46.89	51.46	70.52	86.33
363.63	211.32	286.25	388.85	476.97	544.00
3.65	2.31	0.12	0.79		17.39
36.42	9.71	24.71	29.72	73.19	60.93
19.27	5.55	8.40	14.98	39.50	37.93
17.15	4.16	16.31	14.73	33.68	23.01
1158.83	939.82	1193.06	1091.14	1507.10	1151.33
7.52	4.84	6.04	9.03	7.60	11.59
8.04	0.89	17.81	7.39	7.46	6.71
526.88	361.83	392.69	464.71	680.74	860.82
72.87	25.42	35.15	70.52	100.76	166.71
866.94	579.28	956.71	677.59	986.84	1260.80
2503.65	1046.19	1320.46	3288.61	1937.51	5902.09
1787.40	619.67	726.03	2530.47	1184.41	4685.31
847.15	239.53	159.97	1578.89	104.91	2581.32
0.82	0.90		0.84	1.96	0.43
4.30	1.78		1.52	18.64	2.16
7.16	8.89	5.30	9.75	8.13	3.74
56.13	65.56	34.25	71.15	71.68	38.37
2.05	0.96	0.89	4.24		4.18
767.88	163.70	96.59	1481.04		2523.51
18.85	8.49	29.12	25.18	14.59	17.28
294.22	111.04	188.83	264.91	374.61	654.02
264.14	100.52	165.60	232.31	348.09	585.41
30.95	12.70	17.00	24.79	40.91	73.17
230.30	96.07	125.94	183.51	304.20	543.99
0.37	0.08	0.01	0.02		2.06
2.66	0.60	0.10	0.13		14.75
30.08	10.52	23.23	32.60	26.52	68.60
273.20	73.20	123.61	345.77	220.97	736.60
45.11	15.78	34.84	48.90	39.78	102.91
153.32	31.10	42.84	204.09	145.54	429.76
74.77	26.32	45.94	92.78	35.65	203.93
370.05	195.42	252.71	338.48	479.56	705.94
80.69	4.12	41.11	39.81	113.41	258.96
80.51	31.66	40.66	86.99	103.53	174.11
74.60	55.25	72.39	74.58	93.72	86.14
51.73	60.12	44.92	63.24	39.80	47.66
74.94	39.97	46.41	65.03	121.26	127.92
7.58	4.30	7.22	8.83	7.84	11.15

2-49 续表 8

指标名称	Indicator	单位	unit
(二)通信	Communications	元/人	yuan/person
1.通信工具	Instrument	元/人	yuan/person
(1)电话机	Telephone	部/百户	unit/100 household
		元/人	yuan/person
(2)移动电话	Mobile Telephone	部/百户	set/100 household
		元/人	yuan/person
(3)其他通信工具	Other	元/人	yuan/person
2.通信服务	Communications Services	元/人	yuan/person
(1)电信费	Telecommunications	元/人	yuan/person
其中：上网费	Internet	元/人	yuan/person
(2)邮费	Postage	元/人	yuan/person
(3)其他通信服务费	Other	元/人	yuan/person
七、教育文化娱乐服务	Education,Culture and Recreation Services	元/人	yuan/person
(一)文化娱乐用品	Recreation Articles	元/人	yuan/person
1.彩色电视机	Color Television	台/百户	set/100 household
		元/人	yuan/person
2.家用电脑	Computer	元/人	yuan/person
3.组合音响	Hi-Fi Stereo Component System	台/百户	unit/100 household
		元/人	yuan/person
4.摄像机	Video Camera	架/百户	set/100 household
		元/人	yuan/person
5.照相机	Camera	架/百户	set/100 household
		元/人	yuan/person
6.钢琴	Piano	架/百户	unit/100 household
		元/人	yuan/person
7.其他中高档乐器	Secondary and Top Grade Musical Instrument	件/百户	set/100 household
		元/人	yuan/person
8.健身器材	Body-building Apparatus	件/人	unit/person
		元/人	yuan/person
9.电子辞典	Electric Glossary	部/人	part/person
		元/人	yuan/person
10.音像制品及软件	AV Products and Software	元/人	yuan/person
11.体育用品	Sporting Goods	元/人	yuan/person
12.书报杂志	Books 、 Newspapers and Magazines	元/人	yuan/person
13.纸张文具	Papers and Stationery	元/人	yuan/person
14.其他文娱用品	Other	元/人	yuan/person
(二)文化娱乐服务	Recreation Services	元/人	yuan/person
1.参观游览	Tour	元/人	yuan/person
2.健身活动	Fitness Activities	元/人	yuan/person
3.团体旅游	Group Activities	元/人	yuan/person
4.其它文娱活动	Other Culture and Recreation Activities	元/人	yuan/person
5.文娱用品修理服务费	Maintain Charge of Culture and Recreation Articles	元/人	yuan/person
(三)教育	Education	元/人	yuan/person
1.教材	Teaching Material	元/人	yuan/person
2.教育费用	Education Expenses	元/人	yuan/person
(1)非义务教育学杂费	Tuition for Non-compulsory Education	元/人	yuan/person
(2)义务教育学杂费	Tuition for Compulsory Education	元/人	yuan/person
(3)托幼费	Childcare Costs	元/人	yuan/person

continued

合 计 Average	低收入户20% 20% Low Income Households	较低收入户20% 20% Lower Income Households	中等收入户20% 20% Middle Income Households	较高收入户20% 20% Higher Income Households	高收入户20% 20% High Income Households
716.25	426.52	594.43	758.15	753.11	1216.78
213.67	121.27	190.53	226.76	192.30	386.73
2.35	1.30	2.35	1.97	1.51	4.59
1.76	4.32	0.95	1.03	0.32	1.44
54.51	52.56	73.97	50.00	45.86	50.07
201.34	113.20	184.08	219.32	184.57	349.91
7.19	3.75	5.50	6.41	6.45	16.17
502.58	305.25	403.90	531.39	560.81	830.06
493.95	301.59	398.33	521.12	552.54	811.61
115.64	76.97	88.59	126.31	137.36	173.75
2.13	0.27	0.72	2.24	2.55	6.18
4.29	2.97	4.85	3.18	3.90	7.13
1868.42	1217.87	1357.60	1711.49	2297.86	3241.70
411.13	186.36	252.44	467.19	501.79	794.40
6.84	2.44	6.41	2.99	9.55	12.73
124.66	32.97	72.47	49.52	189.04	348.66
97.71	30.26	37.16	153.27	137.00	173.05
0.45	1.21				1.05
2.42	0.27				14.08
1.05	0.72	1.84	0.20	0.74	1.73
6.56	5.17	6.36	2.16	11.58	8.71
14.80	6.74		57.40		12.72
4.19		1.60	15.18		5.49
3.00	2.38	2.29	3.54	3.69	3.54
8.76	1.59	4.73	14.42	4.10	22.92
27.03	21.44	20.58	31.89	33.23	31.87
19.46	23.31	20.23	19.63	15.93	16.24
102.54	62.24	87.03	120.17	107.22	157.12
555.75	96.41	317.87	564.07	705.21	1382.28
31.76	4.75	19.04	44.38	32.22	73.33
8.65	1.63	4.49	2.99	24.83	14.31
373.07	28.24	190.27	355.69	463.12	1049.24
127.38	53.41	95.41	149.56	168.09	210.83
14.89	8.38	8.66	11.46	16.95	34.57
897.51	934.98	787.29	678.62	1088.39	1045.49
63.62	70.25	67.84	44.50	65.69	68.14
833.89	864.72	719.45	634.12	1022.70	977.35
344.78	392.00	257.49	266.19	469.46	354.65
32.63	42.07	31.05	33.00	31.32	21.88
118.32	156.47	122.10	37.37	99.69	169.83

2-49 续表 9

指标名称	Indicator	单位	unit
(4)成人教育费	Tuition of Adult Education	元/人	yuan/person
(5)家教费	Family Education Expenses	元/人	yuan/person
(6)培训班	Training Courses	元/人	yuan/person
(7)学校住宿费	Expenses for Accommodation in School	元/人	yuan/person
(8)其他	Others	元/人	yuan/person
八、其他商品和服务	Other Goods and Services	元/人	yuan/person
(一)其他商品	Other Goods	元/人	yuan/person
1.金银珠宝饰品	Jewelry	元/人	yuan/person
2.手表	Wristwatch	元/人	yuan/person
3.理发美容用具	Barber and Beauty Appliances	元/人	yuan/person
4.化妆品	Cosmetics	元/人	yuan/person
5.其他杂品	Other Sundry Goods	元/人	yuan/person
(二)服务	Services	元/人	yuan/person
1.旅馆住宿费	Accommodation	元/人	yuan/person
2.理发洗澡费	Barber and Bath Expenditure	元/人	yuan/person
3.美容费	Beauty Expenses	元/人	yuan/person
4.其他服务	Other Services	元/人	yuan/person

注：现金收支平衡表中的消费支出指标数值与消费支出八大类前的消费支出指标数值不一致，主要是由于2012年年中银川市、石嘴山市、吴忠市三个地级市的市区先后陆续推行城镇住户调查电子记账方式，所记账目均为细帐，而这些调查户中有部分调查户年初使用纸介账本记录的却是粗帐，在粗细帐合并与转换过程中产生误差所致。请资料使用者以消费支出表中的消费支出数据为准。

continued

合　计 Average	低收入户20% 20% Low Income Households	较低收入户20% 20% Lower Income Households	中等收入户20% 20% Middle Income Households	较高收入户20% 20% Higher Income Households	高收入户20% 20% High Income Households
60.62	26.92	39.02	82.44	80.38	93.33
174.00	129.82	175.84	145.15	287.25	152.37
103.55	117.43	93.96	69.96	54.60	185.30
657.99	315.13	430.54	632.98	647.77	1503.42
421.95	174.91	281.70	488.43	494.58	819.67
152.73	11.78	61.01	196.57	225.32	356.37
26.95	2.08	10.77	34.69	39.76	62.89
163.25	71.87	122.77	187.43	172.77	313.46
76.32	89.18	87.15	58.98	56.05	83.87
236.03	140.23	148.85	144.54	153.19	683.75
49.86	23.70	25.24	22.10	38.98	164.31
38.23	12.24	21.58	34.65	33.25	107.77
25.48	8.16	14.39	23.10	22.17	71.85
121.24	96.07	87.64	61.74	58.09	336.73

Note:Consumer spending in the cash balance sheet and the eight class consumer spending is inconsistent, is mainly due to the mid - 2012 in Yinchuan and Shizuishan, Wuzhong has gradually electronic billing methods, promote urban household survey is written accounts are all details, and some of these households early use paper record book is rough, the rough details combined with conversion caused by error produced in the process.Please information users for consumer spending in the table consumer spending data shall prevail.

2-50 2013年各市县城镇居民人均可支配收入
Per Capita Annual Disposable Income of Urban Households by City and Country(2013)

单位：元 (yuan)

地 区	Region	2013年	2012年	增 量 Increment	增 长 Growth(%)
全 区	**Total**	**21833.3**	**19831.0**	**2002.3**	**10.1**
银川市	**Yinchuan**	**23776.4**	**21619.7**	**2156.7**	**10.0**
兴庆区	Xingqing	25971.4	23809.1	2162.3	9.1
西夏区	Xixia	20543.5	18525.7	2017.7	10.9
金凤区	Jinfeng	22921.8	20465.9	2455.9	12.0
永宁县	Yongning	21482.7	19530.0	1952.7	10.0
贺兰县	Helan	21401.0	19570.2	1830.8	9.4
灵武市	Lingwu	21974.3	19909.2	2065.1	10.4
石嘴山市	**Shizuishan**	**22223.5**	**20294.1**	**1929.4**	**9.5**
大武口区	Dawukou	23945.6	21908.2	2037.4	9.3
惠农区	Huinong	20219.0	18398.0	1821.0	9.9
平罗县	Pingluo	18748.3	17121.6	1626.7	9.5
吴忠市	**Wuzhong**	**19581.9**	**17844.5**	**1737.4**	**9.7**
利通区	Litong	20606.1	18801.2	1804.9	9.6
红寺堡区	Hongsipu	15438.6	13719.0	1719.6	12.5
盐池县	Yanchi	17854.0	16237.9	1616.1	10.0
同心县	Tongxin	16112.6	14430.1	1682.5	11.7
青铜峡市	Qingtongxia	20520.2	18759.6	1760.5	9.4
固原市	**Guyuan**	**18789.1**	**16854.1**	**1935.1**	**11.5**
原州区	Yuanzhou	20629.6	18451.1	2178.5	11.8
西吉县	Xiji	17192.7	15282.4	1910.3	12.5
隆德县	Longde	16214.8	14568.3	1646.5	11.3
泾源县	Jingyuan	16858.8	15039.1	1819.7	12.1
彭阳县	Pengyang	16621.3	14906.1	1715.2	11.5
中卫市	**Zhongwei**	**19809.7**	**17866.5**	**1943.2**	**10.9**
沙坡头区	Shapotou	20815.8	18867.1	1948.7	10.3
中宁县	Zhongning	18501.8	16581.9	1919.9	11.6
海原县	Haiyuan	16810.7	14867.4	1943.3	13.1

主要指标解释

可支配收入 指城乡住户可用于最终消费支出和储蓄的总和，即住户可以用来自由支配的收入。可支配收入既包括现金，也包括实物收入。按照收入来源，可支配收入包含五项，分别为：工资性收入、经营净收入、财产净收入、转移净收入和自有住房折算净租金。计算公式为：

可支配收入=工资性收入+经营净收入+财产净收入+转移净收入+自有住房折算净租金

其中：经营净收入= 经营收入-经营费用-生产性固定资产折旧－生产税净额（生产税-生产补贴）

财产净收入= 财产性收入 - 财产性支出

转移净收入= 转移性收入 - 转移性支出

工资性收入 指就业人员通过各种途径得到的全部劳动报酬和各种福利，包括受雇于单位或个人、从事各种自由职业、兼职和零星劳动得到的全部劳动报酬和福利。

经营净收入 指住户或住户成员从事生产经营活动所获得的净收入，是全部经营收入中扣除经营费用、生产性固定资产折旧和生产税净额（生产税减去生产补贴）之后得到的净收入。

财产净收入 指住户或住户成员将其所拥有的金融资产和自然资源交由其他机构单位、住户或个人支配而获得的回报并扣除相关的费用之后得到的净收入。财产净收入包括利息净收入、红利收入、储蓄性保险净收益和转让承包土地经营权租金净收入等。

转移净收入 指住户或住户成员当年得到的转移性收入减去转移性支出后的净额。转移性收入指国家、单位、社会团体对住户的各种经常性转移支付和住户之间的经常性收入转移。包括政府、非行政事业单位、社会团体对居民转移的养老金或退休金、社会救济和补助、政策性生活补贴、救灾款、经常性捐赠和赔偿以及报销医疗费等；住户之间的赡养收入、经常性捐赠和赔偿以及农村地区（村委会）在外（含国外）工作的本住户非常住成员寄回带回的收入等。

消费支出 指住户用于满足家庭日常生活消费需要的全部支出，包括用于消费品的支出和用于服务性消费的支出。根据用途不同，消费支出可划分为食品烟酒、衣着、居住、生活用品及服务、交通通信、教育文化娱乐、医疗保健、其他用品及服务八大类。根据来源不同，消费支出可划分为现金消费支出、实物消费支出（含自产自用、来自单位、来自政府和其他社会组织）。

转移性支出 指调查户对国家、单位、住户或个人的经常性或义务性转移支付。包括缴纳的税款、各项社会保障支出、赡养支出、经常性捐赠和赔偿支出以及其他经常转移支出等。

个人所得税是指调查对象被扣缴的工资薪金所得、对企事业单位的承包经营承租经营所得、个体工商户的生产经营所得、劳务报酬所得、稿酬所得、特许权使用费所得、利息股息红利所得、财产租赁所得、财产转让所得、偶然所得、经国务院财政部门确定征税的其他所得等个人所得的税款。生产税、消费税不在其内。

社会保障支出是指调查户家庭成员参加国家法律、法规规定的社会保障项目中由单位和个人共同缴纳的保障支出。包括养老保险、医疗保险、失业保险、工伤保险、生育保险以及其他社会保障支出。

农村外来从业人员寄给家人的支出是指外地农业户籍的从业人员寄回带回其户口登记地家庭的支出。

赡养支出是指调查户因赡养和抚养义务而付给亲友的经常性现金和定期的实物支出。

其他经常转移支出是指除缴纳的税款、社会保障支出、赡养支出以外的其他经常性转移支出。如经常性捐赠、经常性赔偿、各种罚款及政府部门向居民提供服务收取的服务费等。

财产性支出：是指调查户支付的生活贷款利息以及其他财产性支出等。

住房贷款利息支出是指住户由于购买住房向金融机构贷款所支付的利息，包括商业贷款利息和公积金贷款利息。

其他生活贷款利息支出是指住户由于向金融机构申请汽车贷款、教育贷款以及其他消费贷款而支付的利息。

其他财产性支出是指住户支付的除生活贷款利息以外的其他财产性支出，如宅基地使用费等。

农民纯收入：指农村住户当年从各个来源得到的总收入相应地扣除所发生的费用后的收入总和。纯收入主要用于再生产投入和当年生活消费支出，也可用于储蓄和各种非义务性支出。“农民人均纯收入”按人口平均的纯收入水平，反映的是一个地区或一个农户农村居民的平均收入水平。计算方法：

纯收入＝总收入-家庭经营费用支出-税费支出-生产性固定资产折旧-赠送农村内部亲友

农民现金收入：指农村住户和住户成员在调查期内得到以现金形态表现的各项现金收入总和，是现金总收入的概念，未扣除费用性支出。按来源分成工资性收入、家庭经营现金收入、财产性收入、转移性收入。

第三篇

价格调查

Price Survey

简要说明

居民消费价格指数是根据抽样方法抽取，在银川市、石嘴山市、吴忠市、固原市、中卫市、海原县、平罗县等 7 个市县选取 1050 个具有代表性的调查点（其中农贸市场 30 多个、商场超市 550 多个、服务网点 450 多个）,共 5035 个代表规格品，由专人定期到调查点采集实际成交价加权计算得到的。

商品零售价格指数是根据抽样方法抽取，在银川市、石嘴山市、吴忠市、固原市、中卫市、海原县、平罗县 7 个市县选取 941 个调查点、4268 个代表规格品，由专人定期到调查点采集实际成交价加权计算。

农业生产资料价格指数是根据抽样方法抽取，在固原市、中卫市、海原县、平罗县 4 个市县选取 66 个调查点、189 个代表规格品由专人定期到调查点采集实际成交价加权计算。

农产品生产价格指数是根据抽样方法抽取的，在全区 11 个市县（区）的 138 家农产品生产大户和 220 个普通农户，选择 17 个大类 37 个代表规格品进行调查的资料计算。

工业生产者价格指数是根据分布在全区 5 个地级市 600 多家样本企业上报的月度统计报表资料加权计算得到。

固定资产投资价格指数是根据分布在全区 5 个地级市 120 多家样本企业上报的月度、季度统计报表资料加权计算得到。

2013年宁夏居民消费价格平稳运行

2013 年，全区各地认真贯彻落实中央和自治区经济工作会议精神，面对复杂严峻的经济形势,自治区党委、政府果断采取一系列行之有效的调控措施，有效引导市场预期，全区经济运行稳中向好，居民消费价格稳中回落。

一、2013年居民消费价格运行特点

据价格监测调查,2013 年,全区居民消费价格总水平比去年同期上涨 3.4%,其中,食品价格上涨 7.2%,非食品价格上涨 1.4%；消费品价格上涨 3.7%，服务项目价格上涨 2.1%。

（一）总体平稳但月度间波动频繁

2013 年，全区居民消费价格总体上运行平稳，但月度间波动频繁（见图 1)。由于春节错月、对比基期差异，拉低了 1 月份的同比涨幅，抬高了 2 月份的同比涨幅，1、2 月 CPI 同比分别上涨 3.4%和 3.9%；节后消费需求锐减，鲜活农产品价格明显下降，致使 3 月份同比涨幅收窄，同比上涨 2.7%；从 4 月份开始同比涨幅明显上升， 6 月份达到年内新高，同比上涨 4.2%；7 月份同比涨幅出现回落，上涨 4.1%；8 月份受本地菜大量上市和自治区政府投放限价肉、限价菜的共同影响，涨幅明显回落，同比上涨 2.8%；9 月份受中秋、“十一”节日因素影响，居民消费价格略有反弹，同比上涨 3%；10 月份以后进入深秋初冬季节，本地大田菜销售接近尾声，温棚菜正值倒茬轮换，本地菜供应逐步减少，鲜菜供应主要依靠外阜输入，价格明显回升，10 月、11 月同比分别上涨 3.4%和 3.2%；入冬以后天气晴好，全区冬茬温棚菜生产顺利，同时受政府调控措施力度加大，上年同期基数较高等综合因素影响，12 月份同比涨幅回落，上涨 2.7%。

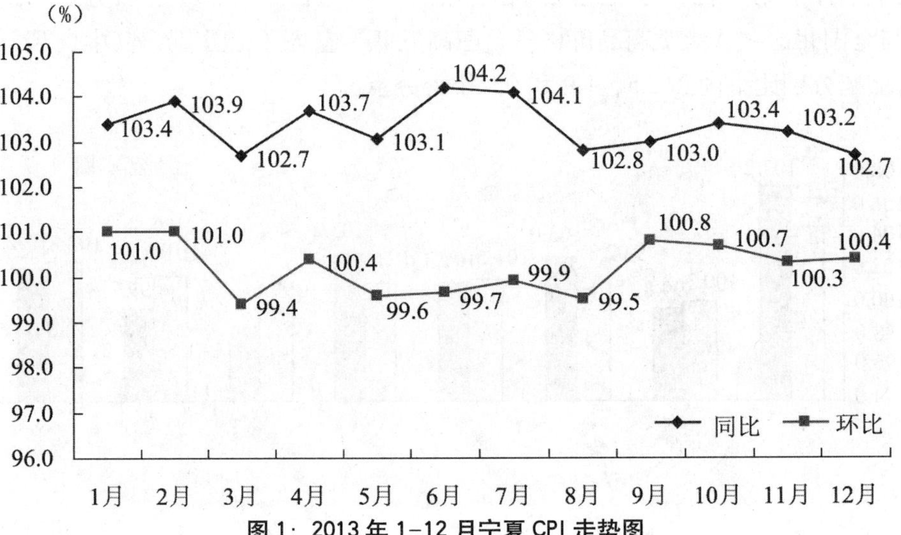

图 1：2013 年 1-12 月宁夏 CPI 走势图

（二）食品、医疗领跑宁夏 CPI 涨幅

2013 年，从构成居民消费价格的八大类商品和服务项目来看，呈现“五升三降”态势，与上年同期相比,涨价面缩小,但同类涨幅扩大。其中食品、医疗保健及个人用品价格涨幅位居榜首,同比分别上涨 7.2%、3.2%,比上年同期高出 2.7 个百分点和 1.6 个百分点,这两项对全区居民消费价格总水平的影响程度达 83.3%（见表 1)。

表一：2013 年八大类商品及服务项目对宁夏 CPI 影响程度表

项目名称	累　计		
	指 数	拉动百分点	影响程度（%）
居民消费价格总指数	103.4	-	-
一、食品	107.2	2.49	73.0%
二、烟酒	99.8	-0.01	-0.3%
三、衣着	103.0	0.33	9.7%
四、家庭设备用品及维修服务	101.3	0.07	2.0%
五、医疗保健和个人用品	103.2	0.35	10.3%
六、交通和通信	98.6	-0.14	-4.1%
七、娱乐教育文化用品及服务	99.7	-0.03	-0.9%
八、居住	102.2	0.35	10.3%

（三）农村 CPI 涨幅仍然高于城市

从近五年情况看，除 2012 年以外，2008 年、2009 年、2010 年、2011 年的农村 CPI 涨幅均高于城市。2013 年，全区农村和城市价格较上年同期分别上涨 3.8%和 3.3%，调查的八大类商品与服务项目中，农村与城市相比呈“五高两低一平”的态势，其中农村娱乐教育文化用品及服务、家庭设备用品及维修服务、衣着、食品、交通和通信价格分别比城市的涨幅高出 2.8、2.0、1.7、0.2 和 0.3 个百分点，说明我区农村市场流通体系建设还有待进一步完善。

（四）宁夏 CPI 涨幅高于全国水平

2013 年，宁夏 CPI 涨幅比全国平均水平高 0.8 个百分点，在全国 31 个省(市、区)中，宁夏 CPI 涨幅居第 4 位，在西北五省中居第 3 位，分别比陕西和甘肃高 0.4 个百分点和 0.2 个百分点，比新疆和青海均低 0.5 个百分点。与全国相比，八大类商品价格呈“三高五低”态势（见图 2）。其中食品、医疗保健及个人用品和衣着价格涨幅分别比全国高 2.5、1.9 和 0.7 个百分点。

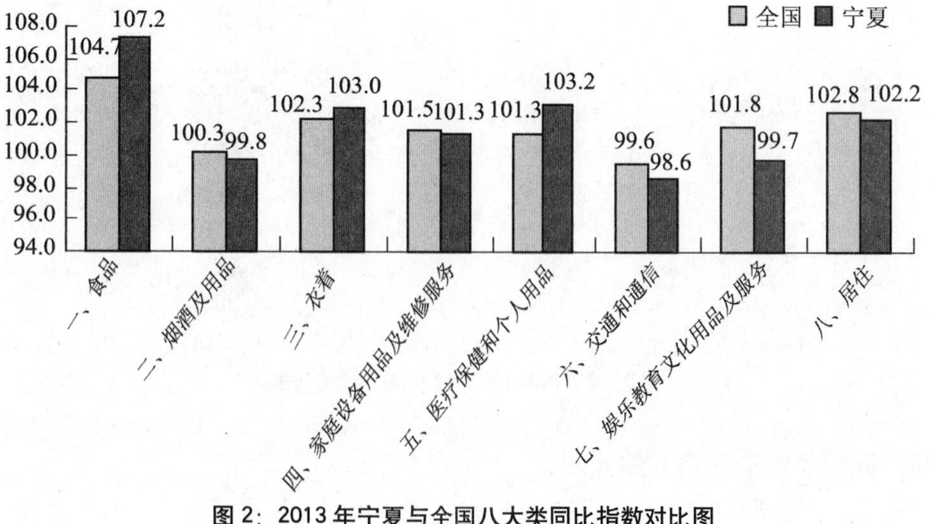

图 2：2013 年宁夏与全国八大类同比指数对比图

食品价格涨幅较大，是宁夏 CPI 高于全国平均水平的最主要原因（见图 3）。从 2013 年食品价格各月同比指数对比情况来看，宁夏食品价格指数各月同比始终高于全国水平，尤其是在 7 月份，二者之间相差 5.1 个百分点。即使是在 8 月份自治区政府逐步实施价格调控政策以后，宁夏食品价格涨幅也比全国水平至少高出 0.6 个百分点。

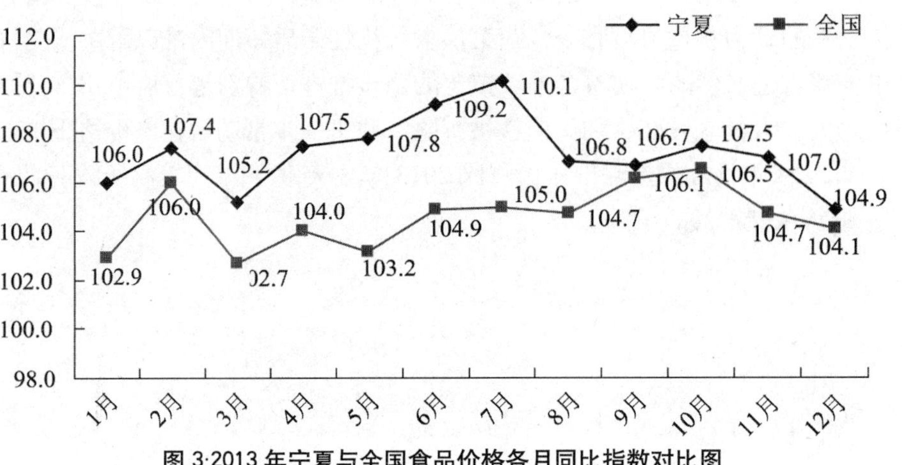

图 3:2013 年宁夏与全国食品价格各月同比指数对比图

二、居民消费价格变动因素分析

（一）食品价格居于高位，成为推动 CPI 上涨的首要推力

2013 年，全区食品价格上涨 7.2%，拉动价格总水平上涨 2.49 个百分点，影响程度达 73%，是影响 CPI 上涨的主要因素。其中与居民生活息息相关的粮、油、肉禽、蛋、水产品、鲜菜价格分别上涨了 5.8%、1.0%、10.3%、6.8%、4.6%和 8.1%。“粮价带百价”，在粮食价格上涨的带动下，糕点饼干面包、在外用膳食品和其他食品价格也应声上涨，同比分别上涨 5.2%、7.1%和 3.8%；近几年宁夏清真牛羊肉品牌效益显现，区内外市场需求量增加，但供应偏紧，价格节节攀升，牛羊肉价格同比分别上涨 26.1%和 15.7%。总之，农产品供给结构性矛盾、生产成本增加、国际市场的传导效应以及部分食品价格的周期性波动等都是影响食品价格走高的重要因素。

（二）原材料价格和用工成本的持续上升带动消费价格上涨

2013 年，饲料、农用种子、农用薄膜和化学农药价格同比分别上涨 11.1%、2.9%、1.8%和 1.9%，农资价格连年上涨，农产品生产成本不断攀升；农业用工费近三年来连续大幅上涨，2011-2013 年农业用工费同比分别上涨 17.9%、16.8%和 11.4%，用工偏紧、费用不断攀升导致劳动密集型产品和服务项目价格持续走高。

（三）输入性因素牵引指数波动

全区经济总量少、地域小，市场容量有限，种植的蔬菜品种比较单一，主要是西红柿、辣椒、黄瓜、茄子、芹菜、菠菜、甘蓝和韭菜等，无论从产量上，还是结构上都难以满足消费者的消费需求，加上大量的优质蔬菜外销，为补充本地市场缺口大量外阜菜品输入，管理费用、装卸费、运输费、工价等各种费用均推高了菜价，进而牵引居民消费价格指数波动。

（四）翘尾因素影响较大

2012 年，全区居民消费价格水平相对较低，前 11 个月同比始终在 2%左右运行，但 12 月份 CPI 同比上涨 4.1%，对 2013 年物价产生较高的翘尾影响。据测算，翘尾因素对 2013 年 CPI 的影响是 1.8 个百分点，影响程度达到 52.9%，2013 年的新涨价因素为 1.6 个百分点，翘尾因素对 2013 年物价影响较大。

三、2014 年物价形势预测

从宏观环境来看，受美国 QE 退出和全球需求温和增长的影响,大宗商品价格上涨压力不大，但是存量货币偏多，水、石油、天然气、电力等资源性产品价格改革、利率市场化改革、劳动力与土地价格改革等一系列的要素价格改革，均会对物价上涨形成一定压力。

从居民消费的具体商品和服务项目价格走势看，食品、服务和居住类价格总体仍将呈上涨态势。其中粮食类价格已连续 23 个月环比上涨，未来涨势还会继续；目前肉禽价格在政府控价措施的影响下基本稳定，但牛羊肉价格上涨的动力和趋势没有变；蔬菜供求结构性矛盾短期内难以解决，受气候、季节、节日等因素影响，价格上涨将是必然的。随着各地城镇化的稳步推进，特别是首府银川市“旧城改造”和新建主干道力度的不断加大，大批老社区、临街旧楼被拆除，将进一步带动居住类价格上涨。

总体来看，预计 2014 年物价的新涨价压力将比 2013 年要大,但翘尾因素有所减弱，因此要完成自治区 2014 年控价目标，形势依然严峻。

（张兰天）

2013 年宁夏农产品生产价格继续上涨

据对宁夏 358 个农业生产经营单位和农户生产价格调查结果显示: 2013 年宁夏农产品生产价格总体呈较快上涨态势，同比上涨 6.7%，涨幅比上年高 3.1 个百分点，比全国平均水平高 3.5 个百分点，涨幅居全国第四位。从调查类别看，除渔业产品价格同比下降 15.6%外，种植业、畜牧业产品价格同比分别上涨 6.1%和 8.9%。

一、宁夏农产品生产价格变动情况

（一）农产品生产价格持续上涨

分季度看，1 至 4 季度宁夏农产品生产价格同比分别上涨 7.9%、6.7%、4.7%和 6.5%。除第 4 季度外，前 3 季度涨幅分别比上年同期高 2.9 个百分点、4.2 个百分点和 2.6 个百分点，农产品生产价格呈现持续上涨趋势（见图 1）。

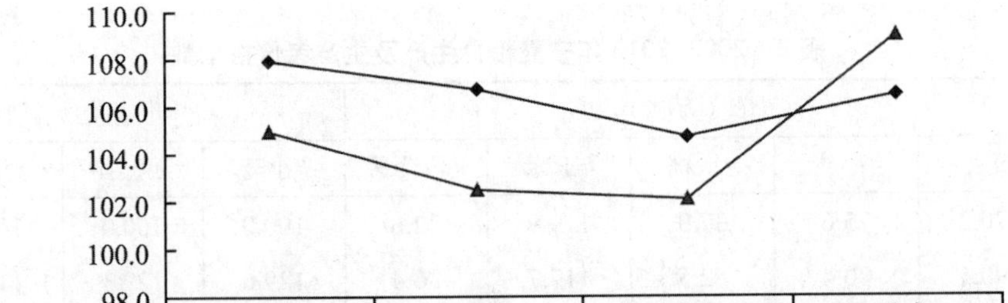

	1季度	2季度	3季度	4季度
2012年	105.0	102.5	102.1	109.0
2013年	107.9	106.7	104.7	106.5

图 1　2012 年–2013 年宁夏农产品生产价格分季度走势情况

（二）种植业产品价格稳步上升

1. 谷物类价格同比上涨 2.4%。其中,稻谷、小麦、玉米价格同比分别上涨 0.4%、4.9%和 2.5%。分季度看，稻谷、玉米价格高开低走，小麦价格稳中有升（见表 1）。

表 1　2013 年宁夏主要谷物类产品分季度价格指数表

种植业产品类别	1 季度	2 季度	3 季度	4 季度	全年累计
谷　物	105.8	103.7	102.6	97.0	102.4
#稻谷	106.3	105.6	99.6	89.6	100.4
#小麦	105.2	102.6	105.3	108.1	104.9
#玉米	105.8	102.9	101.4	98.5	102.5

2. 油料价格涨幅较大，同比上涨 8.7%。其中，油葵价格上涨 8%，胡麻籽价格上涨 12.5%。

3. 薯类价格大幅上涨，同比上涨 36.4%。马铃薯价格自 2012 年 4 季度起开始回升，2013 年 1 至 4 季度同比分别上涨 65.8%、51.2%、18.7%和 18.2%。

4. 蔬菜类价格普遍上涨，同比上涨 9.4%。从不同类别看，除葱蒜类价格受韭菜价格大幅下降影响，同比下降 3.5%，叶菜类、白菜类、根茎类、瓜菜类、豆类和茄果类蔬菜价格同比分别上涨 13.1%、9.5%、0.4%、14.5%、8.2%、8.8%。在调查的 20 个小类品种中，黄瓜、茄子、莴笋等 13 种蔬菜价格涨幅超过 10%。

5. 水果、中药材价格小幅下降，同比分别下降 1.5%和 0.9%。

（三）畜牧业产品价格保持高位运行

2013 年，宁夏畜牧业产品价格同比上涨 8.9%，涨幅仅次于新疆，在全国居第二位。其中，活牛、活羊价格涨幅较大，同比分别上涨 16.9%和 10.5%；活禽、鸡蛋价格恢复性增长，同比分别上涨 5.6%和 1.9%；鲜奶价格快速攀升，同比上涨 10.5%；生猪价格小幅下降，同比下降 2%。

（四）渔业产品价格低迷

2013 年，宁夏渔业产品价格同比下降 15.6%。其中，淡水鲤鱼、草鱼、鲢鱼价格同比分别下降 23%、6.5%和 9.6%。

二、影响农产品生产价格波动的主要因素

（一）供求关系变化的影响

从供给看，虽然宁夏粮食生产在 2012 年“九连增”的基础上，2013 年产量再次超过 370 万吨，实现丰收，但受人口增长影响，粮食供给压力不断增大。从粮食结构看，目前粮食产量增长主要依靠种植品种调整，即将单产较低的小麦调整为玉米，居民日常消费的精细粮产量提升有限，小麦产量已连续 5 年下降（见表 2）。2013 年宁夏小麦种植面积比 2012 年减少 16.8%，产量下降 25.4%，商品化率仅有 22%，产需缺口达 32.5 万吨。而活牛、活羊价格持续走高的一个重要原因就是农村大量劳动力外出务工和山区退耕还林（草）政策的推行使散养户不断减少，导致供需不平衡。

表 2　2003–2013 年宁夏粮食生产及生产者价格指数

年份	产量（万吨）					价格指数（%）			
	粮食	#小麦	#水稻	#玉米	#马铃薯	#小麦	#水稻	#玉米	#马铃薯
2003 年	270.2	75.6	37.0	119.9	22.6	100.0	100.0	100.0	103.8
2004 年	290.5	80.4	52.5	117.7	26.4	129.6	129.3	119.3	97.7
2005 年	299.8	79.4	61.1	121.4	27.5	108.5	108.9	99.4	109.3
2006 年	310.9	69.4	70.9	121.5	32.5	99.4	103.7	108.0	118.7
2007 年	323.5	61.6	60.5	146.6	41.4	101.6	104.1	118.9	100.6
2008 年	329.2	64.1	66.4	149.9	42.3	113.2	104.1	105.4	93.8
2009 年	340.7	73.6	64.6	156.4	39.1	110.1	108.6	97.4	103.0
2010 年	356.7	70.3	70.1	165.8	42.5	108.8	117.5	118.6	162.7
2011 年	358.9	63.0	70.8	172.4	44.5	110.8	106.6	108.6	82.5
2012 年	375.0	62.0	71.3	191.2	42.2	103.7	99.7	105.6	108.2
2013 年	373.4	46.3	68.9	206.2	44.0	104.9	100.4	102.5	136.4

从需求看，由于城镇化、工业化的快速发展和生活水平的提高，城乡居民对蔬菜、肉禽蛋奶等消费日益增加，畜禽养殖和工业加工对农产品的需求也不断增长。在资源有限和技术水平短期内不能大幅提高的情况下，需求增加是农产品生产价格上涨的最直接原因。

（二）国家政策因素的影响

近年来，农产品生产价格上涨与国家扶持农业生产、促进农民增收和确保粮食安全的保护性政策密切相关，粮食价格在国家最低保护价基础上呈不断上升趋势。2013 年国家公布的粮食主产区小麦（三等）和粳稻（三等）最低收购价格分别提高到每 50 公斤 112 元和 150 元，比 2012 年分别提高 10 元，小麦最低保护价连续 8 年上调。

（三）成本因素的影响。农业投入成本的增加，必然会带来农产品生产价格的上涨

一是农产品的直接成本不断提高。2013 年宁夏农业生产资料同比上涨 1.6%，除化肥、机械化农具价

格下降外，其他类别均呈上涨态势，其中饲料、农药、种子价格同比分别上涨 11.1%、2.1%和 2.9%，种养殖成本增加，致使农产品生产价格普遍上涨。二是劳动力成本较快上涨。2013 年宁夏农业用工价格同比上涨 11.4%，劳动力成本上涨已成为推高农产品成本的主因，对农产品生产价格的影响日益显著。

（四）气候因素和疫情的影响

对于农产品而言，气候因素直接影响农产品的生长，并对农产品价格产生重要影响。2013 年 7、8 月份宁夏持续的阴雨天气，不仅造成油葵、胡麻籽空壳秕粒增多，产量降低，价格上涨；还使得西瓜、枸杞品质欠佳，农户销售不畅，价格出现下滑。而部分地区发生的生猪疫情，造成猪肉消费需求下降，对上半年生猪价格产生了较大影响。

（五）其他因素的影响

由于宁夏农产品生产品种较少，对外依存度较高，输入性因素对农产品价格的影响十分明显。2013 年宁夏渔业产品价格大幅下降，其中的重要原因之一就是受到外地低价鱼的冲击。此外，国际市场价格的传导、相关产品价格的变动、农产品的区域性和结构性特点等都会对农产品价格的周期性波动产生影响。

三、农产品生产价格走势的初步判断

（一）受宁夏小麦种植持续减少、黄河来水量对水稻种植的限制、农户种粮意向下降和 2013 年 10 月国家再次上调小麦最低收购价格等因素影响，2014 年宁夏粮食价格将惯性上涨；蔬菜价格在内外市场需求旺盛和供给不会大幅提高的情况下，会出现季节性和品种间波动，但价格上涨的趋势短期难以改变；由于粮食和蔬菜类产品在种植业产品中的比重较大，种植业产品价格将稳步上涨。

（二）随着养殖成本的提高和城乡居民对肉类消费的不断增长，宁夏畜牧业产品价格受牛羊基础母畜不足、生猪养殖 2013 年下半年趋稳回升、国内市场对高品质原奶需求快速增长等因素影响，在不发生重大疫情的前提下，将会继续上涨，而政府相关控价措施的实施，将使畜牧业产品价格涨幅控制在相对稳定的范围。

（三）渔业产品价格受 2013 年价格低迷和永宁、贺兰等主要养殖区建设占地影响，价格将有一定的回升空间。

综合以上因素，初步判断 2014 年宁夏农产品生产价格将呈平稳上涨的趋势。

(白文娟)

2013 年宁夏工业生产者价格运行特点及 2014 年走势判断

据抽样调查，2013 年全区工业生产者价格在持续下跌之后逐步企稳，总体降幅呈收窄态势。全年工业生产者出厂价格同比下降 4.0%，工业生产者购进价格同比下降 3.0%。

一、工业生产者价格总体运行特点

（一）同比持续下降，降幅逐步收窄

2013 年宁夏工业生产者价格同比呈现连续下降态势，截至年底，工业生产者出厂价格同比连续 21 个月下降，购进价格同比连续 19 个月下降。但 6 月份以后同比价格逐月回升，8 月份开始同比价格降幅收窄，各月工业生产者出厂和购进价格指数呈现出“V”型走势。其中，12 月份出厂价格同比下降 2.3%，购进价格同比下降 1.4%，降幅分别比 5 月份收窄 3.8 和 2.6 个百分点。

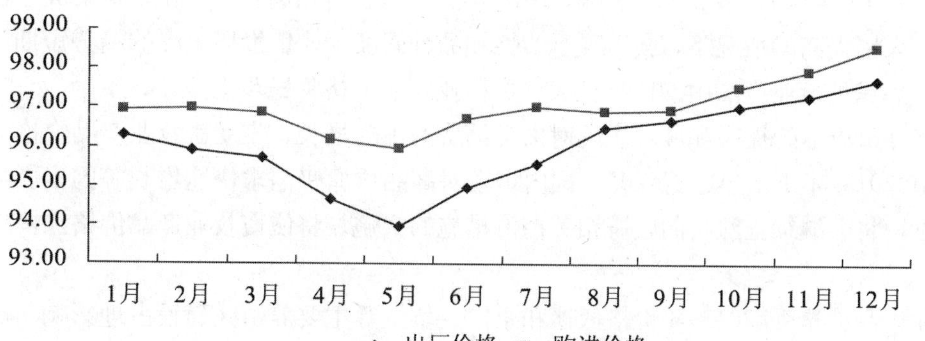

2013 年 1-12 月宁夏工业生产者价格指数同比走势图

（二）环比降多升少，涨跌互显

分月度看，宁夏工业生产者价格环比降多升少，12 个月出厂价格“七降五升”，购进价格“六降六升”。1-3 月份，工业生产者出厂价格环比呈现上涨走势，从 4 月份开始，出厂价格由正转负，连续 4 个月下降，呈现明显的下降走势。8 月和 9 月份，出厂价格环比转正，又呈现回升走势,10 月和 11 月份，出厂价格再次小幅下降，12 月份出现回升。购进价格走势与出厂价格比较接近。

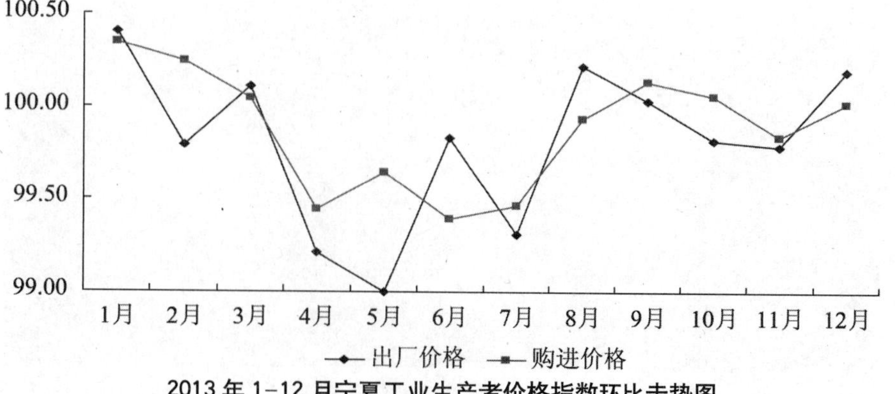

2013 年 1-12 月宁夏工业生产者价格指数环比走势图

（三）生产资料价格变动是影响 PPI 波动的主要原因，降幅明显大于生活资料

2013 年，生产资料价格同比下降 4.2%，影响出厂价格总指数下降 3.9 个百分点，其中：采掘、原料和

加工类价格分别下降 8.4%、4.4%和 2.8%；生活资料价格同比下降 1.3%，影响出厂价格总指数下降 0.1 个百分点，其中:食品价格上涨 2.7%，衣着价格上涨 5.1%，一般日用品价格下降 13.0%，耐用消费品价格下降 1.4%。

（四）大类行业多呈降势

2013 年，在调查的 33 个大类行业中，20 个大类行业产品出厂价格同比下降，下降面为 60.6%，12 个行业上涨，1 个行业持平。其中，煤炭、石油加工、化学原料及化学制品、橡胶制品、非金属矿物制品、黑色、有色金属压延加工业等大类行业产品出厂价格影响出厂价格总指数下降 3.7 个百分点。

2013 年工业生产者购进价格 9 个大类中 7 个大类价格同比下降，下降面为 77.8%。下降幅度最大的前三位分别是: 黑色金属材料类下降 7.4%,化工原料类价格下降 5.3%,有色金属材料及电线类价格下降 4.0%。

（五）宁夏工业生产者价格指数低于全国水平

2013 年，宁夏工业生产者出厂价格指数（96.0%）比全国平均水平(98.1%)低 2.1 个百分点，在全国 31 个省（区）排名第 30 位; 在西北五省中，宁夏比新疆（96.5%）、甘肃（96.9%）、青海（97.0%）、陕西（97.3%）分别低 0.5、0.9、1.0 和 1.3 个百分点。宁夏工业生产者购进价格（97.0%）比全国平均水平(98.0%)低 1.0 个百分点，在全国 30 个省（区）（西藏除外）排名第 26 位。

二、主要行业工业产品出厂价格变动情况

（一）煤炭价格持续下降

近年来，受煤炭进口增加、出口减少，国内煤炭市场需求疲软等诸多因素的影响，宁夏煤炭价格持续下降。2013 年，煤炭开采和洗选业价格同比下降 10.7%。其中，无烟煤、烟煤、洗煤、筛选煤价格同比分别下降 15.2%、8.4%、13.0%和 10.6%。

（二）成品油价格回落明显

在国际市场原油价格频繁波动、国家多次调整成品油价格等多种因素的共同影响下，宁夏成品油价格出现较大幅度的回落。2013 年，石油加工业出厂价格同比下降 4.5%，比上年回落 7.7 个百分点。其中，汽油、柴油、石油液化气价格分别下降 5.4%、0.2%和 4.3%。

（三）化工产品价格明显下降

受原材料价格下降、市场需求减少等因素的影响，宁夏部分化工产品出厂价格下降明显。全年化学原料及化学制品制造业出厂价格同比下降 5.6%。其中，基础化学原料制造价格下降 10.4%，肥料制造价格下降 8.2%，农药制造价格下降 3.7%。

（四）黑色、有色金属业价格下跌

受国内钢铁行业产能过剩以及国际市场常用有色金属、贵金属价格下降等因素的影响，2013 年，黑色金属冶炼及压延加工业、有色金属冶炼及压延加工业价格分别下降 4.3%和 4.9%。该两大类产品价格下降影响工业生产者出厂价格总指数下降 0.75 个百分点。

三、工业生产者价格下降的原因

（一）国际大宗商品价格疲软

2013 年以来，全球经济回升缓慢，欧债危机与美国财政困难均未能得到根本解决，国际大宗商品价格整体延续 2012 年年末的态势，呈现弱势调整格局，直接导致了国内相关产品价格走低。

（二）部分工业行业产能过剩

目前，我国钢铁、建材、化工、有色、煤炭等行业产能过剩问题严峻，制约工业产品价格上行空间。基础原材料（如煤炭、钢材、水泥等）价格的下跌，直接降低了工业品的生产成本。同时，市场需求减弱，部分企业依靠降低产能、降价缓解库存压力，导致出厂价格走低。

（三）翘尾因素影响

据测算，在 2013 年宁夏工业生产者出厂价格总水平同比跌幅 4 个百分点中，去年价格变动的翘尾因

素约为 2.7 个百分点，新涨价因素约为 1.3 个百分点，翘尾因素对出厂价格总水平下跌的贡献率为 67.5%。

四、2014 年工业生产者价格走势预判

2014 年，推动工业生产者价格上涨的因素和抑制价格上升的因素并存。在国内，城市道路、轨道交通、环保基础设施等步伐加快，将会对煤炭、钢材、水泥等行业产生积极的影响，推动其产品价格回升。同时，劳动力价格、土地价格、资源环境等成本，在未来的一段时间，总体上还是一个上升的趋势，也将影响到工业产品价格的上涨。从国际看，随着全球主要经济体经济好转，特别是近期美国经济数据提振市场，将会对国际市场的原油、有色金属和黑色金属等大宗商品的价格上涨产生拉动效应。由于我国的石油、铁矿石等大宗商品的对外依存度较高，这些国际大宗商品的价格变化必将会带动国内相关行业产品价格的上涨。

同时也应该看到，抑制工业产品价格快速上涨的因素依然存在。由于国内主要生产领域产能过剩问题依然持续，国内区域性与行业性限产短期内一定程度上限制了煤炭、石油化工和有色、黑色等行业产出规模的扩张，而且下游行业需求依然低迷，短期内难以形成价格总水平显著回升的趋势。

综合以上因素，预计 2014 年工业生产者价格将保持平稳运行态势。

（郭檪）

2013年宁夏固定资产投资价格小幅下降

2013年，宁夏固定资产投资价格总水平比上年下降0.2%。分季度看，一季度下降0.1%，二季度下降0.9%，三季度下降0.7%，四季度上涨0.9%。结束了连续五年上涨的态势。

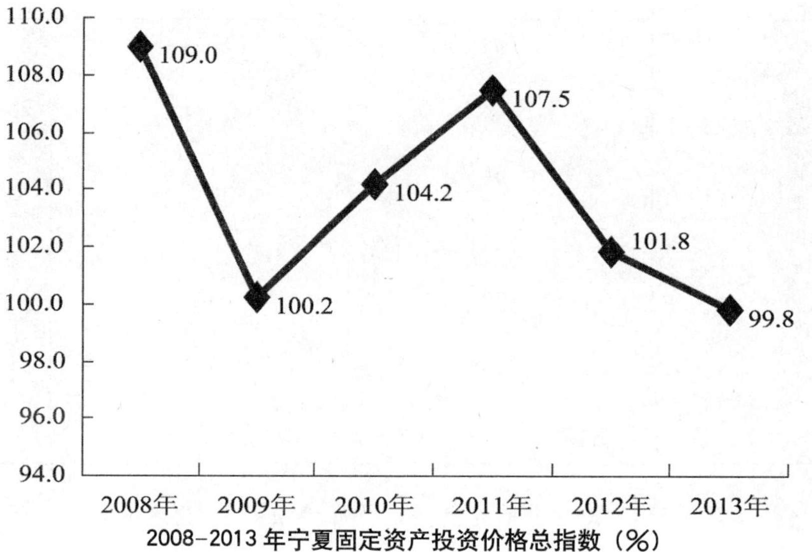

2008–2013年宁夏固定资产投资价格总指数（%）

一、固定资产投资价格运行的特点

2013年，宁夏固定资产投资价格总指数的三大类价格指数呈现“两降一平”态势。

（一）建筑安装、装饰工程价格微降

建筑安装、装饰工程投资是构成固定资产投资活动的主体，决定着固定资产投资价格总水平变动趋势，2013年建筑安装、装饰工程价格同比下降0.1%。分季度看，一季度价格同比上涨0.1%，二季度下降1%，三季度下降0.6%，四季度上涨1.3%。

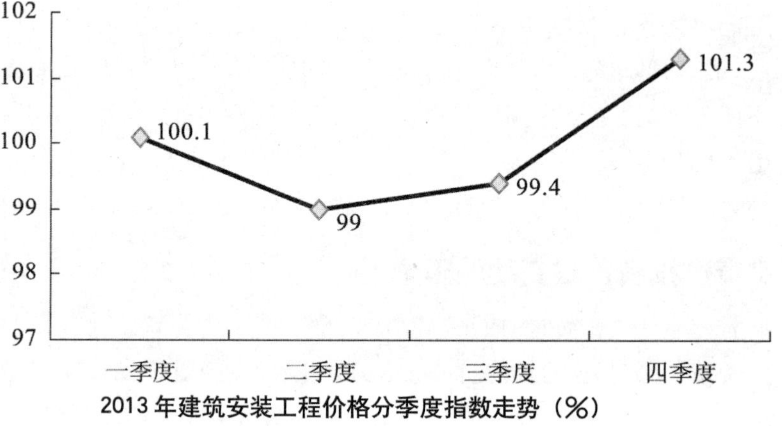

2013年建筑安装工程价格分季度指数走势（%）

从建筑安装工程价格构成上看，材料费呈现出走低的态势，人工费价格和机械费价格呈上涨趋势。

1. 材料费价格呈现下跌走势。2013年，材料费价格同比下降2%，比上年回落2.4个百分点。调查

的七大类建筑材料中钢材、水泥和地方建筑材料价格下降，木材、化工材料、电料及其他材料价格保持上涨。由于产能过剩造成钢材和水泥价格持续走低，钢材价格同比下降 7.5%。水泥价格同比下降 2.1%。地方建筑材料价格同比下降 0.8%。由于资源的减少以及木材加工中的人工费居高不下，木材价格同比上涨 1.5%。化工材料价格同比上涨 0.1%。化工材料价格的变动与原油价格的波动息息相关。受有色金属价格上涨的影响，电料价格同比上涨 3.9%。其他材料价格同比上涨 2.8%。

2013 年和 2012 年主要材料价格指数比较

名　称	同比指数（%）		涨跌幅度差
	2012 年	2013 年	
钢　材	97.0	92.5	-4.5
木　材	98.7	101.5	2.8
水　泥	95.8	97.9	2.1
地方建筑材料	103.9	99.2	-4.7
化工材料	102.4	100.1	-2.3
电　料	106.2	103.9	-2.3
其他材料	103.8	102.8	-1.0

2. 人工费价格持续上涨。2013 年，人工费价格同比上涨 6.6%。分季度看：一季度上涨 6.4%，二季度上涨 6.2%，三季度上涨 8.3%，四季度上涨 5.3%。调查的三类人员费用均有上涨，其中，工程管理人员人工费上涨 3.6%，工程技术人员人工费上涨 6.6%，普通工人人工费上涨 7.9%。主要原因：一是受居民消费价格不断上涨影响，生活成本增加，带动劳动力价格大幅上升。二是随着经济快速发展，对劳动力的需求也不断增加，劳动力市场结构性短缺较为严重，尤其是有经验的一线工人供不应求，迫使建筑企业提高工人工资标准，从而推动人工费价格走高。

3. 机械使用费价格平稳上涨。由于成品油价格和人工费价格上涨的推动，机械使用费价格同比上涨 2.9%，涨幅同比高出 0.4 个百分点。分季度看，一季度上涨 1.4%，二季度上涨 4.4%，三季度上涨 1.1%，四季度上涨 2.7%。分类看，土石方及筑路机械上涨 4.4%，打桩机械上涨 8.5%，起重机械上涨 1.9%，运输机械上涨 2.1%，混凝土及砂浆机械上涨 0.1%，加工机械上涨 2.1%，其他机械上涨 1.4%。

（二）设备、工器具购置价格略有下降

2013 年，设备、工器具购置价格延续上年走势，同比下降 0.9%。分季度看，一季度价格同比下降 0.9%，二季度同比下降 0.7%，三季度同比下降 1.5%，四季度同比下降 0.5%。

（三）其他费用价格持平

分类别看，土地取得费价格、前期工程费价格、施工工作费价格、建设单位其他费用价格同比均持平。

二、影响固定资产投资价格变动的因素

2013 年以来，在国家一系列宏观调控政策的作用下，固定资产投资增速回落，建筑材料的市场需求相对减少，价格出现下降。另一方面，主要建材产能过剩问题凸显，钢材、水泥等主要建材价格下跌，拉动固定资产投资价格下降。同时，由于近年各地上调最低工资标准，使得人工费出现上涨，对固定资产投资价格总水平的下降起到了一定的抑制作用。

（孙惠玲）

3-1 主要年份全区居民消费价格总指数

Consumer Price Indices in Main Years

年 份 Year	以1957年价格为100 Year of 1957=100	以1965年价格为100 Year of 1965=100	以1970年价格为100 Year of 1970=100	以1978年价格为100 Year of 1978=100	以1980年价格为100 Year of 1980=100	以1985年价格为100 Year of 1985=100	以1990年价格为100 Year of 1990=100	以1995年价格为100 Year of 1995=100	以2000年价格为100 Year of 2000=100	以2005年价格为100 Year of 2005=100	以上年价格为100 preceding Year=100
1958	102.4										102.4
1959	105.4										102.9
1960	109.9										104.3
1961	132.1										120.2
1962	125.6										95.1
1963	111.7										88.9
1964	106.0										94.9
1965	103.5										97.7
1966	101.7	98.2									98.2
1967	104.2	100.7									102.5
1968	105.6	102.0									101.3
1969	108.2	104.5									102.5
1970	109.1	105.3									100.8
1971	108.9	105.1	99.8								99.8
1972	109.3	105.6	100.2								100.4
1973	109.6	105.9	100.5								100.3
1974	110.1	106.3	100.9								100.4
1975	110.7	106.9	101.5								100.6
1976	111.7	107.9	102.4								100.9
1977	120.9	116.7	110.8								108.2
1978	121.6	117.4	111.5								100.6
1979	123.6	119.3	113.3	101.6							101.6
1980	133.6	129.0	122.4	109.8							108.1
1981	136.4	131.7	125.0	112.1	102.1						102.1
1982	140.3	135.5	128.6	115.4	105.1						102.9
1983	142.6	137.7	130.7	117.2	106.7						101.6
1984	146.4	141.4	134.2	120.4	109.6						102.7
1985	159.0	153.6	145.8	130.8	119.1						108.6
1986	168.2	162.5	154.2	138.3	126.0	105.8					105.8
1987	180.5	174.3	165.5	148.4	135.2	113.5					107.3
1988	211.4	204.1	193.8	173.8	158.3	132.9					117.1
1989	247.8	239.3	227.1	203.7	185.5	155.8					117.2
1990	265.3	256.2	243.2	218.2	198.7	166.9					107.1
1991	282.1	272.4	258.6	231.9	211.2	177.4	106.3				106.3
1992	305.5	295.0	280.0	251.2	228.7	192.1	115.1				108.3
1993	349.1	337.2	320.1	287.1	261.4	219.6	131.6				114.3
1994	429.8	415.1	394.0	353.4	321.8	270.3	162.0				123.1
1995	503.3	486.0	461.4	413.8	376.8	316.5	189.7				117.1
1996	537.5	519.1	492.7	442.0	402.4	338.0	202.6	106.8			106.8
1997	557.9	538.8	511.5	458.8	417.7	350.9	210.3	110.9			103.8
1998	557.9	538.8	511.5	458.8	417.7	350.9	210.3	110.9			100.0
1999	550.7	531.8	504.8	452.8	412.3	346.3	207.5	109.4			98.7
2000	548.5	529.7	502.8	451.0	410.6	344.9	206.7	109.0			99.6
2001	557.3	538.2	510.8	458.2	417.2	350.4	210.0	110.7	101.6		101.6
2002	553.9	534.9	507.8	455.5	414.7	348.3	208.8	110.1	101.0		99.4
2003	563.3	544.0	516.4	463.2	421.8	354.3	212.3	111.9	102.7		101.7
2004	584.2	564.2	535.5	480.4	437.4	367.4	220.2	116.1	106.5		103.7
2005	592.9	572.6	543.6	487.6	443.9	372.9	223.5	117.8	108.1		101.5
2006	604.2	583.5	553.9	496.8	452.4	380.0	227.7	120.1	110.2	101.9	101.9
2007	636.8	615.0	583.8	523.7	476.8	400.5	240.0	126.5	116.1	107.4	105.4
2008	691.0	667.3	633.4	568.2	517.3	434.5	260.4	137.3	126.0	116.5	108.5
2009	695.8	672.0	637.8	572.1	520.9	437.6	262.2	138.2	126.9	117.3	100.7
2010	724.3	699.5	664.0	595.6	542.3	455.5	273.0	143.9	132.1	122.2	104.1
2011	770.0	743.6	705.8	633.1	576.5	484.2	290.2	153.0	140.4	129.9	106.3
2012	785.4	758.5	719.9	645.8	588.0	493.9	296.0	156.0	143.2	132.5	102.0
2013	812.1	784.2	744.4	667.7	608.0	510.7	306.1	161.4	148.1	137.0	103.4

3-2 主要年份全区城市居民消费价格总指数

Consumer Price Indices of Urban Households in Main Years

年 份 Year	以1957年价格为100 Year of 1957=100	以1965年价格为100 Year of 1965=100	以1970年价格为100 Year of 1970=100	以1978年价格为100 Year of 1978=100	以1985年价格为100 Year of 1985=100	以1990年价格为100 Year of 1990=100	以1995年价格为100 Year of 1995=100	以2000年价格为100 Year of 2000=100	以2005年价格为100 Year of 2005=100	以上年价格为100 preceding Year=100
1958	102.4									102.4
1959	105.4									102.9
1960	109.9									104.3
1961	132.1									120.2
1962	125.6									95.1
1963	111.7									88.9
1964	106.0									94.9
1965	103.5									97.7
1966	101.7	98.2								98.2
1967	104.2	100.7								102.5
1968	105.6	102.0								101.3
1969	108.2	104.5								102.5
1970	109.1	105.3								100.8
1971	108.9	105.1	99.8							99.8
1972	109.3	105.6	100.2							100.4
1973	109.6	105.9	100.5							100.3
1974	110.1	106.3	100.9							100.4
1975	110.7	106.9	101.5							100.6
1976	111.7	107.9	102.4							100.9
1977	120.9	116.7	110.8							108.2
1978	121.6	117.4	111.5							100.6
1979	123.6	119.3	113.3	101.6						101.6
1980	133.6	129.0	122.4	109.8						108.1
1981	136.4	131.7	125.0	112.1						102.1
1982	140.3	135.5	128.6	115.4						102.9
1983	142.6	137.7	130.7	117.2						101.6
1984	147.3	142.2	135.0	121.1						103.3
1985	159.9	154.5	146.6	131.5						108.6
1986	169.5	163.7	155.4	139.4	106.0					106.0
1987	186.3	179.9	170.8	153.2	116.5					109.9
1988	219.3	211.8	201.0	180.3	137.1					117.7
1989	254.8	246.1	233.6	209.5	159.3					116.2
1990	268.9	259.6	246.5	221.1	168.1					105.5
1991	287.4	277.6	263.5	236.3	179.7	106.9				106.9
1992	314.1	303.4	288.0	258.3	196.4	116.8				109.3
1993	361.9	349.5	331.7	297.6	226.3	134.6				115.2
1994	451.6	436.1	414.0	371.4	282.4	168.0				124.8
1995	529.8	511.6	485.6	435.6	331.2	197.0				117.3
1996	564.7	545.4	517.7	464.3	353.1	210.0	106.6			106.6
1997	586.7	566.6	537.9	482.5	366.8	218.2	110.8			103.9
1998	586.7	566.6	537.9	482.5	366.8	218.2	110.8			100.0
1999	581.5	561.5	533.0	478.1	363.5	216.3	109.8			99.1
2000	579.7	559.8	531.4	476.7	362.4	215.6	109.4			99.7
2001	587.3	567.1	538.3	482.9	367.2	218.4	110.9	101.3		101.3
2002	583.7	563.7	535.1	480.0	365.0	217.1	110.2	100.7		99.4
2003	592.5	572.2	543.1	487.2	370.4	220.4	111.8	102.2		101.5
2004	612.0	591.1	561.1	503.3	382.7	227.6	115.5	105.6		103.3
2005	621.8	600.5	570.0	511.3	388.8	231.3	117.4	107.3		101.6
2006	632.4	610.7	579.7	520.0	395.4	235.2	119.4	109.1	101.7	101.7
2007	664.7	641.9	609.3	546.5	415.5	247.2	125.5	114.7	106.9	105.1
2008	717.2	692.6	657.4	589.7	448.4	266.8	135.4	123.7	115.3	107.9
2009	719.3	694.7	659.4	591.5	449.7	267.6	135.8	124.1	115.7	100.3
2010	746.3	720.7	684.1	613.6	466.6	277.6	140.9	128.7	120.0	103.7
2011	789.6	762.5	723.8	649.2	493.6	293.7	149.0	136.2	127.0	105.8
2012	806.9	779.3	739.7	663.5	504.5	300.1	152.3	139.2	129.8	102.2
2013	833.5	805.0	764.1	685.4	521.1	310.0	157.3	143.8	134.0	103.3

3-3 主要年份全区农村居民消费价格总指数

Consumer Price Indices of Rural Households in Main Years

年 份 Year	以1957年价格为100 Year of 1957=100	以1965年价格为100 Year of 1965=100	以1970年价格为100 Year of 1970=100	以1978年价格为100 Year of 1978=100	以1980年价格为100 Year of 1980=100	以1985年价格为100 Year of 1985=100	以1990年价格为100 Year of 1990=100	以1995年价格为100 Year of 1995=100	以2000年价格为100 Year of 2000=100	以2005年价格为100 Year of 2005=100	以上年价格为100 preceding Year=100
1958	102.4										102.4
1959	105.4										102.9
1960	109.9										104.3
1961	132.1										120.2
1962	125.6										95.1
1963	111.7										88.9
1964	106.0										94.9
1965	103.5										97.7
1966	101.7	98.2									98.2
1967	104.2	100.7									102.5
1968	105.6	102.0									101.3
1969	108.2	104.5									102.5
1970	109.1	105.3									100.8
1971	108.9	105.1	99.8								99.8
1972	109.3	105.6	100.2								100.4
1973	109.6	105.9	100.5								100.3
1974	110.1	106.3	100.9								100.4
1975	110.7	106.9	101.5								100.6
1976	111.7	107.9	102.4								100.9
1977	120.9	116.7	110.8								108.2
1978	121.6	117.4	111.5								100.6
1979	123.6	119.3	113.3	101.6							101.6
1980	133.6	129.0	122.4	109.8							108.1
1981	136.4	131.7	125.0	112.1							102.1
1982	140.3	135.5	128.6	115.4							102.9
1983	142.6	137.7	130.7	117.2							101.6
1984	144.9	139.9	132.8	119.1							101.6
1985	156.9	151.5	143.8	129.0	108.3						108.3
1986	164.9	159.2	151.1	135.6	113.8	105.1					105.1
1987	173.6	167.7	159.2	142.8	119.9	110.7					105.3
1988	200.9	194.0	184.1	165.2	138.7	128.0					115.7
1989	238.0	229.9	218.2	195.7	164.3	151.7					118.5
1990	259.5	250.6	237.8	213.3	179.1	165.4					109.0
1991	273.2	263.8	250.5	224.7	188.6	174.2	105.3				105.3
1992	291.0	281.0	266.7	239.3	200.9	185.5	112.1				106.5
1993	331.1	319.8	303.5	272.3	228.6	211.1	127.6				113.8
1994	402.7	388.8	369.1	331.1	278.0	256.7	155.2				121.6
1995	468.7	452.6	429.6	385.4	323.6	298.8	180.6				116.4
1996	501.0	483.9	459.3	412.0	345.9	319.4	193.1	106.9			106.9
1997	518.6	500.8	475.4	426.4	358.0	330.5	199.9	110.6			103.5
1998	517.5	499.8	474.4	425.5	357.3	329.9	199.5	110.4			99.8
1999	507.7	490.3	465.4	417.5	350.5	323.6	195.7	108.3			98.1
2000	505.2	487.8	463.1	415.4	348.7	322.0	194.7	107.8			99.5
2001	516.3	498.6	473.3	424.5	356.4	329.1	199.0	110.2	102.2		102.2
2002	513.7	496.1	470.9	422.4	354.6	327.4	198.0	109.6	101.7		99.5
2003	524.0	506.0	480.3	430.8	361.7	334.0	201.9	111.8	103.7		102.0
2004	547.5	528.8	501.9	450.2	378.0	349.0	211.0	116.8	108.4		104.5
2005	554.1	535.1	507.9	455.6	382.5	353.2	213.6	118.2	109.7		101.2
2006	566.9	547.4	519.6	466.1	391.3	361.3	218.5	120.9	112.2	102.3	102.3
2007	600.3	579.7	550.3	493.6	414.4	382.6	231.4	128.1	118.8	108.3	105.9
2008	659.7	637.1	604.8	542.5	455.4	420.5	254.3	140.8	130.6	119.1	109.9
2009	669.6	646.7	613.8	550.6	462.3	426.8	258.1	142.9	132.6	120.8	101.5
2010	700.7	676.7	642.3	576.1	483.7	446.6	270.0	149.5	138.7	126.5	104.6
2011	751.8	726.1	689.2	618.2	519.0	479.2	289.8	160.4	148.8	135.7	107.3
2012	764.6	738.4	700.9	628.7	527.8	487.4	294.7	163.1	151.4	138.0	101.7
2013	793.7	766.5	727.5	652.6	547.9	505.9	305.9	169.3	157.1	143.2	103.8

3-4 主要年份全区商品零售价格总指数

Retail Price Indices in Main Years

年 份 Year	以1957年价格为100 Year of 1957=100	以1965年价格为100 Year of 1965=100	以1970年价格为100 Year of 1970=100	以1978年价格为100 Year of 1978=100	以1980年价格为100 Year of 1980=100	以1985年价格为100 Year of 1985=100	以1990年价格为100 Year of 1990=100	以1995年价格为100 Year of 1995=100	以2000年价格为100 Year of 2000=100	以2005年价格为100 Year of 2005=100	以上年价格为100 preceding Year=100
1958	101.0										101.0
1959	102.5										101.5
1960	105.6										103.0
1961	124.4										117.8
1962	119.8										96.3
1963	107.1										89.4
1964	102.5										95.7
1965	100.0										97.6
1966	98.1	98.1									98.1
1967	100.0	100.0									101.9
1968	100.8	100.8									100.8
1969	102.3	102.3									101.5
1970	102.8	102.8									100.5
1971	101.8	101.8	99.0								99.0
1972	101.9	101.9	99.1								100.1
1973	102.2	102.2	99.4								100.3
1974	102.3	102.3	99.5								100.1
1975	102.6	102.6	99.8								100.3
1976	103.0	103.0	100.2								100.4
1977	110.7	110.7	107.7								107.5
1978	110.7	110.7	107.7								100.0
1979	112.2	112.1	109.1	101.3							101.3
1980	118.7	118.7	115.4	107.2							105.8
1981	121.1	121.0	117.7	109.3	102.0						102.0
1982	124.1	124.1	120.7	112.1	104.6						102.5
1983	125.4	125.4	122.0	113.3	105.7						101.1
1984	129.5	129.4	125.9	116.9	109.1						103.2
1985	139.6	139.5	135.7	126.0	117.6						107.8
1986	146.4	146.4	142.4	132.2	123.4	104.9					104.9
1987	158.1	158.1	153.8	142.8	133.2	113.3					108.0
1988	185.8	185.7	180.7	167.8	156.5	133.1					117.5
1989	218.8	218.8	212.9	197.6	184.4	156.8					117.8
1990	228.0	228.0	221.8	205.9	192.1	163.4					104.2
1991	241.5	241.4	234.9	218.1	203.5	173.0	105.9				105.9
1992	261.0	261.0	253.9	235.7	220.0	187.1	114.5				108.1
1993	292.6	292.6	284.6	264.3	246.6	209.7	128.3				112.1
1994	351.5	351.4	341.9	317.4	296.1	251.8	154.1				120.1
1995	405.2	405.1	394.2	365.9	341.4	290.4	177.7				115.3
1996	432.4	432.3	420.6	390.5	364.3	309.8	189.6	106.7			106.7
1997	441.9	441.8	429.8	399.1	372.3	316.6	193.8	109.0			102.2
1998	430.8	430.7	419.1	389.1	363.0	308.7	188.9	106.3			97.5
1999	421.8	421.7	410.3	380.9	355.4	302.2	185.0	104.1			97.9
2000	411.7	411.6	400.4	371.8	346.9	295.0	180.5	101.6			97.6
2001	411.7	411.6	400.4	371.8	346.9	295.0	180.5	101.6	100.0		100.0
2002	405.5	405.4	394.4	366.2	341.7	290.6	177.8	100.1	98.5		98.5
2003	403.5	403.4	392.4	364.4	340.0	289.1	176.9	99.6	98.0		99.5
2004	414.8	414.7	403.4	374.6	349.5	297.2	181.9	102.4	100.8		102.8
2005	416.4	416.3	405.0	376.1	350.9	298.4	182.6	102.8	101.2		100.4
2006	421.8	421.7	410.3	380.9	355.4	302.3	185.0	104.1	102.5	101.3	101.3
2007	439.1	439.0	427.1	396.6	370.0	314.7	192.6	108.4	106.7	105.5	104.1
2008	476.5	476.4	463.4	430.3	401.5	341.4	208.9	117.6	115.7	114.4	108.5
2009	474.1	474.0	461.1	428.1	399.5	339.7	207.9	117.0	115.2	113.8	99.5
2010	489.2	489.1	475.9	441.8	412.2	350.6	214.5	120.7	118.8	117.5	103.2
2011	515.1	515.0	501.1	465.2	434.1	369.1	225.9	127.1	125.1	123.7	105.3
2012	520.3	520.2	506.1	469.9	438.4	372.8	228.2	128.4	126.4	124.9	101.0
2013	532.8	532.7	518.2	481.1	448.9	381.8	233.6	131.5	129.4	127.9	102.4

3-5 主要年份全区城市商品零售价格总指数

Retail Price Indices of Urban in Main Years

年 份 Year	以1957年价格为100 Year of 1957=100	以1965年价格为100 Year of 1965=100	以1970年价格为100 Year of 1970=100	以1978年价格为100 Year of 1978=100	以1980年价格为100 Year of 1980=100	以1985年价格为100 Year of 1985=100	以1990年价格为100 Year of 1990=100	以1995年价格为100 Year of 1995=100	以2000年价格为100 Year of 2000=100	以2005年价格为100 Year of 2005=100	以上年价格为100 preceding Year=100
1958	101.7										101.7
1959	103.7										102.0
1960	106.8										103.0
1961	128.9										120.6
1962	122.8										95.3
1963	109.4										89.1
1964	104.7										95.7
1965	102.1										97.5
1966	100.2	98.1									98.1
1967	102.7	100.6									102.5
1968	104.0	101.9									101.3
1969	106.6	104.4									102.5
1970	107.4	105.2									100.8
1971	107.1	104.9	99.7								99.7
1972	107.5	105.3	100.1								100.4
1973	107.9	105.7	100.4								100.3
1974	108.3	106.1	100.8								100.4
1975	109.1	106.8	101.5								100.7
1976	110.3	108.0	102.6								101.1
1977	119.5	117.1	111.2								108.4
1978	120.4	117.9	112.0								100.7
1979	122.4	119.9	113.9	101.7							101.7
1980	132.4	129.7	123.3	110.0							108.2
1981	135.1	132.3	125.7	112.2	102.0						102.0
1982	139.1	136.3	129.5	115.6	105.1						103.0
1983	141.2	138.3	131.4	117.3	106.6						101.5
1984	145.8	142.8	135.7	121.1	110.0						103.2
1985	158.1	154.9	147.2	131.4	119.4						108.5
1986	167.2	163.7	155.6	138.9	126.2	105.7					105.7
1987	184.9	181.1	172.1	153.6	139.6	116.9					110.6
1988	218.9	214.4	203.7	181.9	165.3	138.4					118.4
1989	255.2	250.0	237.5	212.1	192.7	161.4					116.6
1990	261.1	255.7	243.0	216.9	197.1	165.1					102.3
1991	278.3	272.6	259.0	231.2	210.1	176.0	106.6				106.6
1992	303.7	297.4	282.6	252.3	229.3	192.0	116.3				109.1
1993	341.3	334.3	317.7	283.6	257.7	215.8	130.7				112.4
1994	409.6	401.2	381.2	340.3	309.2	259.0	156.9				120.0
1995	469.8	460.2	437.2	390.3	354.7	297.1	179.9				114.7
1996	499.4	489.1	464.8	414.9	377.0	315.8	191.3	106.3			106.3
1997	510.4	499.9	475.0	424.0	385.3	322.7	195.5	108.6			102.2
1998	496.6	486.4	462.2	412.6	374.9	314.0	190.2	105.7			97.3
1999	488.6	478.6	454.8	406.0	368.9	309.0	187.1	104.0			98.4
2000	477.9	468.1	444.8	397.0	360.8	302.2	183.0	101.7			97.8
2001	479.3	469.5	446.1	398.2	361.9	303.1	183.6	102.0	100.3		100.3
2002	472.6	462.9	439.9	392.7	356.8	298.9	181.0	100.6	98.9		98.6
2003	468.8	459.2	436.3	389.5	354.0	296.5	179.6	99.8	98.1		99.2
2004	478.7	468.9	445.5	397.7	361.4	302.7	183.3	101.9	100.2		102.1
2005	481.1	471.2	447.7	399.7	363.2	304.2	184.2	102.4	100.7		100.5
2006	486.8	476.9	453.1	404.5	367.6	307.9	186.5	103.6	101.9	101.2	101.2
2007	504.9	494.5	469.9	419.5	381.2	319.2	193.4	107.5	105.6	104.9	103.7
2008	540.7	529.6	503.2	449.2	408.2	341.9	207.1	115.1	113.1	112.4	107.1
2009	537.5	526.4	500.2	446.5	405.8	339.9	205.8	114.4	112.5	111.7	99.4
2010	552.2	540.9	514.0	458.8	417.0	349.2	211.5	117.6	115.6	114.8	102.7
2011	579.8	568.0	539.7	481.8	437.8	366.7	222.1	123.4	121.3	120.5	105.0
2012	585.1	573.1	544.5	486.1	441.7	370.0	224.1	124.5	122.4	121.6	100.9
2013	599.1	586.8	557.6	497.8	452.3	378.8	229.5	127.5	125.4	124.5	102.4

3-6 主要年份全区农村商品零售价格总指数

Retail Price Indices of Rural in Main Years

年 份 Year	以1957年价格为100 Year of 1957=100	以1965年价格为100 Year of 1965=100	以1970年价格为100 Year of 1970=100	以1978年价格为100 Year of 1978=100	以1980年价格为100 Year of 1980=100	以1985年价格为100 Year of 1985=100	以1990年价格为100 Year of 1990=100	以1995年价格为100 Year of 1995=100	以2000年价格为100 Year of 2000=100	以2005年价格为100 Year of 2005=100	以上年价格为100 preceding Year=100
1958	100.0										100.0
1959	100.8										100.8
1960	101.8										101.0
1961	115.6										113.5
1962	119.8										103.7
1963	116.7										97.4
1964	114.5										98.1
1965	111.9										97.7
1966	110.2	98.5									98.5
1967	111.6	99.8									101.3
1968	111.6	99.8									100.0
1969	111.6	99.8									100.0
1970	111.6	99.8									100.0
1971	109.4	97.8	98.0								98.0
1972	109.2	97.6	97.8								99.8
1973	109.5	97.9	98.1								100.3
1974	109.4	97.8	98.0								99.9
1975	109.4	97.8	98.0								100.0
1976	109.4	97.8	98.0								100.0
1977	116.9	104.5	104.8								106.9
1978	116.6	104.2	104.4								99.7
1979	117.9	105.4	105.6	101.1							101.1
1980	122.6	109.6	109.8	105.1							104.0
1981	124.8	111.6	111.8	107.0	101.8						101.8
1982	127.4	113.9	114.1	109.3	103.9						102.1
1983	128.3	114.7	114.9	110.0	104.7						100.7
1984	131.9	117.9	118.2	113.1	107.6						102.8
1985	139.9	125.1	125.3	120.0	114.1						106.1
1986	145.5	130.1	130.4	124.8	118.7	104.0					104.0
1987	154.5	138.1	138.4	132.5	126.1	110.4					106.2
1988	179.4	160.4	160.7	153.9	146.4	128.2					116.1
1989	213.3	190.7	191.1	183.0	174.0	152.5					118.9
1990	225.5	201.6	202.0	193.4	183.9	161.2					105.7
1991	236.5	211.4	211.9	202.9	193.0	169.1	104.9				104.9
1992	251.2	224.5	225.0	215.5	204.9	179.5	111.4				106.2
1993	281.1	251.3	251.8	241.1	229.3	200.9	124.7				111.9
1994	338.1	302.3	302.9	290.0	275.8	241.7	150.0				120.3
1995	391.9	350.3	351.1	336.2	319.7	280.1	173.8				115.9
1996	420.9	376.3	377.1	361.0	343.4	300.8	186.7	107.4			107.4
1997	429.7	384.2	385.0	368.6	350.6	307.2	190.6	109.7			102.1
1998	420.7	376.1	376.9	360.9	343.2	300.7	186.6	107.4			97.9
1999	408.1	364.8	365.6	350.0	332.9	291.7	181.0	104.1			97.0
2000	397.5	355.3	356.1	340.9	324.3	284.1	176.3	101.4			97.4
2001	395.9	353.9	354.7	339.6	323.0	283.0	175.6	101.0	99.6		99.6
2002	389.5	348.2	349.0	334.1	317.8	278.4	172.8	99.4	98.0		98.4
2003	389.9	348.6	349.4	334.5	318.1	278.7	172.9	99.5	98.1		100.1
2004	406.3	363.2	364.0	348.5	331.5	290.4	180.2	103.7	102.2		104.2
2005	406.7	363.6	364.4	348.9	331.8	290.7	180.4	103.8	102.3		100.1
2006	414.0	370.1	371.0	355.2	337.8	295.9	183.6	105.7	104.2	101.8	101.8
2007	436.4	390.1	391.0	374.3	356.0	311.9	193.6	111.4	109.8	107.3	105.4
2008	490.9	438.9	439.9	421.1	400.5	350.9	217.7	125.3	123.5	120.7	112.5
2009	490.9	438.9	439.9	421.1	400.5	350.9	217.7	125.3	123.5	120.7	100.0
2010	512.9	458.5	459.5	439.9	418.4	366.6	227.5	130.9	129.0	126.1	104.5
2011	552.9	494.3	495.4	474.3	451.1	395.2	245.2	141.1	139.1	135.9	107.8
2012	562.3	502.7	503.8	482.3	458.7	401.9	249.4	143.5	141.5	138.2	101.7
2013	578.6	517.2	518.4	496.3	472.0	413.6	256.6	147.6	145.6	142.3	102.9

3-7 主要年份全区农业生产资料价格总指数

Price Indices for Means of Agricultural Production in Main Years

年 份 Year	以1957年价格为100 Year of 1957=100	以1965年价格为100 Year of 1965=100	以1970年价格为100 Year of 1970=100	以1978年价格为100 Year of 1978=100	以1980年价格为100 Year of 1980=100	以1985年价格为100 Year of 1985=100	以1990年价格为100 Year of 1990=100	以1995年价格为100 Year of 1995=100	以2000年价格为100 Year of 2000=100	以2005年价格为100 Year of 2005=100	以上年价格为100 preceding Year=100
1978	92.7	91.8	99.7								99.7
1979	93.4	92.5	100.5	100.8							100.8
1980	94.8	93.9	102.0	102.3	101.5						101.5
1981	95.4	94.5	102.6	102.9	102.1						100.6
1982	95.8	94.9	103.0	103.3	102.5						100.4
1983	99.1	98.2	106.6	107.0	106.1						103.5
1984	104.6	103.6	112.5	112.8	111.9						105.5
1985	108.6	107.5	116.8	117.1	116.2						103.8
1986	110.5	109.5	118.9	119.2	118.3	101.8					101.8
1987	118.9	117.8	127.9	128.3	127.3	109.5					107.6
1988	136.8	135.4	149.8	150.2	149.0	128.3					117.1
1989	162.0	160.3	177.3	177.9	176.5	151.9					118.4
1990	171.0	169.3	187.3	187.8	186.3	160.4					105.6
1991	178.9	177.1	195.9	196.5	194.9	167.8	104.6				104.6
1992	186.1	184.2	203.7	204.3	202.7	174.5	108.8				104.0
1993	216.4	214.2	236.9	237.6	235.8	202.9	126.5				116.3
1994	266.8	264.1	292.1	293.0	290.7	250.2	156.0				123.3
1995	347.9	344.4	380.9	382.1	379.1	326.2	203.4				130.4
1996	379.2	375.4	415.2	416.5	413.2	355.6	221.7	109.0			109.0
1997	372.4	368.6	407.8	409.0	405.7	349.2	217.7	107.0			98.2
1998	357.9	354.2	391.9	393.0	389.9	335.6	209.2	102.9			96.1
1999	334.3	330.8	366.0	367.1	364.2	313.4	195.4	96.1			93.4
2000	320.9	317.6	351.4	352.4	349.6	300.9	187.6	92.2			96.0
2001	327.3	324.0	358.4	359.5	356.6	306.9	191.4	94.1	102.0		102.0
2002	338.8	335.3	370.9	372.0	369.1	317.6	198.1	97.4	105.6		103.5
2003	336.7	333.3	368.7	369.8	366.9	315.7	196.9	96.8	104.9		99.4
2004	382.2	378.3	418.5	419.7	416.4	358.4	223.5	109.9	119.1		113.5
2005	417.7	413.5	457.4	458.8	455.1	391.7	244.2	120.1	130.2		109.3
2006	421.1	416.8	461.0	462.4	458.8	394.8	246.2	121.0	131.2	100.8	100.8
2007	472.5	467.6	517.3	518.9	514.7	443.0	276.2	135.8	147.2	113.1	112.2
2008	596.2	590.1	652.8	654.8	649.6	559.1	348.6	171.4	185.8	142.7	126.2
2009	574.2	568.3	628.7	630.6	625.6	538.4	335.7	165.0	178.9	137.4	96.3
2010	599.5	593.4	656.4	658.4	653.1	562.1	350.5	172.3	186.8	143.5	104.4
2011	683.4	676.4	748.3	750.5	744.6	640.8	399.6	196.4	213.0	163.6	114.0
2012	735.4	727.8	805.1	807.6	801.2	689.5	429.9	211.4	229.2	176.0	107.6
2013	747.1	739.5	818.0	820.5	814.0	700.5	436.8	214.7	232.8	178.8	101.6

3-8 2013年城乡居民消费价格分类指数
Consumer Price Indices by Category(2013)

(以上年价格为100) (preceding year=100)

项目名称	Item	全 区 General	城 市 Urban Household	农 村 Rural Household
居民消费价格总指数	**Consumer Price Index**	**103.4**	**103.3**	**103.8**
服务项目价格指数	**Service Items Price Index**	**102.1**	**101.5**	**104.0**
消费品价格指数	**Consumer Goods Price Index**	**103.7**	**103.7**	**103.7**
一、食品	Food	107.2	107.1	107.3
1.粮食	Grain	105.8	105.3	106.4
大　米	Rice	104.1	103.9	104.2
面　粉	Flour	107.6	108.4	106.9
粮食制品	Cereal Product	105.4	103.9	108.9
其　他	Others	108.8	109.9	108.5
2.淀粉及制品	Starch and Products	101.4	102.2	99.6
淀粉及制品	Starch and Products	101.4	102.2	99.6
3.干豆类及豆制品	Beans and Bean Products	104.7	103.7	107.4
干　豆	Beans	100.4	101.9	97.7
豆 制 品	Bean Products	105.4	104.0	110.2
4.油脂	Oil or Fat	101.0	100.4	101.7
食用植物油	Edible Vegetable Oil	101.2	99.8	102.4
植物油制品	Vegetable Oil Products	101.0	101.5	99.6
其　他	Others	89.6	96.4	86.9
5.肉禽及其制品	Meat,Poultry and Processed Products	110.3	110.3	110.3
(1)食用畜肉及副产品	Meat and Byproducts	112.2	112.6	111.3
猪　肉	Pork	99.9	100.1	99.6
牛　肉	Beef	126.1	126.6	125.1
羊　肉	Mutton	115.7	116.2	114.4
畜肉副产品	Byproducts	105.8	107.0	101.8
其　他	Others	100.6	99.2	108.3
(2)禽	Poultry	103.4	102.5	105.2
鸡	Chicken	103.1	101.9	105.4
鸭	Duck	104.0	104.1	103.1
其　他	Others	106.1	107.8	101.1
(3)加工肉禽	Processed Products of Meat and Poultry	106.2	105.9	107.9
畜肉制品	Processed Products of Meat	107.2	106.5	111.2
禽 制 品	Processed Products of Poultry	104.7	105.1	101.2
6.蛋	Eggs	106.8	107.4	105.6
鲜　蛋	Fresh Egg	107.1	108.0	105.4
蛋 制 品	Processed Products of Egg	104.0	102.8	109.1
7.水产品	Aquatic Products	104.6	105.2	101.5
(1)鱼	Fish	103.5	104.0	101.5
淡 水 鱼	Freshwater Fish	101.2	101.6	99.6
海 水 鱼	Seawater Fish	109.0	109.0	109.0
(2)其他水产品	Others	107.1	107.5	101.8
虾 蟹 类	Shrimp and Crab	107.3	107.9	99.2
其　他	Others	106.7	106.8	106.0

3-8 续表 1 continued

(以上年价格为100) (preceding year=100)

项目名称	Item	全 区 General	城 市 Urban Household	农 村 Rural Household
8.菜	Vegetables	108.7	108.4	109.2
鲜 菜	Fresh Vegetables	108.1	107.6	109.1
干菜及菜制品	Dried Vegetables and Processed Products	104.3	105.3	100.7
薯 类	Tubers	128.8	129.7	125.6
9.调 味 品	Flavoring	103.2	102.3	104.6
食 用 盐	Salt	103.8	101.4	106.5
酱 油	Soy	103.1	103.1	103.1
食 醋	Vinegar	104.5	103.5	106.0
味 精	Aginomoto	103.2	103.6	102.1
其 他	Others	101.7	100.2	103.1
10.糖	Carbohydrate	99.3	99.9	98.2
食 糖	Sugar	96.2	98.0	94.0
糖 果	Candy	101.7	101.7	102.0
巧克力制品	Processed Products of Chocolate	102.8	100.1	112.4
糖类小食品	Carbohydrate Foods	100.1	100.1	100.2
11.茶及饮料	Tea and Beverages	103.2	102.8	104.1
(1)茶叶	Tea	101.7	99.7	105.4
茶 叶	Tea	101.7	99.7	105.4
(2)饮料	Beverages	103.8	104.1	103.0
固体饮料	Solid Beverages	105.6	105.5	105.8
液体饮料	Liquid Beverages	101.2	101.8	99.2
冷冻饮品	Freeze Beverages	107.7	107.8	107.6
12.干鲜瓜果	Dried and Fresh Melons and Fruits	110.3	109.7	111.7
鲜 瓜 果	Fresh Melons and Fruits	112.5	111.6	114.7
干(坚)果	Dried Melons and Fruits	102.6	103.6	99.6
13.糕点饼干面包	Cake,Biscuit and Bread	105.2	105.4	104.4
糕 点	Cake	107.0	107.3	105.6
饼 干	Biscui	101.3	101.9	100.1
面 包	Bread	106.7	105.5	112.8
14.液体乳及乳制品	Milk and Processed Products	105.9	106.1	105.2
巴氏杀菌乳或灭菌乳	Pasteurization Milk or Disinfection Milk	108.6	109.0	106.8
酸 牛 乳	Acidophilus Milk	101.4	100.5	105.4
乳 粉	Milk Powder	106.0	107.1	102.8
其 他	Others	98.2	97.6	100.2
15.在外用膳食品	Dining Out	107.1	106.7	108.4
主 食	Staple Food	107.8	107.4	109.0
炒 菜	Fried Dish	105.2	104.5	107.8
地方小吃	Local Snack	111.9	112.3	109.6
其 他	Others	108.3	107.0	112.0
16.其他食品	Others Food	103.8	104.7	101.9
其他食品	Others Food	103.8	104.7	101.9
二、烟酒	Cigarettes and Wine	99.8	99.8	99.8
1.烟草	Tobacco	100.0	100.0	100.0
高档卷烟	Domestic Cigarette	100.0	100.0	100.0
中档卷烟	Import Cigarette	100.0	100.0	100.0
其 他	Others	100.0	100.0	100.0

3-8 续表 2 continued

(以上年价格为100) (preceding year=100)

项目名称	Item	全 区 General	城 市 Urban Household	农 村 Rural Household
2.酒	Liquor	99.4	99.4	99.3
白 酒	Spirit	98.7	98.9	98.0
葡萄酒	Wine	100.0	100.1	99.5
啤 酒	Beer	99.9	99.4	101.0
其 他	Others	103.9	103.8	104.3
三、衣着	Clothing	103.0	102.5	104.2
1.服 装	Garments	103.1	102.9	103.7
(1)男式服装	Men's	103.1	102.5	105.0
大 衣	Overcoat	99.3	98.3	102.2
毛线衣	Sweater	102.6	102.8	102.1
夹克衫	Jacket	106.0	105.4	106.6
衬 衫	Shirt	102.5	102.0	104.3
T 恤 衫	T-shirt	104.3	104.2	104.5
裤 子	Trousers	102.9	99.9	108.3
西 服	Western-style clothes	100.2	99.7	102.6
运动衫裤	Sport Shirt and Trousers	107.3	107.8	105.1
内 衣	Underclothes	107.1	107.5	103.9
羽绒衣	Down Wear	100.3	98.3	105.7
其 他	Others	105.4	105.7	104.8
(2)女式服装	Women's	102.8	103.0	102.4
大 衣	Coat	102.0	102.6	100.4
毛线衣	Sweater	103.0	103.3	102.1
羽绒衣	Down Wear	102.8	99.3	108.5
套 装	Suit	99.9	98.4	103.3
衬 衫	Shirt	104.1	105.2	96.6
T 恤 衫	T-shirt	101.1	101.2	100.7
裙 子	Skirt	105.3	106.4	102.0
裤 子	Trousers	105.9	106.5	104.8
运动衫裤	Sport Shirt and Trousers	104.3	103.8	106.3
内 衣	Underclothes	100.5	101.5	97.8
其 他	Others	106.4	106.7	105.9
(3)儿童服装	Children's	104.6	104.4	105.0
上 衣	Coat	105.1	105.3	105.0
裤 子	Trousers	105.0	102.8	109.6
裙 子	Skirt	101.5	101.9	100.4
其 他	Others	105.7	107.9	100.8
2.衣着材料	Clothing Material	103.5	104.3	102.1
棉 布	Cotton	103.5	105.7	97.8
化纤布	Chemical Fibre	105.6	105.5	105.9
毛 线	Knitting Wool	102.1	100.6	103.4
其 他	Others	101.7	102.2	100.8
3.鞋袜帽	Footgear and Hats	102.4	101.1	105.7
(1)鞋	Shoes	102.0	100.4	105.9

3-8 续表 3 continued

(以上年价格为100) (preceding year=100)

项目名称	Item	全 区 General	城 市 Urban Household	农 村 Rural Household
男 鞋	Shoes of Men's	103.6	103.4	104.0
女 鞋	Shoes of Women's	98.7	95.6	105.8
童 鞋	Shoes of Children's	106.5	105.3	109.5
(2)袜子	Socks	105.2	106.2	102.9
男 袜	Socks of Men's	102.6	103.0	101.5
女 袜	Socks of Women's	107.1	108.5	103.9
(3)帽子	Hats	106.1	105.6	106.8
男 帽	Hats of Men's	109.0	112.0	106.2
女 帽	Hats of Women's	104.1	102.2	107.4
4.衣着加工服务费	Clothing Manufacturing Services	109.3	109.0	112.1
缝 纫	Sewing	107.3	107.3	107.3
清 洗	Cleaning	110.4	109.7	119.8
其 他	Others	104.2	100.0	118.7
四、家庭设备用品及维修服务	Household Facilities , Articles and Services	101.3	100.7	102.7
1.耐用消费品	Durable Consumer Goods	100.5	100.4	101.0
(1)家 具	Furniture	100.5	99.9	101.4
柜	Cupboard	100.3	100.4	100.0
床	Bed	99.3	98.4	100.8
桌	Desk	101.0	100.4	102.2
椅	Chair	103.3	101.3	107.5
沙 发	Sofa	99.9	99.7	100.3
其 他	Others	102.6	101.7	103.5
(2)家庭设备	Household Facilities	100.6	100.6	100.6
洗 衣 机	Washing Machine	99.9	99.1	101.6
电 风 扇	Electric Fans	96.3	94.1	99.0
电冰箱(柜)	Refrigerator	100.1	99.8	101.1
吸排油烟机	Ventilator	102.1	102.0	102.4
空 调 器	Air Conditioner	101.3	101.5	100.6
热 水 器	Water Heater for Shower	102.0	102.1	101.2
微 波 炉	Microwave Oven	101.1	101.5	99.2
其 他	Others	98.2	99.0	96.7
2.室内装饰品	Interior Decorations	99.8	99.1	101.5
纺织装饰品	Textile Decorations	100.2	99.2	102.9
装饰灯具	Decorate Lanterms	99.6	100.3	97.9
其 他	Others	98.8	97.3	103.5
3.床上用品	Bed Articles	100.6	99.3	103.5
被 子	Quilt	102.8	100.8	106.2
床上套件	Bed Cover	99.7	99.1	101.0
其 他	Others	98.3	97.1	102.7
4.家庭日用杂品	Daily Use Household Articles	102.5	101.9	104.1
茶 具	Tea Set	101.3	101.0	102.3
餐 具	Tableware	109.0	109.9	105.4
厨 具	Kitchce Ware	101.3	100.2	105.2
家用手工工具	Household Handwork Tool	101.4	101.6	101.3
洗涤用品	Washing Articles	102.7	101.4	105.1
其 他	Others	100.3	99.2	102.9

3-8 续表 4 continued

(以上年价格为100) (preceding year=100)

项目名称	Item	全 区 General	城 市 Urban Household	农 村 Rural Household
5.家庭服务及加工维修服务	Family Services and Processing and Maintenance Services	103.4	101.3	111.3
家庭服务	Family Services	105.6	102.9	119.0
加工维修服务	Processing and Maintenance Services	102.1	100.1	108.1
五、医疗保健和个人用品	Health Care and Personal Articles	103.2	103.7	101.9
1.医疗保健	Health Care	103.4	104.3	101.4
(1)医疗器具及用品	Medical Instrument and Articles	101.3	101.2	102.4
医疗器具及用品	Medical Instrument and Articles	101.3	101.2	102.4
(2)中药材及中成药	Traditional Chinese Medicine	107.1	108.5	103.0
中 药 材	Traditional Chinese Medicine	110.2	114.4	102.2
中 成 药	Traditional Chinese Medicine	105.1	105.5	103.7
(3)西药	Western Medicine	101.0	101.1	100.7
抗菌素(抗感染药)	Antimicrobial Drug	99.2	99.7	98.1
消化系统用药	Digest System Drug	102.1	102.9	100.2
呼吸系统用药	Breathe System Drug	101.3	100.0	104.0
解热镇痛药	Antipyretic and Analgesic	100.9	101.5	100.0
抗肿瘤药	Antineoplastic Drug	99.2	100.0	98.4
激素类药	Hormone Drug	103.1	101.4	107.3
心血管系统用药	Cardiovascular System Drugs	101.9	101.8	102.0
中枢神经系统用药	Central Nervous System Drugs	100.1	100.2	99.9
消毒防腐及创伤外科用药	Disinfection and Trauma Drug	99.7	100.0	99.4
泌尿系统用药	Urinary system Drug	102.6	103.4	100.3
维生素类	Professional Drug	100.3	100.5	100.0
其 他	Others	100.5	100.5	100.4
(4)保健器具及用品	Health Care Appliances and Articles	108.1	107.7	110.1
保健器具	Health Care Appliances	99.8	100.0	98.8
滋补保健用品	Health Products	109.1	108.6	111.7
(5)医疗保健服务	Health Care Services	102.8	104.2	100.7
挂号诊疗费	Registration Fee	100.1	100.0	100.4
注 射 费	Injection Fee	100.8	101.1	100.2
检 查 费	Laboratory Fee	91.9	87.6	94.9
手 术 费	Operation Fee	115.9	117.9	111.8
床 位 费	Bed fee	113.1	113.2	112.9
理 疗 费	Physiotherapy Fee	111.5	104.5	134.0
化 验 费	Assay Fee	89.6	91.5	85.7
其 他	Others	126.2	152.8	104.3
2.个人用品及服务	Personal Articles and Service	102.7	102.6	103.2
(1)化妆美容用品	Cosmetics	101.4	100.6	103.5
化妆美容器具	Cosmetic Utensil	99.3	99.0	100.6
美容化妆品	Beautify Cosmetics	101.1	100.1	103.3
护 肤 品	Cream	101.4	100.2	104.3
护发美容品	Hair Care	102.4	102.2	102.9
(2)清洁类化妆品	Sanitation Articles	103.3	103.1	104.0

3-8 续表 5 continued

(以上年价格为100) (preceding year=100)

项目名称	Item	全 区 General	城 市 Urban Household	农 村 Rural Household
洗发用品	Hairdressing Articles	102.6	102.1	104.5
洗浴用品	Bath Articles	105.2	105.4	104.1
其 他	Others	102.3	102.0	103.2
(3)个人饰品	Personal Ornament	97.9	98.6	96.2
首 饰	Jewelry	91.8	93.1	89.2
皮 件	Leather Goods	102.8	102.9	102.3
手 表	Watch	100.9	100.8	101.0
领 带	Necktie	102.7	99.4	109.5
其 他	Others	105.3	105.9	104.2
(4)个人服务	Personal Services	106.8	106.7	107.0
美 容	Beauty	102.6	102.5	103.0
理(烫)发	Hair Cut and Hair Perm	109.1	109.9	106.4
洗 浴	Bath	105.9	105.9	105.9
其 他	Others	107.5	99.3	111.5
六、交通和通信	Transportation and Communication	98.6	98.5	98.8
1.交通	Transportation	100.2	100.3	99.8
(1)交通工具	Transportation Facility	98.4	99.6	96.2
助动自行车	Power-assist Bicycle	97.0	100.0	93.6
自 行 车	Bycycle	97.6	97.4	97.9
轿 车	Car	100.2	100.8	97.8
其 他	Others	100.1	99.6	101.0
(2)车用燃料及零配件	Fuels and Parts	98.2	98.1	98.3
汽 油	Gasoline	99.0	98.6	99.5
柴 油	Diesel Oil	98.7	98.6	98.9
零 配 件	Parts	95.3	96.5	94.2
其 他	Others	102.2	99.1	104.5
(3)车辆使用及维修费	Fees for Vehicles Use and Maintenance	101.9	101.5	102.8
保 险 费	Insurance	100.0	100.0	100.0
停 车 费	Parking Fee	100.8	101.0	100.0
车辆修理服务费	Vehicles Maintenance Service Fees	102.1	100.5	104.8
其 他	Others	108.3	108.6	106.8
(4)市区公共交通费	Incity Traffic Fare	105.7	104.9	108.3
公共汽车票	Bus Ticket	106.9	105.0	114.1
出租汽车	Taxi	104.6	104.9	102.9
其 他	Others	107.1	104.3	107.8
(5)城市间交通费	Intercity Traffic Fare	98.3	97.8	100.3
飞 机 票	Plane Ticket	94.8	94.2	107.6
火 车 票	Train Ticket	97.3	96.9	99.4
长途汽车	Long-distance Bus	100.1	100.0	100.2
短途汽车	Short Journey Car	101.5	101.7	100.0
其 他	Others	100.0	100.0	100.0
2.通信	Communication	96.3	96.0	97.1
(1)通信工具	Communication Facility	86.0	85.4	87.3
固定电话机	Telephone	99.2	97.9	101.4

3-8 续表 6 continued

(以上年价格为100) (preceding year=100)

项目名称	Item	全区 General	城市 Urban Household	农村 Rural Household
移动电话机	Mobile Telephone	80.4	79.2	82.4
其　　他	Others	97.1	96.6	99.3
(2)通信服务	Communication Service	98.8	98.3	100.2
移动通信费	Mobile Telephone Communication Expenses	97.1	96.2	100.0
市内电话费	Incity Correspondence Fee	100.0	100.0	100.0
长途电话费	Long-distance Correspondence Fee	100.0	100.0	100.0
月 租 费	Monthly Fee	100.0	100.0	100.0
上 网 费	Internet Fee	100.9	100.7	101.9
邮政邮寄	Post	100.0	100.0	100.0
其他邮寄	Other mail	102.9	101.0	103.8
其　　他	Others	100.0	100.0	100.0
七、娱乐教育文化用品及服务	Recreation,Education , Culture Articles and Service	99.7	99.0	101.8
1.文娱用耐用消费品及服务	Durable Consumer Goods for Cultural and Recreational Use and Services	91.7	90.3	96.3
电 视 机	TV Set	89.6	86.7	94.5
激光视盘机	High Definition FVD	92.8	90.1	98.0
摄 像 机	Video Camera	88.9	88.7	99.4
照 相 机	Camera	84.6	83.3	93.3
家用音响	Family Sound	97.3	96.6	99.2
便携式音响	Portable Sound	97.2	96.9	100.9
电　　脑	Computer	92.6	92.1	95.4
修理服务	Repair Service	103.6	100.0	107.6
其　　他	Others	98.1	100.7	96.8
2.教育	Education	103.8	104.0	103.4
(1)教材及参考书	Teaching Materials and Reference Books	106.1	107.3	102.7
工 具 书	Reference Books	101.1	101.6	100.0
教　　材	Teaching Materials	102.4	102.5	102.0
参 考 书	Reference Books	110.0	111.4	104.7
教育软件	Education Software	103.7	105.1	100.0
(2)教育服务	Tuition and Child Care	103.3	103.3	103.5
学前教育	Preschool Education	106.0	105.2	107.9
中等教育	Secondary Education	100.1	100.0	100.1
高等教育	Higher Education	100.2	100.3	100.0
专业技能培训	Professional Skill Training	101.9	100.5	104.9
其　　他	Others	115.5	117.1	111.8
3.文化娱乐类	Cultural and Recreational	103.0	103.6	101.2
(1)文化娱乐用品	Cultural　Articles	100.9	100.9	100.9
乐　　器	Musical Instrument	100.1	100.1	100.0
音像光盘和视盘	Audio and Video CD and DVD	99.9	100.0	98.8
电子存储器	Film and Memory Card	94.0	96.0	89.1
儿童玩具	Toy for Children	100.2	100.1	100.5
纸张本册	Papers	102.4	102.8	101.6
文　　具	Stationery	103.4	102.9	104.6
体育用品	Sports Articles	102.2	101.9	103.2

3-8 续表 7 continued

(以上年价格为100) (preceding year=100)

项目名称	Item	全 区 General	城 市 Urban Household	农 村 Rural Household
其 他	Others	102.2	102.5	101.8
(2)书报杂志	Newspapers and Magazines	102.7	104.3	100.4
书 籍	Books	100.2	100.0	100.5
报 纸	Newspapers	107.0	111.2	100.0
杂 志	Magazines	101.5	102.1	100.6
(3)文娱费	Expenditure on Cultural and Recreation	105.0	105.2	103.2
电 影 票	Movie Ticket	108.6	108.9	102.0
景点门票	Scenery Spot Entrance Ticket	108.6	109.6	97.9
有线电视	Wired TV	100.0	100.0	100.0
健身活动	Fitness Activities	112.5	113.5	100.0
其 他	Others	95.6	88.9	126.7
4.旅游	Touring and Outing	95.1	93.6	103.7
旅行社收费	Travel Agency Fees	93.2	91.6	107.5
宾馆住宿	Accommodation	96.0	95.1	99.0
其他住宿	Other Lodging	105.5	107.2	99.7
八、居住	Residence	102.2	102.3	102.0
1.建房及装修材料	Building and Building Decoration Materials	100.4	99.7	101.1
木 材	Timber	102.4	102.6	102.2
木 地 板	Wooden Floor	96.9	96.4	100.4
砖	Brick	98.7	98.6	98.8
水 泥	Cement	96.6	92.7	99.9
涂 料	Dope	99.7	99.9	99.6
板 材	Veneer	102.8	102.1	103.6
玻 璃	Glass	104.6	105.9	103.0
粘 胶	Mucilage Glue	103.0	101.6	105.0
厨卫设备	Kitchen Equipment	104.3	103.8	104.9
其 他	Others	102.0	102.1	101.8
2.住房租金	Renting	110.8	110.9	109.2
公房房租	Public Rent	100.0	100.0	100.0
私房房租	Private Rent	112.4	112.8	109.6
其他费用	Other Fees	104.7	104.6	106.2
3.自有住房	Private Housing	103.6	101.4	110.5
住房估算租金	Estimate Rent	103.1	102.8	105.3
物业管理费用	Estate Management Fees	100.1	100.0	100.7
维护修理费用	Maintenance and Renovation Fees	108.7	101.6	115.5
其 他	Others	101.1	100.9	102.7
4.水、电、燃料	Water,Electricity and Fuels	102.0	102.9	99.4
水	Water	100.0	100.0	100.0
电	Electricity	101.4	101.6	100.3
液化石油气	Liquefied Petroleum Gas	103.8	104.0	103.2
管道燃气	Pipeline Fuel Gas	107.3	107.3	107.1
其他燃料	Other Fuels	98.4	101.8	97.1

3-9 2013年城乡商品零售价格分类指数

Retail Price Indices by Category of Commodities(2013)

(以上年价格为100) (preceding year=100)

项目名称	Item	全区 General	城市 Urban Household	农村 Rural Household
商品零售价格总指数	**Retail Price Index**	**102.4**	**102.4**	**102.9**
一、食品	Food	106.8	106.8	107.6
1.粮食	Grain	106.0	106.0	106.2
大　米	Rice	104.1	104.2	103.8
面　粉	Flour	108.0	108.4	106.6
粮食制品	Cereal Product	105.1	104.5	108.6
其　他	Others	109.4	109.0	110.6
2.淀粉及制品	Starch and products	101.7	101.9	100.3
淀粉及制品	Starch and products	101.7	101.9	100.3
3.干豆类及豆制品	Beans and Bean Products	103.7	103.4	107.0
干　豆	Beans	101.7	102.2	96.6
豆制品	Bean Products	104.9	104.1	111.5
4.油脂	Oil or Fat	100.8	100.6	101.6
食用植物油	Edible Vegetable Oil	100.6	100.1	102.3
植物油制品	Vegetable Oil Products	101.3	101.4	100.4
其　他	Others	92.5	96.9	88.2
5.肉禽及其制品	Meat,Poultry and Processed Products	109.0	108.8	110.1
(1)食用畜肉及副产品	Meat and Byproducts	111.3	111.3	111.3
猪　肉	Pork	100.1	100.1	99.8
牛　肉	Beef	126.4	126.3	126.7
羊　肉	Mutton	115.9	116.2	113.4
畜肉副产品	Byproducts	105.4	105.3	106.1
其　他	Others	102.7	99.5	139.8
(2)禽	Poultry	102.7	102.6	103.9
鸡	Chicken	102.2	101.9	104.1
鸭	Duck	103.8	104.0	101.5
其　他	Others	107.3	107.6	101.8
(3)加工肉禽	Processed Meat and Poultry	105.8	105.7	108.0
畜肉制品	Processed Products of Meat	106.7	106.5	111.1
禽制品	Processed Products of Poultry	104.1	104.2	101.3
6.蛋	Eggs	105.7	105.9	104.9
鲜　蛋	Fresh Egg	107.2	107.7	104.5
蛋制品	Processed Products of Egg	103.6	103.5	109.9
7.水产品	Aquatic Products	106.5	106.7	101.7
(1)鱼	Fish	105.3	105.5	101.9
淡水鱼	Freshwater Fish	101.9	102.0	99.5
海水鱼	Seawater Fish	109.8	109.7	110.6
(2)其他水产品	Others	107.9	108.0	100.6
虾蟹类	Shrimp and Crab	108.3	108.3	99.2
其　他	Others	107.4	107.4	104.2
8.菜	Vegetables	110.0	110.2	108.6
鲜　菜	Fresh Vegetables	108.1	108.0	108.8
干菜及菜制品	Dried Vegetables and Processed Products	104.4	105.3	99.9
薯　类	Tubers	130.2	130.6	121.2

3-9 续表 1 continued

(以上年价格为100) (preceding year=100)

项目名称	Item	全 区 General	城 市 Urban Household	农 村 Rural Household
9.调味品	Flavoring	102.5	102.2	106.0
食 用 盐	Salt	102.7	101.2	109.8
酱 油	Soy	103.3	103.3	103.8
食 醋	Vinegar	103.1	102.9	105.6
味 精	Aginomoto	104.2	104.2	102.3
其 他	Others	99.7	99.4	104.8
10.糖	Carbohydrate	100.3	100.3	98.9
食 糖	Sugar	97.8	98.0	94.6
糖 果	Candy	101.6	101.6	101.6
巧克力制品	Processed Products of Chocolate	100.2	100.1	109.5
糖类小食品	Carbohydrate Foods	100.1	100.1	100.5
11.干鲜瓜果	Dried and Fresh Melons and Fruits	109.2	108.9	112.4
鲜 瓜 果	Fresh Melons and Fruits	111.2	110.7	116.1
干(坚)果	Dried Melons and Fruits	103.6	104.0	98.5
12.糕点饼干面包	Cake,Biscuit and Bread	103.1	103.1	104.4
糕 点	Cake	104.1	104.0	106.8
饼 干	Biscui	100.4	100.4	100.5
面 包	Bread	105.0	104.9	108.8
13.液体乳及乳制品	Milk and Processed Products	105.0	105.0	105.1
巴氏杀菌奶或消毒奶	Pasteurization Milk or Disinfection Milk	108.9	108.9	108.6
酸 牛 乳	Acidophilus Milk	100.9	100.6	104.5
乳 粉	Milk Powder	107.1	107.3	101.9
其 他	Others	96.8	96.7	99.8
14.在外用膳食品	Dining Out	107.4	107.3	108.6
主 食	Staple Food	107.8	107.6	109.8
炒 菜	Fried Dish	104.8	104.6	107.6
地方小吃	Local Snack	112.1	112.2	109.5
其 他	Others	108.3	106.9	108.3
15.其他食品	Others Food	104.1	104.6	102.0
其他食品	Others Food	104.1	104.6	102.0
二、饮料、烟酒	Beverages,Tobacco,Liquor and Articles	100.4	100.4	100.6
1.茶及饮料	Tea and Beverages	101.8	101.7	104.9
(1)茶叶	Tea	99.9	99.6	104.8
茶 叶	Tea	99.9	99.6	104.8
(2)饮料	Beverages	103.0	102.9	105.1
固体饮料	Solid Beverages	105.3	105.2	106.3
液体饮料	Liquid Beverages	101.8	101.8	99.3
冷冻饮品	Freeze Beverages	107.5	107.1	112.5
2.烟草	Tobacco	100.0	100.0	100.0
高档卷烟	High-grade Cigarette	100.0	100.0	100.0
中档卷烟	Mid-range cigarette	100.0	100.0	100.0
其 他	Others	100.0	100.0	100.0

3-9 续表 2 continued

(以上年价格为100) (preceding year=100)

项目名称	Item	全 区 General	城 市 Urban Household	农 村 Rural Household
3.酒	Liquor	99.3	99.3	99.1
白 酒	Spirit	98.7	98.8	97.7
葡 萄 酒	Wine	100.1	100.1	99.4
啤 酒	Beer	99.6	99.4	101.4
其 他	Others	103.2	103.2	103.8
三、服装、鞋帽	Garments,Shoes and Hats	102.4	102.2	104.0
1.服装	Garments	103.2	103.1	103.6
(1)男式服装	Men's	103.1	102.9	104.8
大 衣	Overcoat	98.1	97.5	101.1
毛 线 衣	Sweater	101.1	101.1	101.7
夹 克 衫	Jacket	105.9	105.7	106.3
衬 衫	Shirt	101.4	101.0	103.9
T 恤 衫	T-shirt	104.3	104.2	104.6
裤 子	Trousers	101.2	99.6	109.2
西 服	Western-style clothes	99.7	99.5	102.4
运动衫裤	Sport Shirt and Trousers	109.5	109.7	105.1
内 衣	Underclothes	107.7	108.1	102.3
羽 绒 衣	Down Wear	99.4	98.9	103.6
其 他	Others	105.5	105.6	105.3
(2)女式服装	Women's	103.0	103.0	102.3
大 衣	Coat	102.2	102.4	100.3
毛 线 衣	Sweater	102.7	102.7	102.9
羽 绒 衣	Down Wear	101.1	100.2	107.1
套 装	Suit	98.7	98.0	102.6
衬 衫	Shirt	104.1	105.1	97.2
T 恤 衫	T-shirt	100.6	100.6	99.5
裙 子	Skirt	106.6	106.8	101.9
裤 子	Trousers	106.9	107.4	103.9
运动衫裤	Sport Shirt and Trousers	105.4	105.2	107.2
内 衣	Underclothes	101.7	101.9	98.5
其 他	Others	106.9	107.0	106.5
(3)儿童服装	Children's	105.3	105.6	104.5
上 衣	Coat	105.7	106.3	104.5
裤 子	Trousers	104.4	103.2	109.2
裙 子	Skirt	102.5	102.3	103.2
其 他	Others	107.0	108.1	100.5
2.鞋袜帽	Footgear and Hats	100.9	100.5	105.2
(1)鞋	Shoes	99.7	99.2	105.4
男 鞋	Shoes of Men's	103.7	103.7	103.7
女 鞋	Shoes of Women's	95.5	94.7	105.9
童 鞋	Shoes of Children's	105.7	105.4	108.2
(2)袜子	Socks	107.5	107.8	103.5
男 袜	Socks of Men's	104.0	104.1	102.4
女 袜	Socks of Women's	110.0	110.3	104.5

3-9 续表 3 continued

(以上年价格为100) (preceding year=100)

项目名称	Item	全区 General	城市 Urban Household	农村 Rural Household
(3)帽子	Hats	106.7	106.8	106.3
男　帽	Hats of Men's	112.0	114.6	106.0
女　帽	Hats of Women's	102.6	101.6	106.7
3.其他	Others	98.5	98.3	101.9
领　带	Necktie	98.5	98.3	101.9
四、纺织品	Textiles	102.1	102.0	102.8
1.衣着材料	Clothing	104.3	104.4	102.7
棉　布	Cotton	105.1	105.5	99.4
化纤布	Chemical Fabric	106.3	106.3	105.9
毛　线	Chemical Fibre	101.0	100.6	103.4
其　他	Knitting Wool	102.3	102.4	100.6
2.床上用品	Bedding	101.2	101.1	102.9
被　子	Quilt	102.3	102.2	104.9
床上套件	Bed Cover	99.8	99.7	101.2
五、家用电器及音像器材	Household Appliances,Music and Video Equipment	96.0	95.9	98.0
1.家庭设备	Household Facilities	100.3	100.3	100.2
洗衣机	Washing Machine	98.6	98.5	100.9
电风扇	Electric Fans	95.1	95.0	96.6
电冰箱(柜)	Refrigerator	99.8	99.8	100.8
吸排油烟机	Ventilator	102.3	102.4	101.2
空调器	Air Conditioner	101.7	101.7	100.4
热水器	Water Heater for Shower	101.9	102.0	100.7
微波炉	Microwave Oven	101.7	101.8	99.1
其　他	Others	98.7	99.2	94.4
2.文娱用耐用消费品	Durable Consumer Goods for Cultural and Recreational Use and Services	89.3	88.8	95.7
电视机	TV Set	85.0	84.1	93.9
激光视盘机	High Definition FVD	89.9	89.3	96.4
摄像机	Video Camera	88.0	87.9	99.3
照相机	Camera	79.5	78.9	96.2
家用音响	Family Sound	97.2	96.9	99.3
便携式音响	Portable Sound	96.7	96.6	101.2
其　他	Others	100.1	100.8	97.2
3.专业音像器材	Specialty Sound Facilities	97.7	97.7	98.3
专业音响器材	Specialty Sound Facilities	96.5	96.5	96.8
专业声像器材	Specialty Acoustic Image Facilities	99.6	99.6	99.7
六、文化办公用品	Cultural and Office Appliances	98.7	98.7	98.2
纸张本册	Papers	103.1	103.1	101.3
文　具	Stationery	104.5	104.6	102.6
电　脑	Computer	90.6	90.4	95.0
电脑附件	Computer Parts	98.9	99.4	93.5
电子存储器	Electron Resevoir	95.5	96.4	90.3
打印机及配件	Printer and Parts	99.8	100.0	92.7
扫描仪	Scanner	100.1	100.2	99.8
复印机	Copier	99.4	99.4	98.7

3-9 续表 4 continued

(以上年价格为100) (preceding year=100)

项目名称	Item	全 区 General	城 市 Urban Household	农 村 Rural Household
计 算 器	Calculator	101.3	101.4	100.0
教学设备	Teaching Device	100.4	100.4	100.0
其 他	Others	100.0	100.0	100.0
七、日用品	Articles for Daily Use	101.9	101.9	101.7
1.日用百货	General Merchandise for Daily Use	100.4	100.8	98.6
自 行 车	Bicycle	100.2	100.7	96.9
助动自行车	Power-assist Bicycle	97.1	100.0	94.0
雨 具	Rain Gear	101.3	100.8	102.4
剃须刀具	Shaver	100.9	101.1	100.4
电 池	Cell	101.2	101.3	100.0
卫生用纸制品	Hygiene Paper Products	100.5	100.5	100.5
其 他	Others	99.6	100.0	96.3
2.日用杂品	Miscellaneous for Daily Use	103.6	103.4	105.2
茶 具	Tea Set	101.4	101.1	104.8
餐 具	Tableware	109.8	110.2	106.6
厨 具	Kitchce Ware	100.6	100.2	104.7
其 他	others	99.8	99.6	100.0
3.洗涤用品	Washing Articles	102.5	102.5	103.3
洗衣粉(液)	Washing Powder	100.4	100.1	103.9
肥 皂 类	Soap	101.4	101.1	103.9
清洁洗涤剂	Cleaning Detergent	104.5	104.6	101.1
4.其他日用品	Other Articles	100.8	100.7	102.1
儿童玩具	Toy for Children	100.2	100.1	100.4
照明器具	Luminaire	100.2	100.3	98.4
钟表眼镜及配件	Horologe,Glasses and Parts	100.4	100.0	104.2
日用普通饰品	General Ornament for Daily Use	100.4	100.1	102.5
日用皮革制品	Leather Products for Daily Use	103.1	103.0	103.7
其 他	Others	98.1	97.9	103.4
八、体育娱乐用品	Sports and Recreation Articles	100.4	100.5	100.0
1.体育用品	Sports Articles	101.0	101.0	100.9
球 类	Balls	102.4	102.4	101.3
棋 牌	Chess	99.7	99.7	100.4
健身器材	Fitness Equipment	100.1	100.0	100.7
2.娱乐用品	Recreation Articles	100.0	100.1	98.7
游艺器材	Enterainment Articles	99.7	99.9	97.6
乐 器	Musical Instrument	100.2	100.2	100.4
九、交通、通信用品	Transportation and Communication Appliances	94.0	93.9	95.3
1.交通运输机械	Transport Machinery	98.0	97.8	101.0
轿 车	Car	97.0	96.9	98.0
客 车	Passenger Car	96.6	96.4	100.0
货 车	Truck	99.2	99.2	99.6
其 他	Others	101.6	100.9	111.2
2.通信器材	Communication Apparatus	85.8	85.8	86.5
固定电话机	Telephone	97.6	97.3	102.1

3-9 续表 5 continued

(以上年价格为100) (preceding year=100)

项目名称	Item	全区 General	城市 Urban Household	农村 Rural Household
移动电话机	Mobile Telephone	76.3	75.7	80.9
传真机	Fax Machine	96.2	96.2	97.3
其他	Others	90.1	90.6	83.0
十、家具	Furniture	100.3	100.2	101.6
柜	Cupboard	100.7	100.7	100.7
床	Bed	98.6	98.4	101.0
桌	Desk	100.5	100.4	102.4
椅	Chair	101.6	101.4	105.4
沙发	Sofa	99.8	99.7	100.6
其他	Others	102.2	102.2	102.8
十一、化妆品	Cosmetics	102.3	102.2	103.9
护肤品	Cream	100.3	100.1	106.4
美容、装饰类化妆品	Beauty Decoration Class Cosmetics	100.3	100.1	102.3
护发美容品	Hair Care Cosmetics	102.3	102.2	102.8
洗发用品	Hairdressing	102.4	102.3	104.1
洗浴用品	Scouring Bath	105.6	105.6	102.7
药物美容用品	Medicine Beautify	108.1	108.2	104.9
十二、金银珠宝	Gold ,Silver and Jewel	90.8	90.9	89.9
金饰品	Gold	84.8	84.6	86.0
银饰品	Silver	91.7	91.3	94.0
铂金饰品	Platinum	95.5	95.6	93.0
其他	Others	89.1	88.5	103.7
十三、中西药品及医疗保健用品	Traditional Chinese and Western Medicines and Health Care Articles	105.2	105.7	102.1
1.医疗器具及用品	Medical Apparatus and Article	100.4	100.4	101.5
医疗器具及用品	Medical Apparatus and Article	100.4	100.4	101.5
2.中药材及中成药	Traditional Chinese Medicinal Materials and Medicines	111.1	112.0	103.5
中药材	Traditional Chinese Medicinal Materials	114.4	115.3	103.3
中成药	Medicines	105.3	105.6	103.7
3.西药	Western Medicines	101.0	101.1	100.5
抗菌素(抗感染药)	Antimicrobial Drug	99.3	99.7	97.2
消化系统用药	Digestsystem Drug	102.5	102.9	99.8
呼吸系统用药	Breathesystem Drug	101.4	100.0	104.6
解热镇痛药	Antipyretic and Analgesic	101.3	101.5	100.0
抗肿瘤药	Antineoplastic Drug	99.5	99.9	98.7
激素类药	Hormone Drug	101.9	101.2	108.4
心血管系统用药	Cardiovascular System Drugs	101.6	101.6	101.9
中枢神经系统用药	Central Nervous System Drugs	100.2	100.2	100.0
消毒防腐及创伤外科用药	Disinfection and Trauma Drug	99.9	100.0	98.7
泌尿系统用药	Urinary system Drug	103.0	103.2	100.8
维生素类	Professional Drug	100.2	100.3	100.0
其他	Others	100.4	100.5	99.8
4.保健器具及用品	Health Care Equipment and Supplies	106.2	105.8	108.4
保健器具	Health Care Apparatus	100.0	100.0	99.3
滋补保健用品	Health Products	108.0	107.8	108.9

3-9 续表 6 continued

(以上年价格为100) (preceding year=100)

项目名称	Item	全 区 General	城 市 Urban Household	农 村 Rural Household
十四、书报杂志及电子出版物	Books,Newspapers,Magazines and Electronic Publications	104.9	105.5	100.7
1.教材及参考书	Teaching Materials and Reference Books	105.2	106.0	102.1
工 具 书	Reference Books	101.5	102.0	100.1
教　　材	Teaching Materials	102.8	103.0	101.8
参 考 书	Reference Books	110.0	111.3	104.0
教育软件	Education Software	102.0	102.6	100.0
2.书报杂志	Books,Newspapers and Magazines	105.5	105.9	100.3
书　　籍	Books	100.0	100.0	100.4
报　　纸	Newspapers	111.5	112.5	100.0
杂　　志	Magazines	102.1	102.2	100.6
3.电子音像制品	Electromin Publications	99.2	100.1	93.8
音像光盘和视盘	Sound CD and Tape	99.1	100.0	90.7
计算机软件	Computer Software	99.7	100.6	97.9
十五、燃料	Feuls	100.7	100.9	98.6
1.煤炭及制品	Coal and Processed Products	98.2	98.5	97.6
原　　煤	Origiral Coal	93.2	81.5	97.6
煤 制 品	Coal Processed Products	101.0	101.5	97.5
2.石油及制品	Petroleum and Processed Products	101.3	101.4	100.1
液化石油气	Liquefied Petroleum Gas	104.6	104.7	102.8
管道燃气	Pipeline Fuel Gas	107.2	107.2	107.1
汽　　油	Gasoline	98.7	98.6	99.2
柴　　油	Diesel Fuel	98.7	98.6	99.3
其　　他	Others	99.6	99.1	103.0
十六、建筑材料及五金电料	Building Materials and Hardware	100.1	100.1	100.1
1.建筑装璜材料	Building Decoration Materials	99.3	99.4	99.1
木　　材	Timber	103.2	103.8	102.3
木 地 板	Wooden Floor	97.9	97.5	99.7
钢　　材	Steel	92.2	91.7	92.9
砖	Brick	98.6	98.9	98.1
水　　泥	Cement	95.1	92.7	100.1
涂　　料	Dope	99.9	99.9	100.0
板　　材	Veneer	102.1	102.2	101.4
玻　　璃	Glass	103.8	103.9	102.9
粘　　胶	Mucilage Glue	102.0	102.0	101.9
管　　材	Tubing	99.6	99.2	101.0
厨卫设备	Kitchce and Restroom Ware	103.7	103.5	104.6
其　　他	Others	101.7	102.3	99.0
2.五金电料	Hardware	101.4	101.2	102.4
五金工具	Hardware Tools	101.4	101.7	100.2
电工电料	Electrician Material	102.5	101.5	106.6
水暖器材	Heat Equipment	100.6	100.7	100.1
其　　他	Others	98.7	102.4	96.1

3-10 2013年全区农业生产资料价格分类指数

Price Indices for Means of Agricultural Production by Category(2013)

项目名称	Item	上年同期=100	2010年=100
农业生产资料价格指数	**General index**	**101.6**	**122.5**
一、农用手工工具	Farm Handtools	101.5	118.2
农用手工工具	Farm Handtools	101.5	118.2
二、饲料	Forage	111.1	117.8
混合饲料	Mix Forage	106.2	117.2
其　　他	Others	115.7	118.2
三、产品畜	Commodity Animals	101.7	185.1
幼禽家畜	Poult and Livestock	101.7	185.1
四、半机械化农具	Semi-mechanized Farm Tools	101.5	104.2
半机械化农具	Semi-mechanized Farm Tools	101.5	104.2
五、机械化农具	Mechanized Farm Machinery	99.5	109.2
农用机械	Mechanized Farm Machinery	99.5	109.2
六、化学肥料	Chemical Fertilizer	96.6	113.2
氮　　肥	Nitrogenous Fertilizer	95.4	113.7
磷　　肥	Phosphatic Fertilizer	99.0	119.3
钾　　肥	Potassic Fertilizer	99.2	103.8
复合肥料	Compound Fertilizer	97.0	111.3
七、农药及农药器械	Pesticide and Its Appliances	102.1	110.7
1.化学农药	Chemistry Pesticide	101.9	109.7
杀 虫 剂	Insecticide	101.4	108.0
杀 菌 剂	Germicide	104.1	112.7
除 草 剂	Herbicide	100.4	110.5
2.农药器械	Pesticide Appliances	103.8	119.5
农药器械	Pesticide Appliances	103.8	119.5
八、农用机油	Oil for Farm Machinery	100.3	121.4
农用机油	Oil for Farm Machinery	100.3	121.4
九、其他农业生产资料	Other Means of Agricultural Production	102.5	126.8
1.农用种子	Farm Seed	102.9	134.0
农用种子	Farm Seed	102.9	134.0
2.其他	Others	101.5	112.7
农用薄膜	Farm Film	101.8	110.5
其　　他	Others	100.8	118.3
十、农业生产服务	Service for Agricultural Product	103.9	122.4
排 灌 费	Drain and Irrigate Fees	100.7	106.7
机械作业费	Machinery Operating Cost	102.9	135.0
农业用电	Agricultural Electricity	100.1	100.7
农业用工	Agricultural Labor	111.4	159.0

3-11 2013年全区各月居民消费价格指数
Monthly Consumer Price Indices(2013)

(以上年同月价格为100) (preceding year=100)

月份 Month	居民消费价格总指数 Consumer Price Indices	食品 Food	烟酒及用品 Tobacco, Liquor and Articles	衣着 Clothing	家庭设备用品及维修服务费 Household Facilities, Articles and Services	医疗保健和个人用品 Health Care and Personal Articles	交通和通信 Transportation and Communication	娱乐教育文化用品及服务 Recreation, Education and Culture Articles	居住 Residence
一　月 Jan.	103.4	106.0	100.3	106.8	101.1	102.7	98.5	99.6	102.4
二　月 Feb.	103.9	107.4	100.2	103.8	101.0	103.0	99.2	101.1	102.9
三　月 Mar.	102.7	105.2	100.0	104.1	101.5	103.7	98.0	98.4	102.2
四　月 Apr.	103.7	107.5	100.2	103.8	102.1	104.0	98.0	98.8	102.6
五　月 May	103.7	107.8	100.0	103.5	101.2	103.6	98.1	98.8	103.1
六　月 June	104.2	109.2	99.9	102.6	101.8	103.5	98.3	99.1	103.6
七　月 July	104.1	110.1	99.7	101.5	101.1	103.4	98.7	99.5	101.6
八　月 Aug.	102.8	106.8	99.7	102.1	100.7	102.9	98.7	98.3	101.3
九　月 Sept.	103.0	106.7	99.5	101.8	101.2	103.0	99.0	99.5	101.6
十　月 Oct.	103.4	107.5	99.4	101.8	101.7	102.8	98.7	101.2	101.5
十一月 Nov.	103.2	107.0	99.3	101.5	101.0	102.9	98.6	101.1	101.9
十二月 Dec.	102.7	104.9	99.2	102.8	100.8	102.8	99.6	101.4	101.7

3-12 2013年全区各月商品零售及农业生产资料价格指数

Monthly Price Indices for Retail and Agricultural Production(2013)

(以上年同月价格为100) (preceding year=100)

月份	Month	商品零售价格总指数 Retail Price Indices	食品 Food	饮料、烟酒 Beverages, Tobacco, Liquor	服装、鞋帽 Garments, Shoes and Hats	纺织品 Textiles	家用电器及音像器材 Household Appliances, Music and Video Equipment	文化办公用品 Cultural and Office Appliances	日用品 Articles for Daily Use	体育娱乐用品 Sports and Recreation Articles
一　月	Jan.	102.5	105.1	101.3	106.8	100.6	95.7	97.7	100.8	100.7
二　月	Feb.	102.4	106.4	101.1	102.2	100.5	95.3	97.8	100.7	100.6
三　月	Mar.	101.8	104.5	100.9	103.2	104.6	95.3	97.8	101.3	100.7
四　月	Apr.	102.6	107.1	101.0	103.1	106.5	96.4	98.8	102.1	100.7
五　月	May	102.6	107.6	100.9	103.1	105.5	95.1	99.1	102.1	100.7
六　月	June	103.3	109.2	100.5	101.9	104.4	96.5	98.8	102.0	100.3
七　月	July	103.5	110.1	100.6	100.8	99.5	96.0	98.8	102.2	100.3
八　月	Aug.	102.0	106.5	99.9	101.7	99.6	95.5	98.8	101.3	100.3
九　月	Sept.	102.3	106.5	99.5	101.4	103.1	96.6	99.0	102.5	100.3
十　月	Oct.	102.5	107.6	99.9	101.2	103.3	97.1	99.2	102.7	100.3
十一月	Nov.	102.1	107.1	99.6	100.9	98.3	96.4	99.3	103.1	100.4
十二月	Dec.	101.6	104.8	99.4	102.6	99.5	96.7	99.4	101.8	100.2

3-12 续表 continued

(以上年同月价格为100) (preceding year=100)

月份	Month	交通、通信用品 Transportation and Communication Appliances	家具 Furniture	化妆品 Cosmetics	金银珠宝 Gold, Silver and Jewelry	中西药品及医疗保健用品 Traditional Chinese and Western Medicines and Health Care Articles	书报杂志及电子出版物 Books, Newspapers, Magazines and Electronic Publications	燃料 Feuls	建筑材料及五金电料 Building Materials and Hardware	农业生产资料价格指数 Agricultural Production Price Index
一　月	Jan.	93.9	98.0	102.0	101.6	105.6	106.5	103.6	99.2	105.2
二　月	Feb.	94.1	98.1	103.2	96.0	105.5	106.3	103.4	99.4	103.1
三　月	Mar.	93.8	98.0	103.0	94.2	105.8	105.0	102.4	99.2	103.8
四　月	Apr.	93.5	98.3	102.6	94.0	105.8	105.0	98.4	99.6	99.5
五　月	May	93.1	99.0	102.5	93.0	105.7	104.9	98.3	99.9	97.0
六　月	June	93.7	100.6	102.7	91.6	106.0	104.4	100.7	100.1	101.3
七　月	July	94.5	101.8	102.2	89.4	105.9	104.3	102.0	100.0	102.3
八　月	Aug.	93.7	101.4	102.2	87.8	103.6	104.4	102.5	99.8	102.7
九　月	Sept.	94.2	102.1	102.3	88.5	104.5	104.5	101.2	100.9	102.3
十　月	Oct.	94.3	102.5	101.8	86.7	105.2	104.5	98.1	101.1	100.6
十一月	Nov.	94.3	102.0	101.5	83.7	104.9	104.5	98.1	101.3	100.5
十二月	Dec.	94.4	101.9	101.7	83.0	104.5	104.5	99.5	101.1	100.7

3-13 2013年调查市县居民消费价格指数

Consumer Price Indices by City and Country(2013)

(以上年价格为100) (preceding Year =100)

分类名称	Item	银川市辖区 Yinchuan	石嘴山市辖区 Shizuishan	利通区 Litong	原州区 Yuanzhou	沙坡头区 Shapotou	平罗县 Pingluo	海原县 Haiyuan
居民消费价格总指数	**Consumer Price Index**	**103.5**	**103.2**	**103.2**	**103.8**	**103.4**	**103.9**	**104.3**
消费品价格指数	**Consumer Goods Price Index**	**104.0**	**103.6**	**103.2**	**104.2**	**103.1**	**104.0**	**104.8**
一、食品	Food	107.3	106.8	106.9	107.9	105.6	108.2	109.3
1.粮食	Grain	105.1	105.5	104.4	107.1	105.4	105.0	105.3
大　米	Rice	104.7	102.0	105.3	106.5	101.3	101.5	103.4
面　粉	Flour	109.5	107.7	104.3	106.5	107.4	106.6	105.4
粮食制品	Cereal Product	102.8	106.3	103.9	111.9	107.4	105.2	109.6
其　他	Others	108.5	112.5	104.3	104.2	112.0	118.8	114.2
2.淀粉及制品	Starch and Products	104.1	98.4	102.5	102.8	96.3	99.3	106.0
淀粉及制品	Starch and Products	104.1	98.4	102.5	102.8	96.3	99.3	106.0
3.干豆类及豆制品	Beans and Bean Products	103.7	102.6	105.6	105.0	104.8	121.2	103.4
干　豆	Beans	102.3	100.9	105.1	99.4	96.9	99.1	81.9
豆 制 品	Bean Products	103.9	103.2	105.7	108.2	106.8	123.7	115.6
4.油脂	Oil or Fat	100.9	99.6	100.1	102.9	100.7	101.1	102.1
食用植物油	Edible Vegetable Oil	100.4	97.8	100.0	103.4	102.1	101.4	101.8
植物油制品	Vegetable Oil Products	101.3	102.1	100.9	99.7	98.0	101.5	103.1
其　他	Others	103.2	87.6	91.7	95.4	81.2	86.5	108.2
5.肉禽及其制品	Meat,Poultry and Processed Products	110.2	109.4	113.1	110.1	109.0	111.0	115.5
(1)食用畜肉及副产品	Meat and Byproducts	112.5	111.7	116.3	110.4	110.2	113.0	119.3
猪　肉	Pork	99.2	102.2	100.4	96.5	101.3	99.5	82.0
牛　肉	Beef	127.1	126.1	124.9	120.0	126.7	132.7	129.9
羊　肉	Mutton	116.3	116.3	115.8	115.5	113.4	114.8	104.6
畜肉副产品	Byproducts	103.4	120.0	102.5	96.5	105.8	110.0	125.5
其　他	Others		99.0	100.0	99.2		154.6	123.7
(2)禽	Poultry	103.5	100.7	100.6	109.5	105.0	99.8	95.6
鸡	Chicken	102.4	101.1	100.6	109.7	105.0	100.2	95.3
鸭	Duck	104.6	101.8	100.0		105.0	99.4	94.2
其　他	Others	110.5	94.4	96.1	101.5	105.1	90.1	100.0
(3)加工肉禽	Processed Products of Meat and Poultry	104.7	108.3	103.3	108.1	102.9	111.6	103.2
畜肉制品	Processed Products of Meat	106.5	106.6	106.3	111.2	104.6	115.4	103.4
禽 制 品	Processed Products of Poultry	102.4	112.3	100.0	102.9	100.1	99.6	103.0
6.蛋	Eggs	108.2	105.1	104.3	109.2	105.3	99.8	103.1
鲜　蛋	Fresh Egg	109.0	105.9	104.7	108.4	105.5	99.5	102.6
蛋 制 品	Processed Products of Egg	103.7	99.5	100.0	114.0	103.6	112.5	109.6
7.水产品	Aquatic Products	107.6	102.1	96.0	100.9	101.4	102.3	103.9
(1)鱼	Fish	106.9	99.9	94.6	100.2	101.6	103.1	104.5
淡 水 鱼	Freshwater Fish	104.5	97.5	93.6	100.2	99.9	96.0	105.5
海 水 鱼	Seawater Fish	110.9	104.6	100.2	100.2	109.3	130.1	101.2
(2)其他水产品	Others	108.8	105.4	100.1	103.6	100.2	97.6	99.2
虾 蟹 类	Shrimp and Crab	109.4	105.3	100.5	98.9	100.3	97.6	96.5
其　他	Others	107.8	105.6	99.1	111.4	100.0	97.6	100.0

3-13 续表 1 continued

(以上年价格为100) (preceding Year =100)

分类名称	Item	银川市辖区 Yinchuan	石嘴山市辖区 Shizuishan	利通区 Litong	原州区 Yuanzhou	沙坡头区 Shapotou	平罗县 Pingluo	海原县 Haiyuan
8.菜	Vegetables	110.4	106.7	101.9	108.7	106.8	104.0	118.6
鲜　　菜	Fresh Vegetables	109.6	105.4	101.3	107.9	106.3	104.1	116.6
干菜及菜制品	Dried Vegetables and Processed Products	106.2	102.8	103.8	99.0	102.7	100.4	92.2
薯　　类	Tubers	131.5	128.5	115.8	131.9	119.2	103.2	149.0
9.调 味 品	Flavoring	101.8	103.0	104.1	104.8	105.0	103.5	111.8
食 用 盐	Salt	100.0	103.1	106.3	113.9	100.0	101.4	121.5
酱　　油	Soy	103.8	101.9	100.4	99.5	113.1	95.9	100.0
食　　醋	Vinegar	102.3	105.8	106.4	103.4	109.0	105.0	100.0
味　　精	Aginomoto	104.5	100.9	101.3	96.5	107.9	102.4	100.0
其　　他	Others	98.9	102.2	105.5	99.7	100.9	108.2	123.4
10.糖	Carbohydrate	100.6	101.1	94.2	101.9	97.8	95.2	100.0
食　　糖	Sugar	100.2	100.0	86.4	95.5	94.5	93.3	100.0
糖　　果	Candy	101.6	102.7	99.1	104.8	98.4	100.8	100.0
巧克力制品	Processed Products of Chocolate	100.1	100.0	101.0	113.9	107.4	116.4	100.0
糖类小食品	Carbohydrate Foods	100.1	100.0	100.0	99.0	100.0	101.1	100.0
11.茶及饮料	Tea and Beverages	101.9	104.6	103.7	99.1	101.5	111.9	100.2
(1)茶叶	Tea	99.3	100.2	102.6	98.7	100.0	114.9	100.0
茶　　叶	Tea	99.3	100.2	102.6	98.7	100.0	114.9	100.0
(2)饮料	Beverages	103.4	105.8	103.9	99.6	101.9	107.7	100.4
固体饮料	Solid Beverages	104.4	111.3	105.9	102.3	106.7	110.3	101.8
液体饮料	Liquid Beverages	102.0	101.5	101.2	97.0	100.0	101.2	100.0
冷冻饮品	Freeze Beverages	105.3	111.6	108.2	106.1	102.7	116.7	100.0
12.干鲜瓜果	Dried and Fresh Melons and Fruits	107.5	115.6	109.0	111.0	105.9	120.6	108.9
鲜 瓜 果	Fresh Melons and Fruits	108.4	123.1	111.5	112.7	108.7	123.8	111.8
干(坚)果	Dried Melons and Fruits	105.1	101.1	99.4	103.6	96.7	96.5	101.1
13.糕点饼干面包	Cake,Biscuit and Bread	102.8	113.9	104.7	100.4	99.4	112.6	102.8
糕　　点	Cake	102.6	120.3	104.9	99.3	98.7	122.0	103.5
饼　　干	Biscui	99.7	106.3	108.9	101.3	101.3	98.5	100.0
面　　包	Bread	104.7	110.4	101.0	99.4	98.2	139.3	108.3
14.液体乳及乳制品	Milk and Processed Products	105.8	105.0	106.8	110.0	102.5	105.6	102.3
巴氏杀菌乳或灭菌乳	Pasteurization Milk or Disinfection Milk	110.0	106.2	111.0	113.8	103.3	107.5	105.0
酸 牛 乳	Acidophilus Milk	100.3	100.0	105.1	110.6	101.0	105.5	102.2
乳　　粉	Milk Powder	107.5	106.4	104.6	105.9	101.9	99.1	98.8
其　　他	Others	96.2	100.1	100.8	100.0	101.2	99.0	100.0
15.在外用膳食品	Dining Out	107.4	105.4	106.3	109.0	106.7	109.9	113.0
主　　食	Staple Food	107.0	106.7	112.3	110.8	104.0	110.7	122.7
炒　　菜	Fried Dish	105.5	102.7	100.3	106.6	107.0	109.8	105.4
地方小吃	Local Snack	112.0	112.6	113.1	113.4	108.2	107.1	120.4
其　　他	Others	111.3	100.8	112.1	102.7	107.1	118.8	112.8
16.其他食品	Others Food	105.3	100.3	109.2	104.9	99.7	103.4	107.4
其他食品	Others Food	105.3	100.3	109.2	104.9	99.7	103.4	107.4
二、烟酒	Cigarettes and Wine	99.7	100.0	100.3	100.0	99.6	99.6	100.0
1.烟草	Tobacco	100.0	100.0	100.0	100.0	100.0	100.0	100.0
高档卷烟	High-grade Cigarette	100.0	100.0	100.0	100.0	100.0	100.0	100.4
中档卷烟	Mid-range cigarette	100.0	100.0	100.0	100.0	100.0	100.0	100.0
其　　他	Others	100.0	100.0	100.0	100.0	100.0	100.0	100.0

3-13 续表 2 continued

(以上年价格为100) (preceding Year =100)

分类名称	Item	银川市辖区 Yinchuan	石嘴山市辖区 Shizuishan	利通区 Litong	原州区 Yuanzhou	沙坡头区 Shapotou	平罗县 Pingluo	海原县 Haiyuan
2.酒	Liquor	99.0	100.1	100.7	99.9	98.8	98.6	100.0
白　酒	Spirit	98.2	100.0	101.2	98.3	98.5	96.0	100.0
葡萄酒	Wine	100.1	100.3	100.0	100.0	99.7	97.8	100.0
啤　酒	Beer	99.1	100.0	100.1	102.3	98.2	103.2	100.0
其　他	Others	104.7	100.9	104.8	102.5	105.4	103.7	100.8
三、衣着	Clothing	102.8	102.5	99.9	104.5	103.5	105.0	103.5
1.服　装	Garments	103.5	102.6	99.3	103.7	103.1	104.7	103.1
(1)男式服装	Men's	102.4	103.4	100.5	105.2	103.1	108.3	99.3
大　衣	Overcoat	99.5	99.5	84.8	104.3	101.3	101.7	91.3
毛线衣	Sweater	99.7	113.9	90.4	97.3	106.1	104.0	94.6
夹克衫	Jacket	105.1	104.7	108.7	106.6	104.9	108.8	99.3
衬　衫	Shirt	99.4	108.5	105.2	111.3	101.1	98.4	98.6
T恤衫	T-shirt	102.9	105.6	109.2	103.6	107.1	101.8	102.5
裤　子	Trousers	99.3	101.5	98.6	106.2	102.0	119.3	99.9
西　服	Western-style clothes	98.8	101.0	105.4	102.2	101.3	106.2	100.5
运动衫裤	Sport Shirt and Trousers	111.0	98.8	104.3	106.5	104.2	105.1	110.2
内　衣	Underclothes	110.4	100.2	98.1	107.9	100.2	102.5	106.5
羽绒衣	Down Wear	101.8	93.4	83.9	107.9	100.3	116.5	103.9
其　他	Others	106.0	103.8	107.4	111.7	101.1	105.0	110.1
(2)女式服装	Women's	104.2	101.8	96.4	102.5	102.7	102.2	104.5
大　衣	Coat	105.7	100.4	81.1	98.5	103.5	99.3	95.5
毛线衣	Sweater	102.8	110.2	89.4	99.1	104.2	102.0	108.8
羽绒衣	Down Wear	103.2	92.0	86.4	111.9	104.0	110.8	106.0
套　装	Suit	97.3	101.3	98.5	98.7	101.8	111.4	110.9
衬　衫	Shirt	105.8	102.9	102.3	97.5	100.8	90.7	111.0
T恤衫	T-shirt	99.8	105.0	102.1	96.0	108.6	95.9	100.0
裙　子	Skirt	108.0	103.8	99.7	102.7	102.9	100.1	100.0
裤　子	Trousers	108.5	101.1	107.3	107.1	100.7	104.9	97.6
运动衫裤	Sport Shirt and Trousers	106.4	98.1	102.8	105.7	103.9	110.4	120.5
内　衣	Underclothes	103.9	97.9	91.8	100.0	100.1	90.9	103.6
其　他	Others	107.1	102.8	109.5	107.0	102.2	108.7	103.6
(3)儿童服装	Children's	103.7	103.2	111.3	103.7	105.3	107.1	108.2
上　衣	Coat	103.0	100.5	123.7	106.3	103.7	103.5	107.2
裤　子	Trousers	101.5	104.9	105.9	104.0	109.8	117.6	110.5
裙　子	Skirt	102.3	104.4	96.0	87.6	105.0	103.7	109.1
其　他	Others	108.9	105.4	106.8	99.8	103.0	98.6	107.0
2.衣着材料	Clothing Material	105.7	100.6	102.6	98.6	106.3	102.3	99.7
棉　布	Cotton	107.0	101.8	100.7	94.7	106.5	100.0	100.0
化纤布	Chemical Fibre	105.9	101.1	112.9	105.5	109.4	105.8	100.0
毛　线	Knitting Wool	100.4	100.0	102.6	100.5	112.4	100.0	99.1
其　他	Others	104.4	100.0	100.0	100.6	100.0	104.5	100.0
3.鞋袜帽	Footgear and Hats	100.4	102.3	101.3	106.5	104.3	106.0	104.7
(1)鞋	Shoes	99.5	102.2	100.9	106.6	104.3	106.1	104.1

3-13 续表 3 continued

(以上年价格为100) (preceding Year =100)

分类名称	Item	银川市辖区 Yinchuan	石嘴山市辖区 Shizuishan	利通区 Litong	原州区 Yuanzhou	沙坡头区 Shapotou	平罗县 Pingluo	海原县 Haiyuan
男　　鞋	Shoes of Men's	104.6	101.1	98.4	106.3	103.8	100.8	106.7
女　　鞋	Shoes of Women's	93.2	101.9	98.1	106.8	103.1	107.7	103.0
童　　鞋	Shoes of Children's	104.2	105.7	114.2	107.0	108.5	113.9	101.3
(2)袜子	Socks	108.7	102.0	102.1	107.3	101.3	99.5	112.5
男　　袜	Socks of Men's	104.8	100.0	101.9	102.7	100.0	101.6	110.5
女　　袜	Socks of Women's	111.5	103.7	102.2	111.8	102.2	97.6	113.7
(3)帽子	Hats	105.8	103.5	110.1	102.3	108.5	111.6	97.7
男　　帽	Hats of Men's	116.0	103.0	111.1	102.0	108.6	110.1	98.7
女　　帽	Hats of Women's	100.9	103.9	109.2	102.6	108.4	113.0	96.7
4.衣着加工服务费	Clothing Manufacturing Services	109.2	104.1	106.2	113.7	113.5	109.4	117.1
缝　　纫	Sewing	110.5	100.0	108.8	108.4	103.4	109.5	116.5
清　　洗	Cleaning	112.3	106.2	107.2	121.4	119.6	113.7	116.2
其　　他	Others	100.0	100.0	100.0	100.0	127.8	100.0	122.4
四、家庭设备用品及维修服务	Household Facilities , Articles and Services	101.2	100.0	100.4	103.9	101.9	102.8	103.7
1.耐用消费品	Durable Consumer Goods	100.5	99.7	100.6	100.4	100.5	102.3	104.8
(1)家　　具	Furniture	100.1	99.3	101.0	101.6	99.4	102.3	108.6
柜	Cupboard	101.6	97.8	101.2	100.0	98.4	101.1	112.6
床	Bed	97.4	99.6	100.2	101.5	97.3	103.2	109.6
桌	Desk	100.8	98.9	102.1	104.1	99.8	101.4	110.1
椅	Chair	101.8	100.0	102.8	121.1	102.7	104.7	97.2
沙　　发	Sofa	99.4	100.0	100.4	99.6	100.4	100.5	107.7
其　　他	Others	104.2	98.9	100.8	100.0	100.0	109.3	114.9
(2)家庭设备	Household Facilities	100.7	100.2	100.3	98.8	101.7	102.3	97.8
洗 衣 机	Washing Machine	97.6	101.4	101.6	99.9	99.8	105.6	100.1
电 风 扇	Electric Fans	95.4	86.2	102.5	97.9	97.6	100.0	93.8
电冰箱(柜)	Refrigerator	99.6	101.0	100.0	97.5	104.2	102.7	96.6
吸排油烟机	Ventilator	103.2	99.3	99.1	103.9	102.8	100.0	95.8
空 调 器	Air Conditioner	101.9	100.7	100.2	99.0	101.7	100.0	103.8
热 水 器	Water Heater for Shower	102.8	100.2	99.8	100.0	102.7	100.8	98.6
微 波 炉	Microwave Oven	102.3	99.8	99.8	98.2	99.4	100.0	99.4
其　　他	Others	98.5	99.7	101.2	93.6	98.5	100.4	91.4
2.室内装饰品	Interior Decorations	98.1	101.4	101.7	100.2	102.5	101.5	103.1
纺织装饰品	Textile Decorations	97.7	102.8	101.7	102.4	104.3	100.9	104.9
装饰灯具	Decorate Lanterms	100.4	100.0	100.0	96.0	98.8	100.0	100.0
其　　他	Others	95.3	100.0	103.8	100.0	108.0	104.3	100.0
3.床上用品	Bed Articles	99.4	98.1	100.0	106.1	101.6	102.0	98.7
被　　子	Quilt	103.2	97.3	100.0	110.1	100.6	102.8	97.4
床上套件	Bed Cover	100.0	97.2	100.0	101.0	100.3	102.6	98.7
其　　他	Others	94.8	100.0	100.0	100.0	105.3	100.1	100.0
4.家庭日用杂品	Daily Use Household Articles	102.7	100.6	100.1	108.0	100.6	103.7	103.3
茶　　具	Tea Set	101.4	100.0	100.0	100.0	100.0	106.9	121.0
餐　　具	Tableware	114.4	100.0	100.0	113.6	100.0	106.7	102.4
厨　　具	Kitchce Ware	100.2	100.0	100.4	108.9	100.5	103.7	101.0
家用手工工具	Household Handwork Tool	100.0	106.4	100.0	103.4	100.0	100.0	100.0
洗涤用品	Washing Articles	101.8	101.5	100.0	107.9	101.6	106.4	100.0
其　　他	Others	99.0	100.0	100.0	107.2	99.7	102.2	97.5

3-13 续表 4 continued

(以上年价格为100) (preceding Year =100)

分类名称	Item	银川市辖区 Yinchuan	石嘴山市辖区 Shizuishan	利通区 Litong	原州区 Yuanzhou	沙坡头区 Shapotou	平罗县 Pingluo	海原县 Haiyuan
5.家庭服务及加工维修服务	Family Services and Processing and Maintenance Services	102.5	100.1	100.7	110.3	117.0	107.7	109.6
家庭服务	Family Services	103.8	100.2	100.4	124.1	111.5	129.4	108.8
加工维修服务	Processing and Maintenance Services	100.0	100.0	101.0	100.0	121.3	100.0	109.9
五、医疗保健和个人用品	Health Care and Personal Articles	104.5	103.5	102.1	101.3	102.2	101.2	100.4
1.医疗保健	Health Care	104.9	105.2	103.2	101.9	101.6	100.3	99.9
(1)医疗器具及用品	Medical Instrument and Articles	100.0	104.1	101.8	101.3	103.2	100.0	100.0
医疗器具及用品	Medical Instrument and Articles	100.0	104.1	101.8	101.3	103.2	100.0	100.0
(2)中药材及中成药	Traditional Chinese Medicine	109.5	109.2	106.9	103.0	103.6	102.8	102.0
中 药 材	Traditional Chinese Medicine	116.1	112.4	109.1	102.8	99.7	104.4	107.4
中 成 药	Traditional Chinese Medicine	105.0	107.2	105.0	103.1	106.5	102.1	96.3
(3)西药	Western Medicine	101.1	101.4	100.2	101.6	101.3	99.1	99.1
抗菌素(抗感染药)	Antimicrobial Drug	99.8	100.0	98.5	100.0	100.0	94.7	98.3
消化系统用药	Digestsystem Drug	102.8	103.6	102.5	100.0	97.1	104.1	99.5
呼吸系统用药	Breathesystem Drug	100.0	100.0	99.9	110.8	100.0	99.8	101.0
解热镇痛药	Antipyretic and Analgesic	101.7	101.8	100.0	100.0	100.0	100.0	100.0
抗肿瘤药	Antineoplastic Drug	99.9	100.0	100.1	97.7	100.0	98.5	106.2
激素类药	Hormone Drug	101.0	103.2	100.0	100.0	120.6	99.7	93.8
心血管系统用药	Cardiovascular System Drugs	101.3	103.5	99.8	109.1	102.6	97.1	96.9
中枢神经系统用药	Central Nervous System Drugs	100.2	100.0	100.5	99.7	100.0	100.0	100.3
消毒防腐及创伤外科用药	Disinfection and Trauma Drug Surgical Medicine	100.0	99.8	100.6	98.4	100.7	98.7	98.0
泌尿系统用药	Urinary System Drug	102.8	108.5	99.9	99.9	100.8	100.2	122.3
维生素类	Professional Drug	100.7	100.0	100.0	100.0	100.0	100.0	100.0
其　　他	Others	100.8	100.0	99.8	100.0	100.0	101.1	79.8
(4)保健器具及用品	Health Care Appliances and Articles	109.2	102.6	100.5	111.0	110.0	100.5	112.8
保健器具	Health Care Appliances	100.0	100.0	100.0	100.0	98.6	100.0	100.0
滋补保健用品	Health Products	110.5	103.2	100.6	111.7	112.2	100.6	114.3
(5)医疗保健服务	Health Care Services	104.9	107.2	104.2	101.4	97.5	98.5	98.6
挂号诊疗费	Registration Fee	100.0	100.0	100.0	100.0	100.0	100.0	116.8
注 射 费	Injection Fee	100.0	100.0	110.0	100.0	100.7	100.0	96.2
检 查 费	Laboratory Fee	83.8	97.8	91.3	93.0	93.3	100.2	94.4
手 术 费	Operation Fee	111.3	136.8	121.3	116.5	107.4	107.8	108.9
床 位 费	Bed fee	110.5	115.3	117.7	126.6	110.2	100.0	99.1
理 疗 费	Physiotherapy Fee	100.9	124.2	95.2	146.4	126.0	113.7	100.0
化 验 费	Assay Fee	94.6	86.3	89.7	91.2	76.3	87.0	75.6
其　　他	Others	161.1	109.7	100.0	109.4	115.7	93.5	100.0
2.个人用品及服务	Personal Articles and Service	103.7	100.1	99.6	99.7	103.8	104.6	101.7
(1)化妆美容用品	Cosmetics	100.6	100.5	100.6	100.6	104.7	106.6	100.6
化妆美容器具	Cosmetic Utensil	98.4	100.0	100.0	100.0	100.4	101.2	100.0
美容化妆品	Beautify Cosmetics	100.0	100.3	100.0	101.2	100.0	109.4	96.0
护 肤 品	Cream	100.0	100.6	100.0	100.4	108.9	105.8	100.0
护发美容品	Hair Care	102.7	100.7	102.1	100.8	102.3	104.7	110.7

3-13 续表 5 continued

(以上年价格为100)　　(preceding Year =100)

分类名称	Item	银川市辖区 Yinchuan	石嘴山市辖区 Shizuishan	利通区 Litong	原州区 Yuanzhou	沙坡头区 Shapotou	平罗县 Pingluo	海原县 Haiyuan
(2)清洁类化妆品	Sanitation Articles	104.1	101.0	100.7	104.3	104.0	103.8	101.0
洗发用品	Hairdressing Articles	102.9	100.4	100.4	105.4	104.5	102.2	102.6
洗浴用品	Bath Articles	106.4	102.7	101.5	101.6	104.8	104.3	100.0
其　　他	Others	102.7	100.0	100.0	103.7	102.0	104.7	88.2
(3)个人饰品	Personal Ornament	100.0	96.7	94.8	94.2	94.4	97.5	90.9
首　　饰	Jewelry	94.8	91.8	90.2	88.6	87.5	92.7	84.8
皮　　件	Leather Goods	103.1	104.0	100.0	99.6	104.3	108.2	100.0
手　　表	Watch	100.9	100.0	102.0	100.0	102.9	94.7	106.9
领　　带	Necktie	97.6	102.4	100.0	112.7	100.0	100.0	100.0
其　　他	Others	110.8	103.2	89.8	100.0	106.2	106.7	106.0
(4)个人服务	Personal Services	108.7	101.9	101.5	102.3	107.8	109.8	111.7
美　　容	Beauty	103.6	100.0	100.0	100.0	105.2	105.9	100.0
理(烫)发	Hair Cut and Hair Perm	112.4	101.9	103.0	100.2	109.7	110.3	107.6
洗　　浴	Bath	106.5	106.1	100.0	103.2	106.1	107.0	125.0
其　　他	Others	99.9	98.4	100.0	112.0	106.4	118.1	123.1
六、交通和通信	Transportation and Communication	97.8	100.3	102.7	98.6	101.1	97.4	98.2
1.交通	Transportation	99.4	101.2	104.6	99.0	102.8	98.4	100.0
(1)交通工具	Transportation Facility	98.6	101.1	100.0	95.7	98.5	93.5	99.3
助动自行车	Power-assist Bicycle	98.8	102.0	100.0	93.9	94.6	91.9	98.8
轿　　车	Car	95.8	100.1	99.8	97.6	98.2		100.0
自 行 车	Bycycle	100.7	101.3	100.4	98.4	101.4	94.2	100.7
其　　他	Others	99.4	100.9	100.0	100.0	100.6	103.5	98.0
(2)车用燃料及零配件	Fuels and Parts	97.7	99.0	99.3	99.9	97.7	97.5	98.3
汽　　油	Gasoline	98.6	98.5	98.7	99.3	97.8	101.1	98.6
柴　　油	Diesel Oil	98.6	98.6	98.6	98.3	98.8	100.3	98.4
零 配 件	Parts	94.8	100.2	100.8	106.0	94.6	91.0	97.4
其　　他	Others	98.7	100.0	100.0	106.7	105.9	101.6	97.7
(3)车辆使用及维修费	Fees for Vehicles Use and Maintenance	101.9	101.3	102.5	103.4	100.7	103.1	109.6
保 险 费	Insurance	100.0	100.0	100.0	100.0	100.0	100.0	100.0
停 车 费	Parking Fee	101.5	100.0	100.0	100.0	100.0	100.0	100.0
车辆修理服务费	Vehicles Maintenance Service Fees	98.5	103.5	107.5	108.7	100.0	103.2	100.0
其　　他	Others	110.6	99.4	100.0	100.0	111.8	122.1	125.0
(4)市区公共交通费	Incity Traffic Fare	103.9	102.5	116.1	102.4	113.2	105.7	100.0
公共汽车票	Bus Ticket	100.0	100.0	127.6	102.8	125.7	105.2	100.0
出租汽车	Taxi	105.4	103.6	103.6	101.7	103.4	104.5	100.0
其　　他	Others	100.0		112.5	109.1		107.9	100.0
(5)城市间交通费	Intercity Traffic Fare	96.7	100.9	99.9	100.2	101.9	100.0	100.0
飞 机 票	Plane Ticket	94.2			104.9	107.9		
火 车 票	Train Ticket	95.9	99.1	99.8	99.5	99.2	100.0	100.0
长途汽车	Long-distance Bus	100.0	100.0	100.0	100.3	100.0	100.0	100.0
短途汽车	Short Journey Car	100.0	104.9	100.0	100.0	100.0	100.0	100.0
其　　他	Others	100.0				100.0	100.0	100.0

3-13 续表 6 continued

(以上年价格为100) (preceding Year =100)

分类名称	Item	银川市辖区 Yinchuan	石嘴山市辖区 Shizuishan	利通区 Litong	原州区 Yuanzhou	沙坡头区 Shapotou	平罗县 Pingluo	海原县 Haiyuan
2.通信	Communication	94.8	99.1	100.0	97.9	98.2	95.9	95.6
(1)通信工具	Communication Facility	79.5	95.3	94.6	89.6	87.5	83.7	81.4
固定电话机	Telephone	96.9	100.0	100.0	100.0	98.9	103.8	100.0
移动电话机	Mobile Telephone	66.1	93.5	92.6	85.6	85.3	77.0	72.1
其　他	Others	95.2	99.5	100.0	100.0	97.2	101.7	97.0
(2)通信服务	Communication Service	97.7	100.1	101.1	100.1	100.5	100.0	100.0
移动通信费	Mobile Telephone Communication	93.7	100.0	100.0	100.0	100.0	100.0	100.0
市内电话费	Incity Correspondence Fee	100.0	100.0	100.0	100.0	100.0	100.0	100.0
长途电话费	Long-distance Correspondence Fee	100.0	100.0	100.0	100.0	100.0	100.0	100.0
月 租 费	Monthly Fee	100.0	100.0	100.0	100.0	100.0	100.0	100.0
上 网 费	Internet Fee	99.5	100.3	109.1	100.0	104.6	100.0	100.0
邮政邮寄	Post	100.0	100.0	100.0	100.0	100.0	100.0	100.0
其他邮寄	Other mail	100.0	104.1	102.9	112.5	102.4	100.0	100.0
其　他	Others	100.0	100.0	100.0	100.0	100.0	100.0	100.0
七、娱乐教育文化用品及服务	Recreation,Education , Culture Articles and Service	99.6	99.1	99.7	101.3	102.9	100.4	100.0
1.文娱用耐用消费品及服务	Durable Consumer Goods for Cultural and Recreational Use and Services	87.0	96.5	95.7	97.8	95.2	97.3	95.5
电 视 机	TV Set	79.7	95.0	91.7	97.6	93.4	91.8	92.5
激光视盘机	High Definition FVD	85.4	97.2	96.8	98.0	97.1	98.8	89.9
摄 像 机	Video Camera	85.5	96.2	96.3	99.8	98.8	100.0	100.0
照 相 机	Camera	77.2	93.9	84.6	82.8	96.2	100.0	97.5
家用音响	Family Sound	95.1	100.0	100.0	99.5	97.0	100.0	93.7
便携式音响	Portable Sound	96.3	99.6	98.3	104.3	98.3	100.1	100.0
电　脑	Computer	88.0	96.7	100.9	97.8	93.2	95.5	98.5
修理服务	Repair Service	100.0	100.0	100.0	113.7	100.0	125.5	100.0
其　他	Others	101.1	100.0	100.0	100.0	94.7	100.0	100.0
2.教育	Education	105.8	101.4	102.7	102.5	104.3	102.3	102.0
(1)教材及参考书	Teaching Materials and Reference Books	108.5	104.3	101.1	101.9	105.0	101.5	100.5
工 具 书	Reference Books	103.3	100.0	100.0	100.0	100.0	100.0	100.9
教　材	Teaching Materials	104.7	100.0	100.0	106.1	100.0	101.7	100.0
参 考 书	Reference Books	112.5	109.0	104.6	101.6	108.6	101.7	101.4
教育软件	Education Software	100.0	107.5	100.0	100.0	100.0	100.0	100.9
(2)教育服务	Tuition and Child Care	105.3	100.0	103.1	102.6	104.2	102.4	102.2
学前教育	Preschool Education	106.5	100.3	101.7	109.8	109.2	105.8	102.0
中等教育	Secondary Education	100.0	100.0	100.0	100.3	100.0	100.0	100.0
高等教育	Higher Education	100.4	100.0	100.0	100.0	100.0	100.0	100.0
专业技能培训	Professional Skill Training	100.0	100.0	105.6	110.7	103.1	100.0	110.1
其　他	Others	118.4	100.0	125.0	100.0	130.6	116.3	112.0
3.文化娱乐类	Cultural and Recreational	104.7	99.7	104.3	100.5	103.4	99.4	97.6
(1)文化娱乐用品	Cultural Articles	101.8	99.3	99.7	102.1	101.3	98.8	93.7
乐　器	Musical Instrument	100.0	100.0	101.9	101.1	98.8	100.0	100.0
音像光盘和视盘	Audio and Video CD and DVD	100.0	100.0	100.0	100.0	106.3	82.7	73.7
电子存储器	Film and Memory Card	97.5	97.7	79.6	97.5	81.6	87.5	61.2
儿童玩具	Toy for Children	100.3	99.9	100.0	100.6	100.5	100.5	98.6
纸张本册	Papers	103.9	100.9	100.0	103.3	100.9	100.0	100.0

3-13 续表 7 continued

(以上年价格为100) (preceding Year =100)

分类名称	Item	银川市辖区 Yinchuan	石嘴山市辖区 Shizuishan	利通区 Litong	原州区 Yuanzhou	沙坡头区 Shapotou	平罗县 Pingluo	海原县 Haiyuan
文　　具	Stationery	105.7	97.4	102.5	107.0	104.9	100.0	100.0
体育用品	Sports Articles	101.7	100.0	106.9	100.5	107.1	101.3	100.0
其　　他	Others	103.5	100.0	102.4	100.0	102.5	103.1	100.0
(2)书报杂志	Newspapers and Magazines	105.7	100.0	103.6	100.0	101.2	100.0	100.3
书　　籍	Books	100.0	100.0	100.0	100.0	101.9	100.0	100.6
报　　纸	Newspapers	113.6	100.0	109.4	100.0	100.0	100.0	100.0
杂　　志	Magazines	102.7	100.0	100.0	100.0	101.5	100.0	100.0
(3)文娱费	Expenditure on Cultural and Recreation	106.6	100.0	108.6	99.5	106.4	99.2	100.8
电 影 票	Movie Ticket	111.8	100.0	108.5	100.0	104.0	100.0	100.0
景点门票	Scenery Spot Entrance Ticket	108.9	100.0	120.0	95.2	100.1	98.3	100.0
有线电视	Wired TV	100.0	100.0	100.0	100.0	100.0	100.0	100.0
健身活动	Fitness Activities	115.4	100.0	109.9	100.0	100.0	100.0	104.3
其　　他	Others	84.4	100.0	109.1	100.0	150.0	90.7	100.0
4.旅游	Touring and Outing	92.9	97.1	93.7	101.2	109.4	100.2	95.0
旅行社收费	Travel Agency Fees	90.0	95.7	94.3	103.3	117.1	101.1	91.9
宾馆住宿	Accommodation	94.1	100.0	90.2	98.7	100.4	95.0	100.0
其他住宿	Other Lodging	109.7	100.0	100.0	100.0	99.4	100.0	100.0
八、居住	Residence	102.6	102.1	101.5	100.5	102.7	102.4	103.2
1.建房及装修材料	Building and Building Decoration Materials	99.1	101.9	99.9	100.6	98.8	103.1	104.4
木　　材	Timber	100.0	110.1	97.7	94.0	97.2	109.5	115.9
木 地 板	Wooden Floor	93.6	99.5	100.0	101.8	99.0	103.8	100.0
砖	Brick	98.1	99.2	100.0	101.1	96.0	97.5	100.2
水　　泥	Cement	92.0	93.2	95.3	102.4	102.2	97.1	94.7
涂　　料	Dope	99.8	100.0	100.0	99.3	99.1	100.0	103.6
板　　材	Veneer	103.5	100.6	100.0	102.2	97.9	112.3	103.9
玻　　璃	Glass	102.4	114.1	99.0	100.5	98.0	107.4	100.0
粘　　胶	Mucilage Glue	102.8	100.0	100.0	101.5	100.1	123.8	111.0
厨卫设备	Hutch Defends Equipment	104.0	105.2	100.0	115.0	100.0	100.0	103.6
其　　他	Others	101.0	106.3	103.2	100.4	102.6	98.3	96.8
2.住房租金	Renting	112.7	106.0	104.1	103.7	112.9	100.7	113.2
公房房租	Public Rent	100.0	100.0	100.0	100.0	100.0	100.0	
私房房租	Private Rent	115.3	106.5	104.9	105.1	113.3	100.8	113.9
其他费用	Other Fees	104.7	105.2	100.0	100.0	113.2	100.0	100.0
3.自有住房	Private Housing	101.0	102.8	103.0	103.1	105.5	111.3	102.5
住房估算租金	Estimate Rent	102.5	103.7	103.7	103.0	109.4	100.0	113.9
物业管理费用	Estate Management Fees	100.0	100.0	100.0	100.0	101.2	100.0	100.0
维护修理费用	Maintenance and Renovation Fees	100.0	101.6	115.4	116.6	110.6	123.9	100.0
其　　他	Others	100.0	104.0	100.0	100.0	100.0	116.5	100.0
4.水、电、燃料	Water,Electricity and Fuels	103.6	101.3	101.5	99.2	101.9	95.6	101.2
水	Water	100.0	100.0	100.0	100.0	100.0	100.0	100.0
电	Electricity	102.0	100.4	101.3	100.2	100.1	100.9	100.0
液化石油气	Liquefied Petroleum Gas	105.7	100.0	101.9	101.9	106.7	100.0	101.5
管道燃气	Pipeline Fuel Gas	107.6	107.1	103.7		107.1	107.1	
其他燃料	Other Fuels	102.4	100.0	103.3	97.7	100.5	90.1	101.6

3-14 2013年调查市县商品零售价格指数

Retail Price Indices by City and Country(2013)

(以上年价格为100) (preceding Year =100)

分类名称	Item	银川市辖区 Yinchuan	石嘴山市辖区 Shizuishan	利通区 Litong	原州区 Yuanzhou	沙坡头区 Shapotou	平罗县 Pingluo	海原县 Haiyuan
商品零售价格总指数	**Retail Price Index**	**102.3**	**102.5**	**101.8**	**103.2**	**102.2**	**102.4**	**103.7**
一、食品	Food	106.9	106.8	106.4	108.0	105.4	108.0	108.7
1.粮食	Grain	106.6	105.5	104.5	107.1	105.6	105.5	105.3
大　米	Rice	104.7	102.0	105.3	106.5	101.3	101.5	103.4
面　粉	Flour	109.5	107.7	104.3	106.5	107.4	106.6	105.4
粮食制品	Cereal Product	102.8	106.3	103.9	111.9	107.4	105.2	109.6
其　他	Others	108.5	112.5	104.3	104.2	112.0	118.8	114.2
2.淀粉及制品	Starch and products	104.1	98.4	102.5	102.8	96.3	99.3	106.0
淀粉及制品	Starch and products	104.1	98.4	102.5	102.8	96.3	99.3	106.0
3.干豆类及豆制品	Beans and Bean Products	103.2	102.6	105.7	105.0	104.6	116.7	105.0
干　豆	Beans	102.3	100.9	105.1	99.4	96.9	99.1	81.9
豆制品	Bean Products	103.9	103.2	105.7	108.2	106.8	123.7	115.6
4.油脂	Oil or Fat	100.8	99.6	100.0	102.9	100.8	101.0	102.3
食用植物油	Edible Vegetable Oil	100.4	97.8	100.0	103.4	102.1	101.4	101.8
植物油制品	Vegetable Oil Products	101.3	102.1	100.9	99.7	98.0	101.5	103.1
其　他	Others	103.2	87.6	91.7	95.4	81.2	86.5	108.2
5.肉禽及其制品	Meat,Poultry and Processed Products	108.1	109.4	112.3	110.0	107.8	111.2	115.1
(1)食用畜肉及副产品	Meat and Byproducts	110.5	111.7	115.3	110.4	108.6	113.0	119.3
猪　肉	Pork	99.2	102.2	100.4	96.5	101.3	99.5	82.0
牛　肉	Beef	127.1	126.1	124.9	120.0	126.7	132.7	129.9
羊　肉	Mutton	116.3	116.3	115.8	115.5	113.4	114.8	104.6
畜肉副产品	Byproducts	103.4	120.0	102.5	96.5	105.8	110.0	125.5
其　他	Others		99.0	100.0	99.2		154.6	123.7
(2)禽	Poultry	103.4	100.7	100.4	109.5	105.0	99.6	95.4
鸡	Chicken	102.4	101.1	100.6	109.7	105.0	100.2	95.3
鸭	Duck	104.6	101.8	100.0		105.0	99.4	94.2
其　他	Others	110.5	94.4	96.1	101.5	105.1	90.1	100.0
(3)加工肉禽	Processed Meat and Poultry	105.1	108.3	103.8	106.5	102.9	111.6	103.2
畜肉制品	Processed Products of Meat	106.5	106.6	106.3	111.2	104.6	115.4	103.4
禽制品	Processed Products of Poultry	102.4	112.3	100.0	102.9	100.1	99.6	103.0
6.蛋	Eggs	106.6	105.1	104.4	109.2	105.4	100.6	103.2
鲜　蛋	Fresh Egg	109.0	105.9	104.7	108.4	105.5	99.5	102.6
蛋制品	Processed Products of Egg	103.7	99.5	100.0	114.0	103.6	112.5	109.6
7.水产品	Aquatic Products	108.1	102.1	96.6	100.9	101.4	102.0	103.4
(1)鱼	Fish	107.6	99.9	95.2	100.2	101.6	102.8	104.0
淡水鱼	Freshwater Fish	104.5	97.5	93.6	100.2	99.9	96.0	105.5
海水鱼	Seawater Fish	110.9	104.6	100.2	100.2	109.3	130.1	101.2
(2)其他水产品	Others	108.7	105.4	100.4	103.6	100.3	97.6	99.2
虾蟹类	Shrimp and Crab	109.4	105.3	100.5	98.9	100.3	97.6	96.5
其　他	Others	107.8	105.6	99.1	111.4	100.0	97.6	100.0
8.菜	Vegetables	112.0	106.7	102.1	108.7	107.1	103.7	116.4
鲜　菜	Fresh Vegetables	109.6	105.4	101.3	107.9	106.3	104.1	116.6
干菜及菜制品	Dried Vegetables and Processed Products	106.2	102.8	103.8	99.0	102.7	100.4	92.2
薯　类	Tubers	131.5	128.5	115.8	131.9	119.2	103.2	149.0

3-14 续表 1 continued

(以上年价格为100) (preceding Year =100)

分类名称	Item	银川市辖区 Yinchuan	石嘴山市辖区 Shizuishan	利通区 Litong	原州区 Yuanzhou	沙坡头区 Shapotou	平罗县 Pingluo	海原县 Haiyuan
9.调味品	Flavoring	102.1	103.0	103.6	104.8	106.5	102.7	111.6
食 用 盐	Salt	100.0	103.1	106.3	113.9	100.0	101.4	121.5
酱　　油	Soy	103.8	101.9	100.4	99.5	113.1	95.9	100.0
食　　醋	Vinegar	102.3	105.8	106.4	103.4	109.0	105.0	100.0
味　　精	Aginomoto	104.5	100.9	101.3	96.5	107.9	102.4	100.0
其　　他	Others	98.9	102.2	105.5	99.7	100.9	108.2	123.4
10.糖	Carbohydrate	100.7	101.1	94.0	101.9	100.1	96.8	100.0
食　　糖	Sugar	100.2	100.0	86.4	95.5	94.5	93.3	100.0
糖　　果	Candy	101.6	102.7	99.1	104.8	98.4	100.8	100.0
巧克力制品	Processed Products of Chocolate	100.1	100.0	101.0	113.9	107.4	116.4	100.0
糖类小食品	Carbohydrate Foods	100.1	100.0	100.0	99.0	100.0	101.1	100.0
11.干鲜瓜果	Dried and Fresh Melons and Fruits	107.5	115.6	108.9	111.0	102.1	118.1	109.2
鲜 瓜 果	Fresh Melons and Fruits	108.4	123.1	111.5	112.7	108.7	123.8	111.8
干(坚)果	Dried Melons and Fruits	105.1	101.1	99.4	103.6	96.7	96.5	101.1
12.糕点饼干面包	Cake,Biscuit and Bread	102.5	113.9	104.8	100.4	99.8	114.9	102.8
糕　　点	Cake	102.6	120.3	104.9	99.3	98.7	122.0	103.5
饼　　干	Biscui	99.7	106.3	108.9	101.3	101.3	98.5	100.0
面　　包	Bread	104.7	110.4	101.0	99.4	98.2	139.3	108.3
13.液体乳及乳制品	Milk and Processed Products	104.5	105.0	107.1	110.0	101.8	104.7	102.3
巴氏杀菌奶或消毒奶	Pasteurization Milk or Disinfection Milk	110.0	106.2	111.0	113.8	103.3	107.5	105.0
酸 牛 乳	Acidophilus Milk	100.3	100.0	105.1	110.6	101.0	105.5	102.2
乳　　粉	Milk Powder	107.5	106.4	104.6	105.9	101.9	99.1	98.8
其　　他	Others	96.2	100.1	100.8	100.0	101.2	99.0	100.0
14.在外用膳食品	Dining Out	107.8	105.4	105.8	109.0	106.7	109.7	112.7
主　　食	Staple Food	107.0	106.7	112.3	110.8	104.0	110.7	122.7
炒　　菜	Fried Dish	105.5	102.7	100.3	106.6	107.0	109.8	105.4
地方小吃	Local Snack	112.0	112.6	113.1	113.4	108.2	107.1	120.4
其　　他	Others	111.3	100.8	112.1	102.7	107.1	118.8	112.8
15.其他食品	Others Food	105.3	100.3	109.2	104.9	99.7	103.4	107.4
其他食品	Others Food	105.3	100.3	109.2	104.9	99.7	103.4	107.4
二、饮料、烟酒	Beverages,Tobacco,Liquor and Articles	100.1	101.1	101.0	99.8	99.8	102.0	100.1
1.茶及饮料	Tea and Beverages	101.5	104.2	103.1	99.1	101.2	113.3	100.2
(1)茶叶	Tea	99.3	100.2	102.6	98.7	100.0	114.9	100.0
茶　　叶	Tea	99.3	100.2	102.6	98.7	100.0	114.9	100.0
(2)饮料	Beverages	103.3	105.8	103.2	99.6	102.3	111.1	100.4
固体饮料	Solid Beverages	104.4	111.3	105.9	102.3	106.7	110.3	101.8
液体饮料	Liquid Beverages	102.0	101.5	101.2	97.0	100.0	101.2	100.0
冷冻饮品	Freeze Beverages	105.3	111.6	108.2	106.1	102.7	116.7	100.0
2.烟草	Tobacco	100.0	100.0	100.0	100.0	100.0	100.0	100.0
高档卷烟	High-grade Cigarette	100.0	100.0	100.0	100.0	100.0	100.0	100.4
中档卷烟	Mid-range cigarette	100.0	100.0	100.0	100.0	100.0	100.0	100.0
其　　他	Others	100.0	100.0	100.0	100.0	100.0	100.0	100.0
3.酒	Liquor	98.8	100.1	100.8	99.9	98.8	98.5	100.0
白　　酒	Spirit	98.2	100.0	101.2	98.3	98.5	96.0	100.0

3-14 续表 2 continued

(以上年价格为100) (preceding Year =100)

分类名称	Item	银川市辖区 Yinchuan	石嘴山市辖区 Shizuishan	利通区 Litong	原州区 Yuanzhou	沙坡头区 Shapotou	平罗县 Pingluo	海原县 Haiyuan
葡萄酒	Wine	100.1	100.3	100.0	100.0	99.7	97.8	100.0
啤酒	Beer	99.1	100.0	100.1	102.3	98.2	103.2	100.0
其他	Others	104.7	100.9	104.8	102.5	105.4	103.7	100.8
三、服装、鞋帽	Garments,Shoes and Hats	102.6	102.3	100.0	104.6	103.2	104.6	103.5
1.服装	Garments	103.7	102.5	100.0	103.7	103.1	104.7	103.1
(1)男式服装	Men's	103.1	103.1	100.6	105.2	102.9	108.3	99.3
大衣	Overcoat	99.5	99.5	84.8	104.3	101.3	101.7	91.3
毛线衣	Sweater	99.7	113.9	90.4	97.3	106.1	104.0	94.6
夹克衫	Jacket	105.1	104.7	108.7	106.6	104.9	108.8	99.3
衬衫	Shirt	99.4	108.5	105.2	111.3	101.1	98.4	98.6
T恤衫	T-shirt	102.9	105.6	109.2	103.6	107.1	101.8	102.5
裤子	Trousers	99.3	101.5	98.6	106.2	102.0	119.3	99.9
西服	Western-style clothes	98.8	101.0	105.4	102.2	101.3	106.2	100.5
运动衫裤	Sport Shirt and Trousers	111.0	98.8	104.3	106.5	104.2	105.1	110.2
内衣	Underclothes	110.4	100.2	98.1	107.9	100.2	102.5	106.5
羽绒衣	Down Wear	101.8	93.4	83.9	107.9	100.3	116.5	103.9
其他	Others	106.0	103.8	107.4	111.7	101.1	105.0	110.1
(2)女式服装	Women's	104.1	101.8	96.4	102.5	102.5	101.6	104.5
大衣	Coat	105.7	100.4	81.1	98.5	103.5	99.3	95.5
毛线衣	Sweater	102.8	110.2	89.4	99.1	104.2	102.0	108.8
羽绒衣	Down Wear	103.2	92.0	86.4	111.9	104.0	110.8	106.0
套装	Suit	97.3	101.3	98.5	98.7	101.8	111.4	110.9
衬衫	Shirt	105.8	102.9	102.3	97.5	100.8	90.7	111.0
T恤衫	T-shirt	99.8	105.0	102.1	96.0	108.6	95.9	100.0
裙子	Skirt	108.0	103.8	99.7	102.7	102.9	100.1	100.0
裤子	Trousers	108.5	101.1	107.3	107.1	100.7	104.9	97.6
运动衫裤	Sport Shirt and Trousers	106.4	98.1	102.8	105.7	103.9	110.4	120.5
内衣	Underclothes	103.9	97.9	91.8	100.0	100.1	90.9	103.6
其他	Others	107.1	102.8	109.5	107.0	102.2	108.7	103.6
(3)儿童服装	Children's	104.3	103.2	112.2	103.7	105.3	103.3	108.2
上衣	Coat	103.0	100.5	123.7	106.3	103.7	103.5	107.2
裤子	Trousers	101.5	104.9	105.9	104.0	109.8	117.6	110.5
裙子	Skirt	102.3	104.4	96.0	87.6	105.0	103.7	109.1
其他	Others	108.9	105.4	106.8	99.8	103.0	98.6	107.0
2.鞋袜帽	Footgear and Hats	100.5	102.0	100.1	106.5	103.8	104.7	104.7
(1)鞋	Shoes	98.5	102.0	99.7	106.6	103.7	104.8	104.1
男鞋	Shoes of Men's	104.6	101.1	98.4	106.3	103.8	100.8	106.7
女鞋	Shoes of Women's	93.2	101.9	98.1	106.8	103.1	107.7	103.0
童鞋	Shoes of Children's	104.2	105.7	114.2	107.0	108.5	113.9	101.3
(2)袜子	Socks	108.7	102.0	102.1	107.3	101.3	99.7	112.4
男袜	Socks of Men's	104.8	100.0	101.9	102.7	100.0	101.6	110.5
女袜	Socks of Women's	111.5	103.7	102.2	111.8	102.2	97.6	113.7
(3)帽子	Hats	106.8	103.6	109.8	102.3	108.5	111.6	97.6
男帽	Hats of Men's	116.0	103.0	111.1	102.0	108.6	110.1	98.7
女帽	Hats of Women's	100.9	103.9	109.2	102.6	108.4	113.0	96.7

3-14 续表 3 continued

(以上年价格为100) (preceding Year =100)

分类名称	Item	银川市辖区 Yinchuan	石嘴山市辖区 Shizuishan	利通区 Litong	原州区 Yuanzhou	沙坡头区 Shapotou	平罗县 Pingluo	海原县 Haiyuan
3.其他	Others	97.6	102.4	100.0	112.7	100.0	100.0	100.0
领　　带	Necktie	97.6	102.4	100.0	112.7	100.0	100.0	100.0
四、纺织品	Textiles	101.8	98.2	101.4	104.4	103.6	102.7	98.8
1.衣着材料	Clothing	104.2	100.6	103.3	98.6	108.9	102.8	99.7
棉　　布	Cotton	107.0	101.8	100.7	94.7	106.5	100.0	100.0
化 纤 布	Chemical Fibre	105.9	101.1	112.9	105.5	109.4	105.8	100.0
毛　　线	Knitting Wool	100.4	100.0	102.6	100.5	112.4	100.0	99.1
其　　他	Others	104.4	100.0	100.0	100.6	100.0	104.5	100.0
2.床上用品	Bedding	101.1	97.3	100.0	106.4	100.5	102.6	98.1
被　　子	Quilt	103.2	97.3	100.0	110.1	100.6	102.8	97.4
床上套件	Bed Cover	100.0	97.2	100.0	101.0	100.3	102.6	98.7
五、家用电器及音像器材	Household Appliances,Music and Video Equipment	95.3	98.3	98.0	98.3	97.3	99.2	96.2
1.家庭设备	Household Facilities	100.3	100.1	100.4	98.8	102.2	101.5	97.8
洗 衣 机	Washing Machine	97.6	101.4	101.6	99.9	99.8	105.6	100.1
电 风 扇	Electric Fans	95.4	86.2	102.5	97.9	97.6	100.0	93.8
电冰箱(柜)	Refrigerator	99.6	101.0	100.0	97.5	104.2	102.7	96.6
吸排油烟机	Ventilator	103.2	99.3	99.1	103.9	102.8	100.0	95.8
空 调 器	Air Conditioner	101.9	100.7	100.2	99.0	101.7	100.0	103.8
热 水 器	Water Heater for Shower	102.8	100.2	99.8	100.0	102.7	100.8	98.6
微 波 炉	Microwave Oven	102.3	99.8	99.8	98.2	99.4	100.0	99.4
其　　他	Others	98.5	99.7	101.2	93.6	98.5	100.4	91.4
2.文娱用耐用消费品	Durable Consumer Goods for Cultural and Recreational Use and Services	86.0	96.6	93.9	97.9	94.7	95.8	94.0
电 视 机	TV Set	79.7	95.0	91.7	97.6	93.4	91.8	92.5
激光视盘机	High Definition FVD	85.4	97.2	96.8	98.0	97.1	98.8	89.9
摄 像 机	Video Camera	85.5	96.2	96.3	99.8	98.8	100.0	100.0
照 相 机	Camera	77.2	93.9	84.6	82.8	96.2	100.0	97.5
家用音响	Family Sound	95.1	100.0	100.0	99.5	97.0	100.0	93.7
便携式音响	Portable Sound	96.3	99.6	98.3	104.3	98.3	100.1	100.0
其　　他	Others	101.1	100.0	100.0	100.0	94.7	100.0	100.0
3.专业音像器材	Specialty Sound Facilities	98.1	95.9	98.9	97.5	96.3	100.0	96.0
专业音响器材	Specialty Sound Facilities	95.7	100.0	100.0	97.5	92.2		95.8
专业声像器材	Specialty Acoustic Image Facilities	100.5	89.7	96.3		99.6	100.0	96.3
六、文化办公用品	Cultural and Office Appliances	98.5	98.6	99.8	100.8	94.6	97.7	97.2
纸张本册	Papers	103.9	100.9	100.0	103.3	100.9	100.0	100.0
文　　具	Stationery	105.7	97.4	102.5	107.0	104.9	100.0	100.0
电　　脑	Computer	88.0	96.7	100.9	97.8	93.2	95.5	98.5
电脑附件	Computer Parts	100.0	99.6	91.5	96.9	91.1	100.0	89.8
电子存储器	Electron Resevoir	97.5	97.7	79.6	97.5	81.6	87.5	61.2
打印机及配件	Printer and Parts	100.0	100.9	98.8	98.0	93.9	87.2	99.0
扫 描 仪	Scanner	100.0	102.2	99.1	100.0	91.0	100.0	100.0
复 印 机	Copier	100.0	95.4	100.0	99.6	96.6	97.2	98.2
计 算 器	Calculator	101.8	100.0	100.0	100.0	100.0	100.0	100.0
教学设备	Teaching Device	99.8	100.0	104.7	100.0	99.9		100.0
其　　他	Others	100.0	100.3	99.5	100.0	100.0	100.0	100.0

3-14 续表 4 continued

(以上年价格为100) (preceding Year =100)

分类名称	Item	银川市辖区 Yinchuan	石嘴山市辖区 Shizuishan	利通区 Litong	原州区 Yuanzhou	沙坡头区 Shapotou	平罗县 Pingluo	海原县 Haiyuan
七、日用品	Articles for Daily Use	101.9	100.4	100.5	99.2	101.0	102.8	100.7
1.日用百货	General Merchandise for Daily Use	100.4	100.9	100.1	96.6	97.5	98.4	99.8
自 行 车	Bicycle	100.7	101.3	100.4	98.4	101.4	94.2	100.7
助动自行车	Power-assist Bicycle	98.8	102.0	100.0	93.9	94.6	91.9	98.8
雨　　具	Rain Gear	102.2	100.0	100.0	100.0	100.0	106.5	100.0
剃须刀具	Shaver	101.7	100.0	100.1	100.0	100.0	100.9	100.0
电　　池	Cell	102.4	100.0	100.6	100.0	100.1	100.0	100.0
卫生用纸制品	Hygiene Paper Products	100.7	100.0	99.5	99.7	100.3	100.5	102.7
其　　他	Others	100.0	100.0	100.0	100.0	100.7		94.3
2.日用杂品	Miscellaneous for Daily Use	104.7	100.0	100.1	108.2	100.2	105.8	103.0
茶　　具	Tea Set	101.4	100.0	100.0	100.0	100.0	106.9	121.0
餐　　具	Tableware	114.4	100.0	100.0	113.6	100.0	106.7	102.4
厨　　具	Kitchce Ware	100.2	100.0	100.4	108.9	100.5	103.7	101.0
其　　他	others	99.0	100.0	100.0	107.2	99.7	102.2	97.5
3.洗涤用品	Washing Articles	102.2	100.1	102.0	100.3	102.5	105.3	101.7
洗衣粉(液)	Washing Powder	99.7	100.4	102.4	100.8	101.8	107.5	100.0
肥 皂 类	Soap	101.1	99.7	102.7	102.7	106.4	103.4	100.0
清洁洗涤剂	Cleaning Detergent	105.2	100.0	100.0	98.6	101.1	102.7	103.2
4.其他日用品	Other Articles	100.9	100.3	99.9	99.1	103.0	104.3	100.0
儿童玩具	Toy for Children	100.3	99.9	100.0	100.6	100.5	100.5	98.6
照明器具	Luminaire	100.4	100.0	100.0	96.0	98.8	100.0	100.0
钟表眼镜及配件	Horologe,Glasses and Parts	100.2	99.0	99.3	100.0	103.1	107.0	102.4
日用普通饰品	General Ornament for Daily Use	100.5	98.6	99.9	100.0	100.9	104.3	100.0
日用皮革制品	Leather Products for Daily Use	103.1	104.0	100.0	99.6	104.3	108.2	100.0
其　　他	Others	95.6	100.0		100.0	111.0		
八、体育娱乐用品	Sports and Recreation Articles	100.5	99.6	101.3	100.4	102.6	98.2	102.0
1.体育用品	Sports Articles	101.1	100.0	101.8	100.4	103.5	100.0	100.8
球　　类	Balls	102.5	100.0	106.2	101.2	104.5	100.0	100.0
棋　　牌	Chess	100.0	100.0	96.6	100.0	106.7	100.0	100.0
健身器材	Fitness Equipment	100.0	100.0	100.4	100.0	101.3	100.0	102.5
2.娱乐用品	Recreation Articles	100.0	99.2	100.9	100.4	99.6	94.3	104.4
游艺器材	Enterainment Articles	100.0	98.8	100.3	100.0	100.0	89.1	115.4
乐　　器	Musical Instrument	100.0	100.0	101.9	101.1	98.8	100.0	100.0
九、交通、通信用品	Transportation and Communication Appliances	92.3	98.6	98.3	98.2	94.6	91.8	93.4
1.交通运输机械	Transport Machinery	96.7	100.0	99.9	103.0	97.9	99.5	100.0
轿　　车	Car	95.8	100.1	99.8	97.6	98.2		100.0
客　　车	Passenger Car	95.2	99.8	100.0				100.0
货　　车	Truck	99.1	99.5	100.0			99.5	100.0
其　　他	Others		100.9		124.1	95.0		100.0
2.通信器材	Communication Apparatus	82.9	95.3	95.1	89.6	89.2	83.5	78.1
固定电话机	Telephone	96.9	100.0	100.0	100.0	98.9	103.8	100.0
移动电话机	Mobile Telephone	66.1	93.5	92.6	85.6	85.3	77.0	72.1
传 真 机	Fax Machine	95.3	99.5	100.0	100.0	97.1	94.4	90.6
其　　他	Others	90.6				87.4		68.7

3-14 续表 5 continued

(以上年价格为100) (preceding Year =100)

分类名称	Item	银川市辖区 Yinchuan	石嘴山市辖区 Shizuishan	利通区 Litong	原州区 Yuanzhou	沙坡头区 Shapotou	平罗县 Pingluo	海原县 Haiyuan
十、家具	Furniture	100.2	99.4	101.1	101.6	99.4	101.9	108.7
柜	Cupboard	101.6	97.8	101.2	100.0	98.4	101.1	112.6
床	Bed	97.4	99.6	100.2	101.5	97.3	103.2	109.6
桌	Desk	100.8	98.9	102.1	104.1	99.8	101.4	110.1
椅	Chair	101.8	100.0	102.8	121.1	102.7	104.7	97.2
沙　发	Sofa	99.4	100.0	100.4	99.6	100.4	100.5	107.7
其　他	Others	104.2	98.9	100.8	100.0	100.0	109.3	114.9
十一、化妆品	Cosmetics	102.2	100.8	100.8	101.6	104.4	106.1	101.3
护 肤 品	Cream	100.0	100.6	100.0	100.4	108.9	105.8	100.0
美容、装饰类化妆品	Beauty Decoration Class Cosmetics Cosmetic	100.0	100.3	100.0	101.2	100.0	109.4	96.0
护发美容品	Hair Care Cosmetics	102.7	100.7	102.1	100.8	102.3	104.7	110.7
洗发用品	Hairdressing	102.9	100.4	100.4	105.4	104.5	102.2	102.6
洗浴用品	Scouring Bath	106.4	102.7	101.5	101.6	104.8	104.3	100.0
药物美容用品	Medicine Beautify	110.2	102.5	103.6	100.2	103.1	112.0	100.0
十二、金银珠宝	Gold ,Silver and Jewel	89.9	92.3	89.7	86.6	86.6	94.3	88.3
金 饰 品	Gold	84.1	88.2	83.4	84.6	84.8	89.8	85.8
银 饰 品	Silver	94.1	96.1	74.7	83.7	95.1	105.2	87.8
铂金饰品	Platinum	95.3	95.6	99.0	89.0	92.6	96.1	94.6
其　他	Others	87.8		100.0	105.5	104.9	100.0	100.0
十三、中西药品及医疗保健用品	Traditional Chinese and Western Medicines and Health Care Articles	106.0	104.1	102.8	102.5	103.8	100.2	101.0
1.医疗器具及用品	Medical Apparatus and Article	100.0	104.1	101.8	101.3	103.2	100.0	100.0
医疗器具及用品	Medical Apparatus and Article	100.0	104.1	101.8	101.3	103.2	100.0	100.0
2.中药材及中成药	Traditional Chinese Medicinal Materials and Medicines	113.8	109.2	107.4	103.0	104.7	103.3	102.0
中 药 材	Traditional Chinese Medicinal Materials	116.1	112.4	109.1	102.8	99.7	104.4	107.4
中 成 药	Medicines	105.0	107.2	105.0	103.1	106.5	102.1	96.3
3.西药	Western Medicines	101.0	101.4	100.1	101.6	102.1	98.2	99.3
抗菌素(抗感染药)	Antimicrobial Drug	99.8	100.0	98.5	100.0	100.0	94.7	98.3
消化系统用药	Digestsystem Drug	102.8	103.6	102.5	100.0	97.1	104.1	99.5
呼吸系统用药	Breathesystem Drug	100.0	100.0	99.9	110.8	100.0	99.8	101.0
解热镇痛药	Antipyretic and Analgesic	101.7	101.8	100.0	100.0	100.0	100.0	100.0
抗肿瘤药	Antineoplastic Drug	99.9	100.0	100.1	97.7	100.0	98.5	106.2
激素类药	Hormone Drug	101.0	103.2	100.0	100.0	120.6	99.7	93.8
心血管系统用药	Cardiovascular System Drugs	101.3	103.5	99.8	109.1	102.6	97.1	96.9
中枢神经系统用药	Central Nervous System Drugs	100.2	100.0	100.5	99.7	100.0	100.0	100.3
消毒防腐及创伤外科用药	Disinfection and Trauma Drug Surgical Medicine	100.0	99.8	100.6	98.4	100.7	98.7	98.0
泌尿系统用药	Urinary System Drug	102.8	108.5	99.9	99.9	100.8	100.2	122.3
维生素类	Professional Drug	100.7	100.0	100.0	100.0	100.0	100.0	100.0
其　他	Others	100.8	100.0	99.8	100.0	100.0	101.1	79.8
4.保健器具及用品	Health Care Equipment and Supplies	106.5	102.8	100.4	111.0	111.3	100.5	113.9
保健器具	Health Care Apparatus	100.0	100.0	100.0	100.0	98.6	100.0	100.0
滋补保健用品	Health Products	110.5	103.2	100.6	111.7	112.2	100.6	114.3

3-14 续表 6 continued

(以上年价格为100) (preceding Year =100)

分类名称	Item	银川市辖区 Yinchuan	石嘴山市辖区 Shizuishan	利通区 Litong	原州区 Yuanzhou	沙坡头区 Shapotou	平罗县 Pingluo	海原县 Haiyuan
十四、书报杂志及电子出版物	Books,Newspapers,Magazines and Electronic Publications	106.8	102.3	102.5	101.2	103.3	100.2	95.9
1.教材及参考书	Teaching Materials and Reference Books	108.3	104.3	101.4	101.9	104.7	101.3	100.5
工 具 书	Reference Books	103.3	100.0	100.0	100.0	100.0	100.0	100.9
教 材	Teaching Materials	104.7	100.0	100.0	106.1	100.0	101.7	100.0
参 考 书	Reference Books	112.5	109.0	104.6	101.6	108.6	101.7	101.4
教育软件	Education Software	100.0	107.5	100.0	100.0	100.0	100.0	100.9
2.书报杂志	Books,Newspapers and Magazines	106.6	100.0	105.0	100.0	101.0	100.0	100.3
书 籍	Books	100.0	100.0	100.0	100.0	101.9	100.0	100.6
报 纸	Newspapers	113.6	100.0	109.4	100.0	100.0	100.0	100.0
杂 志	Magazines	102.7	100.0	100.0	100.0	101.5	100.0	100.0
3.电子音像制品	Electromin Publications	100.0	100.7	100.0	100.0	100.5	92.6	77.4
音像光盘和视盘	Sound CD and Tape	100.0	100.0	100.0	100.0	106.3	82.7	73.7
计算机软件	Computer Software	100.0	101.4	100.0	100.0	89.0	100.0	100.0
十五、燃料	Feuls	101.7	100.4	92.5	98.5	101.0	95.7	100.2
1.煤炭及制品	Coal and Processed Products	102.4	100.0	66.2	97.8	101.8	90.1	101.3
原 煤	Origiral Coal		100.0	55.6	97.8	102.7	90.1	101.3
煤 制 品	Coal Processed Products	102.4	100.0	103.3		100.5	90.1	101.6
2.石油及制品	Petroleum and Processed Products	101.7	100.6	100.3	99.5	100.0	100.8	98.8
液化石油气	Liquefied Petroleum Gas	105.7	100.0	101.9	101.9	106.7	100.0	101.5
管道燃气	Pipeline Fuel Gas	107.6	107.1	103.7		107.1	107.1	
汽 油	Gasoline	98.6	98.5	98.7	99.3	97.8	101.1	98.6
柴 油	Diesel Fuel	98.6	98.6	98.6	98.3	98.8	100.3	98.4
其 他	Others	98.2	100.0		102.9	108.7	101.6	97.8
十六、建筑材料及五金电料	Building Materials and Hardware Hordware and Electrical Materials	99.1	101.5	99.4	98.8	98.1	99.2	104.7
1.建筑装璜材料	Building Decoration Materials	98.3	100.7	98.4	97.8	97.7	98.9	101.3
木 材	Timber	100.0	110.1	97.7	94.0	97.2	109.5	115.9
木 地 板	Wooden Floor	93.6	99.5	100.0	101.8	99.0	103.8	100.0
钢 材	Steel	88.9	95.1	89.5	89.7	95.1	91.0	91.6
砖	Brick	98.1	99.2	100.0	101.1	96.0	97.5	100.2
水 泥	Cement	92.0	93.2	95.3	102.4	102.2	97.1	94.7
涂 料	Dope	99.8	100.0	100.0	99.3	99.1	100.0	103.6
板 材	Veneer	103.5	100.6	100.0	102.2	97.9	112.3	103.9
玻 璃	Glass	102.4	114.1	99.0	100.5	98.0	107.4	100.0
粘 胶	Mucilage Glue	102.8	100.0	100.0	101.5	100.1	123.8	111.0
管 材	Tubing	97.4	100.0	100.0	100.0	100.0	106.1	100.0
厨卫设备	Kitchce and Restroom Ware	104.0	105.2	100.0	115.0	100.0	100.0	103.6
其 他	Others	101.0	106.3	103.2	100.4	102.6	98.3	96.8
2.五金电料	Hardware	100.5	103.5	101.4	101.9	100.1	100.1	112.2
五金工具	Hardware Tools	100.9	105.0	100.0	101.1	100.0	100.0	100.0
电工电料	Electrician Material	100.5	103.7	102.4	104.9	100.5	99.8	131.3
水暖器材	Heat Equipment	99.9	102.8	101.8	100.0	100.0	100.4	100.0
其 他	Others	104.8	100.0		100.0	100.0	100.0	91.3

3-15 2013年调查市县农业生产资料价格指数

Price Indices for Means of Agricultural Production by City and Country(2013)

(以上年价格为100) (preceding Year=100)

分类名称	Item	原州区 Yuanzhou	沙坡头区 Shapotou	平罗县 Pingluo	海原县 Haiyuan
农业生产资料价格指数	**General index**	**102.0**	**103.2**	**99.9**	**103.2**
一、农用手工工具	Farm Handtools	100.0	104.0	100.4	100.0
农用手工工具	Farm Handtools	100.0	104.0	100.4	100.0
二、饲料	Forage	108.5	114.0	109.0	110.1
混合饲料	Mix Forage	106.4	106.4	106.5	103.0
其　他	Others	110.4	121.3	112.2	114.4
三、产品畜	Commodity Animals	107.1	109.0	94.7	107.7
幼禽家畜	Poult and Livestock	107.1	109.0	94.7	107.7
四、半机械化农具	Semi-mechanized Farm Tools	100.9	103.5	100.1	99.4
半机械化农具	Semi-mechanized Farm Tools	100.9	103.5	100.1	99.4
五、机械化农具	Mechanized Farm Machinery	100.0	97.3	100.4	100.9
农用机械	Mechanized Farm Machinery	100.0	97.3	100.4	100.9
六、化学肥料	Chemical Fertilizer	95.5	96.3	95.6	101.5
氮　肥	Nitrogenous Fertilizer	94.7	93.9	94.8	99.7
磷　肥	Phosphatic Fertilizer	98.3	96.6	101.5	96.0
钾　肥	Potassic Fertilizer	95.0	100.0	98.5	105.8
复合肥料	Compound Fertilizer	95.4	98.9	94.1	105.2
七、农药及农药器械	Pesticide and Its Appliances	100.4	103.7	101.5	100.4
1.化学农药	Chemistry Pesticide	100.5	103.6	101.1	100.4
杀 虫 剂	Insecticide	100.0	102.2	101.0	101.4
杀 菌 剂	Germicide	104.0	106.9	100.0	103.6
除 草 剂	Herbicide	97.7	102.1	102.0	95.5
2.农药器械	Pesticide Appliances	100.0	104.3	105.8	100.0
农药器械	Pesticide Appliances	100.0	104.3	105.8	100.0
八、农用机油	Oil for Farm Machinery	99.5	99.7	101.6	97.7
农用机油	Oil for Farm Machinery	99.5	99.7	101.6	97.7
九、其他农业生产资料	Other Means of Agricultural Production	100.5	104.1	100.5	105.5
1.农用种子	Farm Seed	99.7	104.9	100.0	109.6
农用种子	Farm Seed	99.7	104.9	100.0	109.6
2.其他	Others	102.1	101.7	101.4	100.6
农用薄膜	Farm Film	101.5	102.4	101.9	100.0
其　他	Others	103.5	99.6	100.5	101.2
十、农业生产服务	Service for Agricultural Product	108.3	104.2	104.4	100.2
排灌费	Drain and Irrigate Fees	105.6	100.6	100.4	100.0
机械作业费	Machinery Operating Cost	105.7	101.7	103.2	100.0
农业用电	Electricity for Agriculture	100.0	100.4	100.0	100.0
农业用工	Employee for Agriculture	117.3	111.3	110.6	108.2

3-16 主要年份全区农产品生产者价格指数

指　标	Item	2002	2003	2004	2005
合　计	**Total**	**93.40**	**104.40**	**114.23**	**103.26**
一、农业产品	**Farm Products**		**108.80**	**120.21**	**103.00**
1.谷物及其他作物	Grain and Other Crops				105.43
(1)谷物(原粮)	Grain(unprocessed)		101.10	125.85	106.62
①小　麦	Wheat		100.00	129.63	108.51
②稻　谷	Rice		100.00	129.29	108.92
③玉　米	Corn		100.00	119.32	99.36
④杂　粮	Coarse Cereals		100.00	110.47	
⑤谷物副产品	Grain Processed Products				124.85
(2)薯　类	Tubers		103.80	97.65	109.32
(3)油　料	Oil-bearing		105.90	116.54	99.89
(4)豆　类	Soybeans		100.00	110.01	93.03
(5)棉花(籽棉)	Cotton				
(6)麻　类	Bastfibreplants				
(7)糖　料	Sugar Material				
(8)烟　草	Tobacco				
(9)其他农作物	Other				
2.蔬菜、园艺作物	Vegetables and Gardening Crops		122.60	112.08	93.41
(1)蔬　菜	Vegetables		122.60	112.08	93.41
①叶菜类	Leaf Vegetables		97.80	106.76	95.23
②瓜菜类	Melon Vegetables		119.00	101.08	79.28
③块根、块茎菜类	Roots and Tubers		101.40	123.40	107.99
④茄果菜类	Eggplant Fruit		144.50	104.35	85.11
⑤葱蒜类	Shallot and Garlic		100.00	108.38	103.13
⑥菜用豆类	Beans for Vegetable use		85.90	148.00	104.71
⑦水生菜类	Hydrophilous Vegetables				
⑧食用菌(干鲜混合)	Edible Fungi				
⑨其他蔬菜	Other Vegetables				
3.水果、坚果、饮料和香料	Fruits,Nuts,Beverage and Perfume		107.60	119.24	105.69
①园林水果	Garden Fruits		107.60	119.24	83.60
②瓜果类	Melon and Fruit				114.41
③坚果类	Nuts				
4.中药材	Chinese Medicinal Plant				93.96
二、牧业(畜产品)	**Animal Husbandry(Animal Products)**		**101.00**	**109.22**	**103.47**
1.牲畜的饲养	Feeding of Livestock		100.90	105.48	99.80
(1)牛的饲养	Feeding of Cattle		106.60	102.61	102.16
(2)羊的饲养	Feeding of Sheep		98.40	101.76	100.36
(3)其他牲畜饲养	Feeding of Other Livestock				
(4)奶产品	Milk				97.68
(5)毛绒产品	Wool Products				114.33
(6)其他牲畜产品	Other Livestock Products				
2.猪的饲养	Feeding of Hog		90.50	122.59	104.92
3.家禽	Poultry		97.10	109.39	113.24
(1)肉禽(毛重)	Poultry(Gross Weight)				123.93
(2)禽　蛋	Eggs		97.70	111.02	109.14
(3)羽　绒	Eiderdown				
4.狩猎和捕捉动物	Hunting and Catch Animal				
5.其他畜牧业	Other				
三、渔业	**Fishery**		**103.20**	**132.87**	**106.33**
(1)淡水鱼类	Fresh Water Fish		103.20	132.87	106.33
(2)淡水虾蟹类	Fresh Water Shrimp and Crab				
(3)淡水贝类	Fresh Water Shellfish				
(4)其他淡水养殖产品	Other Fresh Water Aquaculture Products				

Producer Price Indices for Farm Products in Main Years

2006	2007	2008	2009	2010	2011	2012	2013
101.20	**114.95**	**118.70**	**99.39**	**117.03**	**111.34**	**103.61**	**106.69**
103.23	**111.89**	**110.60**	**106.27**	**118.69**	**107.15**	**103.85**	**106.08**
105.80	108.99	107.10	103.06	119.45	108.59	103.34	102.42
103.63	108.11	107.70	104.85	114.12	108.59	103.34	102.42
99.43	101.60	113.20	110.12	108.78	110.79	103.71	104.89
103.66	104.05	104.10	108.58	117.47	106.62	99.70	100.36
107.99	118.93	105.40	97.37	118.58	108.62	105.55	102.48
105.67	108.95	104.80	94.15	105.35			
118.70	100.55	93.80	102.99	162.68	82.46	108.18	136.36
109.54	119.54	114.00	97.33	111.37	115.75	108.20	108.65
97.57	118.06	115.70	92.41	106.33			
103.77	112.05	113.60	115.88	114.43	102.67	107.52	109.39
103.77	112.05	113.60	115.88	114.43	102.67	107.52	109.39
100.81	96.80	120.40	114.01	110.22	106.60	115.95	113.09
95.57	102.57	111.80	123.75	111.19	106.37	99.86	114.53
112.10	113.25	130.80	103.82	125.65	113.01	90.33	100.38
105.40	140.19	80.20	122.91	118.31	104.38	109.88	96.49
113.93	109.41	120.00	119.47		119.01	96.99	108.23
106.68	136.84	137.50	110.93	104.26	103.21	108.73	92.44
85.67	119.00	127.30	120.21	109.16	115.82	109.03	98.49
102.21	121.09	88.10	93.89	137.31	115.82	109.03	98.49
79.15	118.18	142.80	130.59	98.09			
112.26	144.85	104.00	69.35	161.25	113.45	83.26	99.08
99.11	**118.36**	**127.80**	**91.78**	**115.59**	**115.84**	**102.75**	**108.93**
102.20	114.12	126.40	89.18	122.21	115.84	107.17	109.69
101.18	115.53	133.70	97.65	103.93	112.48	113.32	116.86
101.62	116.67	125.80	97.13	104.10	115.60	110.91	110.53
103.02	111.99	123.20	78.88	145.79	106.81	96.90	110.48
106.69	99.55	114.80	90.61				
91.82	130.05	146.80	85.46	99.87	138.80	93.67	97.99
95.23	122.46	118.50	103.96	107.34	111.17	101.29	105.61
102.43	119.47	115.90	98.53	106.96			
92.47	123.61	119.40	106.04	107.48	115.96	89.63	101.90
96.64	**111.65**	**103.70**	**104.94**	**102.96**	**110.22**	**112.13**	**84.38**
96.64	111.65	103.70	104.94	102.96	110.22	112.13	84.38

3-17 主要年份全区工业生产者出厂价格指数

指　标	Item	2001	2002	2003	2004
全部工业品	**Total Industry Products**	**100.29**	**99.68**	**103.85**	**109.97**
其中：轻工业	Light Industry	100.73	98.84	101.37	102.6
以农产品为原料	Raw Material of Agricultural Products	100.72	98.81	101.37	103.61
以非农产品为原料	Raw Material of Non-Agricultural Products	100.94	99.08	101.43	101.73
重工业	Heavy Industry	100.2	99.84	104.86	112.72
采掘	Mining & Quarrying	100.99	108.64	102.05	128.62
原料	Raw Material	100.44	97.65	105.4	111.55
加工	Process	99.75	100	104.44	112.43
其中：生产资料	Means of Production	100.33	99.82	104.26	110.57
采掘	Mining & Quarrying	100.94	108.39	101.57	133.6
原料	Raw Material	100.4	97.59	105.92	109.07
加工	Processing	100	99.98	102.93	107.4
生活资料	Consumer Goods	100.1	98.77	100.36	103.21
食品	Food	99.57	98.69	99.68	104.55
衣着	Clothing	103.62	100.42	103.12	101.02
一般日用品	Articles for Daily Use	101.65	97.73	97.19	100.35
耐用消费品	Durable Consumer Goods	100.69	92.47	97.16	97.47
按工业部门分:	By Industry Branch				
冶金工业	Metallurgy Industry	96.12	92.84	103.25	113.56
电力工业	Electric Power Industry	106.07	100.81	103.32	107.21
煤炭及炼焦工业	Coal and Coking Industry	102.02	112.16	103.02	133.53
石油工业	Petroleum Industry	99.41	96.58	116.52	110.72
化学工业	Chemistry Industry	99.39	101.55	104.5	106.58
机械工业	Machinery Industry	100.79	97.9	99.13	102.8
建筑材料工业	Building Materials Industry	99.78	102.16	100.85	105.36
森林工业	Forest Industry	100.38	100.54	97.71	95.12
食品工业	Food Industry	99.31	98.66	100.02	105.03
纺织工业	Textile Industry	98.42	82.01	101.47	105.15
缝纫工业	Sewing Industry	103.67	98.95	100.76	100.91
皮革工业	Leather Industry	101.33	99.34	113.12	103.76
造纸工业	Papermaking Industry	103.94	99.13	98.01	100.92
文教艺术用品工业	Culture and Education Articles Industry		99.41	100.89	100.05
其它工业	Other Industry	113.09	103.14	101.56	107.65
按工业行业分:	By Industry Sector				
煤炭开采和洗选业	Mining and Washing of Coal	101.06	113.21	101.58	133.66
石油和天然气开采业	Extraction of Petroleum and Natural Gas	99.51	98.88		
黑色金属矿采选业	Mining and Dressing of Ferrous Metal				
有色金属矿采选业	Mining and Dressing of Non-Ferrous Metal				
非金属矿采选业	Mining and Processing of Non-ferrous Metal Ores	101.38	99.44	99.92	97.82
其他采矿业	Other Mining and Dressing				
农副食品加工业	Processing of Food from Agricultural Products	100.11	97.68	101.38	109.92
食品制造业	Manufacture of Foods	99.29	97.74	98.44	101.43
饮料制造业	Manufacture of Beverages	98.04	101.01	100.01	104.25
烟草制品业	Processing of Tobacco		100.06	100	100.06

Producer Price Indices for Industrial Products in Main Years

2005	2006	2007	2008	2009	2010	2011	2012	2013
106.23	**106.17**	**103.70**	**112.85**	**93.93**	**109.13**	**109.5**	**97.4**	96.0
102.47	102.48	103.47	112.07	97.50	107.14	114.4	100.4	99.4
104.14	101.09	102.83	110.46	93.76	110.71	114.8	101.3	100.8
100.74	103.92	104.14	113.89	101.81	102.77	111.6	94.7	89.6
107.48	107.38	103.77	113.12	92.98	109.78	108.6	96.9	95.4
123.78	110.21	105.90	131.66	100.25	116.13	107.3	97.8	91.6
108.74	109.21	103.65	110.33	92.57	110.17	109.6	97.4	95.5
99.41	101.66	103.53	115.29	91.46	105.46	106.6	95.3	96.5
106.47	106.60	103.61	113.39	93.53	109.37	109.4	97.4	95.8
128.56	111.29	106.98	136.30	93.92	114.37	107.3	97.8	91.6
106.18	108.80	103.13	106.87	93.40	109.65	109.6	97.5	95.6
100.62	102.26	103.27	115.33	93.55	106.52	109.5	97.2	97.2
103.44	101.75	104.51	107.74	98.50	106.56	110.4	97.9	98.7
104.86	103.61	106.15	108.33	99.29	108.1	108.7	100.4	102.7
98.78	96.15	100.76	98.02	96.25	105.61	124.8	111.4	105.1
102.67	101.21	102.88	113.10	97.88	102.39	114.1	90	87.0
99.55	99.15	99.79	105.77	100.25	112.74	100.6	99.7	98.6
96.87	108.65	103.83	109.12	82.89	110.72	115.6	91.3	95.4
104.32	103.36	102.87	101.21	101.48	104.57	101.1	102.9	99.7
127.73	111.00	107.12	135.60	93.60	114.41	108.7	96.5	89.6
118.86	121.52	103.46	120.26	97.39	113.65	113.5	107.2	97.7
104.72	100.42	103.40	117.64	90.66	109.25	111.9	92.0	92.9
106.02	106.77	102.01	106.39	97.19	100.19	102.7	99.9	98.2
99.34	101.72	102.46	114.14	114.92	97.42	97.9	93.7	99.6
98.84	99.15	101.05	102.84	100.26	104.36	100.5	100.4	100.6
103.84	101.89	105.26	111.56	99.25	108.79	108.8	100.6	103.0
111.83	103.33	100.99	98.71	86.79	116.15	126.4	102.9	99.4
98.79	95.77	100.32	98.02	96.22	104.81	110.1	105.5	100.5
103.56	100.43	101.67	99.56	93.44	104.56	129.5	113.0	107.8
103.56	101.23	101.33	119.83	86.91	108.46	107.3	98.5	98.2
100.78	103.71	110.34	110.72	97.19	98.85	101.9	101.7	101.6
106.93	106.89	108.24	121.09	92.09	107.51	104.8	96.8	96.3
128.63	111.34	107.06	136.70	93.91	114.48	110.2	96.9	89.3
						128.9	113.2	105.3
						124.4	88.4	88.2
95.62	98.40	100.00	100.00	105.82	99.25	103.3	106.5	100.0
103.15	103.61	110.89	112.77	96.92	109.85	113.6	99.2	104.5
106.44	99.89	101.88	114.25	99.51	111.09	110.3	96.6	94.3
101.92	102.11	101.86	107.99	103.00	102.45	106.9	103.4	100.4
100.01	99.97	100.07	100.50	98.24	99.58	100.3	101.1	100.8

3-17 续表

指标	Item	2001	2002	2003
纺织业	Manufacture of Textile	99.08	83.72	101.65
纺织服装、鞋、帽制造业	Manufacture of Textile Wearing Apparel,Footware and Caps	116.14	100.42	99.99
皮革、毛皮、羽毛(绒)及其制品业	Manufacture of Leather,Fur,Feather and Related Products	101.33	96.19	113.12
木材加工及木、竹、藤、棕、草制品业	Processing of Timber,Manufacture of Wood,Bamboo,Rattan, Palm and Straw Products			
家具制造业	Manufacture of Furniture	100.69	92.47	96.48
造纸及纸制品业	Manufacture of Paper and Paper Products	103.88	99.09	98.01
印刷业和记录媒介的复制	Printing,Reproduction of Recording Media	102.98	102.03	101.07
文教体育用品制造业	Manufacture of Articles For Culture,Education and Sport Activities		96.94	88.89
石油加工、炼焦及核燃料加工业	Processing of Petroleum,Coking,Processing of Nuclear Fuel	105.22	98.12	117.37
化学原料及化学制品制造业	Manufacture of Raw Chemical Materials and Chemical Products	99.18	102.58	105.99
医药制造业	Manufacture of Medicines	102.85	101.44	100.19
化学纤维制造业	Manufacture of Chemical Fibers	102.21	87.86	95.49
橡胶制品业	Manufacture of Rubber	98.95	100	100.06
塑料制品业	Manufacture of Plastics	104.47	95.86	106.42
非金属矿物制品业	Manufacture of Non-metallic Mineral Products	99.76	102.18	100.95
黑色金属冶炼及压延加工业	Smelting and Pressing of Ferrous Metals	104.99	99.53	114.58
有色金属冶炼及压延加工业	Smelting and Pressing of Non-ferrous Metals	89.52	90.65	99.37
金属制品业	Manufacture of Metal Products	98.05	93.09	106.27
通用设备制造业	Manufacture of General Purpose Machinery	103.06	96.76	96.97
专用设备制造业	Manufacture of Special Purpose Machinery	89.92	104.21	102.82
交通运输设备制造业	Manufacture of Transport Equipment		104.44	101.31
电气机械及器材制造业	Manufacture of Electrical Machinery and Equipment	99.46	96.54	99.86
通信设备、计算机及其他电子设备制造业	Manufacture of Communication Equipment,Computers and Other Manufacture of Communication Equipment,Computers and Other		86.83	100.25
仪器仪表及文化、办公用机械制造业	Manufacture of Measuring Instruments and Machinery for Cultural Activity and Office Work	99.04	96.15	99.75
工艺品及其他制造业	Manufacture of Artwork and Other Manufacturing		99.47	106.6
废弃资源和废旧材料回收加工业	Recycling and Pressing of Abandoned Resources and Wasteandscrap			
电力、热力的生产和供应业	Production and Supply of Electric Power,Steam and Hot Water	106.08	100.81	103.32
燃气生产和供应业	Production and Supply of Gas		100.5	104.66
水的生产和供应业	Production and Supply of Tap Water	117.47	104.25	100.73
全部原材料	**Total Raw Materials**	**102.49**	**97.81**	**106.83**
燃料、动力类	Fuels and Powers	103.54	103.67	108.03
黑色金属材料类	Ferrous Metals Materials	98.92	97.98	110.15
其中：钢材	Steels	99	97.58	109.13
其它	Others	97.9	99.36	114.26
有色金属材料和电线类	Non-Ferrous Metals Materials and Electric Wires	84.88	69.99	108.43
化工原料类	Chemical Rawmaterials	98.5	98.61	103.11
木材及纸浆类	Timbers and Pulps	103.12	100.51	100.59
建筑材料及非金属矿类	Building Materials and Non-metallic Mineral	103.92	99.89	101.1
其它工业原材料及半成品类	Other Industry Rawmaterials and Semi-manufactures	110.57	98.41	99.45
农副产品类	Agricultural Products	123.65	97.39	115.05
纺织原料类	Textile Rawmaterials	98.07	79.22	80.52

continued

2004	2005	2006	2007	2008	2009	2010	2011	2012	2013
104.56	106	99.65	100.68	98.23	91.36	115.46	126.2	102.9	99.4
99.2	100.03	100.07	100.12	100.88	103.26	100.3	103	102.2	101.7
103.76	103.56	100.43	101.67	99.56	93.44	104.56	129.5	113	107.8
			102.50	100.00	101.34	101.04	98.9	100.3	100.7
97.25	99.75	99.15	99.84	106.14	100.23	105.87	102	100.4	100.6
100.92	103.56	101.23	101.33	119.83	86.92	108.46	107.3	98.5	98.2
100.05	100.78	103.71	110.34	110.72	97.12	97.7	102.2	101.7	101.6
111.71	118.26	121.33	103.78	123.14	96.36	114.07	110.1	103.2	95.5
112.75	107.44	96.96	102.93	122.35	88.52	110.46	111.1	93.6	94.4
99.11	98.56	99.16	106.31	110.49	98.17	102.72	106.8	88.7	93.8
115.78	104.11	98.45	101.67	99.86	94.10	90.89			
88.58	98.42	110.96	104.39	112.02	97.67	108.38	117.8	85.1	87.2
102.68	104.28	101.79	102.14	103.22	90.24	104.85	104.9	97.7	99.6
105.87	99.75	101.98	103.21	121.67	109.27	101.36	100.2	94.4	98.2
119.54	87.85	98.75	109.13	129.70	81.58	113.84	110.5	92.9	95.7
110.62	101.58	114.72	100.61	96.66	82.93	110.4	119	90.1	95.1
122.45	98.89	103.60	105.49	121.98	94.18	97.73	107.3	96.1	97.1
101.43	102.68	102.01	101.20	106.13	98.80	101.49	103.9	100.3	99.9
114.16	115.65	122.90	104.80	113.90	93.92	101.78	104.8	100.3	98.2
100	100	100.53	103.02	104.15	101.05	107.54	104.1	97.8	99.7
105.89	102.92	110.66	101.98	103.28	97.59	96.22	99	98.8	95.1
101.75	99.93	93.72	95.53	92.69	91.71	104.81	108.1	94	99.5
91.1	106.79	100.16	100.72	103.16	98.17	98.81	101.2	102.7	100.7
100.16	106.01	102.70	100.00	100.00					
107.21	104.32	103.36	102.87	101.21	101.48	104.57	101.1	102.9	99.7
111	126.37	103.38	105.12	105.59	100.33	99.18	99.4	111	104.9
104.93	113.2	113.40	111.82	102.33	99.94	100.63	100.5	100.1	101.3
117.29	**109.69**	**108.48**	**107.14**	**121.80**	**94.69**	**114.06**	**112.8**	**99.5**	**97.0**
116.52	113.62	107.86	107.45	126.78	103.47	112.34	112.2	101.3	96.1
134.44	105.75	90.17	108.36	136.56	81.08	111.74	108.7	92.5	92.6
133.29	103.77	89.67	106.52	133.33	81.70	108.98	109.9	93	90.6
139.65	114.35	94.48	116.06	148.75	77.52	118.76	105.4	91.1	98.0
114.75	101.93	129.64	108.40	105.07	81.22	129.89	111.8	91.4	96.0
114.53	110.46	99.17	104.31	116.73	93.26	109.25	117	100.3	94.7
108.49	117.2	101.22	102.99	113.04	93.48	107.87	104.1	98.2	98.0
110.98	109.49	105.01	104.55	127.00	103.56	103.69	120.2	100.5	97.5
109.57	103.81	105.62	106.29	113.66	92.35	108.96	109.5	101.5	102.1
117.27	108.76	102.49	108.74	125.96	89.49	118.7	115.3	101.3	101.8
100.67	122.67	100.67	100.85	99.52	95.57	108.6	108.5	98.5	99.4

3-18 2013年调查市工业生产者出厂价格指数

Producer Price Indices for Industrial Products by City(2013)

指　标	Item	银川市 Yinchuan	石嘴山市 Shizuishan	吴忠市 Wuzhong	固原市 Guyuan	中卫市 Zhongwei
全部工业品	**Total Industry Products**	**94.99**	**92.90**	**96.23**	**101.59**	**96.73**
其中：轻工业	Light Industry	97.55	99.86	100.76	109.14	99.63
以农产品为原料	Raw Material of Agricultural Products	100.23	101.66	100.92	110.82	98.90
以非农产品为原料	Raw Material of Non-Agricultural Products	83.42	92.85	99.15	100.44	106.32
重工业	Heavy Industry	94.53	92.73	95.03	96.88	95.29
采掘	Mining & Quarrying	71.46	94.31	83.72		
原料	Raw Material	98.43	91.26	93.99	92.72	94.03
加工	Process	95.71	96.14	99.40	100.20	96.89
其中：生产资料	Means of Production	95.12	92.75	95.16	95.84	95.91
采掘	Mining & Quarrying	71.46	94.31	83.72		
原料	Raw Material	98.67	91.07	93.99	91.46	94.03
加工	Processing	97.05	96.20	98.35	99.35	97.23
生活资料	Consumer Goods	93.75	102.26	103.82	109.81	103.87
食品	Food	100.36	102.50	104.05	109.88	103.92
衣着	Clothing	103.35		107.45		
一般日用品	Articles for Daily Use	84.48	97.49	100.56	111.24	98.98
耐用消费品	Durable Consumer Goods	99.97		92.80	100.82	
按工业部门分	**By Industry Branch**					
冶金工业	Metallurgy Industry	94.81	96.61	93.65		91.01
电力工业	Electric Power Industry	100.02	99.60	97.91	99.74	99.12
煤炭及炼焦工业	Coal and Coking Industry	75.24	86.69	76.27	87.09	
石油工业	Petroleum Industry	98.53	104.31	96.03		103.75
化学工业	Chemistry Industry	89.38	92.57	96.84	103.88	96.25
机械工业	Machinery Industry	98.28	97.83	100.10	100.63	96.28
建筑材料工业	Building Materials Industry	97.25	95.65	100.26	99.68	101.70
森林工业	Forest Industry	100.27			100.82	
食品工业	Food Industry	101.34	102.83	104.15	111.84	103.90
纺织工业	Textile Industry	99.70		95.13	99.56	
缝纫工业	Sewing Industry	100.52				
皮革工业	Leather Industry	107.43		107.45		
造纸工业	Papermaking Industry	97.83	99.14	98.10		96.27
文教艺术用品工业	Culture and Education Articles Industry	103.87		100.39	102.56	
其它工业	Other Industry	98.26	95.46	100.00	100.00	104.59
按工业行业分	**By Industry Sector**					
煤炭开采和洗选业	Mining and Washing of Coal	71.46	85.68	84.05	87.09	
石油和天然气开采业	Extraction of Petroleum and Natural Gas			105.33		
黑色金属矿采选业	Mining and Dressing of Ferrous Metal		88.18			
有色金属矿采选业	Mining and Dressing of Non-Ferrous Metal					
非金属矿采选业	Mining and Processing of Non-ferrous Metal Ores		100.00			
其他采矿业	Other Mining and Dressing					
农副食品加工业	Processing of Food from Agricultural Products	104.63	102.84	104.60	113.72	107.99
食品制造业	Manufacture of Foods	85.76		106.06	104.49	112.99

3-18 续表 continued

指 标	Item	银川市 Yinchuan	石嘴山市 Shizuishan	吴忠市 Wuzhong	固原市 Guyuan	中卫市 Zhongwei
饮料制造业	Manufacture of Beverages	98.63	102.69	94.74	105.85	100.33
烟草制品业	Processing of Tobacco			100.00	114.66	
纺织业	Manufacture of Textile	99.70	96.49	95.13	99.56	
纺织服装、鞋、帽制造业	Manufacture of Textile Wearing Apparel, Footware and Caps	101.71				
皮革、毛皮、羽毛(绒)及其制品业	Manufacture of Leather,Fur,Feather and Related Products	107.43		107.45		
木材加工及木、竹、藤、棕、草制品业	Processing of Timber,Manufacture of Wood, Bamboo,Rattan,Palm and Straw Products	100.71				
家具制造业	Manufacture of Furniture	99.97			100.82	
造纸及纸制品业	Manufacture of Paper and Paper Products	97.83	99.14	98.10		96.27
印刷业和记录媒介的复制	Printing,Reproduction of Recording Media	104.21		100.39	102.56	
文教体育用品制造业	Manufacture of Articles For Culture,Education and Sport Activities					
石油加工、炼焦及核燃料加工业	Processing of Petroleum,Coking,Processing of Nuclear Fuel	97.04	91.59	85.62		
化学原料及化学制品制造业	Manufacture of Raw Chemical Materials and Chemical Products	94.28	92.45	96.30	106.40	96.25
医药制造业	Manufacture of Medicines	93.59		101.95	107.71	
化学纤维制造业	Manufacture of Chemical Fibers					
橡胶制品业	Manufacture of Rubber	87.09				
塑料制品业	Manufacture of Plastics	96.90	108.24	101.89	92.41	
非金属矿物制品业	Manufacture of Non-metallic Mineral Products	97.27	95.19	100.20	99.68	101.70
黑色金属冶炼及压延加工业	Smelting and Pressing of Ferrous Metals	96.94	94.81	101.39		91.79
有色金属冶炼及压延加工业	Smelting and Pressing of Non-ferrous Metals	93.02	100.61	93.00		89.81
金属制品业	Manufacture of Metal Products	97.52	96.04	100.00		
通用设备制造业	Manufacture of General Purpose Machinery	99.79	99.60	97.37		96.28
专用设备制造业	Manufacture of Special Purpose Machinery	97.28	98.30		100.00	
交通运输设备制造业	Manufacture of Transport Equipment	100.00	98.29		100.80	
电气机械及器材制造业	Manufacture of Electrical Machinery and Equipment	96.00	95.17	97.09		
通信设备、计算机及其他电子设备制造业	Manufacture of Communication Equipment,for Cultural Computers and Other Electronic Equipment		99.54			
仪器仪表及文化、办公用机械制造业	Manufacture of Measuring Instruments and Machinery Activity and Office Work	99.32		101.52		
工艺品及其他制造业	Manufacture of Artwork and Other Manufacturing					
废弃资源和废旧材料回收加工业	Recycling and Pressing of Abandoned Resources and Wasteandscrap					
电力、热力的生产和供应业	Production and Supply of Electric Power,Steam and Hot Water	100.02	99.60	97.91	99.74	99.12
燃气生产和供应业	Production and Supply of Gas	114.87	104.15	108.06		103.75
水的生产和供应业	Production and Supply of Tap Water	100.00	100.01	100.00	100.00	105.13

3-19 主要年份全区固定资产投资价格指数

Price Indices for Investment in Fixed Assets in Main Years

指 标	Item	2000	2001	2002	2003	2004	2005	2006
固定资产投资	**Investment in Fixed Assets**	**104.5**	**101.5**	**100.7**	**102.3**	**104.9**	**102.1**	**101.3**
建筑安装、装饰工程	Construction and Installation	106.3	102.0	102.1	103.7	107.1	102.2	101.2
人工费	Cost for Labor	106.0	105.3	111.1	106.7	106.2	104.6	106.8
材料费	Cost of Materials	106.2	101.1	99.9	103.8	108.6	101.6	99.6
其中：钢材	Steels	109.0	97.9	100.0	110.4	122.4	100.3	95.4
木材	Timbers	98.8	98.7	98.1	99.6	106.5	100.3	103.4
水泥	Cement	101.0	104.0	100.2	101.7	101.9	102.3	100.5
地方建筑材料	Local Building Materials	108.4	102.9	100.4	100.1	101.1	103.0	101.8
化工材料	Chemical Materials	115.2	106.8	97.9	100.0	103.8	105.5	104.7
电料	Electrical Materials	100.1	101.0	99.1	102.4	102.1	102.5	102.8
其他材料	Other Materials	102.9	99.5	100.1	101.6	101.9	101.2	101.9
机械使用费	Charge for Use of Machinery	107.4	101.6	103.0	99.2	100.8	101.9	101.9
设备、工器具购置	Purchase of Equipment and Instruments	99.5	100.7	97.0	96.9	99.1	101.3	102.4
其他费用	Other	103.9	100.7	100.0	103.2	102.6	101.8	99.9

3-19 续表 continued

指 标	Item	2007	2008	2009	2010	2011	2012	2013
固定资产投资	**Investment in Fixed Assets**	**103.2**	**109.0**	**100.2**	**104.2**	**107.5**	**101.5**	**99.8**
建筑安装、装饰工程	Construction and Installation	104.1	110.6	100.7	105.3	109.1	101.9	99.9
人工费	Cost for Labor	106.6	113.9	109.3	111.7	122.1	114.1	106.6
材料费	Cost of Materials	103.6	110.4	98.7	104.8	107.3	100.4	98.0
其中：钢材	Steels	104.3	116.7	84.2	104.6	109.4	97.0	92.5
木材	Timbers	104.9	108.0	101.9	103.5	112.9	95.7	101.5
水泥	Cement	102.3	109.7	111.7	102.9	99.9	95.8	97.9
地方建筑材料	Local Building Materials	104.0	108.4	104.7	104.7	112.4	103.9	99.2
化工材料	Chemical Materials	102.4	104.1	98.0	107.7	108.2	102.4	100.1
电料	Electrical Materials	103.3	117.9	101.4	103.3	108.6	106.2	103.9
其他材料	Other Materials	104.3	105.3	105.5	102.6	103.9	103.8	102.8
机械使用费	Charge for Use of Machinery	102.9	107.1	101.4	102.8	104.7	102.4	102.9
设备、工器具购置	Purchase of Equipment and Instruments	100.4	101.9	97.4	100.2	101.5	99.8	99.1
其他费用	Other	101.0	106.4	101.1	100	102.5	100.0	100.0

主要指标解释

居民消费价格指数（CPI） 居民消费价格指数是度量一组代表性消费商品及服务项目价格水平随着时间而变动的相对数，反映居民家庭购买的消费品及服务价格水平的变动情况。它是宏观经济分析和决策、价格总水平监测和调控以及国民经济核算的重要指标。其按年度计算的变动率通常被用来作为反映通货膨胀(或紧缩)程度的指标。

商品的零售价格指数 商品的零售价格是商品在流通过程中最后一个环节的价格，是工业、商业、餐饮业和其他零售企业向城乡居民、机关团体出售生活消费品和办公用品的价格。商品零售价格调查的任务是系统地调查、搜集和整理市场商品零售价格资料，编制商品零售价格指数，以此反映市场商品零售价格的变动趋势和变动程度。其目的在于掌握商品价格的变动趋势，为国家宏观调控和国民经济核算提供参考依据。同时，还可以在此基础上编制其他派生价格指数。

农业生产资料价格指数 农业生产资料价格是农业生产资料在流通领域的最后一个环节价格，是工业、商业及其他单位和个人向农民出售农业生产资料的价格。农业生产资料价格调查的任务是系统地调查、搜集和整理市场农业生产资料价格资料，编制农业生产资料价格指数，据此测定全国市场农业生产资料价格变动趋势和变动程度。其目的在于掌握农业生产资料的平均价格水平，为国家制定经济政策提供依据；同时，为研究城乡市场流通和国民经济核算提供参考依据。

农产品生产者价格指数：反映一定时期内，农产品生产者出售的农产品价格水平变动趋势及幅度的相对数。农产品生产者价格是指农产品生产者第一手（直接）出售其产品时实际获得的单位产品价格。

工业生产者出厂价格指数（PPI）：PPI 是工业生产者出厂价格指数(Producer Price Index)的简称，反映工业企业产品第一次出售时的出厂价格的变化趋势和变动幅度。与 CPI 相比，CPI 是从消费者的角度反映市场物价的变化趋势，PPI 是从生产者的角度反映产品的价格变动情况。

工业生产者购进价格指数（IPI）：IPI 是工业生产者购进价格指数的简称，反映工业企业作为中间投入的原材料、燃料、动力的购进价格的变化趋势和变动幅度。

固定资产投资价格指数：反映全社会及各类工程固定资产投资中涉及的各类投资品和取费项目价格的变动趋势和变动幅度。

建筑安装工程价格指数：反映建筑安装工程产值中建筑材料、人工费以及各种费用标准变动趋势及变动幅度的相对数。

第四篇

农业调查

Agriculture Survey

简要说明

粮食及畜牧业生产调查数据包括粮食播种面积，粮食产量，猪、牛、羊、家禽存出栏数及肉产量等。其中粮食播种面积、粮食产量是根据抽样方法抽取的分布在全区 20 个市县（区）范围的 198 个调查村样本资料分级推算加总取得；猪、牛、羊、家禽存出栏数及肉产量调查点分布在全区 22 个市县（区），调查对象为全区范围内的所有规模户和生产单位以及 316 个散养户调查小区（涉及 2.2 万农户），自治区、市、县（市、区）数据是根据调查样本分级推算加总取得。

2013年宁夏粮食生产获得丰收

2013年，全区各地认真贯彻落实中央和自治区强农惠农政策，继续推行“压夏增秋”，扩大优势特色粮食生产，增强农业科技支撑力度，充分利用土壤墒情好、雨水充足的自然条件，粮食生产持续稳定发展，夺得我区历史上第二个高产年。同时，粮食播种面积减少、局部地区发生病虫害、旱作区阶段性干旱等不利因素，影响全区粮食生产比上年略有减少。据国家统计局宁夏调查总队对全区20个县（市、区）、129个乡、198个村粮食实割实测结果显示，全年粮食总产量为373.4万吨，比上年减少1.6万吨，减产0.4%。其中：因综合亩产增加8.7公斤，促使粮食增产10.4万吨；因播种面积减少40万亩，影响粮食减产12万吨。

一、全年粮食生产的主要特点

（一）粮食生产山增川减、秋增夏减

今年气候条件总体有利，播种期适时降水，改善了土壤墒情；灌区粮食作物生长关键期，气象条件匹配合理；旱作区出现阶段性旱情，部分时段水分条件适宜。同时，由于6、7月份，雨水偏多，对粮食作物生长、收获不利，并诱发病虫害。夏粮因播种面积、单产同减，减产明显；秋粮因播种面积、单产同增而增产。据实割实测调查，2013年全区粮食总产量为373.4万吨，分山川看，川区粮食产量为221.2万吨，比上年减少4.3万吨，减产1.9%；山区粮食产量为152.2万吨，比上年增加2.7万吨，增长1.8%，呈现山增川减的态势。分夏秋看，夏粮产量为48.1万吨，比上年减少16.8万吨，减产25.9%，减幅较大；秋粮产量为325.3万吨，比上年增加15.2万吨，增产4.9%。

（二）科技兴粮，综合亩产水平继续提高

全区各地加大新品种、新技术的引进、示范和推广，促进粮食综合亩产水平提高。开展粮食创高产示范活动，大力推广优良品种、覆膜保墒旱作节水、垄作栽培、测土配方施肥、病虫害专业化统防统治、机械化作业等科学种植技术的应用。加之，今年川区玉米单种面积继续扩大，据农业部门监测，川区玉米单种与套种面积比由上年的55：45调整为72：28，成为川区玉米单产提高的重要原因。据实割实测调查，2013年全区粮食综合平均亩产为310.5公斤，比上年增加8.7公斤，提高2.9%。分品种看：玉米单产比上年提高1.2%，其中，川区提高2.5%、山区下降0.3%；马铃薯单产比上年提高4.3%；小麦收获期雨水过多，麦穗发霉、长芽、秕粒、影响单产减少，比上年下降10.2%；水稻稻瘟病发病早、蔓延快，特别是银北地区宁粳43号、农科843发病严重，影响单产减少，比上年下降0.8%。

（三）种植结构调整，粮食播种面积稳中有减

自治区在确保1200万亩以上粮食面积调控目标基础上，因地制宜调整农业生产结构，压缩夏粮面积、扩大秋粮面积，扶持、带动扩大种植地膜玉米，从川水地种植向塬、台、山地延伸，突出玉米种植优势，玉米播种面积不断扩大。据调查，2013年全区粮食播种面积为1202.4万亩，比上年下降3.2%。从夏秋粮食看，2013年夏粮播种面积为247.3万亩，比上年下降18.3%；秋粮播种面积为955.1万亩，比上年增长1.6%；夏秋粮食播种面积比为21：79。4大粮食作物播种面积1增3减，玉米播种面积为393.0万亩，比上年增长6.6%；小麦、稻谷、马铃薯分别为223.2万亩、123.2万亩、323.1万亩，分别比上年下降16.8%、2.6%和0.1%；小麦、稻谷、玉米、马铃薯4种粮食作物播种面积比为19：10：33：27，优势高产作物玉米面积最大。

二、影响粮食生产的不利因素

（一）病虫害严重

今年由于雨水偏多，致使农用土壤水分过度饱和，造成部分农作物根系呼吸困难，对粮食作物生长不利并诱发病虫害。阴雨、高湿寡照的天气造成局部地区水稻“叶瘟”、“节瘟”“穗颈瘟”病发生；玉米“红蜘蛛”、“大小斑”、“蚜虫”病虫害出现，玉米抽雄吐丝阶段，持续高温少雨，玉米叶片枯黄，影响灌浆，早衰明显，玉米收获提前10天左右，局部地区玉米出现3-5厘米秃尖；高温高湿气候条件，马铃薯晚疫病中度偏重发生。

（二）不适时轮作倒茬，致使粮食作物抗病弱

部分农户注重眼前效益，连续种植一种粮食作物，致使地力下降，遇病虫害高发，难以有效防控。据调查，平罗县通伏乡马场9队1农户，使用同一品种连续种植水稻7年，今年遇稻瘟病高发，12亩水稻大多整块地发病，12亩水稻产量只相当于往年的3亩。

（三）粮食生产粗放经营

受种植收益较低的影响，青壮年劳力多数外出务工，农业生产的主要承担者多为留守在家的老人和妇女，这些人对农业新技术的使用、新型机械的操作能力及先进的农业生产知识欠缺。部分农民对种田的态度很明确，就是保证自己的口粮。农民不愿在土地上投入过多资金、人力，除了必要的种子、化肥、农药的投入，农民对改良土地、农田水利等方面的投入越来越少，一些地方出现农民种懒田等粗放种粮行为，甚至撂荒。

（四）阶段性的不利天气影响了旱作区粮食生产。

（王亚娟）

2013 年宁夏畜牧业生产总体向好

2013 年以来，在多项扶持政策的共同作用下，宁夏畜牧业生产成功抵御了一季度末肉牛、奶牛“口蹄疫”、4 月中下旬“H7N9 禽流感”疫情及上半年猪肉价格持续下跌等诸多不利因素影响，下半年逐步回暖，养殖效益稳步提升。纵观全年畜牧业生产形势，总体呈现稳步回升态势。据畜禽监测调查数据显示，全年猪、牛、羊、家禽肉产量为 27.02 万吨，比上年增长 3.5%，其中：猪肉产量 7.09 万吨，同比下降 7.5%；牛、羊、家禽肉产量分别为 8.67 万吨、9.04 万吨和 2.22 万吨，同比分别增长 9.6%、6.9%和 6.2%。猪、牛、羊、家禽肉产量所占比重分别为 26.2%、32.1%、33.5%和 8.2%。禽蛋产量 7.44 万吨，同比增长 20.4%。牛奶产量 104.19 万吨，同比增长 0.7%。

一、生产运行特点

（一）生猪生产逐渐趋稳

一是价格回升，生产快速恢复。2013 年上半年，生猪生产受市场供应相对过剩、部分地区发生疫情等影响，猪肉价格自 3 月中下旬开始持续下跌，养殖户观望情绪浓厚，减少补栏。进入下半年，随着国家在部分省区先后两次实施冻肉收储，市场供应量相对减少，猪肉价格逐渐回升。9 月中下旬，部分地区猪肉毛重价格接近 17 元/公斤，猪粮比趋向 7：1，养殖效益逐步显现，养殖户积极性提高，补栏意愿增强，生产快速恢复。年末生猪存栏 75.3 万头，同比增长 8.4%；全年生猪出栏 95.59 万头，同比下降 7.5%。二是能繁母猪存栏增加，仔猪价格逐步回落。自 2011 年二季度以来，仔猪出售价格居高不下，2012 年一季度平均每公斤出售价格达到 41 元，最高时每公斤售价 45-48 元。饲养母猪获利较大，能繁母猪存栏稳步增长，2013 年末存栏达到 10.12 头，同比增长 5.2%，环比连续 6 个季度增长。猪群比接近合理范围的上限，生产能力增加，仔猪价格回落，四季度平均每公斤仔猪出售价格 27.61 元，环比下降 20.7%，最低时降至每公斤 22 元。三是待育肥猪增加，肉价趋于稳定。四季度末，待育肥猪存栏 43.5 万头，同比增长 3.3%，其中 50 公斤以上的待育肥猪 34.14 万头，同比增长 8.3%。随着市场供应量的陆续增加，猪肉毛重价格逐步趋稳，下半年以来每公斤毛重价格始终在 16 元左右平稳运行。

（二）肉牛生产平稳发展

年末肉牛存栏 61.71 万头，同比基本持平；全年肉牛累计出栏 59.49 万头，同比增长 4.3%。表现为：一是政策扶持力度大。特别是南部山区多措并举，资金上采取政府扶持、信贷支持、农户自筹相结合的办法。在基础设施建设上，对新建肉牛规模养殖园区，采取“以奖代补”方式，扶持养殖大户和经济合作组织参与养殖园区建设，推进肉牛养殖规模化、标准化进程。在养殖方式上，按照“龙头引领、园区带动、大户示范、整乡推进”和“家家种草、户户养畜、小群体、大规模”的发展思路，积极培育养殖示范村、示范户。突出“六盘山优质肉牛”品牌，有效调动农户养殖积极性。二是行情助推效益好。近年来，牛肉价格快速上涨，四季度平均每公斤牛肉毛重价格达到了 28.7 元，部分地区达到每公斤 29 元的历史高位。三是需求旺盛供应偏紧。随着居民生活水平的提高，牛肉需求量快速增长，加之肉牛生产周期长，一头牛从受孕到出栏，在育肥条件下需要 2 年左右，而自然喂养则需要 2.5 年左右，生产发展速度跟不上需求增长速度。

（三）奶牛发展势头良好

2013 年 3 月中下旬，我区部分地区奶牛遭遇“口蹄疫”疫情，散户、规模户、园区都不同程度受到影响。据调查，全区非正常淘汰奶牛接近 20%。进入二季度，疫情得到控制，奶牛生产逐渐恢复。8 月以来受进口奶粉价格上涨，居民对国产奶产品需求量快速增加，出现了伊利、蒙牛、娃哈哈等乳品大公司争抢奶源现象，牛奶价格快速上涨。到 12 月下旬，牧场每公斤生鲜乳出售价格涨到 5.2 元左右，达到历史最好水平，且涨势不减。受奶价快速上涨拉动，部分养殖场不断扩大生产规模，从国外、省外等购进奶牛，奶牛数量快速增长，四季度末，奶牛存栏达到 34.09 万头，同比增长 3.7%，比一季度末 30.98 万头增长了 10%。全年牛奶产量 104.19 万吨，同比增长 0.7%。规模养殖快速提升，年末规模养殖量占养殖总量的比重达 64.3%。目前农垦奶业、天宁牧业、中地牧业、孙家滩、五里坡等万头奶牛养殖企业建设工程进展顺利，标志着我区奶产业进入快速发展期。

（四）羊产业发展势头强劲

2013 年以来，养殖户季度出售活羊平均每公斤毛重价格始终在 27 元左右，养殖利润可观。特别是育肥生产，以其时间短、见效快的特点很受养殖户青睐，以育肥为主的养殖户快速发展。许多养殖户从甘肃、内蒙、青海等周边省区购进架子羊在我区进行 3-4 个月育肥出栏，养殖水平好的，每只净赚 200 多元，养殖水平稍差一些的，每只盈利也在 150 元左右，养殖利润丰厚，不仅规模养殖户扩大生产意愿强烈，散养户也在不断增加养殖数量。一些外出务工人员也看好羊产业发展前景回乡从事养殖。可观的收益还吸引了部分外地客商到我区投资养羊。年末羊只存栏 570.11 万只，同比增长 12.6%；全年累计出栏 521.4 万只，同比增长 9.8%。

（五）家禽生产逐步恢复

2013 年年初，我区局部地区先后发生“H5N1 禽流感”疫情，主产区中卫市沙坡头区疫情比较严重。4 月中下旬，全国部分省区爆发人感染“H7N9 禽流感”疫情，再次影响我区家禽生产。禽肉、禽蛋一度严重滞销，价格大幅下降，每公斤鸡蛋收购价格降至 5.5 元左右，活禽无人问津，部分活禽市场关闭。4 月中下旬至 6 月上旬，养殖户出现阶段性大面积亏损。进入三季度，随着疫情影响程度逐渐减弱，禽类产品价格逐渐回升。9 月中旬，养殖户出售的肉用公鸡在 20 元/公斤左右；15-18 个月的淘汰蛋鸡价格也接近 20 元/公斤。鲜蛋收购价格回升至 8.5 元/公斤以上。随着禽蛋、禽肉价格逐步回升，养殖户养殖信心有所恢复，补栏力度加大，家禽存栏快速上升。年末，家禽存栏 1032.27 万只，同比增长 32.4%，全年出栏 1211.7 万只，同比增长 6.2%。

二、存在问题

（一）疫情频发影响畜牧业发展

近年来，畜禽疫情频发，特别是 2013 年上半年除羊只外，其它畜种均遭到疫情侵袭。除输入病例外，部分老旧园区圈舍设计不科学，通风条件差，没有合理的防疫隔离条件，也是造成疫病发生和传播的重要原因。

（二）场地制约畜禽养殖业发展

随着城镇化建设步伐加快，部分养殖户失去生产场地，特别是散养户退出速度较快，一定程度上影响生产的快速发展。肉牛生产体现比较明显，由于散户的快速退出，而规模养殖没能及时补缺，导致生产增长跟不上消费增长的需要。

（三）肉牛基础母畜不足影响产业发展

尽管政府支持力度大，市场行情好，但由于肉牛生产周期长，许多养殖户选择育肥生产。2013 年末，规模户及生产单位存栏量中能繁母牛仅占 20.8%，散养户中也只占 34.2%，这些能繁母牛还有部分不是作为基础母牛用作繁殖，而是根据市场行情随时转化为可供出栏的育肥牛，基础母畜明显不足。

（四）保险覆盖面小影响养殖信心

目前，养殖业中只有奶牛和能繁母猪实行了保险，其它畜种没有农业保险政策。小农户直接面对大市场，市场风险、疫病风险和人为风险（畜产品安全风险）等都需要养殖户独自承担，一定程度上影响养殖信心，造成生产大起大落。

三、对策建议

（一）提高疫情防控能力

提高标准化规模养殖是防止疫情发生及蔓延的重要手段。从调查情况看，规模较大的企业和养殖户，由于管理科学，防控措施到位，养殖多年从未发生疫情。建议政府积极引导，快速提高标准化规模养殖的比重。

（二）提高基础母畜比重

清真牛羊肉是我区畜牧业优势产业，也是我区农民增收的亮点。由于近年来市场行情好，群众养殖积极性高，但基础母畜明显不足，各级政府要进一步加大政策扶持力度，确保基础母畜在畜群中的正常比例，推动产业的持续发展。

（三）扩大畜禽保险范围

近年来，奶牛和能繁母猪保险政策的实施，有效防止了能繁母猪和奶牛生产的大起大落。为促进我区畜牧业持续健康发展，建议扩大农业保险政策范围，以提高养殖户抗风险能力。

（郎玲）

4-1 主要年份全区粮食生产情况

Basic Statistics of Grain Production in Main Years

单位：亩、公斤、吨 (mu,kg,ton)

年份 Year	粮食 Grain			一、夏粮 Summer Harvest			#小麦 Wheat			二、秋粮 Autumn Harvest		
	播种面积 Sown Area	亩产 Yield per Unit	总产量 Total Output	播种面积 Sown Area	亩产 Yield per Unit	总产量 Total Output	播种面积 Sown Area	亩产 Yield per Unit	总产量 Total Output	播种面积 Sown Area	亩产 Yield per Unit	总产量 Total Output
1984	10212118	151.1	1545000	5400059	148.7	803085	4621767	162.1	748960	4812059	153.5	739125
1985	9689000	147.5	1430000	4967000	136.9	680000	4268000	146.3	625000	4722000	158.9	750000
1986	9854000	157.8	1555000	5192000	150.5	781000	4388000	163.6	718000	4662000	166.0	774000
1987	10081000	141.9	1430000	4337000	120.8	523000	3633000	131.8	479000	5744000	157.9	907000
1988	10552146	156.2	1648626	5230898	132.1	690890	4336000	147.8	641000	5321248	180.0	957736
1989	10588584	166.7	1765360	5423726	142.6	773636	4489000	158.4	711000	5164858	192.0	991724
1990	10832120	177.0	1917028	5558997	149.5	830819	4607000	169.3	780000	5273123	206.0	1086209
1991	10882240	183.6	1997842	5606339	164.4	921848	4707201	181.6	854630	5275901	203.9	1075994
1992	10945659	170.7	1868109	4600953	163.3	751304	3727501	185.8	692752	6344706	176.0	1116805
1993	10963521	187.2	2052813	5794614	163.9	949508	4700340	183.0	860070	5168907	213.4	1103305
1994	11050493	182.1	2012208	5558364	148.3	824158	4357212	158.9	692319	5492129	216.3	1188050
1995	11426471	177.9	2032529	5268742	141.8	747142	4415209	156.0	688702	6157729	208.7	1285387
1996	11728530	219.9	2578678	5628691	172.7	972045	4708372	185.4	872939	6099839	263.4	1606633
1997	11727493	218.8	2566049	5642835	159.6	900538	4685544	175.3	821561	6084658	273.7	1665511
1998	12260722	240.5	2948595	5612387	181.0	1015811	4752382	197.4	938304	6648335	290.7	1932784
1999	12550272	233.7	2932805	4650544	180.9	841227	4025990	194.3	782139	7899728	264.8	2091578
2000	12106089	208.8	2527416	4983930	155.8	776648	4388836	169.7	744618	7122159	245.8	1750768
2001	11721052	234.4	2747954	5327290	163.8	872487	4488843	186.2	836029	6393762	293.3	1875467
2002	13216999	228.4	3019142	6738362	157.8	1063153	5563086	172.8	961159	6478637	301.9	1955989
2003	12079807	223.7	2701743	6191291	135.2	837026	4789152	157.9	756142	5888516	316.7	1864717
2004	11874849	244.6	2904883	5152893	170.2	877023	4185385	192.1	804188	6721956	301.7	2027860
2005	11638712	257.6	2998089	4927863	171.7	845969	4140270	191.8	794139	6710849	320.7	2152120
2006	11934180	260.5	3109369	3981459	201.5	802351	3221019	215.6	694474	7952721	290.1	2307018
2007	12845639	251.8	3235003	3678249	172.5	634636	3505997	175.7	616005	9167390	283.7	2600367
2008	12392463	265.7	3292404	3669525	185.0	678704	3064305	209.1	640737	8722938	299.6	2613700
2009	12409138	274.6	3407028	3730982	204.6	763236	3276869	224.5	735631	8678156	304.6	2643792
2010	12660739	281.6	3565096	3654077	200.6	732959	3170550	221.8	703325	9006662	314.4	2832137
2011	12786622	280.7	3589471	3446648	190.2	655389	3031512	207.7	629758	9339974	314.1	2934082
2012	12424055	301.9	3750337	3026713	214.4	648948	2684701	231.1	620447	9397342	330.0	3101389
2013	12024047	310.5	3734013	2473415	194.4	480871	2232375	207.5	463158	9550632	340.6	3253142

4-1 续表 continued

单位：亩、公斤、吨 (mu,kg,ton)

年 份 Year	#1.水稻 Rice			2.玉米 Corn			3.马铃薯 Tubers		
	播种面积 Sown Area	亩产 Yield per Unit	总产量 Total Output	播种面积 Sown Area	亩产 Yield per Unit	总产量 Total Output	播种面积 Sown Area	亩产 Yield per Unit	总产量 Total Output
1984	762539	547.8	417735	484123	236.8	114650			
1985	738000	568.7	420000	531708	267.3	142135			
1986	761000	551.6	420000	694776	249.1	173095			
1987	785000	558.0	438000	945503	307.3	290518			
1988	815000	557.6	453000	1127000	259.1	292000			
1989	852000	566.9	483000	996000	334.3	333000			
1990	904000	600.7	543000	1132000	332.3	376000			
1991	907140	617.9	560558	1138381	327.0	372268			
1992	936758	461.8	432559	1077274	380.4	409815			
1993	939903	463.1	435241	1051561	414.7	436065			
1994	853767	544.8	465125	1181981	418.5	494718			
1995	931461	495.5	461531	1425241	426.9	608485			
1996	960718	562.0	539928	1822937	437.1	796745			
1997	1008377	594.3	599259	1976540	420.9	831922			
1998	997442	630.2	628558	2147850	463.6	995797			
1999	1062782	618.7	657493	2440433	441.0	1076200			
2000	1150920	542.0	623764	1966162	416.8	819549	1146188	154.0	176485
2001	1113264	555.3	618212	2216335	427.6	947715	1217419	163.6	199202
2002	1145517	573.3	656686	2325883	448.3	1042723	1138147	142.5	162206
2003	700650	528.7	370423	2645027	453.4	1199260	1315319	171.9	226058
2004	965672	543.3	524620	2817790	417.7	1176885	1553468	170.1	264219
2005	1068722	571.3	610580	2675812	453.8	1214150	1759014	156.5	275235
2006	1224961	579.1	709368	2617748	464.3	1215411	2803579	115.8	324612
2007	1155006	523.8	605003	3090002	474.4	1466001	3010003	137.5	414002
2008	1204327	551.2	663810	3127872	479.4	1499400	3499117	120.8	422753
2009	1173687	550.0	645538	3226160	484.7	1563817	3264612	119.7	390648
2010	1247374	561.1	699862	3351079	494.8	1658047	3328313	127.7	425016
2011	1259133	561.9	707553	3466567	497.4	1724292	3367775	132.2	445201
2012	1265102	563.8	713259	3688433	518.3	1911770	3235540	130.6	422443
2013	1232159	559.1	688949	3930306	524.8	2062431	3231317	136.2	439966

4-2 主要年份各市县粮食产量

Output of Grain by City and County in Main Years

单位：吨 (ton)

地 区	Region	1978	1980	1990	2000	2005	2006	2007
全 区	**Total**	**1119810**	**1201770**	**1917030**	**2527410**	**2998090**	**3109369**	**3235003**
沿黄地区	**Plain**	**774820**	**857630**	**1402370**	**1977750**	**2035970**	**2125563**	**2043187**
中南部地区	**Mountain Area**	**395090**	**345940**	**514670**	**549660**	**962120**	**983806**	**1191816**
银川市	**Yinchuan**	**227570**	**303740**	**517970**	**681980**	**696110**	**724312**	**637036**
银川市辖区	District	48550	48570	80770	110340	118660	120595	114392
永宁县	Yongning	35610	94980	173480	194590	223400	231733	168355
贺兰县	Helan	69350	72410	140890	197730	202600	219769	235577
灵武市	Lingwu	74060	87780	122830	179320	151440	152215	118712
石嘴山市	**Shizuishan**	**123860**	**128260**	**213150**	**335900**	**344170**	**353962**	**368531**
石嘴山市辖区	District	34170	36650	53190	70980	81470	80595	81863
平罗县	Pingluo	82390	84800	140470	232950	262700	273367	286668
吴忠市	**Wuzhong**	**245150**	**235270**	**408460**	**533540**	**687650**	**752818**	**827814**
利通区	Litong	77230	84920	123120	154260	164270	175655	164437
红寺堡区	Hongsipu				9530	95660	71401	114110
盐池县	Yanchi	25520	7500	37000	28000	59860	135145	73822
同心县	Tongxin	45980	31810	70630	102180	106560	109058.52	216083
青铜峡市	Qingtongxia	96420	111040	177710	242320	261300	261558	259362
固原市	**Guyuan**	**261330**	**263880**	**342980**	**337300**	**604470**	**563794**	**626945**
原州区	Yuanzhou	88540	84210	104620	96470	158530	139138	160107
西吉县	Xiji	68870	87060	95400	97940	205490	185559	220562
隆德县	Longde	42270	39480	52620	60260	76570	71792	61599
泾源县	Jingyuan	18620	19360	24240	26350	43440	41280	38864
彭阳县	Pengyang	43030	33770	66100	56280	120430	126025	145813
中卫市	**Zhongwei**	**195560**	**201640**	**314050**	**413380**	**418980**	**437330**	**446358**
沙坡头区	Shapotou	82500	96460	139500	159990	139560	139095	131765
中宁县	Zhongning	50800	62430	110490	180740	183850	193828	153737
海原县	Haiyuan	62260	42750	64060	72650	95570	104407	160856
区 属	**Qushu**	**66340**	**68980**	**120420**	**222560**	**246720**	**277153**	**328319**
农 垦	NongKen							

注：1988年起粮食产量为抽样调查数据。

Note: Data in this table are obtained from the sample surveys on total grain since 1988.

4-2 续表 continued

单位：吨　　(ton)

地　区	Region	2008	2009	2010	2011	2012	2013
全　区	**Total**	**3292404**	**3407028**	**3565096**	**3589471**	**3750337**	**3734013**
沿黄地区	**Plain**	**2145157**	**2203602**	**2159870**	**2177229**	**2255389**	**2212249**
中南部地区	**Mountain Area**	**1147247**	**1203426**	**1405227**	**1412242**	**1494948**	**1521764**
银川市	**Yinchuan**	**712650**	**731788**	**706356**	**693716**	**708452**	**662274**
银川市辖区	District	123948	129299	133083	127256	128613	105756
永宁县	Yongning	218240	223673	212689	215175	225496	231289
贺兰县	Helan	214851	213230	208884	207043	213152	180853
灵武市	Lingwu	155611	165586	151700	144241	141191	144376
石嘴山市	**Shizuishan**	**369471**	**398880**	**387742**	**394851**	**405993**	**407662**
石嘴山市辖区	District	71494	77690	67701	70904	73863	72898
平罗县	Pingluo	297977	321190	320041	323947	332130	334764
吴忠市	**Wuzhong**	**816460**	**831049**	**888678**	**902592**	**899943**	**904891**
利通区	Litong	171465	161350	163748	153285	158995	156951
红寺堡区	Hongsipu	100763	101690	106414	101905	106973	112219
盐池县	Yanchi	69264	86836	96836	99358	88964	96595
同心县	Tongxin	210114	216135	266573	289244	277813	284193
青铜峡市	Qingtongxia	264854	265038	255107	258800	267199	254933
固原市	**Guyuan**	**609546**	**646014**	**745828**	**728740**	**803273**	**798556**
原州区	Yuanzhou	133642	146777	176527	170186	184770	187708
西吉县	Xiji	203098	210787	248531	249047	273174	276389
隆德县	Longde	87578	88837	92987	90409	95100	88161
泾源县	Jingyuan	39670	39687	38315	34055	29810	25673
彭阳县	Pengyang	145558	159926	189468	185044	220419	220625
中卫市	**Zhongwei**	**479677**	**477767**	**525657**	**542147**	**587396**	**601220**
沙坡头区	Shapotou	136067	138194	142470	145849	149071	151713
中宁县	Zhongning	186050	186822	193610	203303	220399	219306
海原县	Haiyuan	157560	152751	189577	192995	217926	230201
区　属	**Qushu**	**304600**	**321529**	**310835**	**327427**	**345280**	**359410**
农　垦	NongKen	263941	316922	308486	324777	340566	356666

注：1988年起粮食产量为抽样调查数据。
Note: Data in this table are obtained from the sample surveys on total grain since 1988.

4-3 2013年各市县粮食生产情况

Basic Statistics of Grain Production by City and County(2013)

单位：亩、公斤、吨 (mu,kg,ton)

市县	Region	2012年			2013年			2013年比2012年增减 Growth					
		播种面积 Sown Area	亩产 Yield per Unit	总产量 Total Output	播种面积 Sown Area	亩产 Yield per Unit	总产量 Total Output	播种面积 Sown Area 绝对值 Level	%	亩产 Yield per Unit 绝对值 Level	%	总产量 Total Output 绝对值 Level	%
全 区	**Total**	**12424055**	**301.9**	**3750337**	**12024047**	**310.5**	**3734013**	**-400008**	**-3.2**	**8.7**	**2.9**	**-16324**	**-0.4**
沿黄地区	**Plain**	**4740572**	**475.8**	**2255389**	**4425438**	**499.9**	**2212249**	**-315134**	**-6.6**	**24.1**	**5.1**	**-43140**	**-1.9**
中南部地区	**Mountain Area**	**7683483**	**194.6**	**1494948**	**7598609**	**200.3**	**1521764**	**-84874**	**-1.1**	**5.7**	**2.9**	**26816**	**1.8**
银川市	**Yinchuan**	**1509487**	**469.3**	**708452**	**1378798**	**480.3**	**662274**	**-130689**	**-8.7**	**11.0**	**2.3**	**-46178**	**-6.5**
银川市辖区	District	273415	470.4	128613	220893	478.8	105756	-52522	-19.2	8.4	1.8	-22857	-17.8
永宁县	Yongning	497250	453.5	225496	488000	474.0	231289	-9250	-1.9	20.5	4.5	5793	2.6
贺兰县	Helan	436252	488.6	213152	365905	494.3	180853	-70347	-16.1	5.7	1.2	-32299	-15.2
灵武市	Lingwu	302570	466.6	141191	304000	474.9	144376	1430	0.5	8.3	1.8	3185	2.3
石嘴山市	**Shizuishan**	**927600**	**437.7**	**405993**	**919407**	**443.4**	**407662**	**-8193**	**-0.9**	**5.7**	**1.3**	**1669**	**0.4**
大武口区	Dawukou	37710	337.5	12729	34445	346.7	11941	-3265	-8.7	9.1	2.7	-788	-6.2
惠农区	Huinong	137135	445.8	61134	135850	448.7	60957	-1285	-0.9	2.9	0.7	-177	-0.3
平罗县	Pingluo	752755	441.2	332130	749112	446.9	334764	-3643	-0.5	5.7	1.3	2634	0.8
吴忠市	**Wuzhong**	**3120653**	**288.4**	**899943**	**3059442**	**295.8**	**904891**	**-61211**	**-2.0**	**7.4**	**2.6**	**4948**	**0.5**
利通区	Litong	316650	502.1	158995	313500	500.6	156951	-3150	-1.0	-1.5	-0.3	-2044	-1.3
红寺堡区	Hongsipu	331905	322.3	106973	325417	344.8	112219	-6488	-2.0	22.5	7.0	5246	4.9
盐池县	Yanchi	672000	132.4	88964	707500	136.5	96595	35500	5.3	4.1	3.1	7631	8.6
同心县	Tongxin	1209250	229.7	277813	1145785	248.0	284193	-63465	-5.2	18.3	8.0	6380	2.3
青铜峡市	Qingtongxia	590848	452.2	267199	567240	449.4	254933	-23608	-4.0	-2.8	-0.6	-12266	-4.6
固原市	**Guyuan**	**3988978**	**201.4**	**803273**	**3939150**	**202.7**	**798556**	**-49828**	**-1.2**	**1.3**	**0.7**	**-4717**	**-0.6**
原州区	Yuanzhou	860358	214.8	184770	860160	218.2	187708	-198	0.0	3.5	1.6	2938	1.6
西吉县	Xiji	1766250	154.7	273174	1728600	159.9	276389	-37650	-2.1	5.2	3.4	3215	1.2
隆德县	Longde	383040	248.3	95100	379230	232.5	88161	-3810	-1.0	-15.8	-6.4	-6939	-7.3
泾源县	Jingyuan	137670	216.5	29810	127000	202.1	25673	-10670	-7.8	-14.4	-6.6	-4137	-13.9
彭阳县	Pengyang	841660	261.9	220419	844160	261.4	220625	2500	0.3	-0.5	-0.2	206	0.1
中卫市	**Zhongwei**	**2308568**	**254.4**	**587396**	**2198970**	**273.4**	**601220**	**-109598**	**-4.7**	**19.0**	**7.5**	**13824**	**2.4**
沙坡头区	Shapotou	338655	440.2	149071	300493	504.9	151713	-38162	-11.3	64.7	14.7	2642	1.8
中宁县	Zhongning	488563	451.1	220399	417720	525.0	219306	-70843	-14.5	73.9	16.4	-1093	-0.5
海原县	Haiyuan	1481350	147.1	217926	1480757	155.5	230201	-593	0.0	8.3	5.7	12275	5.6
区 属	**Qushu**	**568769**	**607.1**	**345280**	**528280**	**680.3**	**359410**	**-40489**	**-7.1**	**73.3**	**12.1**	**14130**	**4.1**
# 农 垦	NongKen	500384	680.6	340566	512190	696.4	356666	11806	2.4	15.7	2.3	16100	4.7

4-4 2013年各市县夏收粮食生产情况

Basic Statistics of Summer Harvest Production by City and County(2013)

单位：亩、公斤、吨 (mu,kg,ton)

市 县	Region	2012年			2013年			2013年比2012年增减 Growth					
		播种面积 Sown Area	亩产 Yield per Unit	总产量 Total Output	播种面积 Sown Area	亩产 Yield per Unit	总产量 Total Output	播种面积 Sown Area		亩产 Yield per Unit		总产量 Total Output	
								绝对值 Level	%	绝对值 Level	%	绝对值 Level	%
全 区	**Total**	**3026713**	**214.4**	**648948**	**2473415**	**194.4**	**480871**	**-553298**	**-18.3**	**-20.0**	**-9.3**	**-168077**	**-25.9**
沿黄地区	**Plain**	**1010588**	**337.4**	**340934**	**741875**	**333.2**	**247182**	**-268713**	**-26.6**	**-4.2**	**-1.2**	**-93752**	**-27.5**
中南部地区	**Mountain Area**	**2016125**	**152.8**	**308014**	**1731540**	**135.0**	**233689**	**-284585**	**-14.1**	**-17.8**	**-11.7**	**-74325**	**-24.1**
银川市	**Yinchuan**	**341045**	**319.0**	**108797**	**304930**	**325.2**	**99155**	**-36115**	**-10.6**	**6.2**	**1.9**	**-9642**	**-8.9**
银川市辖区	District	38885	289.0	11238	30000	294.6	8838	-8885	-22.8	5.6	1.9	-2400	-21.4
永宁县	Yongning	165100	326.4	53889	151000	331.4	50041	-14100	-8.5	5.0	1.5	-3848	-7.1
贺兰县	Helan	107050	325.0	34791	93930	336.8	31636	-13120	-12.3	11.8	3.6	-3155	-9.1
灵武市	Lingwu	30010	295.9	8879	30000	288.0	8640	-10	0.0	-7.9	-2.7	-239	-2.7
石嘴山市	**Shizuishan**	**225660**	**306.9**	**69261**	**161750**	**302.9**	**48993**	**-63910**	**-28.3**	**-4.0**	**-1.3**	**-20268**	**-29.3**
大武口区	Dawukou	21375	295.0	6306	17900	296.0	5298	-3475	-16.3	1.0	0.3	-1008	-16.0
惠农区	Huinong	23255	317.3	7379	16850	319.2	5379	-6405	-27.5	1.9	0.6	-2000	-27.1
平罗县	Pingluo	181030	307.0	55576	127000	301.7	38316	-54030	-29.8	-5.3	-1.7	-17260	-31.1
吴忠市	**Wuzhong**	**795655**	**207.8**	**165356**	**585030**	**195.8**	**114521**	**-210625**	**-26.5**	**-12.1**	**-5.8**	**-50835**	**-30.7**
利通区	Litong	100050	452.2	45240	90000	434.0	39060	-10050	-10.0	-18.2	-4.0	-6180	-13.7
红寺堡区	Hongsipu	50355	288.9	14550	37100	270.0	10017	-13255	-26.3	-18.9	-6.5	-4533	-31.2
盐池县	Yanchi	45500	56.8	2584	36000	43.0	1548	-9500	-20.9	-13.8	-24.3	-1036	-40.1
同心县	Tongxin	442650	113.5	50259	315730	90.6	28595	-126920	-28.7	-23.0	-20.2	-21664	-43.1
青铜峡市	Qingtongxia	157100	335.6	52723	106200	332.4	35301	-50900	-32.4	-3.2	-1.0	-17422	-33.0
固原市	**Guyuan**	**1255920**	**167.3**	**210095**	**1153060**	**145.0**	**167215**	**-102860**	**-8.2**	**-22.3**	**-13.3**	**-42880**	**-20.4**
原州区	Yuanzhou	205840	151.2	31119	204800	137.6	28172	-1040	-0.5	-13.6	-9.0	-2947	-9.5
西吉县	Xiji	544600	143.8	78300	459750	138.1	63499	-84850	-15.6	-5.7	-4.0	-14801	-18.9
隆德县	Longde	165120	213.8	35300	150600	160.7	24206	-14520	-8.8	-53.0	-24.8	-11094	-31.4
泾源县	Jingyuan	55350	181.8	10062	54000	165.5	8939	-1350	-2.4	-16.3	-8.9	-1123	-11.2
彭阳县	Pengyang	285010	194.1	55314	283910	149.3	42399	-1100	-0.4	-44.7	-23.1	-12915	-23.3
中卫市	**Zhongwei**	**371539**	**207.9**	**77225**	**251040**	**171.9**	**43160**	**-120499**	**-32.4**	**-35.9**	**-17.3**	**-34065**	**-44.1**
沙坡头区	Shapotou	76000	305.1	23185	35000	249.3	8724	-41000	-53.9	-55.8	-18.3	-14461	-62.4
中宁县	Zhongning	73839	318.4	23514	26390	307.8	8122	-47449	-64.3	-10.6	-3.3	-15392	-65.5
海原县	Haiyuan	221700	137.7	30526	189650	138.8	26314	-32050	-14.5	1.1	0.8	-4212	-13.8
区 属	**Qushu**	**36894**	**493.7**	**18214**	**17605**	**444.6**	**7827**	**-19289**	**-52.3**	**-49.1**	**-9.9**	**-10387**	**-57.0**
#农 垦	NongKen	32025	498.1	15952	13500	444.4	6000	-18525	-57.8	-53.7	-10.8	-9952	-62.4

4-5 2013年各市县秋收粮食生产情况

Basic Statistics of Autumn Harvest Production by City and County(2013)

单位：亩、公斤、吨 (mu,kg,ton)

市 县	Region	2012年			2013年			2013年比2012年增减 Growth					
		播种面积 Sown Area	亩产 Yield per Unit	总产量 Total Output	播种面积 Sown Area	亩产 Yield per Unit	总产量 Total Output	播种面积 Sown Area		亩产 Yield per Unit		总产量 Total Output	
								绝对值 Level	% %	绝对值 Level	% %	绝对值 Level	% %
全 区	**Total**	**9397342**	**330.0**	**3101389**	**9550632**	**340.6**	**3253142**	**153290**	**1.6**	**10.6**	**3.2**	**151753**	**4.9**
沿黄地区	**Plain**	**3729984**	**513.3**	**1914455**	**3683563**	**533.5**	**1965067**	**-46421**	**-1.2**	**20.2**	**3.9**	**50612**	**2.6**
中南部地区	**Mountain Area**	**5667358**	**209.4**	**1186934**	**5867069**	**219.5**	**1288075**	**199711**	**3.5**	**10.1**	**4.8**	**101141**	**8.5**
银川市	**Yinchuan**	**1168442**	**513.2**	**599655**	**1073868**	**524.4**	**563119**	**-94574**	**-8.1**	**11.2**	**2.2**	**-36536**	**-6.1**
银川市辖区	District	234530	500.5	117375	190893	507.7	96918	-43637	-18.6	7.2	1.4	-20457	-17.4
永宁县	Yongning	332150	516.7	171607	337000	537.8	181248	4850	1.5	21.2	4.1	9641	5.6
贺兰县	Helan	329202	541.8	178361	271975	548.6	149217	-57227	-17.4	6.8	1.3	-29144	-16.3
灵武市	Lingwu	272560	485.4	132312	274000	495.4	135736	1440	0.5	9.9	2.0	3424	2.6
石嘴山市	**Shizuishan**	**701940**	**479.7**	**336732**	**757657**	**473.4**	**358669**	**55717**	**7.9**	**-6.3**	**-1.3**	**21937**	**6.5**
大武口区	Dawukou	16335	393.2	6423	16545	401.5	6643	210	1.3	8.3	2.1	220	3.4
惠农区	Huinong	113880	472.0	53755	119000	467.0	55578	5120	4.5	-5.0	-1.1	1823	3.4
平罗县	Pingluo	571725	483.7	276554	622112	476.5	296448	50387	8.8	-7.2	-1.5	19894	7.2
吴忠市	**Wuzhong**	**2324998**	**316.0**	**734587**	**2474412**	**319.4**	**790370**	**149414**	**6.4**	**3.5**	**1.1**	**55783**	**7.6**
利通区	Litong	216600	525.2	113755	223500	527.5	117891	6900	3.2	2.3	0.4	4136	3.6
红寺堡区	Hongsipu	281550	328.3	92423	288317	354.5	102202	6767	2.4	26.2	8.0	9779	10.6
盐池县	Yanchi	626500	137.9	86380	671500	141.5	95047	45000	7.2	3.7	2.7	8667	10.0
同心县	Tongxin	766600	296.8	227554	830055	307.9	255598	63455	8.3	11.1	3.7	28044	12.3
青铜峡市	Qingtongxia	433748	494.5	214476	461040	476.4	219632	27292	6.3	-18.1	-3.7	5156	2.4
固原市	**Guyuan**	**2733058**	**217.0**	**593178**	**2786090**	**226.6**	**631341**	**53032**	**1.9**	**9.6**	**4.4**	**38163**	**6.4**
原州区	Yuanzhou	654518	234.8	153651	655360	243.4	159536	842	0.1	8.7	3.7	5885	3.8
西吉县	Xiji	1221650	159.5	194874	1268850	167.8	212890	47200	3.9	8.3	5.2	18016	9.2
隆德县	Longde	217920	274.4	59800	228630	279.7	63955	10710	4.9	5.3	1.9	4155	6.9
泾源县	Jingyuan	82320	239.9	19748	73000	229.2	16734	-9320	-11.3	-10.7	-4.4	-3014	-15.3
彭阳县	Pengyang	556650	296.6	165105	560250	318.1	178226	3600	0.6	21.5	7.3	13121	7.9
中卫市	**Zhongwei**	**1937029**	**263.4**	**510171**	**1947930**	**286.5**	**558060**	**10901**	**0.6**	**23.1**	**8.8**	**47889**	**9.4**
沙波头区	Shapotou	262655	479.3	125886	265493	538.6	142989	2838	1.1	59.3	12.4	17103	13.6
中宁县	Zhongning	414724	474.7	196885	391330	539.7	211184	-23394	-5.6	64.9	13.7	14299	7.3
海原县	Haiyuan	1259650	148.8	187400	1291107	157.9	203887	31457	2.5	9.1	6.1	16487	8.8
区 属	**Qushu**	**531875**	**614.9**	**327066**	**510675**	**688.5**	**351583**	**-21200**	**-4.0**	**73.5**	**12.0**	**24517**	**7.5**
#农 垦	NongKen	468359	693.1	324614	498690	703.2	350666	30331	6.5	10.1	1.5	26052	8.0

4-6 2013年各市县小麦生产情况

Basic Statistics of Wheat Production by City and County(2013)

单位：亩、公斤、吨 (mu,kg,ton)

市 县	Region	2012年			2013年			2013年比2012年增减 Growth					
		播种面积 Sown Area	亩产 Yield per Unit	总产量 Total Output	播种面积 Sown Area	亩产 Yield per Unit	总产量 Total Output	播种面积 Sown Area		亩产 Yield per Unit		总产量 Total Output	
								绝对值 Level	% %	绝对值 Level	% %	绝对值 Level	% %
全 区	**Total**	**2684701**	**231.1**	**620447**	**2232375**	**207.5**	**463158**	**-452326**	**-16.8**	**-23.6**	**-10.2**	**-157289**	**-25.4**
沿黄地区	**Plain**	**999905**	**339.1**	**339060**	**734035**	**335.7**	**246389**	**-265870**	**-26.6**	**-3.4**	**-1.0**	**-92671**	**-27.3**
中南部地区	**Mountain Area**	**1684796**	**167.0**	**281387**	**1498340**	**144.7**	**216769**	**-186456**	**-11.1**	**-22.3**	**-13.4**	**-64618**	**-23.0**
银川市	**Yinchuan**	**340665**	**319.2**	**108752**	**302930**	**327.1**	**99086**	**-37735**	**-11.1**	**7.9**	**2.5**	**-9666**	**-8.9**
银川市辖区	District	38885	289.0	11238	30000	294.6	8838	-8885	-22.8	5.6	1.9	-2400	-21.4
永宁县	Yongning	165100	326.4	53889	151000	331.4	50041	-14100	-8.5	5.0	1.5	-3848	-7.1
贺兰县	Helan	106670	325.7	34746	93930	336.8	31636	-12740	-11.9	11.1	3.4	-3110	-9.0
灵武市	Lingwu	30010	295.9	8879	28000	306.1	8571	-2010	-6.7	10.2	3.5	-308	-3.5
石嘴山市	**Shizuishan**	**225660**	**306.9**	**69261**	**161450**	**302.9**	**48902**	**-64210**	**-28.5**	**-4.0**	**-1.3**	**-20359**	**-29.4**
大武口区	Dawukou	21375	295.0	6306	17900	296.0	5298	-3475	-16.3	1.0	0.3	-1008	-16.0
惠农区	Huinong	23255	317.3	7379	16850	319.2	5379	-6405	-27.5	1.9	0.6	-2000	-27.1
平罗县	Pingluo	181030	307.0	55576	126700	301.7	38225	-54330	-30.0	-5.3	-1.7	-17351	-31.2
吴忠市	**Wuzhong**	**727155**	**222.8**	**161985**	**577680**	**198.0**	**114359**	**-149475**	**-20.6**	**-24.8**	**-11.1**	**-47626**	**-29.4**
利通区	Litong	100050	452.2	45240	90000	434.0	39060	-10050	-10.0	-18.2	-4.0	-6180	-13.7
红寺堡区	Hongsipu	50355	288.9	14550	37100	270.0	10017	-13255	-26.3	-18.9	-6.6	-4533	-31.2
盐池县	Yanchi	35800	60.0	2148	36000	43.0	1548	200	0.6	-17.0	-28.3	-600	-27.9
同心县	Tongxin	383850	123.3	47324	308380	92.2	28433	-75470	-19.7	-31.1	-25.2	-18891	-39.9
青铜峡市	Qingtongxia	157100	335.6	52723	106200	332.4	35301	-50900	-32.4	-3.2	-1.0	-17422	-33.0
固原市	**Guyuan**	**1038591**	**182.1**	**189173**	**967210**	**158.3**	**153081**	**-71381**	**-6.9**	**-23.9**	**-13.1**	**-36092**	**-19.1**
原州区	Yuanzhou	180441	161.1	29078	178600	146.6	26183	-1841	-1.0	-14.5	-9.0	-2895	-10.0
西吉县	Xiji	429200	165.0	70811	377200	156.0	58843	-52000	-12.1	-9.0	-5.4	-11968	-16.9
隆德县	Longde	114840	232.5	26700	100400	198.6	19939	-14440	-12.6	-33.9	-14.6	-6761	-25.3
泾源县	Jingyuan	53100	185.7	9860	52000	168.7	8772	-1100	-2.1	-17.0	-9.1	-1088	-11.0
彭阳县	Pengyang	261010	202.0	52724	259010	151.9	39344	-2000	-0.8	-50.1	-24.8	-13380	-25.4
中卫市	**Zhongwei**	**317746**	**232.8**	**73983**	**205650**	**194.3**	**39957**	**-112096**	**-35.3**	**-38.5**	**-16.6**	**-34026**	**-46.0**
沙坡头区	Shapotou	71100	318.1	22617	33000	257.1	8484	-38100	-53.6	-61.0	-19.2	-14133	-62.5
中宁县	Zhongning	70446	329.0	23174	23000	338.4	7783	-47446	-67.4	9.4	2.9	-15391	-66.4
海原县	Haiyuan	176200	160.0	28192	149650	158.3	23690	-26550	-15.1	-1.7	-1.1	-4502	-16.0
区 属	**Qushu**	**34884**	**495.7**	**17293**	**17455**	**445.3**	**7773**	**-17429**	**-50.0**	**-50.4**	**-10.2**	**-9520**	**-55.1**
#农 垦	NongKen	30015	501.7	15059	13350	445.1	5942	-16665	-55.5	-56.6	-11.3	-9117	-60.5

4-7 2013年各市县水稻生产情况

Basic Statistics of Rice Production by City and County(2013)

单位：亩、公斤、吨 (mu,kg,ton)

市县	Region	2012年			2013年			2013年比2012年增减 Growth					
		播种面积	亩产	总产量	播种面积	亩产	总产量	播种面积 Sown Area		亩产 Yield per Unit		总产量 Total Output	
		Sown Area	Yield per Unit	Total Output	Sown Area	Yield per Unit	Total Output	绝对值 Level	%	绝对值 Level	%	绝对值 Level	%
全　区	**Total**	**1265102**	**563.8**	**713259**	**1232159**	**559.1**	**688949**	**-32943**	**-2.6**	**-4.7**	**-0.8**	**-24310**	**-3.4**
沿黄地区	**Plain**	**1265102**	**563.8**	**713259**	**1232159**	**559.1**	**688949**	**-32943**	**-2.6**	**-4.7**	**-0.8**	**-24310**	**-3.4**
中南部地区	**Mountain Area**												
银川市	**Yinchuan**	**587007**	**575.1**	**337615**	**542367**	**577.6**	**313278**	**-44640**	**-7.6**	**2.5**	**0.4**	**-24337**	**-7.2**
银川市辖区	District	136835	543.4	74354	108867	542.1	59021	-27968	-20.4	-1.2	-0.2	-15333	-20.6
永宁县	Yongning	105020	624.3	65563	117000	624.0	73011	11980	11.4	-0.3	0.0	7448	11.4
贺兰县	Helan	201652	569.8	114899	178500	568.8	101530	-23152	-11.5	-1.0	-0.2	-13369	-11.6
灵武市	Lingwu	143500	577.0	82800	138000	577.7	79716	-5500	-3.8	0.7	0.1	-3084	-3.7
石嘴山市	**Shizuishan**	**161850**	**459.7**	**74400**	**171837**	**445.0**	**76464**	**9987**	**6.2**	**-14.7**	**-3.2**	**2064**	**2.8**
大武口区	Dawukou				495	450.5	223	495		450.5		223	
惠农区	Huinong	9810	454.8	4461	9700	454.0	4404	-110	-1.1	-0.8	-0.2	-57	-1.3
平罗县	Pingluo	152040	460.0	69938	161642	444.4	71837	9602	6.3	-15.6	-3.4	1899	2.7
吴忠市	**Wuzhong**	**196550**	**610.2**	**119934**	**201300**	**602.7**	**121324**	**4750**	**2.4**	**-7.5**	**-1.2**	**1390**	**1.2**
利通区	Litong	75500	564.8	42639	70200	556.5	39066	-5300	-7.0	-8.3	-1.5	-3573	-8.4
红寺堡区	Hongsipu												
盐池县	Yanchi												
同心县	Tongxin												
青铜峡市	Qingtongxia	121050	638.5	77295	131100	627.4	82258	10050	8.3	-11.1	-1.7	4963	6.4
固原市	**Guyuan**												
原州区	Yuanzhou												
西吉县	Xiji												
隆德县	Longde												
泾源县	Jingyuan												
彭阳县	Pengyang												
中卫市	**Zhongwei**	**150065**	**583.1**	**87496**	**140100**	**595.9**	**83481**	**-9965**	**-6.6**	**12.8**	**2.2**	**-4015**	**-4.6**
沙坡头区	Shapotou	85060	578.7	49228	81000	590.4	47824	-4060	-4.8	11.7	2.0	-1404	-2.9
中宁县	Zhongning	65005	588.7	38268	59100	603.3	35657	-5905	-9.1	14.6	2.5	-2611	-6.8
海原县	Haiyuan												
区　属	**Qushu**	**169630**	**553.0**	**93813**	**176555**	**534.7**	**94402**	**6925**	**4.1**	**-18.4**	**-3.3**	**589**	**0.6**
#农　垦	NongKen	168685	555.4	93694	168255	557.3	93770	-430	-0.3	1.9	0.3	76	0.1

4-8 2013年各市县玉米生产情况

Basic Statistics of Corn Production by City and County(2013)

单位：亩、公斤、吨 (mu,kg,ton)

市 县	Region	2012年			2013年			2013年比2012年增减 Growth					
		播种面积 Sown Area	亩产 Yield per Unit	总产量 Total Output	播种面积 Sown Area	亩产 Yield per Unit	总产量 Total Output	播种面积 Sown Area		亩产 Yield per Unit		总产量 Total Output	
								绝对值 Level	% %	绝对值 Level	% %	绝对值 Level	% %
全 区	**Total**	**3688433**	**518.3**	**1911770**	**3930306**	**524.8**	**2062431**	**241873**	**6.6**	**6.4**	**1.2**	**150661**	**7.9**
沿黄地区	**Plain**	**2205734**	**540.4**	**1192042**	**2295531**	**553.7**	**1270980**	**89797**	**4.1**	**13.2**	**2.5**	**78938**	**6.6**
中南部地区	**Mountain Area**	**1482699**	**485.4**	**719728**	**1634775**	**484.1**	**791451**	**152076**	**10.3**	**-1.3**	**-0.3**	**71723**	**10.0**
银川市	**Yinchuan**	**538985**	**483.0**	**260344**	**496701**	**500.5**	**248604**	**-42284**	**-7.8**	**17.5**	**3.6**	**-11740**	**-4.5**
银川市辖区	District	97695	440.4	43021	82026	462.0	37897	-15669	-16.0	21.6	4.9	-5124	-11.9
永宁县	Yongning	216030	488.0	105423	216000	500.3	108055	-30	0.0	12.3	2.5	2632	2.5
贺兰县	Helan	126200	502.3	63388	92675	514.2	47652	-33525	-26.6	11.9	2.4	-15736	-24.8
灵武市	Lingwu	99060	489.7	48512	106000	518.9	55000	6940	7.0	29.1	6.0	6488	13.4
石嘴山市	**Shizuishan**	**531005**	**493.5**	**262059**	**580320**	**485.9**	**281987**	**49315**	**9.3**	**-7.6**	**-1.5**	**19928**	**7.6**
大武口区	Dawukou	16035	400.0	6414	16050	400.0	6420	15	0.1			6	0.1
惠农区	Huinong	103900	474.4	49288	109100	469.0	51168	5200	5.0	-5.4	-1.1	1880	3.8
平罗县	Pingluo	411070	502.0	206357	455170	493.0	224399	44100	10.7	-9.0	-1.8	18042	8.7
吴忠市	Wuzhong	**965515**	**558.7**	**539437**	**1041806**	**555.3**	**578552**	**76291**	**7.9**	**-3.4**	**-0.6**	**39115**	**7.3**
利通区	Litong	139100	510.8	71056	151500	520.0	78780	12400	8.9	9.2	1.8	7724	10.9
红寺堡区	Hongsipu	154665	497.3	76922	177076	490.6	86870	22411	14.5	-6.8	-1.4	9948	12.9
盐池县	Yanchi	128300	469.0	60173	149550	458.3	68541	21250	16.6	-10.7	-2.3	8368	13.9
同心县	Tongxin	277200	705.3	195500	306300	683.1	209236	29100	10.5	-22.2	-3.1	13736	7.0
青铜峡市	Qingtongxia	266250	510.0	135787	257380	525.0	135125	-8870	-3.3	15.0	2.9	-662	-0.5
固原市	**Guyuan**	**760884**	**385.1**	**293027**	**818570**	**398.2**	**325927**	**57686**	**7.6**	**13.1**	**3.4**	**32900**	**11.2**
原州区	Yuanzhou	191534	434.6	83233	213070	427.1	91007	21536	11.2	-7.4	-1.7	7774	9.3
西吉县	Xiji	143850	281.8	40535	159550	292.2	46621	15700	10.9	10.4	3.7	6086	15.0
隆德县	Longde	60800	368.2	22388	70900	384.3	27247	10100	16.6	16.1	4.4	4859	21.7
泾源县	Jingyuan	22200	257.0	5705	20000	261.7	5234	-2200	-9.9	4.7	1.8	-471	-8.3
彭阳县	Pengyang	342500	412.2	141166	355050	438.9	155818	12550	3.7	26.7	6.5	14652	10.4
中卫市	**Zhongwei**	**587720**	**553.1**	**325081**	**659734**	**561.3**	**370284**	**72014**	**12.3**	**8.1**	**1.5**	**45203**	**13.9**
沙波头区	Shapotou	138030	540.3	74579	161000	583.9	94014	22970	16.6	43.6	8.1	19435	26.1
中宁县	Zhongning	288040	543.0	156396	315455	556.0	175393	27415	9.5	13.0	2.4	18997	12.1
海原县	Haiyuan	161650	582.2	94107	183279	550.4	100877	21629	13.4	-31.8	-5.5	6771	7.2
区 属	**Qushu**	**304324**	**761.8**	**231821**	**333175**	**771.6**	**257077**	**28851**	**9.5**	**9.8**	**1.3**	**25256**	**10.9**
#农 垦	NongKen	298369	773.5	230787	329490	779.4	256792	31121	10.4	5.9	0.8	26005	11.3

4-9 2013年各市县马铃薯生产情况

Basic Statistics of Tubers Production by City and County(2013)

单位：亩、公斤、吨 (mu,kg,ton)

市 县	Region	2012年			2013年			2013年比2012年增减 Growth					
		播种面积 Sown Area	亩产 Yield per Unit	总产量 Total Output	播种面积 Sown Area	亩产 Yield per Unit	总产量 Total Output	播种面积 Sown Area		亩产 Yield per Unit		总产量 Total Output	
								绝对值 Level	% %	绝对值 Level	% %	绝对值 Level	% %
全 区	**Total**	**3235540**	**130.6**	**422443**	**3231317**	**136.2**	**439966**	**-4223**	**-0.1**	**5.6**	**4.3**	**17523**	**4.1**
沿黄地区	**Plain**												
中南部地区	**Mountain Area**	**3235540**	**130.6**	**422443**	**3231317**	**136.2**	**439966**	**-4223**	**-0.1**	**5.6**	**4.3**	**17523**	**4.1**
银川市	**Yinchuan**												
银川市辖区	District												
永宁县	Yongning												
贺兰县	Helan												
灵武市	Lingwu												
石嘴山市	**Shizuishan**												
大武口区	Dawukou												
惠农区	Huinong												
平罗县	Pingluo												
吴忠市	**Wuzhong**	**455257**	**106.7**	**48555**	**466280**	**115.5**	**53862**	**11023**	**2.4**	**8.9**	**8.3**	**5307**	**10.9**
利通区	Litong												
红寺堡区	Hongsipu	70057	192.9	13512	64230	209.4	13452	-5827	-8.3	16.6	8.6	-60	-0.4
盐池县	Yanchi	135300	99.8	13507	172450	92.9	16021	37150	27.5	-6.9	-6.9	2515	18.6
同心县	Tongxin	249900	86.2	21536	229600	106.2	24389	-20300	-8.1	20.0	23.3	2853	13.2
青铜峡市	Qingtongxia												
固原市	**Guyuan**	**1810083**	**159.6**	**288979**	**1800950**	**162.7**	**293070**	**-9133**	**-0.5**	**3.1**	**1.9**	**4091**	**1.4**
原州区	Yuanzhou	418913	160.7	67319	421950	160.0	67512	3037	0.7	-0.7	-0.4	193	0.3
西吉县	Xiji	1015200	147.8	150036	1013400	156.5	158597	-1800	-0.2	8.7	5.9	8561	5.7
隆德县	Longde	154800	240.8	37268	156000	233.6	36440	1200	0.8	-7.2	-3.0	-828	-2.2
泾源县	Jingyuan	57020	242.9	13852	50000	226.1	11305	-7020	-12.3	-16.8	-6.9	-2547	-18.4
彭阳县	Pengyang	164150	124.9	20503	159600	120.4	19216	-4550	-2.8	-4.5	-3.6	-1287	-6.3
中卫市	**Zhongwei**	**970200**	**87.5**	**84909**	**964087**	**96.5**	**93034**	**-6113**	**-0.6**	**9.0**	**10.3**	**8125**	**9.6**
沙波头区	Shapotou												
中宁县	Zhongning												
海原县	Haiyuan	970200	87.5	84909	964087	96.5	93034	-6113	-0.6	9.0	10.3	8125	9.6
区 属	Qushu												
#农 垦	NongKen												

4-10 2013年各市县粮食总产量与人均占有量

Output of Grain and Quantity per Capita by City and County(2013)

市 县	Region	粮食总产量(万吨) Total Output(10000 ton)		平均每人占有量(公斤/人) Quantity per Capita(kg/per)	
		指标值 Index Value	位次 Precedence	指标值 Index Value	位次 Precedence
全 区	**Total**	**373.4**		**579.5**	
沿黄地区	**Plain**	**221.2**		**542.8**	
中南部地区	**Mountain Area**	**152.2**		**645.2**	
银川市	**Yinchuan**	**66.2**		**346.2**	
银川市辖区	District	10.6	15	96.9	19
永宁县	Yongning	23.1	5	1012.1	3
贺兰县	Helan	18.1	10	932.9	5
灵武市	Lingwu	14.4	13	526.1	13
石嘴山市	**Shizuishan**	**40.8**		**547.5**	
大武口区	Dawukou	1.2	20	43.4	20
惠农区	Huinong	6.1	18	322.4	17
平罗县	Pingluo	33.5	1	1285.3	1
吴忠市	**Wuzhong**	**90.5**		**685.7**	
利通区	Litong	15.7	11	408.4	15
红寺堡区	Hongsipu	11.2	14	623.6	9
盐池县	Yanchi	9.7	16	594.9	10
同心县	Tongxin	28.4	2	838.3	6
青铜峡市	Qingtongxia	25.5	4	987.3	4
固原市	**Guyuan**	**79.9**		**635.4**	
原州区	Yuanzhou	18.8	9	435.5	14
西吉县	Xiji	27.6	3	745.1	7
隆德县	Longde	8.8	17	579.9	11
泾源县	Jingyuan	2.6	19	287.0	18
彭阳县	Pengyang	22.1	7	1072.8	2
中卫市	**Zhongwei**	**60.1**		**530.5**	
沙坡头区	Shapotou	15.2	12	385.0	16
中宁县	Zhongning	21.9	8	689.3	8
海原县	Haiyuan	23.0	6	544.4	12

注：表中用于计算的人口数为自治区统计局提供的2013年年末人口数(常住人口)。

4-11 2013年各市县猪、牛、羊、禽存栏情况

Breeding Stock of Livestock by City and County(2013)

市 县	Region	存栏 Breeding Stock 生猪(头) Hog (head)	#能繁母猪 Sow	牛(头) Cattle and Buffaloes (head)	#奶牛 Dairy Cow	羊(只) Sheep (head)	家禽(百只) Poultry (100 head)	#蛋禽 Egg-laying
全 区	**Total**	**753139**	**101225**	**958026**	**340864**	**5701117**	**103227**	**60906**
沿黄地区	**Plain**	**487993**	**75188**	**476484**	**338210**	**2274482**	**75352**	**48782**
中南部地区	**Mountain Area**	**265147**	**26037**	**481542**	**2654**	**3426635**	**27875**	**12123**
银川市	**Yinchuan**	**157493**	**21787**	**186477**	**135340**	**633379**	**20486**	**10717**
银川市辖区	District	29574	3447	77312	66222	81130	4394	1264
永宁县	Yongning	32170	5331	38999	15934	121234	7522	5311
贺兰县	Helan	18907	2290	40584	29004	101492	5045	2978
灵武市	Lingwu	76842	10718	29582	24180	329524	3526	1164
石嘴山市	**Shizuishan**	**44894**	**4730**	**48835**	**19655**	**604559**	**9317**	**4412**
石嘴山市辖区	District	18085	2193	19545	14146	201083	4300	685
平罗县	Pingluo	26809	2536	29290	5509	403476	5017	3727
吴忠市	**Wuzhong**	**180954**	**26176**	**245782**	**161642**	**2335898**	**27162**	**15191**
利通区	Litong	14580	2567	134637	126851	266790	3928	1144
红寺堡区	Hongsipu	7025	488	16721	297	255952	601	417
盐池县	Yanchi	58204	6629	2959	1029	871412	1663	692
同心县	Tongxin	5234	43	46655	18	727088	3599	278
青铜峡市	Qingtongxia	95912	16448	44809	33448	214656	17371	12660
固原市	**Guyuan**	**179196**	**17523**	**375562**	**1310**	**935825**	**17028**	**6178**
原州区	Yuanzhou	40179	3828	85627	1310	338004	8250	4425
西吉县	Xiji	46467	3963	106420		284532	1442	329
隆德县	Longde	50477	5842	41885		50237	1668	570
泾源县	Jingyuan	3627	116	59787		40554	504	
彭阳县	Pengyang	38447	3774	81843		222498	5164	854
中卫市	**Zhongwei**	**190603**	**31010**	**101370**	**22916**	**1191456**	**29234**	**24407**
沙坡头区	Shapotou	62960	8609	22017	11967	202315	19956	17227
中宁县	Zhongning	112155	21048	39709	10949	352783	4293	2622
海原县	Haiyuan	15488	1353	39644		636358	4984	4558

注：从2012年开始，区属部分按照属地原则统计在各市、县(区)，不再单列。
Note:From 2012, according to the principle of territoriality , Qushu belongs to city and county (district), no longer single.

4-11 续表 continued

市 县	Region	比2012年增减%						
		猪(头) Hog (head)	#能繁母猪 Sow	牛(头) Cattle and Buffaloes (head)	#奶牛 Dairy Cow	羊(只) Sheep (head)	家禽(百只) Poultry (100 head)	#蛋禽 Egg-laying
全 区	**Total**	**8.4**	**5.2**	**1.5**	**3.7**	**12.6**	**32.4**	**38.1**
沿黄地区	**Plain**	**6.7**	**7.6**	**2.6**	**3.6**	**9.3**	**37.2**	**32.2**
中南部地区	**Mountain Area**	**11.7**	**-1.1**	**0.3**	**20.1**	**14.9**	**21.0**	**68.6**
银川市	**Yinchuan**	**1.6**	**-6.7**	**-1.7**	**0.0**	**3.0**	**-9.2**	**-20.8**
银川市辖区	District	-14.6	-36.3	-8.3	-13.1	6.5	-30.6	-57.0
永宁县	Yongning	-13.3	-13.0	0.4	6.7	6.3	-3.5	-14.2
贺兰县	Helan	10.0	3.6	9.0	21.6	-8.5	-18.8	-25.7
灵武市	Lingwu	16.3	11.5	1.0	18.8	5.0	58.5	205.0
石嘴山市	**Shizuishan**	**22.7**	**56.1**	**8.1**	**9.8**	**11.5**	**71.2**	**18.1**
石嘴山市辖区	District	112.9	104.6	0.4	9.4	24.2	135.8	6.3
平罗县	Pingluo	-4.5	29.5	14.0	10.7	6.1	38.6	20.6
吴忠市	**Wuzhong**	**6.8**	**4.1**	**0.0**	**2.0**	**9.7**	**30.7**	**28.2**
利通区	Litong	20.7	5.8	0.9	1.6	7.4	36.2	16.7
红寺堡区	Hongsipu	2.1	-46.0	-17.9	-42.6	19.7	24.7	169.4
盐池县	Yanchi	18.8	36.9	-11.3	-0.1	6.8	-16.5	-22.8
同心县	Tongxin	5.4	-83.0	-0.8	-	12.1	2.0	-83.4
青铜峡市	Qingtongxia	-0.7	-1.7	7.5	3.9	6.0	46.1	55.6
固原市	**Guyuan**	**11.4**	**-6.1**	**0.6**	**105.4**	**18.4**	**44.0**	**585.0**
原州区	Yuanzhou	13.9	17.8	3.0	125.9	19.9	64.5	390.6
西吉县	Xiji	0.0	-19.5	6.1	-	21.0	4.9	-
隆德县	Longde	27.5	16.9	5.5	-	27.3	3.0	-
泾源县	Jingyuan	8.9	-17.1	-7.8	-	0.4	4.9	-
彭阳县	Pengyang	6.0	-29.4	-3.9	-	15.1	54.7	-
中卫市	**Zhongwei**	**10.4**	**19.2**	**12.0**	**40.9**	**20.7**	**68.6**	**73.4**
沙坡头区	Shapotou	12.3	31.8	11.6	79.7	19.7	131.3	110.3
中宁县	Zhongning	11.1	18.0	14.6	14.3	16.4	22.6	12.8
海原县	Haiyuan	-0.9	-18.3	9.7	-100.0	23.6	-4.3	28.1

注：从2012年开始，区属部分按照属地原则统计在各市、县(区)，不再单列。
Note:From 2012, according to the principle of territoriality , Qushu belongs to city and county (district), no longer single.

4-12 2013年各市县猪、牛、羊、禽出栏情况

Slaughtered of Livestock by City and County(2013)

市县	Region	出栏 Number of Animals on Hand				比2012年增减%			
		生猪(头) Hog (head)	牛(头) Cattle and Buffaloes (head)	羊(只) Sheep (head)	家禽(百只) Poultry (100 head)	猪(头) Hog (head)	牛(头) Cattle and Buffaloes (head)	羊(只) Sheep (head)	家禽(百只) Poultry (100 head)
全　区	**Total**	**955895**	**594918**	**5214049**	**121170**	**-7.5**	**4.3**	**9.8**	**6.2**
沿黄地区	**Plain**	**690883**	**213226**	**2347533**	**83030**	**-8.5**	**0.1**	**4.9**	**8.1**
中南部地区	**Mountain Area**	**265012**	**381693**	**2866516**	**38141**	**-4.9**	**6.8**	**14.1**	**2.3**
银川市	**Yinchuan**	**228952**	**99891**	**876579**	**33504**	**5.8**	**1.9**	**7.0**	**-1.1**
银川市辖区	District	36862	31507	95068	9940	2.5	3.0	-2.7	-16.9
永宁县	Yongning	65397	29374	147110	11632	11.5	4.2	4.4	9.7
贺兰县	Helan	29443	19189	98027	5755	-5.1	11.5	-2.3	13.9
灵武市	Lingwu	97250	19821	536374	6177	7.3	-10.0	11.7	-1.5
石嘴山市	**Shizuishan**	**55071**	**36254**	**529840**	**15168**	**2.8**	**2.7**	**6.8**	**17.7**
石嘴山市辖区	District	14443	9091	164454	3904	6.8	-0.3	0.5	13.5
平罗县	Pingluo	40628	27163	365386	11264	1.4	3.8	9.9	19.3
吴忠市	**Wuzhong**	**195024**	**123415**	**2042770**	**27985**	**-22.1**	**3.0**	**10.6**	**8.1**
利通区	Litong	18481	28176	259635	8157	-8.3	-7.5	-2.2	20.2
红寺堡区	Hongsipu	10306	19745	180818	1134	-3.6	13.4	38.0	-7.2
盐池县	Yanchi	35487	976	604076	2050	-26.6	-2.3	-2.9	-15.3
同心县	Tongxin	4978	59387	751721	8139	14.8	7.4	29.3	5.0
青铜峡市	Qingtongxia	125771	15131	246520	8504	-24.6	-3.1	-0.5	10.2
固原市	**Guyuan**	**198971**	**268775**	**899421**	**22837**	**-0.1**	**6.9**	**14.7**	**-2.7**
原州区	Yuanzhou	35458	49853	302586	10453	1.0	2.5	11.1	-2.5
西吉县	Xiji	54656	66193	208087	2820	-8.2	8.1	27.4	-0.2
隆德县	Longde	55323	30472	52388	2354	8.3	4.1	8.1	8.2
泾源县	Jingyuan	4813	60483	61359	1265	-12.3	10.1	3.0	-6.7
彭阳县	Pengyang	48720	61775	274999	5944	1.7	7.7	14.3	-6.9
中卫市	**Zhongwei**	**277877**	**66583**	**865439**	**21678**	**-11.6**	**1.2**	**7.8**	**20.6**
沙波头区	Shapotou	75613	15567	155805	11326	7.1	-1.8	-1.3	29.2
中宁县	Zhongning	186995	18207	279154	6371	-17.8	2.0	11.3	-5.9
海原县	Haiyuan	15270	32809	430480	3981	-5.3	2.3	9.1	63.7

注：从2012年开始，区属部分按照属地原则统计在各市、县(区)，不再单列。

Note:From 2012, according to the principle of territoriality , Qushu belongs to city and county (district), no longer single.

4-13　2013年各市县猪、牛、羊、禽肉产量
Output of Livestock Products by City and Country(2013)

单位：吨

市　县	Region	猪 Hog	牛 Cattle and Buffaloes	羊 Sheep	家禽 Poultry
全　区	**Total**	**70923**	**86715**	**90366**	**22244**
沿黄地区	**Plain**	**51189**	**31024**	**39666**	**15009**
中南部地区	**Mountain Area**	**19734**	**55691**	**50700**	**7235**
银川市	**Yinchuan**	**16944**	**14512**	**14852**	**6121**
银川市辖区	District	2728	4580	1603	1804
永宁县	Yongning	4867	4286	2496	2142
贺兰县	Helan	2184	2772	1606	1018
灵武市	Lingwu	7165	2875	9147	1157
石嘴山市	**Shizuishan**	**4070**	**5320**	**8660**	**2787**
石嘴山市辖区	District	1082	1338	2800	729
平罗县	Pingluo	2988	3983	5860	2058
吴忠市	**Wuzhong**	**14579**	**17929**	**36379**	**4974**
利通区	Litong	1382	4083	4499	1416
红寺堡区	Hongsipu	771	2857	2958	216
盐池县	Yanchi	2693	149	11613	370
同心县	Tongxin	359	8650	13047	1451
青铜峡市	Qingtongxia	9373	2190	4262	1522
固原市	**Guyuan**	**14782**	**39285**	**15456**	**4518**
原州区	Yuanzhou	2682	7623	5147	2149
西吉县	Xiji	4041	9385	3488	511
隆德县	Longde	4091	4682	886	425
泾源县	Jingyuan	352	8776	1061	238
彭阳县	Pengyang	3617	8819	4874	1196
中卫市	**Zhongwei**	**20548**	**9668**	**15061**	**3843**
沙波头区	Shapotou	5563	2272	2651	1938
中宁县	Zhongning	13856	2647	4743	1226
海原县	Haiyuan	1128	4749	7667	680

注：从2012年开始，区属部分按照属地原则统计在各市、县(区)，不再单列。
Note:From 2012, according to the principle of territoriality , Qushu belongs to city and county (district), no longer single.

4-14 主要年份各市县猪、牛、羊、禽肉产量

Output of Livestock Products by City and Country in Main Years

单位：吨 (ton)

市 县	Region	1978年	1980年	1990年	2000年	2005年	2006年	2007年	2008年	2009年	2010年	2011年	2012年	2013年
全 区	**Total**	**12253**	**21491**	**62791**	**159364**	**222783**	**216001**	**228062**	**232396**	**251855**	**254182**	**247448**	**261244**	**270247**
沿黄地区	**Plain**	**7703**	**14224**	**38107**	**118955**	**146647**	**129029**	**133729**	**137409**	**146333**	**141369**	**134079**	**136609**	**136888**
中南部地区	**Mountain Area**	**4550**	**7267**	**24684**	**40409**	**76136**	**86972**	**94333**	**94987**	**105522**	**112813**	**113369**	**124635**	**133359**
银川市	**Yinchuan**	**2191**	**4935**	**11543**	**35144**	**38812**	**35634**	**35905**	**38679**	**41923**	**44589**	**45055**	**49323**	**52430**
银川市辖区	District	454	1098	2917	9149	11347	7468	8792	9723	9587	11128	10900	10707	10715
永宁县	Yongning	681	1167	4060	7322	11170	13035	11661	11558	12704	12803	12518	12603	13791
贺兰县	Helan	567	1161	3065	6429	8234	8156	7272	7443	7891	7562	7086	7261	7580
灵武市	Lingwu	489	1509	1501	12244	8061	6976	8180	9955	11741	13096	14548	18752	20344
石嘴山市	**Shizuishan**	**1402**	**2442**	**6571**	**19009**	**22026**	**21428**	**20977**	**20208**	**19654**	**20372**	**20268**	**19483**	**20837**
大武口区	Dawukou	493	976	2427	4942	7103	1433	1358	1221	1394	1379	1491		
惠农区	Huinong						5236	5240	5409	4921	5349	5418	5613	5949
平罗县	Pingluo	748	1229	3585	12611	14923	14759	14379	13578	13339	13644	13358	13871	14888
吴忠市	**Wuzhong**	**2862**	**4147**	**14388**	**39857**	**58899**	**58884**	**60935**	**61907**	**68272**	**63968**	**60796**	**73289**	**73860**
利通区	Litong	1190	1759	5198	7096	11719	12828	12287	12506	13491	12080	10446	11253	11378
红寺堡区	Hongsipu	405	813	1395	9763	12822	2344	3526	3557	4403	4034	4365	5636	6802
盐池县	Yanchi	498	476	3191	6920	9897	11081	12207	12141	12821	15201	15054	16450	14826
同心县	Tongxin	344	1958	3457	3182		10546	10206	10525	13192	14427	15714	20214	23507
青铜峡市	Qingtongxia	769	1099	4604	15734	21279	22085	22709	23178	24365	18226	15216	19735	17346
固原市	**Guyuan**	**2352**	**4339**	**13350**	**22354**	**39532**	**47360**	**58014**	**58076**	**63858**	**66963**	**66269**	**68706**	**74041**
原州区	Yuanzhou	1118	2853	2774	5133	11783	12044	13838	13928	14832	15578	15405	16651	17600
西吉县	Xiji	693	990	2563	4239	9126	11057	15426	15299	15774	16336	15775	16200	17425
隆德县	Longde	496	419	3170	5266	5441	5263	6180	6224	7679	8480	8557	9291	10083
泾源县	Jingyuan	45	77	1044	1606	4447	5157	6010	6232	6992	7580	7894	9465	10427
彭阳县	Pengyang			3799	6110	8735	13839	16560	16393	18581	18989	18636	17100	18506
中卫市	**Zhongwei**	**2202**	**3111**	**14863**	**38907**	**58076**	**47337**	**47225**	**47937**	**52164**	**51999**	**48804**	**50413**	**49120**
沙坡头区	Shapotou	1002	1364	6626	17195	21586	17442	13511	13123	16113	16106	14266	11720	12423
中宁县	Zhongning	690	1054	5292	18017	24684	19612	23334	24126	24803	23705	22573	25064	22473
海原县	Haiyuan	510	693	2945	3695	11806	10283	10380	10688	11248	12188	11967	13629	14224
区 属	Qushu	**1244**	**2517**	**2076**	**4093**	**5438**	**5358**	**5006**	**5589**	**5984**	**6291**	**6256**		

注：从2012年开始，区属部分按照属地原则统计在各市、县(区)，不再单列；惠农区数据包含大武口区。
Note:From 2012, according to the principle of territoriality , Qushu belongs to city and county (district), no longer single.

4-15 主要年份各市县牛奶产量

Output of Milk by City and Country in Main Years

单位：吨

市　县	Region	1978年	1980年	1990年	2000年	2005年	2006年	2007年	2008年	2009年	2010年	2011年	2012年	2013年
全　区	**Total**	**3720**	**4152**	**40704**	**236042**	**578500**	**636667**	**795033**	**893830**	**811437**	**845882**	**960602**	**1034945**	**1041933**
沿黄地区	**Plain**	**3662**	**4061**	**40250**	**233462**	**563609**	**621096**	**778768**	**878860**	**801172**	**837823**	**955396**	**1029291**	**1033915**
中南部地区	**Mountain Area**	**58**	**91**	**454**	**2580**	**14891**	**15571**	**16265**	**14970**	**10265**	**8059**	**5207**	**5654**	**8018**
银川市	**Yinchuan**	**578**	**706**	**17344**	**68049**	**168727**	**156540**	**215570**	**266499**	**248632**	**271455**	**293280**	**401076**	**416489**
银川市辖区	District	491	572	12166	20948	68994	55124	102934	141659	131832	144260	153220	214892	214858
永宁县	Yongning	35	65	2372	16943	27873	29175	35697	41737	41439	44330	48586	59369	53450
贺兰县	Helan	28	36	2649	6380	22911	23608	23611	26162	25807	33619	38913	59475	74840
灵武市	Lingwu	24	33	157	23778	48949	48634	53328	56941	49554	49246	52561	67340	73341
石嘴山市	**Shizuishan**	**135**	**183**	**188**	**5739**	**20393**	**8967**	**26555**	**36372**	**29777**	**38562**	**43759**	**54743**	**59934**
大武口区	Dawukou	57	74	97	4802	13819	1225	886	881		1244	1257		
惠农区	Huinong						30	17791	24050	18395	26085	30114	38488	45260
平罗县	Pingluo	78	105	91	925	6574	7712	7878	11441	11382	11233	12388	16255	14674
吴忠市	**Wuzhong**	**620**	**723**	**13197**	**135884**	**308910**	**356026**	**445992**	**470627**	**411679**	**397931**	**468240**	**526607**	**502292**
利通区	Litong	515	708	11951	120600	263721	299163	382532	399837	342150	329883	384094	424384	392167
红寺堡区	Hongsipu					1611	654	852	542	719	738	649	764	829
盐池县	Yanchi		15	72	2404	8732	10035	10184	8070	6932	5669	3138	2991	3087
同心县	Tongxin				85	27	20	34	142	139	108	120	25	1158
青铜峡市	Qingtongxia	105		1174	12795	34819	46154	52390	62036	61739	61533	80239	98442	105050
固原市	**Guyuan**	**58**	**68**	**379**	**91**	**4301**	**4632**	**4965**	**5654**	**2389**	**1474**	**1299**	**1743**	**2826**
原州区	Yuanzhou	40	48	131	90	3572	4018	4404	5062	1656	1050	1225	1603	2783
西吉县	Xiji			108		20	22	30	68					
隆德县	Longde	4	1			99	110	115	137	156	126	74	139	43
泾源县	Jingyuan	14	19	140		379	262	200	235					
彭阳县	Pengyang				1	231	220	216	152	577	298			
中卫市	**Zhongwei**	**83**	**111**	**330**	**7945**	**25602**	**30426**	**31337**	**33538**	**31921**	**36948**	**37690**	**51687**	**60393**
沙坡头区	Shapotou	48	44	230	3044	6634	15743	7161	13877	12738	14997	14870	20809	28892
中宁县	Zhongning	35	67	100	4901	18748	14454	23946	19099	19097	21881	22820	30747	31383
海原县	Haiyuan					220	230	230	562	86	70		131	118
区　属	Qushu	**2246**	**2361**	**9266**	**18334**	**50567**	**80075**	**70614**	**81140**	**87039**	**99512**	**116334**		

注：从2012年开始，区属部分按照属地原则统计在各市、县(区)，不再单列；惠农区数据包含大武口区。

Note:From 2012, according to the principle of territoriality , Qushu belongs to city and county (district), no longer single.

4-16 2013年各市县肉类总产量与人均占有量

Total Output of Meat and Quantity per Capita by City and County(2013)

地 区	Region	肉类总产量(万吨) Output of Meat(10000ton)		平均每人占有量(公斤/人) Quantity per Capita(kg/per)	
		指标值 Index Value	位次 Precedence	指标值 Index Value	位次 Precedence
全 区	**Total**	**27.02**	-	**41.30**	-
沿黄地区	**Plain**	**13.69**	-	**32.22**	-
中南部地区	**Mountain Area**	**13.34**	-	**58.13**	-
银川市	**Yinchuan**	**5.24**	-	**25.17**	-
银川市辖区	District	1.07	14	7.97	19
永宁县	Yongning	1.38	11	59.71	9
贺兰县	Helan	0.76	17	32.17	15
灵武市	Lingwu	2.03	3	74.74	4
石嘴山市	**Shizuishan**	**2.08**	-	**27.44**	-
石嘴山市辖区	District	0.59	19	12.16	18
平罗县	Pingluo	1.49	8	55.16	10
吴忠市	**Wuzhong**	**7.39**	-	**55.49**	-
利通区	Litong	1.14	13	28.76	17
红寺堡区	Hongsipu	0.68	18	37.92	13
盐池县	Yanchi	1.48	9	98.26	2
同心县	Tongxin	2.35	1	72.15	5
青铜峡市	Qingtongxia	1.73	7	62.10	7
固原市	**Guyuan**	**7.40**	-	**59.52**	-
原州区	Yuanzhou	1.76	5	42.04	12
西吉县	Xiji	1.74	6	48.53	11
隆德县	Longde	1.01	16	61.76	8
泾源县	Jingyuan	1.04	15	102.68	1
彭阳县	Pengyang	1.85	4	91.84	3
中卫市	**Zhongwei**	**4.91**	-	**43.67**	-
沙坡头区	Shapotou	1.24	12	31.25	16
中宁县	Zhongning	2.25	2	67.39	6
海原县	Haiyuan	1.42	10	36.12	14

注：1、表中用于计算的人口数为自治区统计局提供的2013年年末人口数(常住人口)。2、肉类主要指猪牛羊禽四大畜种。
Note:Used to calculate the number of population for the end of 2013 in tables.

主要指标解释

农作物播种面积　指实际播种或移植有农作物的面积。凡是实际种植有农作物的面积，不论种植在耕地上还是种植在非耕地上，均包括在农作物播种面积中。在播种季节基本结束后，因遭灾而重新改种和补种的农作物面积，也包括在内。它是反映我国耕地面积利用情况的一个重要指标。目前，农作物播种面积主要包括粮食、棉花、油料、糖料、麻类、烟叶、蔬菜和瓜类、药材和其它农作物九大类。

粮食产量　指农业生产经营者日历年度内生产的全部粮食数量。按收获季节包括夏收粮食、早稻和秋收粮食，按作物品种包括谷物、薯类和豆类。其中谷物包括小麦、玉米、早稻、中稻和一季晚稻、双季晚稻、大麦、高粱、谷子、荞麦等禾本科和蓼科粮食作物；薯类只包括马铃薯、甘薯，木薯统计在其他农作物，芋头等其它薯统计在其它蔬菜；豆类包括大豆、绿豆、红小豆、杂豆等。谷物产量按脱粒后的原粮计算，山区生产的薯类按鲜薯重量的5:1 折算为原粮，豆类按去荚后的干豆计算。

肉类总产量　指调查期内各种牲畜及家禽、兔等动物肉产量总计。猪、牛、羊、马、驴、骡、骆驼肉产量按去掉头蹄下水后带骨肉的胴体重量计算,兔禽肉产量按屠宰后去毛和内脏后的重量计算。猪牛羊禽四个品种肉产量由主要畜禽监测抽样调查获得。

当年出栏的畜禽数　指当年(报告期内)乡村各种经济组织和国营农场、农民个人、机关、团体、学校、工矿企业、部队等单位以及城镇居民饲养的，已屠宰或以消费为目的出售的畜禽数，包括集市上出售和农民自食的部分。不包括个别地区习惯吃的“烤小猪”以及为取得“二毛皮”而宰杀的羔羊。

期初(末)畜禽存栏头(只)数　指报告期初(末)农村各种经济组织和国营农场、农民个人、机关、团体、学校、工矿企业、部队等单位以及城镇居民饲养的大牲畜、猪、羊、家禽等畜禽的存栏数。不分大小、公母、品种和用途，一律包括在内。

第五篇
企业调查
Enterprise Survey

简要说明

规模以下工业调查资料是根据全区年主营业务收入 2000 万元以下的 1030 家工业企业、462 个行政村的所有个体工业单位调查数据加权推算形成的。

2013 年宁夏规模以下工业增加值增长 8%

据国家统计局宁夏调查总队规模以下工业抽样调查数据显示：2013 年宁夏规模以下工业完成现价工业总产值 186 亿元，实现工业增加值 62.9 亿元，可比价增长 8.0%，增幅居西北五省第 4 位。

一、运行主要特点

（一）工业生产总量持续增长，受升规企业数增加影响，增速有所减缓

在调结构、稳增长、推动工业经济快速发展的带动下，规模以下工业企业生产销售良好，收入水平整体提升。一、二季度可比价增速分别为 10.5%和 10.3%；三季度受皮毛服装加工、化学药品制造、热力生产等企业升规影响，可比价增速减缓为 7.9%（如图所示）。

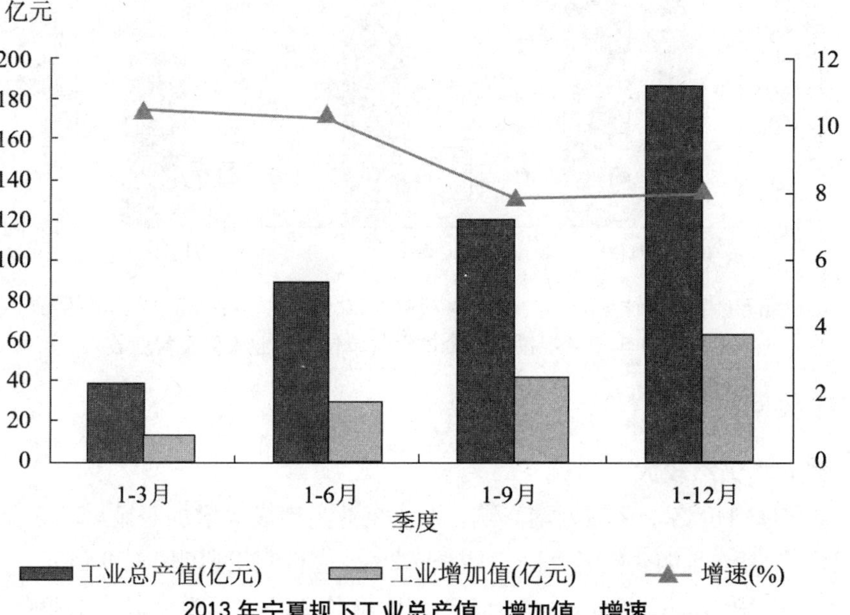

2013 年宁夏规下工业总产值、增加值、增速

（二）小微企业数量增加，小型企业从业人数增长明显

2013 年规模以下工业企业单位 3115 个，与 2012 年同期相比，企业数量增加了 369 个,增长 13.4%，其中：小型企业为 802 家，微型企业为 2313 家，与 2012 年相比，分别增长 18.1%和 12%。企业期末从业人数达到 54940 人，同比增长 5.6%。其中：小型企业期末从业人数为 32500 人，同比增长 6.1%；微型企业期末从业人数为 22440 人，同比减少 5.4%。

（三）工业企业效益转好，营业利润增长明显

2013 年规模以下工业企业营业利润 11.47 亿元，同比增长 23.7%，其中：小型企业营业利润 5.77 亿元，同比增长 67.6%；微型企业营业利润 4.16 亿元，同比下降 5.4%。在调查的 39 个行业中非金属矿物制品业、农副食品加工业、石油和天然气开采业、金属制品业、纺织业和食品制造业等六个行业利润增长强劲，营业利润分别为 2.85 亿元、1.43 亿元、1.23 亿元、4535.95 万元、3142.64 万元和 2782.97 万元。

（四）八大行业对工业总产值贡献作用明显

2013 年规模以下工业中非金属矿物制品业、农副食品加工业、煤炭开采洗选业、金属制品业、家具制造业、皮革毛皮羽毛及其制品业、黑色金属冶炼和压延加工业以及食品制造业等 8 个行业主营业务收入分

别为24.78亿元、23.35亿元、6.54亿元、6.18亿元、2.81亿元、1.68亿元、1.54亿元和6.64亿元，与2012年同期相比，分别增加2.09亿元、1.84亿元、1.57亿元、9584.09万元、8502.31万元、8318.58万元、8018.22万元和7719.63万元，对增加值贡献率达到84.6%，对整体收入增长贡献作用明显。

（五）企业上缴税金同比减少

随着国家暂免征收销售额低于两万元的小微企业增值税、营业税及自治区政府针对小微企业部份税费减免优惠政策的进一步落实，今年以来规模以下小微工业企业上缴的税金总额增幅呈逐季减少趋势，2013年上缴税金3.86亿元，与2012年同期相比下降4.5%，同比减少1824.58万元。

（六）规模以下个体工业经营单位数量减少，经营收入下降

调查显示，近年来，随着城镇化进程的加快，部份地区城市拆迁改造，造成个体经营户整体数量持续减少。2013年规模以下个体工业单位数量为9781个，与2012年同期相比减少了2130个，同比下降18%，与2011年相比减少了2512个，下降20.4%。个体从业人员数为26289人，与2012年同期相比下降17.4%。完成营业收入31.7亿元，与2012年同期相比减少1.26亿元，下降了3.7%（见下图）。

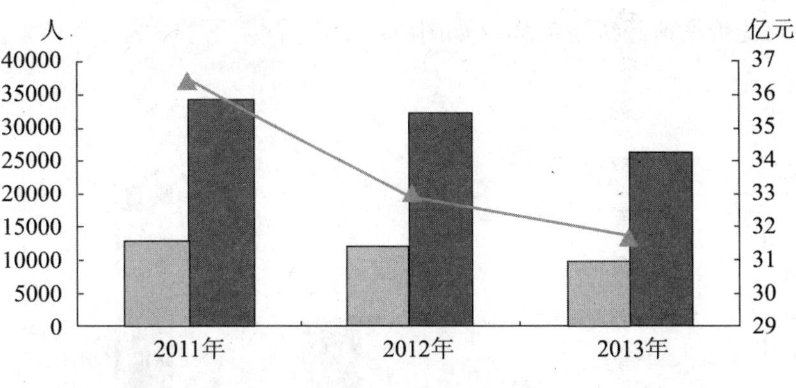

2011-2013年宁夏规模以下个体经营单位、从业人数及营业收入

二、存在的主要问题

（一）企业经营成本仍然较大

受人工费用增加和原料价格上涨等因素影响，工业企业生产成本增加明显。2013年企业主营业务成本118.89亿元，与2012年相比增加8亿元，同比增长7.2%；应付职工薪酬13.29亿元，与2012年相比增加4273.1万元，职工人均薪酬为2.42万元，与2012年相比增长2.2%。据规模以下工业企业问卷调查：有280家企业认为用工成本上升快仍是目前企业面临的最突出问题，占73.1%；受其影响一些企业为降低成本纷纷减员增效，有183家企业表示四季度没有招工需求，占到参与调查企业数量的47.8%。

（二）行业间营业利润差距较大

在调查的全部行业中农副食品加工业、食品制造业、非金属矿物制品业营业利润分别增长55.3%、4.5倍和58.9%；而煤炭开采和洗选业、非金属矿采选业以及化学原料和化学制品制造业等行业受市场需求疲软影响，企业利润与上年相比分别下降了22.86%、41.56%和52.03%，下跌幅度较大。

（三）企业资金紧张现象依然存在

2013年，企业应收账款为17.15亿元，同比减少5.75%，利息支出2.29亿元，同比增长0.75%，其中民间借款利息同比增长11.1%，银行借款利息同比减少0.2%。据企业调查问卷显示：2013年四季度有57.4%企业未发生银行借款，有93.2%企业未发生民间借款；有54.8%企业感到资金紧张，其中11.2%企业流动资金很紧张缺口在20%以上；45.4%的企业资金紧张缺口在1%-20%之间；42.8%的企业资金基本正常；只有0.52%的企业资金宽裕。

（潘瑜）

5-1　2013年全区规模以下工业主要经济指标

Main Indicators of Industrial Enterprises Below Designated Size(2013)

单位：亿元、%　　(100 million yuan.%)

指标名称	indicator	全年 Annual	可比价增长速度 Growth Rate at Constant Prices
1.现价工业总产值	Gross Industrial Output Value in Current Prices	186.00	—
#企业工业总产值	Gross Industrial Output Value of Enterprises	153.97	—
个体营业收入	Revenue from Individual Business	32.03	—
2.工业增加值	Value-added of Industry	62.90	8.0

5-2 2013年各市、县(区)规模以下工业主要经济指标

Main Indicators of Industrial Enterprises Below Designated Size by City and County(2013)

地区	Region	企业单位个数(个) Number of Enterprises (unit)	期末从业人员(人) Employed Persons at Year-end(person)	现价工业总产值(万元) Gross Industrial Output Value in Current Prices(10000 yuan)	工业增加值(万元) Value-added of Industry (10000 yuan)	可比价增长速度(%) Growth Rate at Constant Prices(%)
全　区	**Total**	**3115**	**54940**	**1860074**	**629635**	**8.0**
银川市	**Yinchuan**	**1020**	**13909**	**666548**	**225626**	**9.8**
兴庆区	Xingqing	104	1260	49420	16729	7.3
西夏区	Xixia	173	1685	52219	17676	4.6
金凤区	Jinfeng	113	1582	73069	24734	-6.5
永宁县	Yongning	213	3383	142175	48126	16.1
贺兰县	Helan	346	5221	301959	102213	22.6
灵武市	Lingwu	72	778	47707	16149	14.7
石嘴山市	**Shizuishan**	**487**	**5354**	**302094**	**102259**	**-8.3**
大武口区	Dawukou	**175**	**1355**	**47119**	**15950**	**-5.7**
惠农区	Huinong	72	1120	57726	19540	-17.7
平罗县	Pingluo	240	2879	197249	66769	-5.8
吴忠市	**Wuzhong**	**483**	**9617**	**363720**	**123119**	**14.0**
利通区	Litong	106	2496	96172	32554	-9.1
红寺堡区	Hongsipu	68	2926	46303	15674	6.9
盐池县	Yanchi	64	655	54769	18539	-2.2
同心县	Tongxin	31	729	44087	14924	17.7
青铜峡市	Qingtongxia	214	2811	122388	41428	20.0
固原市	**Guyuan**	**602**	**17392**	**304134**	**102949**	**16.2**
原州区	Yuanzhou	165	6576	100562	34040	41.4
西吉县	Xiji	133	2657	61398	20783	9.3
隆德县	Longde	86	3330	45386	15363	23.3
泾源县	Jingyuan	26	616	14789	5006	14.5
彭阳县	Pengyang	193	4212	82000	27757	27.6
中卫市	**Zhongwei**	**522**	**8668**	**223579**	**75681**	**6.6**
沙坡头区	Shapotou	248	2451	81796	27688	-8.9
中宁县	Zhongning	174	2851	71103	24069	22.0
海原县	Haiyuan	101	3366	70679	23925	6.8

主要指标解释

规模以下工业　年主营业务收入 2000 万元以下的工业企业和全部个体经营工业单位。规模以下工业企业和全部个体经营工业单位具体包括调查年初在册的规模以下工业企业、全部个体经营工业单位以及当年新建的规模以下工业企业和新增的全部个体经营工业单位。

工业总产值（当年价格）　指工业企业在报告期内生产的以货币形式表现的工业最终产品和提供工业劳务活动的总价值量。工业总产值包括三部分：生产的成品价值、对外加工费收入、自制半成品在制品期末期初差额价值。

主营业务收入　指企业确认的销售商品、提供劳务等主营业务的收入。根据会计“主营业务收入”科目的期末贷方余额填报。执行 2006 年《企业会计准则》的企业，如未设置该科目，以“营业收入”代替填报。

从业人员期末人数　指报告期在本单位工作，取得工资或其他形式劳动报酬的期末实有人员数，是在岗职工、劳务派遣人员及其他从业人员期末人数之和。不包括离开本单位仍保留劳动关系的职工。

规模以下工业总产值　指规模以下工业企业和个体工业在报告期内生产的以货币形式表现的工业最终产品和提供工业劳务活动的总价值量。规模以下工业企业工业总产值=主营业务收入+期末产成品存货-年初产成品存货，个体工业以营业收入代替。

规模以下工业增加值　以调查制度核定的工业总产值增加值率计算。

规模以下工业增长速度　以当期工业价格指数缩减计算工业企业和个体工业加权计算的工业总产值可比价增长速度。

第六篇

农民工调查

Migrant Workers Survey

简要说明

农民工监测调查以第六次人口普查为抽样框资料，以全区为总体，采用多层、多阶段、PPS 抽样方法随机抽选调查小区，在全区 22 个市县区抽中调查点 115 个，共有 1182 户调查户数据资料参与汇总推算，调查数据结果主要反映农民工数量、流向、结构、就业、收支、生活、社会保障及创业等情况。

2013年宁夏农民工就业情况分析

2013年宁夏农民工就业形势总体趋好，农民工规模继续扩大，收入水平提高，就业区域和行业比较稳定。但农民工文化素质较低，专业技能水平不足，各项社会保障参保率较低等依然是影响农民工就业的主要因素。

一、农民工基本情况

（一）农民工规模继续扩大，女性农民工增长较快

据全区农民工监测调查结果显示，2013年宁夏农民工（外出务工、在本地非农务工和非农自营活动时间达到或超过6个月以上的农村从业人员）总量达到84.1万人，占宁夏总人口的12.9%，比上年增加5.2万人，增长6.6%，其中外出农民工增长较快，达68万人，比上年增长14.5%，占农民工总量的80.8%，比上年提高5.5个百分点。从性别构成看，男性农民工为63.7万人，增长6.1%，占农民工总量的75.7%，比上年下降0.4个百分点；女性农民工为20.4万人，增长7.9%，占24.3%，比上年提高0.4个百分点。

（二）新生代农民工占据半壁江山，40岁以上农民工打工比例有所上升

从年龄结构看：16-34岁农民工（新生代农民工）占农民工总量的54.7%，成为农民工的主力军，其中16-19岁、20-24岁、25-29岁、30-34岁分别占5.9%、21.3%、16.7%、10.8%；35-40岁的占12.4%；40岁以上的农民工的比重由上年的28.7%上升到32.9%，上升4.2个百分点，其中：41-50岁占21.8%，上升1.7个百分点，51-60岁占9.2%，上升1.2个百分点， 60岁以上占1.9%，上升1.3个百分点。

（三）农民工整体受教育程度有所提高

从学历水平看，从未上过学的占2.9%，比上年减少1.6%；上过小学的占19.3%，比上年增加0.4%；上过初中的占56.4%，比上年增加1.2%。高中及以上学历占比与去年持平，为21.4%，其中上过高中的占11.7%，比上年减少0.8%；大学专科、本科占9.7%，比上年增加0.8%。

二、农民工收入及就业情况

（一）农民工收入水平大幅提高，增势加快

调查结果显示，2013年宁夏农民工月均收入为2861元，比上年增长18%，其中外出农民工月均收入为2994元，比上年增加399元，增长15.4%，增幅比上年快4.8个百分点。从月均收入高低看，最高外出自营的4035元，其次是本地非农自营，月均2913元，外出务工农民工月均收入2901元，本地非农务工收入相对较低，为2271元。此外高收入外出农民工比重提高较快，月收入水平在3000元以上的人数继续增加，比重提高到51.4%，比上年提高12.3个百分点。

（二）农民工就业“区内”人数继续增加，流向基本稳定

调查结果显示：2013年，在自治区以内从业的农民工比重由上年的84.7%上升到89.2%，上升了4.5个百分点，在自治区以外从业的农民工比例下降到10.8%。从农民工分布情况看，“区内”农民工呈现三足鼎立的态势，乡内、乡外县内、县外区内从业的农民工分别占30.3%、35.9%、33.8%；“区外”农民工主要集中在西部和东部地区，其中西部地区占66.9%，比去年减少7.1%，且92.4%的集中在宁夏周边地区的内蒙、陕西、甘肃和新疆；东部地区占26.4%，比去年增加2.4%，主要集中在广东、福建、北京等地。

（三）农民工就业仍集中在六大行业，但行业占比略有变化

建筑业依然是农民工从事的主要行业，占28.6%，比上年下降2个百分点；制造业占16.3%，比上年

提高 0.7 个百分点；批发零售业占 10.3%，比上年下降 3.5 个百分点；交通运输仓储邮政业和居民服务、修理及其他服务业分别占 10.2%和 10.1%，比上年分别提高 1.9 和 0.8 个百分点；住宿和餐饮业占 8.6%，比上年提高 0.3 个百分点。

（四）农民工全年平均从业时间超过 8 个月，外出农民工务工时间高于本地农民工

2013 年农民工全年平均从业时间 8.3 个月，其中外出务工农民工平均从业时间 8.6 个月，本地非农务工平均时间 7 个月，外出自营和本地非农自营分别为 8.2 个月和 8.1 个月。外出农民工日均工作时间逐渐减少。调查结果显示，2013 年外出农民工平均每天工作时间为 8.74 个小时，比上年减少 0.15 个小时，其中：每天工作 8 小时及以下的占 55.9%，比上年提高 1.3 个百分点；每天工作 8 小时（不包括 8 小时）以上的占 44.1%，比上年下降 1.3 个百分点，其中：10-12 小时以上的占 31.5%，比上年下降 7.6 个百分点。

三、影响农民工就业的因素

（一）农民工总体文化素质不高，专业技能水平较低

调查数据显示；宁夏农民工总体文化程度偏低，初中及以下文化程度者所占比例高达 78.6%，未接受过非农技能培训的多达三分之二。由于其文化和技术素质偏低，主要流向脏、累、重、险等技术含量比较低的行业或工种，自由选择进入技术含量较高行业和岗位的机会很少，这是导致农村外出从业人员就业不充分、收入不稳定的主要原因。

（二）农民工外出从业仍存在一定的盲目性

从外出务工渠道看，2013 年农民工外出从业人员中，自发外出的占 71%；亲朋好友介绍的占 25%；其他的占 1.5%；中介组织介绍和政府及有关部门组织外出的分别仅占 1.3%和 1.2%。表明宁夏农村劳动力外出务工仍以自发为主，集体或中介组织作用不明显。

（三）农民工务工的社会保障水平较低

从签订合同情况看：农民工签订就业合同比例较低，2013 年外出农民工签订劳动合同的占 18.9%，本地非农务工农民工签订劳动合同的占 21%。从社保参保率看：外出农民工养老保险、医疗保险、失业保险、工伤保险等参保率分别为 8.6%、10.3%、6.4%、12.7%。从工资结算情况看：有 8%的农民工有被拖欠工资现象，其中，外出务工农民工中有 10%，本地非农务工农民工中有 12%。

四、对策建议

（一）加强培训，提高农民工的文化素质和职业技能

职业技能培训是提高农民工素质的有效途径，是改善其知识结构和技术结构，不断提高就业能力、创业能力和职业转换能力的重要手段。因此要加强农民工职业技能培训，建议政府、企业、学校以及其它社会各类培训机构，要根据市场需求，定期、免费组织开展农民工职前培训，提高农村劳动力转移层次；同时还要加强农民工维权培训，对外出务工遇到权利受损及拖欠工资现象时，会用合法的手段来维护自身权益。

（二）搭建平台，提高农民工外出就业的组织化程度

坚持市场引导与政府促进相结合、自发转移与有组织转移相结合，充分发挥劳务经纪人、中介组织、劳务协会、劳务基地和农民工服务站等各类组织的作用，进一步组织有意向和有能力外出的农民有序转移就业。搭建信息服务平台，加强就业信息的发布和引导，利用农村劳动力市场信息网络及就业服务站等平台，多渠道为求职者提供免费就业服务信息。

（三）统筹协调，提高农民工的社会保障水平

政府部门要本着分类指导、稳步推进的原则，要求有关部门、用工企业落实劳动法，逐步完善农民工的养老、失业、医疗、工伤、生育等保险机制，对于特殊工种要将工伤、意外保险列为必需条款，以全面提高农村外出从业人员的社会保障水平。加强劳动保障监察管理工作，督促和引导企业建立规范合理的用工制度和工资增长机制，通过强有力的执法手段杜绝各种拖欠农民工工资、侵害农民工合法权益的违法行为。

(于晶)

注：本调查资料的农民工是指户口性质为本地农业户口，且本年度外出从业6个月及以上或从事本地非农活动（包括本地非农务工和非农自营活动）6个月及以上的经济活动人口以及举家外出的农村劳动力；外出农民工是指在本乡镇以外务工或从事经营活动的农民工。

6-1 2013年全区农民工监测调查资料

Migrant Workers Monitoring Survey Data(2013)

指标名称	Item	单位	unit	数量
一、农民工主要推算数据(加权汇总)	**Basic Calculating Statistics of Migrant Workers**			
(一)总量	Total	万人	ten thousand	84.10
其中：外出农民工	Migrant Workers out	万人	ten thousand	68.00
本地农民工	Local Migrant Workers	万人	ten thousand	16.10
(二)外出务工从业时间	Working Time of Migrant Workers out	月	month	8.64
(三)外出务工月均收入	Average Monthly Income of Migrant Workers out	元	yuan	2994.00
二、农民工基本情况(调查样本数据)	**Basic Statistics of Migrant Workers**			
(一)性别	Gender	人	person	914
1.男性	Male	人	person	687
2.女性	Female	人	person	227
(二)年龄	Age	人	person	914
1.5岁及以下	Aged 5 and Under	人	person	
2.6-15岁	Aged 6-15	人	person	
3.16-19岁	Aged 16-19	人	person	53
4.20-24岁	Aged 20-24	人	person	185
5.25-29岁	Aged 25-29	人	person	153
6.30-34岁	Aged 30-34	人	person	103
7.35-40岁	Aged 35-40	人	person	122
8.41-50岁	Aged 41-50	人	person	200
9.51-60岁	Aged 51-60	人	person	81
10.61-65岁	Aged 61-65	人	person	12
11.66岁及以上	Aged 66 and Over	人	person	5
(三)6周岁及以上住户成员受教育程度	Culture Level of Household Member 6 years of age and older	人	person	914
1.未上过学	Illiterate and Semi-illiterate	人	person	31
2.小学	Primary School	人	person	191
3.初中	Junior Middle School	人	person	499
4.高中	Senior Middle School	人	person	107
5.大学专科	Junior College	人	person	68
6.大学本科	Undergraduate College	人	person	18
7.研究生	Postgraduate	人	person	
(四)参加医疗保险情况	Condition of Joining Medical Insurance	人	person	914
1.新型农村合作医疗	New Rural Co-operative Medical System	人	person	818
2.城镇职工基本医疗保险	Urban Employee Basic Medical Care Insurance	人	person	26
3.(城镇)居民基本医疗保险	Urban Household Basic Medical Insurance	人	person	58
4.公费医疗	Free Medical Insurance	人	person	
5.商业医疗保险	Commercial Medical Insurance	人	person	3
6.其他医疗保险	Other Medical Insurance	人	person	2
7.没有参加任何医疗保险	No Medical Insurance	人	person	9
(五)参加养老保险情况	Condition of Joining Pension Insurance	人	person	914
1.新型农村社会养老保险	New Rural Social Pension Insurance	人	person	538
2.城镇职工基本养老保险	Urban Employee Basic Pension Insurance	人	person	57
3.(城镇)居民社会养老保险	Urban Household Social Pension Insurance	人	person	17
4.商业养老保险	Commercial Pension Insurance	人	person	11
5.其他养老保险	Other Pension Insurance	人	person	2
6.没有参加任何养老保险	No Pension Insurance	人	person	290
三、农民工全年从业情况(调查样本数据)	**Basic Statistics of Migrant Workers Employment**			
(一)本年度主要从业地区	Main Working Region This Year	人	person	914
1.乡内	Town	人	person	248
2.乡外县内	Town out County in	人	person	291
3.县外省内	County out Province in	人	person	275
4.省外国内	Province out Nation in	人	person	99
5.国外及港澳台地区	Nation out and Hong Kong,Macao,Taiwan Region	人	person	1

6-1 续表 1 continued

指标名称	Item	单位	unit	数量
(二)本年度从事主要行业	Working on Main Industry This Year	人	person	914
1.第一产业	Primary Industry	人	person	13
(1)农、林、牧、渔业	Agriculture,Forestry,Animal Husbandry and Fishery	人	person	13
2.第二产业	Secondary Industry	人	person	472
(2)采矿业	Mining	人	person	34
(3)制造业	Manufacturing	人	person	140
(4)电力、热力、燃气及水的生产和供应业	Production and Supply of Electricity,Gas and Water	人	person	26
(5)建筑业	Construction	人	person	272
3.第三产业	Tertiary Industry	人	person	429
(6)批发和零售业	Wholesale and Retail Trades	人	person	95
(7)交通运输、仓储和邮政业	Transport,Storage and Post	人	person	93
(8)住宿和餐饮业	Hotels and Catering Services	人	person	81
(9)信息传输、软件和信息技术服务业	Information Transmission,Computer Services and Sofeware	人	person	5
(10)金融业	Financial Intermediation	人	person	1
(11)房地产业	Real Estate	人	person	2
(12)租赁和商务服务业	Leasing and Business Services	人	person	3
(13)科学研究和技术服务	Scientific Research and Technical Services	人	person	1
(14)水利、环境和公共设施管理业	Management of Water Conservancy,Environment and Public Facilities	人	person	7
(15)居民服务、修理和其他服务业	Services to Households and Other Services	人	person	84
(16)教育	Education	人	person	9
(17)卫生、社会工作	Health and Social Work	人	person	20
(18)文化、体育和娱乐业	Culture,Sports and Entertainment	人	person	6
(19)公共管理、社会保障和社会组织	Public Management,Social Securities and Organizations	人	person	22
(20)国际组织	International Organizations	人	person	
四、外出从业农民工情况(调查样本数据)	Basic Statistics of Migrant Workers Employment out			
(一)外出地区	Working Region	人	person	661
1.本省	Province in	人	person	558
(1)乡外县内	Town out County in	人	person	285
(2)县外省内	County out Province in	人	person	273
2.省外	Province out	人	person	103
(1)东部地区	Eastern Provinces	人	person	29
北京	Beijing	人	person	6
天津	Tianjin	人	person	
河北	Hebei	人	person	1
辽宁	Liaoning	人	person	
上海	Shanghai	人	person	2
江苏	Jiangsu	人	person	2
浙江	Zhejiang	人	person	3
福建	Fujian	人	person	4
山东	Shandong	人	person	5
广东	Guangdong	人	person	6
海南	Hainan	人	person	
(2)中部地区	Central Provinces	人	person	5
山西	Shanxi	人	person	2
吉林	Jilin	人	person	
黑龙江	Heilongjiang	人	person	
安徽	Anhui	人	person	
江西	Jiangxi	人	person	
河南	Henan	人	person	1
湖北	Hubei	人	person	
湖南	Hunan	人	person	2

6-1 续表 2 continued

指标名称	Item	单位	unit	数量
(3)西部地区	Western Provinces	人	person	68
内蒙古	Inner Mongolia	人	person	33
广西	Guangxi	人	person	
重庆	Chongqing	人	person	
四川	Sichuan	人	person	3
贵州	Guizhou	人	person	
云南	Yunnan	人	person	
西藏	Tibet	人	person	
陕西	Shaanxi	人	person	12
甘肃	Gansu	人	person	9
青海	Qinghai	人	person	3
宁夏	Ningxia	人	person	558
新疆	Xinjiang	人	person	8
(4)其他地区	Others	人	person	1
港澳台	Hong Kong,Macao and Taiwan	人	person	
国外	Foreign	人	person	1
(二)外出地区类型	Type of out Working Region	人	person	661
1.直辖市	Municipality Directly under the Central Government	人	person	12
2.省会城市	Provincial Capital	人	person	168
3.地级市	Cities at Prefecture Level	人	person	136
4.县市城区	County	人	person	264
5.建制镇	Towns	人	person	55
6.村委会	Village Committee	人	person	3
7.其他地区	Others	人	person	23
(三)外出方式	Pattern of out Working	人	person	661
1.政府(单位)组织	Organized by Government	人	person	7
2.中介组织介绍	Introduced by Intermediary Agent	人	person	6
3.亲朋好友介绍	Introduced by Relatives and Friends	人	person	160
4.自发	Spontaneous	人	person	477
5.其他	Others	人	person	11
(四)本年度从事主要行业	Working on Main Industry This Year	人	person	661
1.第一产业	Primary Industry	人	person	14
(1)农、林、牧、渔业	Agriculture,Forestry,Animal Husbandry and Fishery	人	person	14
2.第二产业	Secondary Industry	人	person	377
(2)采矿业	Mining	人	person	31
(3)制造业	Manufacturing	人	person	93
(4)电力、热力、燃气及水的生产和供应业	Production and Supply of Electricity,Gas and Water	人	person	25
(5)建筑业	Construction	人	person	228
3.第三产业	Tertiary Industry	人	person	270
(6)批发和零售业	Wholesale and Retail Trades	人	person	38
(7)交通运输、仓储和邮政业	Transport,Storage and Post	人	person	63
(8)住宿和餐饮业	Hotels and Catering Services	人	person	69
(9)信息传输、软件和信息技术服务业	Information Transmission,Computer Services and Sofeware	人	person	6
(10)金融业	Financial Intermediation	人	person	1
(11)房地产业	Real Estate	人	person	2
(12)租赁和商务服务业	Leasing and Business Services	人	person	2
(13)科学研究和技术服务	Scientific Research and Technical Services	人	person	1
(14)水利、环境和公共设施管理业	Management of Water Conservancy,Environment and Public Facilities	人	person	5
(15)居民服务、修理和其他服务业	Services to Households and Other Services	人	person	58
(16)教育	Education	人	person	2

6-1 续表 3 continued

指标名称	Item	单位	unit	数量
(17)卫生、社会工作	Health and Social Work	人	person	12
(18)文化、体育和娱乐业	Culture,Sports and Entertainment	人	person	7
(19)公共管理、社会保障和社会组织	Public Management,Social Securities and Organizations	人	person	4
(20)国际组织	International Organizations	人	person	
(五)外出从业住所类型	Type of Residence out Working	人	person	661
1.单位宿舍	Employer's Dormitory	人	person	154
2.工地工棚	Working Shed in Construction Sites	人	person	97
3.生产经营场所	The sites of Production and Business Operation	人	person	27
4.与人合租住房	Renting Room with Others	人	person	60
5.独立租赁住房	Renting a Room Oneself	人	person	99
6.务工地自购房	Buying House in Working Place	人	person	15
7.乡外从业但回家居住(老家)	Working out of Village but Living in old home	人	person	179
8.其他	Others	人	person	30
(六)外出从业时间	Time of Working outside	人	person	661
1.从事当前工作的时间	Time of Working outside at present	天	day	21478
其中：1年以下	1 year and under	人	person	259
1-2年	1-2 years	人	person	153
2-5年	2-5 years	人	person	158
5年及以上	5 years and over	人	person	91
2.每月平均工作的天数	Working Days on Average per Month	天	day	16422
其中：15天以下	15 days and under	人	person	15
15-22天	15-22 days	人	person	123
22-26天	22-26 days	人	person	314
26天以上	26 days and over	人	person	209
3.每天平均工作的小时数	Working Hours on Average per Day	小时	hour	5772
其中：6小时以下	6 hours and under	人	person	8
6-8小时	6-8 hours	人	person	13
8-10小时	8-10 hours	人	person	445
其中：8小时	8 hours	人	person	345
10-12小时	10-12 hours	人	person	179
12小时及以上	12 hours and over	人	person	16
(七)外出月收支情况	Condition of Income and Expenses per Month	人	person	661
1.每月平均收入	Income on Average per Month	元	yuan	3014.48
其中：800元以下	Less Than 800 Yuan	人	person	6
800-1000元	800-1000 Yuan	人	person	4
1000-1500元	1000-1500 Yuan	人	person	33
1500-2000元	1500-2000 Yuan	人	person	82
2000-3000元	2000-3000 Yuan	人	person	191
3000-5000元	3000-5000 Yuan	人	person	280
5000元及以上	5000 Yuan and over	人	person	65
2.每月平均居住支出	Living Expenses on Average per Month	元	yuan	388
其中：200元以下	Less Than 200 Yuan	人	person	51
200-500元	200-500 Yuan	人	person	80
500-1000元	500-1000 Yuan	人	person	43
1000元及以上	1000 Yuan and over	人	person	16
(八)社会保障与福利情况	Social Security and Welfare Condition	人	person	661
1.外出从业的劳动关系	Labor Relation of Working outside	人	person	661
①无固定期限劳动合同工	Labor Contract With Non-fixed Term	人	person	32
②一年及以上劳动合同工	A year or More Labor Contract	人	person	82
③一年以下劳动合同工	A year and under Labor Contract	人	person	19

6-1 续表 4 continued

指标名称	Item	单位	unit	数量
④没有劳动合同	No Labor Contract	人	person	475
⑤自营	Self-support	人	person	49
⑥其他	Others	人	person	4
2.单位或雇主提供伙食情况	Condition of Meals Providing by Employers	人	person	608
①每天提供三顿	Three Meals per Day	人	person	169
②每天提供两顿	Two Meals per Day	人	person	95
③每天提供一顿	One Meal per Day	人	person	88
④不提供，但补贴部分伙食费	No Providing but with some Subsidies	人	person	22
⑤不提供，也没有补贴	No Providing and Subsidies	人	person	234
3.单位或雇主提供住宿情况	Condition of Accommodation Providing by Employers	人	person	608
①提供住宿	Providing Accommodation	人	person	295
②不提供住宿，但住房有补贴	No Accommodation but with some Subsidies	人	person	9
③不提供住宿，也没有住房补贴	No Accommodation and Subsidies	人	person	304
4.单位或雇主拖欠工资情况	Condition of Unpaid Wages by Employers	人	person	
①被拖欠工资人数	Numbers of Unpaid Wages	人	person	65
②被拖欠工资的金额	Sum of Unpaid Wages	元	yuan	676700
5.五险一金缴纳情况	Condition of Social Security Payment	人	person	661
①缴纳养老保险	Pension Insurance Payment	人	person	60
②缴纳工伤保险	Injury Insurance Payment	人	person	87
③缴纳医疗保险	Medical Insurance Payment	人	person	71
④缴纳失业保险	Unemployment Insurance Payment	人	person	48
⑤缴纳生育保险	Maternity Insurance Payment	人	person	26
⑥缴纳住房公积金	Housing Fund Payment	人	person	32
(九)返乡情况	Condition of Return Home	人	person	149
1.返乡人数	Numbers of Return Home	人	person	149
其中：外出时间超过1个月的	Numbers of Return Home Working outside One Month and over	人	person	149
2.返乡原因	Reasons of Return Home	人	person	
①回家过年	Have the Spring Festival	人	person	24
②企业裁员	Downsizing	人	person	
③收入低	Low Salary	人	person	2
④家庭原因	Family Reason	人	person	8
⑤找不到工作	Can't Find a Job	人	person	12
⑥家中农业生产缺乏劳动力	Lack of Agricultural Labour Force	人	person	6
⑦想回本地就业	Find a Local Job	人	person	8
⑧只是临时回家	Return Home Temporarily	人	person	48
⑨其他原因	Others	人	person	41
(十)今后的就业打算	Future Working Plans	人	person	105
1.本地务农	Local Farming	人	person	1
2.本地非农自营	Local Self-support	人	person	232
3.本地非农务工	Have a Job Locally	人	person	142
4.回返乡前务工地找工作	Find a Job at Previous Place	人	person	73
5.去另一个地方找工作	Find a Job at Other Place	人	person	17
6.不确定	Uncertainty	人	person	48
7.其他	Others	人	person	5
(十一)务工期间更换工作人数	Changing Jobs during Working Time	人	person	184
1.更换工作的次数	Times of Changing Jobs	人	person	242
2.更换过工作的人数	Numbers of Changing Jobs	人	person	
其中：换过1次工作	Changing Jobs for One Time	人	person	
换过2次工作	Changing Jobs Twice	人	person	
换过超3次以上工作	Changing Jobs Three Times and More	人	person	

主要指标解释

农民工　即户口性质为本地农业户口且在本年度的从业状况属于以下几种情况：（1）外出农民工，即外出从业6个月及以上的农村劳动力；(2)本地农民工，即从事本地非农活动（包括本地非农务工和非农自营活动）6个月及以上的农村劳动力。（3）期末举家外出的农村劳动力。

本地非农自营　指在本地（本乡镇）不受雇于任何单位或雇主，而是自己单独经营或者与家人或他人联合经营、进行生产或服务性工作的人员。比如开办工厂、小商小贩等。在本地从事与农业相关的自营活动比如办养鸡场，不属于本地非农自营的范畴。

本地非农务工　指在住户所属乡镇地域范围内从事受雇于单位或个人获得工资性收入的工作。不包括受雇于他人从事农业生产活动的情况，但在本地农业企业或农场中从事非农工作应算做“本地非农务工”。

外出从业　指在住户所在乡镇地域范围以外务工或从事自营活动。

外出务工　指在住户成员到所属乡镇以外从事受雇于单位或个人获得工资性收入的工作。

外出自营　指在外出从业不受雇于任何单位或雇主，而是自己单独经营或者与家人或他人联合经营、进行生产或服务性工作的人员。

每月平均工作日　指就业者在调查前最近一次外出从业的平均每月实际工作的天数。倒班或上夜班的，每工作一个班，计算为一天。一天的工作时间不论是否超过8小时，均按1天计算。

平均每月收入　指该住户成员的最近的这份外出工作的平均月收入水平，其中应该得到而未得到的部分也应计算在内。外出务工人员收入包括劳动报酬和各种实物福利；外出自营人员收入是指从事生产经营活动所获得的净收入，是全部经营收入中扣除经营费用、生产性固定资产折旧和生产税净额（生产税减去生产补贴）之后得到的净收入。

平均每月居住支出　指该外出劳动力的居住方面的支出，包括房租、水、电、燃料等方面的支出。居住支出中不包含自购房的购房及装修费用。

低保户　指家庭人均收入低于当地农村低保标准，自身缺乏自我发展能力且定期领取农村低保补贴的住户。

五保户　指农村中无劳动能力、无生活来源、无法定赡养抚养义务的人或虽有法定赡养抚养义务人，但无赡养抚养能力的老年人、残疾人和未成年人，按照相关规定享受保吃、保穿、保医、保住、保葬（孤儿为保教）待遇。

建档立卡户　指当地将家庭人均收入在某一标准之下且进入扶贫部门信息管理系统的住户。

退耕还林户　指参与国家退耕还林还草工程，将不适合农耕的土地转为林地和草地并按相应标准领取过退耕还林补贴的住户。

种养业大户　指种植或养殖业生产达到一定规模以上的农村住户。其中：种植业规模标准为：果树在40亩以上；主要粮食品种在20亩以上；蔬菜在10亩以上；特种经营如花卉、药材5亩以上。养殖业规模标准为：生猪年出栏 20 头以上（不包括仔猪）；牛存栏10头以上；羊存栏或出栏30只以上（牧区100只以上）；蛋禽存栏500只以上；肉禽出栏 1000 只以上。达到以上任何一个规模标准即视为种养业大户。

本年度是否外出从业过　指本年度是否到本乡镇以外务工或经商。虽然经常或每天能回家居住，但工作地在本乡镇的行政区划范围之外，也算作外出从业。只要时间超过一周，就算外出从业过。

外出务工：指在住户成员到所属乡镇以外从事

受雇于单位或个人获得工资性收入的工作。

外出自营：指在外出从业不受雇于任何单位或雇主，而是自己单独经营或者与家人或他人联合经营、进行生产或服务性工作的人员。

本年度实际外出从业总时间　指本年度该住户成员实际外出从业的总时间。如果从事过几种外出从业活动，将各种活动的时间进行累计计算。累计时间不足一个月的，将从业天数折算为月数，保留 1 位小数，折算时每月按 30 天计算，每 3 天折合 0.1 个月。一天的工作时间不论是否超过 8 小时，均按 1 天计算，30 天累计为 1 个月。连续从业的人员，法定的节假日也算劳动时间。

本年度外出从业实际得到的收入　指本年度该住户成员从事所有外出从业活动实际得到的总收入。应得而未得的收入，不应计算在内。如果从事过几种外出从业活动，将收入进行累计计算。外出务工人员收入包括劳动报酬和各种实物福利；外出自营人员收入是指从事生产经营活动所获得的净收入，是全部经营收入中扣除经营费用、生产性固定资产折旧和生产税净额（生产税减去生产补贴）之后得到的净收入。

本年度寄回和带回家中总金额　指该住户成员在本年度外出从业期间寄回和带回的现金和实物折价的总金额。如果是在家居住，则直接填写外出从业期间得到的总收入。

本年度外出从业生活消费总支出　指该住户成员在本年度外出从业期间，用于生活消费的实际支出，包括现金支出和实物支出。

年末常住户数　指在当地居住 6 个月以上或即将居住 6 个月以上的家庭户总数。户口不在本地而在本地居住 6 个月及以上的住户也属于常住户；有本地户口，但举家外出的住户，无论是否保留承包耕地都不包括在常住户内；不包括集体户。

年末常住人口数　常住人口包括居住在本乡镇街道且户口在本乡镇街道或户口待定的人；居住在本乡镇街道且离开户口登记地所在的乡镇街道半年以上的人；户口在本乡镇街道且外出不满半年或在境外工作学习的人。“境外”是指我国海关关境以外。

第七篇 农村贫困调查

Rural Poverty Survey

简要说明

贫困监测调查在盐池、同心、原州区、西吉、隆德、泾源、彭阳和海原 8 县区开展，共有调查网点 83 个，调查户 820 户。主要监测居民现金和实物收支情况、住户成员及劳动力从业情况、居民家庭住房和耐用消费品拥有情况、家庭经营和生产投资情况、社区基本情况、县（市）社会经济基本情况和到县扶贫项目实施情况、以及村和户的扶贫参与情况等。本书提供的宁夏扶贫重点县相关数据资料均为贫困监测调查 820 户调查户数据简单汇总所得。

2013年宁夏扶贫重点县农村居民生活消费情况报告

2013年，自治区党委、政府认真贯彻落实中央宏观调控政策，继续实施百万贫困人口扶贫攻坚战略，扶贫工作成效显著，宁夏贫困人口继续减少，扶贫重点县农民收入增长较快，生活质量继续改善。

一、贫困人口情况

根据国家统计局宁夏调查总队对全区农村居民收支调查及国家扶贫开发工作重点县（包括盐池、同心、原州区、西吉、隆德、泾源、彭阳和海原8县，以下简称扶贫重点县）贫困监测调查结果显示：按照新的扶贫标准，2010年不变价农民人均纯收入2300元贫困标准线测算，2013年宁夏全区农村贫困人口为51万，比上年减少9万人，减少15%，贫困发生率为12.5%，比上年下降1.5个百分点；其中8个扶贫重点县（区）农村贫困人口33万人，比上年减少3万人，减少8.3%，贫困发生率为16.1%，比上年下降1.3个百分点。

二、扶贫重点县收入支出情况

（一）农村居民收入增长较快

2013年宁夏扶贫重点县农民人均纯收入为5251元，比上年增加650元，增长14.1%，增幅高于全区1.9个百分点，但总量仅相当全区平均水平的75.8%。

从收入来源看，一是工资性收入增长较快。随着城镇化建设进程加快，土地流转加速，农民务工人数增加，带动工资性收入加快增长。2013年扶贫重点县农民人均工资性收入为2365元，较上年增加388元，增长19.7%，对纯收入增长的贡献率为59.8%。二是家庭经营收入稳步增长。2013年扶贫重点县农民人均家庭经营收入为2364元，较上年增加181元，增长8.3%，对纯收入增长的贡献率为27.8%。三是财产和转移性收入来源增多，增幅较快，但总量仍然较低（见下表）。

2013年宁夏扶贫重点县农民人均纯收入及构成

单位：元、%

项目	2013年	2012年	增加	增幅	对纯收入的贡献率
人均纯收入	5251	4602	650	14.1	
其中：工资性收入	2365	1977	388	19.7	59.8
家庭经营收入	2364	2183	181	8.3	27.8
其中：农业收入	1350	1209	141	11.7	21.7
牧业收入	706	607	99	16.3	15.2
财产性收入	36	31	5	16.3	0.8
转移性收入	486	411	75	18.4	11.6

（二）生活质量不断改善

随着农村居民收入增加，生活消费支出也持续增长，生活质量进一步改善。2013年，宁夏扶贫重点县农民人均生活消费支出4950元，比上年增长14.4%。从消费八大类支出增幅看，增幅各异，居住支出增长27.5%，增长较快，交通通讯支出紧随其后，增长18.8%，之后依次是文教娱乐支出、家庭设备用品支出、衣着支出、医疗保健支出，食品支出增幅为6.7%，排在最后（见下表）。

2013年宁夏扶贫重点县农民人均生活消费支出及构成

单位：元

项目	2013年	2012年	增加	增幅（%）
生活消费支出	**4950**	**4327**	**623**	**14.4**
其中：食品支出	1960	1838	122	6.7
衣着支出	396	352	44	12.4
居住支出	875	686	189	27.5
家庭设备用品支出	257	224	33	14.6
交通通讯支出	531	447	84	18.8
文教娱乐支出	333	287	46	16.1
医疗保健支出	430	392	38	9.7
其他支出	167	100	67	66.8

2013年扶贫重点县农民人均食品支出占生活消费支出的比重（恩格尔系数）为39.6%，比上年下降2.9个百分点。

三、扶贫重点县农民住房及生活设施状况

（一）住房条件继续改善

2013年，扶贫重点县农村居民居住条件有所改善，人均住房面积20.9平方米，比上年增长0.3%，农户人均建房支出较上年增长了16.8%。从房屋建筑结构看，主要以砖瓦砖木结构为主，占71.7%，比上年提高8.1个百分点，竹草土坯房占21.4%，砖混材料占5.4%。

（二）耐用消费品拥有量稳步增加

2013年扶贫重点县农村居民百户拥有的主要耐用消费品数量继续增加，且档次提高，尤其是助力车、洗衣机、电冰箱、热水器、照相机、计算机（含互联网接入）、移动电话（含互联网接入）等，与上年相比，都有不同程度的增长。

2013年扶贫重点县百户拥有耐用消费品情况

品　　名	单位	数量
1.摩托车	辆	82.2
2.助力车	辆	24.4
3.洗衣机	台	87.8
4.电冰箱(柜)	台	56.2
5.微波炉	台	3.0
6.彩色电视机	台	110.4
7.热水器	台	20.8
其中：太阳能热水器	台	15.5
8.排油烟机	台	2.1
9.固定电话	部	17.8
10.移动电话	部	252.3
其中：接入互联网	部	37.0
11.计算机	台	13.0
其中：接入互联网	台	6.6
12.照相机	台	2.8

（三）生活设施及能源利用不断提升

饮用水情况：从管道供水情况看，2013 年底，扶贫重点县管道供水入户的占 56%、管道供水至公共取水点的占 1.2%、没有管道设施的占 42.8%。从饮用水来源看，41.3%的农户饮用经过净化处理的自来水、29.5%的农户饮用受保护的井水和泉水、12.6%的农户饮用江河湖泊水、6.8%的农户饮用不受保护的井水和泉水、4.8%的农户饮用收集的雨水、4.8%的农户饮用其他水源、0.2%的农户饮用桶装水。从饮用水使用前有无采取措施看，76%的农户饮用水煮沸后饮用、1.1%的农户饮用水加漂白剂或氯处理后饮用、0.6%的农户饮用水用其他措施处理，22.3%的农户饮用水无任何处理设施。

取暖及炊用能源状况： 2013 年底，重点县农户基本上全部用煤炭取暖，个别农户用柴草和电取暖。96.8%的农户利用煤炭取暖，3%的农户使用柴草取暖，0.2%的农户使用电取暖。从炊用能源看，以电、柴草和煤炭为主，35.3%的农户使用电，33.7%的农户使用柴草，29.7%的农户使用煤炭，1.3%的农户使用灌装液化石油气。

厕所设施及使用情况：从厕所类型看，92.3%的农户使用普通旱厕、3.9%的农户使用卫生旱厕、2.9%的农户使用水冲式卫生厕所，只有 0.9%的农户无厕所。从使用情况看，97.5%的农户单独使用厕所，1.6%的农户与别人共用厕所，0.9%的农户使用公共厕所。

四、扶贫重点县公共基础设施和基础教育状况

（一）基础设施不断完善

2013 年由于扶贫力度的加大及社会各界的大力支持，扶贫重点县基础设施条件有所改善。据监测资料显示，2013 年底， 所有的自然村通了电，95.4%的自然村通了公路、95.1%的自然村通了电话、99%的自然村被通信信号覆盖、27.1%的村通宽带、69.2%的自然村主干道路面经过硬化处理、69.2%的自然村通客用班车。从进村道路路况看，82%的进村道路为水泥或柏油路面，16%的进村道路为沙石或石板等硬质路面。

（二）教育状况逐步改善

近些年来，随着中央一系列教育政策的落实，贫困重点县农村地区义务教育阶段儿童在校率逐步提高，教育状况逐步改善。2013 年扶贫重点县义务教育阶段儿童在校率为 97%，比 2012 年提高 0.4 个百分点。上幼儿园、学前班以及小学的便利程度较高。数据显示，2013 年村内有幼儿园或学前班的占 40.2%、村内无幼儿园或学前班但入园便利的占 28%；村内有小学且便利的占 83%、村内无小学，且入学便利的占 10.6%。

五、对重点县扶贫攻坚工作的几点建议

当前，宁夏按照《中国农村扶贫开发纲要（2011-2020 年）》的总体要求及中央《关于创新机制扎实推进农村扶贫开发工作的意见》精神，深入推进百万贫困人口扶贫攻坚战略的实施，自治区各级部门上下联动、齐抓共管，为扶贫攻坚工作创造了良好的有利条件和机遇。但也应该看到，2013 年重点县农民人均纯收入增长速度较上年同期回落了 1.8 个百分点，与全区农民人均收入的差距继续拉大，差额从 2011 年的 1439 元、2012 年的 1578 元，拉大到 2013 年的 1680 元。为了在新形势下进一步做好重点县的扶贫开发工作，特提出以下建议：

（一）大力促进特色优势产业，增强扶贫重点县经济实力

要充分发挥扶贫重点县资源优势、突出区域特色，整合项目资金，壮大特色产业，通过建设产业化基地，扶持设施农业，发展农村合作经济，推动现有特色优势产业优化升级，推动贫困地区产业开发规模化、集约化和专业化，促进重点县经济实力上台阶。

（二）加大扶贫重点县农民培训力度，提高自我发展能力

2013 年宁夏扶贫重点县劳动力中，小学及以下文化程度的近六成，从来没有接受过农业技术培训和非农业技术培训分别为 89.2%和 91%，其自身文化素质不高，专业技术能力较低，是制约贫困重点县农民自身发展的主要因素。因此要构建贫困农民教育培训体系，以培训专业技能为重点，实施包括特色产

业技术、市场需求技能等在内的素质教育和培训，把提高贫困人口自我发展能力作为贫困地区脱贫致富的根本出路。

（三）严格扶贫资金管理，切实提高资金使用效益

扶贫资金的及时到位和高效使用，是提高扶贫开发工作成效的关键。要进一步完善扶贫资金使用管理办法，项目资金实行专人、专账、专户管理，定期对各类扶贫项目资金使用管理情况进行全面严格的检查、审计，确保扶贫资金安全有效运行。此外要加大扶贫资金统筹安排力度，根据当地扶贫开发特点，通过制定完善相关政策，整合各个归口部门的资金和技术，协调、集中各类扶贫和涉农资金捆绑使用，确保有限的扶贫资源最大限度地发挥效用。

（于晶）

注：本文所有户数据根据扶贫重点县 830 户农户调查问卷数据测算所得，村数据根据扶贫重点县 83 个行政村调查问卷数据测算所得

7-1 2013年扶贫重点县住户基本情况
Basic Statistics of Key Poverty Alleviation County(2013)

指标名称	Item	单位	unit	总计
一、调查户类别	**Category of Households Surveyed**	*		
1.调查户数	Numbers of Households Surveyed	户	household	820
2.低保户	Households Enjoying the Minimum Living Guarantee	户	household	262
3.五保户	Households Enjoying the Five Guarantees	户	household	9
4.建档立卡户	Households Establishing Files	户	household	362
5.退耕还林户	Households Returning the Grain Plots to Forestry	户	household	430
6.种养业大户	Planting and Breeding Large-scale Households	户	household	36
7.当年参加专业性合作经济组织的户	Households Joining in the Professional Cooperative Economic Organizations	户	household	16
8.当年家中是否发生大事	Great Event Occuring in the Family	*		
①没有大事	No Great Event	户	household	524
②盖房买房	Building or Buying a New House	户	household	79
③婚丧嫁娶	Weddings and Funerals	户	household	33
④子女上大学(含大中专)	Childern Go to College	户	household	21
⑤大病治疗	Serious Illness Treatment	户	household	51
二、住房及生活设施	**Housing and Domestic Installation**	*		
1.现住房为自有住房的	Home-ownership	户	household	810
2.居住住房主要建筑材料	Main Building Materials of Housing	户	household	820
①钢筋混凝土	Reinforced Concrete	户	household	3
②砖混材料	Brick Mixes Materials	户	household	51
③砖瓦砖木	Tile Materials	户	household	600
④竹草土坯	Bamboo Grass and Adobe	户	household	155
⑤其他	Others	户	household	12
3.居住住房建筑面积	Housing Construction Area	平方米	sq.m	79965.67
4.住宅外道路路面情况	Condition of Road Pavement outside the House	户	household	820
①水泥或柏油路面	Cement or Asphalt Pavement	户	household	279
②沙石或石板等硬质路面	Sand or Slabstone and other Hard Pavement	户	household	156
③其他	Others	户	household	385
5.是否有管道供水	Whether There is Water Supply Pipeline	户	household	820
①管道供水入户	Water Supply Pipeline to the House	户	household	486
②管道供水至公共取水点	Pipeline Water Supplying to Public Water Intaking Spot	户	household	8
③没有管道设施	No Pipeline Facility	户	household	326
6.主要饮用水来源	The Main Source of Drinking Water	户	household	820
①经过净化处理的自来水	Tap Water after Purification	户	household	387
②受保护的井水和泉水	Wells and Springs be Protected	户	household	210
③不受保护的井水和泉水	Wells and Springs not be Protected	户	household	49
④江河湖泊水	Rivers and Lakes Water	户	household	99
⑤收集雨水	Collecting Rainwater	户	household	31
⑥桶装水	Bottled Water	户	household	2
⑦其他水源	Others	户	household	42
7.获取饮用水存在的主要困难	Main Difficulty of Getting Drinking Water	户	household	820
①单次取水往返时间超过半小时	Round-trip Time More than Half an Hour of Getting Water	户	household	46
②间断或定时供水	Intermittent or Timing Water Supply	户	household	44
③当年连续缺水时间超过15天	Continuous Water Scarcity Longer than 15 days	户	household	24
④无上述困难	No Difficulty	户	household	707

7-1 续表 1 continued

指标名称	Item	单位	unit	总计
8.饮用前在家里所采取的主要处理措施	The Main Treatment Measures before Drinking at Home	户	household	820
①煮沸	Boiling	户	household	645
②加漂白剂/氯等	Add Bleach or Chloride and so on	户	household	13
③使用水过滤器	Using Water Filter	户	household	
④其他处理措施	Others Treatment Measures	户	household	5
⑤没有任何水处理措施	No Treatment Measures	户	household	158
9.厕所类型	Type of Toilet	户	household	820
①水冲式卫生厕所	Water Flushing Sanitary Toilet	户	household	30
②水冲式非卫生厕所	Water Flushing Insanitary Toilet	户	household	
③卫生旱厕	Sanitary Pit Latrine	户	household	37
④普通旱厕	General Pit Latrine	户	household	742
⑤无厕所	No Toilet	户	household	12
10.厕所使用情况	Using Toilet Condition	户	household	820
①本住户独用	Exclusive Use	户	household	795
②几户合用	Sharing with Several households	户	household	15
③公用厕所	Public Toilet	户	household	11
11.洗澡设施	Shower Facilities	户	household	820
①统一供热水	Centralized Water Supply	户	household	5
②家庭自装热水器	Home Self-installation Water Heater	户	household	130
③其他	Others	户	household	187
④无洗澡设施	No Shower Facilities	户	household	498
12.主要取暖用能源状况	Main Heating Energy Condition	户	household	820
①柴草	Firewood	户	household	27
②煤炭	Coal	户	household	790
③罐装液化石油气	Liquefied Petroleum Gas of Can Pack	户	household	2
④管道液化石油气	Liquefied Petroleum Gas of Pipeline	户	household	
⑤管道煤气	Coal Gas of Pipeline	户	household	
⑥管道天然气	Natural Gas of Pipeline	户	household	
⑦电	Electricity	户	household	1
⑧燃料用油	Fuel Oils	户	household	
⑨沼气	Biogas	户	household	
⑩其他	Others	户	household	
⑪无取暖行为	No Heating Behavior	户	household	
13.主要炊用能源状况	Main Condition of Cooking Energy	户	household	820
①柴草	Firewood	户	household	239
②煤炭	Coal	户	household	294
③罐装液化石油气	Liquefied Petroleum Gas of Can Pack	户	household	13
④管道液化石油气	Liquefied Petroleum Gas of Pipeline	户	household	
⑤管道煤气	Coal Gas of Pipeline	户	household	

7-1 续表 2 continued

指标名称	Item	单位	unit	总计
⑥管道天然气	Natural Gas of Pipeline	户	household	
⑦电	Electricity	户	household	274
⑧燃料用油	Fuel Oils	户	household	
⑨沼气	Biogas	户	household	
⑩其他	Others	户	household	
⑪无炊用行为	No Use of Cooking Engery	户	household	
14.使用照明电的	Using Lighting Electricity	户	household	704
三、资产拥有状况	**owning assets condition**	*		
1.年末畜禽存栏状况	Condition of Livestock on Hand at Year-end	*		
①大牲畜	Big Livestock	头	unit	639
②猪	Pig	头	unit	566
③羊	Sheep	只	unit	7007
④家禽	Poultry	只	unit	1083
2.年末生产性固定资产拥有状况	Owning Productive Fixed Assets Condition at Year-end	*		
①生产用房及建筑物面积	House and Building for Production	平方米	sq.m	56659
②生产用汽车	Truck for Production	辆	unit	
③大中型拖拉机	Large and Medium Tractor	台	unit	43
④小型、手扶拖拉机	Mini and Walking Tractor	台	unit	451
⑤动力三轮车	Power Tricycle	辆	unit	
⑥其他农机具(收割机、脱粒机、水泵等动力机械)	Other Agricultural Implements	台	unit	109
⑦役畜	Draught Animal	只	unit	259
⑧产品畜	Commodity Animal	只	unit	209
3.年末生产性固定资产原值	Original Value of Productive Fixed Assets at Year-end	元	yuan	22038353
其中：农、林、牧、渔业固定资产原值	Original Value of Agriculture Fixed Assets	元	yuan	14490003
4.年末存粮	Store up Grain at Year-end	公斤	kg	1677949
四、借贷情况	**Debit and Credit Condition**	*		
1.年末借贷款余额	Debit and Credit Balance at Year-end	元	yuan	11016400
其中：来自亲戚朋友	Coming from Relatives and Friends	元	yuan	4747400
银行及信用社商业贷款	Commercial Loans from Bank and Credit Cooperative	元	yuan	5965000
国家扶贫贴息贷款	National Poverty Alleiation Soft Loans	元	yuan	192000
其他扶贫贷款	Other Poverty Alleiation Loans	元	yuan	92000
其他来源借贷款	Other Loans Source	元	yuan	20000
2.借贷款用途	Purpose of Debit and Credit	*		
①盖房买房	Building or Buying a New House	户	household	80
②婚丧嫁娶	Weddings and Funerals	户	household	45
③子女上学	Childern Go to College	户	household	28
④治病	Serious Illness Treatment	户	household	32
⑤从事生产经营	Engaged in the production and business operation	户	household	125
⑥其他	Others	户	household	46

7-2 2013年扶贫重点县耐用消费品拥有情况

Ownership of Durable Consumer Goods of Key Poverty Alleviation County (2013)

单位：百户均 (per 100 household)

指标名称	Item	单位	unit	总计
1.家用汽车	Family Car	辆	unit	10
2.摩托车	Motorcycle	辆	unit	82
3.助力车	Moped	台	set	24
4.洗衣机	Washing Machine	台	set	88
5.电冰箱(柜)	Refrigerator	台	set	56
6.微波炉	Microwave Oven	台	set	3
7.彩色电视机	Color TV Set	台	set	110
其中：接入有线电视网	Cable Television	台	set	6
8.空调	Air Conditioner	台	set	
9.热水器	Water Heater	台	set	21
其中：太阳能热水器	Solar Water Heater	台	set	16
10.消毒碗柜	Disinfection Cupboard	台	set	
11.洗碗机	Dishwasher	台	set	
12.排油烟机	Ventilator	台	set	2
13.固定电话	Telephone	线	set	18
14.移动电话	Mobile Telephone	部	set	252
其中：接入互联网	Internet Mobile Telephone	部	set	37
15.计算机	Computer	台	set	13
其中：接入互联网	Internet Computer	台	set	7
16.摄像机	Video Camera	台	set	0
17.照相机	Camera	台	set	3
18.中高档乐器	Middle and Top Grade Instruments	架	set	0
19.健身器材	Body-building Apparatus	台	set	0
20.组合音响	Music Center	套	set	5

7-3 2013年扶贫重点县个人调查资料

Personal Survey Data of Key Poverty Alleviation County (2013)

指标名称	Item	单位	unit	总计
一、家庭成员基本情况	**Basic Statistics of Family Member**	*		
(一)家庭全部人口	Family Population	人	person	3780
(二)常住人口	Permanent Resident Population	人	person	3793
1.男	Male	人	person	1954
2.女	Female	人	person	1826
(三)年龄	Age	*		
1.0—6岁人口	0-6	人	person	345
其中：女性	Female	人	person	156
2.7—12岁人口	7-12	人	person	385
其中：女性	Female	人	person	184
其中：在校学生	Student	人	person	380
其中：女性	Female	人	person	183
3.13—15岁人口	13-15	人	person	229
其中：女性	Female	人	person	114
其中：在校学生	Student	人	person	217
其中：女性	Female	人	person	108
4.16-17岁	16-17	人	person	145
其中：女性	Female	人	person	65
5.18-55岁	18-55	人	person	2115
其中：女性	Female	人	person	1028
6.56-60岁	56-60	人	person	164
其中：女性	Female	人	person	78
7.60岁以上	Over 60	人	person	397
其中：女性	Female	人	person	
(四)与户主关系	Relationship with Householder	*		
1.户主	Householder	人	person	820
2.配偶	Spouse	人	person	781
3.子女	Children	人	person	1513
4.孙子女	Grandchildren	人	person	292
5.父母	Parents	人	person	187
6.祖父母	Grandparents	人	person	5
7.兄弟姐妹	Brothers and Sisters	人	person	17
8.其他亲属	Other Relatives	人	person	154
9.非亲属	None Relatives	人	person	11
(五)民族	Nationality	*		
1.汉族	Han Nationality	人	person	1576
2.少数民族	Minority	人	person	1675
其中：女性	Female	人	person	800
其中：会汉语人数	Numbers of People Good at Chinese	人	person	1642
其中：会汉语的女性	Females Good at Chinese	人	person	786
(六)当年在家居住时间	Dwelling Time at Home	*		
1.0-6个月	0-6 Months	人	person	
2.6个月以上	Over 6 Months	人	person	
(七)身体健康状况	Health Condition	*		
1.健康	Health	人	person	3482
2.体弱多病	Valetudinarianism	人	person	162
3.长期慢性病	Long-term Chronic Disease	人	person	110
4.患有大病	Serious Illness	人	person	27
5.残疾	Disability	人	person	

7-3 续表 1 continued

指标名称	Item	单位	unit	总计
(八)有病是否能及时就医	Whether Disease Have Timely Medical Treatment	*		
(1)是	Yes	人	person	3176
其中：女性	Female	人	person	1527
(2)否	No	人	person	75
(九)不能及时就医的主要原因	Main Reasons Haven't Timely Medical Treatment	*		
(1)经济困难	Financial Difficulty	人	person	75
(2)医院太远	Far from Hospital	人	person	
(3)没有时间	Busy	人	person	
(4)本人不重视	Indifference	人	person	
(5)小病不用医	Minor Illness	人	person	
(6)其他	Others	人	person	
(十)是否享受农村最低生活保障	Whether Enjoy the Rural Minimum Living Security	人	person	
(1)是	Yes	人	person	3176
(2)否	No	人	person	75
(十一)残疾状况	Disability Condition	人	person	
(1)无残疾	No Disability	人	person	3177
(2)视力	Vision	人	person	11
(3)听力	Hearing	人	person	4
(4)言语	Speak	人	person	1
(5)肢体	Limbs	人	person	31
(6)智力	Mentality	人	person	6
(7)精神	Psychosis	人	person	4
(8)其他	Others	人	person	17
(十二)5周岁及以下人口是否接受计划免疫	Whether Accept Planned Immunization under 5	人	person	
(1)是	Yes	人	person	256
(2)否	No	人	person	5
二、全部劳动力状况	**Labor Force Condition**	*		
(一)劳动力人数	Number of Employed Labours	人	person	2008
(二)劳动力文化程度	Culture Level of Employed Labours	*		
1.不识字或识字不多	Illiterate and Semi-illiterate	人	person	347
2.小学	Primary School	人	person	771
3.初中	Junior Middle School	人	person	666
4.高中	Senior Middle School	人	person	158
5.中专	Technical Secondary School	人	person	
6.大专及以上	College and Higher	人	person	65
其中：第一产业就业劳动力	Primary Industry Labours	人		971
1.不识字或识字不多	Illiterate and Semi-illiterate	人	person	195
2.小学	Primary School	人	person	451
3.初中	Junior Middle School	人	person	257
4.高中	Senior Middle School	人	person	61
5.中专	Technical Secondary School	人	person	
6.大专及以上	College and Higher	人	person	7
第二产业就业劳动力	Secondary Industry Labours	人	person	295
1.不识字或识字不多	Illiterate and Semi-illiterate	人	person	25
2.小学	Primary School	人	person	92

7-3 续表 2 continued

指标名称	Item	单位	unit	总计
3.初中	Junior Middle School	人	person	144
4.高中	Senior Middle School	人	person	25
5.中专	Technical Secondary School	人	person	
6.大专及以上	College and Higher	人	person	9
第三产业就业劳动力	Secondary Industry Labours	人	person	253
1.不识字或识字不多	Illiterate and Semi-illiterate	人	person	17
2.小学	Primary School	人	person	67
3.初中	Junior Middle School	人	person	107
4.高中	Senior Middle School	人	person	29
5.中专	Technical Secondary School	人	person	
6.大专及以上	College and Higher	人	person	33
(三)曾受过技能培训人数	Numbers Who Have Skills Training	人	person	
其中：接受农业技术培训	Agricultural Skills Training	人	person	186
接受非农技能培训	Non-agricultural Skills Training	人	person	174
(四)乡村干部人数	Numbers of Village Cadres	人	person	
(五)乡村教师人数	Numbers of Rural Teacher	人	person	
(六)就业劳动力人数	Numbers of Labor Force	人	person	1792
(七)当年从事的主要行业	Working on Main Industry This Year	*		
1.第一产业	Primary Industry	人	person	971
2.第二产业	Secondary Industry	人	person	295
(2)采矿业	Mining	人	person	12
(3)制造业	Manufacturing	人	person	40
(4)电、煤及水的生产和供应业	Production and Supply of Electricity,Gas and Water	人	person	5
(5)建筑业	Construction	人	person	238
3.第三产业	Tertiary Industry	人	person	253
(6)交通运输仓储和邮政业	Transport,Storage and Post	人	person	51
(7)信息传输、计算机服务和软件业	Information Transmission,Computer Services and Sofeware	人	person	54
(8)批发和零售业	Wholesale and Retail Trades	人	person	49
(9)住宿和餐饮业	Hotels and Catering Services	人	person	4
(10)金融业	Financial Intermediation	人	person	1
(11)房地产业	Real Estate	人	person	1
(12)租赁和商务服务业	Leasing and Business Services	人	person	
(13)科学研究、技术服务和地质勘察业	Scientific Research,Echnical Services and Geological Survey	人	person	
(14)水利、环境和公共设施管理业	Management of Water Conservancy,Environment and Public Facilities	人	person	1
(15)居民服务和其他服务业	Services to Households and Other Services	人	person	39
(16)教育	Education	人	person	16
(17)卫生、社会保障和社会福利业	Health,Social Insurance and Social Welfare	人	person	19
(18)文化、体育和娱乐业	Culture,Sports and Entertainment	人	person	4
(19)公共管理和社会组织	Public Management and Organizations	人	person	14
(20)国际组织	International Organizations	人	person	
(八)从事农业生产1个月以上	Engaged in Agricultural Production over One Month			
1.人数	Number of People	人	person	
2.时间	Time	月	month	
(九)从事本地非农业生产1个月以上	Engaged in Non-agricultural Production over One Month			
1.人数	Number of People	人	person	
2.时间	Time	月	month	

7-3 续表 3 continued

指标名称	Item	单位	unit	总计
(十一)当年外出打工人数	Numbers of out Working	人	person	409
(十二)外出方式	Pattern of out Working			409
1.政府或单位组织	Organized by Government	人	person	2
2.中介组织介绍	Introduced by Intermediary Agent	人	person	2
3.亲戚朋友介绍	Introduced by Relatives and Friends	人	person	144
4.自发	Spontaneous	人	person	256
5.其他	Others	人	person	5
(十三)劳动力外出地区	Main Working Region out			409
1.县内乡外	Town out County in	人	person	130
2.省内县外	County out Province in	人	person	182
3.省外	Province out	人	person	97
(十四)在外从事行业	Working on Main Industry out			
(1)农业	Agriculture	人	person	19
(2)采矿业	Mining	人	person	15
(3)制造业	Manufacturing	人	person	28
(4)电、煤及水的生产和供应业	Production and Supply of Electricity,Gas and Water	人	person	6
(5)建筑业	Construction	人	person	208
(6)交通运输仓储和邮政业	Transport,Storage and Post	人	person	11
(7)信息传输、计算机服务和软件业	Information Transmission,Computer Services and Sofeware	人	person	36
(8)批发和零售业	Wholesale and Retail Trades	人	person	45
(9)住宿和餐饮业	Hotels and Catering Services	人	person	3
(10)金融业	Financial Intermediation	人	person	
(11)房地产业	Real Estate	人	person	1
(12)租赁和商务服务业	Leasing and Business Services	人	person	1
(13)科学研究、技术服务和地质勘察业	Scientific Research,Echnical Services and Geological Survey	人	person	
(14)水利、环境和公共设施管理业	Management of Water Conservancy,Environment and Public Facilities	人	person	1
(15)居民服务和其他服务业	Services to Households and Other Services	人	person	19
(16)教育	Education	人	person	5
(17)卫生、社会保障和社会福利业	Health,Social Insurance and Social Welfare	人	person	5
(18)文化、体育和娱乐业	Culture,Sports and Entertainment	人	person	3
(19)公共管理和社会组织	Public Management and Organizations	人	person	3
(20)国际组织	International Organizations	人	person	
(十五)本年度在外务工人数	Numbers of out Working This Year	人	person	409
1.0—6个月	0-6 Months	人	person	206
2.6个月以上	Over 6 Months	人	person	203
(十六)在外务工总收入	Total Income of out Working	元		6856747
1.自己生活消费总支出	Living Consumption Expenditure Oneself	元		1894227
2.寄回或带回的现金及实物	Send or Bring back Cash and Material	元		4126115

附　录

Appendix

附-1 主要年份全国各省、直辖市、自治区农村居民家庭人均纯收入
Per Capita Annual Net Income of Rural Households by Region in Main Years

单位：元 (yuan)

省\直辖市\自治区	Region	1980	1981	1982	1983	1984	1985	1986	1987	1988
全　国	**National**	**191**	**223**	**270**	**310**	**355**	**398**	**424**	**463**	**545**
北　京	Beijing	290	351	433	519	664	775	823	916	1063
天　津	Tianjin	278	298	326	412	505	565	635	749	891
河　北	Hebei	176	204	236	298	344	385	408	444	547
山　西	Shanxi	156	180	227	276	351	358	345	377	439
内蒙古	Inner Mongolia	181	225	273	294	336	360	340	389	500
辽　宁	Liaoning	273	307	334	452	477	468	533	599	700
吉　林	Jilin	236	293	333	462	487	414	457	523	628
黑龙江	Heilongjiang	205	221	250	388	444	398	476	474	553
上　海	Shanghai	397	444	530	563	785	806	937	1059	1301
江　苏	Jiangsu	218	258	309	357	448	493	561	626	797
浙　江	Zhejiang	219	280	346	359	446	549	609	725	902
安　徽	Anhui	185	246	269	305	323	369	397	429	486
福　建	Fujian	172	232	268	301	345	396	419	485	613
江　西	Jiangxi	181	227	270	302	334	377	396	429	488
山　东	Shandong	194	232	304	368	404	408	449	518	584
河　南	Henan	161	216	217	272	301	329	433	378	401
湖　北	Hubei	170	217	286	299	392	421	445	461	498
湖　南	Hunan	220	242	284	316	348	395	440	471	515
广　东	Guangdong	274	325	382	396	425	495	546	645	809
广　西	Guangxi	174	204	235	262	267	303	316	354	424
海　南	Hainan									567
重　庆	Chongqing									
四　川	Sichuan	188	221	256	258	287	315	338	369	449
贵　州	Guizhou	161	209	223	225	263	288	304	342	398
云　南	Yunnan	150	178	232	267	310	338	338	365	428
西　藏	Tibet						353	344	348	374
陕　西	Shaanxi	142	177	218	236	263	295	299	329	404
甘　肃	Gansu	153	159	174	213	221	255	269	296	340
青　海	Qinghai		158	201	252	294	343	369	392	493
宁　夏	**Ningxia**	**178**	**202**	**229**	**274**	**299**	**326**	**379**	**387**	**480**
新　疆	Xinjiang	198	236	277	307	363	394	420	453	496

附-1 续表 1 continued

单位：元 (yuan)

省\直辖市\自治区	Region	1989	1990	1991	1992	1993	1994	1995	1996	1997
全 国	**National**	**602**	**686**	**709**	**784**	**921**	**1221**	**1578**	**1926**	**2090**
北 京	Beijing	1231	1297	1422	1572	1883	2401	3224	3562	3662
天 津	Tianjin	1020	1069	1169	1309	1473	1836	2406	3000	3244
河 北	Hebei	589	622	657	683	804	1107	1669	2055	2286
山 西	Shanxi	514	604	568	627	728	884	1208	1557	1738
内蒙古	Inner Mongolia	478	607	618	672	778	970	1208	1602	1780
辽 宁	Liaoning	740	836	897	995	1161	1423	1757	2150	2301
吉 林	Jilin	624	804	748	807	892	1272	1610	2126	2186
黑龙江	Heilongjiang	535	760	735	949	1028	1394	1766	2182	2308
上 海	Shanghai	1380	1907	2003	2226	2727	3437	4246	4846	5277
江 苏	Jiangsu	876	959	921	1061	1267	1832	2457	3029	3270
浙 江	Zhejiang	1011	1099	1211	1359	1746	2225	2966	3463	3684
安 徽	Anhui	516	539	446	574	725	973	1303	1608	1809
福 建	Fujian	697	764	850	984	1211	1578	2049	2492	2786
江 西	Jiangxi	559	670	703	768	870	1218	1537	1870	2107
山 东	Shandong	631	680	764	803	953	1320	1715	2086	2292
河 南	Henan	457	527	539	588	696	910	1232	1579	1734
湖 北	Hubei	572	671	627	678	783	1173	1511	1864	2102
湖 南	Hunan	558	664	689	739	852	1155	1425	1792	2037
广 东	Guangdong	955	1043	1143	1308	1675	2182	2699	3183	3468
广 西	Guangxi	483	640	658	732	892	1107	1446	1703	1875
海 南	Hainan	674	696	730	843	992	1305	1520	1746	1917
重 庆	Chongqing									1643
四 川	Sichuan	494	558	590	634	698	946	1158	1453	1681
贵 州	Guizhou	430	435	466	506	580	787	1087	1277	1299
云 南	Yunnan	478	541	573	618	675	803	1011	1229	1376
西 藏	Tibet	397	650	707	830	889	976	1200	1353	1195
陕 西	Shaanxi	434	531	534	559	653	805	963	1165	1273
甘 肃	Gansu	366	431	446	489	556	724	880	1101	1185
青 海	Qinghai	458	560	556	603	673	869	1030	1174	1321
宁 夏	**Ningxia**	**538**	**594**	**608**	**619**	**667**	**910**	**1037**	**1416**	**1545**
新 疆	Xinjiang	546	684	703	740	778	947	1136	1290	1504

附-1 续表 2 continued

单位：元 (yuan)

省\直辖市\自治区	Region	1998	1999	2000	2001	2002	2003	2004	2005
全 国	**National**	**2162**	**2210**	**2253**	**2366**	**2476**	**2622**	**2936**	**3255**
北 京	Beijing	3952	4227	4605	5026	5398	5752	6170	7346
天 津	Tianjin	3396	3411	3622	5026	4279	4566	5020	5580
河 北	Hebei	2405	2412	2479	3948	2685	2853	3171	3482
山 西	Shanxi	1859	1773	1906	2604	2150	2299	2590	2891
内蒙古	Inner Mongolia	1981	2003	2038	1956	2086	2268	2606	2989
辽 宁	Liaoning	2580	2501	2356	2558	2751	2934	3307	3690
吉 林	Jilin	2384	2261	2023	2182	2301	2530	3000	3264
黑龙江	Heilongjiang	2253	2166	2148	2280	2405	2509	3005	3221
上 海	Shanghai	5407	5409	5596	5871	6224	6654	7066	8248
江 苏	Jiangsu	3377	3495	3595	3785	3980	4239	4754	5276
浙 江	Zhejiang	3815	3948	4254	4582	4940	5389	5944	6660
安 徽	Anhui	1863	1900	1935	2020	2118	2127	2499	2641
福 建	Fujian	2946	3091	3230	3381	3539	3734	4089	4450
江 西	Jiangxi	2048	2129	2135	2232	2306	2458	2787	3129
山 东	Shandong	2453	2550	2659	2805	2948	3150	3507	3931
河 南	Henan	1864	1948	1986	2098	2216	2236	2553	2871
湖 北	Hubei	2172	2217	2269	2352	2444	2567	2890	3099
湖 南	Hunan	2065	2127	2197	2300	2398	2533	2838	3118
广 东	Guangdong	3527	3629	3654	3770	3912	4055	4366	4690
广 西	Guangxi	1972	2048	1865	1944	2013	2095	2305	2495
海 南	Hainan	2018	2087	2182	2227	2423	2588	2818	3004
重 庆	Chongqing	1720	1737	1892	1971	2098	2215	2510	2809
四 川	Sichuan	1789	1843	1904	1987	2108	2230	2519	2803
贵 州	Guizhou	1334	1363	1374	1412	1490	1565	1722	1877
云 南	Yunnan	1387	1438	1479	1534	1609	1697	1864	2042
西 藏	Tibet	1232	1309	1331	1404	1463	1562	1861	2078
陕 西	Shaanxi	1406	1456	1444	1491	1596	1676	1867	2052
甘 肃	Gansu	1393	1357	1429	1509	1590	1673	1852	1980
青 海	Qinghai	1425	1467	1490	1557	1669	1794	1958	2151
宁 夏	**Ningxia**	**1756**	**1791**	**1724**	**1823**	**1917**	**2043**	**2320**	**2509**
新 疆	Xinjiang	1600	1473	1618	1710	1863	2106	2245	2482

附-1 续表 3 continued

单位：元 (yuan)

省\直辖市\自治区	Region	2006	2007	2008	2009	2010	2011	2012	2013
全 国	**National**	**3587**	**4140**	**4761**	**5153**	**5919**	**6977**	**7917**	**8896**
北 京	Beijing	8620	9559	10662	11669	13262	14736	16476	18337
天 津	Tianjin	7942	8752	7911	8688	10075	12321	14026	15841
河 北	Hebei	3802	4293	4795	5150	5958	7120	8081	9102
山 西	Shanxi	3181	3666	4097	4244	4736	5601	6357	7154
内蒙古	Inner Mongolia	3342	3953	4656	4938	5530	6642	7611	8596
辽 宁	Liaoning	4090	4773	5576	5958	6908	8297	9384	10523
吉 林	Jilin	3640	4190	4933	5266	6237	7510	8598	9621
黑龙江	Heilongjiang	3552	4132	4856	5207	6211	7591	8604	9634
上 海	Shanghai	9213	10222	11440	12483	13978	16054	17804	19595
江 苏	Jiangsu	5813	6561	7356	8004	9118	10805	12202	13598
浙 江	Zhejiang	7335	8265	9258	10007	11303	13071	14552	16106
安 徽	Anhui	2969	3556	4202	4504	5285	6232	7161	8098
福 建	Fujian	4833	5467	6196	6680	7427	8779	9967	11184
江 西	Jiangxi	3585	4098	4697	5075	5789	6892	7829	8781
山 东	Shandong	4368	4985	5641	6119	6990	8342	9447	10620
河 南	Henan	3261	3852	4454	4807	5524	6604	7525	8475
湖 北	Hubei	3419	3997	4656	5035	5832	6898	7852	8867
湖 南	Hunan	3256	3904	4512	4909	5622	6567	7440	8372
广 东	Guangdong	5079	5624	6400	6907	7890	9372	10543	11669
广 西	Guangxi	2771	3224	3690	3980	4543	5231	6008	6791
海 南	Hainan	3256	3791	4390	4744	5275	6446	7408	8343
重 庆	Chongqing	2874	3506	4126	4478	5277	6480	7383	8332
四 川	Sichuan	3013	3547	4121	4462	5087	6129	7001	7895
贵 州	Guizhou	1985	2374	2797	3005	3472	4145	4753	5434
云 南	Yunnan	2251	2634	3103	3369	3952	4722	5417	6141
西 藏	Tibet	2435	2788	3176	3532	4139	4904	5719	6578
陕 西	Shaanxi	2260	2645	3136	3438	4105	5028	5763	6503
甘 肃	Gansu	2134	2329	2724	2980	3425	3909	4507	5108
青 海	Qinghai	2358	2684	3061	3346	3863	4608	5364	6196
宁 夏	**Ningxia**	**2760**	**3181**	**3681**	**4048**	**4675**	**5410**	**6180**	**6931**
新 疆	Xinjiang	2737	3183	3503	3883	4643	5442	6394	7296

附-2 主要年份全国各省、直辖市、自治区农村居民家庭平均每人生活消费支出

Per Capita Living Expenditure of Rural Households by Region in Main Years

单位：元

省\直辖市\自治区	Region	1980	1981	1982	1983	1984	1985	1986	1987	1988
全　国	**National**	**162**	**191**	**220**	**248**	**274**	**317**	**357**	**398**	**477**
北　京	Beijing	253	313	362	384	435	510	644	706	883
天　津	Tianjin	208	249	267	336	371	426	480	539	714
河　北	Hebei	142	165	175	225	243	298	333	365	446
山　西	Shanxi	134	148	168	203	224	273	287	313	354
内蒙古	Inner Mongolia	157	177	205	227	246	291	307	349	404
辽　宁	Liaoning	228	259	266	307	335	402	434	472	567
吉　林	Jilin	216	246	253	275	336	364	389	442	516
黑龙江	Heilongjiang	164	175	201	214	239	307	338	361	424
上　海	Shanghai	322	390	445	512	619	778	896	977	1115
江　苏	Jiangsu	195	226	261	322	360	416	499	579	747
浙　江	Zhejiang	192	266	302	326	369	474	561	659	839
安　徽	Anhui	163	193	240	258	263	299	340	383	455
福　建	Fujian	158	199	231	261	288	351	394	443	571
江　西	Jiangxi	156	194	220	252	270	303	341	390	477
山　东	Shandong	146	179	230	264	287	322	365	406	482
河　南	Henan	136	166	178	196	220	260	292	310	347
湖　北	Hubei	153	184	227	252	305	335	374	409	451
湖　南	Hunan	193	208	249	274	293	348	386	435	481
广　东	Guangdong	222	266	312	329	346	388	454	532	685
广　西	Guangxi	151	171	210	224	238	268	284	309	362
海　南	Hainan									466
重　庆	Chongqing									
四　川	Sichuan	159	184	208	231	252	276	311	348	426
贵　州	Guizhou	139	163	187	185	209	255	272	304	360
云　南	Yunnan	125	138	186	224	261	267	305	326	389
西　藏	Tibet						270	258	246	271
陕　西	Shaanxi	140	148	169	203	214	233	263	286	345
甘　肃	Gansu	127	135	141	163	178	205	233	253	277
青　海	Qinghai		153	153	202	225	275	314	345	400
宁　夏	**Ningxia**	**135**	**142**	**179**	**209**	**232**	**264**	**301**	**330**	**398**
新　疆	Xinjiang	151	169	203	228	251	290	317	360	414

附-2 续表 1 continued

单位：元

省\直辖市\自治区	Region	1989	1990	1991	1992	1993	1994	1995	1996	1997
全 国	**National**	**535**	**585**	**620**	**659**	**770**	**1017**	**1310**	**1572**	**1617**
北 京	Beijing	976	981	1100	1149	1255	1584	2336	2565	2693
天 津	Tianjin	781	733	796	847	938	1161	1548	1957	1882
河 北	Hebei	495	486	558	579	697	779	1104	1399	1395
山 西	Shanxi	409	488	496	493	599	674	928	1174	1145
内蒙古	Inner Mongolia	448	492	571	600	695	835	1180	1438	1560
辽 宁	Liaoning	668	679	767	799	940	1241	1472	1764	1790
吉 林	Jilin	563	633	648	643	670	854	1495	1513	1624
黑龙江	Heilongjiang	482	586	619	674	751	1043	1480	1537	1549
上 海	Shanghai	1208	1505	1540	1967	2200	2715	3387	3868	4228
江 苏	Jiangsu	804	843	878	953	1059	1501	1938	2414	2488
浙 江	Zhejiang	927	946	1027	1112	1262	1680	2378	2702	2839
安 徽	Anhui	498	515	475	502	609	934	1071	1309	1337
福 建	Fujian	653	708	747	821	1070	1440	1794	1913	1994
江 西	Jiangxi	520	577	597	648	712	1031	1256	1553	1569
山 东	Shandong	513	547	613	656	724	996	1338	1653	1626
河 南	Henan	390	438	455	473	565	732	929	1206	1271
湖 北	Hubei	540	608	615	612	722	1014	1245	1636	1660
湖 南	Hunan	516	609	656	708	817	1089	1367	1737	1816
广 东	Guangdong	871	933	942	1060	1391	1882	2255	2584	2618
广 西	Guangxi	419	537	581	616	705	926	1203	1399	1376
海 南	Hainan	578	566	560	672	726	1019	1080	1289	1287
重 庆	Chongqing								1367	1390
四 川	Sichuan	474	509	552	569	647	904	1093	1358	1440
贵 州	Guizhou	407	403	420	454	550	684	931	1068	1066
云 南	Yunnan	436	485	501	536	625	765	981	1209	1318
西 藏	Tibet	290	491	490	541	638	564	897	773	805
陕 西	Shaanxi	383	477	487	498	560	737	914	1098	1215
甘 肃	Gansu	296	339	403	420	538	674	915	986	976
青 海	Qinghai	413	475	486	496	639	746	914	1052	1085
宁 夏	**Ningxia**	**459**	**486**	**519**	**561**	**606**	**831**	**1058**	**1234**	**1282**
新 疆	Xinjiang	453	507	580	611	704	850	942	1347	1395

附-2 续表 2 continued

单位：元

省\直辖市\自治区	Region	1998	1999	2000	2001	2002	2003	2004	2005
全 国	**National**	**1590**	**1577**	**1670**	**1741**	**1834**	**1943**	**2185**	**2555**
北 京	Beijing	2873	3122	3426	3552	3732	4147	4617	5316
天 津	Tianjin	1977	1905	1996	2051	2164	2320	2642	3036
河 北	Hebei	1299	1338	1365	1430	1476	1600	1835	2166
山 西	Shanxi	1056	1047	1149	1222	1355	1434	1637	1878
内蒙古	Inner Mongolia	1577	1534	1615	1555	1647	1771	2083	2446
辽 宁	Liaoning	1703	1618	1754	1786	1781	1884	2073	2806
吉 林	Jilin	1471	1348	1553	1662	1680	1816	1971	2306
黑龙江	Heilongjiang	1465	1372	1540	1605	1674	1662	1837	2545
上 海	Shanghai	4207	3867	4138	4753	5302	5670	6329	7278
江 苏	Jiangsu	2337	2294	2338	2375	2620	2704	2993	3567
浙 江	Zhejiang	2891	2807	3231	3479	3693	4285	4659	5433
安 徽	Anhui	1333	1302	1322	1412	1476	1596	1814	2196
福 建	Fujian	2025	2039	2410	2503	2583	2716	3016	3293
江 西	Jiangxi	1538	1607	1643	1720	1785	1908	2096	2484
山 东	Shandong	1595	1680	1771	1905	1998	2133	2389	2736
河 南	Henan	1240	1164	1316	1376	1452	1445	1664	1892
湖 北	Hubei	1699	1573	1556	1649	1746	1802	2089	2430
湖 南	Hunan	1889	1904	1943	1990	2069	2139	2472	2756
广 东	Guangdong	2683	2646	2646	2703	2825	2927	3241	3708
广 西	Guangxi	1415	1457	1488	1551	1686	1751	1929	2350
海 南	Hainan	1246	1261	1484	1357	1603	1645	1745	1969
重 庆	Chongqing	1343	1329	1396	1475	1498	1583	1854	2142
四 川	Sichuan	1441	1426	1485	1498	1592	1747	2016	2274
贵 州	Guizhou	1094	1070	1097	1098	1138	1185	1296	1552
云 南	Yunnan	1312	1269	1271	1336	1382	1406	1571	1789
西 藏	Tibet	710	767	1117	1124	1000	1030	1471	1724
陕 西	Shaanxi	1181	1161	1251	1331	1491	1455	1618	1897
甘 肃	Gansu	940	881	1084	1127	1153	1337	1464	1820
青 海	Qinghai	1118	1134	1218	1331	1386	1563	1676	1976
宁 夏	**Ningxia**	**1350**	**1330**	**1417**	**1381**	**1418**	**1637**	**1927**	**2094**
新 疆	Xinjiang	1450	1282	1236	1350	1412	1465	1690	1924

附-2 续表 3 continued

单位：元

省\直辖市\自治区	Region	2006	2007	2008	2009	2010	2011	2012	2013
全 国	**National**	**2829**	**3224**	**3661**	**3993**	**4382**	**5221**	**5908**	**6626**
北 京	Beijing	5725	6399	7285	8898	9255	11078	11879	13553
天 津	Tianjin	3341	3538	3825	4273	4937	6725	8337	10155
河 北	Hebei	2495	2787	3126	3350	3845	4711	5364	6134
山 西	Shanxi	2253	2683	3098	3305	3664	4587	5566	5813
内蒙古	Inner Mongolia	2772	3256	3618	3968	4461	5508	6382	7268
辽 宁	Liaoning	3067	3368	3814	4254	4490	5406	5998	7159
吉 林	Jilin	2701	3065	3443	3903	4147	5306	6186	7380
黑龙江	Heilongjiang	2618	3117	3845	4241	4391	5334	5718	6814
上 海	Shanghai	8006	8845	9120	9804	10210	11049	11972	14235
江 苏	Jiangsu	4135	4786	5328	5804	6543	8095	9138	9910
浙 江	Zhejiang	6057	6802	7534	7732	8929	9965	10653	11760
安 徽	Anhui	2421	2754	3284	3655	4013	4957	5556	5725
福 建	Fujian	3591	4053	4662	5016	5498	6541	7402	8151
江 西	Jiangxi	2677	2994	3309	3533	3912	4660	5130	5654
山 东	Shandong	3144	3622	4077	4417	4807	5901	6776	7393
河 南	Henan	2229	2676	3044	3388	3682	4320	5032	5628
湖 北	Hubei	2733	3090	3653	3725	4091	5011	5727	6280
湖 南	Hunan	3013	3377	3805	4021	4310	5179	5870	6610
广 东	Guangdong	3886	4202	4872	5020	5516	6726	7459	8343
广 西	Guangxi	2414	2747	2985	3231	3455	4211	4934	5206
海 南	Hainan	2232	2557	2883	3089	3446	4166	4776	5466
重 庆	Chongqing	2205	2527	2885	3142	3625	4502	5019	5796
四 川	Sichuan	2395	2747	3128	4141	3898	4675	5367	6309
贵 州	Guizhou	1627	1914	2166	2422	2852	3456	3902	4740
云 南	Yunnan	2196	2637	2991	2925	3398	4000	4561	4744
西 藏	Tibet	2002	2218	2200	2399	2667	2742	2968	3574
陕 西	Shaanxi	2181	2560	2979	3349	3794	4492	5115	5724
甘 肃	Gansu	1856	2017	2401	2766	2942	3665	4146	4850
青 海	Qinghai	2179	2447	2897	3209	3775	4537	5339	6060
宁 夏	**Ningxia**	**2247**	**2529**	**3095**	**3348**	**4013**	**4727**	**5633**	**6465**
新 疆	Xinjiang	2032	2351	2692	2951	3458	4398	5301	6119

附-3 2013年全国各省、直辖市、自治区农村居民人均纯收入及来源

Per Capita Annual Net Income of Rural Households by Sources and Region(2013)

单位：元/人 (yuan/person)

省/直辖市/自治区	Region	人均纯收入 Annual Net Income	(一)工资性收入 Income from Wages and Salaries	(二)家庭经营收入 Income from Household Operations	(三)财产性纯收入 Net Income from Properties	(四)转移性纯收入 Net Income from Transfers
全 国	**National**	**8895.9**	**4025.4**	**3793.2**	**293.0**	**784.3**
北 京	Beijing	18337.5	12034.9	833.4	2023.5	3445.7
天 津	Tianjin	15841.0	9091.5	4571.6	1120.0	1058.0
河 北	Hebei	9101.9	5236.7	3219.2	161.6	484.4
山 西	Shanxi	7153.5	4041.1	2273.9	93.2	745.3
内蒙古	Inner Mongolia	8595.7	1694.6	5348.4	371.0	1181.7
辽 宁	Liaoning	10522.7	4209.4	5160.2	283.2	870.0
吉 林	Jilin	9621.2	1813.2	6855.1	187.9	765.0
黑龙江	Heilongjiang	9634.1	1991.4	6365.4	429.6	847.8
上 海	Shanghai	19595.0	12239.4	1062.0	1446.8	4846.8
江 苏	Jiangsu	13597.8	7608.5	4258.4	572.1	1158.7
浙 江	Zhejiang	16106.0	9204.3	4758.6	727.5	1415.7
安 徽	Anhui	8097.9	3733.5	3681.4	113.6	569.3
福 建	Fujian	11184.2	5193.9	4890.5	359.9	739.8
江 西	Jiangxi	8781.5	4422.1	3683.8	191.0	484.6
山 东	Shandong	10619.9	5127.2	4525.2	283.9	683.8
河 南	Henan	8475.3	3581.6	4285.4	160.3	448.1
湖 北	Hubei	8867.0	3868.2	4381.6	99.1	518.1
湖 南	Hunan	8372.1	4595.6	2962.0	147.7	666.9
广 东	Guangdong	11669.3	7072.4	2596.4	1040.5	960.0
广 西	Guangxi	6790.9	2712.3	3420.4	70.4	587.8
海 南	Hainan	8342.6	3001.5	4153.8	347.9	839.3
重 庆	Chongqing	8332.0	4089.2	3136.5	234.7	871.7
四 川	Sichuan	7895.3	3542.8	3321.2	202.3	829.1
贵 州	Guizhou	5434.0	2572.6	2355.9	78.4	427.2
云 南	Yunnan	6141.3	1729.2	3650.4	229.8	532.0
西 藏	Tibet	6578.2	1475.3	4157.0	88.9	857.1
陕 西	Shaanxi	6502.6	3151.2	2500.0	212.3	639.0
甘 肃	Gansu	5107.8	2203.4	2231.0	132.9	540.5
青 海	Qinghai	6196.4	2347.5	2570.3	165.9	1112.7
宁 夏	**Ningxia**	**6931.0**	**2878.4**	**3250.0**	**133.3**	**669.3**
新 疆	Xinjiang	7296.5	1311.8	4654.5	230.1	1100.0

附-4　主要年份全国各省、直辖市、自治区城镇居民人均可支配收入

Per Capita Annual Disposable Income of Urban Households by Region in Main Years

单位：元　　(yuan)

省/直辖市/自治区	Region	1980	1981	1982	1983	1984	1985	1986	1987	1988
全　国	**National**	**439**	**458**	**495**	**526**	**608**	**685**	**828**	**916**	**1119**
北　京	Beijing	501	514	561	591	694	908	1068	1182	1437
天　津	Tianjin	492	501	529	553	671	812	988	1095	1232
河　北	Hebei	401	402	433	449	519	631	766	855	1080
山　西	Shanxi	346	370	403	416	487	560	657	727	847
内　蒙	Inner Mongolia	370	380	412	431	499	615	703	745	833
辽　宁	Liaoning	467	467	494	511	586	689	844	943	1152
吉　林	Jilin		364	393	421	462	563	698	752	912
黑龙江	Heilongjiang	388	391	426	475	532	678	749	797	908
上　海	Shanghai	560	589	606	641	787	1012	1215	1347	1616
江　苏	Jiangsu	433	448	484	498	656	766	960	1005	1218
浙　江	Zhejiang	430	479	481	505	617	840	1012	1122	1453
安　徽	Anhui		398	421	453	518	584	750	816	976
福　建	Fujian	391	422	493	525	539	673	847	913	1110
江　西	Jiangxi	365	377	402	408	463	545	676	728	865
山　东	Shandong	415	460	489	501	598	700	790	909	1084
河　南	Henan	393	407	431	450	503	611	729	816	943
湖　北	Hubei	380	418	445	477	553	652	783	863	1028
湖　南	Hunan	438	463	463	501	580	679	796	888	1105
广　东	Guangdong	462	550	626	680	775	901	1033	1261	1474
广　西	Guangxi	371	429	427	444	563	683	784	899	1159
海　南	Hainan						746	896	973	1068
重　庆	Chongqing									
四　川	Sichuan	360	389	420	460	543	644	786	869	1037
贵　州	Guizhou	316	391	414	435	502	614	742	812	981
云　南	Yunnan	404	429	474	495	558	703	807	914	1056
西　藏	Tibet		487	551	656	752	984	1031	1257	1421
陕　西	Shaanxi	381	399	426	449	515	608	756	838	962
甘　肃	Gansu	403	448	474	491	572	641	777	870	979
青　海	Qinghai				467	606	749	875	947	1026
宁　夏	**Ningxia**	**438**	**449**	**479**	**486**	**577**	**673**	**803**	**855**	**981**
新　疆	Xinjiang	427	482	513	548	649	735	843	920	1068

注：本表收入为空格者均无资料，1997年城镇居民收入指标由生活费收入改为可支配收入，1994、1995、1996年宁夏数据已做同口径调整，1994年之前均为生活费收入。

Note: Blank space indicates that data are not available.Since 1997, the object of disposable income is changed from living cost income.Data from 1994 to 1996 are calculated according to the new standard, before 1994 referred to living cost income.

附-4 续表 1 continued

单位：元 (yuan)

省/直辖市/自治区	Region	1989	1990	1991	1992	1993	1994	1995	1996	1997
全　国	**National**	**1261**	**1387**	**1544**	**2027**	**2336**	**3496**	**4282**	**4838**	**5160**
北　京	Beijing	1597	1787	2040	2556	3296	5085	6235	7332	7813
天　津	Tianjin	1375	1522	1699	2238	2579	3982	4929	5968	6608
河　北	Hebei	1257	1398	1433	1872	2115	3177	3921	4443	4959
山　西	Shanxi	1041	1145	1230	1623	1714	2566	3306	3703	3990
内　蒙	Inner Mongolia	957	1050	1177	1495	1712	2498	2863	3432	3945
辽　宁	Liaoning	1289	1399	1542	1949	2065	3063	3707	4207	4518
吉　林	Jilin	1020	1128	1259	1637	1761	2561	3174	3806	4191
黑龙江	Heilongjiang	1034	1090	1240	1630	1745	2597	3375	3768	4091
上　海	Shanghai	1860	2050	2334	3027	4057	5889	7192	8178	8439
江　苏	Jiangsu	1372	1464	1623	2138	2526	3779	4634	5186	5765
浙　江	Zhejiang	1649	1769	1950	2619	3370	5066	6221	6956	7359
安　徽	Anhui	1134	1224	1341	1808	2025	3048	3795	4513	4599
福　建	Fujian	1398	1566	1669	2283	2525	3673	4507	5173	6144
江　西	Jiangxi	997	1094	1177	1528	1726	2773	3377	3780	4071
山　东	Shandong	1254	1408	1566	1974	2338	3444	4264	4890	5191
河　南	Henan	1125	1153	1250	1608	1793	2619	3299	3755	4094
湖　北	Hubei	1146	1295	1432	1883	2191	3356	4028	4364	4673
湖　南	Hunan	1304	1488	2094	2312	1368	3888	5052	5052	5210
广　东	Guangdong	1947	2135	2536	3477	4277	6367	7439	8158	8562
广　西	Guangxi	1304	1448	1614	2104	2612	3981	4792	5033	5110
海　南	Hainan	1314	1575	1726	2318	2774	3920	4770	4926	4850
重　庆	Chongqing									5323
四　川	Sichuan	1226	1354	1537	2001	2179	3311	4003	4483	4763
贵　州	Guizhou	1110	1217	1302	1900	2006	3220	3931	4221	4442
云　南	Yunnan	1184	1367	1529	2076	2375	3452	4085	4978	5558
西　藏	Tibet	1533		2111	2561		4014		6556	
陕　西	Shaanxi	1148	1263	1368	1718	1920	2684	3309	3810	4001
甘　肃	Gansu	1133	1197	1369	1708	1839	2658	3152	3354	3592
青　海	Qinghai	1140	1199	1306	1806	1917	2813	3320	3834	3999
宁　夏	**Ningxia**	**1105**	**1271**	**1392**	**1821**	**1906**	**2986**	**3383**	**3612**	**3837**
新　疆	Xinjiang	1223	1356	1476	1952	2215	3170	4163	4650	4845

注：本表收入为空格者均无资料，1997年城镇居民收入指标由生活费收入改为可支配收入，1994、1995、1996年宁夏数据已做同口径调整，1994年之前均为生活费收入。

Note: Blank space indicates that data are not available.Since 1997, the object of disposable income is changed from living cost income.Data from 1994 to 1996 are calculated according to the new standard, before 1994 referred to living cost income.

附-4 续表 2 continued

单位：元 (yuan)

省/直辖市/自治区	Region	1998	1999	2000	2001	2002	2003	2004	2005
全 国	**National**	**5425**	**5854**	**6280**	**6860**	**7703**	**8472**	**9422**	**10493**
北 京	Beijing	8472	9183	10350	11578	12464	13883	15638	17653
天 津	Tianjin	7111	7650	8141	8959	9338	10313	11467	12639
河 北	Hebei	5085	5365	5661	5985	6680	7239	7951	9107
山 西	Shanxi	4099	4342	4724	5391	6234	7005	7903	8914
内 蒙	Inner Mongolia	4353	4771	5129	5536	6051	7013	8123	9137
辽 宁	Liaoning	4617	4899	5358	5797	6525	7241	8008	9108
吉 林	Jilin	4207	4480	4810	5340	6260	7005	7841	8691
黑龙江	Heilongjiang	4269	4595	4913	5426	6100	6679	7471	8273
上 海	Shanghai	8773	10932	11718	12883	13250	14867	16683	18645
江 苏	Jiangsu	6018	6538	6800	7375	8178	9262	10482	12319
浙 江	Zhejiang	7837	8428	9279	10465	11716	13180	14546	16294
安 徽	Anhui	4770	5065	5294	5669	6032	6778	7511	8471
福 建	Fujian	6486	6860	7432	8313	9189	10000	11175	12321
江 西	Jiangxi	4251	4721	5104	5506	6336	6901	7560	8620
山 东	Shandong	5380	5809	6490	7101	7614	8400	9438	10745
河 南	Henan	4219	4532	4766	5267	6245	6926	7705	8668
湖 北	Hubei	4826	5213	5525	5856	6789	7322	8023	8786
湖 南	Hunan	5434	5815	6219	6781	6959	7674	8617	9524
广 东	Guangdong	8840	9126	9762	10415	11137	12380	13628	14770
广 西	Guangxi	5412	5620	5834	6666	7315	7785	8690	9287
海 南	Hainan	4853	5338	5358	5839	6823	7259	7736	8124
重 庆	Chongqing	5467	5896	6276	6721	7238	8094	9221	10243
四 川	Sichuan	5127	5478	5894	6360	6611	7042	7710	8386
贵 州	Guizhou	4565	4934	5122	5452	5944	6569	7322	8151
云 南	Yunnan	6043	6179	6325	6798	7241	7644	8871	9266
西 藏	Tibet		6909	7426	7869	8079	8765	9167	9431
陕 西	Shaanxi	4220	4654	5124	5484	6331	6806	7492	8272
甘 肃	Gansu	4010	4475	4916	5383	6151	6657	7377	8087
青 海	Qinghai	4240	4703	5170	5854	6171	6732	7320	8058
宁 夏	**Ningxia**	**4112**	**4473**	**4912**	**5544**	**6067**	**6530**	**7218**	**8094**
新 疆	Xinjiang	5001	5320	5645	6395	6899	7174	7503	7990

注：本表收入为空格者均无资料，1997年城镇居民收入指标由生活费收入改为可支配收入，1994、1995、1996年宁夏数据已做同口径调整，1994年之前均为生活费收入。

Note: Blank space indicates that data are not available.Since 1997, the object of disposable income is changed from living cost income.Data from 1994 to 1996 are calculated according to the new standard, before 1994 referred to living cost income.

附-4 续表 3 continued

单位：元 (yuan)

省/直辖市/自治区	Region	2006	2007	2008	2009	2010	2011	2012	2013
全 国	**National**	**11759**	**13786**	**15781**	**17175**	**19109**	**21810**	**24565**	**26955**
北 京	Beijing	19978	21989	24725	26738	29073	32903	36469	40321
天 津	Tianjin	14283	16357	19423	21402	24293	26921	29626	32294
河 北	Hebei	10305	11690	13441	14718	16263	18292	20543	22580
山 西	Shanxi	10028	11565	13119	13997	15648	18124	20412	22456
内 蒙	Inner Mongolia	10358	12378	14431	15849	17698	20408	23150	25497
辽 宁	Liaoning	10370	12300	14393	15761	17713	20467	23223	25578
吉 林	Jilin	9775	11286	12829	14006	15411	17797	20208	22275
黑龙江	Heilongjiang	9182	10245	11581	12566	13857	15696	17760	19597
上 海	Shanghai	20668	23623	26675	28838	31838	36230	40188	43851
江 苏	Jiangsu	14084	16378	18680	20552	22944	26341	29677	32538
浙 江	Zhejiang	18265	20574	22727	24611	27359	30971	34550	37851
安 徽	Anhui	9771	11474	12990	14086	15788	18606	21024	23114
福 建	Fujian	13753	15505	17961	19577	21781	24907	28055	30816
江 西	Jiangxi	9551	11452	12866	14022	15481	17495	19860	21873
山 东	Shandong	12192	14265	16305	17811	19946	22792	25755	28264
河 南	Henan	9810	11477	13231	14372	15930	18195	20443	22398
湖 北	Hubei	9803	11486	13153	14367	16058	18374	20840	22906
湖 南	Hunan	10505	12294	13821	15084	16566	18844	21319	23414
广 东	Guangdong	16016	17699	19733	21575	23898	26897	30227	33090
广 西	Guangxi	9899	12200	14146	15451	17064	18854	21243	23305
海 南	Hainan	9395	10997	12608	13751	15581	18369	20918	22929
重 庆	Chongqing	11570	12591	14368	15749	17532	20250	22968	25216
四 川	Sichuan	9350	11098	12633	13839	15461	17899	20307	22368
贵 州	Guizhou	9117	10678	11759	12863	14143	16495	18701	20667
云 南	Yunnan	10070	11496	13250	14424	16065	18576	21075	23236
西 藏	Tibet	8941	11131	12482	13544	14980	16196	18028	20023
陕 西	Shaanxi	9268	10763	12858	14129	15695	18245	20734	22858
甘 肃	Gansu	8921	10012	10969	11930	13189	14989	17157	18965
青 海	Qinghai	9000	10276	11648	12692	13855	15603	17566	19499
宁 夏	**Ningxia**	**9177**	**10859**	**12932**	**14025**	**15344**	**17579**	**19831**	**21833**
新 疆	Xinjiang	8871	10313	11432	12258	13644	15514	17921	19874

注：本表收入为空格者均无资料，1997年城镇居民收入指标由生活费收入改为可支配收入，1994、1995、1996年宁夏数据已做同口径调整，1994年之前均为生活费收入。

Note: Blank space indicates that data are not available.Since 1997, the object of disposable income is changed from living cost income.Data from 1994 to 1996 are calculated according to the new standard, before 1994 referred to living cost income.

附-5 主要年份全国各省、直辖市、自治区城镇居民人均生活消费支出

Per Capita Annual Consumption Expenditure of Urban Households by Region in Main Years

单位：元 (yuan)

省/直辖市/自治区	Region	1980	1981	1982	1983	1984	1985	1986	1987	1988
全　国	**National**		**457**	**471**	**506**	**559**	**673**	**799**	**884**	**1104**
北　京	Beijing	490	511	535	574	667	923	1067	1148	1456
天　津	Tianjin	475	486	497	521	600	771	949	1071	1279
河　北	Hebei	365	401	401	420	476	606	718	800	1119
山　西	Shanxi	357	373	390	394	433	533	635	708	856
内　蒙	Inner Mongolia	353	378	397	411	449	595	680	712	844
辽　宁	Liaoning	426	455	460	487	545	655	794	937	1203
吉　林	Jilin		348	367	397	425	554	662	715	901
黑龙江	Heilongjiang	361	378	405	459	505	651	726	771	933
上　海	Shanghai	553	585	576	615	726	992	1170	1282	1648
江　苏	Jiangsu	435	441	452	487	578	720	866	953	1239
浙　江	Zhejiang	428	476	471	484	562	795	969	1100	1453
安　徽	Anhui		392	403	435	479	566	718	806	1120
福　建	Fujian	392	405	466	504	494	675	790	893	1077
江　西	Jiangxi	382	374	374	387	436	521	631	703	876
山　东	Shandong	396	450	455	473	521	667	751	813	1026
河　南	Henan	384	396	408	431	460	605	705	780	985
湖　北	Hubei	369	423	431	465	516	644	752	836	1059
湖　南	Hunan	426	466	449	493	541	685	775	872	1143
广　东	Guangdong	486	517	592	660	744	890	999	1248	1507
广　西	Guangxi		423	399	427	492	664	740	860	1198
海　南	Hainan						711	863	921	1030
重　庆	Chongqing									
四　川	Sichuan	364	396	407	457	517	680	787	889	1086
贵　州	Guizhou	333	393	404	426	480	618	722	789	1050
云　南	Yunnan	381	412	456	480	527	704	814	884	1143
西　藏	Tibet		519	522	602	619	909	820	1008	1211
陕　西	Shaanxi	371	379	392	417	457	585	698	772	983
甘　肃	Gansu	399	433	447	482	552	625	737	829	1027
青　海	Qinghai				450	581	679	777	828	1048
宁　夏	**Ningxia**	**403**	**423**	**471**	**449**	**533**	**645**	**745**	**792**	**1014**
新　疆	Xinjiang		446	456	472	564	651	722	790	956

附-5　续表 1　continued

单位：元　　　　(yuan)

省/直辖市/自治区	Region	1989	1990	1991	1992	1993	1994	1995	1996	1997
全　国	**National**	**1211**	**1279**	**1454**	**1672**	**2111**	**2851**	**3538**	**3919**	**4186**
北　京	Beijing	1520	1764	1860	2135	2940	4134	5020	5730	6532
天　津	Tianjin	1291	1702	1586	1907	2322	3301	4064	4680	5204
河　北	Hebei	1188	1411	1293	1547	1898	2513	3162	3424	4004
山　西	Shanxi	994	1224	1171	1303	1560	2043	2641	3036	3229
内　蒙	Inner Mongolia	913	1066	1136	1254	1585	2111	2482	2768	3032
辽　宁	Liaoning	1276	1700	1484	1639	1977	2588	3113	3493	3720
吉　林	Jilin	967	1288	1194	1375	1596	2096	2598	3037	3408
黑龙江	Heilongjiang	1004	1404	1227	1378	1660	2164	2776	3111	3213
上　海	Shanghai	1812	2172	2167	2509	3530	4669	5868	6763	6820
江　苏	Jiangsu	1301	1354	1529	1769	2311	3080	3772	4058	4534
浙　江	Zhejiang	1556	1495	1806	2154	2856	4079	5263	5764	6170
安　徽	Anhui	1039	1190	1297	1521	1846	2551	3161	3607	3694
福　建	Fujian	1340	1385	1595	1884	2341	3157	3848	4248	4936
江　西	Jiangxi	978	993	1086	1253	1577	2200	2712	2942	3200
山　东	Shandong	1161	1245	1407	1599	1947	2635	3286	3771	4041
河　南	Henan	1075	1193	1200	1343	1609	2155	2674	3009	3378
湖　北	Hubei	1131	1237	1380	1578	2048	2733	3434	3714	3856
湖　南	Hunan	1234	1290	1368	1654	2087	3138	3886	4098	4317
广　东	Guangdong	1920	1768	2389	2831	3777	5181	6254	6736	6853
广　西	Guangxi	1296	1196	1584	1740	2303	3327	4046	4339	4453
海　南	Hainan	1196	1344	1589	1851	2404	3014	3760	3815	3909
重　庆	Chongqing									4938
四　川	Sichuan	1184	1302	1488	1651	2034	2806	3429	3788	4093
贵　州	Guizhou	1103	1107	1275	1564	1876	2532	3251	3573	3556
云　南	Yunnan	1141	1307	1428	1704	2186	2844	3448	4007	4537
西　藏	Tibet	1432	2329	1696	1887		3094		4537	
陕　西	Shaanxi	1066	1336	1276	1405	1714	2246	2838	3211	3462
甘　肃	Gansu	1065	1402	1235	1457	1680	2209	2618	2839	2946
青　海	Qinghai	1069	1365	1250	1533	1870	2422	2870	3178	3300
宁　夏	**Ningxia**	**1089**	**1212**	**1354**	**1506**	**1877**	**2478**	**2866**	**3039**	**3271**
新　疆	Xinjiang	998	1209	1266	1491	1835	2479	3187	3457	3887

附-5 续表 2 continued

单位：元 (yuan)

省/直辖市/自治区	Region	1998	1999	2000	2001	2002	2003	2004	2005
全　国	**National**	**4332**	**4616**	**4998**	**5309**	**6030**	**6511**	**7182**	**7943**
北　京	Beijing	6971	7498	8493	8923	10285	11124	12200	13244
天　津	Tianjin	5471	5852	6121	6987	7192	7868	8802	9653
河　北	Hebei	3834	4026	4348	4480	5069	5340	5819	6700
山　西	Shanxi	3268	3493	3942	4123	4711	5105	5654	6343
内　蒙	Inner Mongolia	3106	3469	3928	4196	4860	5419	6219	6929
辽　宁	Liaoning	3891	3990	4356	4654	5343	6078	6543	7369
吉　林	Jilin	3450	3662	4021	4337	4974	5492	6069	6795
黑龙江	Heilongjiang	3303	3482	3824	4192	4462	5015	5568	6178
上　海	Shanghai	6866	8248	8868	9336	10464	11040	12631	13773
江　苏	Jiangsu	4889	5011	5323	5533	6043	6709	7332	8622
浙　江	Zhejiang	6218	6522	7020	7952	8713	9713	10636	12254
安　徽	Anhui	3777	3902	4233	4518	4737	5064	5711	6368
福　建	Fujian	5181	5267	5639	6015	6632	7356	8161	8794
江　西	Jiangxi	3267	3482	3624	3895	4549	4915	5338	6109
山　东	Shandong	4144	4515	5022	5252	5596	6069	6674	7457
河　南	Henan	3416	3498	3831	4110	4505	4942	5294	6038
湖　北	Hubei	4074	4341	4645	4805	5609	5963	6399	6737
湖　南	Hunan	4371	4800	5219	5546	5575	6083	6885	7505
广　东	Guangdong	7054	7518	8017	8100	8988	9636	10695	11810
广　西	Guangxi	4381	4587	4852	5225	5413	5764	6446	7033
海　南	Hainan	3832	4018	4083	4368	5460	5502	5802	5929
重　庆	Chongqing	4977	5444	5570	5874	6360	7118	7973	8623
四　川	Sichuan	4383	4499	4856	5176	5413	5759	6371	6891
贵　州	Guizhou	3799	3964	4278	4274	4598	4949	5494	6159
云　南	Yunnan	5033	4941	5185	5253	5828	6024	6837	6997
西　藏	Tibet		5309	5554	5994	6952	8045	8446	8617
陕　西	Shaanxi	3539	3953	4277	4638	5378	5667	6233	6656
甘　肃	Gansu	3099	3682	4126	4420	5064	5299	5937	6529
青　海	Qinghai	3580	3904	4186	4699	5043	5400	5759	6245
宁　夏	**Ningxia**	**3380**	**3548**	**4201**	**4595**	**5105**	**5330**	**5821**	**6404**
新　疆	Xinjiang	3714	4164	4423	4931	5636	5541	5774	6208

附-5 续表 3 continued

单位：元 (yuan)

省/直辖市/自治区	Region	2006	2007	2008	2009	2010	2011	2012	2013
全 国	**National**	**8697**	**9997**	**11243**	**12265**	**13471**	**15161**	**16674**	**18023**
北 京	Beijing	14825	15330	16460	17893	19934	21984	24046	26275
天 津	Tianjin	10548	12029	13422	14801	16562	18424	20024	21712
河 北	Hebei	7343	8235	9087	9679	10318	11609	12531	13641
山 西	Shanxi	7171	8102	8807	9355	9793	11354	12212	13166
内 蒙	Inner Mongolia	7667	9281	10827	12370	13995	15878	17717	19249
辽 宁	Liaoning	7987	9430	11231	12325	13280	14790	16594	18030
吉 林	Jilin	7353	8560	9729	10914	11679	13011	14614	15932
黑龙江	Heilongjiang	6655	7519	8623	9630	10684	12054	12984	14162
上 海	Shanghai	14762	17255	19398	20992	23200	25102	26253	28155
江 苏	Jiangsu	9629	10715	11978	13153	14357	16782	18825	20371
浙 江	Zhejiang	13349	14091	15158	16683	17858	20437	21545	23257
安 徽	Anhui	7295	8532	9524	10234	11513	13181	15012	16285
福 建	Fujian	9808	11055	12501	13451	14750	16661	18593	20093
江 西	Jiangxi	6646	7811	8717	9740	10619	11747	12776	13851
山 东	Shandong	8468	9667	11007	12013	13118	14561	15778	17112
河 南	Henan	6685	7827	8837	9567	10838	12336	13733	14822
湖 北	Hubei	7397	8701	9478	10294	11451	13164	14496	15749
湖 南	Hunan	8169	8991	9946	10828	11825	13403	14609	15887
广 东	Guangdong	12432	14337	15528	16858	18490	20252	22396	24133
广 西	Guangxi	6792	8151	9627	10352	11490	12848	14244	15418
海 南	Hainan	7127	8293	9408	10087	10927	12643	14457	15593
重 庆	Chongqing	9399	9890	11147	12144	13335	14974	16573	17814
四 川	Sichuan	7525	8692	9679	10860	12105	13696	15050	16343
贵 州	Guizhou	6848	7759	8349	9048	10058	11353	12586	13703
云 南	Yunnan	7380	7922	9077	10202	11074	12248	13884	15156
西 藏	Tibet	6193	7532	8324	9034	9686	10399	11184	12232
陕 西	Shaanxi	7553	8427	9772	10706	11822	13783	15333	16680
甘 肃	Gansu	6974	7876	8309	8891	9895	11189	12847	14021
青 海	Qinghai	6530	7512	8203	8787	9614	10955	12346	13540
宁 夏	**Ningxia**	**7206**	**7817**	**9558**	**10280**	**11334**	**12896**	**14067**	**15321**
新 疆	Xinjiang	6730	7874	8669	9328	10197	11839	13892	15206

附-6　2013年全国各省、直辖市、自治区城镇居民人均可支配收入及来源

Per Capita Annual Disposable Income of Urban Households by Sources and Region(2013)

单位：元　　(yuan)

省/直辖市/自治区	Region	家庭总收入 Total Income	其中:可支配收入 Disposable Income	(一)工资性收入 Income from Wages and Salaries	(二)经营净收入 Net Business Income	(三)财产性收入 Income from Properties	(四)转移性收入 Income from Transfer
全　国	**National**	**29547.05**	**26955.10**	**18929.79**	**2797.11**	**809.88**	**7010.26**
北　京	Beijing	45273.84	40321.00	30273.01	1487.18	574.33	12939.31
天　津	Tianjin	35655.52	32293.57	23231.85	1257.57	586.56	10579.54
河　北	Hebei	24142.88	22580.35	14588.36	2449.37	374.01	6731.00
山　西	Shanxi	24013.60	22455.63	16216.40	1220.90	359.10	6217.20
内　蒙	Inner Mongolia	26978.05	25496.67	18377.94	3612.75	508.64	4478.72
辽　宁	Liaoning	27904.89	25578.17	15882.02	3009.60	674.17	8339.10
吉　林	Jilin	23544.19	22274.60	14388.26	2482.01	355.22	6318.70
黑龙江	Heilongjiang	21149.20	19596.96	12525.77	2237.60	264.18	6121.64
上　海	Shanghai	48879.33	43851.36	33235.39	2317.02	787.74	12539.18
江　苏	Jiangsu	35131.00	32538.00	21890.00	3565.72	764.00	8911.27
浙　江	Zhejiang	41241.00	37851.00	24453.00	5123.00	1486.00	10179.00
安　徽	Anhui	25006.16	23114.22	15535.34	2558.66	833.32	6078.84
福　建	Fujian	33382.69	30816.37	21443.39	3486.13	2106.61	6346.56
江　西	Jiangxi	22949.38	21872.68	14767.52	2455.91	1068.24	4657.71
山　东	Shandong	30628.11	28264.10	21562.13	2996.16	781.37	5288.44
河　南	Henan	23686.53	22398.03	14704.24	2706.79	491.51	5783.99
湖　北	Hubei	25180.49	22906.42	15571.83	2340.01	535.76	6732.89
湖　南	Hunan	24643.00	23413.99	13951.38	3215.37	1096.34	6379.90
广　东	Guangdong	36503.91	33090.05	25286.45	3791.29	1609.73	5816.44
广　西	Guangxi	25028.72	23305.38	15647.77	2326.75	997.91	6056.30
海　南	Hainan	24919.86	22928.90	15773.04	2721.09	829.96	5595.78
重　庆	Chongqing	26850.32	25216.13	16654.66	2329.35	675.24	7191.07
四　川	Sichuan	23893.89	22367.63	14976.04	2286.66	784.02	5847.17
贵　州	Guizhou	21413.04	20667.07	13627.56	3244.92	576.25	3964.30
云　南	Yunnan	24698.33	23235.53	15140.70	2540.32	1459.33	5557.98
西　藏	Tibet	22560.67	20023.35	19604.00	713.10	423.87	1819.70
陕　西	Shaanxi	24108.80	22858.37	16440.99	1003.89	322.82	6341.10
甘　肃	Gansu	20149.05	18964.78	13329.73	1301.74	365.09	5152.48
青　海	Qinghai	22130.99	19498.54	14015.57	1696.71	294.35	6124.36
宁　夏	**Ningxia**	**23766.75**	**21833.33**	**15363.92**	**2626.08**	**196.43**	**5580.31**
新　疆	Xinjiang	22387.85	19873.77	15585.27	1803.48	152.66	4846.44

附-7　2013年全国各省、直辖市、自治区居民消费和商品零售价格指数

Price Indices for Consumer and Retail by Region(2013)

地　区	Region	居民消费价格指数 Consumer Price Index		商品零售价格指数 Retail Price Index	
		2010年=100	上年同期=100	2010年=100	上年同期=100
全　国	**National**	**112.0**	**102.6**	**109.1**	**101.4**
北　京	Beijing	113.7	103.3	103.4	99.8
天　津	Tianjin	111.9	103.1	110.2	101.7
河　北	Hebei	112.4	103.0	110.1	102.2
山　西	Shanxi	112.5	103.1	108.9	101.8
内蒙古	Inner Mongolia	113.6	103.2	110.8	102.6
辽　宁	Liaoning	111.9	102.4	109.8	101.6
吉　林	Jilin	112.3	102.9	109.3	101.6
黑龙江	Heilongjiang	113.1	102.2	109.2	101.1
上　海	Shanghai	111.6	102.3	105.3	100.2
江　苏	Jiangsu	111.5	102.3	109.0	101.4
浙　江	Zhejiang	111.1	102.3	109.1	101.0
安　徽	Anhui	111.3	102.4	109.1	101.3
福　建	Fujian	111.4	102.5	108.3	101.1
江　西	Jiangxi	112.6	102.5	109.5	101.5
山　东	Shandong	110.3	102.2	108.3	101.4
河　南	Henan	112.3	102.9	110.7	101.9
湖　北	Hubei	112.8	102.8	110.5	101.8
湖　南	Hunan	111.6	102.5	110.1	101.7
广　东	Guangdong	112.1	102.5	109.3	101.0
广　西	Guangxi	113.0	102.2	110.5	101.2
海　南	Hainan	114.2	102.8	110.8	101.5
重　庆	Chongqing	111.4	102.7	108.7	101.8
四　川	Sichuan	112.3	102.8	108.8	101.7
贵　州	Guizhou	111.5	102.5	109.3	101.5
云　南	Yunnan	112.0	103.1	110.7	102.6
西　藏	Tibet	113.8	103.6	110.8	103.0
陕　西	Shaanxi	112.9	103.0	109.5	101.8
甘　肃	Gansu	113.1	103.2	111.7	102.6
青　海	Qinghai	114.6	103.9	110.6	102.7
宁　夏	**Ningxia**	**113.6**	**103.4**	**109.6**	**102.4**
新　疆	Xinjiang	115.8	103.9	113.6	103.3

附-8 2013年全国居民消费、商品零售和农业生产资料价格指数

Price Indices for Consumer and Retail and Means of Agricultural Production of Nation(2013)

项目名称	Item	上年同期=100			2010年=100		
		合计 General	城市 Urban Household	农村 Rural Household	合计 General	城市 Urban Household	农村 Rural Household
居民消费价格总指数	**Consumer Price Index**	**102.6**	**102.6**	**102.8**	**112.0**	**111.9**	**112.5**
一、食品	Food	104.7	104.6	104.9	124.0	124.1	123.9
粮　　食	Grain	104.6	104.5	104.8	123.8	123.9	123.6
肉禽及其制品	Meat,Poultry and Processed Products	104.3	104.4	104.0	133.6	134.1	132.3
蛋	Eggs	104.9	104.9	105.0	117.2	117.6	116.1
水 产 品	Aquatic Products	104.2	104.1	104.6	125.6	125.4	126.6
鲜　　菜	Fresh Vegetables	108.1	107.5	110.1	121.4	120.2	125.4
鲜　　果	Fresh Fruits	107.1	106.7	108.5	127.1	126.8	128.2
二、烟酒及用品	Tobacco,Liquor and Articles	100.3	100.1	100.8	106.0	106.1	105.8
三、衣着	Clothing	102.3	102.2	102.5	109.7	109.5	110.4
四、家庭设备用品及维修服务	Household Facilities and Articles	101.5	101.5	101.3	106.4	106.9	104.8
五、医疗保健和个人用品	Health Care and Personal Articles	101.3	101.2	101.8	107.2	106.9	108.1
六、交通和通信	Transportation and Communication	99.6	99.5	100.1	99.9	99.3	102.0
七、娱乐教育文化用品及服务	Recreation,Education , Culture Articles and Service	101.8	101.7	101.8	103.8	103.5	104.7
八、居住	Residence	102.8	103.0	102.3	111.9	112.0	111.6
商品零售价格总指数	**Retail Price Index**	**101.4**	**101.3**	**101.8**	**109.1**	**108.6**	**110.4**
一、食品	Food	104.7	104.6	105.0	124.1	124.2	123.7
二、饮料、烟酒	Beverages,Tobacco and Liquor	100.7	100.5	101.1	107.5	107.8	106.9
三、服装、鞋帽	Garments,Shoes and Hats	102.2	102.1	102.5	109.0	108.9	109.3
四、纺织品	Textiles	101.0	100.9	101.2	109.2	109.0	109.7
五、家用电器及音像器材	Household Appliances,Music and Video Equipment	98.3	98.0	98.9	92.4	91.4	95.0
六、文化办公用品	Cultural and Office Appliances	98.6	98.3	99.7	93.8	92.7	98.3
七、日用品	Articles for Daily Use	100.8	100.7	101.2	105.6	105.8	105.2
八、体育娱乐用品	Sports and Recreation Articles	100.7	100.7	100.8	102.8	102.9	102.5
九、交通、通信用品	Transportation and Communication Appliances	97.3	97.1	98.1	89.0	88.2	92.1
十、家具	Furniture	101.2	101.4	100.8	105.8	106.5	103.5
十一、化妆品	Cosmetics	101.5	101.5	101.6	105.4	105.6	105.0
十二、金银珠宝	Gold,Silver and Jewelry	91.9	91.9	91.8	96.3	95.2	101.1
十三、中西药品及医疗保健用品	Traditional Chinese and Western Medicines and Health Care Articles	101.3	101.5	101.0	108.7	108.7	108.9
十四、书报杂志及电子出版物	Books,Newspapers,Magazines and Electronic Publications	101.3	101.2	101.6	103.9	103.8	104.0
十五、燃料	Feuls	99.9	100.0	99.7	116.0	115.8	116.9
十六、建筑材料及五金电料	Building Materials and Hardware	100.5	100.5	100.5	106.5	106.0	107.5
农业生产资料价格指数	**Agricultural Production Index**	**101.4**			**119.0**		

附-9　2013年全国各省、直辖市、自治区工业生产者价格指数

Producer Price Indices for Manufactured Goods by Region(2013)

省/直辖市/自治区	Region	出厂 Manufacturer's Price Index	购进 Purchasing Price Index
全　国	**National**	**98.1**	**98.0**
北　京	Beijing	97.4	97.8
天　津	Tianjin	97.0	97.4
河　北	Hebei	96.6	97.6
山　西	Shanxi	90.7	95.5
内蒙古	Inner Mongolia	97.0	99.3
辽　宁	Liaoning	99.0	98.5
吉　林	Jilin	98.7	99.4
黑龙江	Heilongjiang	98.0	98.7
上　海	Shanghai	98.2	96.5
江　苏	Jiangsu	98.0	97.1
浙　江	Zhejiang	98.2	97.7
安　徽	Anhui	98.2	96.9
福　建	Fujian	98.4	98.4
江　西	Jiangxi	98.5	98.4
山　东	Shandong	98.4	98.4
河　南	Henan	98.5	99.3
湖　北	Hubei	99.2	98.2
湖　南	Hunan	98.5	98.4
广　东	Guangdong	98.8	98.2
广　西	Guangxi	98.2	98.9
海　南	Hainan	99.5	97.0
四　川	Sichuan	98.7	99.2
贵　州	Guizhou	97.4	96.4
云　南	Yunnan	97.5	98.8
西　藏	Tibet	99.8	
重　庆	Chongqing	98.0	97.6
陕　西	Shaanxi	97.3	99.3
甘　肃	Gansu	96.9	97.8
青　海	Qinghai	97.0	98.8
宁　夏	**Ningxia**	**96.0**	**97.0**
新　疆	Xinjiang	96.5	97.8

附-10 2013年全国各省、直辖市、自治区粮食生产情况

Basic Statistics of Grain Production by Region(2013)

单位：万亩、公斤、万吨 (10000mu,kg,10000ton)

地 区	Region	播种面积 Sown Area	亩产 Yield per Unit	总产量 Total Output
全国总计	**National**	**167927.1**	**358.5**	**60193.5**
北 京	Beijing	238.5	402.9	96.1
天 津	Tianjin	499.2	350.0	174.7
河 北	Hebei	9473.9	355.2	3365
山 西	Shanxi	4911.5	267.3	1312.8
内蒙古	Inner Mongolia	8426.0	329.1	2773
辽 宁	Liaoning	4839.6	453.7	2195.6
吉 林	Jilin	7184.9	494.2	3551
黑龙江	Heilongjiang	17346.6	346.1	6004.1
上 海	Shanghai	252.8	451.6	114.2
江 苏	Jiangsu	8041.2	425.7	3423
浙 江	Zhejiang	1880.6	390.3	733.9
安 徽	Anhui	9938.0	330.0	3279.6
福 建	Fujian	1803.2	368.5	664.4
江 西	Jiangxi	5536.4	382.2	2116.1
山 东	Shandong	10941.9	413.8	4528.2
河 南	Henan	15122.7	377.8	5713.7
湖 北	Hubei	6387.6	391.6	2501.3
湖 南	Hunan	7404.9	395.1	2925.8
广 东	Guangdong	3761.4	349.9	1315.9
广 西	Guangxi	4614.0	329.8	1521.8
海 南	Hainan	632.7	301.8	190.9
重 庆	Chongqing	3380.9	339.6	1148.1
四 川	Sichuan	9704.9	349.0	3387.1
贵 州	Guizhou	4677.6	220.2	1030
云 南	Yunnan	6749.1	270.3	1824
西 藏	Tibet	257.4	372.2	95.8
陕 西	Shanxi	4657.7	261.0	1215.8
甘 肃	Gansu	4288.1	265.6	1138.9
青 海	Qinghai	420.0	243.8	102.4
宁 夏	**Ningxia**	**1202.4**	**310.5**	**373.4**
新 疆	Xinjiang	3352.2	410.8	1377

附-11 2013年全国70个大中城市新建住宅价格指数
Price Indices for Newly Built House by 70 Large and Medium-Sized Cities(2013)

(上年=100) (preceding year=100)

城市	City	一月 January	二月 February	三月 March	四月 April	五月 May	六月 June	七月 July	八月 August	九月 September	十月 October	十一月 November	十二月 December
北京	Beijing	103.3	105.9	108.6	110.3	111.8	112.9	114.1	114.9	116	116.4	116.3	116
天津	Tianjin	101.4	102.8	104.3	105.2	105.4	105.8	106	106.1	106.7	107	107	107.4
石家庄	Shijiazhuang	102	103.3	104.5	105.3	105.8	106.8	106.6	107.3	108	109.1	109.2	109.9
太原	Taiyuan	101.3	102.4	103.2	104.5	106.8	107.9	108.8	109.6	110.8	112	112.1	111.7
呼和浩特	Hohhot	100.3	101.7	101.9	101.9	103.4	104.5	105.8	106.9	107.9	109.3	109.7	110.3
沈阳	Shenyang	101.3	102.9	104.2	106.4	108.5	109.4	110.5	111.5	112.6	113.2	113.1	113.1
大连	Dalian	102	103.1	104.3	105.8	107	107.7	108.2	108.4	108.9	109.3	109.4	110
长春	Changchun	100.1	101.4	102.5	103.6	104.7	105.8	106.3	107	107.7	107.8	108.8	108.6
哈尔滨	Harbin	101.6	102.7	103.5	104.2	105	106.4	106.7	107.4	107.9	109.7	110	110.2
上海	Shanghai	101.3	103.4	106.4	108.5	110.2	111.9	113.7	115.4	117	117.8	118.2	118.2
南京	Nanjing	102.3	104	105.7	107.3	108.5	109.2	109.6	110.2	111	111.6	112	111.9
杭州	Hangzhou	93.6	94.7	100.3	105.2	106.7	107.1	107.5	108.3	109.4	110.5	111.2	111
宁波	Ningbo	93.7	95	96.7	99.4	101.7	102.9	103.4	104.5	105.6	106.3	106.8	107.3
合肥	Hefei	101.5	102.7	103.6	104.5	105.4	106.2	107	107.5	108.1	108.3	109.2	109.9
福州	Fuzhou	102.3	104.3	105.9	107.6	108.3	110.8	110.8	111.1	112.1	112.6	113.8	113.1
厦门	Xiamen	102.3	104.1	106.5	108.4	110	111.6	113.6	114.6	116.1	116.5	116.7	116.5
南昌	Nanchang	101.6	103.1	104.8	106.3	107.2	108.2	108.2	108.4	109.2	109.6	110	109.9
济南	Jinan	100.9	101.7	102.9	104.7	105.5	106	106.9	107.6	108.2	108.7	109.3	109.4
青岛	Qingdao	97.6	99	101.2	103.6	104.7	105.5	106.6	108	108.9	109.4	109.9	110
郑州	Zhengzhou	102.5	104.2	106.3	108	109.1	110.1	111.7	112.3	112.4	112.2	112.1	111.7
武汉	Wuhan	102	103.5	104.7	105.8	106.9	107.6	108.5	109.4	110	110.7	110.8	110.4
长沙	Changsha	101.9	103.4	105	106.3	107.5	108.4	109.3	110.1	110.7	111.6	111.6	112.1
广州	Guangzhou	104.7	108.1	111.1	113.5	115.3	116.3	117.2	118.8	120	120.5	120.7	120.1
深圳	Shenzhen	103.2	105.7	108.9	111.3	113.7	115.7	116.6	118.1	119.7	120.2	120.6	119.9
南宁	Nanning	99.7	101.3	103.3	104	105.6	106.4	107.4	108.3	108.7	109.4	109.4	110.1
海口	Haikou	99.7	99.9	100.1	100.3	100.8	100.9	101	101	101.1	101.8	101.8	102.3
重庆	Chongqing	102.5	103.5	104.3	105.5	106.2	106.8	107.1	107.9	108.9	109.2	109.5	109.3
成都	Chengdu	101.5	102.3	103.4	105.4	106.8	107.7	107.7	108.6	109.1	109.6	109.8	109.6
贵阳	Guiyang	101.4	102	102.7	103.9	104.6	104.5	105.1	104.9	105.5	106.3	106.7	106.7
昆明	Kunming	101.7	101.7	102.7	103.3	104.1	104.7	104.6	105.3	105.6	105.9	105.9	105.8
西安	Xi'an	101.4	102.4	103.8	104.7	105.8	106.6	107.7	108.3	108.8	109.3	109.5	109.8
兰州	Lanzhou	100.5	101.4	102.6	103.5	104.1	105.3	105.8	107	107.3	107.7	107.7	107.9
西宁	Xining	102.3	103.6	104	104.6	105.8	106.9	107.9	108.7	108.9	109.3	109.4	109.9
银川	**Yinchuan**	**102**	**102.6**	**103.1**	**104.2**	**105**	**106**	**106.3**	**107.3**	**107.6**	**108.1**	**108.3**	**108.6**
乌鲁木齐	Urumqi	103.5	105	106.1	107.3	108.1	107.9	108.2	109	110	110.2	110	110.7
唐山	Tangshan	99.8	100.3	101.1	101.1	101	101.1	101.3	101.5	101.3	101.7	101.4	101.6
秦皇岛	Qinhuangdao	101.3	102.6	103.3	104.1	104.9	105.4	105.8	106.4	107.1	106.9	107.2	107.1
包头	Baotou	101.4	103.1	104.1	104.9	106	105.9	106.3	106.2	106.5	107.1	107.4	108
丹东	Dandong	100.4	101.4	102.5	103.3	104.1	104.9	105.6	107	107.8	108.4	108.9	109.3
锦州	Jinzhou	100.3	101.5	101.9	103	103.9	105.3	106	107.6	108.7	109.7	110.2	110.7
吉林	Jilin	100.9	101.7	102.7	103.4	104.5	105.5	105.7	106.7	107.4	107.9	108	108.3
牡丹江	Mudanjiang	99.9	100.8	101.6	103	103.8	104.3	104.5	104.9	105.6	105.6	105.6	106.2
无锡	Wuxi	100.4	101.1	102.7	103.2	103.7	103.8	103.7	103.4	103.9	104.5	104.8	105.1
扬州	Yangzhou	100.1	100.8	101.3	102.4	103.4	104.3	104.2	104.7	105.2	106.4	107.4	107
徐州	Xuzhou	100.5	101.6	103.3	104.4	105.6	106.5	107.1	108.2	109.1	110	110.1	110.4
温州	Wenzhou	89.9	89.9	90.8	94.3	96.4	97.2	97.6	97.9	98.3	98.6	98.9	97.4
金华	Jinhua	94.4	94.7	100.1	101	102.3	103.1	104.3	106.4	107.7	107.9	107.6	107
蚌埠	Bengbu	100.3	100.9	101.5	101.8	102.5	102.9	103	103.5	104.3	104.9	105.1	104.7
安庆	Anqing	100.1	101	102	102.3	103.1	103.7	103.3	103.9	104.5	105.2	105.4	105.5
泉州	Quanzhou	99.8	100.5	100.8	102.5	103.3	103.9	104.6	105.1	106.4	106.9	107.5	108
九江	Jiujiang	100.8	101.7	102.2	102.9	104.3	104.9	104.7	105.3	105.3	105.9	106.6	106.7
赣州	Ganzhou	100.5	101.9	103.6	104.1	104.5	104.5	105.6	106.4	107.5	108.5	109.3	109.1
烟台	Yantai	99.7	100.7	102.3	103.3	103.7	103.9	104.8	106.2	107.1	107.6	108.4	108.8
济宁	Jining	100.8	102	103.2	104	104.5	105.8	106.3	107.3	107.4	108.9	108.8	109.7
洛阳	Luoyang	100	101.3	101.9	103	103.8	104.5	105.5	106.4	107.6	108	108.6	108.7
平顶山	Pingdingshan	99.8	101	102.4	103.2	104.2	105.1	105.8	106.9	108.3	108.5	109.2	109.1
宜昌	Yichang	101.1	102	103.4	105	106.4	107.1	107.5	108.4	109.1	109.5	109.7	109.9
襄阳	Xiangyang	100.2	100.9	103	104.7	106.2	107.1	107.3	108	108.3	108.6	108.8	108.7
岳阳	Yueyang	100.1	100.5	101.6	102.6	103.6	104.8	105	105.5	106.7	106.7	106.7	106.7
常德	Changde	100.7	101.6	102.6	103.3	103.3	103.8	104.5	105.5	106	106.4	106.8	106.3
惠州	Huizhou	100.3	101.2	102	102.7	103.5	104.3	104.7	105.7	106.7	107.2	108	108.5
湛江	Zhanjiang	102.6	103.8	104.4	105	106.1	106.5	107	107.9	109.3	109.6	110	109.6
韶关	Shaoguan	101.4	102.5	102.7	103.4	105	105	105.7	106.3	106.3	106.8	106.3	105.8
桂林	Guilin	99.7	99.8	100.6	101.3	104.2	105.7	107.7	108.5	108.5	109.9	111.4	111.9
北海	Beihai	99.6	100.9	102	103.1	104.1	105.3	105.9	106.8	108.2	108.6	109.1	109.9
三亚	Sanya	99.9	100.3	101.1	102	102.2	102.4	102.8	103.4	103.7	104.6	105.5	105.3
泸州	Luzhou	102	102.9	104.1	105	105.1	104.8	105.4	106.4	108.4	109.2	108.7	108.9
南充	Nanchong	102.7	104	105.6	106.7	107.9	110	110.7	111.3	111.4	111.2	110.8	110.7
遵义	Zunyi	101.8	102.8	103.2	103.8	104	104.1	104.2	104.8	105.4	105.7	106.6	106.4
大理	Dali	99.7	99.8	100.4	100.8	101.6	102.3	102.5	103.6	103.9	104.5	105.6	105.5

附-12　2013年全国70个大中城市新建商品住宅价格指数
Price Indices for Newly Built Commercial House by 70 Large and Medium-Sized Cities(2013)

(上年=100)　　(preceding year=100)

城市	City	一月 January	二月 February	三月 March	四月 April	五月 May	六月 June	七月 July	八月 August	九月 September	十月 October	十一月 November	十二月 December
北京*	Beijing	104.3	107.7	111.2	113.4	115.2	116.7	118.3	119.3	120.6	121.2	121.1	120.6
天津	Tianjin	101.6	103.2	104.9	105.9	106.2	106.5	106.8	107	107.6	107.9	108	108.3
石家庄	Shijiazhuang	102.1	103.4	104.6	105.4	105.9	107	106.8	107.4	108.2	109.3	109.4	110.1
太原	Taiyuan	101.4	102.5	103.3	104.7	107	108.2	109.1	110	111.3	112.5	112.5	112.1
呼和浩特	Hohhot	100.3	101.7	102	102	103.5	104.7	106	107.1	108.2	109.6	110	110.6
沈阳	Shenyang	101.3	102.9	104.3	106.4	108.6	109.5	110.6	111.7	112.7	113.3	113.2	113.2
大连	Dalian	102	103.1	104.4	105.9	107.1	107.8	108.3	108.5	109	109.4	109.5	110.1
长春	Changchun	100.1	101.5	102.6	103.7	104.8	105.9	106.5	107.2	107.9	108.1	109	108.8
哈尔滨	Harbin	101.7	102.8	103.7	104.4	105.2	106.7	107	107.8	108.2	110.1	110.5	110.7
上海	Shanghai	101.5	104.1	107.8	110.2	112.2	114.4	116.5	118.5	120.4	121.4	121.9	121.9
南京	Nanjing	103	105.3	107.6	109.7	111.3	112.3	112.8	113.5	114.5	115.3	115.8	115.6
杭州	Hangzhou	93.4	94.5	100.3	105.4	107	107.4	107.9	108.7	109.8	111	111.7	111.5
宁波	Ningbo	93.3	94.7	96.5	99.3	101.8	103	103.6	104.7	105.9	106.6	107.2	107.8
合肥	Hefei	101.6	102.9	103.9	104.9	105.9	106.8	107.6	108.2	108.9	109.1	110	110.7
福州	Fuzhou	102.4	104.4	106	107.8	108.4	111	110.9	111.2	112.3	112.8	114	113.3
厦门	Xiamen	102.4	104.2	106.6	108.6	110.2	111.9	113.9	114.9	116.5	116.9	117.1	116.9
南昌	Nanchang	101.7	103.3	105.1	106.7	107.6	108.6	108.6	108.8	109.7	110.1	110.5	110.4
济南	Jinan	100.9	101.7	102.9	104.7	105.5	106	106.9	107.6	108.2	108.7	109.3	109.4
青岛	Qingdao	97.4	99	101.3	103.8	104.9	105.8	106.9	108.4	109.3	109.9	110.4	110.5
郑州	Zhengzhou	102.5	104.3	106.5	108.2	109.3	110.4	112	112.6	112.7	112.5	112.4	112
武汉	Wuhan	102.1	103.6	104.9	106.1	107.3	108	108.9	109.9	110.5	111.3	111.3	110.9
长沙	Changsha	102	103.5	105.1	106.3	107.6	108.5	109.4	110.2	110.8	111.8	111.8	112.3
广州	Guangzhou	104.7	108.2	111.2	113.7	115.5	116.5	117.4	119	120.2	120.7	120.9	120.4
深圳	Shenzhen	103.3	105.8	109.1	111.5	114	116	117	118.4	120.1	120.6	121	120.3
南宁	Nanning	99.7	101.3	103.4	104.1	105.7	106.6	107.6	108.5	108.9	109.6	109.7	110.3
海口	Haikou	99.6	99.9	100	100.3	100.8	100.9	101	101	101.1	101.8	101.8	102.4
重庆	Chongqing	102.5	103.6	104.4	105.6	106.3	106.9	107.3	108.1	109	109.4	109.7	109.5
成都	Chengdu	101.5	102.3	103.4	105.4	106.8	107.7	107.7	108.6	109.1	109.6	109.8	109.7
贵阳	Guiyang	101.5	102.2	103	104.3	105.1	105	105.6	105.4	106.1	106.9	107.4	107.4
昆明	Kunming	102	102.1	103.2	104	104.8	105.6	105.5	106.3	106.6	107	107	106.9
西安	Xian	101.6	102.6	104.2	105.2	106.5	107.3	108.6	109.3	109.8	110.3	110.5	110.9
兰州	Lanzhou	100.5	101.4	102.7	103.6	104.2	105.4	105.9	107.1	107.5	107.9	107.9	108
西宁	Xi'an	102.3	103.6	104	104.6	105.8	106.9	107.9	108.7	108.9	109.3	109.4	109.9
银川	**Yinchuan**	**102.2**	**102.8**	**103.3**	**104.5**	**105.4**	**106.5**	**106.8**	**107.9**	**108.2**	**108.7**	**109**	**109.2**
乌鲁木齐	Urumqi	103.5	105	106.2	107.4	108.1	107.9	108.3	109.1	110	110.3	110.1	110.7
唐山	Tangshan	99.8	100.3	101.2	101.1	101.1	101.2	101.4	101.7	101.4	101.8	101.5	101.7
秦皇岛	Qinhuangdao	101.5	102.8	103.7	104.6	105.4	106	106.4	107.1	107.8	107.6	107.9	107.8
包头	Baotou	101.6	103.6	104.9	105.7	107.1	107	107.4	107.3	107.6	108.4	108.7	109.4
丹东	Dandong	100.4	101.4	102.5	103.3	104.2	105	105.7	107	107.9	108.5	109	109.3
锦州	Jinzhou	100.3	101.5	101.9	103	103.9	105.3	106	107.6	108.7	109.7	110.2	110.7
吉林	Jilin	101	101.8	102.8	103.6	104.7	105.7	106	107.1	107.7	108.3	108.4	108.8
牡丹江	Mudanjiang	99.9	100.8	101.6	103	103.8	104.4	104.6	105	105.7	105.7	105.7	106.2
无锡	Wuxi	100.4	101.3	103.2	103.8	104.4	104.4	104.3	104	104.5	105.2	105.6	105.9
扬州	Yangzhou	100.1	100.8	101.4	102.5	103.5	104.4	104.3	104.8	105.4	106.6	107.6	107.3
徐州	Xuzhou	100.5	101.7	103.5	104.7	105.9	106.9	107.5	108.7	109.6	110.6	110.6	111
温州	Wenzhou	89.2	89.3	90.2	93.9	96.2	97	97.4	97.7	98.2	98.5	98.8	97.2
金华	Jinhua	94.4	94.7	100.1	101	102.3	103.2	104.4	106.5	107.8	108	107.7	107
蚌埠	Bengbu	100.3	100.9	101.5	101.9	102.5	103	103	103.5	104.4	105	105.2	104.8
安庆	Anqing	100.1	101	102.1	102.5	103.2	103.9	103.5	104.2	104.8	105.5	105.7	105.9
泉州	Quanzhou	99.8	100.5	100.9	102.6	103.5	104.1	104.8	105.4	106.7	107.3	107.9	108.4
九江	Jiujiang	100.8	101.8	102.3	103	104.5	105.1	104.9	105.6	105.5	106.2	106.9	107
赣州	Ganzhou	100.6	101.9	103.6	104.1	104.5	104.5	105.6	106.4	107.5	108.6	109.4	109.2
烟台	Yantai	99.7	100.8	102.4	103.4	103.7	104	104.9	106.3	107.2	107.8	108.5	108.9
济宁	Jining	100.8	102	103.3	104.1	104.7	106	106.5	107.5	107.6	109.1	109	110
洛阳	Luoyang	100	101.4	102	103	103.8	104.6	105.6	106.5	107.7	108.2	108.7	108.9
平顶山	Pingdingshan	99.8	101	102.5	103.3	104.3	105.2	105.9	107	108.5	108.6	109.3	109.3
宜昌	Yichang	101.1	102	103.5	105.1	106.5	107.2	107.6	108.6	109.3	109.6	109.9	110
襄阳	Xiangyang	100.2	100.9	103	104.7	106.2	107.2	107.3	108.1	108.4	108.6	108.9	108.8
岳阳	Yueyang	100.2	100.9	102.6	104.3	106	107.9	108.2	108.9	110.8	110.8	110.9	110.8
常德	Changde	100.8	101.6	102.6	103.4	103.3	103.9	104.5	105.6	106.1	106.5	106.9	106.4
惠州	Huizhou	100.3	101.2	102	102.7	103.6	104.3	104.7	105.7	106.7	107.2	108.1	108.5
湛江	Zhanjiang	102.6	103.8	104.4	105	106.1	106.5	107	107.9	109.3	109.6	110	109.6
韶关	Shaoguan	101.5	102.6	102.8	103.5	105.1	105.2	105.9	106.4	106.4	107	106.5	106
桂林	Guilin	99.7	99.8	100.6	101.3	104.3	105.8	107.8	108.7	108.7	110.1	111.6	112.1
北海	Beihai	99.6	100.9	102	103.1	104.1	105.3	105.9	106.9	108.2	108.7	109.1	110
三亚	Sanya	99.9	100.3	101.1	102	102.2	102.4	102.8	103.4	103.7	104.7	105.5	105.4
泸州	Luzhou	102.1	103	104.2	105.2	105.3	105	105.6	106.6	108.7	109.5	108.9	109.2
南充	Nanchong	102.7	104	105.7	106.8	108	110.1	110.9	111.5	111.5	111.4	110.9	110.8
遵义	Zunyi	102	103.1	103.6	104.3	104.5	104.6	104.7	105.3	106	106.4	107.3	107.2
大理	Dali	99.7	99.8	100.4	100.9	101.8	102.6	102.8	104	104.3	104.9	106.1	106

附-13 2013年全国70个大中城市二手住宅价格指数

Price Indices for Second-Hand House by 70 Large and Medium-Sized Cities(2013)

(上年=100) (preceding year=100)

城市	City	一月 January	二月 February	三月 March	四月 April	五月 May	六月 June	七月 July	八月 August	九月 September	十月 October	十一月 November	十二月 December
北京	Beijing	103.5	106	109.1	110.9	112.8	114.1	115.3	116.4	117.8	119	120.1	119.7
天津	Tianjin	103.2	103.9	104.1	104.6	105.1	105.1	104.6	104.3	105.1	105.7	105.2	105.1
石家庄	Shijiazhuang	99.9	100.4	100.1	100.7	101.1	101.3	101.2	101.2	101.7	102.6	103	103.2
太原	Taiyuan	106	106.7	106.9	106.8	106.1	106.2	106.2	105.5	105.1	104.8	104.4	104.1
呼和浩特	Hohhot	100.5	100.9	101.3	101.5	101.8	101.9	102.2	102.2	102.5	103.1	103.4	103.5
沈阳	Shenyang	100.3	101.2	101.6	102.1	102.4	102.5	102.9	103.4	104.2	105.3	105.2	105.6
大连	Dalian	104	104	104.7	105.4	105.3	104.2	103.2	102.4	102.1	101.8	101.9	102.5
长春	Changchun	101.7	102.3	103.1	103.6	103.5	103.8	103.7	103.8	104	104.5	104.5	104.5
哈尔滨	Harbin	99.8	100.4	100.6	101.1	101.2	101.1	101.4	101.9	102.7	104	104.2	104.8
上海	Shanghai	102	103.9	107.2	108.5	109.2	110.2	110.9	111.4	112.3	113.2	113.7	113.9
南京	Nanjing	101.1	102.3	103.1	104.4	105.3	106.1	106	106.7	107.1	107.3	107.4	107.9
杭州	Hangzhou	99.1	101.1	101.6	102.5	102.7	103	102	101.8	102.8	102.8	103	102.9
宁波	Ningbo	96	98.1	98.7	99.8	101.2	101.3	101.9	102.3	102.6	103.1	103.8	104.4
合肥	Hefei	100.8	100.8	101.2	101.9	102.5	102.6	103	103.1	104.9	105.3	106	106.4
福州	Fuzhou	100.9	102.5	104	105	105.1	106.3	106.9	107.5	108.3	108.8	109.1	109.5
厦门	Xiamen	103.3	104.5	105.4	105.4	105.7	105.9	106.3	106.6	106.8	107.3	107.4	107.7
南昌	Nanchang	102.8	103.6	104.6	105.3	105.2	104.9	105.2	105.3	105.8	105.8	106.1	106
济南	Jinan	99.5	100.1	100.6	100.8	101.4	102	102.5	102.7	103.1	103.5	103.9	104.3
青岛	Qingdao	99.1	99.6	100.2	100.9	102	102.5	102.6	102.8	102.9	102.9	103.1	103.7
郑州	Zhengzhou	101	102.1	103	103.8	104.4	104.8	104.9	105.1	105.5	106.1	106.8	107.3
武汉	Wuhan	101.4	102.7	102.7	103.9	104.6	104.8	105.8	106.7	107.5	108.1	108.4	108.5
长沙	Changsha	100.2	100.7	101.3	102.2	103.5	104.4	104.8	105	105.1	105.7	105.9	106.2
广州	Guangzhou	103.5	105.7	107.5	108.6	109.9	110.4	110.7	110.9	110.7	111.4	112.2	112.3
深圳	Shenzhen	102.4	103.9	106.2	107.3	108.3	109.6	110.5	112.2	113.6	114.1	114.7	114.8
南宁	Nanning	101.9	101.8	102.1	102.4	102.8	103	103	103.1	103.4	103.8	103.9	104.6
海口	Haikou	99.5	99.3	99.4	99.7	99.7	99.7	99.5	99.4	99.5	99.6	100	100.2
重庆	Chongqing	100.6	100.8	101.6	101.9	102.4	102.6	102.9	102.9	103.1	103.6	104.3	104.7
成都	Chengdu	99.8	100.6	101.5	102.8	103.2	103.7	103.8	104.1	104.4	104.9	105.2	105.2
贵阳	Guiyang	100.6	100.8	101.7	102.1	103	104	105.4	106	108.4	108.9	110	110
昆明	Kunming	104.3	105.5	107.1	108.3	109.3	109	107.1	107.3	108	108.8	108.8	108
西安	Xi'an	99.4	100.4	101.7	101.7	102.1	102.7	103.6	104.1	104.3	104.6	104.9	105
兰州	Lanzhou	99.6	99.5	100.2	100.7	101.1	101	101.4	101.2	101.9	102.3	102.7	102.8
西宁	Xining	101.6	101.7	102.3	102.7	103.3	103.5	103.3	103.6	103.9	103.9	104.3	104.3
银川	**Yinchuan**	**99.9**	**101.3**	**102.5**	**103.4**	**104.4**	**105.1**	**105.7**	**106.2**	**106.9**	**107.6**	**107.9**	**108.4**
乌鲁木齐	Urumqi	98.9	99.8	101.4	102.4	102.9	103.2	103.5	103.8	104	104.4	104.7	105
唐山	Tangshan	98.3	99.3	99.9	100.2	101.2	101.5	102	102	102.1	102.6	102.7	102.6
秦皇岛	Qinhuangdao	100.7	101.7	102.3	102.3	103.2	103.3	102.7	102.8	102.9	102.7	102.3	102.2
包头	Baotou	99	100	100.5	100.8	101.3	100.3	99.9	100.4	101.2	102.2	103.2	102.9
丹东	Dandong	99.9	100.3	100.7	101	101.5	101.3	101.6	102.3	102.6	103	103.5	103.9
锦州	Jinzhou	98.7	99.1	99.5	99.9	100.1	100.2	100.7	101.2	101.6	102.2	103.4	103.3
吉林	Jilin	99.3	100	99.9	100.2	100.4	100.6	100.9	100.9	101	101.1	101.6	101.9
牡丹江	Mudanjiang	99.5	99.9	100	100.9	101.3	101.7	102	101.7	101.9	101.7	101.7	101.6
无锡	Wuxi	100.1	100.7	101	101.7	101.5	101.7	102	102.4	102.4	103.1	103.7	102.6
扬州	Yangzhou	97	97.7	98.5	99.6	100.6	100.9	101.2	101.9	102.6	103	103.5	103.4
徐州	Xuzhou	102	102.6	102.2	102.2	102.4	101.8	101.8	102.1	102.3	102.3	102.3	101.9
温州	Wenzhou	95.6	95.5	94.6	96.3	96.4	96.4	95.5	95.1	94.7	94.7	94.3	92.8
金华	Jinhua	98.5	99.2	100.1	100.9	102.4	102.9	103.2	103	103.6	104.1	104.8	105.1
蚌埠	Bengbu	100.3	100.5	100.6	101.1	101.6	101.7	101.6	101.8	101.7	101.8	102.4	103
安庆	Anqing	100.3	100.7	100.9	101.2	101.4	101.6	101.8	101.9	102.2	102.3	102.3	102.2
泉州	Quanzhou	97.1	99.2	99.7	100.2	100.8	101.1	101.5	102	102.3	102.6	103.2	103.8
九江	Jiujiang	100.2	101.2	102.4	102.8	103.1	102.6	102.2	102.5	102.3	102.4	102.9	103.8
赣州	Ganzhou	99.9	100.3	100.8	100.8	100.8	100.7	101	101.2	101.3	101.9	102.1	102.1
烟台	Yantai	95.1	95.9	97.3	98.4	99.9	101.1	102.2	103.3	103.8	104.6	105.4	106.2
济宁	Jining	99.7	100.3	101	101.5	102.1	102.4	102.7	102.5	102.7	102.8	103	103.7
洛阳	Luoyang	98.9	100	101	102.1	103	103.3	104.2	104.3	104.6	105	105	105.7
平顶山	Pingdingshan	99.4	100.3	101	102	102.8	103.4	103.7	103.7	103.9	104.2	104.4	104.8
宜昌	Yichang	97.7	99.2	100.8	105.2	106.1	107.2	107.5	107.8	108.1	108.6	109.2	109.4
襄阳	Xiangyang	100.3	101.4	102.5	103.9	105.2	106.1	106.8	107.3	107.5	108.1	108.8	108.9
岳阳	Yueyang	102.7	102.9	103.3	103.9	104.3	104.4	104.7	104.6	104.9	104.8	104.8	104.7
常德	Changde	97.4	97.9	100.2	102.8	103.6	104.3	105.3	106.5	106.7	107.2	108.6	109.2
惠州	Huizhou	99.9	100.5	101.3	101.9	102.2	102.3	103	103.6	104.4	104.7	105.5	106.3
湛江	Zhanjiang	100.7	101.2	101.4	101.6	102	102.1	101.9	102.2	102.9	103.4	103.7	104.1
韶关	Shaoguan	102	103.1	103.6	103.8	104.3	104.3	104.2	105.6	105.7	105.7	105.2	105.3
桂林	Guilin	99.8	100.7	101.1	101.4	102.5	103	103.2	103.6	104	104.3	104.5	104.8
北海	Beihai	100.3	101	102.3	103	103.6	104.4	104.8	105	105.3	105.7	106.3	106.3
三亚	Sanya	98.9	99.5	100	100.4	100.8	101.1	101.3	101.4	101.5	101.7	101.7	102.2
泸州	Luzhou	100.9	100.8	101.2	101.6	101.8	101.7	101.8	102.1	102.6	103	103.7	104.1
南充	Nanchong	100.3	100.9	101.4	102	102.4	102.6	102.9	103.3	103.9	104.4	105	105.4
遵义	Zunyi	98.9	99.9	100.9	101.4	101.7	102	102.1	102.1	102.3	102.9	104.5	104.6
大理	Dali	99.5	99.6	100.2	100.4	100.6	100.9	100.8	101.2	101.7	102.3	102.8	103.1